# Introducción a la lingüística hispánica actual

*Introducción a la lingüística hispánica actual: teoría y práctica* has been specially designed for students of Spanish with little or no linguistic background, who need to understand the key concepts and constructs of Hispanic Linguistics.

The book has been carefully crafted to introduce the reader to the main areas of linguistics, both theoretical and applied. General Linguistics, Phonology and Phonetics, Morphology, Syntax, Semantics and Pragmatics, History of the Spanish Language, Language Variation, and Second Language Acquisition are concisely and accurately outlined, providing a comprehensive foundation in the field.

Features include:

- sequenced exercises and engaging activities which facilitate the learning of each area of linguistics;
- emphasis on the connections between theory and the actual use of the language throughout the book;
- a selection of possible research projects and guidance on further reading in each chapter, giving students the necessary tools for in-depth exploration of each of the areas presented in the book;
- a bilingual glossary of key linguistic terms;
- a comprehensive e-resource with a wealth of additional materials, including audio clips and videos of the varieties of Spanish around the world, available at www. routledge.com/products/9780415631570.

Written in a clear and accessible manner, *Introducción a la lingüística hispánica actual* is the ideal introduction for all undergraduate students of Hispanic Linguistics. The book will also be of interest to graduate students with no prior exposure to linguistics.

**Javier Muñoz-Basols** is Senior Instructor in Spanish and Co-ordinator of the Spanish language programme at the University of Oxford.

**Nina Moreno** is Associate Professor of Spanish and SLA at the University of South Carolina.

**Inma Taboada** is Clinical Assistant Professor of Spanish Linguistics at the University of Illinois at Chicago.

**Manel Lacorte** is Associate Professor of Spanish Applied Linguistics and Director of the Spanish Language Program at the University of Maryland

D0551627

# Praise for this edition:

Written in an easy-to-read style, the eight chapters of *Introducción a la lingüística hispánica actual: teoría y práctica* give a comprehensive, well-organized and up-to-date view of all areas of Hispanic linguistics, including the less traditional field of first and second language acquisition. The authors address theoretical and practical questions, illustrating the discussion with situations that reflect the everyday use of language. Each chapter includes activities, suggestions for research projects and further reading, a list of key terms and concepts, a specialized bibliography, and a wealth of figures and summary tables that enhance the text and stimulate a deeper study of the Spanish language. This is indeed a masterful introduction, an ideal textbook for courses in this field.

Professor Carmen Silva-Corvalán, *University of Southern California*

This authoritative textbook represents a fresh approach to introducing students to the field of Hispanic linguistics. While it addresses the core linguistic areas of phonetics/phonology, morphology, syntax, semantics, and pragmatics, it also includes chapters on the history of the Spanish language, linguistic variation and dialects, and language acquisition, in a broad look at various related areas. The textbook features many activities that encourage students to reflect inductively on linguistic issues and problems, and references various interactive websites and other sources to supplement and enrich the material. Instructors can benefit from the teacher's guide, which provides valuable information on the subject matter as well as suggestions for its presentation. The book also suggests areas for further research, lending itself to advanced undergraduate and graduate levels of instruction. Teachers, students, and researchers of Hispanic linguistics will find an outstanding trove of well-researched information that promises to transform the way this material is taught.

Professor Dale A. Koike, *University of Texas at Austin*

Si imagináramos esta *Introducción* como una gran casa, descubriríamos en ella múltiples puertas por las que acceder a un universo lingüístico amplio y variado. Los autores son generosos anfitriones que ofrecen al lector recursos para familiarizarse con las formas, las funciones y los usos de la lengua. Este volumen es una introducción a la lingüística a través del español; una obra completa, concisa, actualizada y bien dispuesta para la enseñanza, cuya claridad y versatilidad animan tanto a la lectura continua, como a la curiosa consulta.

Professor Francisco Moreno-Fernández, *Universidad de Alcalá*
and *Instituto Cervantes at Harvard University*

Cualquier texto de introducción a una lingüística específica supone siempre un difícil equilibrio entre lo general y lo particular cuya resolución exige encontrar un discurso expositivo claro, construir progresivamente los contenidos, asegurarse de que los avances teóricos en la disciplina y en el conocimiento de la lengua objeto de estudio estén debidamente reflejados y, por último, organizar tanto la exposición como los ejercicios, tareas y proyectos de modo atractivo y útil para estudiantes y profesores. Todos esos objetivos han sido alcanzados en esta *Introducción a la lingüística hispánica*. Se consigue en ella, partiendo de cero, una visión panorámica de los grandes temas de la lingüística hispánica no solo, como se hace habitualmente, en los terrenos fónico, gramatical y léxico, sino también en temas como la evolución y variación de la lengua o su aprendizaje y enseñanza. Será sin duda de gran utilidad a quienes la utilicen para comenzar o continuar sus estudios universitarios en lingüística hispánica.

Professor Guillermo Rojo, *Universidad de Santiago de Compostela*
and *Real Academia Española*

# Introducción a la lingüística hispánica actual

## teoría y práctica

Javier Muñoz-Basols, Nina Moreno, Inma Taboada and Manel Lacorte

Spanish List Advisor: Javier Muñoz-Basols

Routledge
Taylor & Francis Group

LONDON AND NEW YORK

First published 2017
by Routledge
2 Park Square, Milton Park, Abingdon, Oxon OX14 4RN

and by Routledge
711 Third Avenue, New York, NY 10017

*Routledge is an imprint of the Taylor & Francis Group, an informa business*

© 2017 Javier Muñoz-Basols, Nina Moreno, Inma Taboada and Manel Lacorte

The right of Javier Muñoz-Basols, Nina Moreno, Inma Taboada and Manel Lacorte
to be identified as authors of this work has been asserted by them in accordance with
sections 77 and 78 of the Copyright, Designs and Patents Act 1988.

*British Library Cataloguing-in-Publication Data*
A catalogue record for this book is available from the British Library

*Library of Congress Cataloging-in-Publication Data*
Names: Muñoz-Basols, Javier. | Moreno, Nina. | Taboada, Inma. | Lacorte, Manel.
Title: Introducción a la lingüística hispánica actual : teoría y práctica /
    Javier Muñoz-Basols, Nina Moreno, Inma Taboada and Manel Lacorte.
Description: First edition. | Abingdon, Oxon; New York, NY : Routledge, 2017.
    | Includes bibliographical references and index.
Identifiers: LCCN 2016016608 | ISBN 9781138209213 (hardback : alk. paper)
    | ISBN 9780415631570 (pbk. : alk. paper) | ISBN 9780203096758 (ebook)
Subjects: LCSH: Spanish language. | Spanish language—Study and teaching. |
    Linguistics.
Classification: LCC PC4073. I58 2017 | DDC 460—dc23
LC record available at https://lccn.loc.gov/2016016608

ISBN: 978-1-138-20921-3 (hbk)
ISBN: 978-0-415-63157-0 (pbk)
ISBN: 978-0-203-09675-8 (ebk)

Typeset in Goudy
by RefineCatch Limited, Bungay, Suffolk

# Índice

# Dedicatoria

Nos gustaría dedicar el presente libro a la memoria de quien con sus conocimientos y publicaciones contribuyó a marcar un antes y un después en el campo de la lingüística hispánica, el profesor Javier Gutiérrez-Rexach (The Ohio State University, Estados Unidos). Quedamos profundamente agradecidos por todos los certeros comentarios que generosamente nos proporcionó durante la elaboración de esta obra.

# Introducción para el profesor

## 1. Propósito de la obra

En el estudio de la lingüística hispánica convergen multitud de factores que deben considerarse para reflejar la realidad de un idioma que une a casi quinientos millones de hablantes y que se caracteriza por su diversidad lingüística y dialectal. De este modo, la elaboración de una obra actual, que sintetice el uso del español y que de manera detallada explique sus particularidades, se puede resumir en al menos cuatro aspectos principales.

En primer lugar, la lingüística hispánica abarca realidades comunes dentro del dominio panhispánico que son a su vez distintas entre sí, ya sea desde el punto de vista fonético-fonológico, morfológico, sintáctico o léxico. En segundo lugar, dichas diferencias en el uso de la lengua son en ocasiones difíciles de registrar y de comprobar en su totalidad, pero indudablemente contribuyen a enriquecer el idioma. En tercer lugar, la lingüística hispánica se ocupa de fenómenos en constante evolución y, como disciplina, debe incorporar perspectivas nuevas y actuales en las diferentes áreas de las que se compone. Y, en cuarto y último lugar, el posicionamiento del español como lengua global, el creciente interés por las culturas hispánicas, y una mayor investigación sobre el aprendizaje y la enseñanza del español, han impulsado igualmente el desarrollo de la lingüística hispánica en las últimas décadas.

Por todas estas razones, durante la preparación del presente libro se ha prestado especial atención, tanto desde una perspectiva teórica como práctica, a los distintos intereses y motivaciones de los lectores, y a la importancia de la reflexión sobre los mecanismos y las estructuras de la lengua en general, y de la comunicación en particular. Para lograr estos objetivos, el libro pretende ser un recurso pedagógico, práctico y actual:

a) **Pedagógico**, porque tiene en cuenta al alumno en todo momento con apartados claramente diferenciados para organizar la información, un análisis pormenorizado de las dificultades y peculiaridades propias del idioma, y tablas y cuadros sinópticos que sintetizan la información. El componente pedagógico de la obra resulta aún más evidente en el aprendizaje acumulativo, puesto que los conceptos se introducen de manera progresiva. Así, el estudiante podrá apreciar cómo se afianzan sus conocimientos y, a partir de esa conciencia lingüística, prepararse para la lectura de los capítulos posteriores. La inclusión de ilustraciones que reflejan situaciones cotidianas en el uso de la lengua persigue asimismo el objetivo de plasmar en una imagen el hecho lingüístico.

b) **Práctico**, porque le ofrece al alumno la oportunidad de llevar a la práctica la información adquirida mediante actividades que fomentan la reflexión lingüística sobre el proceso de la comunicación. Las actividades están diseñadas para que los conceptos estudiados se puedan aplicar de manera inductiva, es decir, mediante el análisis y la observación de muestras de lengua. Del mismo modo, hay actividades que potencian el aprendizaje deductivo a partir de la observación de una regla y su posterior puesta en práctica. Para reforzar el aprendizaje, el componente práctico se intercala entre las diferentes secciones de las que consta cada capítulo. Por último, se le plantea al estudiante la posibilidad de trasladar más allá de las páginas del libro la reflexión sobre el hecho lingüístico gracias a una detallada selección de proyectos de investigación y el uso de herramientas lingüísticas (corpus de lengua, bases de datos, diccionarios electrónicos, archivos de vídeo y audio, etc.). El alumno también dispone de una serie de referencias bibliográficas que, a modo de guía, le permitirán profundizar sobre la materia y ampliar, si así lo desea, los conocimientos alcanzados a lo largo de cada capítulo.

c) **Actual**, porque se presentan las características propias del idioma, no solamente desde el punto de vista formal, sino también descriptivo, con la inclusión de contenidos de carácter histórico o social sobre el uso de la lengua en el mundo hispanohablante. Durante la redacción del libro se han consultado obras como la *Nueva gramática de la lengua española* (2009), la *Nueva gramática básica de la lengua española* (2011, material de consulta más manejable), la última edición de la *Ortografía de la lengua española* (2010), la vigésima tercera edición del *Diccionario de la Real Academia Española* (2014), todas ellas fruto de la colaboración entre instituciones como la Real Academia Española y la Asociación de Academias de la Lengua Española, y la *Enciclopedia de lingüística hispánica* (Gutiérrez-Rexach 2016), una de las obras de consulta más internacionales y de mayor alcance e impacto en la disciplina que se han elaborado hasta la fecha. En comparación con otros métodos de introducción a la lingüística hispánica, destaca además la inclusión de un capítulo sobre adquisición y enseñanza del español, reflejo del creciente interés por este campo en los últimos años.

Mediante este equilibrio entre lo pedagógico, lo práctico y lo actual, nuestro libro constituye una novedosa aportación al estudio de la lingüística hispánica. Con ello, se propone hacer más accesibles los conocimientos sobre los principales mecanismos lingüísticos del español a un amplio grupo de lectores en diversos ámbitos académicos.

## 2. Estructura del libro y contenidos

Intentar plasmar en un único volumen todas las áreas de conocimiento de las que se ocupa la lingüística hispánica sería, con toda certeza, una tarea ingente. Prueba de ello es que la *Nueva gramática de la lengua española* (2009), la obra de referencia más completa en la actualidad, se divide en dos volúmenes con miles de páginas centradas exclusivamente en las áreas de morfología y sintaxis. Por lo tanto, al escoger los temas sobre los que versa cada uno de los ocho capítulos de los que consta este libro, se ha pretendido elaborar una introducción a la lingüística hispánica que sea amplia y estimulante.

Los capítulos se distribuyen a lo largo del libro en dos partes principales. La primera sirve de introducción al signo lingüístico, se ocupa de los aspectos formales y funcionales de la lingüística hispánica, y comprende los capítulos 1 (Conceptos fundamentales), 2 (Fonología y fonética), 3 (Morfología), 4 (Sintaxis) y 5 (Semántica y pragmática). La segunda parte se centra en aspectos históricos y sociales del idioma que permiten reflexionar sobre la evolución de la lengua y el contexto que rodea al acto comunicativo, y engloba los capítulos 6 (Historia de la lengua), 7 (Variación) y 8 (Adquisición). He aquí una descripción de cada uno de los capítulos de los que consta la publicación.

### Capítulo 1 – Conceptos fundamentales: lenguaje, lengua y lingüística

El primer capítulo introduce al estudiante al ámbito de la lingüística a partir de la distinción entre los conceptos de *lengua* y *lenguaje*, y de los mecanismos que intervienen en la comunicación. Del mismo modo, se presentan diferentes enfoques que han permitido reflexionar sobre la capacidad del lenguaje en el ser humano y las principales características que distinguen el lenguaje humano de los sistemas de comunicación animal. También se describen los factores constitutivos de la comunicación y se explica el objeto de estudio de la neurolingüística. Por último, se analiza el carácter interdisciplinar de la lingüística mediante un repaso de sus principales ramas, así como algunos de los avances más recientes dentro de este ámbito que demuestran el uso del lenguaje como herramienta heurística. Esta preliminar toma de contacto con conceptos básicos sobre lingüística preparará al estudiante para abordar con seguridad el resto de los capítulos del libro.

## Capítulo 2 – Fonología y fonética: los sonidos del español

Para facilitar la comprensión del sistema de sonidos del español, este capítulo se organiza en torno a dos disciplinas: la fonología y la fonética. A partir de criterios pedagógicos, se ha optado por invertir el orden tradicional en el que se presentan estas dos áreas de la lingüística y, con ello, pasar de lo general a lo particular. Mediante el estudio de la fonología se presentan los conceptos abstractos del sistema de sonidos del español, es decir, los fonemas en relación con sus diferencias y funciones. Con la fonética, se analizan las realizaciones concretas de estos sonidos teniendo en cuenta el contexto fónico en el que se producen. En la parte final del capítulo, se hace un repaso de las reglas generales de acentuación y se explican algunos rasgos suprasegmentales, tales como la entonación. Toda esta información le permitirá al alumno apreciar la variedad de sonidos en el idioma, distinguir sus principales características y aprender a transcribirlos.

## Capítulo 3 – Morfología: la formación de palabras

En este capítulo se analizan los principales elementos que conforman la estructura interna y externa de las palabras. Así, se estudia primero la morfología léxica o derivativa, que nos permite comprender la formación de palabras y después la morfología flexiva, que nos indica los cambios de naturaleza gramatical necesarios para establecer la concordancia entre los elementos de la oración. Una vez que se han presentado los conceptos básicos sobre cómo segmentar palabras, en la morfología léxica se analizan los mecanismos más comunes en su formación (prefijación y sufijación). También se explican otros procedimientos que dan lugar a la creación y asimilación de unidades léxicas en la lengua, como las siglas, los acrónimos, las abreviaturas, los acortamientos, los neologismos y los préstamos lingüísticos, y las marcas comerciales. Del mismo modo, se repasan las categorías gramaticales de palabras. Por último, se describe la morfología flexiva desde la óptica de la morfología nominal (género y número) y verbal (número, persona, tiempo, modo y aspecto). Con este material, el alumno adquirirá una sólida base antes de estudiar cómo se relacionan los distintos elementos lingüísticos en la oración.

## Capítulo 4 – Sintaxis: la estructura de las oraciones

Este capítulo sirve de introducción al estudio de la sintaxis teórica mediante una explicación de la capacidad creativa del lenguaje y del análisis de cómo las palabras se agrupan en constituyentes en la oración en consonancia con una serie de reglas. Para ello, se analiza el concepto de núcleo de un sintagma y sus diversos tipos, nominal (SN), adjetival (SA), verbal (SV), adverbial (SAdv) y preposicional (SP), y se explica qué función tiene cada sintagma según su lugar en la oración. Después se presenta la distinción entre argumentos y adjuntos, oraciones simples y compuestas (coordinadas y subordinadas), así como información sobre el orden de las palabras en español. A lo largo del capítulo, el estudiante aprenderá cómo la estructura de la lengua, y el funcionamiento de sus componentes, se puede plasmar en diagramas arbóreos que representan la relación jerárquica y funcional que se establece en el discurso entre los diferentes enunciados y oraciones.

## Capítulo 5 – Semántica y pragmática: del significado al uso del lenguaje

Para comprender la relación que existe entre el significado y el uso del lenguaje, este capítulo se estructura en torno a dos disciplinas: la semántica y la pragmática. Mediante el estudio de la semántica, se analiza el sentido o la interpretación del signo lingüístico a partir de la representación del significado y su referente o elemento real. Se presentan los papeles temáticos, las relaciones semánticas entre palabras y la diferencia entre el significado literal y el figurado (las metáforas y el lenguaje idiomático). Con la pragmática se plantea el estudio del significado en contexto, especialmente cómo los elementos extralingüísticos y la situación comunicativa pueden incidir directamente sobre su interpretación. Se revisan algunos de los principales modelos pragmáticos (los actos de habla, las máximas conversacionales y la teoría de la relevancia), y se describen fenómenos como la cortesía lingüística, la ironía y el humor. Al pasar de la semántica a la pragmática, el capítulo sirve asimismo de transición entre la lingüística teórica y la lingüística aplicada. Toda esta información le permitirá al estudiante analizar y apreciar cómo se representa y se transmite el significado, prestando atención a la relación de dependencia entre emisor, receptor y contexto durante el acto comunicativo.

## Capítulo 6 – Historia de la lengua: la evolución del idioma

En este capítulo se lleva a cabo un recorrido histórico por la evolución del español desde sus orígenes, pasando por el latín tardío, el romance y el castellano medieval, y el contacto e influencia de otras lenguas. Para ello, se presentan algunos aspectos sobre las distintas civilizaciones que habitaron la península ibérica, las lenguas que se hablaban entonces, y cómo estas, y otros factores históricos, han podido influir en el desarrollo del español. También se presta atención a la evolución de los sonidos sibilantes. Este grupo de sonidos, además de indicar la tendencia natural a la economía lingüística, muestra la manera en la que diferentes áreas geográficas, como el español del centro-norte peninsular y el resto de las variedades del español, orientan los cambios fonológicos por vías distintas. Toda esta información le permitirá al estudiante comprender cómo ha evolucionado el idioma y de qué modo el español es el resultado de un conglomerado de sucesos lingüísticos.

## Capítulo 7 – Variación: diversidad lingüística y dialectal en el mundo hispanohablante

Este capítulo analiza la lengua desde la óptica de la dialectología y de la sociolingüística con el propósito de mostrar la variación lingüística en el ámbito panhispánico. Se presentan primero algunos conceptos básicos que sirven para entender cómo se puede analizar la variación lingüística desde el punto de vista diacrónico (temporal), diastrático (social), diafásico (contextual) y diatópico (geográfico). A continuación, se ofrecen datos sobre el español como lengua global y, a partir de los rasgos fonético-fonológicos, morfosintácticos y léxicos, se describe la zonificación dialectal del mundo hispanohablante, en España (castellano, andaluz y canario) y en Latinoamérica (caribeño, mexicano-centroamericano, andino, austral y chileno). Por último, debido al aumento demográfico del número de hablantes de español en los EE. UU., se analiza la presencia del español en este país. Con todo este material, el alumno podrá apreciar la riqueza del idioma y aprenderá a reconocer las diferencias que caracterizan los principales modos de hablar del mundo hispanohablante.

## Capítulo 8 – Adquisición: el aprendizaje y la enseñanza de la lengua

En este último capítulo se propone hacer una incursión en la adquisición de la lengua materna (L1) y de una segunda lengua (L2) para pasar posteriormente a abordar diversas cuestiones sobre el aprendizaje de idiomas. Para ello, se repasan algunos de los factores externos e internos que pueden desempeñar un papel importante en el aprendizaje de otra lengua. A continuación, se examinan los fenómenos del bilingüismo y multilingüismo desde la perspectiva lingüística y sociocultural, antes de explorar aspectos más concretos relacionados con la disciplina de la lingüística aplicada. Después se analiza el concepto de interlengua y se lleva a cabo un breve recorrido histórico por los principales métodos de enseñanza. En la última parte del capítulo, se aborda el tema del papel de la tecnología en el aprendizaje de idiomas y se ofrece información sobre entidades y asociaciones en el ámbito de la enseñanza del español como L2. Con esta información, el estudiante podrá reflexionar sobre sus propias experiencias lingüísticas mientras adquiere una sólida perspectiva panorámica sobre la adquisición de la lengua.

## 3. Estructura de los capítulos

En la elaboración de cada capítulo se ha considerado la manera más pedagógica de presentar los contenidos sobre lingüística hispánica. Con este fin, se plantea una estructura que proporcione al estudiante las herramientas necesarias para indagar, explorar y ampliar la información adquirida sobre cada una de las disciplinas que se recogen en el libro. Cada capítulo consta de los siguientes componentes.

| Estructura de los capítulos | |
|---|---|
| **Componentes del capítulo** | **Objetivos** |
| **1. Tabla de contenidos** | Selección de temas a modo de hoja de ruta que permite visualizar todos los conocimientos teóricos que se van a desarrollar y aprender a lo largo del capítulo. |
| **2. Actividades** | Oportunidad de llevar a la práctica la teoría mediante diversas dinámicas que se intercalan a lo largo del capítulo. Estas dinámicas conducen a la reflexión y contribuyen a reforzar el aprendizaje. |
| **3. Proyectos de investigación** | Tareas específicas que permiten adentrarse en la investigación de factores, procesos y contextos relacionados con el uso de la lengua. Estos miniproyectos fomentan el intercambio de información (exposiciones o presentaciones orales, informes escritos, debates, realización de trabajos en grupo, etc.). |

| 4. Lecturas adicionales para profundizar sobre la materia | Pautas bibliográficas, a disposición del estudiante y del profesor, para profundizar sobre cada uno de los temas planteados en el capítulo. |
|---|---|
| 5. Lista de conceptos y términos clave | Listado bilingüe (español e inglés) de los principales conceptos y términos clave del capítulo para reforzar el uso de la terminología lingüística propia de cada ámbito. |
| 6. Bibliografía especializada | Recopilación de todas las referencias del capítulo y de las referencias temáticas recogidas en la sección "Lecturas adicionales para profundizar sobre la materia". |

## 3.1. Tabla de contenidos

En cada una de las tablas de contenidos se sintetizan los principales puntos teóricos que se desarrollan en el capítulo. Estas tablas resultan de gran utilidad para verificar los conocimientos que se han ido adquiriendo a lo largo del libro, y también para relacionar y saber ubicar cada uno de ellos dentro de un área específica de la lingüística.

## 3.2. Actividades

Las actividades se intercalan a lo largo del capítulo para facilitar el aprendizaje que se desprende de la teoría y la práctica. Así, el estudiante será capaz de llevar a la práctica de manera inmediata la información que acaba de aprender. Del mismo modo, se han diseñado actividades de diversa índole que no solamente sirven para comprobar la comprensión de los contenidos teóricos, sino que también promueven el reconocimiento de muestras de lengua y la reflexión sobre características propias del lenguaje humano en general, y del español en particular. Para ello, las actividades facilitan la exploración mediante la búsqueda de información y el uso de herramientas tecnológicas (corpus de lengua, bases de datos, diccionarios electrónicos, archivos de vídeo y audio, etc.), e impulsan la creatividad con la creación de situaciones lingüísticas o contextos que puedan servir para analizar el uso de la lengua.

## 3.3. Proyectos de investigación

Para cada capítulo, se han seleccionado cuatro proyectos de investigación con un carácter eminentemente práctico. Mediante la realización de exposiciones o presentaciones orales, informes escritos, debates, etc., estos miniproyectos constituyen una manera de iniciar al estudiante a la investigación y fomentan además el intercambio de información y el trabajo en equipo. Con todo ello, se desea potenciar la reflexión conjunta en el aula sobre la estructura y el uso del idioma. En el diseño de esos proyectos de investigación también se ha tenido en cuenta a los futuros docentes de la lengua, al plantear casos concretos que un profesor se puede encontrar en el aula. La realización de estas tareas, ya sea de manera individual o en grupo, le permitirá al estudiante reflexionar sobre el lenguaje, intercambiar impresiones de manera activa, aprender a sistematizar el material lingüístico y transmitir los conocimientos adquiridos.

## 3.4. Lecturas adicionales para profundizar sobre la materia

Al final de cada capítulo se incluye un recuadro en el que se detallan una serie de lecturas adicionales que serán de gran utilidad para profundizar sobre cada uno de los temas principales que han aparecido en el capítulo. Estas lecturas no están solamente dirigidas al estudiante, sino que también constituyen un recurso del que el profesor podrá hacer uso para ampliar el material. De este modo, se podrá asignar a los alumnos las lecturas más relevantes para los aspectos de cada capítulo sobre los que se desee incidir. Las referencias completas correspondientes a las "Lecturas adicionales" aparecen convenientemente recogidas al final de cada capítulo.

### 3.5. Lista de conceptos y términos clave

Antes de la bibliografía general del capítulo, se presenta un listado de los principales conceptos y términos clave que han aparecido en el capítulo a fin de exponer al estudiante la terminología apropiada para cada disciplina lingüística. Dicha lista es bilingüe y recoge los términos en español y su equivalente en inglés. La recopilación de estos conceptos y términos clave sirve como recordatorio de los principales contenidos de cada capítulo, además de familiarizar al estudiante con las posibles diferencias que puedan existir en el uso de la terminología especializada entre ambas lenguas. Mediante estas listas también se pretende facilitar la labor investigadora del estudiante a la hora de hallar documentos y referencias bibliográficas en ambas lenguas que le permitan profundizar en el estudio de un aspecto lingüístico concreto.

### 3.6. Bibliografía especializada

Cada capítulo concluye con una bibliografía especializada en la que se han incluido las referencias de los contenidos y las lecturas recomendadas para profundizar sobre la materia. El profesor podrá asignar aquellas lecturas complementarias que considere más relevantes, pero, más importante aún, la bibliografía está diseñada como herramienta de iniciación a la investigación, puesto que combina estudios tradicionales y referencias actuales que aportan nuevos datos sobre la materia. En consonancia con el auge por el estudio del español como L2, se han seleccionado además referencias específicamente relacionadas con el aprendizaje y la enseñanza del español.

## 4. Cómo utilizar el libro

La atención especial que este libro presta a las necesidades e intereses de los destinatarios, y a la aplicabilidad de sus actividades, le permite servir como texto para un curso de lingüística hispánica de nivel de grado o como material de apoyo para estudiantes de posgrado. Cada capítulo en su conjunto —contenidos, actividades, proyectos de investigación, lecturas adicionales, lista de conceptos y términos clave, y bibliografía especializada— permite reflexionar, profundizar e iniciarse al estudio y a la investigación en un área concreta de conocimiento. La aplicabilidad de los contenidos y su carácter práctico convierten también el libro en una herramienta idónea para formar a futuros docentes de la lengua. La distribución de los capítulos, y su autonomía de uso, permite varias opciones en función de las características concretas de cada programa académico en que se incluye un curso de introducción a la lingüística hispánica. Las siguientes secciones describen algunas de esas opciones, todas ellas basadas en la estructura general del libro y la específica de sus capítulos.

## 4.1. Curso sobre lingüística hispánica de un semestre

En un gran número de instituciones, los cursos de introducción a la lingüística hispánica suelen durar un semestre de aproximadamente 15 semanas. La estructura de este libro debería permitirle al instructor cubrir todos los capítulos en un semestre con suficiente detenimiento. No obstante, el docente podrá variar el orden de presentación de los capítulos —o incluso seleccionar los que considere más apropiados— según las características del currículo, los objetivos principales del curso o los intereses de sus alumnos. Las diferentes opciones ilustran algunos posibles cambios en el orden de presentación de los contenidos:

**Opción A.** De contenidos formales y funcionales a contenidos históricos y sociales

| Duración: 1 semestre | Contenidos formales, funcionales, históricos y sociales |
|---|---|
| Área de conocimiento | Objetivos |
| Cap. 1. Conceptos fundamentales | Familiarizarse con algunos conceptos básicos y fundamentales de la lingüística como ciencia. |
| Cap. 2. Fonología y fonética | Apreciar la variedad de sonidos del idioma, distinguir sus principales características y aprender a transcribirlos. |
| Cap. 3. Morfología | Analizar cómo se configura la estructura interna de las palabras y aprender a distinguir sus diferentes categorías. |
| Cap. 4. Sintaxis | Comprender cómo se establece la relación jerárquica y funcional entre los diferentes enunciados y oraciones en el discurso. |
| Cap. 5. Semántica y pragmática | Entender cómo se codifica y descodifica el significado de las palabras en relación con el contexto de la comunicación. |
| Cap. 6. Historia de la lengua | Observar la evolución de la lengua desde sus orígenes en su dimensión diacrónica y sincrónica. |
| Cap. 7. Variación | Analizar el signo lingüístico, contrastar las variedades del idioma y apreciar la diversidad lingüística del mundo hispanohablante. |
| Cap. 8. Adquisición | Adentrarse en el estudio de los factores y procesos que inciden en el aprendizaje y en la enseñanza de una lengua. |

**Opción B.** De contenidos históricos y sociales a contenidos formales y funcionales

| Duración: 1 semestre | Contenidos formales, funcionales, históricos y sociales |
|---|---|
| Área de conocimiento | Objetivos |
| Cap. 1. Conceptos fundamentales | Familiarizarse con algunos conceptos básicos y fundamentales de la lingüística como ciencia. |
| Cap. 6. Historia de la lengua | Observar la evolución de la lengua desde sus orígenes en su dimensión diacrónica y sincrónica. |
| Cap. 7. Variación | Analizar el signo lingüístico, contrastar las variedades del idioma y apreciar la diversidad lingüística del mundo hispanohablante. |
| Cap. 8. Adquisición | Adentrarse en el estudio de los factores y procesos que inciden en el aprendizaje y en la enseñanza de una lengua. |
| Cap. 2. Fonología y fonética | Apreciar la variedad de sonidos del idioma, distinguir sus principales características y aprender a transcribirlos. |
| Cap. 3. Morfología | Analizar cómo se configura la estructura interna de las palabras y aprender a distinguir sus diferentes categorías. |

| Cap. 4. Sintaxis | Comprender cómo se establece la relación jerárquica y funcional entre los diferentes enunciados y oraciones en el discurso. |
|---|---|
| Cap. 5. Semántica y pragmática | Entender cómo se codifica y descodifica el significado de las palabras en relación con el contexto de la comunicación. |

**Opción C.** De contenidos históricos a formales/funcionales y finalmente sociales

| Duración: 1 semestre | Contenidos formales, funcionales, históricos y sociales |
|---|---|
| **Área de conocimiento** | **Objetivos** |
| Cap. 1. Conceptos fundamentales | Familiarizarse con algunos conceptos básicos y fundamentales de la lingüística como ciencia. |
| Cap. 6. Historia de la lengua | Observar la evolución de la lengua desde sus orígenes en su dimensión diacrónica y sincrónica. |
| Cap. 2. Fonología y fonética | Apreciar la variedad de sonidos del idioma, distinguir sus principales características y aprender a transcribirlos. |
| Cap. 3. Morfología | Analizar cómo se configura la estructura interna de las palabras y aprender a distinguir sus diferentes categorías. |
| Cap. 4. Sintaxis | Comprender cómo se establece la relación jerárquica y funcional entre los diferentes enunciados y oraciones en el discurso. |
| Cap. 5. Semántica y pragmática | Entender cómo se codifica y descodifica el significado de las palabras en relación con el contexto de la comunicación. |
| Cap. 7. Variación | Analizar el signo lingüístico, contrastar las variedades del idioma y apreciar la diversidad lingüística del mundo hispanohablante. |
| Cap. 8. Adquisición | Adentrarse en el estudio de los factores y procesos que inciden en el aprendizaje y en la enseñanza de una lengua. |

Las opciones siguientes pueden resultar más propicias para docentes o programas orientados a determinadas áreas de estudio, que pueden hacer uso de aquellos capítulos o libros que se necesiten, o asignar otros que se consideren complementarios.

**Opción D.** Curso de un semestre con atención a contenidos formales y sociales

| Duración: 1 semestre | Contenidos formales y sociales |
|---|---|
| **Área de conocimiento** | **Objetivos** |
| Cap. 1. Conceptos fundamentales | Familiarizarse con algunos conceptos básicos y fundamentales de la lingüística como ciencia. |
| Cap. 2. Fonología y fonética | Apreciar la variedad de sonidos del idioma, distinguir sus principales características y aprender a transcribirlos. |
| Cap. 3. Morfología | Analizar cómo se configura la estructura interna de las palabras y aprender a distinguir sus diferentes categorías. |
| Cap. 4. Sintaxis | Comprender cómo se establece la relación jerárquica y funcional entre los diferentes enunciados y oraciones en el discurso. |
| Cap. 7. Variación | Analizar el signo lingüístico, contrastar las variedades del idioma y apreciar la diversidad lingüística del mundo hispanohablante. |
| Cap. 8. Adquisición | Adentrarse en el estudio de los factores y procesos que inciden en el aprendizaje y en la enseñanza de una lengua. |

**Opción E.** Curso de un semestre con atención a contenidos formales y funcionales

| Duración: 1 semestre | Contenidos formales y funcionales |
|---|---|
| Área de conocimiento | Objetivos |
| Cap. 1. Conceptos fundamentales | Familiarizarse con algunos conceptos básicos y fundamentales de la lingüística como ciencia. |
| Cap. 2. Fonología y fonética | Apreciar la variedad de sonidos del idioma, distinguir sus principales características y aprender a transcribirlos. |
| Cap. 3. Morfología | Analizar cómo se configura la estructura interna de las palabras y aprender a distinguir sus diferentes categorías. |
| Cap. 4. Sintaxis | Comprender cómo se establece la relación jerárquica y funcional entre los diferentes enunciados y oraciones en el discurso. |
| Cap. 5. Semántica y pragmática | Entender cómo se codifica y descodifica el significado de las palabras en relación con el contexto de la comunicación. |

**Opción F.** Curso de un semestre con contenidos formales, históricos y sociales

| Duración: 1 semestre | Contenidos formales, históricos y sociales |
|---|---|
| Área de conocimiento | Objetivos |
| Cap. 1. Conceptos fundamentales | Familiarizarse con algunos conceptos básicos y fundamentales de la lingüística como ciencia. |
| Cap. 2. Fonología y fonética | Apreciar la variedad de sonidos del idioma, distinguir sus principales características y aprender a transcribirlos. |
| Cap. 3. Morfología | Analizar cómo se configura la estructura interna de las palabras y aprender a distinguir sus diferentes categorías. |
| Cap. 4. Sintaxis | Comprender cómo se establece la relación jerárquica y funcional entre los diferentes enunciados y oraciones en el discurso. |
| Cap. 7. Variación | Analizar el signo lingüístico, contrastar las variedades del idioma y apreciar la diversidad lingüística del mundo hispanohablante. |
| Cap. 6. Historia de la lengua | Observar la evolución de la lengua desde sus orígenes en su dimensión diacrónica y sincrónica. |

## 4.2. Curso sobre lingüística hispánica de dos semestres

Como se indica a continuación, se puede hacer uso de la totalidad del libro en dos semestres de acuerdo con la división general de los contenidos. Para ello, se puede dedicar el primero a los aspectos formales y funcionales de la lengua, y el segundo a los históricos y sociales.

| Semestre 1 | Contenidos formales y funcionales |
|---|---|
| Área de conocimiento | Objetivos |
| Cap. 1. Conceptos fundamentales | Familiarizarse con algunos conceptos básicos y fundamentales de la lingüística como ciencia. |
| Cap. 2. Fonología y fonética | Apreciar la variedad de sonidos del idioma, distinguir sus principales características y aprender a transcribirlos. |

| Cap. 3. Morfología | Analizar cómo se configura la estructura interna de las palabras y aprender a distinguir sus diferentes categorías. |
|---|---|
| Cap. 4. Sintaxis | Comprender cómo se establece la relación jerárquica y funcional entre los diferentes enunciados y oraciones en el discurso. |
| Cap. 5. Semántica y pragmática | Entender cómo se codifica y descodifica el significado de las palabras en relación con el contexto de la comunicación. |

| Semestre 2 | Contenidos históricos y sociales |
|---|---|
| Área de conocimiento | Objetivos |
| Cap. 6. Historia de la lengua | Observar la evolución de la lengua desde sus orígenes en su dimensión diacrónica y sincrónica. |
| Cap. 7. Variación | Analizar el signo lingüístico, contrastar las variedades del idioma y apreciar la diversidad lingüística del mundo hispanohablante. |
| Cap. 8. Adquisición | Adentrarse en el estudio de los factores y procesos que inciden en el aprendizaje y en la enseñanza de una lengua. |

Estas no son las únicas combinaciones posibles, ya que el libro de texto le ofrece al profesor toda una gama de opciones y recursos de los que podrá escoger aquellos contenidos y actividades que mejor cubran sus necesidades docentes y curriculares.

## 5. Recursos adicionales

Además de la información que aparece en los capítulos, el libro aporta una serie de recursos adicionales que convierten a esta obra en una auténtica herramienta didáctica.

### 5.1. Glosario bilingüe de términos lingüísticos e índice temático

Al final del libro aparece un glosario bilingüe con definiciones de los principales términos lingüísticos de los capítulos y un índice temático general para facilitar la localización de los principales conceptos que se abordan en la publicación. Es importante que el estudiante se familiarice con dicha terminología y que la utilice tanto al expresarse sobre la lingüística como durante su análisis.

### 5.2. Recursos en línea y guía del profesor

El libro de texto viene acompañado de recursos en línea donde se incluyen enlaces de audio y vídeo, diccionarios, bases de datos, listas de bibliografía, información sobre grupos de investigación y otros contenidos que permiten ampliar la información del libro y facilitan la tarea de iniciarse en el estudio y en la investigación sobre la lingüística hispánica. Mediante estos recursos, se pretende que tanto los estudiantes como los docentes hagan uso de las tecnologías de la información y de la comunicación para explorar en mayor profundidad los temas que se presentan en el libro. En el mismo espacio los profesores podrán adquirir la guía didáctica con las soluciones de todas las actividades del texto, pautas metodológicas, actividades de ampliación y recomendaciones sobre cómo trasladar al aula los contenidos de los diferentes capítulos.

## 6. Agradecimientos

Nos gustaría darles las gracias a todas aquellas personas que con sus comentarios y sugerencias han contribuido a que este libro constituya una herramienta que ofrece una perspectiva actual sobre el estudio de la lingüística hispánica. En primer lugar, nos gustaría transmitir nuestro agradecimiento a la editorial Routledge, más concretamente a la editora Samantha Vale Noya, por haber apostado por este proyecto, y por todo su apoyo y paciencia durante la realización del mismo. También nos sentimos en deuda con Camille Burns por su ayuda, Anna Callander por su excelente coordinación de la edición y maquetación del libro, y con los seis especialistas que anónimamente evaluaron nuestro trabajo en diferentes ocasiones. Su experiencia como docentes de cursos de "introducción a la lingüística hispánica", sus comentarios y sugerencias nos han sido de gran ayuda durante la redacción del manuscrito.

También nos gustaría darles las gracias a las siguientes personas: la Dra. Yang Xiao-Desai (San Francisco State University) por su ayuda con las muestras de chino que se han utilizado para explicar algunos aspectos contrastivos sobre el uso de la lengua; Marina Massaguer Comes (University of Oxford/Universitat Oberta de Catalunya) por todo su trabajo de corrección y edición, y por las numerosas sugerencias que nos han servido para reflexionar sobre importantes aspectos del libro. Sin su excelente intuición lingüística y pertinentes comentarios en diferentes áreas, pero muy especialmente en el ámbito de la sociolingüística, no nos habría sido posible llegar a importantes conclusiones que han contribuido a mejorar la publicación. También nos sentimos en deuda con la Dra. María del Pilar Blanco (University of Oxford) por aclararnos dudas sobre el español caribeño; Fernando Concha (Universidad de Chile) por su valiosa y generosa ayuda con consultas sobre el español chileno; Alejandra Crosta (University of Oxford) por responder a nuestras preguntas sobre el español austral; la Dra. Rocío Díaz Bravo (University College London/University of Cambridge) por su ayuda con aspectos relacionados con el léxico del andaluz y de las hablas andaluzas; la Dra. Olivia Vázquez-Medina (University of Oxford) y el Dr. Daniel Gutiérrez Trápaga (University of Oxford) por su ayuda con el español mexicano, y Daniel Hayes (Universidad Autónoma del Estado de México) por sus sugerencias, también sobre la variedad mexicana, y por proporcionarnos la imprescindible perspectiva de un recién graduado experto en lingüística y español. Tampoco habría sido posible la realización del libro sin las siguientes personas: Laura Naveira Velasco, cuya paciencia como ilustradora del libro y talento artístico han contribuido a capturar de manera pedagógica el uso del idioma; Isabel Morán, por todas sus certeras recomendaciones y excelentes revisiones del texto, y Pawel Adrjan (University of Oxford) por todo su apoyo incondicional, conversaciones sobre la materia, y por sus excelentes y pertinentes sugerencias. Asimismo nos gustaría dar las gracias al Monasterio de San Millán de la Cogolla (La Rioja, España), en especial al Prior del Monasterio, Pedro Merino, por permitirnos reproducir el folio 72r del *Códice Emilianense 60* que aparece en el capítulo 6 sobre historia de la lengua.

También nos gustaría expresar nuestra gratitud a los siguientes especialistas por su cuidadosa lectura y revisión de algunos de los capítulos del libro: la Dra. Elga Cremades Cortiella (Masarykova Univerzita), la Dra. Rocío Díaz Bravo (University College London/University of Cambridge), la Dra. Elisa Gironzetti (Texas A&M University-Commerce), Daniel Hayes (Universidad Autónoma del Estado de México), el Dr. Eric Holt (University of South

Carolina), el Dr. Francisco Jiménez Calderón (Universidad de Extremadura), la Dra. Yolanda Pérez Sinusía (Escuela Oficial de Idiomas, Madrid), el Dr. Rajiv G. Rao (University of Wisconsin-Madison), la Dra. Ana Patricia Rodríguez (University of Maryland), la Dra. Anna Sánchez Rufat (Universidad de Extremadura), el Dr. David Serrano-Dolader (Universidad de Zaragoza), el Dr. Thomas J. Walsh (Georgetown University) y Carlos Yebra López (New York University). Por último, la realización de esta publicación no habría sido posible sin nuestros estudiantes en University of Oxford, University of South Carolina, University of Illinois at Chicago y University of Maryland, con quienes nos sentimos en deuda por ser en todo momento la fuente de inspiración necesaria para poder escribir este libro.

Parte de la información aquí presentada se enmarca en los proyectos de I+D+i "Identidades y culturas digitales en la educación lingüística" (EDU2014-57677-C2-1-R) y "Género, humor e identidad: desarrollo, consolidación y aplicabilidad de mecanismos lingüísticos en español" (FFI2015-64540-C2-1-P), del programa estatal de investigación, desarrollo e innovación orientado a los retos de la sociedad, del Ministerio de Economía y Competitividad de España, a los que pertenece el Dr. Javier Muñoz-Basols. También nos gustaría dar las gracias a la Dirección General de Política e Industrias Culturales y del Libro, del Ministerio de Educación, Cultura y Deporte, por la concesión de la beca al Dr. Javier Muñoz-Basols, (número de registro: T002016N0000005094), del Programa HISPANEX de ayudas para la cooperación cultural con universidades extranjeras. Dicha beca servirá para crear un "Portal con recursos en línea destinados a fomentar la investigación y la difusión de la lingüística hispánica" que ampliará y complementará los contenidos del presente libro. Todos los materiales de audio y vídeo a los que se hace referencia en algunas actividades se han utilizado con fines didácticos. Agradecemos la disponibilidad de dichos documentos a HBO Latino, el programa "Splunge" de Televisión Española (TVE), la web Audio-Lingua y la web del "Catálogo de voces hispánicas" del Instituto Cervantes, y a las personas que aparecen representadas en estos documentos audiovisuales.

GOBIERNO
DE ESPAÑA

MINISTERIO
DE EDUCACIÓN, CULTURA
Y DEPORTE

SECRETARÍA
DE ESTADO
DE CULTURA

# Conceptos fundamentales: lenguaje, lengua y lingüística

## Introducción

Este primer capítulo presenta el concepto de lengua como fenómeno mental desde un punto de vista teórico. Comprender la distinción entre dos términos relacionados entre sí aunque independientes, *lengua* y *lenguaje*, resulta imprescindible como paso previo para explorar la noción de signo lingüístico. Para ello, se describen las dos corrientes principales que explican la naturaleza de la capacidad del lenguaje, el enfoque conductista, ya en desuso, y la hipótesis innatista, corriente todavía vigente en la actualidad y que nos ayuda a analizar la lingüística como ciencia cognitiva. También se enumeran las principales características que distinguen el lenguaje humano de los sistemas de comunicación animal, y se explican los factores constitutivos de la comunicación y el objeto de estudio de la neurolingüística. Por último, el capítulo plantea el carácter interdisciplinar de la lingüística y se traslada hasta el momento presente, al abordar algunos de los estudios más recientes que emplean el lenguaje como herramienta heurística. Con toda esta información, el estudiante podrá familiarizarse con conceptos fundamentales de la lingüística como ciencia y reflexionar sobre la capacidad comunicativa del ser humano.

## 1. El lenguaje como fenómeno mental

Una de las principales cuestiones que vamos a abordar en este capítulo es cómo funciona la facultad del lenguaje humano. Todas las especies poseen un sistema de comunicación, si entendemos la **comunicación biológica** como "la acción por parte de un organismo (o célula) de manera que altera el patrón de probabilidad de conducta de otro" (Wilson 1975/2000, 176). Por lo tanto, existe una correlación entre las características propias de un organismo y su manera de comunicarse: cuanto más complejo sea este, más elaborado será también su sistema de comunicación.

Sin embargo, como detallaremos más adelante, el lenguaje humano posee particularidades propias que lo hacen único en comparación con otras especies. Un ejemplo lo encontramos en la **función metalingüística** del lenguaje, es decir, el empleo de términos lingüísticos que nos permite reflexionar sobre cómo nos comunicamos y sistematizar el uso de la lengua. Esta capacidad ha hecho posible la elaboración de gramáticas que establecen reglas y describen el uso del idioma. Otro ejemplo lo observamos en la sintaxis, el componente que nos permite construir un número ilimitado de enunciados a partir de un número finito de elementos. Para que la sintaxis se manifieste como tal y tenga validez en una lengua, es necesario un oyente receptivo que pueda descodificar el mensaje de dichos enunciados. Siguiendo a Ray Jackendoff (1994) podemos ilustrar la dinámica del acto comunicativo con un solo elemento léxico, la palabra *casa*.

**Figura 1.1** Representación del acto comunicativo
Adaptado de Jackendoff (1994, 8-9)

Como vemos en la figura, el hablante o emisor, Luis, quiere comunicarse con el oyente o receptor, Ramón. Primero Luis ve el objeto al que quiere hacer referencia, *una casa*, y su cerebro procesa la imagen mental de dicho objeto, busca el ítem léxico que corresponde a este concepto y lo reproduce oralmente. Por su parte, Ramón, como receptor del mensaje, percibe los sonidos emitidos por Luis, establece la conexión entre los sonidos que acaba de oír y la unidad léxica, y procesa la representación mental de *una casa*. Ramón ha descodificado así la palabra que ha emitido Luis y la transmisión del mensaje se ha llevado a cabo con éxito.

Uno de los grandes interrogantes que todavía queda por resolver es si la habilidad de codificar y descodificar mensajes que tiene lugar en el cerebro humano es el resultado de una **capacidad innata**, es decir, si aprendemos a hacer uso de un sistema subyacente para acceder de manera instantánea a los elementos que ya existen en nuestra lengua o si, por el contrario, se trata de una **capacidad adquirida** y, por lo tanto, si codificamos y descodificamos cada mensaje de manera individual. Asimismo, también cabría preguntarse cuáles de estos elementos del lenguaje son innatos y cuáles adquiridos (Pinker y Jackendoff 2005, 202).

Según Noam Chomsky (1957), promotor de la capacidad innata del lenguaje, existen dos parámetros, llamados **argumentos fundamentales**, que contribuyen a describir la habilidad del lenguaje. El primero es el de la **gramática mental**, que indica que el cerebro guarda almacenado un conjunto de principios gramaticales inconscientes y que, por lo tanto, cada hablante posee un conocimiento tácito o inferido del mecanismo de la lengua. El segundo argumento es el de la **hipótesis innatista**, que explica que el cerebro humano está genéticamente predispuesto para que un individuo durante su niñez aprenda a hablar una o varias lenguas a la vez, sin que tenga que someterse a una instrucción formal de las mismas. Estos dos argumentos —la capacidad del cerebro de inferir el lenguaje y su predisposición para asimilar una lengua— explicarían en parte la faceta innata del lenguaje (McNeil 2001, 62; Moreno Pérez 2007, 104-105).

En contraste con lo innato, y en relación con la habilidad del ser humano de comunicarse, la **faceta adquirida** del lenguaje sugiere que la característica innata del lenguaje no resulta suficiente para explicar por qué somos capaces de entablar comunicación. Es decir, el **entorno de aprendizaje** o circunstancias ambientales que rodean a un individuo desde su niñez, sus experiencias personales y lingüísticas, pueden influir —e incluso determinar— el desarrollo del lenguaje. De ahí que los factores externos resulten igualmente importantes, dado que sin ellos no podríamos desarrollar de manera completa una lengua, tal y como explicaremos en las siguientes secciones, en concreto, al describir algunos casos de niños que han crecido en aislamiento.

No obstante, tanto la faceta innata como la adquirida se relacionan en el cerebro, desde donde el ser humano trabaja principalmente con dos tipos de conocimiento. Por un lado, el **conocimiento declarativo** responde a la pregunta *¿qué?* y hace referencia a la información explícita como, por ejemplo, las reglas para la realización de una acción o la consecución de un objetivo. Por otro lado, el **conocimiento procedimental** se puede describir con la pregunta *¿cómo?* e identifica la manera en la que aplicamos las reglas almacenadas que proceden del conocimiento declarativo, aunque no seamos capaces de expresarlas de manera explícita (Ryle 1945–1946, 1949; Anderson 1983; Ullman 2001, 2005). Para ilustrar cómo se relacionan estos tipos de conocimiento podemos pensar en la actividad de conducir un automóvil con caja de cambios manual. Cuando nos sentamos al volante por primera vez, repasamos mentalmente la secuencia de movimientos necesarios para poder arrancar y adquirir velocidad. Mientras no hayamos automatizado dicha secuencia, estaremos haciendo uso del conocimiento declarativo. Sin embargo, con suficiente práctica, seremos capaces de automatizar la secuencia de movimientos y podremos arrancar, poner las marchas y conducir. Esto significa que habremos llegado a aplicar nuestro conocimiento procedimental para esta actividad concreta, la de conducir, puesto que habremos automatizado el conocimiento explícito de las reglas o pasos que debemos seguir.

De manera análoga, observamos que en la lengua ocurre algo similar. Un estudiante de español como segunda lengua (L2) puede tener almacenado en el cerebro conocimiento declarativo sobre la distinción entre el uso en español del pretérito imperfecto, *cantaba*, y del pretérito indefinido, *canté*, pero no será capaz de automatizar dicha distinción hasta que no practique lo suficiente el contraste. De hecho, es posible que el estudiante no sepa explicar mediante reglas por qué, para expresarse en el pasado, utiliza un tiempo verbal u otro. Sin embargo, con suficiente exposición a dichas estructuras y práctica continuada, la preferencia por una u otra forma en un contexto determinado, *Llegó, colgó el abrigo y me preguntó por ti* (donde vemos tres acciones consecutivas), habrá convertido dicha distinción en conocimiento tácito o inferido.

Como hemos visto, la facultad del lenguaje se encuentra asociada a lo innato, pero depende a su vez de la presencia de factores externos. En las secciones que aparecen a continuación haremos referencia a estas dos nociones para ejemplificar y desarrollar en profundidad cada una de ellas.

---

**Actividad 1. Explica cuáles de las siguientes actividades se relacionan principalmente con el conocimiento declarativo o con el procedimental. Justifica tu respuesta.**

1. Saber montar a caballo.
2. Saber contar hasta diez en otro idioma.
3. Saber el teorema de Pitágoras.
4. Saber andar.
5. Saber teclear a máquina.
6. Saber todas las capitales de los países latinoamericanos.

❯ **Ahora responde a las siguientes preguntas:**

1. ¿Qué tipo de conocimiento se perfecciona más?
2. ¿Qué tipo de conocimiento resulta, por lo general, menos flexible y espontáneo?
3. ¿Qué tipo de conocimiento crees que permanece durante más tiempo en la memoria?

---

## 1.1. Comunicación: lenguaje y lengua

El ser humano es la especie con el sistema de comunicación más sofisticado, pues, a diferencia de otras especies, se vale de signos lingüísticos. La comunicación tiene lugar por la capacidad de los seres humanos de compartir información en un medio determinado. Es decir, durante el acto comunicativo un individuo emite un mensaje que, a modo de signo o estímulo, es recibido por otro que actúa como receptor. Para comunicarse con éxito, el receptor debe ser capaz de descodificar o comprender dicho mensaje, el cual, además de estar compuesto por signos lingüísticos, puede venir expresado o reforzado de diferentes formas: mediante una sonrisa, una mirada, un gesto, etc.

El lenguaje y la lengua forman una parte intrínseca de este sistema de comunicación, ya sea desde un punto de vista abstracto (lenguaje), que permite que los seres humanos se comuniquen entre sí, o concreto (lengua), en relación con la manera específica en la que se expresa una comunidad de hablantes o un individuo. Ambos conceptos, *lenguaje* y *lengua*, que equivalen en inglés a una sola palabra, *language*, se suelen utilizar de manera indistinta en los textos no especializados. Sin embargo, pese a estar relacionados entre sí, estos dos términos poseen significados distintos, por lo que resulta conveniente examinar algunas de sus particularidades.

Desde el punto de vista lingüístico, nos interesa contrastar tanto los conceptos **lenguaje** y **lengua**, como los de **dialecto (lecto)** y **habla**, ya que todos ellos están relacionados con el intercambio de información que se produce durante el proceso de comunicación. Como se observa en la figura, estos términos varían en su significado desde el más abstracto, *lenguaje*, puesto que hace referencia a la manera general de comunicarse de los seres humanos, hasta el más concreto, *habla*, para denominar al modo concreto en el que se expresa una colectividad o incluso un individuo.

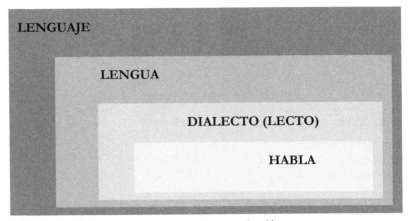

**Figura 1.2** Niveles lingüísticos relacionados con la comunicación

El **lenguaje** es la capacidad o habilidad de los seres humanos de comunicarse mediante el uso de signos lingüísticos en una o en varias lenguas. Aunque este término se pueda utilizar de manera más específica (*lenguaje técnico, lenguaje informático,* etc.), se trata de un concepto que incide sobre aspectos más abstractos en relación con la comunicación. Tal y como nos indica el *Diccionario de la lengua española* (*DRAE*), el término *lenguaje* engloba la facultad de hablar, el conjunto de sonidos articulados, estructuras y señales con las que el ser humano pone de manifiesto lo que piensa, siente o da a entender algo (2014, 1325). De ahí que distingamos entre *lenguaje verbal* y varios tipos de *lenguaje no verbal*, como, por ejemplo, el *lenguaje corporal*.

La **lengua** se compone de signos lingüísticos propios o característicos de una comunidad de hablantes, es decir, hace referencia a las más de seis mil que se hablan en el mundo en la actualidad (Moreno Fernández y Otero Roth 2007, 18). El término *lengua* se utiliza muchas veces de manera intercambiable con **idioma** cuando se refiere al código lingüístico con el que se comunica una comunidad determinada o que se emplea en un país, región o territorio. Por todas estas razones, el término *idioma* suele poseer muchas veces una connotación de índole social. También se utiliza para referirse a la capacidad de hablar una lengua extranjera, tal y como se observa en el ejemplo, *Hablar idiomas (lenguas) te abrirá muchas puertas*. Relacionado con este sustantivo encontramos el adjetivo **idiomático**, que sirve para identificar una expresión propia de una lengua, normalmente con una estructura fija o invariable, y a menudo con un sentido figurado o metafórico. En el ejemplo anterior, *abrir muchas puertas* es una expresión idiomática que equivale a "proporcionar muchas oportunidades" (véase el capítulo 5 para más información sobre el lenguaje idiomático).

Un **dialecto** es la "modalidad de una lengua utilizada en un territorio determinado [y el] sistema de signos desgajado de una lengua común, viva o desaparecida; normalmente con una concreta limitación geográfica, pero sin una fuerte diferenciación frente a otros de origen común" (Alvar 1996, 13; citado en Moreno-Fernández 2010, 231). Por lo tanto, este término se emplea para describir la relación de signos lingüísticos que en su origen proceden de otra lengua y que, por lo tanto, constituyen una **variedad** o variante de la misma. Por lo general, la variedad dialectal en cuestión se delimita de manera geográfica. Por ejemplo, el español comenzó siendo un dialecto del latín, y en Argentina existe el llamado *dialecto rioplatense*, que se caracteriza, entre otros rasgos, por el *voseo* o uso del pronombre *vos* como forma de tratamiento en lugar de *tú* (véase el capítulo 7 sobre variación lingüística). El uso del término dialecto muchas veces "presupone la existencia de cierta conciencia lingüística por parte de sus hablantes sobre la autonomía diferencial de su variedad respecto de la lengua estándar" (Fernández-Ordóñez 2016, 387). Por este motivo, la nomenclatura **lecto** se ha ido abriendo paso como la manera de identificar las diferentes variedades de una lengua en relación con las características propias de un hablante. De acuerdo con esta idea, los **lectos** son "variedades lingüísticas, con rasgos fónicos, gramaticales, léxicos y discursivos específicos, que derivan de los condicionamientos propios de unos dominios geográficos, unos perfiles sociales o unas situaciones y contextos comunicativos determinados" (Moreno Fernández 2012, 94).

Por último, el término **habla** responde al uso característico o realización lingüística propia de un hablante concreto, *el habla del presidente*, que puede compartir características en común con una colectividad o comunidad de hablantes, *el habla de la ciudad de Bogotá*. El término **jerga** se encuentra estrechamente relacionado con el de habla, puesto que se utiliza para identificar una variedad del habla de carácter especializado o familiar que se emplea en determinadas profesiones, *la jerga de los economistas*, *la jerga médica*, o en un grupo social, *la jerga estudiantil* —que puede ser en algunos casos de carácter temporal— y que se distingue, sobre todo, por el uso de un vocabulario específico y característico de cada grupo de hablantes.

---

**Actividad 2. Compara las siguientes definiciones del término *lenguaje*. Explica cómo han evolucionado a lo largo del tiempo, en qué se parecen y en qué se diferencian.**

1. "Un método netamente humano y no instintivo para comunicar ideas, emociones y deseos a través de un sistema de símbolos producidos de manera voluntaria". Edward Sapir (1921)
2. "Un sistema de signos vocales, es decir, que se emiten principalmente a partir de la voz, con el que coopera un grupo social". Bernard Bloch y George L. Trager (1942)
3. "Un conjunto de símbolos que transmiten significado, además de una serie de reglas para combinar dichos símbolos, los cuales pueden utilizarse para generar una variedad infinita de mensajes". Wayne Weiten (1989)
4. "Un comportamiento que utiliza partes del cuerpo: el aparato fonador y el sistema auditivo para el lenguaje oral, así como otras partes del cuerpo que también contribuyen a la comunicación, como los brazos, las manos y los ojos para las lenguas de signos o señas, etc. Estas partes del cuerpo están controladas únicamente por el cerebro y sus funciones". Fred C. C. Peng (2005)
5. "Un sistema convencional de símbolos hablados o escritos a través del cual los seres humanos se expresan como miembros de un grupo social y como participantes de su propia cultura. Las funciones del lenguaje incluyen la comunicación, la expresión de identidad, el juego, la expresión de la imaginación y la expresión de los sentimientos". David Crystal y Robert Henry Robins (2014)

**Actividad 3. Elige la definición más apropiada para cada uno de los siguientes conceptos. Ten en cuenta la información que ha aparecido en esta sección.**

lenguaje • lengua • idioma • dialecto • habla • jerga

| Definición | Término |
|---|---|
| 1. Sistema lingüístico derivado de otro, normalmente con una limitación geográfica concreta, pero sin diferenciación suficiente frente a otros de origen común. | |
| 2. Sistema de comunicación verbal propio de una comunidad humana. | |
| 3. Acto individual al hablar producido mediante la elección de determinados signos. | |
| 4. Conjunto de señales generales que dan a entender algo y que sirven para comunicarse. | |
| 5. Manera especial y familiar de hablar que usan entre sí los individuos de ciertas profesiones. | |
| 6. Lengua de un pueblo o nación, o común a varios. | |

Definiciones extraídas del *Diccionario de la lengua española* (*DRAE* 2014)

---

*Actividad 4.* Investiga el debate terminológico en torno a las palabras *dialecto* y *lecto*, y elabora un resumen en el que expongas algunas de las ideas de diferentes investigadores. Puedes consultar el recuadro con lecturas adicionales al final del capítulo.

## 1.2. La comunicación no verbal: la cinésica y la proxémica

El lenguaje como sistema de comunicación mediante señas o componentes no verbales, que generalmente se asocia a personas con discapacidad auditiva, forma en realidad una parte intrínseca del sistema de comunicación de cualquier hablante. Las lenguas de signos son tan antiguas como las lenguas orales, dado que eran un recurso al que se recurría cuando se producía un contacto entre dos culturas que no compartían el mismo código lingüístico. Por lo tanto, los gestos que podemos hacer con la cara, con las manos, o mediante movimientos corporales, a modo de indicios o signos, contribuyen igualmente al acto comunicativo.

La **cinésica** o **kinésica** es la disciplina que se encarga del estudio del lenguaje corporal y, por lo tanto, de los mensajes que forman parte de la comunicación no verbal y que pueden aparecer de manera autónoma o para reforzar un enunciado verbal. Pensemos por ejemplo en lo que ocurre cuando alguien viaja a un país en el que se habla un idioma que desconoce. En una situación como esta nos damos cuenta de la cantidad de signos no verbales que nos permiten comunicarnos con éxito como, por ejemplo, indicar una cantidad numérica con los dedos, preguntar la hora, expresar que se tiene frío, etc. Existen además otros comportamientos que también transmiten significados en el transcurso del intercambio lingüístico. Un ejemplo lo encontramos en la percepción y el uso del espacio durante el acto comunicativo. Edward Hall (1963) fue pionero en este tipo de estudios y estableció el término **proxémica** para identificar cómo los hablantes hacen uso del espacio físico durante la comunicación. Para ello estableció cuatro tipos de espacio —el público, el social, el personal y el íntimo— y los delimitó numéricamente a partir del sistema anglosajón de unidades.

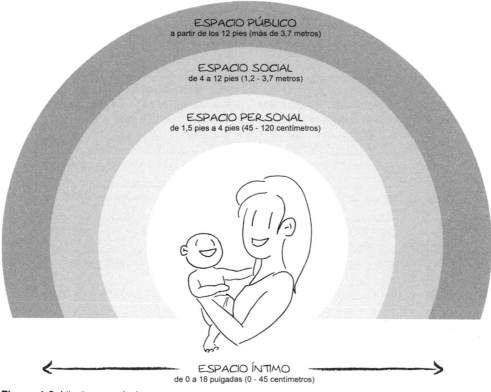

**Figura 1.3** Niveles proxémicos

El **espacio público** se emplea en intervenciones delante de un público o audiencia y comienza a partir de 12 pies (más de 3,7 metros). El **espacio social** se utiliza durante los intercambios lingüísticos entre conocidos y fluctúa entre los 4 y los 12 pies (de 1,2 a 3,7 metros). El **espacio personal** se manifiesta cuando el individuo se encuentra con amigos cercanos o con miembros de la familia y la distancia física entre estos grupos varía entre 1,5 y 4 pies (de 45 a 120 centímetros). Por último, en el **espacio íntimo** la separación entre los hablantes va de 0 a 18 pulgadas (de 0 a 45 centímetros), es decir, se da en situaciones de contacto físico al tocarse, antes o después de abrazarse, al susurrar al oído, etc.

Sobre la distinción entre los diferentes espacios cabe mencionar que, en ocasiones, dicha distancia guarda una estrecha relación con el componente cultural concreto de una sociedad. Podríamos decir a grandes rasgos que existen lenguas de contacto y lenguas de no contacto y, por lo tanto, dentro de cada cultura los hablantes son conscientes de unas determinadas normas implícitas de acercamiento que suelen respetar durante los intercambios comunicativos. Por ejemplo, las culturas latinoamericanas o las mediterráneas se consideran culturas de contacto, por lo que es habitual que la gente se salude con un beso o dos en la mejilla, aunque no exista un vínculo familiar, o incluso cuando se conoce a una persona por primera vez. En cambio, algunas culturas orientales se consideran culturas de no contacto, puesto que no existen muestras de afecto que se suelan llevar a cabo con desconocidos.

En las siguientes secciones centraremos nuestra atención en los enfoques más representativos desde los cuales se puede examinar el fenómeno del lenguaje humano. Toda esta información nos permitirá examinar y comprender sus principales características.

---

**Actividad 5. Si se desconocen los parámetros de la comunicación no verbal se pueden producir malentendidos culturales. ¿Crees que los siguientes comportamientos comunicativos podrían aparecer también en tu cultura? ¿En qué difieren?**

| La comunicación no verbal en diferentes culturas |
|---|
| 1. En Bulgaria, para asentir y decir que sí, mueven la cabeza de un lado para otro y para negar algo y decir que no, la mueven de arriba a abajo. |
| 2. En Grecia se considera un insulto mostrarle a alguien la palma de la mano, o de las dos manos, de manera frontal. |
| 3. En Suecia cuando la gente brinda con una copa suele mirarse a los ojos y mantener el contacto visual durante unos segundos. |
| 4. En Turquía se considera de mala educación, o de poco respeto, hablar con las manos en los bolsillos. |
| 5. En Alemania, o en Austria, es común golpear la mesa de un bar con los nudillos de la mano como saludo cuando uno se une a un grupo de amigos o cuando se va. |
| 6. En Vietnam, China y Japón es habitual dar y recibir objetos con ambas manos para mostrar respeto y que se valora el objeto entregado. |

---

**Actividad 6. El siguiente vídeo del programa *Splunge* de Televisión Española (TVE) presenta la comunicación no verbal en clave de humor. Intenta interpretar el significado de los gestos. ¿Se podrían comprender todos ellos en tu cultura?**

Enlace para ver el vídeo: https://www.youtube.com/watch?v=IEGamVBeeOc.

---

## 2. El estudio del lenguaje

Como acabamos de ver, los diferentes elementos que intervienen en la comunicación ponen de manifiesto la complejidad que se desprende del análisis del lenguaje. Esta misma dificultad ha sido objeto de estudio a lo largo de los siglos en un intento de explicar los mecanismos que le permiten al ser humano entender y producir el lenguaje, y ser capaz de comunicarse. A continuación, repasaremos algunas de las corrientes más representativas que han permitido llegar a conclusiones sobre cómo se relaciona el lenguaje con el comportamiento de los seres humanos. Para ello, nos centraremos en primer lugar en el enfoque conductista —y en el estudio de los estímulos en relación con el ser humano— para contrastarlo con la teoría innatista, la cual pone de relieve los procesos mentales internos que tienen lugar durante la adquisición del lenguaje. Después, analizaremos algunas características, principios y parámetros que se pueden establecer entre las lenguas a partir de la llamada Gramática Universal. Por último, nos ocuparemos de las distintas variantes del concepto de gramática como el compendio de conocimientos que recoge y regula el uso del idioma.

## 2.1. El enfoque conductista

A mediados del siglo XX el campo de la lingüística intentaba abrirse camino como disciplina mediante el marco teórico de la psicología, pues se trataba de una ciencia humana más establecida. Desde la década de los cuarenta hasta la de los sesenta, psicólogos como Burrhus F. Skinner y John Watson pusieron en boga el **enfoque conductista**, el cual establecía que todo comportamiento humano se aprende y puede ser imitado. En esta teoría del aprendizaje del lenguaje, era comúnmente aceptada la creencia de que los seres humanos aprendían principalmente por imitación y como respuesta ante un estímulo.

Skinner (1957) basó sus estudios en los experimentos de Iván Pavlov, médico ruso y premio nobel de medicina en 1904. Pavlov había formulado a partir de una serie de experimentos la **ley del reflejo condicionado**, la cual mostraba que un estímulo podía provocar una respuesta no vinculada necesariamente de manera natural. Mientras Pavlov y su ayudante realizaban diferentes estudios, se dieron cuenta de que los perros que formaban parte de sus experimentos salivaban ante la presencia de comida o de los investigadores, lo cual los llevó a pensar que el hecho de salivar no era una respuesta propiamente fisiológica, sino más bien psicológica. A raíz de esta hipótesis llevaron a cabo una serie de experimentos, entre ellos el conocido como "perro de Pavlov". Tras diferentes pruebas, llegaron a la conclusión de que los perros relacionaban la recepción de comida con la presencia de los investigadores, por lo que decidieron entonces comprobar si se podía provocar el mismo comportamiento utilizando un estímulo diferente y neutral. Antes de servir la comida, hacían sonar un metrónomo, un aparato utilizado en música para marcar y medir el ritmo. Después de varias repeticiones de este ejercicio, comprobaron que el sonido del metrónomo estimulaba la salivación del perro, es decir, el aparato se había convertido en un **estímulo condicionante** dado que provocaba una **reacción condicionada**.

Este experimento reforzó los argumentos de la psicología conductista, que después se extrapolaron al campo del aprendizaje de lenguas. De acuerdo con este enfoque, los niños aprenden su primera lengua imitando el comportamiento de los adultos, es decir, respondiendo a **estímulos externos**, tal y como hacían los perros ante el sonido del metrónomo durante el experimento. Sin embargo, gracias a estudios posteriores con personas que habían sufrido lesiones cerebrales, y teniendo en cuenta determinados casos de niños que habían crecido en aislamiento, se comprobó que la capacidad del lenguaje es además un **proceso interno**, no solamente un proceso que se adquiere a partir de estímulos externos.

Uno de los casos más estudiados que han contribuido a cuestionar el enfoque conductista es el de Genie, una niña de trece años y medio que fue encontrada en 1970 en el sótano de su casa en California, donde había permanecido aislada desde los veinte meses de edad. Genie había sufrido castigos físicos cada vez que emitía un sonido y, cuando la rescataron, tenía dificultades para comer, no era capaz de hablar, de llorar, o incluso de caminar, es decir, muchas de sus capacidades físicas y mentales básicas se habían atrofiado o no habían llegado a desarrollarse. Sin embargo, una vez internada en el hospital, aprendió a hablar con relativa celeridad, y cinco meses más tarde ya era capaz de emitir frases y oraciones simples, aunque contenían numerosas imprecisiones gramaticales. Otro caso interesante es el de Chelsea, otra niña californiana a la que, cuando era pequeña, se le había diagnosticado por error una discapacidad cognitiva en lugar de sordera. Cuando Chelsea tenía treinta y un años, un neurólogo le hizo un diagnóstico correcto y le puso implantes para que pudiera oír. Pese a las diferencias en la evolución cognitiva de Genie y Chelsea, resulta significativo que ambas desarrollaran un sistema imperfecto que no les permitiera alcanzar la competencia habitual de un hablante adulto (Pinker 1994, 291–293).

A simple vista, estas historias parecen sustentar la noción de que, si no se producen **estí-mulos lingüísticos**, no se desarrolla la facultad del lenguaje. Por otro lado, sabemos que los niños que sí reciben estímulos lingüísticos cometen errores que se manifiestan durante una etapa y que van desapareciendo de manera paulatina con el paso del tiempo. Ya de adultos, estos errores —a no ser que se hayan fosilizado— no suelen reaparecer, lo que demuestra que no solamente nos limitamos a repetir lo que oímos. De igual modo, en los casos de las niñas californianas, comprobamos que ninguna de ellas pudo desarrollar una competencia lingüís-tica completa, a pesar de haber sido expuestas de manera tardía en su vida adulta a estímulos lingüísticos. Estas incongruencias en el análisis de la capacidad del lenguaje llevaron a pensar que el enfoque conductista presentaba limitaciones y que, por lo tanto, no existía una única manera de explicar la adquisición de la lengua.

## 2.2. La hipótesis innatista

Durante los años sesenta y setenta del siglo XX, Noam Chomsky constató las carencias del enfoque conductista y propuso un modelo que explicaba la adquisición del lenguaje a partir de factores biológicos en relación con procesos mentales internos, y no principalmente a partir de estímulos externos. A grandes rasgos, este modelo propone que los seres humanos poseen una capacidad innata para aprender una lengua. Por así decir, el ser humano está "preprogramado" para crear un sistema lingüístico cognitivo de su primera lengua o lengua materna (L1), la cual se desarrolla con la ayuda de estímulos externos. Según Chomsky, lo que nos permite adquirir una lengua es una especie de dispositivo en el cerebro conocido como **Language Acquisition Device (LAD)** o, en español, **dispositivo de adquisición del lenguaje (DAL)**. Dicho dispositivo constituye una manera de explicar que se trata de un mecanismo interno y abstracto ubicado en el cerebro, aunque desde el punto de vista de la psicolingüística evolutiva se ha apuntado que esta hipótesis no explica en su totalidad cómo adquirimos una lengua (Pinker 2013, 50-51).

Lo que sí ha quedado demostrado es que la mayor parte de las funciones lingüísticas se localizan en el lóbulo izquierdo del cerebro, tal y como veremos más adelante en este capí-tulo al hablar de las **afasias**, o trastornos cerebrales relacionados con la producción o comprensión del lenguaje. Aunque el dispositivo de adquisición del lenguaje no exista como tal, hay varias maneras de comprobar que nuestro cerebro no es una *tabula rasa*, o mente vacía, sino que viene equipado para crear un sistema lingüístico completo que se corres-ponde con la lengua de la que se reciben estímulos.

Una prueba de este hecho es la existencia de las llamadas lenguas criollas, que se originan en los *pidgin*, los cuales no se pueden considerar "lenguas" en sentido estricto. Antiguamente, cuando se creaban vínculos mercantiles entre diferentes culturas, los hablantes se veían en la necesidad de desarrollar un código simple para poder comunicarse. Este *pidgin* no dejaba de ser un sistema de comunicación rudimentario, con una gramática limitada y un inven-tario compuesto de unidades léxicas que cubrían sus necesidades básicas de comunicación (Klee y Lynch 2009, 81), pero sin hablantes nativos. Sin embargo, si las generaciones más jóvenes que hablan un *pidgin* son capaces de convertirlo en una lengua completa, es decir, con paradigma verbal, sistema morfológico, reglas gramaticales, etc., ese *pidgin* se convierte en una **lengua criolla**. Un ejemplo es el papiamento, lengua criolla que se habla en las Antillas Holandesas, proveniente en origen de un *pidgin* afroportugués, y que es el resultado de la mezcla del español con el portugués y el holandés. Con el paso del tiempo, las lenguas criollas pueden seguir desarrollándose para pasar a ser **lenguas nativas**.

El hecho de que los estímulos que se reciben en la lengua sean pobres en cantidad y en calidad constituye otra prueba de la presencia del dispositivo *LAD* en relación con la capacidad del lenguaje. La lengua es **pobre en cantidad** porque ningún progenitor o tutor le podría proporcionar a un niño un ejemplo de cada oración que va a producir a lo largo de su vida. Lo que el niño hace es combinar los elementos léxicos que aprende siguiendo las reglas explícitas o implícitas de la gramática de su lengua. El estímulo puede ser también **pobre en calidad** durante la niñez, ya que el entorno no tiene por qué ser siempre el idóneo. Un ejemplo que corrobora esta idea es el caso de una escuela nicaragüense para niños sordos. Hasta 1979, cuando el gobierno de Nicaragua creó esta escuela, no se había establecido una educación especializada para niños con deficiencias auditivas. Y por ello, en este lugar, se les enseñaba a leer los labios. Sin embargo, los propios niños fueron inventando poco a poco un sistema de signos, desarrollado a partir de la necesidad de intentar comunicarse entre ellos. Este sistema se llegó a conocer como Lenguaje de Signos Nicaragüense (LSN). Las nuevas generaciones de alumnos que llegaban y que aprendían estos signos fueron capaces de desarrollar una lengua completa a partir de los mismos, es decir, consiguieron sistematizar las reglas gramaticales y pasó a denominarse Idioma de Signos Nicaragüense (ISN). Vemos entonces cómo el LSN era un *pidgin* en origen, del que se desarrolló una lengua criolla, el ISN (Pinker 1994, 36-37; Hurford 2014, 120-121).

Recientemente ha sido noticia la aparición en el norte de Australia de una nueva lengua, llamada warlpiri rampaku, en una comunidad de unos setecientos habitantes. Esta lengua la habla la mitad más joven de la población y es el resultado del contacto del inglés, el warlpiri (lengua aborigen australiana) y el kriol, lengua criolla que se desarrolló en dicha área durante el siglo XIX. Es interesante que la generación más joven haya creado una nueva lengua que contiene rasgos morfológicos y sintácticos que no son propios de ninguna de las tres lenguas de las que se nutre. No cabe duda de que el warlpiri rampaku es una lengua criolla, pues ya cuenta con hablantes nativos (Bakalar 2013; O'Shannessy 2005, 2013).

Una prueba más del aspecto biológico del lenguaje, y de que en la mente del ser humano existe un dispositivo interno que le permite adquirir una lengua, es el denominado **periodo crítico**, término acuñado por Eric Lenneberg (1967) para identificar la etapa idónea de la infancia durante la cual resulta más sencillo aprender una lengua. Un niño es capaz de expresar oraciones complejas con bastante fluidez con solamente tres años de edad y sin haber recibido ningún tipo de instrucción formal (Pinker 2013, 111). Sin embargo, a pesar de que la existencia de este periodo es una hipótesis ampliamente aceptada, los expertos no se han puesto de acuerdo sobre los límites precisos de esta etapa.

Al hablar del enfoque conductista mencionamos los casos de Genie y Chelsea, quienes comenzaron a recibir estímulos lingüísticos de manera tardía, es decir, a los trece y a los treinta y un años respectivamente, sin poder alcanzar la competencia lingüística de un hablante nativo debido a las circunstancias que marcaron su niñez. A modo de contraste, tenemos el caso de Isabelle, una niña que, a los seis años y medio, consiguió escapar de la casa de su abuelo junto a su madre muda y discapacitada psíquica, donde las dos habían vivido prisioneras y en silencio hasta entonces. Un año y medio después de haber entrado en contacto con el mundo exterior, Isabelle poseía un vocabulario de entre mil quinientas y dos mil palabras, y era capaz de construir oraciones gramaticales complejas. Este caso demuestra, por lo tanto, que poseemos una capacidad innata de adquisición que debe ser ejercitada en los primeros años de vida para evitar su pérdida o su atrofia (Pinker 1994, 292).

Sin embargo, las experiencias de Genie, Chelsea e Isabelle también nos sirven en su conjunto para destacar que los hablantes de una lengua, una vez expuestos a estímulos lingüísticos, suelen seguir una ruta similar en la adquisición, es decir, comparten una misma secuencia en la que se suceden diferentes etapas de la adquisición de su lengua materna. Por ejemplo, cuando los niños pequeños comienzan a emitir oraciones hacen uso de los verbos en presente para referirse a un hecho pasado o futuro. También, en el caso del español, se observa que los verbos irregulares se adquieren de manera más tardía que otros aspectos gramaticales (Aveledo 2006; O'Grady 2005/2010, 25–31). Hasta dominar los principales componentes morfológicos de la lengua, los niños establecen analogías en relación con la norma general de cómo se conjuga el paradigma verbal, de ahí que digan *cabo en vez de quepo y que también cometan errores con las formas del participio de los verbos irregulares, *rompido en lugar de roto, o *hacido en lugar de hecho. Dichos errores son una parte natural del proceso de adquisición de la lengua y se pueden deber a analogías que se establecen con otras palabras, o incluso a distracciones, fallos en la memoria o factores externos. Sin embargo, no son indicadores de una competencia deficiente.

---

**Actividad 7. Identifica cuáles de las siguientes características pertenecen al conductismo y cuáles al innatismo. Hay cinco para cada tipo.**

1. Los seres humanos están programados de manera biológica para adquirir el lenguaje.
. . . . . . . . .

2. Existen estadios de aprendizaje comunes en función de la edad.
. . . . . . . .

3. Las semejanzas en cómo adquieren una lengua diferentes individuos se podrían explicar observando y comparando su manera de comportarse ante determinados estímulos.
. . . . . . . .

4. El ser humano va seleccionando y construyendo el lenguaje de manera creativa.
. . . . . . . .

5. El ser humano aprende principalmente de lo que oye.
. . . . . . . .

6. La cantidad de estímulos que se reciben determina el grado de aprendizaje.
. . . . . . . .

7. Las semejanzas en cómo adquieren una lengua diferentes individuos se podría explicar en parte a partir de la existencia de una gramática universal.
. . . . . . . .

8. El aprendizaje se produce a partir de una serie de hábitos que contribuyen a reforzarlo.
. . . . . . . .

9. El ser humano posee un dispositivo de adquisición del lenguaje que le permite acceder al conocimiento sobre el uso de la lengua.
. . . . . . . .

10. La imitación y la repetición constituyen las principales maneras de consolidar el aprendizaje.
. . . . . . . .

❯ **A partir de la actividad anterior, explica por qué se abandonaron los postulados conductistas y qué aportó el modelo innatista en relación con el aprendizaje de la lengua.**

## 2.3. Los universales: principios y parámetros

La existencia de universales lingüísticos, o características comunes entre las lenguas, es quizás uno de los temas que mayor controversia ha generado entre los lingüistas. Esto se debe, principalmente, a la imposibilidad de verificar en su totalidad la validez de unos principios lingüísticos generales y de relacionarlos con las conductas lingüísticas de los hablantes en las más de seis mil lenguas que hay en la actualidad. Sin embargo, la preocupación por establecer vínculos o rasgos comunes entre las lenguas se remonta a la *Grammaire générale et raisonnée* (1660) de Claude Lancelot y Antoine Arnauld, más conocida como la *Gramática de Port Royal*. Esta obra propone un planteamiento racionalista, heredado de los postulados grecolatinos y de la tradición del pensamiento escolástico y medieval, y deja entrever la idea de que las lenguas podían estar conectadas entre sí por una gramática general (Laborda Gil 1981). Sin embargo, no es hasta el siglo XX cuando los trabajos de Joseph Greenberg (1963) y de Noam Chomsky (1957) retoman esta preocupación por hallar dichos rasgos en común.

Por un lado, una de las hipótesis sobre los universales se fundamenta en la **monogénesis**, que defiende que las lenguas se habrían originado a partir de una lengua matriz o primera y, por lo tanto, hoy en día todavía conservarían algunos rasgos de su origen en común. Por otro lado, la **poligénesis** postula que las lenguas no formaban parte solamente de una primera, sino que fueron apareciendo de manera espontánea allí donde se habrían formado comunidades de seres humanos, dando lugar desde el comienzo a las diferentes familias lingüísticas del presente.

Para justificar la propuesta innatista de la adquisición del lenguaje, Chomsky se apoya en la existencia de una **Gramática Universal**, que se divide principalmente en principios y parámetros. Esta teoría establece que todas las lenguas comparten ciertos **principios**, extrapolables de unas a otras, y que son los **parámetros**, los que varían de una lengua a otra. Por ejemplo, un principio universal es que toda oración contiene un sujeto, sin embargo, hay lenguas en las que un parámetro indicaría que el sujeto es explícito, como sucede en inglés, *I go*, y otras como el español, en las que puede ser tanto explícito, *yo voy*, como implícito o sobrentendido, Ø *voy*. A las lenguas que, como el español, tienen la capacidad de prescindir del sujeto pronominal explícito se las conoce con el nombre de **lenguas *pro-drop***, abreviatura del inglés *pronoun-dropping*,

**Tabla 1.1** Ejemplos de universales y principios

| Universal | Principio |
|---|---|
| General | Todas las lenguas se pueden traducir entre sí. |
| Gramatical | Todas las lenguas poseen un sistema morfológico y fonológico. |
| Sintáctico | Todas las lenguas establecen relaciones de sintaxis directas o indirectas entre los que participan o no en la comunicación. |
| Fonológico | Todas las lenguas distinguen entre consonantes y vocales. |
| Morfológico | Todas las lenguas pueden acrecentar o disminuir su léxico, ya sea por mecanismos externos o internos. |
| Semántico | Todas las lenguas tienen la capacidad de expresar las nociones de acción, proceso o estado. |
| Cambio lingüístico | Todas las lenguas vivas evolucionan con el paso del tiempo y, por lo tanto, no son estáticas. |

Adaptado de Moreno Cabrera (2004, 285–289)

y a las que, como la lengua inglesa, siempre utilizan el sujeto pronominal de manera explícita se las denomina **lenguas *non-pro-drop*** (véase Bosque 1989; Biberauer *et al.* 2010; Pešková 2013).

Aunque los lingüistas no se han puesto de acuerdo sobre la conveniencia de los universales lingüísticos, resulta interesante analizar algunos de estos principios como ejemplos de las distintas maneras en las que se puede sistematizar la capacidad comunicativa del ser humano. En la tabla 1.1 incluimos algunos principios universales y, a continuación, los explicamos en relación con parámetros específicos que muestran las diferencias entre lenguas (véase Moreno Cabrera 2004).

Las siguientes explicaciones sirven a modo de reflexión para abordar importantes aspectos lingüísticos que se desarrollarán posteriormente en los capítulos del libro. Para mostrar las diferencias que pueden existir en relación con un universal y sus respectivos parámetros, nos apoyaremos en ejemplos de lingüística contrastiva a partir del inglés y del español:

a) **Universal general**. Un tipo de universal general es el que estipula que todas las lenguas se pueden traducir entre sí. Esto quiere decir que el sistema lingüístico de una determinada lengua se puede descodificar y volver a codificar utilizando otro código distinto. No obstante, existen parámetros que cuestionan la traducibilidad entre lenguas, por ejemplo, si resulta más sencillo traducir a una lengua que pertenece a una misma familia lingüística —lenguas romances como el español, el italiano o el portugués— o si, por el contrario, se puede conseguir el mismo nivel de equivalencia semántica entre lenguas que pertenecen a ramas diferentes — el español, el sueco y el turco —o muy distintas entre sí— el español, el japonés y el swahili.

Una de las pruebas más claras de la falta de equivalencia traductológica entre las lenguas la encontramos en el léxico, dado que pueden existir términos que simplemente no tengan un referente en otra lengua. Por ejemplo, la palabra *paloma* en español se puede traducir al inglés de dos maneras, *pigeon* y *dove*. Sin embargo, la representación mental que se produce al oír ambos términos difiere, puesto que el sustantivo *dove* ha adquirido una connotación poética y simbólica que *pigeon* no posee. Cuando se traducen textos y se produce una falta de equivalencia semántica, como la que acabamos de explicar, se suele recurrir a mecanismos de compensación en la **lengua meta**, o sea, la lengua a la que se traduce. En el ejemplo anterior, podríamos traducir *dove* al español como *una paloma blanca* o *la paloma de la paz*, pero, según en qué contextos, la equivalencia entre las lenguas podría no corresponderse en su totalidad con cómo se percibe el término original.

b) **Universal gramatical**. Uno de los principios relacionados con los universales gramaticales estipula que todas las lenguas poseen un sistema morfológico y fonológico. Sin embargo, encontramos diferentes parámetros que ponen de manifiesto tanto las peculiaridades morfológicas como las fonológicas de una lengua. Cada lengua se caracteriza por poseer un inventario característico de sonidos y una morfología concreta que refleja la estructura externa e interna de las palabras. Esto se puede apreciar no solamente en la cantidad de sonidos vocálicos y consonánticos, o en cómo se expresan las nociones de género y número, sino además con respecto a las diferencias que en estos dos ámbitos de la lingüística pueden existir en las variedades de una misma lengua. Un ejemplo relacionado con la morfología léxica o derivativa, o proceso por el cual una palabra puede cambiar de categoría gramatical, lo observamos si contrastamos cómo en inglés se produce el fenómeno de la **conversión**, es decir, el proceso de derivación no afijal por el cual se deriva un verbo a partir de un sustantivo, *a chair* > *to chair a meeting*. Sin embargo, en español este recurso no se produce, *una silla* > *\*sillar una reunión* → *presidir una reunión*, ya que como vemos tenemos que recurrir a otra forma verbal para poder expresar la misma idea.

c) **Universal sintáctico.** Uno de los principios universales en relación con la sintaxis establece que todas las lenguas establecen relaciones sintácticas directas o indirectas entre los participantes de la comunicación. La relación comunicativa entre hablante y oyente no solamente se establece entre los individuos presentes en la enunciación, sino que se puede hacer referencia indirecta a otras personas que no participan o que no se encuentran presentes durante el acto comunicativo.

Sin embargo, es interesante observar que uno de los parámetros que se pueden establecer en relación con esta idea aparece en las peculiaridades propias de las formas del pronombre sujeto de segunda persona del plural en español, *vosotros/as* y *ustedes*, es decir, y a las relaciones sintácticas y de concordancia que estas formas establecen en la oración. En inglés, en cambio, la forma equivalente *you* no posee una marca de plural similar, de registro formal o informal, ni tampoco de género como en el caso del español peninsular, *vosotros/as*. Un caso análogo en cuanto al género ocurre en cierto modo al revés, puesto que el inglés distingue el género en relación con el poseedor singular, lo cual se manifiesta en los correspondientes pronombres *his/her*, mientras que el español consta de una única forma, *su*, que no contiene marca de género en relación con el poseedor.

d) **Universal fonológico.** Uno de los principios universales relacionados con la fonología establece que todas las lenguas están compuestas por vocales y consonantes que se combinan dando lugar a significados. Las vocales en muchos casos sirven de apoyo entre las consonantes haciendo que estas se puedan combinar. No obstante, se puede establecer uno de los parámetros en relación con esta idea al observar que dichas combinaciones varían sustancialmente entre unas lenguas u otras. Por ejemplo, algunas vocales o consonantes dan lugar a combinaciones que en una lengua pueden constituir una sílaba mientras que, en otra lengua, dicha combinación podría dar lugar a una secuencia difícil de articular. Esto se puede apreciar en las diferencias que existen en la realización de algunos fonemas consonánticos o vocálicos entre el español y el inglés, o más concretamente en palabras monosilábicas como *through*, compuesta de siete grafemas o letras. Sin embargo, en español no es posible hallar unidades léxicas monosilábicas ni sílabas que consten de más de cinco elementos. Estos aspectos se analizarán también en relación con el español en los capítulos sobre fonología y fonética, y morfología, pero basta con pensar en las diferencias existentes entre algunos sonidos del inglés y del español. En el caso del aprendizaje de ambas lenguas, la ausencia de algunos fonemas en el repertorio fonológico de la lengua materna (L1) hace que los aprendientes tarden en desarrollar ciertos sonidos en la segunda lengua (L2), o que rasgos propios de la L1 interfieran al pronunciar palabras en la L2, por ejemplo, un hispanohablante cuando aprende inglés que pronuncie *Spain* como [espéin] en lugar de [spéin].

e) **Universal morfológico.** Un principio universal en relación con la morfología es el que estipula que todas las lenguas pueden crear nuevas palabras, por ejemplo, por el fenómeno de la conversión, como hemos visto en el caso del inglés, *a chair > to chair a meeting*, o por procesos compositivos entre categorías gramaticales: V (*sacar*) + N (*corcho*) = N (*sacacorchos*) (véase el capítulo 3 sobre morfología). La creación de nuevas palabras se produce igualmente al incorporar **préstamos lingüísticos**, es decir, vocablos que pertenecen a otras lenguas. Sin embargo, uno de los parámetros es que el léxico no se introduce de la misma manera en las lenguas, ya que intervienen factores como, por ejemplo, el grado de proteccionismo que los hablantes de dicho idioma quieran ejercer sobre los nuevos términos. Al crear un **neologismo** se introduce una palabra nueva en la lengua, ya sea con un préstamo, por ejemplo, *selfie* para "la fotografía que uno toma de sí mismo", o a partir de elementos ya existentes, *auto* + *foto* = *autofoto*. También, una misma palabra puede adquirir nuevos significados, como *nube* que, además de referirse a "la masa de vapor de agua en la atmósfera", se usa en informática como calco del inglés, *cloud*, para nombrar "el grupo de servidores remotos que permiten almacenar datos y dar acceso a recursos" (véase el capítulo 3 sobre morfología).

En la incorporación de préstamos de otros idiomas entran además en juego diferentes factores que tienen que ver con la adecuación de estas palabras a la lengua, y cuya toma de decisiones puede influir sobre su morfología. Por ejemplo, mientras que el inglés no suele adaptar los préstamos de otras lenguas, como se puede observar en los términos *Gemütlichkeit* (comodidad, tranquilidad), *terra-cotta* (terracota) o *tête-à-tête* (cara a cara), recogidos en el *Oxford English Dictionary* (2000), el español tiende a adaptarlos con diversas modificaciones morfológicas y fonológicas. Algunos ejemplos son *bluyín* (*blue jean*), *cóctel* (*cocktail*), *champú* (*shampoo*), *guachimán* (*watchman*), *güisqui* (*whisky*), *mitin* (*meeting*), *yate* (*yacht*) o, más recientemente, *baipás* (*by-pass*) (Muñoz-Basols y Salazar 2016, 93). En el caso del préstamo *mitin*, además de la adaptación, se ha producido un cambio semántico, pues ha pasado a designar "una reunión de carácter político, o en la que se escucha el discurso de un personaje político o de relevancia social", un uso que difiere del significado más amplio de "reunión" que caracteriza a la voz inglesa *meeting*.

f) **Universal semántico.** Hay un principio universal de carácter semántico que estipula que todas las lenguas son capaces de expresar las nociones de acción, proceso o estado. Por ejemplo, se puede indicar que el sujeto de una oración realiza la acción, participa en un proceso o se le atribuye un estado. Si contrastamos esta idea en inglés y en español, podemos pensar en las diferencias entre las **perífrasis incoativas**, construcciones sintácticas compuestas de dos o más verbos que funcionan como un núcleo y que marcan el inicio de una acción: *comenzar a* (*hablar*), *echarse a* (*correr*), *ponerse a* (*bailar*), etc. Al comparar este tipo de expresiones con sus equivalentes en inglés vemos que no siempre se comportan de la misma manera. Por ejemplo, la perífrasis *comenzar a hacer algo*, cuya preposición *a* rige el uso de un infinitivo, se puede construir en inglés de manera equivalente con un infinitivo, *to start to do something*, o con otra forma no personal del verbo, un gerundio, *to start doing something*. El hablante preferirá una u otra forma en función del valor semántico que desee expresar en relación con la acción y con el contexto de la comunicación.

g) **Universal de cambio lingüístico.** Los universales sobre el cambio lingüístico se producen en las lenguas y en el uso del lenguaje. Según este principio, todas las lenguas vivas de las que encontramos hablantes en la actualidad no son estáticas, sino que han evolucionado y lo continuarán haciendo con el paso del tiempo. Sin embargo, no todas las lenguas cambian de la misma manera. Dicha evolución puede ser histórica, tal y como se produjo en la simplificación y la asimilación del sistema de declinaciones en la evolución histórica del español y de otras lenguas romances desde el latín, y previamente desde el indoeuropeo, o en la simplificación de las sibilantes y del sistema vocálico del español desde el latín (véase el capítulo 6 sobre historia de la lengua). No obstante, dicha simplificación desde el indoeuropeo no se generalizó igualmente, ya que en algunas lenguas como el alemán, el finés, o el polaco todavía se mantiene un sistema de casos y de declinaciones.

El cambio lingüístico también se puede apreciar en la preferencia por elementos que provoca el desuso de otros, pese a haber existido con anterioridad y haberse utilizado durante un tiempo, como ocurre principalmente en el léxico. Un ejemplo en la lengua inglesa se observa en cómo se ha ido consolidando en el inglés británico la forma característica de la variante norteamericana en lengua oral *you guys*, sobre todo en las generaciones más jóvenes, en lugar del pronombre de segunda persona del plural, *you*, con valor de plural para ambos sexos. En el caso del español, el cambio lingüístico se puede observar en la evolución del indefinido plural *ningunos/ningunas*, prefiriéndose en la actualidad la forma singular, o la ausencia de la misma, para hacer referencia también al plural, *no había ninguna persona* → *no había personas*.

En resumen, los principios universales intentan establecer áreas en común que tratan de unificar el comportamiento que han tenido las lenguas en distintos niveles: fonológico, morfológico, sintáctico, semántico, etc. Sin embargo, los parámetros nos sirven al mismo tiempo para explicar algunas de las particularidades de dichos principios lingüísticos.

---

**Actividad 8.** Las lenguas *pro-drop* pueden tener un sujeto implícito o explícito, mientras que las *non-pro-drop* siempre necesitan un sujeto explícito que acompaña al verbo en la oración. Relaciona los siguientes ejemplos con las lenguas a las que pertenecen.

> Ik spreek • vorbesc • Jeg snakker • parlo • Ich spreche • falo

| Lengua | Ejemplos *pro-drop* | Lengua | Ejemplos *non-pro-drop* |
|---|---|---|---|
| italiano | | holandés | |
| portugués | | alemán | |
| rumano | | noruego | |

❯ ¿Qué origen etimológico comparten estas lenguas? ¿Crees que la característica *pro-drop* o *non-pro-drop* se puede generalizar a la totalidad de una familia de lenguas?

---

**Actividad 9.** A partir de los ejemplos que se han explicado en esta sección, enumera otro parámetro en español y en inglés para las siguientes categorías lingüísticas. Describe brevemente cómo se comporta cada lengua e ilústralo con un ejemplo.

| Parámetro | español | inglés |
|---|---|---|
| Fonológico | | |
| Morfológico | | |
| Sintáctico | | |
| Semántico | | |

---

## 2.4. Gramática prescriptiva, descriptiva y mental

El conocimiento subconsciente que poseemos del sistema lingüístico de un idioma, y que se compone de operaciones que monitorizan nuestra gramática individual, corresponde para Chomsky (1965) a la **competencia lingüística** de un hablante. Sin embargo, estos conocimientos interiorizados no tienen por qué coincidir en su totalidad con la gramática normativa de una lengua. A modo de contraste, y en cierto modo como reacción a los postulados generativistas de Chomsky, el lingüista Dell Hathaway Hymes (1966, 1971) propuso el concepto de **competencia comunicativa** para señalar no solamente la gramática que posee un individuo, sino además los conocimientos sobre el uso de la lengua que un hablante también posee para desenvolverse en un determinado contexto social. Con ello, se daba un paso más en el ámbito de la lingüística, puesto que los aspectos etnográficos y sociolingüísticos comenzaban a adquirir mayor relevancia en el análisis de la comunicación. Este mismo concepto de competencia comunicativa fue desarrollado más tarde por Michael Canale y Merrill Swain (1980) en el contexto del aprendizaje de una L2 (véase el capítulo 8 sobre adquisición).

Si consideramos, por lo tanto, la relación entre la norma y el uso de la lengua, podemos enumerar tres tipos principales de gramática: prescriptiva, descriptiva y mental. Generalmente, cuando utilizamos el término *gramática* nos referimos a las reglas que, de manera prescriptiva, nos obligan a expresarnos de una manera determinada. Dichas reglas nos proporcionan pautas sobre el uso del idioma. En el caso del español, la Real Academia Española de la Lengua (RAE), fundada en 1713, y la Asociación de Academias de la Lengua Española (ASALE), creada en 1951, se encargan de elaborar una **gramática prescriptiva** que recoge las normas sobre el uso del idioma. Fruto de su trabajo encontramos la *Nueva gramática de la lengua española* (NGLE) (2009), que en su última edición constituye una gramática prescriptiva pero no estática, ya que se han realizado enmiendas a las reglas y se han matizado las diferencias que puedan existir entre la norma y el uso. Sin embargo, la labor institucional de plasmar en una obra unos principios gramaticales que sean aplicables a la totalidad del dominio panhispánico no siempre resulta una tarea sencilla y, en ocasiones, se puede ver dominada por una variedad concreta (Paffey 2012).

Un mismo aspecto gramatical también puede variar sustancialmente en función de la ubicación geográfica de los hablantes. Cuando más adelante en el libro analicemos la variación lingüística en el mundo hispanohablante (capítulo 7), veremos el fenómeno conocido como *leísmo de persona*, es decir, el uso del pronombre *le* en lugar de *lo* para reemplazar al objeto directo masculino singular cuando se refiere a una persona: *–¿Has visto a Ramón? –No, no le he visto*, en lugar de *no lo he visto*. Este uso se acepta como tal porque se halla generalizado en parte del dominio panhispánico, aunque aparece con mayor frecuencia en el español peninsular. El leísmo de persona se ha aceptado, entre otros factores, por la influencia del llamado leísmo de cortesía, *Permítame que le (lo/la) acompañe hasta la salida*, y se encuentra extendido en gran parte del dominio panhispánico. Sin embargo, otros fenómenos similares como el *laísmo* y el *loísmo* se localizan de manera más concreta en la península ibérica. Con estos ejemplos vemos cómo, aunque la *NGLE* sea en su configuración una obra prescriptiva, en algunos casos debe asimismo intentar reflejar la realidad y la evolución que se produce en el uso de la lengua (véase el capítulo 7 sobre variación lingüística).

El objetivo de la **gramática descriptiva** consiste en describir y, por lo tanto, explicar de la manera más detallada posible cómo los hablantes empleamos la lengua. En español la principal obra de referencia de este tipo es la *Gramática descriptiva de la lengua española* (1999), que se centra en el estudio detallado de la sintaxis y de la morfología del español. Aunque en su análisis tiene en cuenta tanto las aproximaciones tradicionales al estudio de la lengua como las más recientes, esta obra no es teórica ni normativa, sino que su propósito es describir y recoger el uso actual y real de la lengua.

Por ejemplo, desde el punto de vista normativo una de las estructuras de las oraciones condicionales en español sigue el esquema estándar si + *imperfecto de subjuntivo* + *condicional simple* → *Si tuviera dinero, me lo compraría*. Sin embargo, un gran número de hablantes también hace uso de la combinación *si + imperfecto de subjuntivo + imperfecto de indicativo* → *Si tuviera dinero, me lo compraba*. La gramática descriptiva sugiere que la segunda estructura es más asertiva, implica un mayor compromiso por parte del hablante y se suele utilizar en la conversación espontánea o en un registro informal (Montolío Durán 1999, 3668-3669). Sin entrar en pautas normativas, este último esquema compositivo condicional expresa mayor credibilidad en relación con lo dicho, *me lo compraba*, en lugar de potencialidad, *me lo compraría*, y constituye una variante sintáctica más a disposición del hablante.

Por último, el hecho de que las construcciones anteriores queden recogidas en una gramática descriptiva quiere decir que existen en la **gramática mental** de los hablantes o en sus conocimientos sobre la estructura de la lengua. La gramática mental sirve para crear un número infinito de estructuras construidas con un número finito de elementos como son los sonidos, las palabras y la combinación de elementos en un enunciado, es decir, la sintaxis. Esta gramática permite que un hablante sin instrucción formal en una lengua pueda emitir juicios de gramaticalidad sobre un enunciado. Así, cualquier hablante de español reconocería que una oración como \*Juega parque el Pepe en, en lugar de *Pepe juega en el parque*, es a todas luces agramatical. De este modo, la gramática mental es la que le permite a un hablante reconocer la validez de un enunciado, aunque dicho hablante pueda no ser capaz de explicar las reglas gramaticales que rigen el uso del idioma.

---

**Actividad 10. Lee la definición de *gramática* que el filólogo venezolano Andrés Bello escribió a mediados del siglo XIX y responde a las preguntas que aparecen a continuación.**

*"La GRAMÁTICA de una lengua es el arte de hablarla correctamente, esto es, conforme al buen uso que es el de la gente educada. [. . .] Se prefiere este uso porque es el más uniforme en las varias provincias y pueblos que hablan la misma lengua, y por lo tanto el que hace más fácil y que generalmente se entienda lo que se dice; al paso que las palabras y frases propias de la gente ignorante varían mucho de unos pueblos y provincias a otros, y no son fácilmente entendidas fuera de aquel estrecho recinto en que las usa el vulgo".*

Andrés Bello, 1860/1995.

a) Explica cuál es la preocupación de Andrés Bello en cuanto a la norma y al uso del idioma.
b) Indica si su definición de gramática contiene rasgos prescriptivos y descriptivos.

---

✑ **Actividad 11. Consulta la *Gramática descriptiva de la lengua española* (1999) e identifica dos usos del idioma que no formen parte de la gramática normativa. Explica sus principales características y determina si se trata de usos comunes de la lengua o poco extendidos.**

---

## 3. La comunicación animal y el lenguaje humano

Algunos animales poseen sistemas de comunicación bastante sofisticados. Por ejemplo, las abejas exploradoras, mediante su danza, pueden transmitir información sobre a qué distancia y en qué dirección se encuentra la fuente de comida. Las ballenas, a partir de la emisión de un amplio repertorio de ondas sonoras (chirridos, gemidos, gorjeos, etc.), que varían en el volumen y en la longitud de onda, se pueden comunicar y establecer su ubicación en el agua mediante la llamada **ecolocalización** (Caldwell y Caldwell 1989). Por otro lado, tenemos conductas comunicativas en común con otras especies, por ejemplo, señalar con el dedo, como ocurre con chimpancés criados con seres humanos (Pika y Mitani 2009, 169-170), o incluso la capacidad de respetar el turno de palabra, comportamiento que se ha descubierto recientemente en los monos titíes (Takahashi *et al.* 2013). No obstante, pese al parentesco del ser humano con otros primates, resulta interesante que ni los chimpancés ni los simios son capaces de imitar la voz de manera clara y, sin embargo, los loros pueden desarrollar con facilidad un amplio repertorio de sonidos mediante la imitación fonética (Hauser, Chomsky y Fitch 2002, 1575).

A pesar de la indudable sofisticación de la comunicación animal, el lenguaje humano es un sistema comunicativo mucho más completo y complejo que posee peculiaridades propias como, por ejemplo, la **capacidad de representación simbólica** (Ahn, Janssen y Ostrom 2004, 123). Otro ejemplo lo encontramos en la **creatividad del lenguaje**. En contraste con la comunicación animal, que funciona principalmente como respuesta ante estímulos externos, por ejemplo, a modo de señal o advertencia que indica peligro, el lenguaje humano nos permite crear enunciados que nunca antes hemos oído, así como entender otros que escuchamos por primera vez. A diferencia de los animales, un ser humano puede producir enunciados que no responden a ningún tipo de estímulo, es decir, puede simplemente "hablar por hablar". Así, un gato ronronea como muestra de satisfacción, pero una persona no siente la necesidad de decir *Estoy contento* cuando lo está.

La característica de la creatividad se expresa también en la manera de combinar los elementos del discurso. Pongamos por caso la siguiente secuencia de palabras:

(1) {lago, el, brillante, en, azul, nadamos, plácidamente}

Vemos que podemos crear un número variado de oraciones:

(2) a. Nadamos plácidamente en el brillante lago azul.
　　b. Plácidamente nadamos en el lago azul brillante.
　　c. En el brillante lago azul nadamos plácidamente.
　　d. . . .

Estas son algunas de las oraciones posibles a partir del conjunto de los siete elementos que teníamos. Esta creatividad, sin embargo, no es completamente libre, sino que se encuentra marcada por una serie de reglas. Por muy creativo que sea un hablante, las siguientes oraciones no resultan lógicas y, por lo tanto, se consideran agramaticales:

(3) a. *Azul lago el plácidamente en brillante nadamos.
　　b. *Plácidamente brillante en nadamos lago el azul.
　　c. *En brillante azul plácidamente el nadamos lago.
　　d. . . .

Ningún hablante de español produciría oraciones como las anteriores de manera espontánea con el objetivo de que su interlocutor las entendiera. Además, un hablante no las catalogaría como aceptables porque no se corresponden con la gramática mental de un hablante nativo. Por todas estas razones hablamos de **creatividad regida** (Chomsky 1964, 22), pues los elementos de una oración no se pueden combinar en el discurso de manera ilimitada, sino que la creatividad del hablante queda regida por una serie de reglas a modo de patrones establecidos por la propia lengua. Del mismo modo, su uso y combinación también persiguen un objetivo concreto dentro del contexto de la comunicación, como muestra la diferencia en inglés entre construcciones como *you are here* o *here you are*, y en español *Juan llegó tarde* o *Fue Juan quien llegó tarde*.

---

**Actividad 12. Construye dos oraciones gramaticales con los elementos que aparecen a continuación. Luego construye una que sea agramatical (no olvides añadir el asterisco \*).**

{persiguió, con, el, ojos, gato, perro, el, rojo, al, verdes, por, grande, camino}

❯ **Ahora fíjate en los siguientes ejemplos y explica con tus propias palabras cómo se manifiesta la "creatividad regida".**

– La tienda estaba cerrada.
– Cerrada estaba la tienda.
– La tienda cerrada estaba.
– Cerrada la tienda estaba.
– \*Cerrada la estaba tienda.

---

**Actividad 13. Hemos visto que algunos animales se comunican mediante diferentes tipos de sonidos. Existe en la isla de La Gomera (Canarias, España) un lenguaje silbado ancestral que todavía se mantiene en la actualidad. Lee el siguiente texto y responde a las preguntas.**

"El 'silbo gomero', lenguaje silbado de la isla de La Gomera"

El lenguaje silbado de la isla de La Gomera, denominado "silbo gomero", es un sistema de comunicación que reproduce la lengua hablada en la isla de forma articulada mediante silbidos. Se trata de un lenguaje sustitutivo, reductor, espontáneo, no convencional, capaz de transmitir e intercambiar una gama ilimitada de mensajes a larga distancia (hasta 5 km), reproduciendo las características sonoras de una lengua hablada.

Se trata del único lenguaje silbado conocido que es practicado por una comunidad numerosa (más de 22000 personas) que podemos calificar de plenamente desarrollada en los aspectos sociales, culturales y económicos. Su origen es prehispánico y ha sido transmitido de maestros a discípulos a lo largo de siglos.

El silbo gomero reemplaza las vocales y consonantes del español por silbidos: dos silbidos diferenciados sustituyen a las cinco vocales del español; cuatro a las consonantes y a través de estos seis silbidos se pueden expresar más de 4000 conceptos. Los silbidos se distinguen por su tono y su interrupción o continuidad. Una vez que han adquirido práctica suficiente, las personas pueden transmitir con silbidos todo tipo de mensajes en el paisaje abrupto de La Gomera.

En la actualidad todos los habitantes de la isla de La Gomera conocen el silbo gomero. Lo practican casi todas las personas nacidas antes de 1950 y todos los niños y jóvenes escolarizados desde 1999, fecha en que se incluyó su enseñanza en el sistema educativo público de la isla.

Adaptado de: http://www.mecd.gob.es/patrimonioInmaterial/elementos-declarados/comunidad-autonoma/islas-canarias/silbo-gomero.html.

❯ **Preguntas:**

1. ¿Qué se dice en el texto sobre el entorno de la isla de La Gomera que ha podido conducir a la creación de este lenguaje silbado?
2. ¿Cómo se manifiesta en este lenguaje silbado la relación entre el ser humano y su entorno?
3. ¿Crees que la geografía de un lugar puede influir en el desarrollo de las variedades de una misma lengua? ¿Puede esta característica servir para distinguir dos variedades? Justifica tu respuesta.

❯ 🖵 🎧 **Ahora escucha el silbo gomero en el siguiente vídeo. Fíjate en los subtítulos e intenta establecer una conexión entre los sonidos y su significado.**

🔗 Enlace para ver el vídeo: https://www.youtube.com/watch?v=qlZh9l1pxj0.

❯ **¿Eres capaz de reconocer el significado de los silbidos sin leer los subtítulos?**

## 3.1. Características del lenguaje humano

A mediados de la década de los cincuenta del siglo XX, el lingüista norteamericano Charles F. Hockett (1958, 1960, 1963) subrayó en diferentes estudios la singularidad de la comunicación humana. Para ello, enumeró dieciséis **características del lenguaje** que nos permiten describir sus principales propiedades (véase también Hockett y Altmann 1968). De todas ellas, presentaremos las más relevantes, a saber: la arbitrariedad, la recursividad y la productividad, el desplazamiento, la prevaricación, la reflexividad, la intercambiabilidad y la evanescencia.

### 3.1.1. La arbitrariedad

Ya a principios del siglo XX, el lingüista suizo Ferdinand de Saussure (1916) había establecido que el objeto de la lingüística era el estudio del signo lingüístico. Para ello, creó la distinción entre **lengua**, el conocimiento abstracto de la lengua que poseen los hablantes, y **habla**, el acto de habla en sí mismo. Según Saussure, el signo lingüístico se divide en dos componentes: el significante y el significado. El **significante** es la imagen acústica, el conjunto de sonidos que conforma el nombre del objeto en cuestión, mientras que el **significado** es el concepto mental, representación u objeto en que pensamos cuando oímos un significante en concreto. El **signo lingüístico** es la combinación de estos dos elementos que son como dos caras de una misma moneda: no puede existir una sin la otra. Sin embargo, la correspondencia entre significante y significado es arbitraria. ¿Qué lleva a un hablante a denominar "zapato" a un objeto que protege el pie mientras se camina?

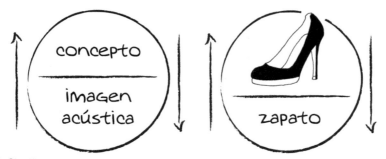

**Figura 1.4** Significante y significado de una unidad léxica

Claramente, la relación entre el nombre del objeto y la representación mental es arbitraria. Una prueba de ello reside en que hay una palabra diferente para designar un mismo objeto en distintas lenguas. Así, un *zapato* se llama *shoe* en inglés, *chaussure* en francés, *Schuh* en alemán, *scarpa* en italiano, *kutsu* en japonés, *xié* en chino y *kiatu* en swahili.

**Figura 1.5** Arbitrariedad del signo lingüístico

Se podría sugerir una posible excepción a la completa arbitrariedad del signo lingüístico en los términos onomatopéyicos (Hurford 2014, 115). En contraste con el ejemplo anterior, en el que la correspondencia entre el objeto y su nombre es completamente arbitraria, con las **onomatopeyas** se crea un vínculo estrecho entre la imagen acústica o *significante* y la representación mental o *significado*, dado que el significante manifiesta la imitación de un sonido que describe o sugiere el objeto, la acción o el animal al que hace referencia.

Sin embargo, pese a no ser elementos estrictamente arbitrarios, las onomatopeyas suelen variar de una lengua a otra. Por ejemplo, en los cómics en español, las viñetas suelen contener la onomatopeya *¡Pum!* —para representar un disparo—, mientras que su equivalente en inglés es *Bang!* Lo mismo sucede con los sonidos que emiten los animales, como se puede observar en estas opciones para representar el ladrido de un perro en distintos idiomas: *guau* en español, *woof* en inglés, *bub* en catalán, *au* en portugués o *hau hau* en polaco. Por lo tanto, cada lengua configura este tipo de imitaciones lingüísticas de sonidos según la percepción del sonido en cuestión o el inventario de sonidos disponible en la lengua, entre otros factores.

A partir de la dualidad de *lengua* y *habla* planteada por Saussure, Chomsky (1965, 3-4) da un paso más al tratar de explicar el funcionamiento y el uso del lenguaje. Para ello distingue entre **competencia**, o conocimiento subconsciente que los hablantes poseen sobre el sistema lingüístico de su idioma (p. ej., la fonología, la morfología, la sintaxis y la semántica), y **actuación**, es decir, el empleo de la lengua en una situación concreta. Con esta oposición, Chomsky pretende reflejar cómo los hablantes establecen una conexión entre los conocimientos que poseen de una lengua y su uso.

---

**Actividad 14.  Completa la tabla a partir de lo que sugiere la onomatopeya en relación con el objeto, la acción o el animal al que se hace referencia.**

una explosión • un gatillo • un interruptor • un tambor • un golpe • un perro
unos platillos de percusión • el roce de la seda • un estornudo • el agua al sumergirse algo
un gallo • un gato en celo • una conversación • un grillo • un reloj

| Significante | Significado |
|---|---|
| ¡tictac! | |
| ¡catapún! o ¡catapum! | |
| ¡chinchín! | |
| ¡achís! | |
| ¡bla-bla-bla! o ¡blablablá! | |
| ¡bum! | |
| ¡clic! | |
| ¡rataplán! | |
| ¡cricrí! | |
| ¡clac! | |
| ¡quiquiriquí! | |
| ¡guau! | |
| ¡marramao o marramáu! | |
| ¡frufrú! | |
| ¡gluglú! | |

Onomatopeyas extraídas del *Diccionario de la lengua española* (*DRAE* 2014)

❯ **¿Se parece alguna de las onomatopeyas de la actividad anterior a las que se utilizan en tu lengua materna o en otras lenguas que conozcas? ¿Conoces otras onomatopeyas que cambien según la lengua?**

### 3.1.2. La recursividad / la productividad

La característica anterior nos muestra que los seres humanos tenemos la capacidad de crear con el lenguaje a partir de un número finito de elementos. En el ejemplo (2) hemos visto que, de un conjunto de siete elementos, resulta posible crear al menos tres enunciados gramaticalmente aceptables, aunque podrían ser más. Si tomamos en conjunto todos los elementos que hay en una determinada lengua, podríamos combinarlos entre sí formando un número infinito de enunciados. Es decir, aunque existe una creatividad regida o limitada, la **recursividad** muestra que la reiterada combinación de elementos puede dar lugar a un número ilimitado de enunciados. Veamos cómo aplicamos esta recursividad:

(4) a. Juana ha ido al cine.
    b. Pepe dice que Juana ha ido al cine.
    c. Pepe dice que cree que Juana ha ido al cine.
    d. . . .

Al aplicar la regla que nos permite crear oraciones declarativas indirectas, una oración simple se va ampliando y puede seguir haciéndolo infinitamente (Jackendoff 2011). Esta recursividad es la que da pie a la **productividad** o capacidad de producir diferentes enunciados. Encontramos otro ejemplo de productividad al analizar los múltiples enunciados que un individuo podría emitir ante una situación determinada. Basta con pensar en la cantidad de muestras de lengua que podría expresar verbalmente una persona a la que le acaban de robar la cartera. Aunque el hablante podría recurrir a fórmulas como *¡Al ladrón!*, *¡Ayuda!*, *¡Oiga!*, *¡Socorro!*, se podrían emitir además otros enunciados ante tal situación, *¡Mi cartera!*, *¡Que me roban!*, *Pero ¡qué hace!*, *¡Que alguien llame a la policía!*, etc. Todas estas opciones demuestran la capacidad del hablante de crear con el lenguaje y de producir secuencias nuevas y originales.

### 3.1.3. El desplazamiento

Cuando nos comunicamos, no nos limitamos a hablar únicamente de lo que sucede aquí y ahora. La característica del **desplazamiento** subraya el hecho de que el lenguaje humano nos permite expresar ideas lejanas en el tiempo y en el espacio. Podemos hablar de la posibilidad de viajar a la ciudad de Quito el verano próximo, aunque ambos referentes de tiempo y espacio no sean tangibles para el hablante o su interlocutor. Las lenguas que no poseen un sistema de flexión verbal para el futuro o el pasado, como por ejemplo el chino, expresan estos tiempos mediante otros recursos como los adverbios, o ciertas partículas que indican que la acción se ha completado, tal y como ocurre con el componente *le* en el ejemplo (5c):

(5) a. 我每天跟我的狗散步

      Transliteración:    wo meitian  gen  wode gou sanbu
      Trad. literal:      Yo cada día  con  mi perro camino
      Trad. equivalente → *Camino con mi perro todos los días.*

  b. 我今天跟我的狗散步

      Transliteración:    wo jintian gen wode gou sanbu
      Trad. literal:      Yo hoy     con mi perro camino
      Trad. equivalente → *Camino con mi perro hoy.*

c. 我上个星期跟我的狗散步了

| | |
|---|---|
| Transliteración: | wo shangge xingqi  gen wode gou sanbu    le |
| Trad. literal: | Yo la semana pasada con mi perro camino part. de pasado |
| Trad. equivalente | → *Caminé con mi perro la semana pasada.* |

Por lo tanto, el desplazamiento es una característica que nos diferencia del lenguaje animal, puesto que los seres humanos somos capaces de hablar del presente, pasado y futuro, o incluso de lo que nunca ha existido.

### 3.1.4. La prevaricación

El ser humano es capaz de incurrir en un comportamiento de **prevaricación**, es decir, tergiversar lo que dice o mentir. A veces, durante una conversación, mentimos simplemente por seguir las normas conversacionales. Por ejemplo, cuando alguien nos saluda y nos pregunta *¿Qué tal?*, podemos responder *¡Bien!* automáticamente, aunque no siempre se corresponda con nuestro verdadero estado de ánimo. Aunque Hockett consideró esta función como propia de los seres humanos, cabe mencionar que hay animales que pueden emitir sonidos falsos a modo de alarma, con la intención de confundir a otros de su misma especie. Por esta razón, dichas especies estarían incurriendo igualmente en uno de los comportamientos de prevaricación, es decir, la emisión de mensajes o señales que no se ajustan a la realidad de los hechos.

### 3.1.5. La reflexividad

La **reflexividad** demuestra la capacidad del ser humano de hacer uso del lenguaje para hablar y describir su sistema y, por lo tanto, explicar que *anoche* es un adverbio, o analizar los diferentes usos del modo subjuntivo. Esto es lo que Roman Jakobson y Morris Halle (1956) bautizaron como la **función metalingüística** o **reflexiva del lenguaje**, dado que la especie humana es la única capaz de reflexionar sobre su propio sistema de comunicación. A este lenguaje específico que nos es útil en las clases de gramática, ya sean de L1 o de L2, y que se ha utilizado en el campo de la lógica para crear categorías gramaticales, lo llamamos **metalenguaje**. Sin lugar a dudas, esta propiedad caracteriza al lenguaje humano en comparación con otras especies.

### 3.1.6. La intercambiabilidad

Cualquier emisor puede convertirse en receptor, así como cualquier receptor de un mensaje puede acto seguido convertirse en emisor del mismo mensaje, es decir, se puede producir una **intercambiabilidad** de los roles durante la comunicación. Este comportamiento comunicativo no se presenta en todas las especies animales. Por ejemplo, las estrellas de mar macho pueden emitir una señal que significa "soy macho" y las hembras pueden hacer lo mismo para transmitir el mensaje "soy hembra". No obstante, ninguno de ellos es capaz de emitir la señal del sexo opuesto, aunque ambos pueden reconocer y descodificar el mensaje que reciben del otro sexo. Como vemos, el intercambio de roles en la comunicación no es propio únicamente del sistema de comunicación humano, ya que lo compartimos con otras especies.

### 3.1.7. La evanescencia

La característica de la **evanescencia** implica que los mensajes que emitimos no son permanentes, sino que desaparecen de forma inmediata tras su emisión. Evidentemente, esta propiedad no se puede aplicar al lenguaje escrito, el cual constituye un modo de comunicación que los animales no poseen. En el caso de la lengua oral o la lengua de signos, no permanecen en el tiempo a menos que se graben con algún tipo de aparato electrónico. Al igual que la intercambiabilidad, la evanescencia es también uno de los rasgos que poseemos en común con otras especies, aunque hay animales que se comunican por procesos químico-olfativos y cuyos mensajes pueden tener una mayor duración.

Esta selección de las dieciséis características del lenguaje humano enumeradas por Hockett (1958, 1960, 1963) contribuye a mostrar rasgos característicos de los seres humanos, así como comportamientos comunicativos que poseemos en común con otras especies.

---

**Actividad 15. Fíjate en las siguientes situaciones y explica a cuál de las características del lenguaje descritas en esta sección se alude: arbitrariedad, recursividad y productividad, desplazamiento, prevaricación, reflexividad, intercambiabilidad y evanescencia.**

A:    ¿Cuándo se debe utilizar "muy" o "mucho"?

B:    Simplemente recuerda que el intensificador "muy" se utiliza con adjetivos, *muy contento*, y el adverbio "mucho" se utiliza con sustantivos, *mucho dinero*.

1.    . . . . . . . . .

A:    ¡Uf! ¡Menudo resfriado! ¿No sería mejor que te fueras a casa a descansar?

B:    Pero si me encuentro perfectamente.

2.    . . . . . . . . .

A:    ¿Recuerdas el número de teléfono de emergencia que nos dieron en la reunión?

B:    Vaya, pues la verdad es que no . . . Lo debería haber anotado.

3.    . . . . . . . . .

A:    Buenos días, ¿qué desea?

B:    Busco un automóvil . . .

B:    Busco un automóvil de alta gama . . .

B:    Busco un automóvil de alta gama con aire acondicionado . . .

B:    Busco un automóvil de alta gama con aire acondicionado y con elevalunas eléctrico . . .

B:    Busco un automóvil de alta gama con aire acondicionado y con elevalunas eléctrico y que aparque solo . . .

4.    . . . . . . . . . . . . . .

A:    ¡Hasta luego!

B:    ¡Hasta luego!

5.    . . . . . . . . . . . . . .

A:    Parece increíble. Ayer estuve en Madrid, hoy estoy en Asunción, y mañana me voy a Buenos Aires.

B:    Pues sí, y la semana siguiente estarás en Bogotá.

6.    . . . . . . . . . . . . . .

A:    La palabra "banco" significa el lugar donde se guarda el dinero, el asiento donde te puedes sentar en un parque y también un conjunto de peces que nadan juntos en gran número.

B:    Es verdad, nunca lo había pensado.

7.    . . . . . . . . . . . . . .

❯ **Ahora enumera dos características del lenguaje que compartimos con otras especies y otras dos que son exclusivas de los seres humanos. Justifica tu respuesta.**

---

✍ **Actividad 16.** La "transmisión cultural" y la "dualidad o doble articulación" del lenguaje son otras dos características identificadas por Hockett. Investiga en qué consisten y prepara una breve exposición oral en la que expliques por qué son exclusivas de los seres humanos.

## 4. Factores constitutivos de la comunicación

Desde finales de la primera década del siglo XX y hasta los años treinta, se desarrolló el **formalismo ruso** como un movimiento intelectual para consolidar disciplinas como la crítica literaria y la teoría de la literatura. Desde 1915 hasta aproximadamente 1924 se creó el *Círculo Lingüístico de Moscú*, un grupo integrado por investigadores como Grigorij Vinokur y Pétr Bogatyrév, siendo uno de sus principales impulsores el lingüista Roman Jakobson. A comienzos de 1917, como consecuencia de la Revolución rusa, numerosos intelectuales se exiliaron a diferentes países europeos. Roman Jakobson emigró a Praga y allí contribuyó a formar el *Círculo Lingüístico de Praga* en 1926. Dicho grupo, compuesto también por otros emigrados rusos como Nikolái Trubetzkoy y Sergéi Karcevskiy, o los checos Jan Mukařovský y René Wellek, asimiló los postulados del formalismo ruso y del Círculo de Moscú en cuanto al estudio de la literatura desde el punto de vista lingüístico y estilístico, pero fue adquiriendo a su vez cierta autonomía. Dos fueron las influencias principales del círculo: por un lado, los postulados de Ferdinand de Saussure sobre el signo lingüístico; por otro, las ideas de la **fenomenología** de Edmund Husserl, corriente filosófica de principios del siglo XX que buscaba renovar el pensamiento de la época a partir de conceptos como la intencionalidad o la percepción que explicasen el sentido del mundo a nuestro alrededor.

Además de haber heredado estos parámetros heurísticos, la investigación del Círculo de Praga llevó a sus miembros a replantear algunos de estos aspectos, pues la confluencia cultural de sus integrantes contribuyó a incorporar diferentes ideas y tradiciones a la vez que se trazaba una perspectiva funcionalista sobre el lenguaje. De ahí que el objeto de estudio de este grupo no girara únicamente en torno a la literatura, sino que iba más allá, al considerar aspectos novedosos en la interpretación y el análisis del lenguaje que les posibilitaron incluso matizar algunos postulados anteriores. Este hecho les permitió reivindicar, por ejemplo, el **carácter funcional** de la lengua como instrumento de comunicación en relación con su dimensión sociocomunicativa.

Por esta razón, en la obra de Jakobson se aprecia la influencia de Husserl, por ejemplo, en el papel que ejerce el sujeto en la formación del lenguaje, y en el del lenguaje en la constitución del mundo. No obstante, esta relación se traslada a otro nivel al identificar una serie de factores constitutivos que nos ayudan a explicar el desarrollo del **acto comunicativo**. Según Jakobson (1960), en cualquier acto comunicativo verbal intervienen seis factores: el **emisor** o hablante envía un **mensaje** a un **receptor** u oyente, pero para que este mensaje sea operativo, es decir, para que tenga éxito durante la comunicación, se requiere un **contexto** que sea familiar para el oyente, un **código** compartido al menos parcialmente tanto por el hablante como por el oyente, y un medio de contacto, es decir, un **canal** físico y una conexión psicológica entre las personas que intervienen en la comunicación.

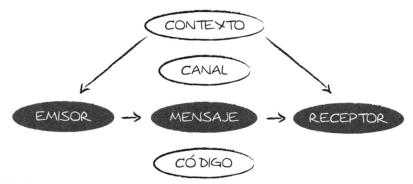

**Figura 1.6** Factores constitutivos de la comunicación lingüística

## 4.1. Las funciones del lenguaje

Cada uno de los factores constitutivos de la comunicación que acabamos de describir se relaciona directamente con una de las seis funciones del lenguaje identificadas por Jakobson (1960): referencial, emotiva, conativa, fática, metalingüística y poética.

### 4.1.1. La función referencial

La función principal del lenguaje es la **función referencial**, también conocida como **denotativa**, que se centra en el significado primario de los elementos y dirige la atención de los hablantes hacia el **contexto** del intercambio comunicativo. Debido a su carácter representativo o informativo se suele dar en textos que por su naturaleza o contenido expresan objetividad como, por ejemplo, en los textos científicos, p. ej., *Se ha descubierto recientemente que, al igual que los humanos, los monos títíes respetan los turnos de palabra durante la comunicación*; en los jurídico-administrativos, p. ej., *La presente ley entra en vigor a los seis meses de su publicación en el Boletín Oficial del Estado*, o en los artículos periodísticos con carácter informativo, p. ej., *Durante el primer trimestre del año la inflación se situará en el 1,2%*.

Respecto al uso de la lengua, encontramos un ejemplo en categorías gramaticales tales como los verbos o los sustantivos, que hacen referencia a significados concretos para designar una acción o un objeto. También los **deícticos**, como los pronombres personales (*yo, tú, él*, etc.), los demostrativos *este, ese, aquel*, etc., los posesivos, *mi, tu, su*, etc., los adverbios de tiempo, *ayer, ahora, mañana*, etc., o de lugar, *aquí, acá, allí, allá*, etc. Al expresar la **deíxis**, estos elementos lingüísticos indican o se refieren de manera explícita a determinados elementos del discurso, *Quiero esa manzana*; o sobre información que no se encuentra presente durante el momento de la enunciación, *Aquello que me contaste era cierto* (véase el capítulo 5 sobre semántica y pragmática). Como vemos, los deícticos son elementos que por su significado y uso dejan constancia de la función referencial o denotativa del lenguaje (véase Chilton 2014, 9-14). A su vez, esta función no actúa de manera aislada, sino que se complementa con las otras cinco funciones.

### 4.1.2. La función emotiva

La **función emotiva** o **expresiva** se relaciona con los sentimientos, emociones o actitud del **emisor** durante la enunciación. Jakobson nos ofrece como ejemplo una situación relacionada con el método Stanislavski, compuesto por técnicas de dramatización que buscan conseguir una mayor expresividad artística. Jakobson explica cómo en una audición un director le pidió a un actor que enunciara cuarenta mensajes diferentes con la frase *Esta noche*. El actor hizo una lista de cuarenta situaciones emocionales y, a continuación, reprodujo la escueta frase de acuerdo con cada una de las situaciones. Un ejemplo cotidiano de esta función lo observamos en expresiones como *¡Qué contento estoy!*, *¡Me duele la cabeza!*, *¡Qué ganas tengo de ir!*, *¡No veo la hora de estar de vacaciones!*, etc., que constituyen diferentes maneras de expresar el estado de ánimo de una persona.

### 4.1.3. La función conativa

La **función conativa** hace referencia al **receptor**, puesto que su objetivo consiste en interpelar al interlocutor, ya sea mediante peticiones, ruegos, preguntas, etc., con el fin de producir un cambio de actitud en el oyente. Por esta razón, dicha función se encuentra estrechamente ligada a los vocativos, formas lingüísticas que sirven para llamar, nombrar o invocar, *Señora, ¿me podría decir la hora?*, o acompañado de una interjección, *¡Eh! Usted, ¿no ve que se ha sentado encima de mi libro?*, y a las formas verbales del modo imperativo, *¡Vete!* o *¡Baila!*, y que, dada la carga semántica que poseen, se utilizan para interpelar o para transmitir una orden.

### 4.1.4. La función fática

La **función fática** está relacionada con el **canal** o la interacción que se produce entre el emisor y el receptor. La constituyen enunciados como *¡Claro!*, *¿Me oyes?*, *¿Perdón?*, o una interjección como *¡Ajá!* para manifestar aprobación, satisfacción o sorpresa durante una conversación. Por lo tanto, son palabras o enunciados cuya función principal no es la de añadir información nueva, sino la de prolongar la comunicación y de confirmar que seguimos escuchando a la vez que verificamos que la comunicación se está llevando a cabo con éxito, pese a factores externos como el ruido, o no estar manteniendo el contacto visual durante una conversación.

### 4.1.5. La función metalingüística

Como vimos al hablar de la reflexividad, la **función metalingüística** se centra en el **código**, y nos permite hablar del lenguaje y de sus componentes. Por ejemplo, en este libro de introducción a la lingüística empleamos la lengua para hablar y analizar las características comunicativas de los seres humanos, lo que implica una función metalingüística. No obstante, esta función no solamente la utilizan los lingüistas o aparece en textos especializados, sino que también es trasladable a cualquier hablante, como podemos apreciar en los ejemplos *¿Qué significa "tiquismiquis" en español?* o *El plural de pez es peces, o sea que la letra "z" se convierte en "c"*. Por lo tanto, el propósito de esta función es la de aclarar el significado, incidir en un aspecto concreto del lenguaje o facilitar la comprensión de algún término del código lingüístico.

### 4.1.6. La función poética

Por último, la **función poética** o **estética** se centra en el **mensaje**, puesto que busca que este adquiera un efecto especial. Pese a su nombre, esta función no se refiere exclusivamente a los textos poéticos, dado que cualquier acto de habla puede poseer una función poética, lo cual depende en gran medida de factores como el contexto o la intencionalidad del hablante. Cada vez que emitimos un enunciado escogemos las palabras que queremos utilizar, es decir, somos conscientes de cómo construimos el mensaje. Aunque existan dos o más sinónimos para un mismo término, elegimos el que más nos interesa en un momento dado. Por ejemplo, cuando nombramos a dos personas, generalmente tendemos a decir primero el nombre más breve, prefiriendo así hablar de *Juan y Pedro* que de *Pedro y Juan*. Si se le preguntara a alguien el porqué de esta preferencia, seguramente diría que "le suena mejor". En otros casos se puede tratar de una función poética que ya se ha institucionalizado o consolidado en la lengua. Por ejemplo, cuando en español se habla de los colores *blanco y negro* estos suelen aparecer en el discurso en este orden, mientras que en inglés los colores equivalentes se disponen al revés, *black and white*. Ambos ejemplos nos muestran que el orden de los elementos persigue muchas veces un efecto concreto.

En contraste con la función referencial, que se caracterizaba sobre todo por su cualidad informativa, la función poética deja más patente la subjetividad del hablante, pues el lenguaje se selecciona en función del efecto deseado. Por este motivo, la función poética se relaciona de manera estrecha con los textos literarios, p. ej., "*En un lugar de La Mancha, de cuyo nombre no quiero acordarme . . .*", y publicitarios, como se advierte en el siguiente eslogan: "*Cuando pasa un tren, casi no pasa nada*" de la Red Nacional de Ferrocarriles Españoles (RENFE) (véase Muñoz-Basols, Pérez Sinusía y David 2011, 6-43, 181-211).

El siguiente recuadro resume las seis funciones del lenguaje que acabamos de presentar.

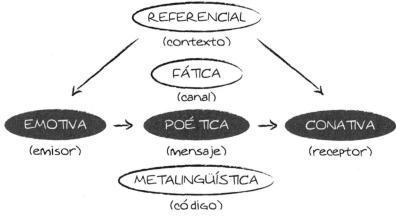

**Figura 1.7** Funciones del lenguaje

Por último, hay algunos paralelismos entre las propiedades del lenguaje de Hockett y las funciones del lenguaje de Jakobson. La característica de la reflexividad de Hockett, que nos permite reflexionar sobre el uso del idioma y hablar de sus diferentes constituyentes, se corresponde con la función metalingüística de Jakobson. Como ya hemos mencionado, esta es una de las funciones del lenguaje humano que nos distingue de las demás especies y puede desempeñar un papel importante en el aprendizaje de una L1 o de una L2 (véase el capítulo

8 sobre adquisición). En los diferentes ejemplos a lo largo de este capítulo, hemos visto que esta función nos permite analizar nuestro sistema lingüístico y establecer comparaciones con otras lenguas. Además de poseer puntos en común, los estudios de Hockett y de Jakobson también se complementan y, en general, nos ofrecen una visión panorámica sobre la facultad del lenguaje en el ser humano.

---

**Actividad 17. Identifica a cuál de las seis funciones del lenguaje se alude en las siguientes situaciones: referencial, emotiva, conativa, fática, metalingüística y poética. Explica brevemente cuál es la información que te ha proporcionado la clave.**

Durante una conversación telefónica:

A:  ¡No te oigo! ¿Qué dices?
B:  Estoy pasando por un túnel, espera . . . ¿Me oyes ahora?

1.  . . . . . . . . . . . . . .

"Y hay una sola saliva y un solo sabor a fruta madura, y yo te siento temblar contra mí como una luna en el agua".

Fragmento de *Rayuela*, Julio Cortázar (1984)

2.  . . . . . . . . . . . . . .

A:  Qué curioso que en español tengamos tres sustantivos, "lenguaje", "lengua" e "idioma", que equivalen a solamente uno en inglés, *language*.
B:  Sí, después de haber leído el capítulo del libro entiendo mucho mejor la diferencia y creo que hasta se la puedo explicar de manera clara a mis estudiantes de español.

3.  . . . . . . . . . . . . . .

A:  Ana, ven, corre.
B:  Ahora no puedo, Elena.

4.  . . . . . . . . . . . . . .

A:  Hola, ¿cómo estás?
B:  Bien . . .
A:  Llevo llamándote toda la tarde y no contestas.
B:  Es que. . . no estaba en casa . . .
A:  Hola, ¿cómo estás?
B:  Bien, ¿y tú?
A:  Bien, ¿disfrutando de la última semana de clases?
B:  ¡Uf! ¡Qué ganas tengo de estar en la playita!

5.  . . . . . . . . . . . . . .

A:  Mi cliente dice que no está de acuerdo con el precio de venta del garaje: le parece demasiado caro.
B:  Y el mío me ha comunicado que tampoco está de acuerdo con el precio de compra: le parece demasiado barato.

6.  . . . . . . . . . . . . . .

❷ **Ahora crea tú una situación comunicativa para cada una de las funciones del lenguaje.**

> **Actividad 18. Imagina que te encuentras en la siguiente situación comunicativa. Responde a las cuestiones que aparecen debajo.**
>
> Situación comunicativa → "Una clase de español sobre los usos del modo subjuntivo".
>
> a) Describe los seis factores constitutivos (emisor, mensaje, receptor, contexto, código y canal) que intervendrían durante la comunicación.
> b) ¿Qué tres funciones del lenguaje podrían ser las más relevantes teniendo en cuenta el contexto de la comunicación?

## 5. La neurolingüística

A lo largo de la historia, el lenguaje ha sido objeto de estudio en relación con el comportamiento del ser humano. Sin embargo, es a principios del siglo XIX cuando el fisiólogo Franz Joseph Gall consigue identificar diferentes zonas del cerebro que poseen funciones concretas y que se encuentran vinculadas al comportamiento humano. Con este descubrimiento se dan los primeros pasos en firme para localizar áreas concretas del cerebro que articulan tanto la comprensión como la producción del lenguaje.

Ya hemos explicado que la teoría innatista propone que el cerebro cuenta con un dispositivo de adquisición del lenguaje o LAD (*Language Acquisition Device*) que contribuye a la adquisición de una lengua. Sabemos que este dispositivo no es un órgano y, por lo tanto, no se trata de un elemento tangible. Sin embargo, hay evidencia de que esta capacidad del lenguaje se encuentra concentrada en el lado izquierdo del cerebro. Se podría decir que la neurolingüística como disciplina nace a partir del momento en el que se logra establecer una relación directa entre el cerebro y cómo se articula el lenguaje, es decir, cuando se identifican por primera vez las áreas concretas en dicho órgano y la función que estas zonas pueden desempeñar. Las personas con **afasia**, o lesión cerebral que afecta el habla, experimentan diferentes trastornos lingüísticos en relación con la producción o comprensión del lenguaje según el área afectada del cerebro. La afasia puede venir provocada principalmente como resultado de un accidente que ha dañado una zona del cerebro, o motivada por enfermedades vasculares o neurodegenerativas (Dronkers y Ogar 2014, 244-247).

El **área de Broca** lleva el nombre de su descubridor, Paul Broca, quien en 1861 identificó esta zona del cerebro como el lugar donde se produce la facultad del lenguaje articulado. Se encuentra ubicada en el lóbulo frontal del hemisferio izquierdo del cerebro. Si se producen daños o lesiones en el área de Broca, estos se manifiestan por la dificultad en la producción de oraciones completas, en la incapacidad de encontrar la palabra exacta a la hora de expresarse, la imposibilidad de explicar su significado hasta el punto de impedir o interrumpir la comunicación, y la ausencia de algunas palabras con función gramatical como: verbos auxiliares, conjunciones, determinantes, etc.

Se produce otro tipo de afasia cuando hay una lesión en el **área de Wernicke**, que también lleva el nombre de su descubridor, Carl Wernicke, quien en 1874 identificó la parte posterior del hemisferio izquierdo como el lugar donde se recogen las imágenes o la representación auditiva de las palabras. Los pacientes que sufren trastornos en esta zona suelen mostrar dificultades de comprensión, les cuesta interpretar los enunciados que oyen y cometen errores semánticos cuando hablan; el discurso es fluido pero carece de sentido lógico.

Aunque el lado izquierdo cerebral sea el dominante cuando nos comunicamos, cabe notar que el cerebro no funciona de manera independiente. Es decir, ambos hemisferios necesitan estar conectados entre sí para que la función del habla ocurra de manera fluida. Si la conexión entre los dos hemisferios se ve alterada o interrumpida se produce una **afasia anómica**, y uno de sus efectos es la incapacidad de nombrar el objeto identificado. Por este motivo, los hablantes con este tipo de trastorno deben recurrir a circunloquios y gestos para describirlo.

Avances más recientes han dejado constancia de que el hemisferio derecho del cerebro está relacionado con la intuición y que en el izquierdo es donde se produce la actividad racional. Además, estas dos capacidades pueden variar en función del género de la persona (véase Ingalhalikar *et al.* 2013). Los estudios neurolingüísticos han confirmado igualmente que el conocimiento del lenguaje responde a funciones cerebrales internas, es decir, a conexiones neurológicas que transmiten los impulsos nerviosos y que se conocen con el nombre de **sinapsis**, y no únicamente a reacciones motrices hacia elementos externos.

Por último, la neurolingüística es un claro ejemplo de que la lingüística se relaciona con otras disciplinas o ciencias que conforman un estudio interdisciplinar del lenguaje. Del mismo modo, las herramientas y los tratamientos de **neurotecnología** desarrollados y perfeccionados en las últimas décadas, como las resonancias magnéticas, los electroencefalogramas, la topografía óptica, las sondas microscópicas, las imágenes por ultrasonidos 2D, los simuladores de realidad virtual, las interfaces cerebro-computadora o la técnica de anestesia hemisférica (o test de Wada), han permitido avanzar en el estudio de cómo se comporta el cerebro en la producción y comprensión del lenguaje.

---

**Actividad 19. Las siguientes herramientas de neurotecnología estudian ciertos aspectos en relación con el cerebro. Elige la definición correspondiente para cada una de ellas.**

la sonda microscópica • el electroencefalograma • la topografía óptica
la resonancia magnética • la interfaz cerebro-computadora

| Herramienta | Definición |
|---|---|
| 1. | a. Se vale de la luz infrarroja para analizar los cambios que se pueden producir en el metabolismo del cerebro durante la actividad cerebral. |
| 2. | b. Emite radiofrecuencias que se utilizan para estudiar la estructura o la composición química de un elemento. Permite crear imágenes del cerebro para analizar sus diferentes elementos. |
| 3. | c. Es un dispositivo flexible que permite hacer intervenciones a pequeña escala, registrar la actividad neuronal e incluso liberar fármacos en el cerebro. |
| 4. | d. Se conecta un dispositivo en la cabeza con el que se recogen ondas cerebrales, se registran electrónicamente y se analizan después. Permiten trasladar las acciones que se transmiten desde el cerebro al entorno, por lo que se puede mover una imagen o un dispositivo electrónico con la mirada. |
| 5. | e. Sirve para estudiar cómo se comporta el cerebro, mediante el registro de la actividad bioeléctrica cerebral, ya sea durante el sueño o la vigilia. |

❯ Busca una investigación reciente sobre neurolingüística y prepara un breve informe escrito u oral. Puedes consultar las revistas *Journal of Neurolinguistics* o *Mente y cerebro*.

🔗 Enlace: http://www.journals.elsevier.com/journal-of-neurolinguistics/.
🔗 Enlace: www.investigacionyciencia.es/revistas/mente-y-cerebro/.

> ❯ **Ten en cuenta las siguientes pautas:**
>
> 1. Justifica por qué elegiste este artículo en particular.
> 2. Explica qué aspecto relacionado con la neurolingüística se analiza en el artículo. Fíjate en las palabras clave.
> 3. Resume cuáles son las principales hipótesis de partida del estudio.
> 4. Describe qué tipo de datos se manejan en el estudio y qué herramientas se utilizan.
> 5. Enumera cuáles son algunas de las aportaciones o conclusiones del estudio.

## 6. Principales ramas de la lingüística

La sección anterior nos ha mostrado que la lingüística es una disciplina en contacto permanente con otras ciencias. Esta colaboración interdisciplinar ha hecho posible la creación de diferentes áreas de conocimiento que se ocupan de aspectos relacionados con el estudio del lenguaje. A continuación, enumeraremos algunas de las ramas de la lingüística más comunes a partir de tres rasgos principales: la aproximación teórica y formal, la aplicación práctica y el componente interdisciplinar.

En primer lugar, mencionaremos aquellas **ramas de la lingüística** que se ocupan de los **aspectos más teóricos** o **formales** del lenguaje como: la **fonología**, que categoriza y jerarquiza de manera abstracta los fonemas en relación con sus diferencias y su función, y la **fonética**, cuya tarea consiste en describir el inventario de sonidos de una lengua de manera concreta, es decir, en relación con sus características articulatorias, acústicas y fisiológicas; la **morfología**, que intenta explicar y sistematizar cómo se configura la estructura interna y externa de las palabras a partir del análisis de sus principales constituyentes; la **sintaxis**, que analiza cómo se establece la relación jerárquica y funcional entre los diferentes elementos dentro de una oración y entre las oraciones en el discurso; la **semántica**, que estudia el sentido o la interpretación del signo lingüístico teniendo en cuenta la representación del significado y su referente o elemento real; la **lexicología**, que se ocupa de describir el significado léxico de las palabras teniendo en cuenta las relaciones de significado que se pueden establecer entre ellas, y la **lexicografía**, que se centra en la elaboración de diccionarios que permitan categorizar dichas palabras, prestando atención a su etimología, combinación o uso.

En segundo lugar encontramos los **aspectos más prácticos** o **aplicables** de la lingüística y, por esta razón, muchas de estas disciplinas se suelen englobar bajo el nombre genérico de **lingüística aplicada**. Por ejemplo: la **didáctica de la lengua**, que se ocupa de analizar las diferentes maneras en las que se puede enseñar una lengua, y el **diseño curricular** o la **planificación lingüística**, que desarrolla planes concretos o competencias lingüísticas para la enseñanza de la lengua en un medio concreto; la **lingüística clínica**, que analiza los trastornos del lenguaje en niños y adultos e intenta sistematizar sus diferentes tipos; la **lingüística computacional**, que se vale de herramientas informáticas para identificar patrones comunes en la lengua; o la **traductología**, que describe qué es lo que ocurre cuando se traduce de una lengua a otra, teniendo en cuenta, entre otros factores, el punto de vista funcional de los elementos, el significado y el contexto.

En último lugar, encontramos otras ramas de la lingüística que también se suelen incluir a menudo bajo la nomenclatura de lingüística aplicada, pero que asimismo dejan entrever su carácter práctico y **planteamiento interdisciplinar**, y la relación de la lingüística con otras ciencias como: la **adquisición del lenguaje**, que se ocupa de los procesos que se dan tanto en el aprendizaje de la L1 como de la L2; la **filosofía del lenguaje**, que estudia el lenguaje desde el punto de vista de su entendimiento, su correspondencia con el mundo real y el pensamiento humano; la **lingüística antropológica**, que adopta un enfoque antropológico o cultural, e intenta explicar las diferencias culturales, o de significado, en el uso de la lengua en diferentes sociedades; la **historia de la lengua** o **lingüística diacrónica**, que estudia la evolución histórica de la lengua desde sus orígenes o en sus diferentes fases, o **lingüística sincrónica**, que se centra en un determinado momento o periodo de la historia; la **neurolingüística**, que intenta dar respuesta a cómo se comporta el cerebro en relación con la comprensión y producción del lenguaje; la **pragmática**, que establece cómo los elementos extralingüísticos y el contexto pueden incidir directamente sobre la interpretación del significado; la **psicolingüística**, que aplica los conocimientos sobre psicología para el estudio de la producción del lenguaje y de su adquisición, y la **sociolingüística**, que analiza cómo se emplea la lengua en una sociedad concreta, ya sea desde el punto de vista dialectológico, o según los patrones lingüísticos y culturales propios de una sociedad o comunidad concreta de hablantes.

---

**Actividad 20. Identifica sobre qué rama de la lingüística tendrías que saber más para poder llevar a cabo cada una de las siguientes investigaciones.**

sintaxis • fonética • pragmática • morfología • neurolingüística adquisición del lenguaje dialectología • sociolingüística • historia de la lengua • semántica • lingüística antropológica fonología • lingüística computacional • lexicografía diseño curricular o planificación lingüística

1. Comparar textos escritos con una computadora para analizar el uso de las preposiciones.
2. Analizar el uso del guaraní y del español en la comunidad universitaria de Paraguay.
3. Estudiar la evolución de las sibilantes desde el castellano antiguo hasta el español actual.
4. Establecer la diferencia entre el significante y el significado de una misma palabra.
5. Describir las diferencias articulatorias de la "b" en las palabras "hambre" y "abre".
6. Recopilar una lista de palabras en orden alfabético para elaborar un diccionario.
7. Estudiar cómo se relacionan jerárquicamente los elementos entre sí dentro de una misma oración.
8. Identificar si el enunciado "¡Ven aquí!" constituye una orden o una petición en función del contexto.
9. Estudiar los componentes distintivos que hacen que cambie el significado en las palabras "vaso" y "caso".
10. Segmentar la palabra "intercultural" en unidades e identificar los prefijos y los sufijos de los que consta.
11. Analizar cuáles son los errores típicos más comunes de los estudiantes anglohablantes que aprenden la diferencia entre los verbos "ser" y "estar".
12. Elaborar un programa para introducir la enseñanza de una L2 en un curso de educación infantil.
13. Estudiar mediante una resonancia magnética cómo responde el cerebro de un individuo cuando habla.
14. Hacer una comparación sobre cómo se perciben los colores en varias culturas y cuáles son los diferentes nombres que reciben.
15. Comparar los diferentes vocablos que se utilizan en español para decir "autobús": *camión* en México, *guagua* en Puerto Rico y *colectivo* en Argentina.

## 7. La lingüística en el siglo XXI: del estudio interdisciplinar al transdisciplinar

Como acabamos de ver, la lingüística constituye un área de conocimiento versátil que con frecuencia se nutre de otras disciplinas y favorece el estudio interdisciplinar. Posee la capacidad de ramificarse y, por lo tanto, de desarrollar nuevos dominios que emplean el lenguaje como materia prima de análisis en otros campos del saber, pero ¿cuáles son algunos de los pasos que está tomando la lingüística en el siglo XXI? El desarrollo de herramientas informáticas para obtener muestras de lengua a gran escala y crear bases de datos ha propiciado igualmente el estudio interdisciplinar. Dicha información ha aportado además nuevas perspectivas a otros campos que se han beneficiado del estudio del lenguaje como herramienta heurística. Esta postura ha sido defendida, entre otros, por los biólogos Marc D. Hauser y W. Tecumseh Fitch, quienes, junto con el lingüista Noam Chomsky, han abogado por un mayor acercamiento entre la lingüística y la biología para favorecer la investigación interdisciplinar (2002, 1570).

Para ilustrar los vínculos entre la lingüística y otras áreas de conocimiento, nos referiremos a algunas de estas nuevas investigaciones en las ciencias naturales, más en concreto en la ecología, y también en las ciencias sociales, en el ámbito de la economía. Por ejemplo, la **ecolingüística** es un área que vincula el medio natural al estudio de las lenguas. Para ello, esta disciplina se ocupa de aspectos como la interacción entre una lengua y el mundo a su alrededor, el comportamiento y desarrollo de la lengua en dicho medio, así como los paralelismos que se pueden derivar de esta relación de dependencia.

La primera mención a dicho término como *écolinguistique* aparece en la obra de Claude Hagège (1985), pero no es hasta la década de los noventa cuando dicha aproximación comienza a adquirir forma en las ideas del lingüista Michael Halliday. Su estudio *New Ways of Meaning: The Challenge to Applied Linguistics* (1990) plantea la necesidad de llevar a cabo un estudio "transdisciplinar", término que prefiere al de multidisciplinar o interdisciplinar puesto que, para él, estos dos últimos métodos de aproximación a la investigación, dado que construyen puentes entre disciplinas y pueden condicionar la actividad intelectual y la capacidad investigadora desde sus respectivas áreas. Por lo tanto, la **propuesta transdisciplinar** de Halliday aboga por crear nuevas áreas temáticas que se desarrollen de manera autónoma.

Otro ejemplo reciente, aunque en este caso en el terreno de las ciencias sociales, se presenta en el campo de la economía, donde se ha empezado a hablar de estudios de **lingüística económica** como, por ejemplo, en investigaciones que relacionan el comportamiento del individuo a nivel socioeconómico con las características específicas de su lengua. Más concretamente, se ha estudiado el modo en que algunas lenguas expresan la noción del tiempo futuro explícitamente, con una forma conjugada de la forma verbal, o mediante otros mecanismos. Esto sucede en el caso del español, o en otras lenguas romances, que poseen dicha marca temporal, *estudio → estudiaré*. Sin embargo, la percepción de la noción de futuro es diferente en otras lenguas como, por ejemplo, el japonés, dado que el valor de futuro no viene expresado en la forma conjugada del verbo, sino a partir del contexto o de otros mecanismos que marcan la relación temporal en el discurso, tal y como se observa en los siguientes ejemplos:

(6) 今日、勉強する
   Transliteración: kyou, benkyou suru
   Trad. literal → *Hoy, estudio* (valor de presente)

(7) 明日、勉強する

    Transliteración: ashita, benkyou suru

    Trad. literal → *Mañana, estudio* (valor de futuro)

Para M. Keith Chen (2013), quien analiza la noción de futuro en un variado espectro de lenguas que pertenecen a familias lingüísticas distintas entre sí, que una lengua posea una marca temporal expresada de una forma u otra puede influir en el comportamiento de un hablante. Algunas de estas actitudes incluirían ser previsor de cara al futuro, ahorrar, o estarían incluso relacionadas con conductas que tengan que ver con la salud, puesto que la percepción lingüística de la noción de futuro puede conducir al individuo a decantarse por una toma de decisiones concretas (véase Chen 2013). En resumen, este planteamiento sirve para constatar la importancia que el lenguaje —y por extensión la lingüística— está adquiriendo como herramienta heurística en el siglo XXI, puesto que constituye un componente más que contribuye a corroborar la base empírica de cualquier estudio.

En los siguientes capítulos veremos una combinación de los principales aspectos que acabamos de presentar, los teóricos y formales, los prácticos, y los que subrayan el estudio de la lingüística desde el punto de vista empírico e interdisciplinar. Nos ocuparemos de la **fonología** y la **fonética**, para describir y analizar el repertorio de sonidos que existen en español; de la **morfología**, con el objetivo de aprender a observar tanto la estructura interna como la externa de las palabras y la combinación de diferentes categorías; de la **sintaxis**, a partir de cómo se relacionan y se combinan los diferentes elementos en el discurso de manera jerárquica; de la **semántica** y la **pragmática**, para analizar el sentido o la interpretación del signo lingüístico y saber apreciar cómo el contexto puede incidir directamente en la interpretación del significado; de la **historia de la lengua**, realizando un recorrido de cómo ha evolucionado el español desde sus orígenes; de la **variación lingüística**, para apreciar la diversidad lingüística existente en el mundo hispanohablante y entender la relación que existe entre la lengua y su uso, y de la **adquisición**, con el propósito de describir algunos de los factores que condicionan el aprendizaje de la L1, o de una L2, L3, etc.

En el análisis de los diferentes capítulos será igualmente importante no dejar de lado nuevas vías de exploración que se vayan abriendo hoy en día en relación con el estudio de la lingüística, y aprovechar los datos que nos puedan proporcionar otros campos del saber. Todos estos componentes nos permitirán ofrecer una perspectiva amplia y actual sobre la lingüística hispánica.

---

✑ **Actividad 21. Lee el artículo "The Faculty of Language: What Is It, Who Has It, and How Does It Evolve?" de Marc D. Hauser, Tecumseh Fitch y Noam Chomsky, publicado en *Science*, y prepárate para debatir su contenido en clase. Ten en cuenta las siguientes pautas.**

1. Busca información sobre el perfil investigador de los diferentes autores.
2. Elabora un esquema en el que anotes de qué ámbitos proceden los datos y ejemplos del estudio.
3. Resume algunas de las ideas principales que se exponen desde una óptica interdisciplinar.
4. Identifica algunas de las conclusiones del estudio.

**Actividad 22.** ¿A qué áreas concretas de la lingüística hacen referencia los siguientes iconos? Identifica con qué capítulo del libro están relacionados. Justifica tu respuesta.

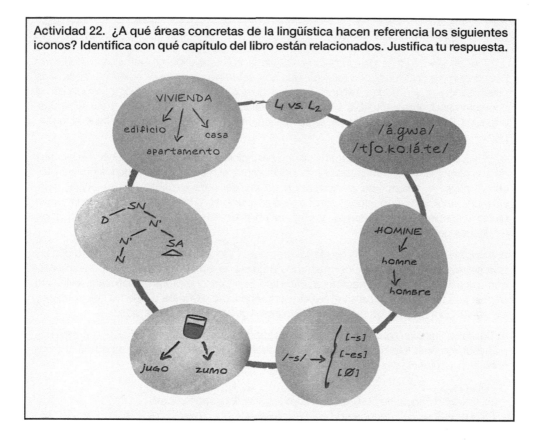

**Actividad 23.** Incluimos aquí una serie de frases célebres sobre el lenguaje. Interpreta y explica qué te sugiere cada una de ellas teniendo en cuenta lo que has aprendido.

1. "¡Qué irónico es que precisamente por medio del lenguaje un hombre pueda degradarse por debajo de lo que no tiene lenguaje!".

    Søren Aabye Kierkegaard (1813-1855), literato y filósofo danés.

2. "El lenguaje ha de ser matemático, geométrico, escultórico. La idea ha de encajar exactamente en la frase, tan exactamente que no pueda quitarse nada de la frase sin quitar eso mismo de la idea".

    José Martí (1853-1895), político y escritor cubano.

3. "Pero si el pensamiento corrompe el lenguaje, el lenguaje también puede corromper el pensamiento".

    George Orwell (1903-1950), escritor británico.

4. "El lenguaje de hoy no es peor que el de ayer. Es más práctico. Como el mundo en que vivimos".

    Noam Chomsky (1928), lingüista estadounidense.

5. "El gran peligro de la globalización es que nos empuja a una megalengua común".

    Umberto Eco (1932-2016), escritor italiano.

Adaptado de: http://www.proverbia.net/default.asp.

## PROYECTOS DE INVESTIGACIÓN

1. ¿Cuáles son algunos de los parámetros de la comunicación no verbal en tu cultura? Busca ejemplos o situaciones relacionadas con este tipo de comunicación y prepara una presentación oral. Puedes explicar algunos gestos característicos, cómo funcionan el contacto visual, el contacto físico, la manera de saludarse, el espacio personal, etc. Después, utiliza los datos para determinar si, en tu opinión, la comunicación no verbal debería formar parte de la enseñanza de una L2.

2. Busca información sobre el sistema de comunicación de otras especies y describe algunas de sus características principales como, por ejemplo, el repertorio vocal de los gorilas y los chimpancés, el sistema de comunicación de los delfines, la danza de las abejas, etc. Después, analiza los datos que hayas obtenido en relación con las funciones que desempeñan dichas especies en la naturaleza y prepara un informe escrito en el que expongas los resultados de tu investigación.

3. Investiga los diferentes tipos de afasia que existen y localiza las zonas del cerebro con las que se relacionan. Enumera los trastornos lingüísticos concretos que se producen en la comunicación y explica qué caracteriza cada tipo de afasia: comprensión deficitaria, dificultad para la repetición, reducción en el habla espontánea, etc. Ayúdate de elementos visuales y de vídeos para mostrar los resultados de tu investigación al resto de la clase.

4. Busca información sobre una lengua que se encuentre en peligro de extinción y prepara una presentación oral. Explica de qué familia procede, dónde se habla, cuál es su número de hablantes y comenta algunas de sus características formales.

⌔ Recursos:
– *Endangered Languages Project*: www.endangeredlanguages.com/.
– *The Hans Rausing Endangered Languages Project*: http://www.hrelp.org/.
– Crystal, D. 2000. *Language Death*. Cambridge: Cambridge University Press.
– Crystal, D. 2001. *La muerte de las lenguas*. Madrid: Akal.

## LECTURAS ADICIONALES PARA PROFUNDIZAR SOBRE LA MATERIA

A continuación, incluimos algunas recomendaciones bibliográficas y pautas generales sobre **lingüística general** que le permitirán al estudiante iniciarse en el estudio y en la investigación de los temas que han aparecido a lo largo del capítulo. Todas las referencias que se mencionan aparecen recogidas en la bibliografía especializada al final del capítulo.

■ Se puede encontrar más información sobre el **lenguaje como fenómeno mental** en los libros de Jackendoff, *Patterns in the Mind: Language and Human Nature* (1994), *Foundations of Language: Brain, Meaning, Grammar, Evolution* (2003), y *Meaning and the Lexicon: The Parallel Architecture 1975-2010* (2010). También en el libro de Sanz, *Mind and Context in Adult Second Language Acquisition* (2005).

■ Sobre las diferencias entre **lengua, dialecto (lecto)** y **habla**, y otros términos afines, se puede consultar Haugen (1972), Bailey (1973), Woolard (1998), Blommaert (2010), desde un punto de vista general y, en relación con el español, Alvar (1961), Coseriu (1981), Montes Giraldo (1986), Pottier (1992), y más recientemente los libros de Moreno Fernández, *Sociolingüística cognitiva. Proposiciones, escolios y debates* (2012), y de Moreno Cabrera, *Cuestiones clave de la lingüística* (2013). Para saber más sobre el **debate terminológico** entre **lecto** y **dialecto** se pueden leer los trabajos de Bailey (1973), Montes Giraldo (1986), Pottier (1992) y Moreno Fernández (2012).

■ En relación con la **proxémica**, así como con otros aspectos antropológicos de la lengua, se recomienda consultar Hall (1959, 1966), así como el libro de Pellow (1996), *Setting Boundaries: The Anthropology of Spatial and Social Organization*.

■ Sobre el **conductismo** y los trabajos de investigadores como Pavlov, Skinner y Watson, se puede hallar más información en Zuriff (1986), Todes (2001), Baum (2004) y Toates (2009).

■ Para indagar más sobre cómo funcionan la **comunicación no verbal** y las **lenguas de signos**, se pueden leer los libros *La comunicación no verbal: cultura, lenguaje y conversación* de Poyatos (1994), *Language and Gesture* de McNeill (2000) y *The Syntax of American Sign Language: Functional Categories and Hierarchical Structure* de Neidle, Shepard-Kegl *et al.* (2000), sus respectivos trabajos sobre la materia, así como la obra de referencia de Pfau *et al.* (2012), *Sign Language: An International Handbook*. En el caso del español, se puede consultar la *Gramática didáctica de la Lengua de Signos Española (LSE)* de Herrero Blanco (2009).

■ Para profundizar en el estudio de los **aspectos biológicos del lenguaje**, se recomienda leer el estudio de Lenneberg (1966) y su libro *Biological Foundations of Language* (1967). Los casos de las niñas Genie, Chelsea e Isabelle, que han contribuido a explicar algunos de los efectos de los **factores externos en la facultad del lenguaje**, se comentan de manera general en el libro *The Language Instinct. The New Science of Language and Mind* de Steven Pinker (1994), traducido al español como *El instinto del lenguaje: cómo crea el lenguaje la mente* (1999); también se sugiere leer su colección de ensayos *Language, Cognition, and Human Nature: Selected Articles* (2013). Para más detalles sobre los casos concretos de las niñas Genie y Chelsea, se pueden leer los trabajos de Curtiss (1977, 1983), *Genie: A Psycholinguistic Study of a Modern-Day "Wild Child"*, y también de Dronkers *et al.* (1998).

■ Sobre los *pidgin* y las **lenguas criollas** se recomienda consultar Grimshaw (1971), Klee y Lynch (2009), así como el atlas lingüístico de Michaelis *et al.* (2013) para obtener una perspectiva actual sobre la materia. Véase O'Shannessy (2005, 2013) para más información sobre el ejemplo de la lengua criolla warlpiri rampaku.

■ Los **postulados de Chomsky** que han aparecido en el capítulo se encuentran en varios de sus trabajos (1957, 1959, 1965, 1980, 1985). Se puede leer un resumen analítico sobre las teorías de Chomsky en los libros de Liceras (1996), Smith (1999/2004), también traducido al español, Smith (2001), así como en el libro de Cook y Newson (2007); o con planteamientos desde una nueva óptica Pinker y Jackendoff (2005), Jackendoff y Pinker (2005), y Pinker (2013). Para un análisis del **enfoque universalista** se puede consultar el libro de Hodgen (1964) sobre las teorías de la **monogénesis**, así como los trabajos de Comrie (1989) y de Moreno Cabrera (2004). Sobre el **español como lengua** *pro-drop* se recomienda consultar Bosque (1989), Biberauer *et al.* (2010) para una panorámica más amplia y contrastiva, y el estudio de Pešková (2013) sobre la variedad dialectal de la ciudad de Buenos Aires.

■ Para tener una perspectiva actual sobre la labor de la **Real Academia Española (RAE)** y de la **Asociación de Academias de la Lengua Española (ASALE)**, se pueden consultar los boletines de ambas instituciones que se publican periódicamente en línea: http://www.rae.es/boletines/brae y http://www.asale.org/publicaciones. En relación con la gramática como obra prescriptiva y sobre la **estandarización de la lengua**, se puede encontrar información en el libro de Paffey (2012), *Language Ideologies and the Globalization of "Standard" Spanish*.

■ Para saber más sobre las **características del lenguaje humano** se pueden leer los trabajos de Hockett (1958, 1959, 1960, 1961, 1963, 1964), así como Hockett y Altmann (1968). Sobre las **funciones del lenguaje**, véase el capítulo de Jakobson (1960). Para una perspectiva comparativa entre la **comunicación humana** y **animal** se recomienda consultar el artículo de Hauser, Chomsky y Fitch (2002), el libro *The Prehistory of Language. Studies in the Evolution of Language* de Botha y Knight (2009), y el libro *Origins of Human Communication* de Tomasello (2010).

■ Uno de los principales foros de las últimas décadas en el campo de la **neurolingüística** es *Journal of Neurolinguistics*. Se recomienda leer el artículo de Peng "What is Neurolinguistics?" (1985), que pertenece al número inaugural. Para una definición reciente sobre el término **afasia** se puede consultar la entrada enciclopédica de Dronkers y Olgar que aparece en la última edición de la *Encyclopedia of the Neurological Sciences* (2014). Sobre otros estudios en relación con el cerebro en el ámbito de la **neurociencia** se puede hallar más información en los libros de Ingram (2007), *Neurolinguistics: An Introduction to Spoken Language Processing and its Disorders*, y de Arbib (2013), *Language, Music, and the Brain: A Mysterious Relationship*.

■ Además del mencionado estudio de Halliday (1990), como el punto de partida que impulsa el **análisis ecocrítico del discurso**, es conveniente consultar los trabajos de Fill (1993), Mühlhäusler (2000), Fill y Mühlhäusler (2001), y Bastardas-Boada (1996, 2002).

■ Por último, como obras generales de **introducción a la lingüística general**, se recomiendan los trabajos de McGregor (2009), Atkinson *et al.* (2009), Fromkin, Rodman y Hyams (2013) y Genetti (2014). Existen también libros de **introducción a la lingüística hispánica** que abarcan temas específicos del ámbito hispánico como Abad y García Berrio (1983), Fernández Pérez (1999), MacKenzie (2001), Alonso-Cortés (2002), Azevedo (2009), Hualde *et al.* (2010) y Escandell Vidal *et al.* (2011). La *Enciclopedia de lingüística hispánica* de Gutiérrez-Rexach (2016) constituye también un excelente recurso donde se podrá ampliar la información sobre numerosos temas de actualidad relacionados con la materia.

## LISTA DE CONCEPTOS Y TÉRMINOS CLAVE

**actuación** (*performance*)
**afasia** (*aphasia*)
**afasia anómica** (*anomic aphasia*)
**arbitrariedad** (*arbitrariness*)
**área de Broca** (*Broca's area*)
**área de Wernicke** (*Wernicke's area*)
**canal** (*channel*)
**capacidad adquirida** (*acquired ability*)
**capacidad innata** (*innate ability*)
**características del lenguaje** (*design features of language*)
**cinésica o kinésica** (*kinesics or body language*)
**código** (*code*)
**competencia** (*competence*)
**competencia comunicativa** (*communicative competence*)
**competencia lingüística** (*linguistic competence*)
**comunicación biológica** (*biological communication*)
**conocimiento declarativo** (*declarative knowledge*)

conocimiento procedimental (*procedural knowledge*)
conversión (*conversion*)
creatividad (*creativity*)
creatividad regida (*rule-governed creativity*)
desplazamiento (*displacement*)
dialecto (*dialect*)
dispositivo de adquisición del lenguage o DAL (*Language Acquisition Device, LAD*)
emisor (*sender*)
enfoque conductista (*conductivist approach*)
entorno de aprendizaje (*learning environment*)
espacio íntimo (*intimate space*)
espacio personal (*personal space*)
espacio público (*public space*)
espacio social (*social space*)
estímulo condicionante (*conditioning stimulus*)
estímulo externo (*external stimulus*)
estímulo lingüístico (*linguistic stimulus*)
evanescencia (*rapid fading or transitoriness*)
fenomenología (*phenomenology*)
formalismo ruso (*Russian formalism*)
función conativa (*directive function*)
función denotativa (*referential function*)
función emotiva (*expressive function*)
función fática (*phatic function*)
función metalingüística (*metalingual or metalinguistic function*)
función poética (*poetic function*)
función referencial (*referential function*)
gramática descriptiva (*descriptive grammar*)
gramática mental (*mental grammar*)
gramática prescriptiva (*prescriptive grammar*)
Gramática Universal (*Universal Grammar or UG*)
habla/*parole* (*speaking/parole*)
hipótesis innatista (*innatist theory*)
idioma (*language*)
idiomático (*idiomatic*)
intercambiabilidad (*interchangeability*)
jerga (*jargon*)
lecto (*lect*)
lengua (*language*)
lengua/*langue* (*language/langue*)
lengua criolla (*creole language*)
lengua franca (*lingua franca*)
lengua nativa (*native language*)
lengua *non-pro-drop* (*non-pro-drop language*)
lengua *pro-drop* (*pro-drop language*)
lenguaje (*Language, with capital L*)
ley del reflejo condicionado (*conditioned reflex theory*)
mensaje (*message*)
metalenguaje (*metalanguage*)
monogénesis (*monogenesis*)

**neurotecnología** (*neurotechnology*)
**oyente** (*receiver*)
**parámetro** (*parameter*)
**período crítico** (*critical period*)
*pidgin* (*pidgin*)
**poligénesis** (*poligenesis*)
**prevaricación** (*prevarication*)
**principio** (*principle*)
**productividad** (*productivity*)
**proxémica** (*proxemics*)
**reacción condicionada** (*conditioned response*)
**receptor** (*receiver*)
**recursividad** (*duality of patterning or recursiveness*)
**reflexividad** (*reflexiveness*)
**significado** (*signified or meaning*)
**significante** (*signifier*)
**sinapsis** (*synapsis*)
**universal** (*universal*)
**universal de cambio lingüístico** (*linguistic change universal*)
**universal fonológico** (*phonological universal*)
**universal general** (*general universal*)
**universal gramatical** (*grammatical universal*)
**universal morfológico** (*morphological universal*)
**universal semántico** (*semantic universal*)
**universal sintáctico** (*syntactic universal*)

## BIBLIOGRAFÍA ESPECIALIZADA DEL CAPÍTULO 1
## LINGÜÍSTICA GENERAL

Abad, F. y A. García Berrio, eds. 1983. *Introducción a la lingüística*. Madrid: Alhambra.

Ahn, T. K., M. A. Janssen y E. Ostrom. 2004. "Signals, Symbols, and Human Cooperation". En *The Origins and Nature of Sociality*, eds. R. W. Sussman y A. R. Chapman, 122-139. Nueva York: Aldine de Gruyter.

Alonso-Cortés, A. 2002. *Lingüística*. Madrid: Cátedra.

Alvar, M. 1961. "Hacia los conceptos de lengua, dialecto y habla". *Nueva Revista de Filología Hispánica* 25: 51-60.

Alvar, M., dir. 1996. *Manual de dialectología hispánica. El español de España*. Vol. 1. Barcelona: Ariel.

Anderson, J. R. 1983. *The Architecture of Cognition*. Cambridge, MA: Harvard University Press.

Arbib, M. A. 2013. *Language, Music, and the Brain: A Mysterious Relationship*. Boston: MIT Press.

Atkinson, M., D. Britain, H. Clahsen, A. Radford y A. Spencer. 2009. *Linguistics: An Introduction*. Cambridge: Cambridge University Press.

Aveledo, F. 2006. "El procesamiento de verbos regulares e irregulares en el español infantil: mecanismo dual vs. conexionismo". *Boletín de lingüística* 18 (26): 5-32.

Azevedo, M. M. 2009. *Introducción a la lingüística española*. Upper Saddle River, NJ: Prentice Hall.

Bailey, C.-J. N. 1973. *Variation and Linguistic Theory*. Arlington, VA: Center for Applied Linguistics.

Bakalar, N. 2013. "A Village Invents a Language All its Own". *The New York Times*, 16 de julio, p. D2. http://www.nytimes.com/2013/07/16/science/linguist-finds-a-language-in-its-infancy.html?_r=0.

Bastardas-Boada, A. 1996. *Ecologia de les llengües. Medi, contactes i dinàmica sociolingüística*. Barcelona: Proa.

Bastardas-Boada, A. 2002. "Biological and Linguistic Diversity: Transdisciplinary Explorations for a Socioecology of Languages". *Diversité langues*, vol. 7, Analyses et réflexions. http://www.teluq.uquebec.ca/diverscite/SecArtic/Arts/2002/bastarda/ftxt.htm.

Baum, W. M. 2004. *Understanding Behaviorism: Behavior, Culture, and Evolution*. Londres: Wiley-Blackwell.

Bello, A. 1860/1995. *Gramática de la lengua castellana dedicada al uso de los americanos*. Caracas: La Casa de Bello.

Biberauer, T. A. Holmberg, I. Roberts y M. Sheenan. 2010. *Parametric Variation: Null Subjects in Minimalist Theory*. Cambridge: Cambridge University Press.

Bloch, B. y G. Trager. 1942. *Outline of Linguistic Analysis*. Baltimore: Waverly Press.

Blommaert, J. 2010. *The Sociolinguistics of Globalization*. Cambridge: Cambridge University Press.

Bosque, I. 1989. "Clase de sujetos tácitos". *Philologica* 2: 91-111.

Bosque, I. y V. Demonte, dirs. 1999. *Gramática descriptiva de la lengua española*. Colección Nebrija y Bello. Real Academia Española. Madrid: Espasa.

Botha, R. y C. Knight, eds. 2009. *The Prehistory of Language. Studies in the Evolution of Language*. Nueva York: Oxford University Press.

Caldwell, D. K. y M. C. Caldwell. 1989. "Pygmy Sperm Whale *Kogia Breviceps* (de Blainville, 1838): Dwarf Sperm Whale *Kogia Simus* Owen, 1866". En *The Handbook of Marine Mammals, Vol. 4: River Dolphins and the Larger Toothed Whales*, eds. S. H. Ridgway y R. Harrison, 235-260. San Diego: Academic Press.

Canale, M. y M. Swain. 1980. "Theoretical Bases of Communicative Approaches to Second Language Teaching and Testing". *Applied Linguistics* 1: 1-47.

Chen, M. K. 2013. "The Effect of Language on Economic Behavior: Evidence from Savings Rates, Health Behaviors, and Retirement Assets". *American Economic Review* 103 (2): 690-731.

Chilton, P. 2014. *Language, Space and Mind: The Conceptual Geometry of Linguistic Meaning*. Cambridge: Cambridge University Press.

Chomsky, N. 1957. *Syntactic Structures*. The Hague: Mouton.

Chomsky, N. 1959. "A Review of B. F. Skinner's 'Verbal Behavior'". *Language* 35: 26-58.

Chomsky, N. 1964. *Current Issues in Linguistic Theory*. La Haya: Mouton.

Chomsky, N. 1965. *Aspects of the Theory of Syntax*. Cambridge: MIT Press.

Chomsky, N. 1980. *Rules and Representations*. Oxford: Blackwell.

Chomsky, N. 1985. *Knowledge of Language*. Nueva York: Praeger.

Comrie, B. 1989. *Universales de lenguaje y tipología lingüística: sintaxis y morfología*. Madrid: Gredos.

Cook, V. J. y M. Newson. 2007. *Chomsky's Universal Grammar: An Introduction*. Londres: Wiley-Blackwell.

Cortázar, J. 1984. *Rayuela*. Edición de Andrés Amorós. Madrid: Cátedra.

Coseriu, E. 1981. "Los conceptos de 'dialecto', 'nivel' y 'estilo de lengua' y el sentido propio de la dialectología". *Lingüística Española Actual* 3 (1): 1-32.

Crystal, D. 2000. *Language Death*. Cambridge: Cambridge University Press.

Crystal, D. 2001. *La muerte de las lenguas*. Madrid: Akal.

Crystal, D. y R. H. Robins. 2014. "Language". En *Encyclopædia Britannica*. Chicago: Encyclopædia Britannica. http://www.britannica.com/.

Curtiss, S. 1977. *Genie: A Psycholinguistic Study of a Modern-Day "Wildchild"*. Londres: Academic Press.

Curtiss, S. 1983. "Genie". En *Concise Encyclopedia of Special Education: A Reference for the Education of the Handicapped and Other Exceptional Children and Adults*, eds. C. R. Reynolds y E. Fletcher-Janzen, 709-710. Nueva York: Wiley.

Dronkers, N. F., Ludy, C. A. y Redfern, B. B. 1998. "Pragmatics in the Absence of Verbal Language: Descriptions of a Severe Aphasic and a Linguistically Feral Adult". *Journal of Neurolinguistics* 11 (1-2): 179-190.

Dronkers, N. F. y J. Ogar. "Aphasia: Overview". 2014. En *Encyclopedia of the Neurological Sciences*, eds. M. J. Aminoff y R. B. Daroff, 244-247. San Diego: Academic Press.

Escandell Vidal, M. V., V. Marrero Aguilar, C. Casado Fresnillo, E. Gutiérrez Rodríguez, N. Polo Cano. 2011. *Invitación a la lingüística*. Madrid: Editorial Universitaria Ramón Areces.

Fernández-Ordóñez, I. 2016. "Dialectos del español peninsular". En *Enciclopedia de lingüística hispánica*, ed. Javier Gutiérrez-Rexach, 387–404. Londres y Nueva York: Routledge.

Fernández Pérez, M. 1999. *Introducción a la lingüística: dimensiones del lenguaje y vías de estudio*. Madrid: Ariel.

Fill, A. 1993. *Ökolinguistik: Eine Einführung*. Tübingen: Gunter Narr.

Fill, A. y P. Mühlhäusler. 2001. *The Ecolinguistics Reader*. Londres: Continuum.

Fromkin, V. A., R. Rodman y N. Hyams. 2013. *An Introduction to Language*. Boston: Wadsworth.

Genetti, C. 2014. *How Languages Work: An Introduction to Language and Linguistics*. Cambridge: Cambridge University Press.

Greenberg, J. H. 1963. *Universals of Language*. Cambridge: MIT Press.

Grimshaw, A. D. 1971. "Some Social Sources and Some Social Functions of Pidgin and Creole Languages". En *Pidginization and Creolization of Languages*, ed. D. H. Hymes, 427-445. Cambridge: Cambridge University Press.

Gutiérrez-Rexach, J., ed. 2016. *Enciclopedia de lingüística hispánica*. 2 vols. Londres y Nueva York: Routledge.

Hagège, C. 1985. *L'homme des paroles. Contribution linguistique aux sciences humaines*. París: Fayard.

Hall, E. T. 1959. *The Silent Language*. Garden City, NY: Doubleday.

Hall, E. T. 1963. "A System for the Notation of Proxemic Behavior". *American Anthropologist* 65 (5): 1003-1026.

Hall, E. T. 1966. *The Hidden Dimension*. Nueva York: Anchor Books.

Halliday, M. 1990. "New Ways of Meaning: The Challenge to Applied Linguistics". *Journal of Applied Linguistics* 6: 7-36.

Haugen, E. 1972. "Dialect, Language, Nation". En *Sociolinguistics, Selected Readings*, eds. J. B. Pride y J. Holes, 97-111. Londres: Penguin.

Hauser, M. D., N. Chomsky y W. T. Fitch. 2002. "The Faculty of Language: What is it, Who has it, and How Does it Evolve?" *Science* 298: 1569-1579.

Herrero Blanco, A. 2009. *Gramática didáctica de la Lengua de Signos Española [LSE]*. Madrid: SM.

Hockett, C. F. 1958. *A Course in Modern Linguistics*. Nueva York: Macmillan.

Hockett, C. F. 1959. "Animal 'Languages' and Human Language". *Human Biology* 31 (1): 32-39.

Hockett, C. F. 1960. "Logical Considerations in the Study of Animal Communication". En *Animal Sounds and Communication*, eds. W. E. Lanyon y W. N. Tavolga, 392-430. Washington, DC: American Institute for Biological Studies.

Hockett, C. F. 1961. "Linguistic Elements and their Relations". *Language* 37: 29-53.

Hockett, C. F. 1963. "The Problem of Universals in Language". En *Universals of Language*, ed. J. H. Greenberg, 1-29. Cambridge: MIT Press.

Hockett, C. F. 1964. *Curso de lingüística moderna*. Buenos Aires: Eueba.

Hockett, C. F. y S. A. Altmann. 1968. "A Note on Design Features". En *Animal Communication: Techniques of Study and Results of Research*, ed. T. A. Sebeok, 61-72. Bloomington: Indiana University Press.

Hodgen, M. 1964. *Early Anthropology in the Sixteenth and Seventeenth Centuries*. Filadelfia: University of Pennsylvania Press.

Hymes, D. H. 1966. "Two Types of Linguistic Relativity". En *Sociolinguistics*, ed. W. Bright, 114-158. La Haya: Mouton.

Hymes, D. H. 1971. *On Communicative Competence*. Filadelfia: University of Pennsylvania Press.

Hualde, J. I., A. Olarrea, A. M. Escobar y C. E. Travis. 2010. *Introducción a la lingüística hispánica*. Cambridge: Cambridge University Press.

Hurford, J. R. 2014. *The Origins of Language: A Slim Guide*. Oxford: Oxford University Press.

Ingalhalikar, M., A. Smith, D. Parker, T. D. Satterthwaite, M. A. Elliott, K. Ruparel, H. Hakonarson, R. E. Gur, R. C. Gur y R. Verma. 2013. "Sex Differences in the Structural Connectome of the Human Brain". En *Proceedings of the National Academy of Sciences of the United States of America (PNAS)*, ed. C. Gross, 1-6. Princeton: Princeton University Press.

Ingram, J. C. L. 2007. *Neurolinguistics: An Introduction to Spoken Language Processing and its Disorders*. Cambridge: Cambridge University Press.

Jackendoff, R. S. 1994. *Patterns in the Mind: Language and Human Nature*. Nueva York: Basic Books.

Jackendoff, R. S. 2003. *Foundations of Language: Brain, Meaning, Grammar, Evolution*. Oxford: Oxford University Press.

Jackendoff, R. S. 2010. *Meaning and the Lexicon: The Parallel Architecture 1975-2010*. Oxford: Oxford University Press.

Jackendoff, R. S. 2011. "What Is the Human Language Faculty? Two Views". *Language* 87 (3): 586-624.

Jackendoff, R. S. y S. Pinker. 2005. "The Nature of the Language Faculty and its Implications for Evolution of Language, (Reply to Fitch, Hauser, & Chomsky)". *Cognition* 97: 211-225.

Jakobson, R. y M. Halle. 1956. *Fundamentals of Language*. La Haya: Mouton.

Jakobson, R. 1960. "Closing Statements: Linguistics and Poetics". En *Style in language*, ed. T. A. Sebeok, 350-377. Boston: MIT Press.

Klee, C. A. y A. Lynch. 2009. *El español en contacto con otras lenguas*. Washington, DC: Georgetown University Press.

Laborda Gil, X. 1981. *Racionalismo y empirismo en la lingüística del siglo XVII: Port-Royal y Wilkins*. Tesis doctoral, Universitat de Barcelona.

Lancelot, C. y A. Arnauld. 1660. *Grammaire générale et raisonnée*. París: chez Pierre le Petit, imprimeur.

Lenneberg, E. H. 1966. "Speech Development: Its Anatomical and Physiological Concomitants". En *Brain Function, Vol. 3. Speech, Language and Communication*, ed. E. C. Carterette, 37–66. Berkeley: University of California Press.

Lenneberg, E. H. 1967. *Biological Foundations of Language*. Nueva York: Wiley.

Liceras, J. M. 1996. *La adquisición de las segundas lenguas y la gramática universal*. Madrid: Síntesis

MacKenzie, I. 2001. *A Linguistic Introduction to Spanish*. Múnich: Lincom Europa.

McGregor, W. B. 2009. *Linguistics: An Introduction*. Londres: Continuum.

McNeill, D., ed. 2000. *Language and Gesture*. Cambridge: Cambridge University Press.

Michaelis, S. M., P. Maurer, M. Haspelmath y M. Huber. 2013. *The Atlas and Survey of Pidgin and Creole Languages*. Oxford: Oxford University Press.

Montes Giraldo, J. J. 1986. "Lengua-dialecto una vez más: la persistencia y actualidad de un viejo problema". *Thesaurus: boletín del Instituto Caro y Cuervo* 41 (1–3): 23-41.

Montolío Durán, E. 1999. "Las construcciones condicionales". En *Gramática descriptiva de la lengua española*, dirs. I. Bosque y V. Demonte, vol. 2, 3643-37837. Madrid: Espasa-Calpe.

Moreno Cabrera, J. C. 2004. *Introducción a la lingüística. Enfoque tipológico y universalista*. Madrid: Síntesis.

Moreno Cabrera, J. C. 2013. *Cuestiones clave de la lingüística*. Madrid: Síntesis.

Moreno Fernández, F. y J. Otero Roth. 2007. *Atlas de la lengua española en el mundo*. Barcelona: Ariel.

Moreno Fernández, F. 2012. *Sociolingüística cognitiva. Proposiciones, escolios y debates*. Madrid: Iberoamericana Vervuert.

Moreno Pérez, F. 2007. "Hacia la constrastividad linguistica". *Onomázein* 15 (1):101-128.

Mühlhäusler, P. 2000. "Humboldt, Whorf, and the Roots of Ecolinguistics". En *Explorations in Linguistic Relativity*, eds. M. Pütz y M. Verspoor, 89-100. Amsterdam: John Benjamins.

Muñoz-Basols, J., Y. Pérez Sinusía y M. David. 2011. *Developing Writing Skills in Spanish*. Londres y Nueva York: Routledge.

Muñoz-Basols, J. y D. Salazar. 2016. "Cross-Linguistic Lexical Influence between English and Spanish". *Spanish in Context* 13 (1): 80-102.

Neidle, C., J. Shepard-Kegl, D. MacLaughlin, B. Bahan y R. G. Lee. 2000. *The Syntax of American Sign Language: Functional Categories and Hierarchical Structure*. Boston: MIT Press.

O'Grady, W. 2005. *How Children Learn Language*. Cambridge: Cambridge University Press.

O'Grady, W. 2010. *Cómo aprenden los niños el lenguaje*. Madrid: Akal.

O'Shannessy, C. 2005. "Light Warlpiri: A New Language". *Australian Journal of Linguistics* 25 (1): 31-57.

O'Shannessy, C. 2013. "The Role of Multiple Sources in the Formation of an Innovative Auxiliary Category in Light Warlpiri, a New Australian Mixed Language". *Language* 89 (2): 328-353.

Paffey, D. 2012. *Language Ideologies and the Globalization of "Standard" Spanish*. Londres y Nueva York: Bloomsbury.

Pellow, D., ed. 1996. *Setting Boundaries: The Anthropology of Spatial and Social Organization*. Westport: Bergin and Garvey.

Peng, F. C. C. 1985. "What is Neurolinguistics?" *Journal of Neurolinguistics* 1 (1): 7-30.

Peng, F. C. C. 2005. *Language in the Brain: Critical Assessments*. Londres: Continuum.

Pešková, A. 2013. "Experimenting with Pro-drop in Spanish". *SKY Journal of Linguistics* 26: 117-149.

Pfau, R., M. Steinbach y B. Woll, eds. 2012. *Sign Language: An International Handbook*. Berlín: Mouton de Gruyter.

Pika S. y J. C. Mitani. 2009. "The Directed Scratch: Evidence for a Referential Gesture in Chimpanzees?". En *The Prehistory of Language. Studies in the Evolution of Language*, eds. R. Botha y C. Knight, 166-180. Nueva York: Oxford University Press.

Pinker, S. 1994. *The Language Instinct. The New Science of Language and Mind*. Nueva York: Penguin.

Pinker, S. 1999. *El instinto del lenguaje: cómo crea el lenguaje la mente*. Madrid: Alianza Editorial.

Pinker, S. y R. S. Jackendoff. 2005. "The Faculty of Language: What's Special About It?". *Cognition* 95: 201-236.

Pinker, S. 2013. *Language, Cognition, and Human Nature: Selected Articles*. Nueva York: Oxford University Press.

Pottier, B. 1992. "La variación lingüística y el español de América". *Revista de Filología Española* 72 (3/4): 283-295.

Poyatos, F. 1994. *La comunicación no verbal: cultura, lenguaje y conversación*. Madrid: Istmo.

Real Academia Española y Asociación de Academias de la Lengua Española. 2009. *Nueva gramática de la lengua española*, vol. 1 (Morfología y Sintaxis I), 81-778. Madrid: Espasa.

Real Academia Española y Asociación de Academias de la Lengua Española. 2014. *Diccionario de la lengua española*. 23ª ed. Madrid: Espasa.

Ryle, G. 1945-1946. "Knowing How and Knowing That: The Presidential Address". *Proceedings of the Aristotelian Society* 46: 1-16.

Ryle, G. 1949. *The Concept of Mind*. Londres: Hutchinson.

Sanz, C., ed. 2005. *Mind and Context in Adult Second Language Acquisition*. Washington, DC: Georgetown University Press.

Sapir, E. 1921/1990. *Language: An Introduction to the Study of Speech*. Berlín: Mouton de Gruyter.

Saussure, F. de. 1916. *Cours de Linguistique Générale*. Lausana y París: Payot.

Saussure, F. de. 1916/1991. *Curso de lingüística general*. Madrid: Alianza Universidad Libros.

Saussure, F. de. 1916/1959. *Course in General Linguistics*. Nueva York: McGraw-Hill.

Skinner, B. 1957. *Verbal Behavior*. Nueva York: Appleton-Century-Crofts.

Smith, N. 1999/2004. *Chomsky: Ideas and Ideals*. Cambridge: Cambridge University Press.

Smith, N. 2001. *Chomsky: Ideas e ideales*. Madrid: Cambridge University Press.

Takahashi D. Y., D. Narayanan y A. A. Ghazanfar. 2013. "Coupled Oscillator Dynamics of Vocal Turn-Taking in Monkeys". *Current Biology* 23: 2162-2168.

*The Oxford English Dictionary*. 2000. 3ª ed. http://www.oed.com.

Toates, F. 2009. *Burrhus F. Skinner: The Shaping of Behaviour*. Nueva York: Palgrave Macmillan.

Todes, D. P. 2001. *Pavlov's Physiology Factory: Experiment, Interpretation, Laboratory Enterprise*. Baltimore: The Johns Hopkins University Press.

Tomasello, M. 2010. *Origins of Human Communication*. Boston: MIT Press.

Ullman, M. 2001. "The Declarative/Procedural Model of Lexicon and Grammar". *Journal of Psycholinguistic Research* 30 (1): 37-69.

Ullman, M. 2005. "A Cognitive Neuroscience Perspective on Second Language Acquisition: The Declarative/Procedural Model". En *Mind and Context in Adult Second Language Acquisition*, ed. C. Sanz, 141-178. Washington, DC: Georgetown University Press.

Weiten, W. 1989. *Psychology Themes and Variations*. Pacific Grove, CA: Brooks/Cole Publishing Company.

Wilson, E. O. 1975/2000. *Sociobiology: The New Synthesis*. Cambridge: Harvard University Press.

Woolard, K. 1998. "Language Ideology as a Field of Inquiry". En *Language Ideologies: Practice and Theory*, eds. B. Schieffelin, K. Woolard y M. Meyer, 1-27. Oxford: Oxford University Press.

Yule, G. 1996. *The Study of Language*. Cambridge: Cambridge University Press.

Zuriff, G. E. 1986. *Behaviorism: A Conceptual Reconstruction*. Nueva York: Columbia University Press.

# Fonología y fonética: los sonidos del español

## Introducción

Para facilitar la comprensión del sistema de sonidos del español, este capítulo se organiza en torno a dos disciplinas: la fonología y la fonética. A partir de criterios pedagógicos, se ha optado por invertir el orden tradicional en el que se presentan estas dos áreas de la lingüística y, con ello, pasar de lo general a lo particular. El estudio de la fonología presenta el inventario de fonemas del español en relación con sus diferencias y funciones. Se describen las principales características de las vocales y después las de las consonantes según el punto de articulación, el modo de articulación y la sonoridad. A continuación, se explica el concepto de sílaba, las reglas de división silábica y, por último, la transcripción fonémica o fonológica. Con la fonética, se analizan las realizaciones concretas de los sonidos y los contextos en los que estos ocurren. Así, se presenta el concepto de alófono o variaciones de un mismo fonema, y se describen los alófonos consonánticos en función del contexto fónico en el que aparecen. Antes de proceder a la transcripción fonética, se explica el yeísmo como un ejemplo de desfonologización, o pérdida de oposición fonológica, y de variación en cuanto a la realización de un mismo sonido en diferentes variedades de español. En la parte final del capítulo, se revisan las reglas generales de acentuación y se explican algunos rasgos suprasegmentales, tales como el acento prosódico y la entonación. Toda esta información le permitirá al alumno apreciar la variedad de sonidos del idioma, distinguir sus principales características y aprender a transcribirlos.

## 1. La fonología

La **fonología** es la rama de la lingüística que estudia el sistema de sonidos de una lengua. La unidad básica de la que se ocupa la fonología es el **fonema**. Un fonema es la representación abstracta de un sonido y, para distinguirlo del grafema o letra, "p", se representa entre barras oblicuas /p/. El fonema es además un sonido contrastivo en una lengua determinada, es decir, es capaz de contrastar el significado entre dos palabras que forman un par mínimo. Un **par mínimo** se compone de dos palabras que se diferencian en un único fonema y que poseen significados distintos, tal y como observamos en los siguientes ejemplos:

(1) Paco/palo        pato/pavo        tapa/capa        pelo/perro

A grandes rasgos, los fonemas se pueden dividir en **fonemas vocálicos** y **fonemas consonánticos**. En la producción de las vocales en el aparato fonador, el aire pasa por la cavidad bucal sin encontrar obstrucción alguna a su paso. Por el contrario, en la realización de las consonantes el aire encuentra algún tipo de obstáculo al salir. A continuación, describiremos en primer lugar los fonemas vocálicos y después los fonemas consonánticos. La siguiente figura es una representación del **aparato fonador**, es decir, el conjunto de órganos que de manera activa o pasiva intervienen durante la producción de los sonidos y que se ubican, principalmente, en la cavidad nasal, en la cavidad bucal y en la laringe.

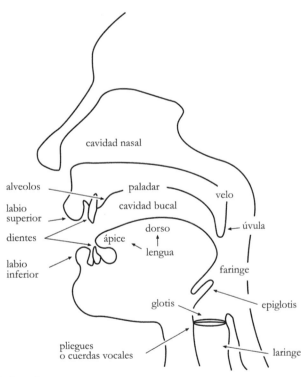

**Figura 2.1** Aparato fonador
(adaptado de Núñez Cedeño y Morales-Front 1999, 26)

Por último, la corriente de aire necesaria para articular la voz se relaciona también con otros órganos fisiológicos que pertenecen al aparato respiratorio como: los bronquios, los pulmones y el diafragma. Así, encontramos dos tipos de sonidos relacionados con el aire que entra o sale de los pulmones. Los sonidos **inspirados** o **ingresivos** son aquellos que aprovechan el aire que entra en los pulmones, y los sonidos **espirados** o **egresivos** son los que emplean el aire que sale de los pulmones. La gran mayoría de las lenguas, entre ellas el español, hacen uso del aire que sale de los pulmones de manera espirada como parte de los sonidos que se utilizan en el discurso. Sin embargo, algunos idiomas austronesios, como la lengua tsou en la isla de Taiwán, también emplean el aire que entra en los pulmones para articular algunos sonidos (Rogers 2014).

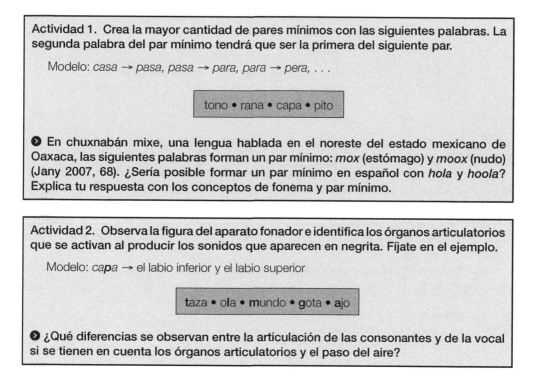

**Actividad 1.  Crea la mayor cantidad de pares mínimos con las siguientes palabras. La segunda palabra del par mínimo tendrá que ser la primera del siguiente par.**

Modelo: *casa → pasa, pasa → para, para → pera, . . .*

> tono • rana • capa • pito

❷ **En chuxnabán mixe, una lengua hablada en el noreste del estado mexicano de Oaxaca, las siguientes palabras forman un par mínimo: *mox* (estómago) y *moox* (nudo) (Jany 2007, 68). ¿Sería posible formar un par mínimo en español con *hola* y *hoola*? Explica tu respuesta con los conceptos de fonema y par mínimo.**

**Actividad 2.  Observa la figura del aparato fonador e identifica los órganos articulatorios que se activan al producir los sonidos que aparecen en negrita. Fíjate en el ejemplo.**

Modelo: *capa → el labio inferior y el labio superior*

> **t**aza • **o**la • **m**undo • **g**ota • a**j**o

❷ **¿Qué diferencias se observan entre la articulación de las consonantes y de la vocal si se tienen en cuenta los órganos articulatorios y el paso del aire?**

## 1.1. Las vocales

En español existen cinco vocales, /a/, /e/, /i/, /o/, /u/, que se clasifican según tres criterios: la altura, la anterioridad y la redondez. El primero es la **altura** de las vocales. Si nos fijamos en la siguiente tabla veremos que /i/, /u/ son vocales altas, lo que quiere decir que, durante su realización, la lengua se acerca más al paladar que al pronunciar las vocales medias /e/, /o/, y la vocal baja /a/. Cuando se pronuncia esta última, la vocal baja /a/, la lengua no sube, sino que se mantiene en reposo. Al leer en voz alta las siguientes secuencias en el orden en que se presentan, se puede apreciar cómo va descendiendo la altura de la lengua: /bi//bu//be//bo//ba/.

El segundo criterio es la **anterioridad** o posición de la lengua dentro de la cavidad bucal al producir las vocales. En la tabla, vemos que las vocales anteriores son /i/, /e/, las posteriores /u/, /o/, y la vocal central es /a/. Al producir las vocales anteriores /i/, /e/, la lengua se desplaza levemente hacia la parte anterior de la boca, mientras que, al producir las vocales posteriores /u/, /o/, la lengua se desplaza hacia la parte de la boca que está más cerca de su nacimiento. Vemos que el fonema vocálico /a/ es el más neutral o relajado de los cinco, puesto que la lengua no se desplaza y se mantiene baja y en el centro. Estas diferencias se pueden apreciar al producir la secuencia del fonema consonántico /b/ + las cinco vocales,

**Tabla 2.1** Clasificación de las vocales en español

|          | anterior | central | posterior |
|----------|----------|---------|-----------|
| alta     | i        |         | u         |
| media    | e        |         | o         |
| baja     |          | a       |           |
|          | vocales no redondeadas | | vocales redondeadas |

empezando con las anteriores, pasando por las posteriores y finalmente produciendo la neutra: /bi//be//bu//bo//ba/.

El tercer y último criterio es la **redondez**. Al pronunciar los dos fonemas posteriores /u/, /o/, se redondean los labios, como cuando se juntan los labios para dar un beso. Esto no ocurre con las otras tres vocales, dado que para producir las anteriores, /i/, /e/, se tensan los labios, sin redondearse, similar a la manera en la que se sonríe para una fotografía. La /a/, en su estilo relajado, mantiene los labios sin redondear y sin tensar; nuevamente, es la vocal que se mantiene neutra.

Una vez vistos los criterios de clasificación, podemos definir los fonemas vocálicos de la siguiente manera:

/i/ vocal alta, anterior, no redondeada
/u/ vocal alta, posterior, redondeada
/e/ vocal media, anterior, no redondeada
/o/ vocal media, posterior, redondeada
/a/ vocal baja, central, no redondeada

A pesar de que solo existen cinco vocales en español, estas se pueden agrupar y clasificar en función de la abertura de la boca en dos grupos. Las vocales **fuertes** o **abiertas**, /a/, /e/, /o/, se llaman así porque requieren una mayor abertura bucal al producirlas, mientras que para la realización de las llamadas vocales **débiles** o **cerradas**, /i/, /u/, no es necesario abrir tanto la boca. Cuando dos vocales aparecen de manera contigua, pueden dar lugar a un diptongo o un hiato. Se produce un **diptongo** cuando las dos vocales se pronuncian en una misma sílaba, o sea, el sonido o grupo de sonidos que se emite en un golpe de voz (véase la sección 2). El diptongo sigue los siguientes esquemas compositivos:

(2) vocal fuerte (VF) + vocal débil átona (Vd)      pei-ne      ahu-mar
                                                    VF+Vd       VF+Vd

(3) vocal débil átona (Vd) + vocal fuerte (VF)      fue-go      tie-rra
                                                    Vd+VF       Vd+VF

(4) vocal débil (Vd) + vocal débil (Vd)             triun-fo    rui-do
                                                    Vd+Vd       Vd+Vd

Se produce un **hiato** cuando las vocales que aparecen juntas se pronuncian en sílabas diferentes:

(5) vocal fuerte átona (VF) + vocal débil tónica (Vd′)

(6) vocal débil tónica (Vd′)+ vocal fuerte átona (VF)

(7) vocal fuerte (VF) + vocal fuerte (VF)

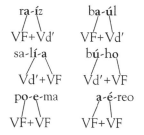

ra-íz      ba-úl
VF+Vd′    VF+Vd′

sa-lí-a    bú-ho
Vd′+VF    Vd′+VF

po-e-ma    a-é-reo
VF+VF    VF+VF

Como vemos en los ejemplos (2), *ahumar*, y (6), *búho*, la "h" intercalada entre las vocales, al tratarse de una consonante muda, no impide la formación de un diptongo o un hiato.

Cuando se forman diptongos las vocales débiles son, en realidad, semiconsonantes o semivocales en función de su posición. Las **semiconsonantes**, cuyos símbolos son /j/ para la letra "i", y /w/ para la letra "u", aparecen siempre en la primera posición del diptongo, formando así **diptongos crecientes o ascendentes**, mientras que las **semivocales**, cuyos símbolos son /i̯/, /u̯/, aparecen detrás de la vocal fuerte y forman así **diptongos decrecientes o descendentes**. En los ejemplos que aparecen a continuación, se han transcrito solamente las vocales fonémicamente, es decir, el segmento de cada palabra que aparece indicado entre barras oblicuas:

(8)   semiconsonante-vocal   ciudad   c/ju/dad   miel   m/je/l
(9)   semiconsonante-vocal   buenos   b/wé/nos   huevo   h/wé/vo
(10)  vocal-semivocal        aires    /ái̯/res    hay    h/ái̯/
(11)  vocal-semivocal        rauda    r/áu̯/da    Europa  /eu̯/ropa

Más adelante en el capítulo nos ocuparemos de la estructura de la sílaba y volveremos entonces al concepto de diptongo. También describiremos las reglas de acentuación teniendo en cuenta los dos fenómenos de carácter vocálico que acabamos de explicar.

Por último, un **triptongo** es la secuencia compuesta por tres vocales que conforman una misma sílaba con el esquema compositivo: vocal débil átona (Vd) + vocal fuerte (VF) + vocal débil átona (Vd). Para transcribir un triptongo debemos tener en cuenta que la tercera vocal es una semivocal:

(12)   vocal débil átona (Vd) + vocal fuerte (VF) + vocal débil átona (Vd)

Uruguay    Urug/wái̯/
Vd+VF+Vd

limpiáis    limp/jái̯/s
Vd+VF+Vd

guau    g/wáu̯/
Vd+VF+Vd

Aunque los triptongos no son tan comunes como los diptongos, suelen aparecer en las formas verbales de la segunda persona del plural que corresponde al pronombre personal de segunda persona del plural *vosotros*, *vosotras* de algunos verbos, *a-ve-ri-guáis*. No obstante, hay que tener en cuenta que no se considera triptongo la secuencia vocal débil tónica (Vd′) + vocal fuerte (VF) + vocal débil átona (Vd), ya que, como se puede apreciar en la pronunciación de *co-mí-ais*, dicha forma verbal contiene un hiato, –*ía*–, seguido de un diptongo, –*ai*–.

---

**Actividad 3.** Identifica si el grupo de vocales en negrita conforma un diptongo (D), un hiato (H) o un triptongo (T). En el caso de los diptongos, determina si son ascendentes o descendentes.

Modelo: *ciudad* → *semiconsonante + vocal débil* → *diptongo ascendente*

1. ca**u**to
2. desconfi**éi**s
3. sa**e**ta
4. b**uey**
5. S**ui**za

6. desag**üe**
7. s**ie**mpre
8. b**úho**
9. aler**gia**
10. aerop**ue**rto

❯ Ahora piensa en dos palabras más de uso común que contengan un diptongo, un hiato o un triptongo.

---

**Actividad 4.** Busca una noticia de un periódico, una revista o un blog en español. ¿Cuál crees que es la vocal más frecuente? ¿Observas más vocales que consonantes o te parece que el número está equilibrado?

---

**Actividad 5.** Fíjate en el orden en que aparecen las siguientes vocales y consonantes. Si se tiene en cuenta el índice de frecuencia de una letra en el idioma, ¿qué crees que indica la siguiente tabla en relación con el español?

```
E A O S R N I D L C
T U M P B G V Y Q
H F Z J Ñ X W K
```

❯ ¿Crees que existe una correspondencia entre el número de entradas en un diccionario de las letras "e" y "a" y su frecuencia de uso en la lengua? Compruébalo tú mismo.

Adaptado de: https://fonoaudiologos.wordpress.com/2012/11/26/letras-mas-usadas-en-el-idioma-espanol/.

## 1.2. Las consonantes

Como hemos visto, las vocales se caracterizan por la ausencia de obstrucción en la cavidad bucal durante su articulación. Por el contrario, el aire sí que encuentra obstáculos cuando se pronuncian los sonidos consonánticos. En español existen un total de diecinueve fonemas consonánticos que se pueden clasificar en función de tres parámetros: el punto de articulación, el modo de articulación y la sonoridad.

### 1.2.1. El punto de articulación

En la pronunciación de todos los sonidos consonánticos intervienen al menos dos órganos articulatorios (véase la figura 2.1 del aparato fonador). Al emitir un sonido consonántico, se produce una obstrucción en la cavidad bucal cuando uno de los órganos articulatorios toca o se aproxima a otro. Para describir el punto de articulación, se tienen en cuenta los dos órganos principales que entran en contacto o que se activan durante la producción del sonido: uno de ellos actúa como el órgano activo y el otro como el pasivo. Los **órganos articulatorios activos** son aquellos que se mueven para aproximarse a los **pasivos**, mientras que estos últimos permanecen estáticos.

Vamos ahora a revisar todos los puntos de articulación del español. Para ello, comenzaremos por los sonidos que se articulan con los órganos de la parte anterior de la boca hasta llegar a la parte posterior, es decir: bilabiales, labiodentales, interdentales, dentales, alveolares, alveopalatales, palatales y velares.

En la articulación de las consonantes **bilabiales**, el labio superior es el órgano articulatorio activo y el labio inferior es el órgano pasivo. Las consonantes bilabiales son: /p/ *pato*, /b/ *burro, vaca* y /m/ *mar*.

En español existe además un fonema **labiodental**, cuyo órgano activo es el labio inferior y los órganos pasivos son los dientes superiores, como sucede con el fonema /f/ *foca*.

El único fonema **interdental** que existe en español es /θ/, común entre los hablantes de la mitad norte de la península ibérica, en algunos lugares de la mitad sur y de Centroamérica (véase el capítulo 7 sobre variación lingüística). En la península ibérica, su símbolo corresponde al sonido de la letra "c" en combinación con "e" y con "i" en palabras como *cerdo* o *cielo*, y el de la letra "z" en *zona* o *zapato*. El articulador activo que interviene en la pronunciación de este fonema es la punta o ápice de la lengua, que se sitúa entre los dientes superiores e inferiores. Los fonemas **dentales** son /t/ *taza* y /d/ *dado*, y en su pronunciación intervienen la lengua como órgano activo y los dientes superiores como articulador pasivo.

Los fonemas **alveolares** son aquellos en los cuales el articulador activo es la parte anterior de la lengua y el pasivo es la zona alveolar de la boca, justamente detrás de los dientes superiores: /l/ *lado*, /s/ *soso*, /ɾ/ *cara*, /r/ *corral, ratón* y /n/ *nariz*.

En la zona **alveopalatal** o **palatoalveolar** se articula el fonema /tʃ/, que se corresponde ortográficamente con el dígrafo "ch", es decir, dos letras con las que se representa el mismo fonema, como en la palabra *chocolate*. Los órganos que intervienen en la pronunciación de este fonema son la lengua como articulador activo y la zona posterior de los alveolos o zona anterior del paladar como órgano pasivo.

Los fonemas **palatales** en español son /ɲ/, que corresponde a la letra "ñ" en español, como en *niño*, /ʝ/ como en *vaya* o *yema*, y /ʎ/ correspondiente al dígrafo "ll" en palabras como *valla* o *llama*. Es importante señalar que la distinción entre los fonemas /ʝ/ y /ʎ/, aunque tuvo mayor vigencia hasta el siglo XIV (Congosto Martín 2001, 257) en buena parte del dominio panhispánico, ha ido desapareciendo de manera paulatina, por lo que un gran número de hablantes en la actualidad pronuncian las palabras *vaya* y *valla* mediante la realización del fonema /j/. El órgano activo en este caso es la lengua y el pasivo es el paladar.

Por último, llegamos al extremo posterior de la cavidad bucal con los fonemas **velares** /k/ como en *casa*, *kilo* o *queso*, /g/ *gato* o *guerra* y /x/ *geranio* o *jirafa*. Como podemos apreciar en los ejemplos, estos fonemas corresponden a más de una grafía, por lo que hay que prestar especial atención a la hora de transcribirlos. Como articulador activo tenemos una vez más a la lengua, en este caso su parte dorsal, y como articulador pasivo el velo del paladar o paladar blando. En la siguiente tabla aparecen los diecinueve fonemas consonánticos clasificados según su punto de articulación.

**Tabla 2.2** Las consonantes según su punto de articulación

| Punto de articulación | Fonema | Ejemplo |
|---|---|---|
| **Bilabial** | /p/<br>/b/<br>/m/ | pato<br>burro, vaca<br>mar |
| **Labiodental** | /f/ | foca |
| **Interdental** (norte, centro y determinadas áreas del sur de la península ibérica, y algunas zonas de Centroamérica [Resnick y Hammond 2011, 265]) | /θ/ | cerdo, zapato |
| **Dental** | /t/<br>/d/ | taza<br>dado |
| **Alveolar** | /l/<br>/s/<br>/ɾ/<br>/r/<br>/n/ | lado<br>soso<br>puro<br>corral, ratón<br>nariz |
| **Alveopalatal** | /tʃ/ | chocolate |
| **Palatal** | /ɲ/<br>/j/<br>/ʎ/ | niño<br>yema<br>llama |
| **Velar** | /k/<br>/g/<br>/x/ | casa, kilo, queso<br>gato, guerra<br>geranio, jirafa, México |

Para las grafías que representan el inventario de sonidos del español se ha seguido el IPA (*International Phonetic Alphabet*), también llamado AFI (Alfabeto Fonético Internacional), excepto en los casos de los sonidos correspondientes a las grafías "t" y "d", para los cuales, siguiendo a Schwegler, Kempff y Ameal-Guerra (2010, 222), se ha optado por transcribirlos como /t/ y /d/ en lugar de /t̪/ y /d̪/. El diacrítico, o símbolo que aparece debajo de cada fonema, indica que son dentales, es decir, que se articulan con la lengua en contacto con los dientes. Dado que la realización de los sonidos /t/ y /d/ es normalmente dental en español, hemos decidido simplificar su representación y no incluir la información adicional con los símbolos diacríticos. Del mismo modo, y a diferencia de las convenciones del IPA, cuando se señala qué vocal lleva el acento prosódico, es decir, la mayor intensidad en una palabra, hemos optado por señalar la vocal tónica dentro de la palabra con una tilde (/ká.sa/) en lugar de indicarlo con un apóstrofe delante de la sílaba (/'ka.sa/). Consideramos que esta modalidad facilitará el aprendizaje de los procesos de silabificación y acentuación.

---

**Actividad 6. Escribe el símbolo fonológico de las letras que aparecen en negrita e identifica su punto de articulación. Para los grafemas "z", "ce" y "ci", deberás identificar los dos puntos de articulación posibles.**

Modelo: palo →/l/ alveolar

1. cas**ti**llo
2. sal**v**aje
3. qui**t**eño
4. len**t**o
5. feli**c**idad
6. rela**c**ión
7. pe**r**o
8. so**g**a
9. an**ch**o
10. **y**ema

---

### 1.2.2. El modo de articulación

Existen en español tres tipos de sonidos según el modo en que pasa el aire por la cavidad bucal durante su realización: oclusivos, fricativos y africados. En este apartado, nos fijaremos además en cómo se producen las consonantes nasales, laterales y vibrantes.

Un sonido es **oclusivo** cuando los órganos articulatorios se tocan hasta cerrarse y se produce una oclusión seguida por una pequeña explosión para que el aire pueda salir finalmente. Los fonemas oclusivos en español son: /p/, /t/, /k/, /b/, /d/ y /g/. Estos sonidos son fáciles de recordar a partir de las palabras *petaca* /pe.tá.ka/, que contiene los fonemas oclusivos sordos, y *bodega* /bo.dé.ga/, que contiene los sonoros. En la siguiente sección analizaremos la diferencia que produce la sonoridad entre estos dos tipos de fonemas.

En la producción de los fonemas **fricativos**, los articuladores se aproximan pero en ningún momento llega a producirse un cierre total de estos órganos en la cavidad bucal. El aire entonces produce una fricción al salir, en lugar de una explosión. Los fonemas fricativos en español son: /f/, /θ/, /s/, /j/ y /x/. Una clave para identificar un sonido fricativo es que resulta posible sostener el sonido mientras haya aire que expulsar en los pulmones. Es decir, se puede mantener la realización del sonido en una secuencia larga y consecutiva al producir el mismo fonema varias veces (por ejemplo, /fff/ o /sss/), algo que no es posible hacer con los sonidos oclusivos.

Existe un fonema en castellano que es el resultado de la combinación de un sonido oclusivo y de uno fricativo, y se produce en dos tiempos: el primero de oclusión y el segundo de fricción. Esta secuencia de sonidos se conoce como el fonema **africado** /tʃ/, el cual encontramos en palabras como *chocolate* /tʃo.ko.lá.te/.

Las consonantes **nasales** son aquellas para cuya producción el aire no sale por la cavidad bucal, sino por la nasal. Esto ocurre cuando el velo del paladar se desplaza hacia abajo y obstruye así el paso del aire por la boca. Este movimiento hace que el aire circule hacia la cavidad nasal para finalmente ser expulsado por la nariz. Los fonemas nasales son: /m/ *mar*, /n/ *nariz* y /ɲ/ *niño*.

Las consonantes **laterales** se caracterizan porque la lengua, como articulador activo, entra en contacto con los alveolos o el paladar, según el fonema que se articule, haciendo que el aire salga por ambos lados de la cavidad bucal. Estos fonemas laterales son dos: /l/ *lado* y /ʎ/ *llama*. Como comentamos anteriormente, el segundo fonema lateral está cayendo en desuso en la mayor parte del dominio panhispánico (véase el capítulo 7 sobre variación lingüística).

Por último, en la pronunciación de las consonantes **vibrantes** el ápice de la lengua vibra contra la región alveolar. En la producción de la **vibrante simple** /ɾ/, *cara*, *puro*, el ápice solamente golpea una vez, mientras que, al realizar la **vibrante múltiple** /r/, se producen dos o más golpes, *cigarro*, *rápido*, *enredo*, *alrededor*. En la siguiente tabla aparecen todos los modos de articulación.

**Tabla 2.3** Las consonantes según su modo de articulación

| Modo de articulación | Fonema | Ejemplo |
|---|---|---|
| Oclusivo | /p/<br>/t/<br>/k/<br>/b/<br>/d/<br>/g/ | pato<br>taza<br>casa, kilo, queso<br>burro<br>dado<br>gato |
| Fricativo | /f/<br>/θ/<br>/s/<br>/j/<br>/x/ | foca<br>cerilla, zapato (norte, centro y determinadas áreas del sur de la península ibérica, y algunas zonas de Centroamérica [Resnick y Hammond 2011, 265])<br>soso<br>vaya, yema<br>geranio, jirafa, México |
| Africado | /tʃ/ | chocolate |
| Nasal | /m/<br>/n/<br>/ɲ/ | mar<br>niño<br>niño |
| Lateral | /l/<br>/ʎ/ | lado<br>llama |
| Vibrante | /ɾ/<br>/r/ | puro<br>cigarro, rápido, enredo, alrededor |

**Actividad 7. ¿Cuál de los siguientes sonidos no pertenece al grupo? Justifica tu respuesta.**

Modelo: /p/ /l/ /t/ /k/ → /l/ porque es un fonema lateral y no oclusivo.

1. /m/ /n/ /r/ /ɲ/
2. /f/ /s/ /b/ /θ/
3. /k/ /l/ /ʎ/
4. /b/ /d/ /ɲ/
5. /x/ /tʃ/ /f/

> **Actividad 8.** Piensa en dos palabras que usas a menudo e incorpóralas en la tabla 2.3 como ejemplos de al menos tres modos de articulación.

### 1.2.3. La sonoridad

El último parámetro que utilizamos para clasificar las consonantes es la **sonoridad**. Al respirar, el aire pasa por la glotis, una apertura que se encuentra entre los pliegues vocales, que también se llaman cuerdas vocales. Luego, el aire sigue por la faringe y continúa su recorrido, ya sea por la cavidad bucal o por la nasal.

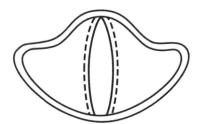
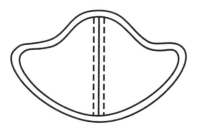

Glotis abierta (sonido sordo)  
No hay vibración de los pliegues vocales

Glotis cerrada (sonido sonoro)  
Se produce vibración de los pliegues vocales

**Figura 2.2** Representación de la glotis: sonidos sordos y sonoros

Cuando el aire pasa por la glotis y esta se encuentra completamente abierta, como se puede apreciar en la figura 2.2, los pliegues o cuerdas no entran en contacto y, por lo tanto, no vibran, produciendo así un sonido **sordo**. Sin embargo, hay sonidos que se emiten cuando los pliegues vocales están juntos y vibran cuando pasa el aire, abriéndose y cerrándose muy rápidamente como se indica también en la figura 2.2. Cuando el aire pasa por la glotis y hace vibrar los pliegues o cuerdas vocales, decimos que el sonido que se produce es **sonoro**. Esta vibración se propaga por la laringe y ambas cavidades, la bucal y la nasal, según el sonido sonoro que se produzca.

Para saber si los sonidos son sordos o sonoros se puede realizar la siguiente prueba. Al colocar la mano sobre la garganta, se puede notar cómo vibran los pliegues vocales al pronunciar un sonido sonoro como /b/ o /d/. Esta vibración no se percibe de la misma manera cuando se articula un sonido sordo como /p/ o /t/. Debemos tener en cuenta que todas las vocales son sonoras, por lo que, si se quiere determinar si un sonido consonántico es sordo o sonoro, hay que intentar producir el sonido de forma aislada para que su sonoridad no se vea influida por la de una vocal.

Veamos, por último, cuáles son los fonemas sordos y sonoros. Del grupo de las consonantes oclusivas, son sordas /p/, /t/ y /k/, mientras que /b/, /d/ y /g/ son sonoras. Del grupo de las fricativas, las sordas son /f/, /θ/, /s/ y /x/, mientras que /j/, todas las nasales, las laterales y las vibrantes son sonoras. Por su parte, la africada /tʃ/ es sorda.

La siguiente tabla muestra la clasificación de los fonemas en español según los parámetros que acabamos de describir: el punto de articulación, el modo de articulación y la sonoridad. Los fonemas sordos aparecen ubicados a la izquierda de cada columna, mientras que los sonoros se encuentran en la parte derecha.

**Tabla 2.4** Clasificación de los fonemas consonánticos del español

|  | Bilabial | Labiodental | Interdental | Dental | Alveolar | Alveopalatal | Palatal | Velar |
|---|---|---|---|---|---|---|---|---|
| Oclusiva | /p/ / b/ |  |  | /t/  d/ |  |  |  | /k/  /g/ |
| Fricativa |  | /f/ | /θ/ |  | /s/ |  | /j/ | /x/ |
| Africada |  |  |  |  |  | /tʃ/ |  |  |
| Nasal | /m/ |  |  |  | /n/ |  | /ɲ/ |  |
| Lateral |  |  |  |  | /l/ |  | /ʎ/ |  |
| Vibrante simple |  |  |  |  | /ɾ/ |  |  |  |
| Vibrante múltiple |  |  |  |  | /r/ |  |  |  |

---

**Actividad 9. Determina si las letras subrayadas corresponden a un fonema sordo o sonoro.**

Modelo: _pasa_ → La letra "p" corresponde al fonema /p/, el cual es un sonido sordo.

1. equipo
2. teléfono
3. cuadro
4. reloj
5. estuche
6. goma
7. cerdo
8. brillo
9. año
10. rayo

---

**Actividad 10. Fíjate en el modelo y crea pares mínimos con las palabras del recuadro. Utiliza los símbolos fonológicos en lugar de los grafemas para transcribir cada palabra del par mínimo.**

Modelo: _casa_
/kása/ → /pása/
/pása/ → /páɾa/
/páɾa/ → /páta/
. . . .

| queso • llama • mayo • pecho |
|---|

---

**Actividad 11. Transcribe fonémicamente las siguientes palabras. Fíjate en el ejemplo.**

Modelo: cara → /kára/

1. pobre
2. niño
3. guerrillero
4. recientemente
5. perdió

6. juicio
7. causado
8. chocolate
9. marroquí
10. llora

---

**Actividad 12. Describe los siguientes fonemas a partir de los tres rasgos distintivos que hemos aprendido: punto de articulación, modo de articulación y sonoridad.**

Modelo: /p/ → bilabial, oclusivo, sordo

1. /θ/
2. /l/
3. /tʃ/
4. /x/
5. /t/
6. /r/
7. /m/
8. /j/
9. /f/
10. /s/

---

## 2. La silabificación

La **sílaba** es el sonido o grupo de sonidos que se emite en un golpe de voz. Los sonidos se agrupan en sílabas y estas a su vez en palabras. Toda sílaba ha de contener siempre una única unidad vocálica que es su núcleo. En el caso de la presencia de un diptongo, *bueno*, o triptongo, *limpiáis*, las dos o tres vocales que lo forman se consideran una unidad denominada núcleo vocálico complejo. Más adelante en el capítulo analizaremos los diptongos de manera más detallada.

La sílaba básica del español se compone de la combinación CV → C (consonante) + V (vocal), pero esta no es la única combinación posible. La tabla 2.5 muestra los tipos de sílaba y ejemplos de cada uno de ellos.

Como observamos en la tabla, el único elemento que no puede faltar en ninguna sílaba es su **núcleo**, es decir, el elemento vocálico (V). Los elementos consonánticos (C) que aparecen delante del núcleo vocálico se llaman **ataque** o **arranque**, mientras que los que van detrás forman la **coda**:

(13)        C        V        C
          ataque    núcleo    coda

A continuación, veremos cómo se separan las palabras en sílabas a partir de diferentes ejemplos, así como los principales aspectos que hay que tener en cuenta durante dicho proceso.

**Tabla 2.5**  Tipos de sílabas

| V | **A**-na |
|---|---|
| CV | u-**no** |
| VC | **an**-tes |
| VCC | **ins**-tru-ye |
| CVC | an-**tes** |
| CVCC | **cons**-pi-ra-ción |
| CCV | **tra**-zo |
| CCVC | **prés**-ta-mo |
| CCVCC | **trans**-por-te |

## 2.1. La división silábica

El primer paso que hay que llevar a cabo para dividir una palabra en sílabas consiste en identificar todas las vocales. Fijémonos, por ejemplo, en la palabra *uno*.

(14)   V   V
       |   |
       u n o

Ahora que las vocales están localizadas, hay que decidir si la consonante que aparece en medio conforma la coda de la primera sílaba o el ataque de la segunda. Sabemos ya que la sílaba básica en español es CV, por lo que las vocales miran siempre a la izquierda para encontrar una consonante que pueda ser su ataque. La forma más sencilla de realizar esta operación es comenzar siempre por la última vocal de la palabra. Así, la consonante que queda en medio tendrá que ser el ataque de la última sílaba. La palabra, entonces, se divide del siguiente modo:

(15)   V     V
       |    ⟋
       u − n o

Veamos ahora la palabra *pasamos*. En (16) señalamos las vocales:

(16)   V  V  V
       |  |  |
       p a s a m o s

En (17) decidimos a qué sílaba pertenece cada consonante. Lo primero es formar la secuencia CV, comenzando desde el final de la palabra:

(17)   V  V  V
       ⟋ ⟋ ⟋
       p a s a m o s

La "s" final queda libre. Al no aparecer seguida de una vocal, la "s" tiene que formar parte de la coda de la última sílaba:

(18)    V   V   V
        ⌒   ⌒   ⌒
        p a s a m o s

La razón por la que comenzamos siempre por la última vocal de la palabra, y hacemos que las vocales vayan recogiendo consonantes a su izquierda, es que el español, al igual que un gran número de lenguas, tiene restricciones en cuanto a qué tipo de grupos consonánticos se permiten en el ataque de una sílaba. Las combinaciones consonánticas posibles en la posición de arranque o ataque en español se pueden resumir en cuatro reglas que aparecen detalladas en la siguiente tabla.

**Tabla 2.6** Grupos consonánticos en ataque

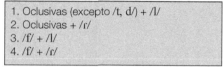

1. Oclusivas (excepto /t, d/) + /l/
2. Oclusivas + /ɾ/
3. /f/ + /l/
4. /f/ + /ɾ/

Si nos fijamos en el inventario de fonemas del español, recordaremos que existen seis sonidos oclusivos /p/, /t/, /k/, /b/, /d/ y /g/. Como se señala en la tabla anterior (2.6), la excepción a la regla de "oclusivas + /l/" en posición de ataque son las oclusivas dentales, dado que la secuencia "dl–" no es posible en español, mientras que el grupo "tl–" en inicio de palabra solamente existe en topónimos o vocablos que proceden del náhuatl o nahua (México y América Central) como, por ejemplo, *Tlatelolco*. Cuando encontramos esta secuencia "–tl–" en el interior de una palabra en español, la vocal que buscaba consonante a su izquierda abandona la búsqueda tras encontrar a la /l/, y la oclusiva, /t/ o /d/ forma parte de la coda de la sílaba anterior, quedando así la lateral como parte del ataque de la sílaba posterior. Veamos cómo funciona este proceso en un ejemplo, la palabra *atlético*:

(19)    V   V V V
        |   | | |
        a t l é t i c o

En (19) hemos identificado las vocales, las cuales serán los núcleos de las sílabas que se van a formar. En (20) y (21), añadimos las consonantes a la izquierda de cada vocal, comenzando por el final de la palabra, es decir, por la "o":

(20)    V     V   V   V
        |     |   |   ⌒
        a t l é t i c o

(21)    V     V   V   V
        |     |   ⌒   ⌒
        a t l é t i c o

En (22), recogemos la consonante directamente a la izquierda de la "é" y no hacemos nada con la "a", puesto que no hay ninguna consonante a su izquierda.

(22)  V     V  V   V
      |     ∧  ∧   ∧
      a  t  l  é  t  i  c  o

Ahora tenemos la "t" suelta. Hay que ver si la combinación consonántica "tl" es uno de los grupos aceptados fonotácticamente en español, es decir, se trata de verificar si es una de las combinaciones aceptables en una sílaba en español. Como no lo es, la "é" no puede adoptar la "t" como parte del ataque de su sílaba, y es la "a" la vocal que la toma como parte de la coda de su sílaba. Así es cómo obtenemos la división final en sílabas de la palabra: at.lé. ti.co.

(23)  V     V  V   V
      ↖     ∧  ∧   ∧
      a  t  l  é  t  i  c  o

La siguiente tabla detalla las combinaciones permitidas en posición de ataque en español, teniendo en cuenta las excepciones de las oclusivas dentales + /l/.

**Tabla 2.7**  Detalle de los grupos consonánticos en ataque

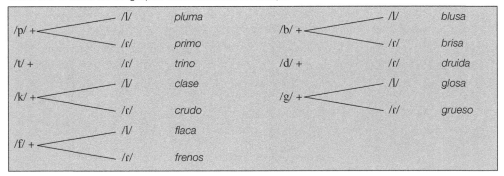

| /p/ + | /l/ | pluma | /b/ + | /l/ | blusa |
|---|---|---|---|---|---|
|  | /ɾ/ | primo |  | /ɾ/ | brisa |
| /t/ + | /ɾ/ | trino | /d/ + | /ɾ/ | druida |
| /k/ + | /l/ | clase | /g/ + | /l/ | glosa |
|  | /ɾ/ | crudo |  | /ɾ/ | grueso |
| /f/ + | /l/ | flaca |  |  |  |
|  | /ɾ/ | frenos |  |  |  |

**Actividad 13. Escribe una palabra para cada caso de combinación consonántica posible en el ataque. Ayúdate de la tabla anterior.**

Hasta ahora hemos visto grupos consonánticos en el ataque y en la coda. Sin embargo, en ocasiones también se dan secuencias de vocales en la misma palabra. Cuando aparece una secuencia de vocales, estas pueden ir juntas en la misma sílaba, en un diptongo, *secretaria*, o triptongo, *limpiáis*, o separadas en dos sílabas diferentes o hiato, *secretaría*. Para saber si el grupo vocálico va en una misma sílaba o no, tenemos que recordar la división de las vocales en fuertes o abiertas /a/, /e/, /o/, y débiles o cerradas /i/, /u/. La siguiente tabla reproduce la clasificación de las vocales que ya describimos e incluye además estos rasgos.

**Tabla 2.8** Clasificación de las vocales en español con los rasgos débil y fuerte

|  | anterior | central | posterior |  |
|---|---|---|---|---|
| alta | i |  | u | débiles<br>o<br>cerradas |
| media | e |  | o | fuertes<br>o<br>abiertas |
| baja |  | a |  |  |
|  | no redondeadas |  | redondeadas |  |

Un diptongo (VV) puede contener las siguientes combinaciones: fuerte + débil, débil + fuerte, o débil + otra débil distinta, como en los ejemplos a continuación:

(24) áu.to     (25) tié.ne     (26) fúi.mos

Es importante subrayar aquí la diferencia entre acento prosódico y acento ortográfico. Todas las palabras poseen **acento prosódico**, es decir, alguna de las sílabas que las conforma tiene mayor intensidad que las demás, como vemos en /ká.sa/ *casa* o /ra.tón/ *ratón*. Sin embargo, en estos ejemplos también observamos que no todas las palabras llevan **acento ortográfico**; la tilde o rayita oblicua que se escribe según las normas ortográficas de la lengua.

En los ejemplos anteriores, por motivos de claridad, hemos representado el acento prosódico con el mismo símbolo que utilizamos para el ortográfico, la tilde. Con la tilde indicamos que en una sílaba que contiene un diptongo la vocal fuerte es la que lleva la mayor intensidad o fuerza de voz, como en los ejemplos (24) y (25). En los casos en que encontramos dos vocales débiles, como en (26), es la segunda vocal de la secuencia la que lleva el acento prosódico. Por otro lado, cuando encontramos dos vocales fuertes consecutivas, estas se ubican en sílabas distintas, formando un hiato:

(27) cá.os     (28) a.é.re.o     (29) a.hó.ra

Si imaginamos la sílaba como una puerta de salida (figura 2.3), resulta útil recordar cómo las diferentes combinaciones de vocales pueden formar un hiato o un diptongo.

Como se aprecia a continuación, la puerta, en la figura 2.4, no es lo suficientemente ancha para que dos vocales fuertes pasen a la vez.

Sin embargo, una vocal fuerte y una débil no tienen ningún problema para pasar por la puerta y, por supuesto, dos débiles no tienen dificultad alguna en pasar, como se demuestra en la figura 2.5, siempre y cuando sean distintas. De la misma manera, una sílaba en español acepta sin restricciones la combinación de una vocal fuerte (a, e, o) + una vocal débil (i, u), o la combinación de dos vocales débiles, en cuyo caso forman un núcleo complejo.

Solo falta añadir aquí el caso del acento de hiato cuando la vocal débil de un diptongo (fuerte + débil o débil + fuerte) lleva la mayor intensidad o fuerza tónica. Cuando esto sucede, la vocal débil se convierte en fuerte y se comporta como tal. Al adoptar los rasgos de una vocal fuerte, se separa de la otra vocal fuerte que está a su lado, ocupa una sílaba diferente, y esto se marca con un acento ortográfico. Este acento sirve como indicador de dónde

**SALIDA**

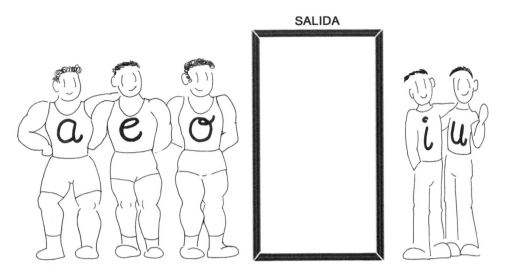

**Figura 2.3** Representación de las vocales fuertes y débiles en la salida

va el acento prosódico, una vez que este se ha desplazado de la vocal fuerte a la débil.

Para ilustrar este caso, observemos cómo dos palabras diferentes, *Paula* (30) y *Paúl* (31), se dividen en sílabas. La vocal en negrita es la vocal que lleva el acento prosódico dentro de la sílaba.

(30)  Pau.la
(31)  Pa.**ú**l

En (30) *Paula* mantiene el diptongo *Pau–* porque la vocal *a*, al ser la vocal fuerte, lleva el acento prosódico en esa sílaba. Por otro lado, con *Paúl*, vemos que al pronunciar esa palabra, la "u" es la vocal que posee la mayor intensidad en la palabra. Eso nos indica que la "u" se comporta como una vocal fuerte y no como una vocal débil que es parte de un diptongo. Por lo tanto, se separa de la "a", ya que dos vocales fuertes no pueden compartir sílaba. Al separarse, se convierte en núcleo de su propia sílaba y también lleva la tilde ortográfica, "ú". Es así que *Paula* y *Paúl* se separan en sílabas de manera distinta a pesar de ser palabras que se parecen a simple vista.

**SALIDA**

**Figura 2.4** Representación de dos vocales fuertes que no pasan por la salida

Conviene entonces pensar en el acento ortográfico como el indicador de una infracción de la regla. Es decir, en (30) la regla se cumple, hay una vocal fuerte y una débil, y es la fuerte la que recibe el acento prosódico en esa sílaba, por lo que forman un diptongo y no se viola ninguna regla. Sin embargo, en (31) ha habido un desplazamiento del acento prosódico a la vocal débil, dando pie a un hiato. Esto quiere decir que la "u" ocupa una sílaba diferente al

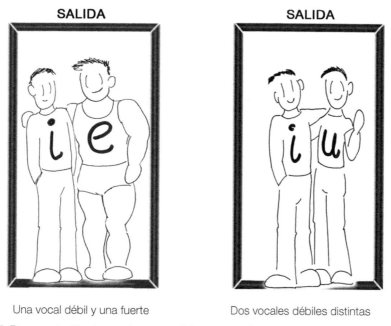

Una vocal débil y una fuerte          Dos vocales débiles distintas

**Figura 2.5** Representación de vocales en un diptongo que sí pasan por la salida

comportarse como si fuera una vocal fuerte. Este incumplimiento de la regla que estipulaba que el acento prosódico lo lleva una vocal fuerte se manifiesta con un acento ortográfico sobre la vocal débil.

Revisemos ahora la división de sílabas con la representación de los sonidos en fonemas. Como vimos anteriormente en la sección sobre las vocales, las vocales débiles de los diptongos son semiconsonantes o semivocales. En (30), la /u/ está junto a la /a/ en el diptongo, por lo que es una semivocal. En el ejemplo (31), la vocal /u/ se ha transformado en una vocal, necesita estar en una sílaba independiente, por lo que deja de ser una semivocal. Vemos las representaciones de *Paula* y *Paúl* en los ejemplos (32) y (33), acompañados de su transcripción fonémica o fonológica:

(32)

P a u l a    /páu̯.la/

(33)

P a ú l    /pa.úl/

Al dividir una palabra que contiene dos vocales iguales contiguas, estas forman un hiato según el *Diccionario panhispánico de dudas* de la RAE (2005), por lo que aparecen en sílabas distintas, zo.o.ló.gi.co. Para su transcripción fonémica, se fundirán en una sola vocal y esta se alargará ligeramente como en *zoológico* /so:.ló.xi.ko/ o /θo:.ló.xi.ko/, donde el diacrítico de los dos puntos indica el alargamiento precedente.

**Actividad 14. Transcribe fonémicamente y separa en sílabas las siguientes palabras.**

Modelo: carta → /kár.ta/

1. exijo
2. agua
3. transparente
4. saciar
5. quietamente

6. dieciocho
7. porcentaje
8. volumen
9. alcohólico
10. destornillador

❷ **Ahora piensa en dos o tres palabras que usarías para describir a tu mejor amigo. Sepáralas en sílabas con un compañero.**

Modelo: *generoso* → /xe.ne.ró.so/

## 2.2. La silabificación entre palabras

Es importante señalar que la silabificación no ocurre solamente en el interior de una palabra. Cuando hablamos, no realizamos pausas tras cada palabra que pronunciamos, sino que, a menos que haya una pausa o un signo de puntuación, enlazamos unas con otras. Aplicamos las mismas reglas de silabificación que hemos presentado hasta ahora a estos casos, transcribiendo la frase como si fuera una sola palabra:

(34) del interesado     de.lin.te.re.sa.do
(35) la universidad     lau.ni.ver.si.dad
(36) es la única escuela     es.la.ú.ni.ca.es.cue.la
(37) con edificios altos     co.ne.di.fi.cio.sal.tos

Como se puede apreciar en estos ejemplos, debemos considerar el contexto fónico de un enunciado a la hora de transcribirlo. El contacto de unos sonidos con otros puede hacer que se asimilen y que, por lo tanto, un sonido adopte un rasgo de otro sonido contiguo o cercano, o que se neutralicen, y que pierda la oposición o contraste de significados entre dos o más fonemas en un contexto determinado. Nos ocuparemos de la asimilación más adelante en el capítulo.

**Actividad 15. Separa los siguientes enunciados en sílabas. Fíjate en el ejemplo.**

Modelo: *los amigos* → lo.sa.mi.gos

1. de agua
2. saben un secreto
3. sobre otro asunto
4. está relacionado
5. con la conexión

6. del interesado perspicaz
7. y un yate
8. en alta mar
9. amarrado a una boya
10. flotando sin destino

❷ **Ahora piensa en dos expresiones propias de la cortesía verbal y sepáralas en sílabas.**

Modelo: *¿Qué tal estás?* → qué.ta.les.tás

## 3. La transcripción fonémica

En las secciones anteriores han ido apareciendo los diferentes símbolos que utilizamos para representar los fonemas. Como se ha indicado en los ejemplos, en algunos casos existe una correspondencia entre los fonemas y las letras que representan, pero en otros se utilizan símbolos distintos. Cuando se transcribe fonémicamente, se escribe mediante el uso de fonemas y, por lo tanto, hay una serie de **reglas** que debemos tener en cuenta y que enumeramos a continuación:

1. Las transcripciones fonémicas, también conocidas como transcripciones fonológicas, siempre se escriben entre rayas oblicuas //.
2. Nunca se utilizan mayúsculas, puesto que no se trata de letras o grafemas, sino de símbolos. Sin embargo, el único símbolo en mayúscula sirve para la representación de un **archifonema**, o sea, una serie de sonidos en que los rasgos que los distinguen se han neutralizado en un determinado contexto y cuyo contraste fonémico, al neutralizarse, desaparece, con lo que ambos fonemas se pronuncian igual. Así, por ejemplo, el archifonema /L/ se usa para hablar de los dos fonemas laterales en general, tanto el alveolar /l/ como el palatal /ʎ/.
3. Las sílabas se separan con un punto.
4. Se deben tener presentes las reglas de silabificación descritas anteriormente. Las palabras se unen como si formaran una sola unidad, a menos que haya un signo de puntuación. Si hay una pausa breve en el discurso, equivalente a una coma, esta se representa con una línea vertical |, y si la pausa es larga, equivalente a un punto, se representa con dos líneas verticales paralelas ‖. Se transcribe de esta forma porque en la transcripción fonémica no existen los signos de puntuación.
5. Se indica siempre el acento prosódico en la transcripción, es decir, la sílaba tónica, en determinadas categorías de palabras (sustantivos, verbos, adjetivos, pronombres personales, adverbios), sin importar si dichas palabras llevan acento ortográfico cuando se escriben, *ratón* /ra.tón/, *casa* /ká.sa/. También se suele incluir el acento en la transcripción incluso en aquellas palabras que constan de una sílaba, *hay* /ái̯/. No obstante, no se suele incluir el acento prosódico en la transcripción de las palabras átonas: las preposiciones (excepto *según*), los pronombres átonos (*me, te, le, se, nos, lo, la*, etc.), los artículos determinados (*el, la*, etc.), los relativos (excepto *cual/es*), la mayoría de las conjunciones (*y, pero, porque*, etc.), los adverbios *tan* y *medio*, y las formas de tratamiento (*tú, vos, usted*, etc.) (Quilis 2010).

Para practicar la transcripción fonémica o fonológica comenzaremos con palabras y pasaremos paulatinamente a transcribir enunciados, oraciones y párrafos. Veamos primero en transcripción fonémica los ejemplos que han ido apareciendo a lo largo del capítulo.

En la sección anterior, al presentar las reglas de silabificación entre palabras, han aparecido algunos ejemplos enunciados que repetimos a continuación para resaltar cómo se transcriben fonémicamente:

(38)   del interesado          /de.lin.te.ɾe.sá.do/
(39)   la universidad          /la̯u.ni.beɾ.si.dád/
(40)   es la única escuela      /és.la.ú.ni.ka.es.kwé.la/
(41)   con edificios altos      /ko.ne.di.fí.sjo.sál.tos//ko.ne.di.fí.θjo.sál.tos/

**Tabla 2.9** Los fonemas del español

| Palabras | Transcripción fonémica | Palabras | Transcripción fonémica |
|---|---|---|---|
| ciudad | /sju.dád/ /θju.dád/ | lado | /lá.do/ |
| hielo | /jé.lo/ | soso | /só.so/ |
| buenos | /bwé.nos/ | puro | /pú.ro/ |
| huevo | /wé.bo/ | ratón | /ra.tón/ |
| aires | /ái̯.res/ | nariz | /na.rís//na.ríθ/ |
| hay | /ái̯/ | chocolate | /tʃo.ko.lá.te/ |
| rauda | /ráu̯.da/ | niño | /ní.ɲo/ |
| Europa | /eu̯.ró.pa/ | yema | /jé.ma/ |
| pato | /pá.to/ | llama | /ʎá.ma/ |
| burro | /bú.ro/ | casa | /ká.sa/ |
| mar | /máɾ/ | kilo | /kí.lo/ |
| foca | /fó.ka/ | queso | /ké.so/ |
| cerilla | /se.rí.ʎa//θe.rí.ʎa/ | gato | /gá.to/ |
| zapato | /sa.pá.to//θa.pá.to/ | geranio | /xe.rá.njo/ |
| taza | /tá.sa//tá.θa/ | jirafa | /xi.rá.fa/ |
| dado | /dá.do/ | | |

## 3.1. La sinalefa

Acabamos de aprender a transcribir los sonidos fonémicamente y también a dividir en sílabas tanto palabras como enunciados. También hemos observado que dos vocales en una sílaba de una palabra forman un diptongo, pero que en el caso de un hiato cada vocal ocupa una sílaba distinta. Estas reglas son útiles a la hora de determinar dónde va el acento ortográfico (véase la sección 6.1.). Sin embargo, el habla cotidiana tiende a ser más rápida y espontánea. Por ejemplo, las palabras *óleo* y *polio* (acortamiento de *poliomielitis*) se pueden pronunciar de manera muy similar a pesar de que la división silábica de la primera es ó.le.o y de la segunda po.lio. ¿Por qué suena la primera como si terminase en una sola sílaba, con el diptongo –*io*? La respuesta es que los hablantes convierten algunos hiatos en diptongos por economía lingüística y por la semejanza fónica con otras palabras. Este fenómeno se explica mediante la llamada **sinalefa**, es decir, el proceso por el cual dos vocales consecutivas se reducen a un diptongo, incluso en la frontera de dos palabras distintas. Es más habitual que esto ocurra con vocales átonas, es decir, las que no llevan el acento prosódico o intensidad de la palabra, y es importante tener en cuenta los siguientes aspectos:

a) Si la sinalefa ocurre entre dos vocales idénticas, una de ellas se pierde y se alarga la vocal ligeramente, *la adoro* → [la:.ðó.ro].
b) Si la sinalefa tiene lugar entre dos vocales de la misma altura, la primera se convierte en semiconsonante, *lo espero* → [lo̯es.pé.ro], y lleva un diacrítico debajo [  ̯].
c) Si las dos vocales son de altura distinta, la más alta se convierte en semivocal, *casa hermosa* → [ká.sae̯r.mó.sa], también con el mismo diacrítico [  ̯].

Actividad 16. Transcribe fonémicamente las siguientes adivinanzas como si se leyeran de manera pausada. Recuerda poner los acentos y separar las sílabas.

Modelo: *La casa es azul* → /la.ká.sa.é.sa.súl/ o /la.ká.sa.é.sa.θúl/

1. Oro parece plata no es.
2. Una señorita muy arrugadita con un palito atrás, pasa, tonto, que lo acertarás.
3. Blanca por dentro, verde por fuera. Si quieres que te lo diga, espera.
4. En el campo nací, mis hermanos son los ajos, y aquel que llora por mí me está partiendo en pedazos.

❯ Ahora, transcribe fonémicamente las oraciones 1 y 3 como si se leyeran de manera rápida. ¿Qué modificaciones tuviste que hacer en tu transcripción?

## 4. La fonética

En las secciones anteriores nos centramos en el estudio de la fonología y del fonema como representación abstracta de un sonido, y aprendimos cómo se transcriben los sonidos fonémicamente. Sin embargo, no todos estos fonemas se pronuncian de la misma manera al hablar. Este es precisamente el objeto de estudio de la **fonética**, ya que dicha rama de la lingüística se ocupa de los fonemas en relación con las características articulatorias, acústicas y fisiológicas propias de los hablantes. En otras palabras, la fonética estudia las realizaciones concretas de los sonidos y los contextos en los que estos ocurren.

Si, por ejemplo, pronunciamos en voz alta la palabra *dado*, notaremos que el fonema /d/ posee dos **alófonos** o variaciones de un mismo fonema, [d] y [ð], en función del contexto fónico de la palabra. A diferencia de los fonemas, la realización de un sonido o alófono se transcribe entre corchetes [ ], como vemos en el siguiente ejemplo:

(42)  Palabra:                             dado
      Transcripción fonémica:        /dá.do/
      Transcripción fonética:         [dá.ðo]

Al comienzo del capítulo, se mencionó que la utilización de un fonema en lugar de otro daba lugar a un par mínimo. A diferencia de lo que sucede con los fonemas, cuando un hablante emplea un alófono en lugar de otro, simplemente puede sonar distinto, pero no se forma un par mínimo.

(43)  par mínimo: fonemas /t, k/
      tapa /tá.pa/, capa /ká.pa/ → distinto significado
(44)  alófonos del fonema /d/
      dado [dá.ðo] o [dá.do] → mismo significado

Los alófonos pueden estar en variación libre o en distribución complementaria. Cuando los alófonos se encuentran en **variación libre**, el hablante usa una variación del fonema sin depender de ninguna regla específica, porque es la realización que favorece su variedad dialectal, o variaciones existentes en una misma lengua, o porque forma parte de su idiolecto o manera característica de hablar de una persona. Sin embargo, cuando los alófonos aparecen en **distribución complementaria** es porque el entorno fonológico exige que se dé uno en lugar de otro. En la siguiente sección indicaremos la clasificación de los alófonos consonánticos en distribución complementaria, así como todos los contextos en los que se pueden presentar.

## 4.1. Los alófonos

Los alófonos se pueden clasificar del mismo modo que los fonemas consonánticos, es decir, a partir del punto de articulación, el modo de articulación y la sonoridad. Aquí explicaremos cómo varía la realización de los fonemas según el contexto en el que ocurren. Para ello, describiremos cada grupo de consonantes de acuerdo con su modo de articulación. Hay que tener en cuenta que, en muchos casos, los cambios en la realización de estos fonemas se deben a la influencia de algún sonido vecino. Cuando influye un sonido anterior o precedente, este fenómeno se llama **asimilación progresiva**, mientras que cuando influye un sonido posterior, se denomina **asimilación regresiva** o **anticipatoria**.

**Tabla 2.10** Asimilación progresiva y regresiva

| Asimilación | progresiva | El sonido anterior pasa alguno de sus rasgos al sonido que le sigue. <br><br> hazte /áθ.te/ → [áθ.ṭe] <br><br> La consonante dental /t/ se interdentaliza por la influencia de la consonante interdental /θ/ precedente. | A ⟶ B |
| | regresiva | El sonido posterior pasa alguno de sus rasgos al sonido anterior. <br><br> antes /án.tes/ → [áṇ.tes] <br><br> La consonante nasal /n/ se dentaliza por la influencia de la consonante dental /t/. | A ⟵ B |

(Adaptado de: http://liceu.uab.es/~joaquim).

Como acabamos de ver en el caso de la asimilación, el contexto fónico puede condicionar e incluso determinar la realización de un fonema. Así, a continuación veremos una serie de fórmulas que nos sirven para comprender los posibles contextos fónicos a partir de la siguiente fórmula: /x/ → [y] / _____. La manera en que se interpreta y verbaliza la fórmula es que el fonema /x/ se realiza como el alófono [y] en el contexto siguiente (/), donde la línea horizontal representa el sonido en cuestión. La parte a la derecha de la línea oblicua que representa el contexto mostrará también qué sonidos o tipos de sonidos deben preceder o seguirle al sonido en cuestión para que se realice el cambio /x/ → [y]. Por ejemplo, en el caso: /b/ → [b] / $C_{[nasal]}$ _____, la fórmula nos informa de que el fonema /b/ se realiza como el alófono [b] cuando antes del sonido /b/ existe una consonante nasal, como vemos en *miembro* [mjém.bro].

### 4.1.1. Las consonantes oclusivas

Los rasgos de las oclusivas sordas /p/, /t/ y /k/ no varían según su entorno fonológico y, por lo tanto, los símbolos de sus alófonos se corresponden con los símbolos de sus fonemas, aunque aparecen entre corchetes [  ]:

(45)  /p/ → [p] / en todo contexto        pato        capa        rapto
                                           [pá.to]     [ká.pa]     [ráp.to]

(46)  /t/ → [t] / en todo contexto        toro        pato        atlas
                                           [tó.ro]     [pá.to]     [át.las]

(47)  /k/ → [k] / en todo contexto        copa        Paco        pacto
                                           [kó.pa]     [pá.ko]     [pák.to]

Sin embargo, las oclusivas sonoras sí presentan varias realizaciones, las cuales detallaremos a continuación en la descripción de sus alófonos. La bilabial /b/, la dental /d/ y la velar /g/ pueden realizarse como sonidos oclusivos o como fricativos. Cuando se produce la realización fricativa se denominan **aproximantes** o **espirantes** (Martinet 1956). En cambio, se mantiene la realización oclusiva después de pausa y de nasal. El fonema /d/ es el único que mantiene la realización oclusiva después de la lateral /l/. En todos los demás contextos se produce el alófono fricativo:

(48)  /b/ → [b] /    $\Big\{$   | _____            vasco
                                                      [bás.ko]
                                $C_{[nasal]}$_____  miembro
                                                      [mjém.bro]

      /b/ → [β] / en los demás contextos    ave        malva        orbe
                                            [á.βe]     [mál.βa]     [ór.βe]

(49)  /d/ → [d] /    $\Big\{$   | _____            dato
                                                      [dá.to]
                                $C_{[lateral]}$_____  falda
                                                      [fál̪.da]
                                $C_{[nasal]}$_____  panda
                                                      [pán̪.da]

      /d/ → [ð] / en los demás contextos    hada       arde
                                            [á.ða]     [ár.ðe]

(50)  /g/ → [g] /    $\Big\{$   | _____            gato
                                                      [gá.to]
                                $C_{[nasal]}$_____  tango
                                                      [táŋ.go]

      /g/ → [ɣ] / en los demás contextos    maga       galgo        cargo
                                            [má.ɣa]    [gál.ɣo]     [kár.ɣo]

Existen otras realizaciones de estos fonemas en determinados dialectos, que analizaremos en detalle en el capítulo 7 cuando estudiemos la variación lingüística en el mundo hispanohablante.

## 4.1.2. Las consonantes fricativas

La fricativa labiodental sorda /f/ se realiza como fricativa sorda [f] en todos los contextos, excepto cuando constituye la coda de una sílaba y va seguida de una consonante sonora, en cuyo caso se produce la labiodental sonora [v]. Veamos aquí un ejemplo de asimilación regresiva:

(51)   /f/ → [v] / _____ C[sonora]         Afganistán
                                             [av.ɣa.nis.tán]
       /f/ → [f] / en los demás contextos    faro     café      flor
                                             [fá.ro]  [ka.fé]   [flór]

Como ya se indicó, la fricativa interdental sorda /θ/ es el fonema que corresponde a las grafías "z, c" + "e, i" solamente en gran parte de la península ibérica y en zonas de Centroamérica (Resnick y Hammond 2011, 265). Este fonema tiene una única realización:

(52)   /θ/ → [θ] / en todos los contextos    ceta     hace      paz
                                             [θé.ta]  [á.θe]   [páθ]

La fricativa alveolar sorda /s/ tiene dos realizaciones posibles. Se sonoriza por asimilación regresiva cuando va seguida de una consonante sonora. Se mantiene su realización sorda en todos los demás contextos:

(53)   /s/ → [z] / _____ C[sonora]         desde    Oslo
                                             [déz.ðe] [óz.lo]
       /s/ → [s] / en los demás contextos    sopa     casa      hasta
                                             [só.pa]  [ká.sa]   [ás.ta]

La fricativa palatal sonora /j/ corresponde a dos grafías, "y" y "ll". Debemos notar aquí que, si bien es cierto que anteriormente hemos presentado dos fonemas /j/ y /ʎ/ porque existen pares mínimos como *vaya* y *valla*, el fonema lateral está cayendo en desuso paulatinamente, como analizaremos en el capítulo 7 sobre la variación lingüística. El fonema /j/ posee una única realización:

(54)   /j/ → [j] / en todos los contextos    llama    playa     callo
                                             [já.ma]  [plá.ja]  [ká.jo]

Por último, la fricativa velar sorda /x/ también tiene una única realización, aunque corresponde a varios grafemas, "j", "ge" y "gi". En ocasiones la grafía "x" también corresponde al fonema /x/:

(55)   /x/ → [x] / en todos los contextos    jugo     México    Gil
                                             [xú.ɣo]  [mé.xi.ko] [xíl]

### 4.1.3. La consonante africada

El fonema alveopalatal africado sordo /tʃ/ tiene una única realización en español, y corresponde a la grafía "ch":

(56)   /tʃ/ → [tʃ] / en todos los contextos   chato    cacho
                                             [tʃá.to]  [ká.tʃo]

### 4.1.4. Las consonantes nasales

Tanto la bilabial nasal /m/ como la palatal /ɲ/ tienen una sola realización en todos los contextos:

(57)  /m/ → [m] / en todos los contextos     mamá      cumbia
                                              [ma.má]   [kúm.bja]

(58)  /ɲ/ → [ɲ] / en todos los contextos     ñoño
                                              [ɲó.ɲo]

La alveolar nasal /n/ es el fonema más sensible al proceso de asimilación. Encontramos ocho alófonos diferentes para este fonema. Los símbolos para algunos de ellos llevan un diacrítico o signo gráfico, que en este caso resalta el punto de articulación de cada alófono y sirve para diferenciar cada uno de ellos. En algunos casos la forma de estos signos diacríticos nos puede ayudar a recordar su significado, como es el caso de la realización dental, donde el diacrítico se asemeja a un pequeño diente que aparece bajo la [n̪].

(59)  /n/ → [m] / _____ C$_{[bilabial]}$          envío
                                                  [em.bí.o]

       /n/ → [ɱ] / _____ C$_{[labiodental]}$       enfado
                                                  [eɱ.fá.ðo]

       /n/ → [n̥] / _____ C$_{[interdental]}$        panza
                                                  [pán̥.θa]

       /n/ → [n̪] / _____ C$_{[dental]}$            diente
                                                  [djén̪.te]

       /n/ → [ń] / _____ C$_{[alveopalatal]}$        pincho
                                                  [píń.tʃo]

       /n/ → [ɲ] / _____ C$_{[palatal]}$           enyesar
                                                  [eɲ.je.sáɾ]

       /n/ → [ŋ] / _____ C$_{[velar]}$             tango
                                                  [táŋ.go]

       /n/ → [n] / en los demás contextos         Ana       ganso       no
                                                  [á.na]    [gán.so]   [nó]

### 4.1.5. Las consonantes laterales

La alveolar lateral /l/ es casi tan sensible a la asimilación regresiva como la nasal /n/, pero solo tiene cinco realizaciones:

(60)  /l/ → [l̥] / _____ C$_{[interdental]}$         alzar
                                                  [al̥.θáɾ]

       /l/ → [l̪] / _____ C$_{[dental]}$            saldo
                                                  [sál̪.do]

       /l/ → [ĺ] / _____ C$_{[alveopalatal]}$        colcha
                                                  [kóĺ.tʃa]

       /l/ → [ʎ] / _____ C$_{[palatal]}$           el llavero
                                                  [el.ʎa.βé.ɾo]

       /l/ → [l] / en los demás contextos         Lola       pulso       tal
                                                  [ló.la]    [púl.so]   [tal]

Por su parte, la lateral palatal /ʎ/ corresponde a la grafía "ll" y tiene una única realización:

(61)  /ʎ/ → [ʎ] / en todos los contextos    llama      allí
                                                   [ʎá.ma]    [a.ʎí]

Como mencionamos anteriormente, este fonema está cayendo en desuso, aunque la distinción todavía se mantiene entre hablantes repartidos por el área andina. El contacto de algunas de estas áreas con otras lenguas, por ejemplo, con el quechua y el aimara en Perú y Bolivia, o con el guaraní en Paraguay, ha favorecido el mantenimiento de la distinción entre los fonemas (véase el capítulo 7 sobre variación lingüística).

### 4.1.5.1. *El yeísmo*

En la sección anterior apuntábamos que el fonema lateral /ʎ/ ha ido desapareciendo de manera paulatina, puesto que en la actualidad su realización más habitual corresponde al fonema palatal /j/ en la mayor parte del dominio panhispánico. Este fenómeno de deslateralización del fonema lateral /ʎ/ se conoce con el nombre de **yeísmo**. Pese a que existía una distinción clara entre estos dos fonemas en el castellano medieval, un gran número de hablantes en la actualidad produce ambos sonidos de manera homófona. La pérdida de oposición fonológica entre dos fonemas como consecuencia del cambio lingüístico, *calló* [ka.jó] = *cayó* [ka.jó], en lugar del contraste, *calló* [ka.ʎó] ≠ *cayó* [ka.jó], se denomina **desfonologización**.

De esta forma, el **lleísmo** corresponde a la realización distintiva entre el dígrafo "ll" [ʎ] y el grafema "y" [j], formando un par mínimo entre, por ejemplo, *halla* [á.ʎa] y *haya* [á.ja]. Mientras que el **yeísmo** es el fenómeno por el cual un hablante articula ambas palabras, *halla* y *haya*, de manera homófona, es decir, como [á.ja]. Sin embargo, aunque la realización homófona de estos dos sonidos se encuentra bastante extendida entre los hablantes de español, es cierto también que no todos los hablantes hacen uso de la palatal [j] como único alófono. Además del yeísmo, existe el fenómeno del **ʒeísmo**, en partes del Cono Sur (sobre todo en Argentina y Uruguay). En estas áreas, se realiza la fricativa, palatoalveolar, sonora [ʒ] como única realización para los fonemas /j/ y /ʎ/; así, en Uruguay, para *haya* y *halla* oiríamos decir [á.ʒa]. Hay partes del área metropolitana de Buenos Aires en las que los hablantes de algunos grupos sociales (sobre todo, entre hablantes más jóvenes) ensordecen la [ʒ] y articulan la fricativa, palatoalveolar, sorda [ʃ] para producir *haya* y *halla* como [á.ʃa]. Analizaremos estas y otras realizaciones de la palatal en mayor profundidad en el capítulo 7 sobre variación lingüística.

### 4.1.6. Las consonantes vibrantes

Los dos fonemas vibrantes /ɾ/ y /r/ tienen una única realización cada uno, [ɾ] y [r] respectivamente. Cabe resaltar que la ortografía a veces puede producir confusión, ya que el sonido de la vibrante múltiple corresponde a la grafía "rr" y también a la "r", si aparece en posición inicial de palabra, *ratón*, *Roberto*, o inicio de sílaba tras consonante, *En.rique*, *al.rededor*. He aquí la transcripción de algunos ejemplos:

(62)  /ɾ/ → [ɾ] / en todos los contextos    pera        prado        por
                                                 [pé.ɾa]     [prá.ðo]     [poɾ]
(63)  /r/ → [r] / en todos los contextos    perro       Enrique      reo
                                                 [pé.ro]     [en.rí.ke]   [ré.o]

La siguiente tabla ofrece la clasificación de todos los alófonos consonánticos del español en función de sus características principales. Los alófonos sordos aparecen ubicados a la izquierda de cada columna, mientras que los sonoros se encuentran en la parte derecha.

**Tabla 2.11** Alófonos consonánticos del español

| | Bilabial | Labiodental | Interdental | Dental | Alveolar | Alveopalatal | Palatal | Velar |
|---|---|---|---|---|---|---|---|---|
| Oclusiva | [p]  [b] | | | [t]  [d] | | | | [k]  [g] |
| Fricativa | [β] | [f]    [v] | [θ] | [ð] | [s]    [z] | | [j] | [x]  [ɣ] |
| Africada | | | | | | [tʃ] | | |
| Nasal | [m] | [ɱ] | [n̪] | [n̪] | [n] | [ń] | [ɲ] | [ŋ] |
| Lateral | | | [l] | [l̪] | [l] | [ĺ] | [ʎ] | |
| Vibrante simple | | | | | [ɾ] | | | |
| Vibrante múltiple | | | | | [r] | | | |

---

**Actividad 17. Escribe los símbolos fonéticos según las siguientes descripciones.**

Modelo: dental, oclusivo, sordo → [t]

1. Palatal, nasal, sonoro.
2. Velar, fricativo, sonoro.
3. Bilabial, oclusivo, sordo.
4. Labiodental, fricativo, sordo.
5. Interdental, lateral, sonoro.
6. Vibrante simple.
7. Alveolar, fricativo, sordo.
8. Labiodental, nasal, sonoro.
9. Dental, lateral, sonoro.
10. Velar, fricativo, sordo.

---

**Actividad 18. Lee el siguiente poema en voz alta e identifica ejemplos de posibles alófonos que no sean idénticos a sus fonemas. En las primeras dos estrofas aparecen subrayadas las palabras que contienen alófonos. En el resto del poema, deberás identificar los alófonos y transcribirlos.**

"Poema 122" por Antonio Machado

Modelo: Soñé que tú me llevabas [ʎeβáβas]

Soñé que tú me llevabas
por una blanca vereda,
en medio del campo verde,

hacia el azul de las sierras,
hacia los montes azules,
una mañana serena.

Sentí tu mano en la mía,
tu mano de compañera,
tu voz de niña en mi oído
como una campana nueva,
como una campana virgen
de un alba de primavera.

¡Eran tu voz y tu mano,
en sueños, tan verdaderas!. . .

Vive, esperanza, ¡quién sabe
lo que se traga la tierra!

(Antonio Machado. 1912. "Poema 122")

## 5. La transcripción fonética

La sección anterior incluye todas las realizaciones posibles para el inventario de fonemas en español. Las reglas de transcripción fonética son las mismas que delineamos para la transcripción fonémica, con la excepción de que los alófonos se representan entre corchetes [ ] y no entre barras oblicuas //. Para realizar correctamente la transcripción fonética, hemos visto que hay que prestar especial atención al proceso de asimilación, ya que se debe tener en cuenta la realización del sonido y no solamente su representación abstracta. En la siguiente tabla podemos apreciar la diferencia entre los dos tipos de transcripción.

**Tabla 2.12** Comparación entre transcripción fonémica y fonética

| Ejemplos | Transcripción fonémica | Transcripción fonética |
|---|---|---|
| 1. niña | 1. /ní.ɲa/ | 1. [ní.ɲa] |
| 2. Laura y Marta | 2. /láu̯.rai̯.máɾ.ta/ | 2. [láu̯.rai̯.máɾ.ta] |
| 3. abogado e ingeniero | 3. /a.bo.gá.do.ein.xe.njé.ro/ | 3. [a.βo.ɣá.ðo.ei̯n.xe.njé.ro] |
| 4. en China venden focos | 4. /en.tʃi.na.bén.den.fó.kos/ | 4. [eń.tʃi.na.βéɳ.deɱ.fó.kos] |
| 5. Enrique alzó la manta | 5. /en.rí.ke.al.θó.la.mán.ta/ | 5. [en.rí.ke.al̪.θó.la.máṋ.ta] |
| | /en.rí.ke.al.só.la.mán.ta/ | [en.rí.ke.al.só.la.máṋ.ta] |

**Actividad 19.** Transcribe fonéticamente las siguientes adivinanzas como si se leyeran de manera pausada. Recuerda poner los acentos y separar las sílabas.

Modelo: *La casa es azul* → [la.ká.sa.é.sa.súl] o [la.ká.sa.é.sa.θúl]

1. Oro parece plata no es.
2. Una señorita muy arrugadita con un palito atrás, pasa, tonto, que lo acertarás.
3. Blanca por dentro, verde por fuera. Si quieres que te lo diga, espera.
4. En el campo nací, mis hermanos son los ajos, y aquel que llora por mí me está partiendo en pedazos.

❯ Ahora compara la transcripción fonética que acabas de hacer con la transcripción fonémica de la actividad 16. ¿Qué diferencias observas?

## 6. Los rasgos suprasegmentales

Los **rasgos suprasegmentales** pueden influir sobre los segmentos que conocemos como vocales y consonantes. Las modificaciones que se producen están directamente relacionadas con el acento prosódico y con la entonación. Estos rasgos son básicos para la comunicación humana, puesto que el interlocutor los necesita para poder descodificar el mensaje de manera correcta. Cuando leemos información escrita como, por ejemplo, un correo electrónico, un mensaje de texto o SMS, la ausencia de dichos recursos hace que se pueda malinterpretar su significado. De ahí que, para compensar esta ausencia de rasgos suprasegmentales, se hayan creado, por ejemplo, convenciones escritas tales como escribir en mayúsculas para indicar "enfado", "gritos" o "desagrado", o el uso de un emoticono, ☺, que a modo de signo gráfico sirve para expresar diferentes estados de ánimo. A continuación, pasaremos a analizar algunos de estos rasgos suprasegmentales y aprovecharemos asimismo para hacer un repaso de las reglas de acentuación del español.

### 6.1. El acento prosódico y las reglas generales de acentuación

En un gran número de lenguas, el acento prosódico en una palabra puede poseer diferentes funciones, es decir, el mismo significante puede corresponder a diferentes significados según la sílaba sobre la que recaiga su intensidad. La sílaba sobre la que recae el acento prosódico en una palabra es la **sílaba tónica**, y generalmente solo hay una sílaba tónica en cada palabra en la lengua española, por lo que todas las demás son **sílabas átonas**.

En español la acentuación sirve también para distinguir el significado entre palabras, como en *público, publico, publicó*. En el primer caso se trata de un sustantivo, en el segundo es la primera persona del singular del presente de indicativo del verbo *publicar*, y el tercer ejemplo corresponde a la tercera persona del singular del pretérito perfecto simple. En otros casos, el acento prosódico no constituye un rasgo distintivo, sino que se trata de un rasgo dialectal, es decir, no forma pares mínimos, sino que se encuentra en variación libre. Por ejemplo, en algunas variantes dialectales del español la palabra *vídeo* se pronuncia con la tercera sílaba como tónica, mientras que, en otras, es la segunda sílaba la que lleva la intensidad, *vídeo*.

Como se explicó en páginas anteriores, además del acento prosódico, o intensidad de una sílaba, existe en español también el acento ortográfico o tilde. Esta tilde es una convención ortográfica que se coloca sobre la sílaba tónica de algunas palabras, siguiendo unas reglas que procederemos a explicar a continuación. Sin embargo, antes necesitamos aprender a contar las sílabas de una palabra. Empezamos a contar desde el final, o sea, que, siguiendo esta pauta, la palabra *divertido* consta de cuatro sílabas.

| di | ver | ti | do |
|----|-----|----|----|
| 4  | 3   | 2  | 1  |

1  → última sílaba
2  → penúltima sílaba
3  → antepenúltima sílaba
4  → anteantepenúltima sílaba

Una vez identificado el número de sílabas del que consta una palabra, tenemos que fijarnos en cuál es la sílaba con el acento prosódico o fuerza de voz para, en función de esta característica, poder clasificarla como aguda, llana o esdrújula. He aquí las reglas generales de acentuación según cada tipo de palabras:

a) Las palabras **agudas** se caracterizan porque su sílaba tónica se encuentra en la última posición. Se acentúan ortográficamente **cuando terminan** en "n", "s" o vocal: *can-ción*, *re-vés*, *bai-ló*. Cuando esto no sucede, no se acentúan ortográficamente: *can-tar*, *pa-nal*, *ra-paz*. Se puede observar esta regla con más claridad cuando examinamos pares como *sutil/útil* o *papa/papá*, donde, si no fuera por la tilde, el segundo término en cada par se pronunciaría de la misma manera que el primero.

b) Las palabras **llanas**, también llamadas **graves**, son las que llevan la sílaba tónica en la penúltima sílaba. Se acentúan ortográficamente **cuando no terminan** en "n", "s" o vocal: *án-gel*, *dá-til* y *cés-ped*. Cuando sí terminan en "n", "s" o vocal, no se acentúan ortográficamente: *can-tan*, *pa-nes* y *ra-na*.

c) Las palabras **esdrújulas** llevan el acento prosódico en la antepenúltima sílaba y siempre se acentúan ortográficamente: *Mé-ri-da*, *ár-bo-les*, *se-mán-ti-ca*. Dentro de este grupo están también las palabras **sobreesdrújulas**, que se denominan así por contener un mayor número de sílabas y cuyo acento prosódico va situado en las sílabas anteantepenúltimas, *có-me-te-lo*, *mán-da-se-lo*, *re-pí-te-me-lo*. Una gran mayoría de estas palabras se componen de formas verbales y de pronombres.

---

**Actividad 20. Identifica la sílaba tónica de cada una de las siguientes palabras.**

Modelo: *casa* → <u>ca</u>sa

> berenjena • bondad • candor • caracteres • chafariz
> corajina • descuento • Ecuador • fenomenal
> inquietud • controversia • peonza • perindola
> pintacilgo • reptil • rictus • tornasol

---

**Actividad 21. Decide cuáles de las siguientes palabras llevan acento ortográfico según las reglas generales de acentuación. La sílaba tónica aparece ya subrayada.**

> cha<u>ce</u>na • bon<u>dad</u> • fac<u>to</u>tum • a<u>ler</u>gia • coli<u>bri</u> • aza<u>gon</u>
> condona<u>cion</u> • educacio<u>nis</u>ta • hormi<u>gue</u>ro • <u>al</u>gido • cerra<u>zon</u>
> cuadru<u>pe</u>do • cuadrupe<u>dante</u> • dex<u>tro</u>giro • arcedia<u>nazgo</u> • <u>dex</u>tro • fa<u>laz</u>

---

**Actividad 22. Lee las siguientes frases y explica por qué las palabras subrayadas llevan acento ortográfico, mencionando las reglas de la sección 6.1.**

1. El año pasado <u>veraneé</u> en una de mis playas favoritas.
2. Desde la orilla del mar pude ver el <u>mástil</u> de un gran barco de vela.
3. Tiene que haber sido una <u>embarcación</u> enorme para ser visible a tanta distancia.
4. <u>También</u> logramos divisar varios <u>pelícanos</u> pardos, una subespecie <u>endémica</u> del lugar.
5. Una tarde, decidimos pasear y visitar el <u>cráter</u> de un <u>volcán</u> dormido.
6. Fueron unas vacaciones <u>fantásticas</u>. Seguro que <u>volveré</u> muy pronto.

Los **diptongos** siguen siempre las reglas generales de acentuación descritas arriba. Por ejemplo, una palabra como *can-táis* lleva tilde por ser aguda y terminar en "s", mientras que *pei-ne* no lleva tilde por ser llana y terminar en vocal. Una excepción es el diptongo *ui*, que solamente se acentúa en las palabras esdrújulas, **cuí-date**, y agudas, *ben-juí*. Las palabras llanas que contienen este diptongo, *incluido*, no se acentúan ortográficamente.

No obstante, ya señalamos anteriormente que los diptongos pueden romperse con la presencia de una tilde en las vocales débiles, "i" y "u", como se ilustra en la siguiente figura con la vocal "i".

**Figura 2.6** Representación figurada del acento de hiato con *i*

Este tipo de acento se denomina comúnmente **acento de hiato**, el cual provoca la ruptura del diptongo, de manera que las vocales se pronuncian en sílabas diferentes, tal y como podemos apreciar en: *pa-ís*, *ba-úl*, *frí-o*, *tí-a*, *bú-ho* o *ta-húr*. Estos dos últimos ejemplos nos sirven para recordar que la letra "h" es muda en español. Los **hiatos** siguen las reglas generales de acentuación cuando se trata de dos vocales iguales, *chi-í*, o dos vocales fuertes distintas, *ide-ó*. Sin embargo, cuando el hiato se compone de una vocal débil tónica (Vd′) + una vocal fuerte átona (VF), *pú-a*, *salí-a*, o de vocal fuerte átona (VF) + vocal débil tónica (Vd′), *pa-ís*, *ba-úl*, no sigue las reglas de acentuación y siempre requiere el acento ortográfico para marcar la ruptura del diptongo independientemente de la terminación de la palabra. Así, si comparamos las palabras *oi-go* y *o-í-do*, comprobamos que ambas son llanas según su acento prosódico y que terminan en vocal. Aun así, tenemos por un lado un diptongo, *oi-go*, que sigue las reglas generales de acentuación y no se acentúa ortográficamente, mientras que en *o-í-do*, el hiato que aparece no sigue dichas reglas, puesto que pese a poseer las mismas características que la otra palabra, ser llana y terminar en vocal, se debe acentuar ortográficamente para indicar el acento de hiato y que ambas vocales se articulan en sílabas distintas. En el siguiente esquema podemos ver una síntesis de las reglas que acabamos de explicar.

Para concluir esta sección, analizaremos la **tilde diacrítica**, cuyo uso responde a distinguir la función gramatical y el significado de dos palabras homófonas. Estas palabras son en su mayoría monosilábicas y, por lo tanto, no deberían llevar acento ortográfico tal y como estipula la regla general en español: *da*, *dio*, *fue*, *fui*, *pie*, *sal*, *ten*, *ti*, *vi*, etc. La tabla 2.13 muestra los monosílabos que incumplen la regla, ya que aquí la tilde cumple una función concreta.

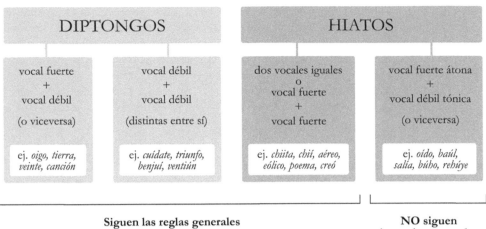

**Figura 2.7** Esquema de las reglas de acentuación para los diptongos e hiatos

**Tabla 2.13** Palabras con tilde diacrítica

| Sin tilde | Con tilde |
|---|---|
| **aun** → adverbio con el significado de *incluso*<br>*Aun granizando iremos a la fiesta.* | **aún** → adverbio con el significado de *todavía*<br>*Aún no he llamado a Juan. Lo haré esta tarde.* |
| **de** → preposición o letra del abecedario<br>*Me encanta el helado de vainilla.*<br>*Empieza por la letra "de".* | **dé** → 1ª o 3ª persona del sing. del presente de subjuntivo<br>o imperativo de *usted* del verbo *dar*<br>*Espero que tu jefe te dé el día libre.*<br>*Dé gracias a sus vecinos por la ayuda recibida.* |
| **el** → artículo definido<br>*Su libro preferido es El amor en los tiempos del cólera.* | **él** → pronombre personal de sujeto<br>*Te presento a mis primos; ella es Lucía y él es Esteban.* |
| **mas** → conjunción adversativa, equivalente a *pero*<br>*Levantó la mano, mas no respondió correctamente.* | **más** → adverbio de cantidad, signo matemático<br>*Cuando como helado, siempre quiero más.*<br>*Creo que en el problema falta un más y sobra un menos.* |
| **mi** → determinante posesivo<br>*Esta es mi clase favorita.* | **mí** → pronombre objeto de una preposición<br>*Esta carta es para mí.* |
| **se** → pronombre o partícula<br>*Santiago se debe matricular en sus clases esta semana.* | **sé** → 1ª persona del sing. del presente de indicativo del verbo *saber* o imperativo del verbo *ser*<br>*No hace falta que me contestes; ya sé lo que me vas a decir.*<br>*Sé obediente y haz lo que yo te digo.* |
| **si** → conjunción<br>*Si hace frío, no saldré de casa.*<br>*¡Si no ha venido!* | **sí** → adverbio afirmativo<br>*Cuando me pregunten si quiero otro postre, diré que sí.* |
| **te** → pronombre de objeto<br>*¿Te puedo preguntar algo?* | **té** → sustantivo<br>*Prefiero el té sin leche.* |
| **tu** → determinante posesivo<br>*Tu hermano trabaja en esta oficina, ¿no?* | **tú** → pronombre personal de sujeto<br>*José ya tiene su billete, y tú, ¿cuándo comprarás el tuyo?* |

En el caso de *aun/aún*, algunos hablantes, dependiendo de factores como la rapidez durante la enunciación o la variedad dialectal que hablan, pueden emitir este adverbio como bisílabo o como monosílabo. Se ha incluido en la tabla pese a esta característica, puesto que se considera igualmente un ejemplo más de tilde diacrítica. Es diferente el caso del adjetivo y adverbio homófono *solo/sólo*, sobre el que tradicionalmente se solía hacer una distinción en su ortografía. Sin embargo, en la última revisión de la *Ortografía de la lengua española* (2010, 269-270) se determinó prescindir de dicha tilde diacrítica incluso en aquellos casos en los que pudiera existir cierta ambigüedad semántica, y que antes se acentuaba según su función gramatical, *Solo como* y *Como solo*. La misma decisión se tomó con respecto a la distinción que se hacía entre el paradigma de los determinantes, *Conozco a este chico*, y los pronombres, *Conozco a este*. En estos casos, la decisión adoptada por la Real Academia Española (RAE) y por la Asociación de Academias de la Lengua Española (ASALE) responde a que el significado de la palabra en cuestión se puede deducir por el contexto, no siendo necesario aplicar una distinción ortográfica para dichas palabras.

Por último, otros términos que llevan tilde diacrítica son las palabras interrogativas y exclamativas *qué, quién, cómo, cuándo, dónde, cuánto*, tanto cuando la oración interrogativa o exclamativa que encabezan es directa, es decir, con signos de interrogación o de exclamación, como cuando es indirecta y no presenta estos signos. En la siguiente tabla podemos ver algunos ejemplos a modo de contraste.

**Tabla 2.14** Los pronombres interrogativos

| Oración de relativo | Interrogativa / Exclamativa directa |
|---|---|
| Beatriz, *quien* nos cae bien, ha venido.<br>La chica *que* está a tu lado es rubia. | ¿*Quién* ha venido?<br>¡*Qué* tarde has llegado! |
| Oración adverbial | Interrogativa / Exclamativa indirecta |
| *Cuando* llegue Luis, nos iremos.<br>Llegamos temprano *porque* salimos con tiempo. | No sé *quién* ha venido.<br>Dime *dónde* está. |

Como vemos, la tilde diacrítica contribuye a distinguir las funciones gramaticales de los elementos de la oración.

**Actividad 23. Decide cuáles de las siguientes palabras llevan tilde y explica por qué. La vocal sobre la que recae el acento prosódico aparece subrayada en todas ellas.**

alergia • alegria • Mario • Maria • paisano • pais
estiaje • hastio • hostia • tia • inquietud
pua • simio • intercambio • sobrio • sombrio

---

**Actividad 24. Piensa en qué contexto comunicativo se podría producir cada una de las siguientes oraciones y explica la diferencia de significado.**

Modelo: Hola, por fin me visitas y **te tengo** en casa. ¿Te ofrezco algo de beber? **Té tengo**, y también café.

| | |
|---|---|
| 1. Me enteré de que bebe. | 1. Me enteré de qué bebe. |
| 2. El vino de California. | 2. Él vino de California. |
| 3. Ya sabes que té, quiero. | 3. Ya sabes que te quiero. |
| 4. Aun sé la lista de los presidentes. | 4. Aún sé la lista de los presidentes. |
| 5. Ese disco es para mi amigo. | 5. Ese disco es para mí, amigo. |
| 6. Si voy, espérame. | 6. Sí, voy, espérame. |

❯ **Crea un minidiálogo en el que de manera lógica aparezcan integradas seis de estas oraciones.**

## 6.2. La entonación

Otro de los rasgos suprasegmentales es la **entonación** o variación que se produce en el conjunto de los **tonos** de todas las sílabas de una oración. La entonación se suele representar con la **curva melódica** que aparece en el discurso al pronunciar las palabras y que está relacionada con el sentido o la intención del hablante. Existen lenguas tonales, como por ejemplo el chino, en las que el tono que se asigna a determinadas sílabas conlleva un cambio de significado. Sin embargo, el español no posee esta característica de lengua tonal, sino que el tono que producimos al emitir enunciados es más alto o más bajo según la tensión de los pliegues o cuerdas vocales; a mayor tensión, más rápidamente vibran las ondas sonoras y esto hace que el tono sea más alto. El resultado no es el volumen del enunciado, sino la entonación, es decir, la melodía que acompaña a diferentes tipos de oraciones, como se puede apreciar al contrastar una oración afirmativa y una interrogativa en los oscilogramas y espectrogramas a continuación (figuras 2.8 y 2.9). La parte de arriba en negro sobre fondo blanco se denomina **oscilograma** y representa la forma de la onda. Muestra el tiempo, en el eje horizontal, y la amplitud en el eje vertical. Esta información nos proporciona datos como la sonoridad, la duración y la amplitud o intensidad. La parte inferior o **espectrograma** recoge la sonoridad, la duración, la estructura formántica o cualidad acústica, la frecuencia fundamental u onda sonora, y la amplitud del movimiento vibratorio (Gil 1998, 147-148).

La figura 2.8 corresponde a la oración afirmativa *Dani adoptó un gato*, y en ella podemos ver cómo la curva melódica es descendente. La figura 2.9, por su parte, representa la oración interrogativa *¿Dani adoptó un gato?*, en la cual se puede apreciar cómo la curva melódica nos indica que la entonación primero baja para luego subir al final de la pregunta, es decir, de manera ascendente.

En español contamos solamente tres grados de tono. El más alto se utiliza casi exclusivamente para añadir énfasis a un enunciado o resaltar su importancia, por lo que en enunciados para los que no se necesita poner énfasis se utilizan solamente dos tonos. Debemos notar además que las sílabas iniciales átonas suelen articularse acompañadas del tono más bajo y las sílabas iniciales tónicas, por otro lado, suelen producirse con un tono mediano. Las dos secuencias que aparecen a continuación se producen de manera diferente porque en la primera la sílaba inicial es átona, *El*, mientras que en la segunda la sílaba de inicio es tónica, *Car–*:

(64)  El hombre . . .

(65)  Carlos . . .

Como apuntábamos antes, el tono en español no constituye un rasgo distintivo, pero la curva melódica que se produce durante la enunciación sí que actúa como rasgo suprasegmental sobre el mensaje que se transmite. Es decir, el mensaje puede tener diferentes significados según la entonación que utilicemos en un enunciado. Aunque las tres oraciones siguientes contienen los mismos elementos en el mismo orden, un hablante sabría interpretar dichos enunciados como mensajes distintos entre sí. Estas diferencias en el significado se basan únicamente en el rasgo suprasegmental de la entonación, representada de manera gráfica en las líneas que indican las variaciones aproximadas de la curva melódica en cada una de las oraciones.

(66)  Dani adoptó un gato.

(67)  ¿Dani adoptó un gato?

(68)  ¡Dani adoptó un gato!

Siguiendo a Schwegler, Kempff y Ameal-Guerra (2010, 319), describiremos brevemente el patrón de entonación de cada una de las oraciones de arriba, en función de su tono. Para ello, clasificaremos los tonos como: bajo, mediano y alto

Las primeras dos oraciones, (66) *Dani adoptó un gato* y (67) *¿Dani adoptó un gato?*, comienzan de la misma manera, o sea, con un movimiento tonal ascendente a nivel mediano

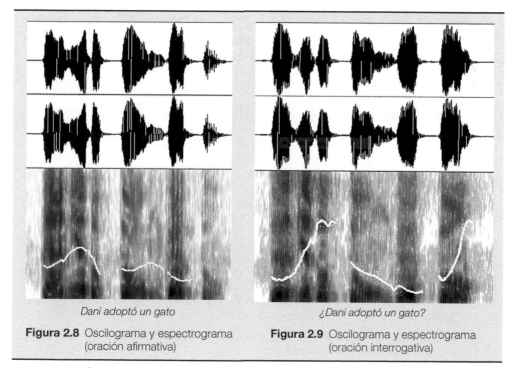

Dani adoptó un gato

**Figura 2.8** Oscilograma y espectrograma (oración afirmativa)

¿Dani adoptó un gato?

**Figura 2.9** Oscilograma y espectrograma (oración interrogativa)

a partir de la primera sílaba tónica del enunciado *dá–*. La diferencia principal entre las dos modalidades de oraciones es que en el caso de la aserción o afirmación, a partir de la última sílaba tónica *gá–* comienza el descenso al nivel bajo, mientras que en el de la interrogativa se produce un ascenso. Por otro lado, la modalidad exclamativa (68) *¡Dani adoptó un gato!* presenta una elevación tonal en la primera sílaba del enunciado porque es tónica, y desde ese punto mediano desciende paulatinamente hasta el final.

En oraciones enfáticas, el tono sube al nivel más alto en la sílaba tónica de la palabra que el hablante desee destacar. Con el ejemplo anterior, si quisiéramos expresar "incredulidad" de que "Dani hubiese adoptado un gato y no otro animal", porque, por ejemplo, "Dani es alérgico a los gatos", entonces, la sílaba *gá–* de *gato* sería la que llevaría el tono alto:

(69)   ¡¡Dani adoptó un **ga**to!?

Como hemos visto, la entonación constituye otro de los rasgos suprasegmentales y, por lo tanto, es un elemento imprescindible durante la enunciación. Su correcta realización y percepción contribuyen a que los hablantes sean capaces de codificar y descodificar diferentes aspectos semánticos relacionados con el mensaje.

---

**Actividad 25. Lee las siguientes oraciones en voz alta. A continuación crea un minidiálogo que sirva de contexto y en el que integres cada una de las oraciones.**

1.  ¿Nos vemos a las 7?
2.  Nos vemos a las 7.
3.  ¡Nos vemos a las 7!

❯ **Ahora explica qué significados aportan los rasgos suprasegmentales según el contexto comunicativo de los minidiálogos. Determina si se podría sustituir alguna de las oraciones en algún caso y si esto afectaría al intercambio comunicativo entre los hablantes.**

---

**PROYECTOS DE INVESTIGACIÓN**

1. Compara el inventario de sonidos del español y del inglés, estudia las diferencias que existen en los rasgos fonológicos de las vocales y de las consonantes, y determina algunos de los sonidos que, en tu opinión, le pueden resultar difíciles a un hablante anglófono de español por su falta de correspondencia. Después, describe las características articulatorias de dichos sonidos en ambas lenguas y elabora una presentación oral en la que expliques cuáles son algunas de las semejanzas y de las diferencias entre las dos lenguas.

2. Diseña un cuestionario con preguntas que te sirvan para entrevistar a dos profesores de español como L2 y averigua cómo enseñan la pronunciación en sus clases. Les puedes preguntar cuándo introducen este aspecto de la adquisición de la lengua, qué tipo de ejercicios, actividades y materiales utilizan, y con qué recursos refuerzan el aprendizaje de sus estudiantes. Después, elabora una presentación oral en la que expongas los resultados de tu investigación.

3. Busca dos libros de texto que se utilicen para enseñar la pronunciación a estudiantes de español como L2 del mismo nivel e investiga:

1. Qué información se le proporciona al alumno sobre el inventario de sonidos de la lengua.
2. Cómo se explican las diferencias entre la fonología y la fonética.
3. Cómo se explica la terminología específica de estas dos disciplinas.
4. Cómo se abordan las diferencias dialectales entre los hablantes de español.
5. Qué información se incluye sobre los rasgos suprasegmentales.
6. Qué tipo de ejercicios se incluyen para practicar los conocimientos adquiridos.

Una vez que hayas llevado a cabo el análisis prepara un informe escrito en el que expongas los resultados de tu investigación y determina cuál de los dos materiales te parece más idóneo para la enseñanza de la lengua.

4. Investiga el manejo de una herramienta para el análisis acústico del habla, como el programa gratuito Praat (http://www.praat.org), explica sus principales características y qué tipo de información nos proporciona a la hora de analizar el habla. Registra la misma oración en su modalidad afirmativa, exclamativa e interrogativa y compara los resultados que obtienes con esta herramienta desde el punto de vista acústico. Después elabora una presentación oral en la que compartas los resultados de tu investigación con la clase.

## LECTURAS ADICIONALES PARA PROFUNDIZAR SOBRE LA MATERIA

A continuación, incluimos algunas recomendaciones bibliográficas y pautas generales sobre **fonología** y **fonética** que le permitirán al estudiante iniciarse en el estudio y en la investigación de estas dos áreas de la lingüística. Todas las referencias que se mencionan aparecen recogidas en la bibliografía especializada al final del capítulo.

■ Si se desea profundizar en el estudio de la **fonología** y la **fonética** desde un punto de vista general, se pueden consultar Martinet (1956), Navarro Tomás (1966), Barrutia y Schwegler (1994), D'Introno, del Teso y Weston (1995), Obediente (2007), Clark, Yallop y Fletcher (2007), Gil (2007), Martínez Celdrán y Fernández Planas (2007), Cortez de Andersen (2009), Morgan (2010), Quilis (2010), Schwegler, Kempff y Ameal-Guerra (2010), Hualde *et al.* (2011), y Penas Ibáñez (2014).

■ Para indagar más sobre la **fonética contrastiva entre el español y el inglés** se pueden leer el artículo de Bradlow (1995), la tesis doctoral de Alonso García (2000), y el artículo de López y Rodríguez (2002). También se recomienda leer el libro de Sánchez-Reyes Peñamaría y Durán Martínez (2006).

■ Se puede encontrar más información sobre el **Alfabeto Fonético Internacional (AFI)** o **International Phonetic Alphabet (IPA)** en el libro *Phonetic Symbol Guide* de Pullum y Ladusaw (1996), y en el *Handbook of the International Phonetic Association* de Goldsmith, Riggle y Yu (1999). Asimismo se puede hacer uso de los siguientes recursos en línea a la hora de hacer transcripciones fonéticas. Para los sonidos del español se puede consultar la página web de la Universidad de Iowa http://soundsofspeech.uiowa.edu/. Sobre prosodia se puede hallar más información en Spanish ToBI labeling scheme de la Universitat Pompeu Fabra http://prosodia.upf.edu/sp_tobi/en/. Y en la "Dialectoteca del Español" de la Universidad de Iowa http://dialects.its.uiowa.edu/ se puede hallar más información sobre las diferentes variedades de la lengua. Por último, en el enlace http://ipa.typeit.org/full/ se pueden encontrar todos los símbolos y diacríticos de AFI o IPA. Para ahondar en el tema de la **transcripción fonética en español**, véase Face (2008), *Guide to the Phonetic Symbols of Spanish*.

■ Para ampliar los conocimientos sobre el concepto de **archifonema**, se puede consultar Almeida y Dorta (1997). Sobre el **yeísmo** véanse Lipski (1989), Penny (2002, 2004), así como los libros de Guitart (2004) y Díaz-Campos (2014).

■ Para mayor información sobre la **estructura de la sílaba**, véanse Clements y Keyser (1983) y Colina (2009). Para saber más sobre las **reglas de acentuación**, se pueden leer las obras de Veciana Gallardo (2004) y Maqueo (2005), así como la última edición de la *Ortografía de la lengua española* (2010).

■ Sobre la **entonación**, se pueden consultar varios libros que han abierto campo sobre la materia, como el de Navarro Tomás (1918), con una edición más reciente de 1990, el libro de Sosa (1999), así como artículos en revistas especializadas como Beckman, Díaz-Campos, McGory y Morgan (2002), Face (2003, 2004) y Prieto (2004). Si se desea consultar una obra que se ocupe del **tono** desde una perspectiva más teórica y global, se puede leer Goldsmith, Riggle y Yu (2011).

■ Existe una variedad de materiales sobre la **enseñanza de la pronunciación del español como L2**, Dalbor (1997), Quilis y Fernández (1979), Llisterri (2003), Stokes (2005) o Padilla García (2015). En el proyecto IGNITE: CASPSLaP se recogen recursos de diversa índole elaborados por especialistas: http://ignite-caspslap-2014.weebly.com/. Desde un punto de vista **contrastivo con el inglés en el contexto de la enseñanza del español**, véase Guitart (2004). Para la pronunciación del **sistema vocálico** se puede consultar Arbulu Barturen (2000), y García-Amaya (2009) sobre el tema de la **adquisición de fluidez** en español según el entorno del estudiante. Por último, el artículo por Eckman e Iverson (2013) nos informa sobre la influencia del sistema fonológico de la primera lengua en el aprendizaje de una L2, y en Delicado Cantero y Steed (2015) se puede hallar información sobre las creencias y las actitudes de los profesores en la enseñanza de la pronunciación.

■ Finalmente, para profundizar en el estudio de la fonología desde un **punto de vista generativo**, recomendamos consultar Kenstowicz (1994), Núñez Cedeño y Morales-Front (1999), y Núñez-Cedeño, Colina y Bradley (2014).

## LISTA DE CONCEPTOS Y TÉRMINOS CLAVE

**acento ortográfico** (*written accent*)
**acento prosódico** (*stress*)
**africado** (*affricate*)
**aguda** (*oxytone*)
**alófono** (*allophone*)
**altura de las vocales** (*vowel height*)
**alveolar** (*alveolar*)
**alveopalatal** (*alveopalatal*)
**anterioridad de las vocales** (*vowel frontness*)
**aparato fonador** (*organs of speech*)
**aproximantes** (*approximant*)
**archifonema** (*archiphoneme*)
**arranque de la sílaba** (*syllable onset*)
**asimilación progresiva** (*progressive assimilation*)
**asimilación regresiva** (*regressive assimilation*)
**ataque** (*syllable onset*)
**bilabial** (*bilabial*)
**coda** (*coda*)

dental (*dental*)
diptongo (*diphthong*)
diptongo creciente o ascendente (*increasing diphthong*)
diptongo decreciente o descendente (*decreasing diphthong*)
distribución complementaria (*complementary distribution*)
entonación (*intonation*)
esdrújula (*proparoxytone*)
espirantes (*spirant*)
fonema (*phoneme*)
fonema consonántico (*consonantic phoneme*)
fonema vocálico (*vocalic phoneme*)
fonética (*phonetics*)
fonología (*phonology*)
fricativo (*fricative*)
grave (*paroxytone*)
hiato (*hiatus*)
interdental (*interdental*)
labiodental (*labiodental*)
lateral (*lateral*)
llana (*paroxytone*)
lleísmo
nasal (*nasal*)
oclusivo (*stop*)
órganos articulatorios activos (*active articulatory organs or active articulators*)
órganos articulatorios pasivos (*passive articulatory organs or passive articulators*)
palatal (*palatal*)
palatoalveolar (*alveopalatal*)
par mínimo (*minimal pair*)
rasgos suprasegmentales (*suprasegmental features*)
redondez (*roundness*)
semiconsonante (*semiconsonant*)
semivocal (*semivowel*)
sílaba (*syllable*)
sílaba átona (*unstressed syllable*)
sílaba tónica (*stressed syllable*)
sinalefa (*synalepha*)
sonido (*sound*)
sonoro (*voiced*)
sordo (*voiceless*)
tilde diacrítica (*diacritic written accent*)
tono (*tone*)
triptongo (*triphthong*)
variación libre (*free variation*)
velar (*velar*)
vibrante (*vibrant or flap*)
vocal abierta (*strong vowel*)
vocal cerrada (*weak vowel*)
vocal débil (*weak vowel*)
vocal fuerte (*strong vowel*)
yeísmo

## BIBLIOGRAFÍA ESPECIALIZADA DEL CAPÍTULO 2
## FONOLOGÍA Y FONÉTICA

Almeida, M. y J. Dorta, eds. 1997. *Contribuciones al estudio de la lingüística hispánica*. Vol. 1. Tenerife: Cabildo de Tenerife.

Alonso García, N. 2000. "La pronunciación del español por anglohablantes. Análisis acústico y análisis de errores". Tesis doctoral, Universidad Nacional de Educación a Distancia.

Arbulu Barturen, M. B. 2000. "Estudio del sistema vocálico del español como lengua extranjera". *Monografías ASELE* 1. Málaga: ASELE.

Barrutia, R. y A. Schwegler. 1994. *Fonética y fonología españolas: teoría y práctica*. Nueva York. Wiley.

Beckman, M. E., M. Díaz-Campos, J. T. McGory y T. A. Morgan. 2002. "Intonation across Spanish, in the Tones and Break Indices Framework". *Probus* 14: 9-36.

Bradlow, A. R. 1995. "A Comparative Acoustic Study of English and Spanish Vowels". *The Journal of the Acoustical Society of America* 97 (3): 1916-1924.

Clark, J., C. Yallop y J. Fletcher. 2007. *An Introduction to Phonetics and Phonology*. Oxford: Blackwell.

Clements, G. N. y S. J. Keyser. 1983. *CV Phonology: A Generative Theory of the Syllable*. Cambridge, MA: MIT Press.

Colina, S. 2009. *Spanish Phonology. A Syllabic Perspective*. Washington, DC: Georgetown University Press.

Congosto Martín, Y. 2001. "Cambio lingüístico y variabilidad articulatoria en el subsistema de las palatales en Andalucía". En *Sociolingüística andaluza 12: identidad lingüística y comportamientos discursivos*, coords. R. Guillén Sutil y P. Carbonero, 253-286. Sevilla: Universidad de Sevilla.

Cortez de Andersen, D. C. 2009. *Contornos del habla. Fonología y fonética del español*. New Haven, CT: Yale University Press.

Dalbor, J. B. 1997. *Spanish Pronunciation: Theory and Practice*. Nueva York: Holt, Rinehart and Winston.

Delicado Cantero, M. y W. Steed. 2015. "La enseñanza de la pronunciación del español en Australia: creencias y actitudes de los profesores". *Journal of Spanish Language Teaching* 2 (1): 18-35. doi: 10.1080/23247797.2015.1012895.

Díaz-Campos, M. 2014. *Introducción a la sociolingüística hispánica*. Malden, MA: Wiley.

D'Introno, F., E. del Teso y R. Weston. 1995. *Fonética y fonología actual del español*. Madrid: Cátedra.

Eckman, F. y G. K. Iverson. 2013. "The Role of Native Language Phonology in the Production of L2 Contrasts". *Studies in Second Language Acquisition* 35 (1): 67-92.

Face, T. L. 2003. "Un análisis fonológico del acento nuclear en el español de Madrid". En *La tonía: dimensiones fonéticas y fonológicas*, eds. E. Herrera y P. Martín Butragueño, 221-243. México, D. F.: El Colegio de México.

Face, T. L. 2004. "The Intonation of Absolute Interrogatives in Castillian Spanish". *Southwest Journal of Linguistics* 23 (2): 65-79.

Face, T. L. 2008. *Guide to the Phonetic Symbols of Spanish*. Somerville, MA: Cascadilla Press.

García-Amaya, L. 2009. "New Findings on Fluency Measures across Three Different Learning Contexts". En *Selected Proceedings of the 11th Hispanic Linguistics Symposium*, ed. J. Collentine, 68-80. Somerville, MA: Cascadilla Press.

Gil, J. 1988. *Los sonidos del lenguaje*. Madrid: Síntesis.

Gil, J. 2007. *Fonética para profesores de español: de la teoría a la práctica*. Madrid: Arco/Libros.

Goldsmith, J., J. Riggle y A. Yu, eds. 2011. *The Handbook of Phonological Theory*. Malden, MA: Blackwell.

Guitart, J. M. 2004. *Sonido y sentido: teoría y práctica de la pronunciación del español con audio CD*. Washington, DC: Georgetown University Press.

Hualde, J. I., A. Olarrea, A. M. Escobar y C. E. Travis. 2011. *Introducción a la lingüística hispánica*. Cambridge: Cambridge University Press.

International Phonetic Association. 1999. *Handbook of the International Phonetic Association. A Guide to the Use of the International Phonetic Alphabet*. Cambridge: Cambridge University Press.

"IPA Phonetic Symbols" http://ipa.typeit.org/full/.

Jany, C. 2007. "Phonemic Versus Phonetic Correlates of Vowel Length in Chuxnabán Mixe". *Berkeley Linguistics Society* 33 (2): 66-76.

Kenstowicz, M. 1994. *Phonology in Generative Grammar*. Oxford: Blackwell.

Lipski, J. 1989. "Spanish *yeísmo* and the Palatal Resonants: towards a Unified Analysis". *Probus* 1 (2): 211-223.

Llisterri, J. 2003. "La enseñanza de la pronunciación". *Cervantes. Revista del Instituto Cervantes en Italia* 4 (1): 91-114.

López, T. y L. F. Rodríguez. 2002. "Estudio contrastivo de la aspiración fuerte en consonantes oclusivas: inglés – castellano". En *Actas del II Congreso de Fonética Experimental*, ed. J. Díaz García, 254-257. Sevilla: Universidad de Sevilla.

Machado, A. 1912. "Poema 122". *Campos de Castilla*. Madrid: Editorial Renacimiento.

Maqueo, A. M. 2005. *Ortografía*. México: Editorial Limusa.

Martinet, A. 1956. *Economie de changements phonétiques*. Berna: Francke.

Martínez Celdrán, E. y A. M. Fernández Planas. 2007. *Manual de fonética española*. Barcelona: Ariel.

Morgan, T. A. 2010. *Sonidos en contexto: una introducción a la fonética del español con especial referencia a la vida real*. New Haven, CT: Yale University Press.

Navarro Tomás, T. 1966. *Estudios de fonología española*. Nueva York: Las Américas Publishing Company.

Navarro Tomás, T. 1990. *Manual de pronunciación española*. Madrid: Consejo Superior de Investigaciones Científicas (CSIC).

Núñez Cedeño, R. A. y A. Morales-Front. 1999. *Fonología generativa contemporánea de la lengua española*. Washington, DC: Georgetown University Press.

Núñez Cedeño, R. A., S. Colina y T. G. Bradley. 2014. *Fonología generativa contemporánea de la lengua española*. Washington, DC: Georgetown University Press.

Obediente, E. 2007. *Fonética y fonología*. Mérida: Consejo de Publicaciones de la Universidad de los Andes.

Padilla García, X. A. 2015. *La pronunciación del español: fonética y enseñanza de lenguas*. Alicante: Universidad de Alicante.

Penas Ibáñez, M. A. 2014. *Panorama de la fonética española actual*. Madrid: Arco/Libros.

Penny, R. 2002. *A History of the Spanish Language*. Cambridge: Cambridge University Press.

Penny, R. 2004. *Variation and Change in Spanish*. Cambridge: Cambridge University Press.

"Phonetics". Página web la Universidad de Iowa. http://www.uiowa.edu/~acadtech/phonetics/#.

Prieto, P. 2004. "The Search for Phonological Targets in the Tonal Space: Evidence from Five Sentence-Types in Peninsular Spanish". En *Laboratory Approaches to Spanish Phonology*, ed. T. L. Face, 29-59. Berlín: Mouton de Gruyter.

Pullum, G. K. y W. A. Ladusaw. 1996. *Phonetic Symbol Guide*. Chicago: The University of Chicago Press.

Quilis, A. 2010. *Principios de fonología y fonética españolas*. Madrid: Arco/Libros.

Quilis, A. y J. A. Fernández. 1979. *Curso de fonética y fonología españolas para estudiantes angloamericanos*. Madrid: Consejo Superior de Investigaciones Científicas (CSIC).

Real Academia Española y Asociación de Academias de la Lengua Española. 2005. *Diccionario panhispánico de dudas*. Madrid: Santillana.

Real Academia Española y Asociación de Academias de la Lengua Española. 2009. *Nueva gramática de la lengua española*, Cap. 22 (Relativos, interrogativos y exclamativos. Sus grupos sintácticos), 405-424. Madrid: Espasa.

Real Academia Española y Asociación de Academias de la Lengua Española. 2010. *Ortografía de la lengua española*. Madrid: Espasa.

Real Academia Española y Asociación de Academias de la Lengua Española. 2011. *Nueva gramática básica de la lengua española*. Madrid: Espasa.

Real Academia Española y Asociación de Academias de la Lengua Española. 2014. *Diccionario de la lengua española*. 23ª ed. Madrid: Espasa.

Resnick M. C. y R. M. Hammond. 2011. *Introducción a la historia de la lengua española*. Washington, DC: Georgetown University Press.

Rogers, H. 2014. *The Sounds of Language: An Introduction to Phonetics*. Nueva York: Routledge.

Sánchez-Reyes Peñamaría, S. y R. Durán Martínez. 2006. *Nuevas perspectivas en la didáctica de la fonética inglesa*. Salamanca: Universidad de Salamanca.

Schwegler, A., J. Kempff y A. Ameal-Guerra. 2010. *Fonética y fonología españolas*. Nueva York: Wiley.

Sosa, J. M. 1999. *La entonación del español: su estructura fónica, variabilidad y dialectología*. Madrid: Cátedra.

Stokes, J. D. 2005. *¡Qué bien suena! Mastering Spanish Phonetics and Phonology*. Nueva York: Houghton Mifflin.

Veciana Gallardo, R. 2004. *La acentuación española: nuevo manual de las normas acentuales*. Santander: Universidad de Cantabria.

# Morfología: la formación de palabras

## Introducción

En este capítulo se analizan los principales componentes que conforman la estructura interna y externa de las palabras. Así, se estudia la morfología léxica o derivativa, que nos permite comprender la formación de palabras, para después adentrarnos en la morfología flexiva, la cual nos indica los cambios de naturaleza gramatical necesarios para establecer la concordancia entre los elementos de la oración. En primer lugar, se explica cómo segmentar las unidades léxicas en morfemas como paso previo para observar los elementos que componen las palabras. Para ello, se presentan los conceptos de raíz y de afijo, la diferencia entre afijos flexivos y derivativos, y se enumeran los principales procesos en la formación de palabras simples, derivadas, compuestas y parasintéticas. A continuación, se revisa la morfología derivativa mediante un repaso de los principales formantes cultos, o prefijos y sufijos de origen griego y latino, y de la sufijación apreciativa en los aumentativos, los diminutivos, los peyorativos y los superlativos. También se analizan otros procedimientos en la formación de palabras como las siglas, los acrónimos, las abreviaturas y los acortamientos, y se detalla información sobre los neologismos y las marcas comerciales como otro de los procedimientos habituales en la creación de léxico. Después se lleva a cabo un breve repaso de los diferentes tipos de palabras, las categorías léxicas o clases abiertas, es decir, aquellas que poseen un significado principalmente referencial, y las categorías funcionales o clases cerradas, que adquieren su significado de manera relacional y cumplen esencialmente una función gramatical. Por último, se presenta la morfología flexiva nominal (género y número) y la morfología flexiva verbal (número, persona, tiempo, modo y aspecto).

## 1. Morfemas: raíces y afijos

En el capítulo anterior vimos que los fonemas son la representación abstracta de los sonidos y que se combinan dando lugar a los **morfemas**, es decir, las unidades mínimas con significado. A su vez, la combinación de estos morfemas da lugar a las palabras. Para analizar los diferentes elementos constituyentes de una unidad léxica o palabra y entender cómo se configuran y se crean en español, nos fijaremos en ejemplos concretos y en su **segmentación morfológica** o división en unidades.

La **raíz**, también llamada *base léxica* o *morfema radical*, es el morfema con significado léxico, mientras que los **afijos** son los elementos añadidos que se adhieren a la raíz, que pueden matizar o cambiar el significado de una palabra y determinar su categoría gramatical. Según la *Nueva gramática básica de la lengua española (NGBLE)* (2011), conviene distinguir entre **base léxica** y **raíz**. Para saber cuál es la raíz de un sustantivo o de un adjetivo que **termina en vocal**, se elimina dicho segmento vocálico final, que suele ser átono en español. Por ejemplo, la palabra *transporte* puede actuar como base léxica y posee el significado esencial de la palabra, es decir, "acción y efecto de transportar", y su raíz, *transport–*, da lugar a distintas palabras que pertenecen a la misma familia léxica, *transport–ación*, *transport–ador*, *transport–ista*, etc. Si la base léxica **termina en consonante**, como ocurre en el sustantivo *sal*, los dos constituyentes —base léxica y raíz— coinciden, tal y como sucede en las palabras *sal–ado*, *sal–ero*, *sal–ino*, etc. Para saber cuál es la raíz de un verbo, hay que eliminar la terminación del infinitivo compuesta por la vocal temática, *–a*, *–e*, *–i*, que indica la conjugación a la que pertenece el verbo, primera (*bailar*), segunda (*comer*) o tercera (*escribir*), respectivamente, y el morfema afijal *–r*, que funciona como marca de infinitivo, *bail–ar* > *bail–o*, *bail–en*; *com–er* > *com–o*, *com–en*; *escrib–ir* > *escrib–o*, *escrib–en*.

Otra manera de identificar la raíz de una palabra consiste en fijarse en la **familia léxica** o conjunto de unidades léxicas que comparten la misma raíz. Así, en las siguientes series de palabras observamos la parte común de los términos que pertenecen a la misma familia léxica.

**Tabla 3.1** Ejemplos de familias léxicas y categorías resultantes

| Categoría | Palabra | Familia léxica | Raíz |
|---|---|---|---|
| sustantivo | *flor* | *flor–es* (sustantivo), *flor–ido* (adjetivo), *flor–ecer* (verbo) | *flor–* |
| adjetivo | *verde* | *verd–or* (sustantivo), *verd–ísimo* (adjetivo), *verd–ear* (verbo) | *verd–* |
| verbo | *salir* | *sal–ida* (sustantivo), *sal–iente* (adjetivo), *sal–ió* (verbo) | *sal–* |

La raíz o morfema radical de estas palabras corresponde a la parte común que se combina de manera recurrente con todos los afijos. Esta **recurrencia** es la que nos permite identificar la raíz en *flor–*, *verd–* y *sal–*. Si desconocemos otros términos de la familia léxica, podemos pensar en cómo actúan los afijos apreciativos en una palabra, como los aumentativos, que principalmente denotan tamaño grande, *cas–ona*; los diminutivos, que además de indicar tamaño pequeño pueden transmitir significados de carácter afectivo, *cas–ita*, y los peyorativos, que expresan un sentido despectivo, *cas–ucha*. Como se deduce de estos ejemplos, al añadir los afijos, la terminación de la palabra cambia y se puede apreciar la raíz con mayor claridad.

Algunas palabras, tanto categorías léxicas plenas, *azul, calle, pan, sal*, como propiamente gramaticales o funcionales, *cuando, le, sin*, se denominan **palabras monomorfemáticas** porque constan de un único elemento o **morfema libre**. Estas palabras poseen autonomía morfológica propia, se pronuncian de manera independiente y no se pueden descomponer en otros morfemas o unidades mínimas. A las muchas palabras que en la lengua contienen más de un morfema se las denomina **palabras polimorfemáticas** porque podemos identificar al menos dos partes principales. Por ejemplo, en la segmentación morfológica del sustantivo *chico*, vemos que la raíz *chic–* es la unidad mínima que expresa el significado esencial o conceptual de la palabra, que aquí significa "niño o adolescente", y el morfema *–o* indica género masculino. Nótese el contraste entre los siguientes ejemplos.

| Palabra monomorfemática | Palabra polimorfemática |
|---|---|
| azul →      **azul** | chico →      **chic**     –     **o** |
| *raíz* | *raíz*        *afijo masc.* |
| ←——— *morfema libre* ———→ | ←— *morfema radical* —→ ←— *morfema ligado* —→ |

Al comparar estas dos palabras, *azul* y *chic–o*, con otras de la misma familia léxica, *azul–ad–o–s*, *chic–a–s*, observamos que se pueden segmentar en diferentes constituyentes que nos proporcionan información sobre su estructura. Como anticipábamos en la palabra *chic–o*, los afijos son siempre **morfemas ligados** o **trabados**, ya que no poseen autonomía propia, sino que necesitan ir unidos a otros elementos para poder crear una unidad autónoma o palabra. A todos estos morfemas ligados los llamamos **afijos** de manera genérica, ya que necesitan ir fijados o adheridos a la raíz, o a otros afijos, para realizar su función y contribuir en su conjunto al significado de la unidad léxica. En los siguientes ejemplos se puede observar cómo se combinan diferentes morfemas en una misma palabra.

| Palabras polimorfemáticas con morfemas libres y ligados | | | | | | | |
|---|---|---|---|---|---|---|---|
| azulados →   **azul**   –   **ad**   –   **o**   –   **s** | | | | chicas →   **chic**   –   **a**   –   **s** | | | |
| *raíz*    *afijo adj.*   *afijo masc.*   *afijo nº* | | | | *raíz*     *afijo fem.*   *afijo nº* | | | |
| ←— *morfema libre* —→ ←——— *morfemas ligados* ———→ | | | | ←— *morfema radical* —→ ←——— *morfemas ligados* ———→ | | | |

Las palabras polimorfemáticas *azul–ad–o–s* y *chic–a–s* contienen cuatro y tres morfemas respectivamente, y estos afijos nos indican género, *–o*, *–a*, y número, *–s*. La palabra *azulados* contiene además el sufijo adjetival *–ad–*, el cual le proporciona a la unidad léxica la categoría de adjetivo o de participio verbal, *azular > azul–ad–o*.

Por último, debemos distinguir también entre morfemas léxicos y morfemas gramaticales. Los **morfemas léxicos** transparentan, o dejan ver, el contenido léxico en sustantivos, *pastel > pastel–ería*; adjetivos, *verde > verd–oso*; verbos; *salir > sal–ida*; y adverbios, *rápida*

> *rápida–mente*. Los **morfemas gramaticales**, en cambio, son elementos funcionales sin contenido léxico propiamente dicho, que adquieren su significado como elementos relacionantes, es decir: los artículos, *el*, *la*, etc.; los pronombres, *él*, *mi*, *ti*, etc.; las preposiciones, *a*, *con*, *de*, etc.; las conjunciones, *ni*, *pero*, *y*, etc. En raras ocasiones algunos morfemas gramaticales pueden dar lugar a palabras derivadas, por ejemplo, *laísmo*, *leísmo* o *queísmo*.

Como hemos visto, la noción de morfema que se desprende de la segmentación morfológica constituye el primer paso para comprender cómo se forman las palabras. En el siguiente apartado nos fijaremos en cómo se clasifican los diferentes tipos de afijos, así como en el orden secuencial de estos elementos dentro de la palabra.

---

**Actividad 1. Responde a las siguientes preguntas para familiarizarte con algunos conceptos fundamentales sobre morfología.**

1. Explica la diferencia entre la *raíz* y los *afijos* que aparecen en una palabra.
2. ¿Qué es la *familia léxica* de una palabra y qué indica en relación con la lengua? ¿Para qué se puede utilizar desde el punto de vista del análisis morfológico?
3. Explica en qué se distingue una *palabra monomorfemática* de una *palabra polimorfemática*.
4. ¿Por qué los *afijos* son *morfemas ligados* o *trabados*? ¿Qué contenido léxico transparentan los afijos *–or* e *–ista* en las palabras *transportador* y *transportista*?
5. Explica la diferencia entre los *morfemas léxicos* y los *morfemas gramaticales*.

---

**Actividad 2. Segmenta las siguientes palabras en morfemas. Identifica su raíz y determina el número de afijos de los que constan.**

Modelo: *perr–o*      *cristal–er–o*
       raíz afijo    raíz afijo afijo

1. amarillo      2. gato       3. regional      4. útiles
5. blanco        6. mesero     7. histórico     8. pastelería

❯ **Ahora enumera cinco morfemas léxicos libres y cinco morfemas gramaticales.**

Modelo: Morfema léxico → *sol*
       Morfema gramatical → *sin*

---

## 1.1. Tipos de afijos: prefijos, interfijos y sufijos

Como hemos explicado, los **afijos** son las unidades mínimas o morfemas que se añaden a la raíz o base léxica de una palabra. Son morfemas ligados y, según el lugar de la palabra en el que se sitúan, se dividen en prefijos, interfijos y sufijos. Los **prefijos** son los afijos que preceden a la raíz, *bi–color*; los **interfijos** se ubican en el interior de la palabra y unen la raíz con un prefijo, *en–s–alzar*, o con un sufijo, *red–ec–illa*; y los **sufijos** son los afijos que siguen directamente a la raíz, *helad–ería*, o que van colocados después de los interfijos en caso de que los haya, *peg–aj–oso*.

Los **prefijos** tienen significado inherente, es decir, la presencia de un prefijo ante una raíz incide sobre el significado de la palabra, tal y como se puede apreciar en *cocinado* > ***pre–*** *cocinado*; *alojar* > ***des–****alojar*; *posible* > ***im–****posible*.

Los **interfijos**, término acuñado por el lingüista Yakov Malkiel (1958), y también conocidos como **infijos** o **eslabones**, no suelen poseer contenido semántico en español y, por esta razón, pueden ser más difíciles de detectar (Dressler 1985, 330). En el caso del español, estos afijos —que pueden constar de elementos vocálicos y consonánticos— se ubican con frecuencia entre la raíz y un sufijo, *barr–end–ero*, *bombon–c–ito*, *fort–ach–ón*, *gas–e–oso*, *pan–ec–illo*, *polv–ar–eda*, y a veces, aunque con menor frecuencia, también pueden ir situados entre un prefijo y la raíz, *en–s–anchar*. El interfijo suele cumplir una **función morfofonémica**, es decir, relaciona los morfemas en el interior de la palabra para facilitar la pronunciación. Por ejemplo, en la palabra *bombon–c–ito* la ausencia del interfijo *–c–* produciría una palabra como *bombonito*, lo cual podría crear cierta ambigüedad semántica y poca concreción con respecto a *bombón*, la palabra original de la que deriva. También se pueden establecer analogías entre los interfijos que se han constituido en palabras similares en su composición fonética o silábica, por ejemplo, *fuent–ec–illa* o *puent–ec–illo*. Así, la propia estructura fonológica de la palabra es una de las causas que determina la aparición de este tipo de afijo. No obstante, no todas las palabras tienen interfijos, sino que los afijos inmediatamente después de la raíz pueden ser simplemente otros sufijos, como vimos antes con *azul–ad–o–s*, donde aparece el sufijo adjetival *–ad–* seguido por el sufijo *–o–*, que indica género, y *–s*, número.

Los **sufijos** añaden matices semánticos sobre el significado primario de una palabra, ya sean de carácter nocional o más bien de carácter apreciativo, *chico > chiqu–illo*, o lo modifican por completo, por ejemplo, cuando un término se ha lexicalizado o constituido con un significado distinto, *cama* "mueble destinado a que las personas se acuesten en él" *> cam–illa* "cama estrecha y portátil para transportar a enfermos o heridos". Además, como hemos mencionado, los sufijos pueden determinar la categoría gramatical de una palabra. Por ejemplo, el **sufijo nominal** *–dad* añade a la palabra la categoría de sustantivo, *generosi–dad*, y nos proporciona además la información sobre su género, dado que todos los sustantivos que poseen este sufijo son femeninos, *la generosidad, la igualdad, la universidad*, etc., y el **sufijo adjetival** *–oso, –osa* transforma la palabra en un adjetivo, *gener–oso, gener–osa*. Más adelante veremos de manera detallada los principales tipos de sufijos que existen en español.

---

**Actividad 3. Señala en mayúsculas dónde se ubica el interfijo en las siguientes palabras. Ten en cuenta su función morfofonémica.**

Modelo: *cafecito* → *cafe–cito* → *cafe – C – ito*
                                 *raíz interfijo sufijo*

1. suave–cito      2. coco–tero      3. polvo–rín      4. gas–eoso
5. vertig–inoso    6. pan–ecillo     7. pic–ajoso     8. bes–ucón

❯ Si comparamos *rosaleda* y *panadero*, ¿cuál de las palabras no contiene un interfijo? ¿Qué hay en su lugar? Presta atención a la estructura y al significado de cada una de ellas.

a) rosal > rosaleda
b) pan > panadero

## 1.2. Morfemas flexivos y morfemas derivativos

Comprender la diferencia entre los morfemas flexivos y los morfemas derivativos resulta imprescindible para apreciar cómo contribuyen los diferentes afijos a la formación de palabras. Los **morfemas flexivos** son afijos que no cambian el significado de una palabra, es decir, no crean palabras a partir de otras, sino que contribuyen a formar su **paradigma** o conjunto de formas flexivas o accidentes gramaticales, por ejemplo, *blanco, blanca, blancos, blancas* o *canté, cantaste, cantó, cantamos, cantasteis, cantaron*. Por lo tanto, los morfemas flexivos nos proporcionan información sobre las nociones de género y número, en los sustantivos, adjetivos, determinantes y pronombres, e información de número, persona, tiempo, modo y aspecto en los verbos. En la siguiente tabla incluimos algunos ejemplos en los que se puede apreciar la información que proporcionan los morfemas flexivos en algunas de estas categorías gramaticales.

| Palabras con morfemas flexivos | |
|---|---|
| (S) chicos → **chic** – **o** – **s** <br> *raíz género número* | (S) soles → **sol** – **es** <br> *raíz número* |
| (Adj.) bueno → **buen** – **o** <br> *raíz género* | (Adj.) buenas → **buen** – **a** – **s** <br> *raíz género número* |
| (Pron.) mío → **mí** – **o** <br> *raíz género* | (Pron.) mías → **mí** – **a** – **s** <br> *raíz género número* |
| (V) canté → **cant** – **é** <br> *raíz 1ª, sing., pret. indef.* | (V) cantó → **cant** – **ó** <br> *raíz 3ª, sing., pret. indef.* |

En cambio, los **morfemas derivativos** inciden de algún modo en el significado de la palabra y, en muchos casos, cambian también su categoría gramatical. Esto se puede observar en los ejemplos que aparecen a continuación.

| Morfemas flexivos | Morfemas derivativos |
|---|---|
| (Adj.) amarillo → **amarill** – **o** <br> *raíz género* | (Adj.) amarillento → **amarill** – **ent** – **o** <br> *raíz afijo derivativo género* |
| (Adj.) sensato → **sensat** – **o** <br> *raíz género* | (S) sensatez → **sensat** – **ez** <br> *raíz afijo derivativo* |

En el ejemplo anterior observamos el contraste entre los adjetivos *amarill–o* y *amarill–ent–o*, dado que el afijo derivativo *–ent–* modifica el significado del adjetivo. Cuando decimos que algo es *amarillento*, no indicamos solamente que "es amarillo", sino que el color "tira a amarillo, se asemeja o posee esta cualidad", por lo que el afijo derivativo *–ent–* incide en el significado de la palabra. Sin embargo, ambos son adjetivos, por lo que la categoría de la palabra derivada es la misma. Por otro lado, si contrastamos las palabras *sensato* y *sensatez*, vemos que el cambio de significado va también acompañado de un cambio en la categoría gramatical: mientras que *sensat–o* es un adjetivo, *sensat–ez* es un sustantivo.

En conclusión, cuando varias palabras se distinguen entre sí por un **morfema flexivo**, la representación mental que se produce suele corresponder a un significado similar que, por ejemplo, en el caso de los sustantivos, varía en género, *chico, chica*, y en número, *chicos, chicas*. Como el masculino es también en español el **género no marcado** o inclusivo, este morfema de género masculino se puede utilizar igualmente para hacer referencia a un grupo de personas que incluye a ambos sexos.

**Figura 3.1** Palabras con morfemas flexivos

Si lo que varía entre dos o más palabras es, en cambio, un **morfema derivativo**, la representación mental que cada una de ellas produce, aunque esté relacionada semánticamente, puede corresponder a conceptos distintos entre sí, como en las palabras *flor, florero* y *floristería*, tal y como queda reflejado en las siguientes imágenes.

**Figura 3.2** Palabras con morfemas derivativos

Los ejemplos analizados muestran que los afijos flexivos y los afijos derivativos se pueden combinar en una misma palabra. Sin embargo, cuando ambos aparecen en una misma palabra se establece un **orden secuencial** específico, esto es, los morfemas derivativos van primero y los flexivos se sitúan después. Así, en las palabras *florero* y *floreros*, los sufijos derivativos preceden a los flexivos.

| Orden secuencial de los morfemas | |
|---|---|
| florero → **flor** – **er** – **o**<br>    *raíz  derivativo  flexivo* | floreros → **flor** – **er** – **o** – **s**<br>    *raíz  derivativo  flexivo  flexivo* |

Los adverbios terminados en –*mente* constituyen la excepción a esta regla porque en su formación se toma la forma femenina del adjetivo, que ya contiene el morfema flexivo de género –*a*, y se le añade a continuación el afijo derivativo –*mente*. Si el adjetivo posee acento ortográfico, el adverbio terminado en –*mente* lo conserva igualmente, tal y como se aprecia en *rápida > rápidamente*.

| Morfema adverbial | | | |
|---|---|---|---|
| maravillosa → **maravillos** | **a** | **mente** | |
| *raíz* | *flexivo* | *derivativo* | |
| rápida → **rápid** | **a** | **mente** | |
| *raíz* | *flexivo* | *derivativo* | |

La siguiente tabla resume los principales tipos de morfemas que hemos visto hasta ahora.

**Tabla 3.2** Tipos de morfemas

| Morfemas | libres | léxicos | *camión–, flor–, luz–, mar–, reloj–, sal–*, etc. |
|---|---|---|---|
| | | gramaticales | *con, el, ni, tu,* etc. |
| | ligados | afijos flexivos | *–a, –o, –s, –es*, etc. |
| | | afijos derivativos | *–ad–, –aje, –dad, –mente, –umbre*, etc. |

Por un lado, la noción de *morfema* y su división en *morfemas libres*, como *morfemas libres léxicos*, que transparentan contenido léxico, o como *morfemas libres gramaticales*, que adquieren su significado como elementos relacionantes. Por otro, los *morfemas ligados* como *afijos flexivos*, que contribuyen a crear el paradigma de una palabra a partir de sus diferentes accidentes gramaticales, o como *afijos derivativos*, que, mediante el mantenimiento de la misma raíz, conforman la familia léxica de una palabra.

---

**Actividad 4. Completa la tabla con los nombres de los siguientes colores derivados. Ayúdate de los ejemplos que poseen las mismas terminaciones.**

| –ÁCEO | –UZCO | –IZO | –ECINO | –ENTO | –ADO | –OSO |
|---|---|---|---|---|---|---|
| violeta | | | | | azul | |
| gris | blanco | | | | rosa | |
| rosa | negro | rojo | blanco | amarillo | naranja | verde |
| | | | | | | |
| *violáceo* | | | | | | |
| | *negruzco* | | | | *rosado* | |
| | | | | | | |

❯ Explica qué cambios hiciste hasta llegar al color derivado. ¿Ha sido necesario modificar alguna raíz o base léxica en algún caso?

❯ ¿Qué se puede comentar sobre la morfología del género en algunos colores en español al contrastar *rosa – rosado*? Piensa en cómo los combinarías con sustantivos de ambos géneros.

❯ ¿Qué mecanismo se utiliza en inglés para construir los colores derivados en la lengua? ¿Se trata de un procedimiento más o menos regular que el del español?

**Actividad 5. Segmenta las siguientes palabras en la raíz y sus afijos. Indica si los afijos son flexivos o derivativos.**

| Modelo: *literarios* | liter– | –ari– | –o | –s |
|---|---|---|---|---|
| | *raíz* | *afijo derivativo* | *afijo flexivo* | *afijo flexivo* |

1. regional
2. prehistórico
3. taxista
4. cantante
5. hermanastro
6. cristalería
7. desigualdades
8. felicísimo
9. elefante
10. velocidad
11. perales
12. tenso
13. indiscutible
14. señorita
15. azúcar
16. peligrosa
17. comprado
18. pinares

**Actividad 6. Escribe al menos tres términos de la familia léxica de cada una de las siguientes palabras.**

Modelo: *mar* → *marino, marinero, marítimo*

| 1. sol | |
|---|---|
| 2. carta | |
| 3. fruta | |
| 4. libro | |

❯ Consulta los siguientes corpus de lengua y determina cuál de las palabras de la familia léxica aparece registrada más veces. Luego ordénalas e intenta explicar por qué.

🔍 Corpus del Español del Siglo XXI (CORPES XII). http://web.frl.es/CORPES/.
🔍 Corpus de Referencia del Español Actual (CREA). http://corpus.rae.es/creanet.html.

**Actividad 7. Identifica los afijos derivativos que aparecen en las siguientes palabras. Después, con la ayuda de un diccionario, explica cómo inciden en su significado.**

| pan | mar | casa | caballo |
|---|---|---|---|
| panadería | mareo | caserío | caballero |
| panecillo | marisco | casucha | caballete |

Puedes consultar los siguientes recursos:

🔍 *Diccionario de la lengua española*: http://dle.rae.es/.
🔍 *Diccionario de americanismos*: http://lema.rae.es/damer/.

❯ ¿Cuáles de estos significados corresponden a los afijos de las palabras anteriores?

| pequeño | despectivo | profesión | pertenencia |
|---|---|---|---|
| –illo | | | |
| acción | conjunto | pequeño | lugar |
| | | | |

❯ Compara las definiciones de las palabras en los dos diccionarios. ¿En cuáles de ellas se observan diferencias dialectales por su significado?

### 1.3. Morfemas y alomorfos

En el capítulo anterior aprendimos la diferencia entre un fonema y un sonido o alófono. Definimos **fonema** como la representación abstracta de un sonido y el **alófono** como cada una de las realizaciones de un determinado fonema. En morfología sucede algo similar, ya que un mismo morfema puede poseer varias formas, por lo que se denomina **alomorfo** a cada una de las realizaciones o variantes de un mismo morfema. He aquí algunos ejemplos de alomorfos que se pueden observar en las raíces de los verbos irregulares, en los prefijos de los adjetivos y en las raíces de los sustantivos.

| raíces de verbos irregulares | | |
|---|---|---|
| duerm–o | durm–ió | dorm–iré |
| huel–o | ol–ió | |
| **prefijos de los adjetivos** | | |
| in–humano | im–posible | i–legal |
| **raíces de sustantivos** | | |
| lacrim–oso | lagrim–al | |

Como se puede apreciar en los ejemplos, las raíces de algunos verbos adoptan diferentes formas en función de la persona o tiempo en el que se conjugan. Así, vemos que el verbo *dormir* tiene tres alomorfos o formas distintas, *duerm–*, *durm–* y *dorm–*, mientras que *oler* posee dos, *huel–* y *ol–*. La alomorfia también se da en el prefijo de origen latino *in–*, que significa "privación" o "negación", y que puede aparecer con sus correspondientes variantes; como *i–* si va seguido de "l" o "r", *i–lógico*, *i–rreal*; como *im–* antes de "b" o "p", *im–borrable*, *im–probable*, y como *in–* en otro tipo de contextos, *in–negable*, *in–humano*.

Las razones por las que aparecen los alomorfos son diversas. Una palabra puede poseer un alomorfo en su evolución etimológica como variante culta, LACRIMŌSUS > *lacrim–oso*, o en relación con su evolución como variante popular, LACRĬMA > *lagrim–al*. También la posición de los afijos en la palabra puede dar lugar a que se produzcan casos de alomorfia. Por ejemplo, en las palabras *fia–ble* y *fia–bil–idad*, el afijo tiene dos alomorfos o formas distintas, *–ble* y *–bil–*, debido a su posición en la palabra. Por último, el número de sílabas de las que consta una palabra y su terminación puede ser igualmente un condicionante en la existencia de alomorfos. Según Varela Ortega (2009, 24) esto es lo que sucede, por ejemplo, con los alomorfos *–edad* e *–idad*, dado que los adjetivos de dos sílabas que terminan en vocal suelen tomar el alomorfo *–edad*, como en *su–cio* > *suci–edad*, mientras que los bisílabos que terminan en consonante, y los de más de dos sílabas, suelen añadir el sufijo *–idad*, como en *há–bil* > *habil–idad*; *có–mo–do* > *comod–idad*; y *lu–mi–no–so* > *luminos–idad*. Podemos decir, por lo tanto, que aunque el contexto fónico tiende a ser uno de los factores predominantes que determinan en gran medida los casos de alomorfia, no es esta la única razón por la que un mismo morfema puede adoptar formas distintas (véase Varela Ortega 2009, 23-26).

---

**Actividad 8. Identifica tres morfemas léxicos o tres raíces con alomorfos distintos. Solo uno de los ejemplos puede ser un verbo.**

Modelo: *tierr* – a          *terr*– estre

❷ Teniendo en cuenta el concepto de alomorfia, ¿puedes deducir cuáles son los alomorfos del plural en español, a partir de las palabras *casas*, *ingleses* y *rascacielos*?

## 2. La formación de palabras

En la formación de palabras intervienen procesos morfológicos de diversa índole que se pueden sistematizar de manera general. Sin embargo, no resulta posible añadir cualquier elemento a una palabra, sino que existen características concretas relacionadas con su formación como, por ejemplo, el número de raíces que se combinan entre sí o el tipo de afijos flexivos o derivativos que se añaden a la raíz o base léxica. Así, encontramos en español dos mecanismos principales que dan lugar a la creación de palabras: la derivación y la composición. La **derivación** es el proceso más productivo en la lengua, y consiste en la adición de diferentes afijos a una raíz como, por ejemplo, *sal > salado, salino, saladar, saladero, salador, salero*, etc. Como vemos, en este proceso no solamente varía el significado de la palabra, sino que también puede cambiar la categoría gramatical. La **composición** es igualmente un proceso bastante productivo en la lengua, y se define como la combinación o unión de al menos dos raíces que a su vez pueden contener otros afijos, como en *compraventa, ítalo-argentino, sofá cama*, etc.

Podemos clasificar las palabras en cuatro grandes grupos según el proceso de formación que las caracteriza: simples, derivadas, compuestas y parasintéticas. Ahora analizaremos ejemplos de cada uno de estos grupos para comprender los patrones más comunes en su formación.

### 2.1. Palabras simples

Las **palabras simples** son aquellas que están formadas por una sola raíz. Se denominan **palabras primitivas** cuando la raíz coincide con la palabra completa, *calle, pan, sal*. Así, en la derivación de estas palabras la base léxica corresponde a toda la palabra, *calle–jón, pan–adero, sal–ero*. Cuando la palabra simple se encuentra formada por la raíz + morfemas flexivos hablamos de **palabras flexionadas**, *chico, chica, gatos, gatas, comían*. Aquí la raíz no existe de manera independiente, *chic–, gat–, com–*, sino que siempre aparece unida o ligada a otros morfemas. Los morfemas flexivos añaden los significados de género, número, persona, tiempo, modo y aspecto, y se sitúan al final de la palabra. En un sustantivo, *–o* y *–a* indican género masculino y femenino respectivamente, *chico, chica*, y *–s*, en palabras como *gatos, gatas* corresponde al morfema de plural. En el caso de la forma verbal, *com–í–an, com–* es la raíz, *–í–* es la vocal temática, *–a–*, aporta el tiempo, modo y aspecto, y *–n* corresponde al número y a la persona. Como se desprende de los ejemplos presentados, la flexión no incide sobre el contenido semántico primario de la palabra ni tampoco contribuye a crear nuevas unidades léxicas en la lengua.

### 2.2. Palabras derivadas

Las **palabras derivadas** proceden de otras unidades léxicas y constan de la raíz y de al menos un morfema derivativo, *cristalería, marino* y *florecer*. Los afijos flexivos también suelen estar presentes en las palabras derivadas. Como hemos visto, los afijos derivativos son los que dan lugar a la familia léxica de una palabra.

El derivado *cristalería* está formado por la raíz *cristal–* y el sufijo nominal *–ería*, que aporta los significados de "lugar o establecimiento" y de "conjunto o colectividad". Por ello, una *cristalería* es tanto "donde se fabrican o se venden objetos de cristal" como "los diferentes componentes de cristal que forman parte de una vajilla y que se utilizan para beber". En este caso el afijo derivativo no cambia la categoría gramatical de la palabra, *cristal* (S) > *cristalería* (S), pero sí que varía su significado. Otras palabras de esta familia son *cristalera, cristalino, cristalizable, cristalización, cristalizar, cristaloide*, etc.

El adjetivo *mar–in–o* está compuesto por la raíz *mar–* y el sufijo adjetival *–in–*, que aporta el significado de "origen o relativo a algo", es decir, "que se origina o que está relacionado con el mar". Aquí, además, el afijo derivativo transforma el sustantivo del que procede en un adjetivo, *mar* (S) > *marino* (Adj.), y el afijo flexivo *–o* indica género masculino. Otros derivados de la misma familia son *marinaje, marinar, marinero, marisco*, etc.

Por último, el verbo *florecer* consta de la raíz *flor–* y del sufijo verbal *–ec(er)*, compuesto por el afijo derivativo *–ec–*, la vocal temática *–e*, y la marca de infinito *–r*, que en su conjunto transforman el sustantivo en un verbo, *flor* (S) > *florecer* (V). Tal y como explicaremos más adelante, cuando hagamos referencia al valor aspectual de los verbos, el afijo *–ecer* le aporta al verbo en muchos casos un matiz incoativo o de "comienzo de acción". De ahí que el verbo *florecer* signifique "que comienza a dar flor". Otras palabras de la misma familia son *flora, floración, florada, floral, florero, florido, floristería*, etc.

Como vemos, existen vocablos que han dado lugar a un gran número de palabras derivadas en la lengua, lo cual puede deberse a su uso o a la necesidad de hacer referencia a realidades extralingüísticas concretas.

---

**Actividad 9. Fíjate en la siguiente familia léxica de palabras. ¿A qué categorías gramaticales pertenece cada una de las palabras? En algunos casos existe más de una posibilidad.**

   Modelo: *sal > salado, salino, saladar, saladero, salador, salero.*

❷ **Teniendo en cuenta la actividad anterior, ¿crees que un mismo afijo puede dar lugar a un sustantivo y a un adjetivo? Justifica tu respuesta.**

---

### 2.3. Palabras compuestas

Las **palabras compuestas** constan de al menos dos raíces. En su composición pueden aparecer también afijos flexivos o derivativos por si es necesario establecer relaciones de concordancia entre los elementos de la oración. Son palabras compuestas, por ejemplo, *girasol* y *boquiabierto*. En *girasol* las raíces son *gir–* y *–sol*. La *–a–* es la vocal temática de la primera conjugación que pertenece al verbo *girar*. Como segmento vocálico sirve para unir los elementos constituyentes de la palabra y nos proporciona además la información sobre la conjugación a la que pertenece un verbo. Nos ocuparemos de la función de la vocal temática más adelante, al revisar la morfología flexiva verbal.

Las raíces presentes en *boquiabierto* son *boqu–* y *–abiert–*. La *–i–* es un afijo que cumple una función morfofonémica, es decir, su misión consiste en unir las dos raíces en el interior de la palabra a modo de segmento de apoyo que facilita la pronunciación, y *–o* es el afijo flexivo que indica género masculino. Debido a la variedad de categorías gramaticales que existen en la lengua, se pueden producir diferentes combinaciones que a su vez dan lugar a otras categorías. He aquí algunos ejemplos de palabras compuestas.

| Categorías en origen | | Categoría resultante |
|---|---|---|
| S (*niño*) + S (*prodigio*) | → | S (*niño prodigio*) |
| Adj. (*rojo*) + S (*pasión*) | → | Adj. (*rojo pasión*) |
| V (*sacar*) + S (*corcho*) | → | S (*sacacorchos*) |
| Adv. (*mal*) + V (*comer*) | → | V (*malcomer*) |
| Prep. (*sobre*) + S (*mesa*) | → | S (*sobremesa*) |

Si tomamos como ejemplo los elementos que componen la palabra *sacacorchos*, V (*sacar*) + S (*corcho*), podemos apreciar la representación mental que corresponde a esta combinación en la siguiente imagen.

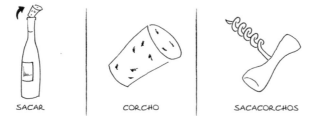

**Figura 3.3** Esquema compositivo común

El elemento resultante se establece al relacionar la acción del verbo en origen, *sacar*, y el sustantivo, *corcho*, los cuales, en su conjunto, crean un nuevo sustantivo, *sacacorchos*, que pone de manifiesto una utilidad o función concreta y que sigue el mismo esquema compositivo con la forma plural del sustantivo que muchas otras palabras en la lengua, *el abrecartas, el cascanueces, el guardabarros, el montacargas, el paracaídas, el quitamanchas*, etc. (véase Muñoz-Basols, David y Núñez Piñeiro 2010, 29-30). La lógica compositiva de las dos palabras produce, por lo tanto, una unidad léxica distinta que se corresponde igualmente con una nueva representación mental de la realidad extralingüística. Sin embargo, el proceso de composición en la formación de palabras también puede ser más complejo. En la siguiente imagen vemos otro ejemplo de una palabra compuesta pero, a diferencia de la anterior, aquí se relaciona un mayor número de categorías gramaticales diferentes entre sí, *correveidile* > V (*corre*) + V (*ve*) + Conj. (*i* → *y*) + V (*di*) + Pron. (*le*). Aquí, la –*i*– es en realidad la conjunción –*y*–, que aparece así escrita en consonancia con las convenciones ortográficas de la lengua.

**Figura 3.4** Esquema compositivo poco común

Las imágenes muestran cuáles podrían ser las representaciones mentales equivalentes que han podido contribuir a la lógica compositiva de este sustantivo. En contraste con *sacacorchos*, en que se emplea la palabra compuesta para designar un objeto concreto, aquí se trata de una unidad léxica cuyo significado conecta más con lo conceptual. Según el *DRAE* (2014, 646), un *correveidile* es una "persona que lleva y trae cuentos y chismes".

Como se puede apreciar, las palabras compuestas constan de dos o más raíces. No todas las combinaciones posibles tienen el mismo índice de frecuencia en la lengua, sino que algunas categorías gramaticales son más productivas que otras. La siguiente tabla muestra los principales esquemas compositivos del español ordenados según la categoría del primer elemento de la composición.

**Tabla 3.3** Principales esquemas compositivos en la formación de palabras

| Categoría del primer elemento | Esquema compositivo y categoría resultante | Ejemplos |
|---|---|---|
| Sustantivo | S + S = S | arcoíris (el), escuela-taller (la), ferrocarril (el), motosierra (la), niño prodigio (el) |
| | S + Adj. = S | aguamarina (la), tiovivo (el) |
| | S + Adj. = Adj. | barbiluengo, boquiabierto, patidifuso |
| | S + V = V | maniobrar |
| Adjetivo | Adj.+ S = Adj. | bajamar, rojo pasión |
| | Adj. + Adj. = Adj. | sordomudo, verdiazul, anglohablante, ítalo-argentino, sociolingüístico |
| Verbo | V + S = S | matasuegras (el), tirachinas (el) |
| | V + Adj. = S | abrefácil (el) |
| | V + Adv. = S | catalejo (el) |
| | V + V = S | quitaipón (el) |
| Adverbio | Adv. + S = S | bienestar (el), malhechor (el) |
| | Adv. + Adj. = S | siempreviva (la), siempretieso (el) |
| | Adv. + Adj. = Adj. | bienmandado, biempensante, malacostumbrado |
| | Adv. + V = V | malcomer, bienquerer |
| Preposición | Prep. + S = S | sinsabor (el), sobremesa (la), sobresueldo (el) |
| | Prep. + Adj. = Adj. | sobrehumano |
| | Prep. + V = V | contraatacar |

A grandes rasgos, las combinaciones compositivas más frecuentes en español son las que se componen de V + S = S (*matamoscas*), seguida de S + S = S (*bocacalle*). Después, encontramos esquemas compositivos como S + Adj. = S (*aguamarina*), S + Adj. = Adj. (*boquiabierto*), o Adj. + Adj. = Adj. (*verdiazul*, *ítalo-argentino*, *sociolingüístico*), con los que se pueden formar numerosas variantes, ya que describen colores, nacionalidad, origen, etc. Por el contrario, algunas de las combinaciones menos frecuentes son V + Adj. = S (*abrefácil*) o V + Adv. = S (*catalejo*). La categoría resultante más común del proceso compositivo es la de sustantivo, porque se trata del elemento en torno al que gira el significado esencial de la oración.

A estos esquemas de palabras compuestas hay que añadir además, como se explica en el apartado sobre las diferentes categorías gramaticales del español, la combinación de elementos que originan locuciones con varias categorías, pero que funcionan como una unidad en cuanto a su función y significado. Este es el caso, por ejemplo, de las locuciones adverbiales, Prep. (*de*) + Adj. (*nuevo*) > *de nuevo*; de las preposicionales, Prep. (*por*) + Adv. (*debajo*) + Prep. (*de*) > *por debajo de*; y de las conjuntivas, Prep. (*sin*) + S (*embargo*) > *sin embargo*. Puede suceder igualmente que una locución aparezca como un elemento **pluri-verbal**, es decir, compuesto de varias palabras separadas, y que con el paso del tiempo se constituya ortográficamente como un único término o elemento **univerbal**. Esto es lo que ha sucedido, por ejemplo, con algunas locuciones nominales con el esquema Prep. + S, como *sinigual*, *simpapeles* o *sintecho*, que la *Ortografía de la lengua española* (2010, 540-542) recomienda escribir como un único término debido a su pronunciación y uso.

Como se desprende de los ejemplos analizados, cuanto mayor sea la complejidad del esquema compositivo de una palabra, menor será su frecuencia combinatoria en la lengua.

---

**Actividad 10. Completa la tabla a partir de las categorías gramaticales de cada palabra e indica además la categoría resultante. Hay dos para cada tipo.**

> quienquiera • bienvenido • pelirrojo • mapamundi • abrelatas • medianoche
> correveidile • hispanohablante • boquiabierto • malentendido • ~~arcoíris~~
> quehacer • altibajo • girasol • quitaipón • iberoamericano

| Esquema compositivo | Palabras | | Categoría resultante |
|---|---|---|---|
| 1. S + S | *arcoíris* | | *sustantivo* |
| 2. S + Adj. | | | |
| 3. Adj. + S | | | |
| 4. V + S | | | |
| 5. Adj. + Adj. | | | |
| 6. Adv. + Adj. | | | |
| 7. V + V | | | |
| 8. Pron. + V. | | | |

---

**Actividad 11.  Ahora completa las letras que faltan en las siguientes palabras e indica su esquema compositivo.**

| Palabra | Esquema compositivo |
|---|---|
| *m **a** lsan **o*** | *adverbio + adjetivo* |
| m _ lh _ mor | |
| bal _ nc _ st _ | |
| vaiv _ n | |
| _ gr _ dulc _ | |
| c _ alqui _ r | |
| s _ c _ punt _ s | |
| p _ ntiag _ d _ | |

❷ Algunos sustantivos compuestos poseen significados menos aparentes. Busca las siguientes palabras en un diccionario. ¿Se te ocurre alguna explicación que haya podido conducir a su formación?

1. el pasamontañas
2. el/la cazatalentos
3. el matasuegras o espantasuegras
4. el/la cantamañanas

Puedes consultar el siguiente recurso:

✑ *Diccionario de la lengua española*: http://dle.rae.es/.

❯ **Compara las palabras con los términos equivalentes en inglés. ¿Qué diferencias observas?**

Puedes consultar el siguiente recurso:

✑ *Diccionario español-inglés*: http://www.spanishdict.com/.

### 2.4. Palabras parasintéticas

Las **palabras parasintéticas** proceden de la mezcla, bien de los procesos de composición y sufijación, bien de los procesos de prefijación y sufijación. Por un lado, encontramos palabras **compuestas parasintéticas** con el esquema compositivo raíz + raíz + sufijo → *siete–mes–ino*. A diferencia de las palabras puramente compuestas, no resulta posible encontrar en la lengua la composición de las dos raíces de las palabras parasintéticas, *\*sietemes*, por lo que siempre deben funcionar como una totalidad, *sietemesino*.

Por otro lado, las palabras **derivadas parasintéticas** son el resultado de la unión de la raíz con un prefijo y un sufijo y, por tanto, tienen el esquema compositivo: prefijo + raíz + sufijo → *en–vej–ec–er*. Esta palabra se compone del prefijo *en–*, la raíz *–vej–*, el afijo derivativo verbalizador *–ec–* y la flexión del infinitivo *–er* (vocal temática *–e* + la marca de infinito *–r*). Este verbo no existe en español solamente con el prefijo + la base léxica, *\*enviejo*, o con la base léxica + el sufijo, *\*vejecer*, pues estos dos afijos forman una parte intrínseca de la unidad léxica. Al no ser posibles estas combinaciones, el término siempre debe estar compuesto por los tres elementos, *envejecer*. Encontramos otro ejemplo en el verbo *engordar*, que es parasintético porque ni el adjetivo con prefijo *\*engordo* ni el verbo con sufijo *\*gordar* existen en español, sino que toda la forma debe funcionar en su conjunto, *engordar*.

En la siguiente tabla se sintetizan todos los procesos de formación de palabras que acabamos de ver.

**Tabla 3.4** Esquema de los procesos de formación de palabras

| | |
|---|---|
| **Palabras simples** | • primitivas: raíz = base léxica → *pan*<br>• flexionadas: raíz + uno o más afijos flexivos → *chic–a, chic–o–s* |
| **Palabras derivadas** | • raíz + uno o más afijos derivativos → *mar–in–aje*<br>• raíz + uno o más afijos derivativos + uno o más afijos flexivos → *mar–in–er–o–s* |
| **Palabras compuestas** | • al menos dos raíces (aunque pueden estar presentes otros afijos) → *pasa–tiempo, pasa–tiempo–s* |
| **Palabras parasintéticas** | • raíz + raíz + sufijos derivativos y/o flexivos → *siete–mes–in–o, siete–mes–in–o–s*<br>• prefijo + raíz + sufijos derivativos y/o flexivos → *en–gord–ar, en–gord–aba* |

Actividad 12.  Describe el proceso de formación de las siguientes palabras e identifica si se trata de una palabra simple, derivada o compuesta.

Modelo: *soles* → *raíz + afijo flexivo* → *palabra simple*

| | | | |
|---|---|---|---|
| 1. soleado | 5. boquiabierto | 9. puntiagudo | 13. personal |
| 2. altibajo | 6. arroz | 10. salado | 14. tonto |
| 3. lápiz | 7. realismo | 11. terminación | 15. indicativo |
| 4. vergonzoso | 8. deshonesto | 12. ojinegro | 16. dentista |

❷ ¿Cuáles de las siguientes palabras son parasintéticas? ¿Cuál de ellas es la única parasintética compuesta? Justifica tu respuesta.

| | | |
|---|---|---|
| 1. empobrecían | 3. desalmado | 5. agruparon |
| 2. pospusieron | 4. prehistoria | 6. barriobajero |

---

Actividad 13. Los siguientes sustantivos poseen un esquema compositivo más complejo de lo habitual. Identifica sus elementos y explica su lógica en relación con la realidad extralingüística que identifican. Ayúdate de un diccionario.

| 1. un nomeolvides | 2. un porsiacaso | 3. un bienmesabe | 4. un curalotodo |
|---|---|---|---|
| | | | |

Puedes consultar los siguientes recursos:

🖉 *Diccionario de la lengua española*: http://dle.rae.es/.
🖉 *Diccionario de americanismos*: http://lema.rae.es/damer/.

❷ Compara las definiciones de las palabras en los dos diccionarios. ¿En cuáles de ellas se observan diferencias dialectales por su significado?

---

## 3. Morfología derivativa

A lo largo del capítulo hemos observado cómo se comportan algunos morfemas derivativos. Al unirse a la raíz, este tipo de morfemas inciden sobre el significado de la palabra, aunque puedan no modificar su categoría léxica, *amarillo* (Adj.) > *amarillento* (Adj.). Del mismo modo, hemos comprobado que los morfemas derivativos se caracterizan también por cambiar la categoría de una palabra, *diente* (S) > *dental* (Adj.). Este procedimiento que ocurre en la formación de palabras y que de una forma u otra incide sobre el significado de una unidad léxica se conoce de manera genérica como **derivación**. Como también mencionamos anteriormente, los principales afijos en la formación de palabras se clasifican según su ubicación: los prefijos preceden a la base léxica, *antiguerra*, y los sufijos se ubican después, *guerrilla*. Los procesos derivados de la unión de un prefijo o un sufijo a la base léxica de una palabra se denominan **prefijación** y **sufijación** respectivamente, siendo este último el más productivo de los dos en la creación de léxico en español. Para entender y observar cómo funcionan estos fenómenos, presentaremos a continuación algunos de los patrones que muestran regularidad en la creación de palabras. Esto nos permitirá apreciar cuáles son las combinaciones más productivas para la innovación y la creatividad léxica en la lengua.

## 3.1. La prefijación

La **prefijación** es el proceso derivativo que añade un prefijo a la raíz o base léxica. Como ya hemos explicado, los prefijos son morfemas ligados y, por lo tanto, no suelen aparecer de manera autónoma en el discurso, aunque lo puedan hacer en algunos usos en los que se contraponen significados, *Es anti y proguerra a la vez*; *La situación pre y postconstitucional*, o en usos coloquiales, como *El Barcelona jugó realmente súper*. Cada **prefijo** añade un significado concreto a la palabra con que va unido pero sin cambiar su categoría léxica, *a–político* "sin", ***anti**–constitucional* "en contra de", ***bi**–sexual* "dos", ***inter**–personal* "entre", ***sub**–terráneo* "bajo", etc. Como se puede apreciar, los prefijos inciden sobre el significado de la unidad, pero la categoría léxica de la palabra no suele cambiar. Como veremos a continuación, un gran número de estos prefijos y sufijos proceden del latín y del griego. A estos afijos se les denomina muchas veces **formantes cultos**, pues en origen eran raíces independientes como, por ejemplo, *biblio–* "libro". Con la evolución de la lengua, estos formantes cultos han pasado a ser elementos que dependen de otros y, por lo tanto, que establecen relaciones de morfología derivativa. Por último, hay que considerar que el significado de algunos de estos prefijos depende también del tipo de base léxica sobre la que se aplican (sustantivo, verbo, etc.).

### 3.1.1. Prefijos de origen griego y latino

En español hay numerosos prefijos de origen griego y latino que, o bien forman parte de una palabra, o bien se combinan para crear nuevos significados. Las tablas 3.5 y 3.6 presentan los principales prefijos junto con sus alomorfos, ya que algunos de estos elementos compositivos poseen más de una forma.

La Real Academia Española (RAE) y la Asociación de Academias de la Lengua Española (ASALE) han establecido, en su *Ortografía de la lengua española* (2010, 530-544), una serie de normas para unificar los criterios de escritura de algunos prefijos de uso común, tales como *anti–*, *cuasi–*, *ex–*, *pos–*, *pre–*, *pro–*, *super–*, *vice–*, etc. Los prefijos se escriben adheridos, o como parte de la base léxica, cuando la palabra prefijada es **univerbal**, es decir, se compone de solamente una unidad, *antiniebla*, *cuasidelito*, *exjefe*, *posparto*, *prejubilación*, *proamnistía*, *superinteresante*, *viceministro*, etc. Se unen mediante un guion a la base léxica cuando la palabra en cuestión empieza por mayúscula, por ejemplo, ante siglas, un nombre propio o un número. De este modo, se consigue evitar la combinación ortográfica anómala en español al unir una letra minúscula a una mayúscula en el interior de una palabra. Por eso resulta común encontrar ejemplos en la prensa como *las protestas anti-OTAN*, *el lanzamiento del mini-CD*, *la era pos-Pinochet*, *el movimiento pro-Obama*, *la selección sub-21 de fútbol*, etc. Estos prefijos se escriben separados cuando van con elementos **pluriverbales**, esto es, cuando una expresión se compone de varias unidades. Algunos prefijos concretos como *anti–*, *ex–*, *pre–*, *pro–*, *vice–*, son bastante productivos en la lengua debido a su uso y a su significado, y por ello suelen unirse a elementos pluriverbales, *anti pena de muerte*, *ex secretario de Estado*, *pre tercera edad*, *pro derechos humanos*, *vice primer ministro*, etc.

**Tabla 3.5** Prefijos de origen griego

| Prefijo | Significado | Ejemplo | Prefijo | Significado | Ejemplo |
|---------|-------------|---------|---------|-------------|---------|
| a–, an– | privación, negación | *apolítico, anestesia* | eu– | que está bien; que resulta agradable | *eufonía* |
| acro– | que está en lo alto | *acrobacia* | exo– | que se encuentra fuera | *exocéntrico* |
| alo– | variación; variante; diferente | *alomorfo* | geo– | relacionado con la tierra | *geografía* |
| anfi– | alrededor; a uno y a otro lado; doble | *anfiteatro* | gin– | relacionado con la mujer | *ginecología* |
| anti– | oposición; en contra de; protección contra algo | *antiniebla* | hetero– | distinto | *heterogéneo* |
| antropo– | hombre; ser humano | *antropología* | hiper– | exceso; exageración | *hipertenso* |
| apo– | fuera de algo; alejado | *apósito* | hipo– | por debajo | *hipotenso* |
| archi–, arci–, arz– | superioridad; el primero; el mejor; el más | *archiduque, arcipreste, arzobispo* | homo– | similar a; igual | *homogéneo* |
| auto– | relacionado con uno mismo | *autobiografía* | macro– | grande | *macroeconomía* |
| biblio– | relacionado con los libros | *biblioteca* | met(a)– | más allá de | *metafísica* |
| bio– | relacionado con la vida | *biosfera* | micro– | pequeño | *microcrédito* |
| cata– | que va; que tiende hacia abajo | *cataclismo* | para– | que está junto; que va en contra | *paranormal* |
| cromo– | que es de color | *cromosoma* | peri– | alrededor | *perímetro* |
| di(a)– | que va a través de algo | *diáfano* | piro– | relacionado con el fuego | *pirotecnia* |
| dinam–, dinamo– | relacionado con la fuerza | *dinamismo, dinamométrico* | poli– | que posee varios | *políglota* |
| dis– | dificultad; anomalía | *dislexia* | pro– | delante | *progreso* |
| emi– | medio; vía | *emisario* | (p)seudo– | falso | *seudónimo* |
| endo– | que es interno | *endógeno* | sim(n) – | unión; simultaneidad | *simétrico* |
| epi– | que se encuentra encima; que precede | *epígrafe* | tele– | a distancia | *telescopio* |

**Tabla 3.6** Prefijos de origen latino

| Prefijo | Significado | Ejemplo | Prefijo | Significado | Ejemplo |
|---|---|---|---|---|---|
| a–, ad– | cercano; contiguo; próximo | *afirmar, adverbio* | octo–, octa– | que consta de ocho | *octaedro, octavilla* |
| ab–, abs– | evitar; separar | *abstención, abnegar* | omni– | todo | *omnívoro* |
| ante– | anterior (tiempo o espacio) | *antesala* | pen– | casi | *penúltimo* |
| bi–, bis–, biz– | que contiene dos; que es dos veces | *bilabial, bisnieto, bizcorneto* | pos(t)– | detrás de; después de | *postónico* |
| circun– | alrededor | *circunnavegación* | pre– | anterior (espacio o tiempo) | *prefijo* |
| co–, com–, con– | agregación; cooperación; reunión | *cooperar, componer, convivencia* | pro– | en vez de; delante; impulso hacia adelante; publicación; negación | *pronombre* |
| cuadri–, cuatri–, cuadru– | que consta de cuatro | *cuatrimestral, cuadrivio, cuádruple* | quinqu– | que consta de cinco | *quinquenal* |
| deca– | que consta de diez | *decálogo* | re– | repetición; movimiento hacia detrás; intensificación; oposición | *rehacer* |
| deci– | que es una décima parte | *decibelio* | retro– | hacia atrás | *retrospectiva* |
| de(s)– | acción reversible de otra | *desencuadernar* | semi– | medio; casi | *semiconsonante* |
| dis– | negación; contrariedad; separación; oposición | *disentir* | sub– (so–, son–, sos–, su–, sus–) | inferioridad; acción secundaria; atenuación; disminución | *submarino, soterrar, sonrojar, sostener, suponer, sustraer* |
| ex– | que ha dejado de ser; fuera; privación | *exministro* | super–, sober–, sobre–, supra– | encima de; preeminencia; en grado sumo; exceso | *superdotado, soberbia, sobrevivir, suprarrealismo* |
| extra– | excesivamente; fuera de | *extraordinario* | trans–, tras– | al otro lado; a través de | *transparente, traspasar* |
| i–, in–, im– | privación; negación; adentro; al interior | *ilegal, inhumano, imposible* | tri– | que consta de tres | *trisílabo* |
| infra– | inferior; por debajo de | *infravalorar* | uni– | que consta de uno | *unicelular* |
| inter– | entre; en medio de | *intercultural* | ulter–, ultra– | más allá de; al lado de | *ulterior, ultramar* |
| intra– | dentro de; en el interior | *intravenoso* | vice–, vi–, viz– | en vez de; que hace las veces de | *vicepresidente, virrey, vizconde* |
| multi– | muchos | *multilingüe* | yuxta– | contiguo; junto a | *yuxtalineal* |

**Actividad 14.** Forma un derivado del verbo *poner* a partir de los prefijos latinos y enlázalo con su correspondiente definición. Ayúdate de la tabla anterior.

ante– • com– • de– • ex– • im– • inter– • pos– • pro– • re– • yuxta–

| Definición | Verbo derivado |
|---|---|
| 1. Dejar de hacer algo con idea de realizarlo más adelante. | |
| 2. Manifestar con razones algo para conocimiento de alguien, o para inducirle a que haga algo. | |
| 3. Reemplazar lo que falta o volver a poner algo en su lugar. | |
| 4. Poner inmediatamente antes, poner delante. | |
| 5. Presentar algo para que se vea. Poner algo de manifiesto. | |
| 6. Colocar algo entre cosas o entre personas. | |
| 7. Juntar varias cosas colocándolas con cierto modo y orden. | |
| 8. Poner algo junto a otra cosa o justo al lado. | |
| 9. Poner una carga o una obligación en otra persona. | |
| 10. Privar a alguien de su empleo, o degradarlo de sus honores o dignidad. | |

❷ Elige dos de los verbos anteriores y combínalos en una misma oración.

**Actividad 15.** Al leer las tablas de prefijos griegos y latinos habrás visto los siguientes términos lingüísticos. Identifica su estructura y defínelos según el significado del prefijo.

Modelo: *alomorfo* → De alo–morfo. Cada una de las realizaciones o variantes de un mismo morfema.

| | | | | |
|---|---|---|---|---|
| 1. adverbio | 3. eufonía | 5. postónico | 7. pronombre | 9. seudónimo |
| 2. bilabial | 4. multilingüe | 6. prefijo | 8. semiconsonante | 10. trisílabo |

❷ Ahora proporciona un ejemplo para cada término lingüístico que acabas de definir.

Modelo: *alomorfo* → Por ejemplo, in–humano, im–posible, i–legal.

## 3.2. La sufijación

A lo largo del capítulo hemos comprobado que la **sufijación**, o proceso por el cual se añaden los morfemas flexivos y/o derivativos a la raíz, es un proceso muy productivo en español. A causa de la diversa naturaleza de elementos que se pueden añadir, resulta más difícil de sistematizar que la prefijación. Del mismo modo, los **sufijos** son más abundantes en español que los prefijos, tanto por su uso como por su variedad. Una de las razones es que los sufijos pueden denotar significados de carácter apreciativo relacionados a menudo con la propia emotividad del hablante, *Tiene unos ojitos preciosos*, o con rasgos dialectales, *Ahorita vengo* (véase el capítulo 7 sobre variación lingüística).

Aunque sea un proceso combinatorio, no todos los sufijos se pueden adherir a cualquier categoría gramatical. Algunos sufijos inciden directamente sobre el significado de una palabra mientras que otros, además de afectar al significado, pueden cambiar o determinar su categoría léxica. Por ejemplo, los sufijos que aparecen en las palabras *mont–aje*, *cabez–azo*, *dem-encia*, *bon–dad*, *natural–eza*, *blanc–ura*, *alt–itud*, *tur–ista* o *port–ero* se denominan **sufijos nominales** y dan lugar a sustantivos. En cambio, los que aparecen en las palabras *color–ear*, *atard–ecer*, *autor–izar* son **sufijos verbales** y originan verbos. El sufijo *–ear* es bastante productivo en la creación de verbos que ponen de manifiesto significados iterativos o de repetición. Encontramos algunos ejemplos en verbos surgidos como neologismos en el ámbito de la informática como *chatear*, *escanear*, *formatear* o incluso *tuitear*, ya recogido en la última edición del *DRAE*, u otros como *'googlear* o *'guglear*, cuya ortografía no se ha terminado de fijar (Muñoz-Basols y Salazar 2016, 89). No todos estos neologismos llegarán a consolidarse como parte del léxico del español, pero, de ser así, probablemente sufran modificaciones ortográficas en consonancia con las normas del idioma, como se observa en los últimos ejemplos.

En otras ocasiones hay sufijos que pueden a su vez derivar en un sustantivo, *pretend–iente*, o en un adjetivo, *dilig–ente*. Por último, todos estos sufijos poseen también información semántica y, por lo tanto, pueden estar relacionados con los siguientes campos semánticos:

a) Actividades, cargos, oficios o personas: *diput–**ada***, *arm–**ador***, *cant–**ante***, *presid–**ente***, *consej–**era***, *ten–**iente***, *secret–**ario***, *transport–**ista***, *celad–**or***, etc.
b) Grupos o colectividades: *arm–**ada***, *pel–**aje***, *arbol–**eda***, *viñ–**edo***, *pin–**ar***, *orqu–**esta***, *palm-**eral***, etc.
c) Cualidades o propiedades: *tolera–**ancia***, *ali–**anza***, *vecin–**dad***, *clar–**idad***, *leal–**tad***, *sencill-**ez***, *dur–**eza***, *torce–**dura***, *alt–**ura***, *ciudadan–**ía***, *apt–**itud***, *tech–**umbre***, etc.
d) Lugares: *embaj–**ada***, *oliv–**ar***, *centr–**al***, *campan–**ario***, *comed–**or***, *aeró–**dromo***, *rosal–**eda***, *gasolin–**era***, *fruter–**ía***, *hormigu–**ero***, *discot–**eca***, *audit–**orio***, etc.

---

**Actividad 16. Determina cuáles de los siguientes sufijos son nominales y cuáles adjetivales. Añade un ejemplo en el que aparezca el afijo.**

Modelo: *–ar* → *pin–ar* (*sufijo nominal*); *–al* → *centr–al* (*sufijo adjetival*)

> –ción • –anza • –oso • –azgo • –estre • –eño
> –ense • –ía • –ita • –ería • –uzco
> –bundo • –dad • –umbre • –az • –és

| Sufijos nominales | Ejemplo | Sufijos adjetivales | Ejemplo |
|---|---|---|---|
|  |  |  |  |
|  |  |  |  |
|  |  |  |  |
|  |  |  |  |
|  |  |  |  |
|  |  |  |  |
|  |  |  |  |
|  |  |  |  |

> ¿Qué sufijos adjetivales de los que aparecen arriba contienen la marca de género?

> Teniendo en cuenta la categoría gramatical de las palabras *taxista* y *comunista*, ¿cuál es el contenido léxico que transparenta el sufijo *–ista* en cada caso?

---

**Actividad 17.** Añade un sufijo a cada una de las siguientes palabras y crea una nueva palabra de la misma familia léxica. Indica a qué categoría léxica pertenecen.

Modelo: *región* (S) → *region–al* (Adj.)

1. cantar
2. bueno
3. toro
4. piedra
5. ordenar
6. chisme
7. tranquilo
8. libro
9. comer
10. redondo

---

### 3.2.1. Sufijos de origen griego y latino

Tal y como sucede con los prefijos, hay en español numerosos formantes cultos o sufijos de origen griego y latino. Las tablas 3.7 y 3.8 presentan los principales junto con sus alomorfos, pues algunos de estos elementos compositivos poseen más de una forma. Estar familiarizado con los principales sufijos constituye una rica fuente de vocabulario, así como una buena manera de deducir significados.

---

**Actividad 18.** Emplea los siguientes formantes cultos para componer palabras.

| Prefijo | Sufijo |
|---|---|
| 1. acró | a. terapia |
| 2. anfi | b. filo |
| 3. auto | c. polis |
| 4. biblio | d. voro |
| 5. cromo | e. metro |
| 6. endo | f. bio |
| 7. omní | g. gamia |
| 8. termo | h. didacta |

> Localiza en las tablas 3.5, 3.6, 3.7 y 3.8 estos elementos compositivos. Después utiliza la información para escribir una definición para cada término.

> ¿Cómo definirías las palabras *antihéroe*, *archiconocido* y *semidesnatado*, a partir de la información que proporciona el prefijo?

**Tabla 3.7**  Sufijos de origen griego

| Sufijo | Significado | Ejemplo | Sufijo | Significado | Ejemplo |
|---|---|---|---|---|---|
| –agónico, –agónica | combate, lucha, pugna | *antagónico* | –logía | tratado, estudio, ciencia | *ornitología* |
| –algia | dolor | *neuralgia* | –mancia | práctica de predecir, adivinación | *cartomancia* |
| –arca, –arquía | mando, poder | *monarca, monarquía* | –manía | inclinación excesiva, impulso obsesivo, afición apasionada | *megalomanía* |
| –atra, –atría | que cuida o cura; rama de la medicina que estudia un área concreta | *psiquiatra, psiquiatría* | –mano, –mana | apasionado, que tiene obsesión o hábitos patológicos | *cleptómano* |
| –céfalo, –céfala | cabeza | *bicéfalo* | –metro | medida, aparato para medir | *centímetro* |
| –ciclo | circular | *triciclo* | –nauta | que navega | *cibernauta* |
| –crata, –cracia | partidario, miembro de un gobierno o un poder | *tecnócrata, democracia* | –nimia | nombre | *toponimia* |
| –dromo | carrera | *hipódromo* | –patía | sentimiento, afección, dolencia | *cardiopatía* |
| –edro | base, cara | *dodecaedro* | –pedia | educación | *logopedia* |
| –fago | que come | *sarcófago* | –podo(s) | pie | *cefalópodo* |
| –filo, –fila | amante de, amigo | *hispanófilo* | –polis | ciudad | *metrópolis* |
| –filia | afición, simpatía | *halterofilia* | –ptero, –ptera | ala | *helicóptero* |
| –fobia, –fobo, –foba | temor | *fotofobia, hidrófobo* | –rragia | flujo, derramamiento | *hemorragia* |
| –fonía,–fono, –fona | sonido, voz | *afonía, homófono* | –scopio | instrumento para ver o examinar | *microscopio* |
| –foro | que lleva o que conduce | *semáforo* | –sofía | sabiduría | *teosofía* |
| –frasis | que expresa | *perífrasis* | –tafio | tumba | *epitafio* |
| –gamia | unión | *monogamia* | –teca | lugar en el que se guarda algo | *filmoteca* |
| –geno, –gena | que genera, produce o que es producido | *lacrimógeno* | –tecnia | técnica, arte, ciencia | *luminotecnia* |
| –geo | tierra | *apogeo* | –teo, –tea | dios | *ateo* |
| –gono, –gona | ángulo | *polígono* | –terapia | tratamiento | *fisioterapia* |
| –grafía | descripción, escritura, representación gráfica | *monografía* | –termo, –terma, –térmico, –térmica | caliente, con temperatura | *isotermo* |
| –grama | escrito, gráfico | *telegrama* | –tipo | impresión | *logotipo* |
| –itis | inflamación | *gastroenteritis* | –tomía | incisión, corte | *traqueotomía* |
| –latría | adoración | *egolatría* | –trofo, –trofa | que se alimenta | *heterótrofo* |
| –lito | piedra, fósil | *megalito* | –tropo, –tropa | dirigido a algo | *filántropo* |

**Tabla 3.8** Sufijos de origen latino

| Sufijo | Significado | Ejemplo | Sufijo | Significado | Ejemplo |
|---|---|---|---|---|---|
| –áceo, –ácea | perteneciente, semejante a | *grisáceo* | –fero, –fera | que lleva, que contiene, que produce | *mamífero* |
| –al | relación, pertenencia (Adj.); abundancia de algo (Sust.) | *cultural, arrozal* | –forme | en forma de | *uniforme* |
| –ano, –ana, –iano, –iana, –tano, –tana | procedencia, pertenencia, adscripción | *zaragozano, miliciano, mahometano* | –icio, –icia | pertenencia, relación | *gentilicio* |
| –ar | condición, pertenencia (Adj.); abundancia de algo (Sust.) | *espectacular, pinar* | –ico, –ica | pertenencia | *cívico* |
| –ario, –aria | pertenencia, profesión | *parlamentario* | –ido, –ida | cualidad | *translúcido* |
| –ático, –ática | pertenencia | *selvático* | –il | relación | *viril* |
| –ble, –able, –ible | posibilidad pasiva | *sufrible, apagable, distinguible* | –ino, –ina | pertenencia | *marino* |
| –cida | exterminador | *herbicida* | –ístico, –ística | pertenencia | *estilístico* |
| –cola | que cultiva, que habita en | *vinícola* | –or, –ora | valor de agente | *profesor* |
| –cultura | cultivo, crianza | *apicultura* | –oso, –osa | valor atenuador | *bondadoso* |
| –do, –da | cualidad | *velludo* | –paro, –para | que se reproduce, que pare | *vivíparo* |
| –ducción | que lleva, que conduce | *introducción* | –pedo | provisto de pie | *cuadrúpedo* |
| –ense | origen | *castellonense* | –peto | que se dirige hacia | *centrípeto* |
| –ento, –enta, –iento, –ienta | estado físico, condición, aproximación, semejanza | *sargento, amarillento* | –sono | sonido | *unísono* |
| –eo, –ea | pertenencia, relativo a, de la naturaleza de | *lácteo* | –triz | valor de agente (femenino) | *emperatriz* |
| –este | pertenencia | *celeste* | –voro, –vora | devorador, que come | *omnívoro* |

### 3.2.2. La sufijación apreciativa

Dentro de la morfología derivativa del español hay un grupo de sufijos muy productivos que originan diferentes palabras y significados. Todos ellos conforman la **sufijación apreciativa** o **valorativa**, dado que estos sufijos expresan una apreciación sobre el tamaño, la intensidad o la sensación en relación con un referente concreto. En este grupo de sufijos derivativos se incluyen los **aumentativos**, los **diminutivos**, los **peyorativos**, también llamados despectivos, y los **superlativos**.

**Tabla 3.9** Principales sufijos apreciativos

| Sufijos aumentativos | | Sufijos diminutivos | | Sufijos peyorativos | |
|---|---|---|---|---|---|
| –azo / –aza | golpetazo, barcaza | –cito / –cita | corazoncito, mujercita | –acho / –acha | poblacho, ricacha |
| –ón / –ona | tazón, casona | –ete / –eta | palacete, papeleta | –aco / –aca | pajarraco, bicharraca |
| –ote / –ota | guapote, cabezota | –ico / –ica | ventanico, galletica | –ales | rubiales |
| –udo / –uda | dentudo, mofletuda | –illo / –illa | palillo, cajetilla | –ango / –anga | maturrango, fritanga |
| | | –ín / –ina | collarín, neblina | –ejo / –eja | librejo, palabreja |
| | | –ito / –ita | carrito, ramita | –oide | sentimentaloide |
| | | –uelo / –uela | polluelo, hojuela | –ongo / –onga | facilongo, bailonga |
| | | | | –orro / –orra | bastorro, vidorra |
| | | | | –ucho / –ucha | empleaducho, casucha |

### 3.2.2.1. Los aumentativos

Los **aumentativos** suelen denotar mayor tamaño, *taza > tazón*, pero también pueden indicar significados de carácter afectivo, *guapo > guapote*, o incluso despectivo, *cabeza > cabezota*. Como vemos, aunque estos sufijos se clasifican en general como aumentativos, sus significados son variados. Por este motivo también pueden sugerir admiración, *¡Qué coche! > ¡Qué cochazo!*, aludiendo asimismo a que se trata de un coche con mucha cilindrada, de alta gama, o que el hablante considera un "buen coche".

**Tabla 3.10** Principales sufijos aumentativos

| Sufijos aumentativos | |
|---|---|
| –azo /–aza | golpetazo, barcaza |
| –ón / –ona | tazón, casona |
| –ote / –ota | guapote, cabezota |
| –udo / –uda | dentudo, mofletuda |

Estos sufijos también pueden expresar intensidad para una acción, *dar un portazo*, esto es, "cerrar la puerta de golpe haciendo mucho ruido", *dar un volantazo*, "girar brusca y repentinamente el volante de un vehículo"; o importancia, *Tengo un notición*, "una noticia fuera de lo común". En ocasiones, los sufijos aumentativos adquieren connotaciones de carácter metafórico relacionadas, por ejemplo, con temas de actualidad. Los medios de comunicación contribuyen a diseminar este tipo de palabras con un significado léxico concreto. Un ejemplo recogido en la última edición del *DRAE* es el término *decretazo*, "decreto que implica una reforma drástica y repentina en aspectos de gran repercusión social, económica y política" (2014, 713), como aprecia en el titular *El **decretazo** de la reforma laboral motivó la huelga*. A veces, la aparición de sufijos apreciativos en un mismo ámbito léxico favorece que el significado se extienda a vocablos ya existentes, como en *tijeretazo*, "corte hecho de un golpe con las tijeras" (2014, 2119); por ejemplo, *El **tijeretazo** del Gobierno ha recortado las becas a la mitad*, es decir, "un gran recorte de presupuesto de la educación pública". También se pueden crear otros similares por analogía, como *medicamentazo*, "un gran recorte para ahorrar gastos en la sanidad pública", como en *El **medicamentazo**, o exclusión de financiación pública de medicamentos con propiedades terapéuticas, solamente ha servido para que las farmacéuticas ganen más dinero*. Debido a la sufijación apreciativa, muchos de estos términos se catalogan como parte del registro coloquial y, en función de su uso, pueden quedar registrados en los diccionarios normativos.

### 3.2.2.2. *Los diminutivos*

Además de indicar tamaño pequeño, *carro > carrito*, los **diminutivos** pueden transmitir significados de carácter afectivo, *boca > boquita*, o con un tono despectivo o de poca importancia, *Solamente es un **trabajillo** de fin de semana para sacarse un **dinerillo***.

**Tabla 3.11** Principales sufijos diminutivos

| Sufijos diminutivos | |
|---|---|
| –cito / –cita | corazoncito, mujercita |
| –ete / –eta | palacete, papeleta |
| –ico / –ica | ventanico, galletica |
| –illo / –illa | palillo, cajetilla |
| –ín / –ina | collarín, neblina |
| –ito / –ita | carrito, ramita |
| –uelo / –uela | polluelo, hojuela |

Una gran parte de los diminutivos terminados en *–illo*, *–illa* son **diminutivos lexicalizados**, es decir, que han perdido su significado apreciativo respecto al tamaño y han pasado a identificar un referente extralingüístico distinto. A partir de las definiciones del *DRAE* (2014), algunos ejemplos son *boca > boquilla*, "pieza pequeña que se adapta al tubo de algunos instrumentos de viento para producir el sonido"; *cama > camilla*, "cama estrecha y portátil para transportar enfermos o heridos"; *descanso > descansillo*, "espacio entre los diferentes tramos de una escalera"; *fruta > frutilla*, "una especie de fresón" en algunos países de Latinoamérica (sobre todo del Cono Sur); *molino > molinillo*, "instrumento pequeño para moler"; *nudo > nudillo*, "parte exterior de la mano donde se encuentran las junturas de los dedos", o *trampa > trampilla*, "ventanilla hecha en el suelo de una habitación para comunicar con lo que está debajo". También hay algunos ejemplos de diminutivos lexicalizados con otros sufijos de este tipo como, por ejemplo, *arete*, término común en el español de América, equivalente a *pendiente* en el español peninsular, y con el significado de "objeto como adorno que se lleva atravesado en el lóbulo de la oreja"; *buseta* o "autobús pequeño", común en Colombia, Costa Rica, Ecuador y Venezuela según el *DRAE* (2014, 359), o *riachuelo*, de uso más extendido y para nombrar "un río pequeño y poco caudaloso". Los denominados **hipocorísticos** o apelativos cariñosos o familiares se asocian con los diminutivos lexicalizados porque indican nombres propios no necesariamente relacionados con el tamaño o la edad, y que a menudo poseen significados de carácter afectivo, *Anita*, *Carmencita*, *Juanito*, etc.

Como se aprecia en los ejemplos anteriores, el empleo del diminutivo puede guardar relación con la variación diatópica o geográfica. A grandes rasgos, cabe destacar que el diminutivo posee una mayor frecuencia de uso en el español de América para hablantes de ambos sexos y de todas las edades. Incluso es trasladable a otras categorías léxicas además del sustantivo, por lo que es habitual oír sustantivos como *pueblito*, *traguito*; adjetivos, *pequeñito*, *chiquitico*; o adverbios, *ahorita*, *ahoritita*, *ahorititita*, *poquitico*, etc. (Aleza Izquierdo 2010, 186-188). Finalmente, también hay variedades geolingüísticas en un mismo territorio para el diminutivo. Por ejemplo, solo en el norte de la península ibérica podemos oír *pequeniño* en Galicia, *pequeñín* en Asturias y en León, *pequeñuco* en Cantabria y *pequeñico* en Navarra y en Aragón (véase el capítulo 7 sobre variación lingüística).

---

**Actividad 19.** Determina cuáles de las siguientes palabras se consideran diminutivos lexicalizados y cuáles no. Hay ocho para cada tipo. Ayúdate de un diccionario si es preciso.

> paseíto • meseta • avioneta • tortillita • calderilla • nenín • platillo
> gatico • casita • lucecita • colchoneta • manzanita • puntilla • quesadilla

| Diminutivos | Diminutivos lexicalizados |
|---|---|
| | |
| | |
| | |
| | |
| | |
| | |
| | |

Puedes consultar los siguientes recursos:

🖙 *Diccionario de la lengua española*: http://dle.rae.es/.
🖙 *Diccionario de americanismos*: http://lema.rae.es/damer/.

❯ Compara las definiciones de las palabras en los dos diccionarios. ¿En cuáles de ellas se observan diferencias dialectales por su significado?

❯ Investiga a qué variedad dialectal podría pertenecer la palabra "nenín" (con el diminutivo –ín).

### 3.2.2.3. *Los peyorativos*

El empleo de los sufijos **peyorativos** no suele guardar relación con el tamaño físico, sino más bien con un uso despectivo de un término.

**Tabla 3.12** Principales sufijos peyorativos

| Sufijos peyorativos | |
|---|---|
| –acho / –acha | *poblacho, ricacha* |
| –aco / –aca | *pajarraco, bicharraca* |
| –ales | *rubiales* |
| –ang / –anga | *maturrango, fritanga* |
| –ejo / –eja | *librejo, palabreja* |
| –oide | *sentimentaloide* |
| –ongo / –onga | *facilongo, bailonga* |
| –orro / –orra | *bastorro, vidorra* |
| –ucho / –ucha | *empleaducho, casucha* |

Aunque hemos visto que algunos aumentativos y diminutivos transmiten igualmente matices de este tipo, son los sufijos peyorativos los que suelen cumplir esta función. Esto se puede apreciar si contrastamos la diferencia entre las siguientes oraciones:

*No es más que un empleadillo.*
Interpretación → Mediante el uso del sufijo diminutivo *–illo* el hablante pone de manifiesto la idea de gradación en una escala con el significado de "poca importancia".

*No es más que un empleaducho.*
Interpretación → Aunque mediante el sufijo peyorativo *–ucho* también se podría interpretar con un valor similar al del diminutivo *–illo*, es decir, "poca importancia", aquí el hablante muestra además cierto desprecio o poca estima hacia el referente extralingüístico.

Los siguientes ejemplos son términos con sufijos peyorativos recogidos y explicados en el *DRAE*. Para que su significado se comprenda mejor, incluimos la definición del diccionario normativo: *intelectualoide*, "pretendidamente intelectual" (2014, 1252); *pajarraco*, "pájaro grande desconocido, o cuyo nombre no se sabe" (2014, 1604); *tipejo*, "persona ridícula y despreciable" (2014, 2123); o *vidorra*, "vida regalada" (2014, 2241). Como vemos, en las propias definiciones se pone de manifiesto el significado despectivo que se asocia a estos términos.

### 3.2.2.4. *Los superlativos*

Los **superlativos** son diferentes de las categorías de sufijos que acabamos de presentar. Se suelen añadir a los adjetivos, aunque en algunos casos también puedan formar parte de una base sustantiva, *cuñadísimo, hermanísimo, nietísima, Saritísima*, aunque muchas veces con una función burlesca (Serradilla Castaño 2005, 361). La función principal de este tipo de sufijos es expresar significados intensificadores o de grado máximo. El superlativo regular se forma con los sufijos *–ísimo, –ísima*, por ejemplo, *alto, alta* > *altísimo, altísima*; *rápido, rápida* > *rapidísimo,* *rapidísima; triste > tristísimo, tristísima*. Existen además superlativos irregulares que se construyen con los sufijos *–érrimo, –érrima* y con los que puede cambiar también la raíz del adjetivo al que se adhieren, *célebre > celebérrimo; libre > libérrimo*. Algunos adjetivos poseen dos formas de superlativo *abundante > abundantísimo* o *ubérrimo; pobre > pobrísimo* o *paupérrimo*. El empleo de una u otra forma puede estar relacionado con los rasgos estilísticos propios del texto en cuestión, con la noción de registro o con el contexto específico de la enunciación.

Por último, la sufijación apreciativa puede revestir bastante dificultad para un hablante de español como segunda lengua (L2) en cualquiera de sus modalidades. Ya hemos indicado que muchos de estos sufijos poseen componentes relacionados con la dimensión afectiva y, por tanto, no se pueden utilizar en cualquier contexto. Del mismo modo, un gran número de estos afijos no aparecen en todas las variedades dialectales del español, sino más bien en áreas concretas, por lo que resulta difícil delimitar su uso con exactitud. En el caso de los sufijos peyorativos, la implicación directa del hablante y su grado de desaprobación sobre el referente extralingüístico hace todavía más complicado sistematizar este aspecto de la morfología derivativa del español. Para adquirir una perspectiva más detallada sobre los elementos compositivos, prefijados y sufijados del español, se recomienda consultar el apéndice 3 del *Diccionario esencial de la lengua española* (RAE 2006).

---

**Actividad 20.  La sufijación apreciativa está relacionada con aspectos dialectales del idioma. Responde a las siguientes preguntas sobre el español peninsular. Ayúdate de un diccionario y deduce el significado de las expresiones que no aparezcan recogidas.**

1. ¿Para qué se puede emplear un *cucharón* y para qué una *cucharilla*?
2. ¿En qué se diferencia un *manitas* de un *manazas*?
3. ¿En qué contexto dirías que alguien tiene unos *ojitos* o que tiene unos *ojazos*?
4. ¿Cómo describirías a alguien que es un *tiparraco* o que tiene un *tipazo*?
5. ¿En qué contextos diría alguien: "¡Menudo *papelón*!" o "¡Menuda *papeleta*!"?
6. ¿En qué tipo de palabra estarías pensando si oyeras una *palabrota* o una *palabreja*?
7. ¿Cuál es la diferencia entre "salir por una *portezuela*" y "salir de un *portazo*"?
8. ¿A qué estarías haciendo alusión con las siguientes expresiones?: "¡Hay bastante *vidilla* en este local!" y "¿Aún está durmiendo? ¡Tu hermano se pega una *vidorra*!"

🖱 Puedes consultar el *Diccionario de la lengua española*: http://dle.rae.es/.

❯ **Ahora explica de qué tipo de sufijo se trata en cada caso y cómo contribuye al significado del sustantivo.**

---

## 4. Otros procedimientos de formación de palabras

Además de los ya descritos procesos de derivación, composición y parasíntesis, existen otros mecanismos que también contribuyen a la formación de palabras en la lengua, como las siglas, los acrónimos, las abreviaturas y los acortamientos. Como veremos a continuación, estos procesos dejan patente el principio de economía lingüística que rige cualquier lengua.

### 4.1. Las siglas

Las **siglas** se forman por deletreo a partir de las iniciales o primeras letras de varias palabras. Se escriben con mayúsculas, sin puntos entre las letras, y forman una unidad: *AESLA*

(*Asociación Española de Lingüística Aplicada*), DELE (*Diploma de Español como Lengua Extranjera*), FARC (*Fuerzas Armadas Revolucionarias de Colombia*), OEA (*Organización de Estados Americanos*), UNAM (*Universidad Nacional Autónoma de México*). La Real Academia Española (RAE) y la Asociación de Academias de la Lengua Española (ASALE) recomiendan en su *Ortografía de la lengua española* (2010, 578) utilizar la versión hispanizada de la sigla, por ejemplo, FMI (*Fondo Monetario Internacional*) en lugar de IMF (*International Monetary Fund*), u OCDE (*Organización para la Cooperación y el Desarrollo Económicos*) en vez de OECD (*Organisation for Economic Co-operation and Development*). Si no hay un equivalente, la *Ortografía* (2010) recomienda añadir una breve explicación aclaratoria, HRW (*Human Rights Watch, organización no gubernamental para la defensa de los derechos humanos*).

## 4.2. Los acrónimos

Los **acrónimos** se componen mediante la yuxtaposición de letras, sílabas o grupos de letras iniciales o finales que corresponden a varios términos. Por ejemplo, la palabra *telemática* proviene de la fusión o cruce de *telecomunicación* e *informática*. Lo mismo ocurre con *ofimática*, acrónimo de *oficina* e *informática*. Más recientemente se ha creado el término *electrolinera*, a partir de los sustantivos *electricidad* y *gasolinera*, para denominar a los establecimientos donde se puede repostar un automóvil eléctrico.

También se consideran acrónimos las siglas pronunciadas como una sola palabra o que se pueden leer con naturalidad, *el AVE* (*Alta Velocidad Española*), *la OTAN* (*Organización del Tratado del Atlántico Norte*), etc. Por ello, la *Ortografía* (2010, 579) indica que los acrónimos son, en realidad, un conjunto especial de siglas, cuya estructura se adecúa a los patrones silábicos del español para permitir su lectura por sílabas. Al principio suelen aparecer escritas en mayúsculas, pero, con el paso del tiempo, un gran número de acrónimos se incorporan al léxico común y se escriben en minúsculas: *la uci* (*unidad de cuidados intensivos*), *el sida* (*síndrome de inmunodeficiencia adquirida*), *un ovni* (*objeto volador no identificado*), *una pyme* (*pequeña y mediana empresa*). Si se trata de nombres propios, la inicial debe escribirse con mayúscula, *la Fundéu* (*Fundación del Español Urgente*), *el Mercosur* (*Mercado Común del Sur*), etc. Vemos además que en estos casos los acrónimos siguen las normas ortográficas de acentuación. Existe una tendencia en la actualidad a equiparar estas palabras a unidades léxicas presentes en la lengua, a veces como resultado de técnicas publicitarias, ASTRO (*Asociación de Transporte por Ómnibus*), AVE (*Alta Velocidad Española*), PADRE (*Programa de Ayuda a la Declaración de la Renta*). Con estos elementos homófonos, se suele mantener siempre la grafía en mayúsculas para que se distingan fácilmente de otras palabras con pronunciación similar (*Ortografía* 2010, 580).

Una vez ya incorporadas al léxico, estas palabras se leen sin interrupciones, esto es, como si no fueran elementos abreviados y, por lo tanto, siguen las reglas generales para la formación del plural, *la pyme > las pymes*. En ocasiones se puede recurrir también a los acrónimos para simplificar el título de un trabajo o cargo, como en la palabra *dircom*, acrónimo de reciente creación que se compone de los sustantivos, *director* (o *directivo*) y *comunicación*, y que se utiliza para referirse al "director de comunicación de una empresa".

Algunos lingüistas, como Varela Ortega (2009), prefieren no considerar la lectura de estas palabras como factor determinante en su clasificación, pues también encontramos algunos ejemplos híbridos que no se ajustan plenamente a esta característica. Por ejemplo, CSIC (*Consejo Superior de Investigaciones Científicas*) se lee [ce-sic], esto es, la primera letra se lee como una inicial y el resto como un compuesto. Por esta razón, Varela Ortega (2009, 94-99) subraya que las siglas se forman con las iniciales de palabras que conforman un sintagma, es decir, un conjunto de palabras con un núcleo, como en *uci* (*unidad de cuidados intensivos*), mientras que los acrónimos se construyen a partir del principio y del final de dos palabras, como en *electrolinera*, de *electricidad* y *gasolinera*.

## 4.3. Las abreviaturas

Las **abreviaturas** emplean una o varias letras de una palabra a modo de representación. El contraste principal con el resto de los procesos de formación de palabras es que solamente se utilizan en la escritura, debido a que no se pronuncian. Las abreviaturas se pueden expresar también en plural y se forman principalmente por **síncopa**, esto es, la omisión de elementos en el interior de una palabra, *D.ª* (*doña*), *apdo.* (*apartado*), *atte.* (*atentamente*), o por **apócope**, mediante la primera letra de la palabra y la omisión del resto, *c/* (*calle*), *I.* (*ilustre*), *s.* (*siglo*). Cuando las abreviaturas constan de varias palabras se representan con la inicial de cada una de ellas o, en ocasiones, las dos primeras letras, ya sea con mayúsculas *C. P.* (*código postal*), *S. L.* (*sociedad limitada*), *P. V. P.* (*precio de venta al público*), o con minúsculas, *p. o.* (*por orden*), *p. ej.* (*por ejemplo*), *r. p. m.* (*revoluciones por minuto*). Nótese que en las abreviaturas se coloca un punto después de cada uno de los elementos. Existen también algunas abreviaturas reduplicadas que suelen expresar significados en plural, *pp.* (*páginas*), *RR. HH.* (*Recursos Humanos*), *SS. MM.* (*Sus Majestades*), *EE. UU.* (*Estados Unidos*), etc. Como hemos visto, tanto las siglas como las abreviaturas constituyen dos claros ejemplos de abreviación gráfica.

## 4.4. Los acortamientos

Los **acortamientos** o **truncamientos** suponen la supresión de sílabas en una palabra de manera que el término resultante es más corto que el original, aunque semánticamente equivalente. A diferencia de los procesos ya descritos, muchos acortamientos pertenecen a un registro informal, por lo que su uso implica un mayor grado de familiaridad entre los hablantes. A menudo se aplican para denotar espacios o lugares concretos, *la biblio* (*biblioteca*), *el cíber* (*cibercafé*), *la disco* (*discoteca*), *la facu* (*la facultad*), *la ofi* (*oficina*), *la pelu* (*peluquería*), *la pisci* (*piscina*), *el poli* (*polideportivo*), *el súper* (*supermercado*), *la uni* (*universidad*), etc. Pueden tener además un tono afectivo, como se aprecia en los hipocorísticos o apelativos cariñosos, familiares o eufemísticos. En este tipo de sustantivos se da el acortamiento en las sílabas iniciales, *Camila > Mila*, *Fernando > Nando*, o en las finales, *Javier > Javi*, *Teresa >Tere*.

Muchas veces, los acortamientos también están relacionados con el entorno familiar, el escolar y el lenguaje infantil: *el boli* (*bolígrafo*), *el cole* (*colegio*), *el/la compa* o *el/la compi* (*compañero/a*), *el cumple* (*cumpleaños*), *el finde* (*el fin de semana*), *las mates* (*las matemáticas*), *el/la profe* (*profesor, profesora*), *el rotu* (*rotulador*), *el saca* (*sacapuntas*), etc. En el uso de algunos acortamientos puede existir variación diatópica o geográfica. Según el *Diccionario de Americanismos* (*DA*), se usa *la prepa*, acortamiento de *preparatoria*, en Guatemala, México y Nicaragua para referirse al bachillerato, mientras que en Puerto Rico es un término más amplio para nombrar a un alumno de primer año de instituto o universidad.

Algunos de estos acortamientos se encuentran ya lexicalizados en la lengua. Poseen un registro neutro, su uso ha pasado a reemplazar a la palabra de la que proceden y son un signo evidente de economía lingüística, *el cine* (*cinematógrafo*), *la foto* (*la fotografía*), *el kilo* (*kilogramo*), *el metro* (*metropolitano*), *la moto* (*motocicleta*), *el zoo* (*zoológico*), etc. Para hablar de algunas enfermedades o de tratamientos médicos también se recurre a veces a un acortamiento, *la eco* (*ecografía*), *la polio* (*poliomielitis*), *la quimio* (*quimioterapia*), etc. Aunque este fenómeno se presenta especialmente en sustantivos, también aparece en algunos adjetivos, *deli* (*delicioso*), *desca* (*descafeinado*), *ridi* (*ridículo*), *tranqui* (*tranquilo*), etc., e incluso en expresiones compuestas, *por fa, por fi, por fis* (*por favor*).

A modo de conclusión, podemos decir que este fenómeno depende en gran medida del contexto en el que se produce la comunicación, ya que el hablante optará por simplificar o suprimir algunas sílabas en la palabra según los participantes de un contexto comunicativo concreto.

---

**Actividad 21. En los siguientes ejemplos vemos cómo ha evolucionado un mismo concepto. Investiga su significado y explica qué nos muestra este ejemplo en relación con la lengua.**

| | |
|---|---|
| 1. Las NN. TT. | |
| 2. Las NTIC | |
| 3. Las TIC | |
| 4. Las TAC | |

❷ **¿Se podría hablar de siglas en todos los casos? Justifica tu respuesta.**

❷ **Según la Fundéu, la existencia de una palabra homónima ha impedido que el término *TIC* se haya lexicalizado y que se pluralice añadiendo el morfema de plural como si fuera un acrónimo: *las pymes* → *las pequeñas y medianas empresas*. Explica:**

a) Cuál es el término que ha podido impedir esta evolución morfológica.
b) Si crees que es probable que le suceda lo mismo al término TAC.
c) Qué cambio se ha producido entre los dos primeros términos y los dos últimos de la tabla en cuanto a su deletreo. Justifica tu respuesta.

---

## 4.5. Los neologismos

Los **neologismos** son palabras de nueva incorporación a la lengua. Generalmente, estos términos proceden de diferentes ámbitos del saber y suelen aparecer, por ejemplo, cuando se necesita crear terminología que designe una realidad extralingüística concreta. Es habitual, por lo tanto, que se originen neologismos en las ciencias naturales, la medicina, la economía, la política, la tecnología, etc. Además de los procesos relacionados con la formación de palabras que acabamos de ver, en la creación de neologismos pueden confluir también otros aspectos. Así, un término puede entrar en el español procedente de otro idioma, pero también resulta posible que una palabra ya existente pase a adquirir un nuevo significado; por ejemplo, la palabra *ratón* como "roedor" y como "el aparato que se conecta a una computadora". Los neologismos suelen tardar un tiempo hasta ser incluidos en los diccionarios normativos, ya que esa incorporación depende de si se convierten en vocablos de uso habitual entre los hablantes. A continuación, describimos algunos ejemplos que muestran cómo este fenómeno puede contribuir a la formación y aparición de nuevas palabras en el idioma.

### 4.5.1. Los préstamos lingüísticos y las marcas comerciales

Algunos de los neologismos pasan a formar parte de la lengua no especializada por ser habituales en el ámbito comercial y en el doméstico. Por ejemplo, el término *abrefácil* es un sustantivo de nueva creación con una estructura compositiva poco frecuente en español, V (*abre*) + Adj. (*fácil*), siendo más común la combinación V + S, *abrebotellas*, *abrecartas*, *abrelatas*. La presencia de la palabra *abrefácil* en productos que poseen este tipo de apertura ha favorecido su rápida inclusión en diccionarios normativos como el "sistema que facilita la apertura de envases herméticos" (*DRAE* 2014, 12).

La incorporación de neologismos en la lengua se debe también al **calco lingüístico**, esto es, la traducción en la que se imita la composición original de un término procedente de otra lengua. Este tipo de proceso emerge con frecuencia en áreas en que se precisa incorporar terminología rápidamente, como sucede en los ámbitos de la economía y de la tecnología con vocablos en su mayoría procedentes del inglés. Por ejemplo, la expresión *risk premium* es un término económico sobre "la diferencia comparativa de interés que se paga en la deuda de un país en función de su riesgo". El término se ha adaptado al español como *prima de riesgo*, es decir, el neologismo traducido al español ha mantenido la jerarquía gramatical y el significado de la expresión. En otros casos, la **influencia croslingüística léxica** (*cross-linguistic lexical influence*), o "proceso por el cual las lenguas se influyen mutuamente a nivel léxico y que refleja el impacto que los préstamos lingüísticos de una lengua donante pueden tener en la lengua de acogida o receptora" (Muñoz-Basols y Salazar 2016, 83), puede originar diferentes variantes léxicas. Por ejemplo, para la expresión del inglés *credit rating agency*, se han constituido en español equivalentes como *agencia de calificación* (*de riesgos*), *agencia de clasificación de crédito*, *agencia de calificación crediticia* o, por razones de concreción semántica, *agencia de rating*, combinación híbrida con términos de ambas lenguas (Muñoz-Basols y Salazar 2016, 89).

Debido a la rapidez con que se implantan los **préstamos lingüísticos**, algunos neologismos llegan a coexistir con otras formas. Esto ha sucedido, por ejemplo, con el dispositivo electrónico con pantalla táctil denominado *tablet*, préstamo directo del inglés, o *tableta*, como traducción directa. Aquí el hablante escogerá la opción más idónea en función del registro y del contexto comunicativo en el que necesite desenvolverse. Cuando la palabra no ofrece una traducción que resulte equivalente en la lengua meta, se puede producir la **adaptación** de un préstamo lingüístico. Un posible ejemplo es la palabra *dron*, adaptación del inglés *drone*, "aeronave no tripulada" (2014, 828). Su traducción literal al español sería *zángano*, que, según el *DRAE*, se usa principalmente con un significado figurado, "persona floja, desmañada y torpe", o literal, "macho de la abeja reina" (2014, 2279). En ocasiones se adaptan préstamos de otras lenguas en el ámbito de la tecnología, como los principales términos derivados de la marca *Twitter®* > *tuitear*, *tuitero*, *tuit* y *tuiteo*, que aparecen ya recogidos en el *DRAE* (2014, 2184).

Asimismo, algunos neologismos pueden proceder de palabras ya existentes que pasan a adquirir un nuevo significado. Un ejemplo en el ámbito sociopolítico es el sustantivo *escrache* y su correspondiente verbo *escrachar*, que en algunos lugares del dominio panhispánico se han comenzado a emplear para identificar "una manifestación de protesta contra un personaje público que se lleva a cabo frente a su domicilio o lugar de trabajo". Etimológicamente, estas palabras significan "romper, destruir, aplastar" (*DRAE* 2014, 935), pero en la década de los noventa su uso se popularizó en Argentina para denominar las protestas públicas ante los domicilios de procesados por delitos durante la dictadura. El uso de este término tan popular, que se ha trasladado hoy en día como neologismo a otros lugares del mundo hispanohablante, no aparece con este significado en la última edición del *DRAE* (2014), aunque sí se encuentra recogido con dicha acepción en el *DA*.

Por último, otro tipo de neologismos procede de productos o **marcas comerciales**. Algunas de estas palabras se incorporan a la lengua y entran en los diccionarios normativos de manera que, con el tiempo, los hablantes ya no establecen la relación entre el término y su origen etimológico. Al tratarse de marcas comerciales con nombre propio, al principio se suelen escribir con mayúscula y en cursiva en textos escritos, y después experimentan diferentes cambios morfológicos u ortográficos. Por ejemplo, si le preguntáramos a un hablante cuál es el origen de la palabra *termo*, definida en el *DRAE* como "vasija de paredes dobles [. . .] provista de cierre hermético [. . .] que sirve para que las sustancias introducidas en ella conserven su temperatura [. . .]" (2014, 2107), seguramente intentaría establecer una conexión etimológica con alguna lengua concreta. Probablemente, la relacionará con los términos compositivos de prefijación homógrafos, *termo–* (*termómetro*), o de sufijación *–termo* (*isotermo*), pero en realidad se trata de una adaptación de la marca registrada *Thermos*®.

Estos neologismos procedentes de marcas pueden denotar elementos o productos de diversa índole, tales como materiales, *uralita*; tejidos, *tergal*; combustibles, *diésel*; medicamentos, *aspirina*; productos de consumo, *chupa-chup, chupa-chups* o *chupachús*. Otro caso es la marca de neumáticos *michelín*, que por alusión al dibujo de un muñeco que solía acompañar a dicha marca se utiliza, sobre todo en el español peninsular, para nombrar la zona de la anatomía humana alrededor de la cintura, como en *Tengo que hacer abdominales para quitarme estos michelines*.

Dado que muchas de estas marcas no poseen el mismo alcance o impacto comercial, en ocasiones se ha producido una variación diatópica o geográfica en su uso como neologismos. Así ocurre con el sustantivo femenino *bamba*, "zapatilla de lona" (2014, 271), que procede de la marca *Wamba*®. Su uso se ha generalizado en el español hablado en Cataluña (España), y se ha visto reforzado también por la presencia de dicho vocablo en catalán, lengua en la que también se ha consolidado homónimamente con el mismo significado, aunque con su correspondiente adaptación ortográfica, *vamba* (Sinner 2004, 305–310).

Encontramos otro ejemplo interesante de variación en la palabra *plastilina*, recogida en el *DRAE* como marca registrada y definida como "sustancia moldeable, de diversos colores, que se utiliza en escultura y como material educativo" (2014, 1733). Según el *Diccionario de Americanismos*, esta palabra se ha popularizado como *plasticina*, posiblemente por influencia del inglés *plasticine*, en Guatemala, Honduras, Chile, Uruguay y Puerto Rico, aunque curiosamente en la definición del *DA* se haga uso del término más común en el español peninsular: "plastilina, de diversos colores, que se utiliza en escultura y como material educativo". Por último, la palabra *celo*, utilizada en el español peninsular para designar "un tipo de cinta adhesiva transparente", y que según el *DRAE* es un acortamiento y adaptación del inglés *cellotape*, de la marca registrada *Sellotape*®, nos proporciona otro ejemplo que ilustra la diversidad lingüística en el idioma. Para este tipo de objeto, el *DA* indica que el segundo elemento del término compuesto original, *tape*, es el que se utiliza en Cuba, Honduras, Nicaragua, Panamá y Puerto Rico. Sin embargo, en el mismo diccionario se señala que en estos y en otros países de Latinoamérica, Argentina, Bolivia, Chile, Costa Rica, Ecuador, Paraguay, Perú y Uruguay, este tipo de cinta adhesiva también se ha popularizado como *scotch*, de la marca registrada homónima *Scotch*®.

A partir de estos ejemplos, podemos comprobar que las marcas comerciales conforman un mecanismo más de creación e innovación léxica en la lengua. En este sentido, los medios de comunicación ejercen un papel fundamental, porque su influencia puede determinar que una palabra adquiera más de un significado, o que su uso se consolide en una o en varias zonas concretas del mundo hispanohablante.

---

**Actividad 22.** Aquí aparecen las definiciones adaptadas del *DRAE* de otros sustantivos que proceden de marcas registradas. Enlaza cada uno de los sustantivos con su significado.

rímel • celofán • lycra • fórmica • nailon • faria

| Definición | Neologismo |
|---|---|
| 1. Cigarro barato peninsular de tripa de hebra larga. | |
| 2. Tejido sintético elástico, utilizado generalmente en la confección de prendas de vestir. | |
| 3. Película transparente y flexible que se utiliza principalmente como envase o envoltura. | |
| 4. Material sintético de índole nitrogenada, del que se hacen filamentos elásticos, muy resistentes. | |
| 5. Cosmético para ennegrecer y endurecer las pestañas. | |
| 6. Conglomerado de papel impregnado y revestido de resina artificial, que se adhiere a ciertas maderas para protegerlas. | |

❷ Ahora identifica cuál es el género de cada uno de ellos y explica brevemente cómo se ha adaptado cada sustantivo de acuerdo con las normas ortográficas del español.

❷ Explica qué se puede comentar de cada uno de los siguientes ejemplos, y en su conjunto, teniendo en cuenta que se han extraído del *Diccionario de la lengua española* (*DRAE*) y del *Diccionario panhispánico de dudas* (*DPD*).

1. *ping-pong* (Ping-pong®, marca reg.) (*DRAE* 2014, 1715)
2. pimpón (*DRAE* 2014, 1713)
3. tenis de mesa (*DPD* 2005, 502)
4. pimponista – tenismesista – tenimesista (*DPD* 2005, 502)

---

**Actividad 23.** Según la Fundéu, estos son algunos términos recientes procedentes del inglés que han dado lugar a neologismos. Investiga cuál es el término equivalente en español y describe su proceso de transformación.

Modelo: *selfie* → *una autofoto*. Palabra compuesta por el prefijo griego *auto–* y el sustantivo femenino *foto*, acortamiento de la palabra fotografía que se ha formado siguiendo el esquema de, por ejemplo, la palabra *autorretrato*. Este neologismo se utiliza para hacer referencia a la fotografía que uno mismo se puede hacer con un aparato electrónico.

1. *blogger*
2. *to chat*

3. *freak*
4. *to google*
5. *multitasking*
6. *nomophobia*
7. *tablet*
8. *vaping*

❷ **¿Qué campo semántico crees que destaca en los préstamos lingüísticos del inglés? Busca al menos diez muestras de lengua representativas.**

✍ Puedes consultar el *Diccionario de neologismos on line*: http://obneo.iula.upf.edu/spes/.

❷ **Esta sección del capítulo indica que el *DRAE* (2014, 2184) recoge ya el verbo *tuitear*. Algunos hablantes comienzan a usar las adaptaciones de *Facebook* o *WhatsApp* como formas verbales. Con la base de los ejemplos anteriores, ¿cómo crees que se haría dicha adaptación fonológica y morfológicamente al español? Justifica tu respuesta.**

## 5. Las categorías gramaticales

Esta sección repasa las categorías gramaticales del español aunque, por motivos de espacio, solo analizaremos los aspectos morfológicos y gramaticales más relevantes de cada una de ellas. Esta información será útil para saber reconocer y etiquetar los elementos que pueden aparecer en una oración. A grandes rasgos, podemos clasificar las palabras en dos grandes grupos, como categorías léxicas y como categorías funcionales. Pertenecen a las **categorías léxicas** aquellas palabras con significado semántico o referencial, es decir, los sustantivos, *casa*; los adjetivos, *bonita*; los verbos, *hablamos*; y los adverbios, *tranquilamente*. Por otro lado, las **categorías funcionales** no poseen significado propiamente léxico, sino que adquieren dicho significado de manera relacional. Su función es principalmente gramatical, como las preposiciones, *en*; las conjunciones, *y*; los determinantes, *el*; y los pronombres, *yo*. Saber distinguir las características principales de estas categorías nos ayudará a identificar los diferentes tipos de palabras.

**Tabla 3.13** Las categorías gramaticales

| Categorías léxicas (clases abiertas) | Categorías funcionales (clases cerradas) |
| --- | --- |
| sustantivos | preposiciones |
| adjetivos | conjunciones |
| verbos | determinantes |
| adverbios | pronombres |

## 5.1. Categorías léxicas o clases abiertas

Todas las categorías léxicas (los sustantivos, los adjetivos, los verbos y los adverbios) son **clases abiertas**, o sea, su número en el lexicón del hablante puede seguir aumentando. Por ejemplo, ya hemos explicado los principales esquemas compositivos y procedimientos lingüísticos que operan en la formación de palabras, así como los procesos de prefijación y sufijación que dan lugar a la creación de nuevas unidades léxicas. También hemos mencionado que los neologismos y los préstamos lingüísticos constituyen una manera más de acrecentar el vocabulario. A continuación, describiremos brevemente las principales características gramaticales de las categorías léxicas o clases abiertas de palabras, para lo que mencionaremos algunos aspectos relacionados con su morfología.

a) Los **sustantivos** denotan personas, *niño*; animales, *gato*; objetos, *mesa*; o conceptos, *bondad*, además de sucesos, procesos o acciones. Pueden tener marca de género, masculino, *niño*, o femenino, *niña*, y de número, singular, *mesa*, o plural, *mesas*, tal como se explicó en secciones anteriores. En español hay cinco grandes grupos de sustantivos según su significado: animados (*pájaro*) e inanimados (*silla*); propios (*Juan*) y comunes (*amigo*); concretos (*ventana*) y abstractos (*amor*); individuales (*pino*) y colectivos (*pinar*); y no contables (*tierra*), medibles (*plata*) y contables (*libro*). Estas clasificaciones, que responden a criterios semánticos, nos ayudan a sistematizar los diferentes tipos de sustantivos en la lengua. Dichas categorías no son excluyentes, sino que identifican las diferentes características que puede poseer un mismo sustantivo.

b) Los **adjetivos** modifican, describen y concuerdan en género y número con el sustantivo al que acompañan, *los vecinos simpáticos, las vecinas simpáticas*. El adjetivo puede ir antepuesto al sustantivo, *un buen material* (que es de calidad), o pospuesto, *una persona buena* (que es bondadosa). Como vemos en los ejemplos, este hecho puede estar relacionado con el tipo de sustantivo al que modifica y tener además implicaciones directas sobre el significado que le atribuye. En ocasiones, la posición del adjetivo puede afectar también a su morfología, por ejemplo, con un adjetivo antepuesto con una forma apocopada en el masculino y en el femenino, *un gran proyecto, una gran idea*, o solamente en el masculino, *un buen/mal/primer/tercer proyecto*, pero que mantiene la forma plena del adjetivo en el femenino, ya sea antepuesto, *una buena/mala/primera/tercera idea*, o pospuesto, *una idea buena/mala/primera/tercera*.

Los adjetivos pueden seguir procesos de **sustantivación**, y adquirir así las mismas características que un sustantivo; por ejemplo, con un artículo a modo de **transpositor** que le permite ejercer las funciones propias de una categoría gramatical distinta, *Es un guatemalteco muy conocido*, en lugar de *Es guatemalteco*; *El azul es el que más me gusta*, en lugar de *El abrigo es azul*. También pueden sufrir procesos de **adverbialización**, mediante el uso de un adjetivo con valor adverbial como *alto, bajo, claro, fuerte, lento, rápido*; *Habla lento y claro para que te entendamos* → *Habla lenta y claramente* o, como hemos explicado anteriormente al hablar de la morfología derivativa, con el sufijo –*mente* a partir de la forma femenina del adjetivo, *rápida* → *rápidamente*. También, un adjetivo puede cambiar de categoría con una preposición que hace de transpositor y que transforma el adjetivo en un adverbio, como en algunas locuciones adverbiales, *Lo haré de nuevo* → *nuevamente*.

c) Los **verbos** hacen referencia a un proceso, una acción, una consecución o una condición. Pueden asimismo revelar existencia y también informar sobre un estado en relación con el sujeto de la oración. Las formas verbales conjugadas se componen de diferentes constituyentes morfológicos, es decir, la raíz, la vocal temática y las desinencias verbales. El verbo puede establecer las relaciones temporales en una oración mediante una forma simple, *hablo*, o compuesta, *he hablado*. Dentro del verbo, podemos mencionar también sus formas no personales: el **infinitivo**, *hablar*; el **gerundio**, *hablando*, y el **participio**, *hablado*. Se caracterizan porque son formas no flexivas, es decir, no poseen morfemas verbales de persona, número o modo; sin embargo, pueden funcionar como un sustantivo, *Correr es bueno para la salud*; un adverbio, *Bailando se le van a uno todas las penas*, o un adjetivo, *Llegado el momento, salió por la puerta*. Cuando la forma no personal del verbo equivale a una de estas categorías, adquiere asimismo las funciones propias de dichas categorías.

d) Los **adverbios** modifican principalmente al verbo y concretan o matizan su significado. En contraste con los adjetivos, son invariables y no poseen género ni número, *cerca, fabulosamente*; sin embargo, sí que admiten sufijación, como ocurre con el diminutivo *–ita, ahora > ahorita*, forma diminutiva del adverbio que se utiliza en algunas zonas del domino panhispánico como, por ejemplo, en el español de México. Cuando se relacionan dos adverbios terminados en *–mente*, ya sea de manera coordinada o comparativa, el primero de ellos se apocopa, por lo que se prescinde del sufijo, *lisa y llanamente*; *inesperada, pero oportunamente*; *más política que económicamente*; *tanto social como geográficamente*; *no solo lingüística, sino también extralingüísticamente* (García-Page 1991, 181). En función de su significado y características gramaticales, hay cuatro tipos principales de adverbios: **modales**, también llamados calificativos, que pueden expresar valores afirmativos (*cierto, claro, seguro, sí, también*, etc.), negativos (*apenas, jamás, nada, no, nunca, tampoco*, etc.) y dubitativos (*acaso, ojalá, puede, quizá(s)*, etc.); **determinativos**, de lugar (*aquí/acá, allí/allá, cerca, encima, fuera*, etc.), de tiempo (*ayer, ahora, entonces, hoy, siempre*, etc.) y de cantidad (*algo, más, menos, mucho, nada*, etc.); **relativos** (*como, cuando, donde, cuanto*), y **exclamativos** e **interrogativos** (*cómo, cuándo, dónde, cuánto, qué, por qué*). Por último, los adverbios terminados en *–mente* y las locuciones o frases adverbiales pueden expresar también diferentes significados o valores: tiempo (*al anochecer, al instante, antiguamente, recientemente*, etc.), lugar (*a lo lejos, desde cerca, por detrás*, etc.), afirmación (*desde luego, indudablemente, por supuesto, sin duda (alguna)*, etc.), negación (*en la/mi vida, nunca jamás*, etc.), duda (*a lo mejor, posiblemente, tal vez*, etc.), cantidad (*excesivamente, la mar de, por poco*, etc.) y modo (*al revés, a trancas y barrancas, en un santiamén, rápidamente*, etc.).

## 5.2. Categorías funcionales o clases cerradas

Las preposiciones, las conjunciones, los determinantes y los pronombres son categorías funcionales que constituyen **clases cerradas**, o conjuntos de palabras que no admiten la creación de otras nuevas. Así, el paradigma o conjunto de formas flexionadas de los pronombres tiene un número limitado; por ejemplo, todos los pronombres de sujeto, *yo, tú/vos, usted, él/ella, nosotros/nosotras, vosotros/vosotras, ellos/ellas, ustedes*. Como ya apuntábamos, estas categorías adquieren su significado de manera relacional y cumplen esencialmente una función gramatical.

a) Las **preposiciones** son partículas que modifican verbos, sustantivos o adverbios. Son invariables y no poseen marca de género ni de número. Preceden directamente a un sustantivo, *de madera, sin gas*, o al determinante que lo acompaña, *a la piscina, con sus amigos*. Son elementos relacionantes, no poseen contenido léxico propiamente dicho, y vienen seleccionados por los elementos de los que dependen, *Voy a Vitoria* pero *Voy en avión*. De esta forma, las preposiciones adquieren su valor semántico y funcional según las relaciones que establecen dentro de la oración.

Hay preposiciones compuestas de uno o varios elementos. Las principales preposiciones que constan de **un solo elemento** en español son *a, ante, bajo, cabe* (en desuso), *con, contra, de, desde, durante, en, entre, excepto, hacia, hasta, mediante, para, por, salvo, según, sin, so* (en desuso), *sobre* y *tras*. También hay preposiciones con **varios elementos** que se denominan **locuciones preposicionales**, en su mayoría expresiones de dos o más unidades y con una preposición en la parte final. Su función consiste igualmente en enlazar palabras dentro de la oración. Algunas de estas expresiones están relacionadas con los adverbios, *encima de, por encima de, debajo de,* etc., y otras locuciones preposicionales equivalen por su significado a una sola preposición, *a causa de* → *por, acerca de* → *sobre, con vistas a* → *para*, etc. La preferencia en el uso de una preposición simple o de una locución preposicional con un significado equivalente puede estar relacionada con el principio de economía lingüística, con los rasgos estilísticos propios del texto en cuestión o con la noción de registro.

b) Las **conjunciones** o **nexos** son elementos cuya función consiste en unir palabras u oraciones entre sí. Al igual que las preposiciones, son invariables, no poseen marca de género y número, y son elementos relacionantes. Sin embargo, a diferencia de las preposiciones, las conjunciones también pueden unir elementos que no dependen mutuamente. Esto es lo que sucede con las **conjunciones coordinantes**, que enlazan palabras u oraciones independientes que no dependen la una de la otra, y que sintácticamente se hallan al mismo nivel, *Me miró y me sonrió*. Las **conjunciones subordinantes**, en cambio, sirven de nexo de unión entre oraciones que sí dependen la una de la otra, oraciones subordinadas, o entre estas y una o varias palabras u oraciones, *No va a estar aquí porque tiene que ir a trabajar* (véase el capítulo 4 sobre sintaxis).

c) Los **determinantes** funcionan como actualizadores, es decir, determinan o presentan al sustantivo, de ahí que siempre lo precedan. Encontramos cinco tipos principales de determinantes: los **artículos**, determinados (*el, la*), o indeterminados (*un, una*); los **demostrativos** (*este, esa, aquellos*, etc.), que poseen una función deíctica que señala principalmente espacio o tiempo según el contexto; los **cuantificadores** (*algunas, otros, tres*, etc.), que indican cuántos elementos son, y dentro de este tipo los **intensificadores** o modificadores (*tan* o *muy*), que son partículas que pueden acompañar a un sustantivo, *tan/muy niño*, a un adjetivo, *tan/muy grande*, o a un adverbio, *tan/muy claramente*; los **posesivos** (*mi, nuestra*, etc.), que expresan pertenencia; y los **exclamativos** e **interrogativos** (*qué, cuánto, cuántas*, etc.), que manifiestan sentimientos en relación con el estado de ánimo o la emotividad subjetiva del hablante y con la naturaleza o cantidad del sustantivo. Como podemos apreciar en los ejemplos anteriores, el género y número son especialmente importantes en esta categoría gramatical, así como la concordancia que se establece con el sustantivo con el que siempre se presentan.

d) La principal función de los **pronombres** como categoría gramatical es sustituir o representar a los sustantivos en la lengua, y por eso podemos enumerar diversos pronombres que realizan funciones concretas en la oración. Por ejemplo, **personales**, *yo, tú/vos, me, te*, etc.; **posesivos**, *mío, nuestra*, etc.; **demostrativos**, *este, esa, aquellos*, etc.; **indefinidos** y **numerales**, *muchos, algunos, otros*, etc.; **exclamativos** e **interrogativos**, *qué, cuánto, quién*, etc.; y **relativos**, *que, cuanto, quien*, etc. Si bien es cierto que las formas de algunos pronombres coinciden con los determinantes, los pronombres sirven de actualizadores del sustantivo y siempre lo acompañan, *Esta casa es nueva*, mientras que los pronombres lo reemplazan, *Esta es más nueva que esa*. Los pronombres sustituyen a los sustantivos y pueden realizar las mismas funciones en la oración. Son formas deícticas, esto es, poseen un valor referencial y su significado viene determinado por el contexto en función del momento de la enunciación (véase el capítulo 5 sobre semántica y pragmática).

**Actividad 24. Determina a qué categoría gramatical pertenece cada una de las palabras que aparecen en cursiva en las siguientes oraciones.**

Modelo: He comprado un *cuadro*. → *sustantivo*

1. *Mañana* saldremos de casa muy temprano.
2. Tenemos *muchas* opciones.
3. Ese libro no es *nuestro*.
4. ¿Vienes *o* vas?
5. *Hacía* tanto calor que no podía respirar.
6. Ese regalo era *para* ti.
7. Los estudiantes tienen un *nuevo* examen.
8. Salimos *hacia* Mérida esta noche.
9. *Quito* es una ciudad muy grande.
10. ¿De verdad es *mío*?
11. *Con* tantos regalos no puedo entrar en casa.
12. Es *muy* alto.
13. Tendremos que cambiar *esta* ventana.
14. Cuando llego a casa me *quito* siempre los zapatos.
15. Se paró *ante* la puerta.
16. El jueves *pasado* tuve un accidente.
17. Pedro quiere un libro nuevo de *aventuras*.
18. El niño de *mi* vecina es rubio.
19. *Vamos* al cine.
20. Llegaremos por la *mañana*.
21. Saldremos *de* esta.
22. Saldremos de *esta*.
23. Me entregó *los* documentos en un sobre cerrado.
24. Me he comprado unas botas de *ante*.
25. La puerta estaba *abierta*.

## 6. Morfología flexiva nominal y verbal

Al comienzo del capítulo explicábamos que los morfemas flexivos son afijos que no inciden en el significado primario o nocional de una palabra, es decir, no crean palabras a partir de otras, sino que contribuyen a formar su paradigma o conjunto de formas flexivas o accidentes gramaticales. A continuación, presentaremos brevemente algunos de los afijos flexivos del español tomando como referencia las nociones de género y número en relación con la morfología flexiva nominal. Después explicaremos cómo funciona la morfología flexiva verbal, prestando atención a cómo la estructura de la palabra alberga los componentes verbales de número, persona, tiempo, modo y aspecto. Con ello analizaremos las categorías léxicas principales: el sustantivo, categoría que define el significado esencial de un enunciado, y el verbo, elemento imprescindible para configurar una oración.

### 6.1. La noción de género

La noción de género masculino o femenino en español es fundamentalmente gramatical, a excepción de los sustantivos en los que el género se corresponde con la especificación sexual de la realidad extralingüística a la que se hace referencia, *el niño/la niña*. En los sustantivos que no designan seres sexuados no existe correspondencia entre el género y los objetos o conceptos a los que se alude, y por ello el género es meramente casual en muchas palabras, como en los ejemplos *el puente, la fuente*.

Aunque un alto porcentaje de sustantivos que terminan en –*a* son femeninos y en –*o* masculinos, esta regla no se puede generalizar, porque existen excepciones incluso en palabras de uso común como *la mano* o *el mapa*. Sin embargo, sí que encontramos diferentes sufijos que nos indican un género determinado. Por ejemplo, los sustantivos terminados en –*dad*, –*ción* o –*sión* siempre son femeninos, como vemos en *la felicidad, la canción* o *la tensión*. Resulta más complicado delimitar la noción de género con algunos sufijos que comparten un mismo origen etimológico. Así, muchos sustantivos que terminan en –*ma*, –*ama*, –*ema*, –*ima*, –*oma*, –*uma*, y que suelen proceder del griego, tienden a ser masculinos a pesar de terminar en –*a*, *el magma, el programa, el lema, el clima, el genoma, el trauma*, etc. Sin embargo, también encontramos algunas excepciones, *la broma, la cima, la diadema*, etc., aunque un gran porcentaje de palabras cumplen estas dos características, la etimológica y la de la terminación.

Cabe mencionar además que la noción de género no es siempre estática, sino que un mismo sustantivo puede variar en cuanto a su género o puede acabar empleándose con ambos, transcurrido cierto tiempo. Por ejemplo, algunas profesiones que contienen el sufijo –*ista* han pasado hoy día a presentar ambos géneros, *el/la accionista, el/la artista, el/la taxista*. Otros sustantivos como, por ejemplo, los que contienen el sufijo –*nte* han permanecido invariables, *el/la cantante, el/la estudiante*, mientras que otras palabras con esta misma terminación han ampliado su género para acomodarse a la realidad social, como ilustran los ejemplos *el presidente/la presidenta* o *el cliente/la clienta*. Debemos recordar además la importancia de la noción de género respecto a la concordancia dentro de la oración. En el caso de los sustantivos que no tienen variación formal para marcar cada género, los adjetivos y los determinantes variarán según el sustantivo al que modifican, contribuyendo así a establecer las relaciones de concordancia, como se puede apreciar en las oraciones *Me gusta más esta cantante*; *Hoy no he visto a la estudiante que conoces*.

Como vemos, hay diferentes características en relación con la noción de género y su morfología. Por lo tanto, este aspecto de la lengua suele revestir dificultad para un hablante de español como L2, a causa de las relaciones de concordancia que se establecen en la oración. Una manera útil de sistematizar la noción de género en español consiste en tener como punto de partida los distintos afijos en cuanto a dos tipos de sustantivos: inanimados y animados.

### 6.1.1. Género de los sustantivos inanimados

Explicamos ahora las regularidades que sirven para sistematizar las características comunes de los sustantivos inanimados en relación con la noción de género.

a) Como norma general, los sustantivos que terminan en –*o* suelen ser masculinos, *el pañuelo, el techo, el vuelo*, y en –*a* femeninos, *la lámpara, la plaza, la ventana*. No obstante, los siguientes sustantivos que terminan en –*o* y en –*a* constituyen excepciones a esta generalización:

   – Sustantivos femeninos que terminan en –*o*: *la dinamo, la libido, la mano, la radio* (posible uso como *el radio* en algunas zonas del dominio panhispánico). Ya se mencionó en la

sección sobre la formación de palabras que algunos sustantivos femeninos acabados en
–o son acortamientos de las palabras originales, *la biblio* (*la biblioteca*), *la disco* (*discoteca*), *la foto* (*fotografía*), *la moto* (*motocicleta*), etc.

- Sustantivos masculinos que terminan en –*a*. Inanimados: *el cava, el chachachá, el día, el insecticida, el mapa, el planeta, el tequila* (también *la tequila* en algunas zonas del dominio panhispánico), *el yoga*, etc. En algunos casos tiene que ver con la asociación que se establece con el término genérico: *el sida* (*el síndrome*), *el zika* (*el virus*). Animados: el artículo sirve para distinguir la correspondencia de género con la realidad extralingüística cuando se refiere a un ser animado, como en *el/la azteca, el/la camarada, el/la inca, el/la maya, el/la quechua*, etc.

- Sustantivos masculinos terminados en –*ama* / –*ma*, –*ema*, –*ima*, –*oma* y –*uma*, y que en su gran mayoría proceden del griego:
  –*ama* / –*ma*: *el drama, el panorama, el programa, el carisma, el enigma, el sintagma*, etc.
  –*ema*: *el esquema, el fonema, el morfema*, etc.
  –*ima*: *el clima*, etc.
  –*oma*: *el aroma, el idioma, el síntoma*, etc.
  –*uma*: *el puma, el trauma*, etc.

Sin embargo, otros sustantivos que acaban en –*ma* y que pueden compartir el mismo origen etimológico son femeninos: *la broma, la cima, la diadema, la gama, la rima*, etc.

b) Los sustantivos que terminan en –*e*, –*i*, –*u*, o en **consonante**, ya sean inanimados o animados, pueden ser masculinos o femeninos sin que se pueda sistematizar el género de manera general: *la leche, el ajilimójili, la tribu*, etc.

c) Suelen ser masculinos los sustantivos terminados en –*aje*, –*ambre*, –*án*, –*or* o en una **vocal tónica**: *el paisaje, el calambre, el refrán, el dolor, el colibrí, el rubí, el champú, el menú*, etc.

d) Son masculinos los sustantivos que pertenecen a las siguientes categorías léxicas:

- Los nombres de océanos, lagos, ríos y montañas: *el Pacífico, el Titicaca, los Andes, el Aconcagua*, etc.
- Los días de la semana: *el lunes, el martes, el miércoles*, etc.
- Los números: *el cero, el uno, el veinte, el cien*, etc.
- Los colores: *el rojo, el azul, el amarillo, el verde, el blanco, el negro, el violeta, el naranja*, etc.
- Los nombres de vinos: *el albariño, el jerez, el rioja*, etc.
- Los nombres de equipos deportivos: *el Club Atlético Guayaquil, el Barça, el Boca Juniors*, etc. Aunque pueda haber alguna excepción que toma el género de su sustantivo genérico, *la Real Sociedad*.

e) Son femeninos los sustantivos terminados en –*cia*, –*ción*, –*dad*, –*eza*, –*ie*, –*itis*, –*nza*, –*sión*, –*tad*, –*tud*, –*umbre*: *la ciencia, la acción, la universidad, la certeza, la intemperie, la peritonitis, la confianza, la alusión, la lealtad, la altitud, la muchedumbre*, etc. También la mayor parte de los sustantivos terminados en –*sis*: *la crisis, la simbiosis, la tesis*, etc. Excepciones: *el análisis, el chasis, el énfasis, el éxtasis, el oasis, el paréntesis* y *el Génesis* (el libro del Antiguo Testamento), pero *la génesis* (origen o comienzo de algo).

f) Son femeninos los sustantivos que pertenecen a las siguientes categorías léxicas:

- Los nombres de islas: *las (islas) Galápagos, las Antillas, las Malvinas*, etc.
- Los nombres de carreteras: *la M30, la (carretera) Panamericana, la 695*, etc.
- Los nombres de las letras del alfabeto: *la (letra) efe, o, eme, eñe*, etc.

g) **Sustantivos con ambigüedad genérica**. El uso de un género u otro puede estar relacionado con una variedad diatópica o geográfica, con un contexto sociolingüístico concreto o con la noción de registro en el caso del lenguaje poético. He aquí algunos ejemplos representativos:

- *el mar / la mar* → Más habitual en masculino aunque en femenino aparece normalmente en contextos poéticos o en función de un contexto sociolingüístico determinado. Nótese que en plural solamente se emplea el masculino *los mares*.
- *el maratón / la maratón* → Tradicionalmente se utilizaba solamente la forma masculina, pero la RAE ha admitido recientemente también la femenina.
- *el calor / la calor* → Existe un uso mayoritario del masculino, aunque todavía se puede oír con el género femenino en algunas zonas del dominio panhispánico, por ejemplo, en el dialecto andaluz.
- *el azúcar moreno / la azúcar blanquilla* → El uso del género tiene que ver, como norma general, con la preferencia personal por parte del hablante.
- *el sartén / la sartén* → El uso de la palabra con género femenino es bastante común aunque en el Caribe y en algunos países de Centroamérica, por ejemplo, se ha extendido el uso en el masculino. El *DRAE* lo recoge como femenino mientras que el *DA* lo incluye como masculino.
- *el arte / las artes* → Aunque ocasionalmente también se pueda encontrar con la forma femenina, se suele utilizar en masculino en singular y en el femenino en plural: *el arte abstracto, el museo de bellas artes*, etc.

Si consideramos el plural de algunos de los sustantivos ambiguos, sus particularidades genéricas se complican en algunos casos. Como norma general, suele haber correspondencia en el plural con el género o géneros más habituales del singular, *el/la agravante, los agravantes* (más utilizado en el masculino); *el/la atenuante, los atenuantes* (más utilizado en el masculino); pero no siempre es así, *el/la interrogante, los/las interrogantes* (ampliamente utilizado con ambos géneros). Como vemos, algunos sustantivos emplean ambos géneros en el singular, aunque para el plural se prefiera solamente un género concreto y, en otras ocasiones, ambos géneros pueden alternar en el plural. Por esta razón, se recomienda consultar el *Diccionario panhispánico de dudas* (*DPD*) o el Corpus de Referencia del Español Actual (CREA) y el Corpus del Español del Siglo XXI (CORPES XII), entre otros.

h) **Sustantivos homónimos**. Son situaciones especiales en que el cambio de género en un mismo sustantivo apunta un significado distinto, frecuentemente a causa de la evolución de la lengua. Por ejemplo, algunos sustantivos terminados en –a y –o que denotan diferente tamaño, propósito o uso, o que no guarda relación aparente. Aunque algunos de estos términos han podido caer en desuso, muchos continúan identificando distintos significados que pueden estar relacionados etimológicamente:

- Objetos relacionados por su tamaño: *el cuchillo* (tamaño más grande: *un cuchillo de cocina*), *la cuchilla* (tamaño más pequeño: *una cuchilla de afeitar*). Otros ejemplos: *el bolso, la bolsa; el cesto, la cesta*, etc.
- Objetos relacionados por su uso: *el anillo* (para llevar en un dedo), *la anilla* (para sujetar algo; *unas anillas para colgar unas cortinas*). Otros ejemplos: *el barco, la barca; el jarro, la jarra*, etc.
- Objetos sin una relación aparente, pero que podrían tenerla desde el punto de vista etimológico o metafórico: *el puerto* (de entrada por mar), *la puerta* (de entrada a una casa). Otros ejemplos: *el bando, la banda; el cuadro, la cuadra*, etc.

– Sustantivos terminados en *–a* y *–o* para distinguir un árbol de su fruto: *el almendro, la almendra; el cerezo, la cereza; el manzano, la manzana; el naranjo, la naranja; el olivo, la oliva*, etc.

Aunque hay excepciones, esta sección nos muestra que aspectos como la terminación de un sustantivo, la categoría léxica a la que pertenece y su etimología nos pueden ayudar a sistematizar la noción de género de los sustantivos inanimados.

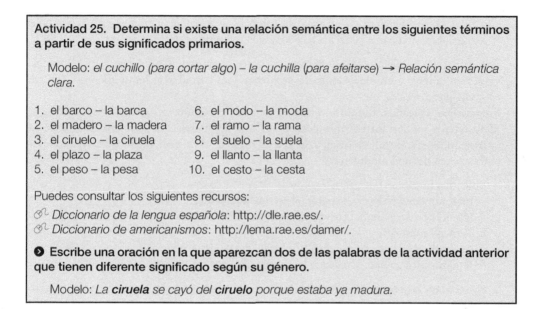

**Actividad 25.  Determina si existe una relación semántica entre los siguientes términos a partir de sus significados primarios.**

Modelo: *el cuchillo (para cortar algo) – la cuchilla (para afeitarse)* → *Relación semántica clara.*

1. el barco – la barca
2. el madero – la madera
3. el ciruelo – la ciruela
4. el plazo – la plaza
5. el peso – la pesa

6. el modo – la moda
7. el ramo – la rama
8. el suelo – la suela
9. el llanto – la llanta
10. el cesto – la cesta

Puedes consultar los siguientes recursos:

⊘ *Diccionario de la lengua española*: http://dle.rae.es/.
⊘ *Diccionario de americanismos*: http://lema.rae.es/damer/.

❱ **Escribe una oración en la que aparezcan dos de las palabras de la actividad anterior que tienen diferente significado según su género.**

Modelo: *La **ciruela** se cayó del **ciruelo** porque estaba ya madura.*

## 6.1.2. Género de los sustantivos animados

El género de los sustantivos animados también se puede clasificar en función de su morfología y significado.

a) El femenino de los sustantivos animados que terminan en *–o, –e*, o en **consonante** cambia por lo general de *–o > –a*, de *–e > –a* o añade una *–a* al final de la consonante: *niño, niña; jefe, jefa; profesor, profesora; burro, burra; elefante, elefanta; león, leona*, etc.
b) Algunas terminaciones típicas de sustantivos femeninos animados son *–esa, –ina, –isa, –triz*: *conde, condesa; tigre, tigresa; rey, reina; gallo, gallina; poeta, poetisa* (también posible: *la poeta); emperador, emperatriz*, etc.
c) En otros casos existen **sustantivos heterónimos** en los que el género se indica con un vocablo distinto: *padre, madre; varón, hembra; caballo, yegua; toro, vaca*, etc.
d) El género de otros **sustantivos comunes** animados se puede expresar sin que varíe su forma, esto es, mediante el artículo que le acompaña u otros elementos de concordancia como los adjetivos. Suelen ser sustantivos que se emplean para identificar una profesión, el desarrollo de una actividad o la pertenencia a una afiliación política, a una cultura concreta, a un grupo religioso, etc. El artículo sirve para distinguir la correspondencia de género con la realidad extralingüística:

–a: *el/la atleta, el/la azteca, el/la burócrata, el/la colega, el/la inca, el/la maya, el/la quechua*, etc.

–e: *el/la cantante, el/la estudiante, el/la representante*, etc.

–ista: *el/la budista* (religión); *el/la periodista* (profesión); *el/la socialista* (afiliación política); *el/la turista* (actividad). También puede haber algunas excepciones: *el modisto / la modista.*

–o: *el/la soprano, el/la testigo*, etc.

–consonante: *el/la joven, el/la mártir*, etc.

–arca: *el jerarca, el monarca, el oligarca, la parca, el patriarca, la matriarca*, etc. Todas ellas son palabras con carga genérica respecto a su referente extralingüístico.

Aunque todavía pueda existir alternancia entre algunos hablantes, se han ido incluyendo en la lengua un mayor número de profesiones con el afijo femenino –a: *María es abogada, jueza, médica*, etc.

e) **Sustantivos epicenos.** El término epiceno significa "común" en griego y se aplica para identificar a los sustantivos que poseen un único género, independientemente de la correspondencia extralingüística con que aparezcan. Por esta razón pueden designar ambos sexos de modo indistinto.

- Epicenos (personas):
  - masculinos: *el cadáver, el emisor, el personaje, el vástago*, etc.
  - femeninos: *la criatura, la pareja, la persona, la víctima*, etc.
- Epicenos (animales):
  - masculinos: *el caracol, el mosquito, el pingüino, el rinoceronte*, etc.
  - femeninos: *la ardilla, la ballena, la hormiga, la serpiente*, etc.

La concordancia con este tipo de sustantivos se debe hacer con la expresada por el género del sustantivo y no con el referente real.

*La víctima, un señor de avanzada edad, fue* **trasladada** *al hospital.*
*\*La víctima, un señor de avanzada edad, fue trasladado al hospital.*

Cuando uno de estos sustantivos se refiere a un animal, se puede añadir *macho* o *hembra* para especificar el género: *el rinoceronte hembra, la ballena macho*. Cabe mencionar que la concordancia de número no se pluraliza; por ejemplo, *Las ballenas macho se alimentan de plancton*, no *\*las ballenas machos*.

Aunque la noción de género se puede sistematizar de manera bastante clara bajo criterios tanto semánticos como morfológicos, hay que recordar que pueden existir diferencias entre algunos hablantes. Por ejemplo, algunos sustantivos se emplean con uno u otro género en ciertas variedades dialectales. En otros lugares en los que el español se encuentra en contacto con otras lenguas o tuvo un mayor número de hablantes en el pasado, como en las Filipinas, se produce un uso atípico del género en algunos de los sustantivos de origen griego mencionados en este capítulo (véase Quilis y Casado-Fresnillo 2008). Por lo tanto, se recomienda tener siempre presentes las peculiaridades dialectales con respecto al género en distintas zonas del mundo hispanohablante (véase el capítulo 7 sobre variación lingüística).

Actividad 26. Imagina que le tienes que explicar la noción de género a un estudiante de español como L2. ¿Qué regla le darías como estrategia para recordarlo? Fíjate en el ejemplo.

|  | Género(s) | Sustantivo | Regla |
|---|---|---|---|
|  | masculino | verde | Es masculino porque es el nombre de un color. |
| 1. |  | costumbre |  |
| 2. |  | genoma |  |
| 3. |  | azafrán |  |
| 4. |  | periodista |  |
| 5. |  | equipaje |  |
| 6. |  | jueves |  |
| 7. |  | cantidad |  |
| 8. |  | jerez |  |
| 9. |  | víctima |  |
| 10. |  | Real Madrid |  |
| 11. |  | ventilador |  |
| 12. |  | esperanza |  |
| 13. |  | tema |  |
| 14. |  | Amazonas |  |
| 15. |  | hache |  |
| 16. |  | siete |  |
| 17. |  | realeza |  |
| 18. |  | M40 |  |
| 19. |  | hipnosis |  |
| 20. |  | enjambre |  |

❯ Ahora añade tú un ejemplo con las mismas características genéricas que los sustantivos anteriores.

### 6.1.3. Concordancia atípica de género por eufonía

En español se observa un fenómeno de concordancia atípica por eufonía en la que un sustantivo femenino va acompañado por un artículo masculino, *el/un*, en su forma singular, *el/un área*, pero femenino, *las/unas*, en el plural, *las/unas áreas*. Pese a ser en origen un artículo femenino, adoptó la forma masculina al pasar al castellano ILLA ACQUA > *el agua*. Según la RAE, este hecho se explica por razones de fonética histórica o por **eufonía**, palabra griega que significa *armonía*, ya que con ello se busca una dicción con una sonoridad agradable al combinar ciertos elementos acústicos de las palabras. Dicha concordancia suele provocar confusión entre los hablantes de español como L2 e incluso entre los hablantes nativos, puesto que se da en algunos sustantivos de uso común.

Este fenómeno se produce en el singular de los **sustantivos femeninos que comienzan por** *a*– **tónica**, *el/un acta*, *el/un agua*, *el/un área*, *el/un aula*, etc. (nótese la concordancia adjetival, *el/*

*un agua clara, el/un área metropolitana, el/un aula magna*, etc.), y en los **sustantivos que comienzan por ha– tónica**, *el/un habla, el/un hacha, el/un hada, el/un hambre*, etc. (nótese igualmente la concordancia adjetival, *el/un habla uruguaya, el/un hada madrina, el/un hambre tremenda*, etc.). En el plural, estos sustantivos respetan la norma general de concordancia tanto con los adjetivos como con los artículos, *el/un agua clara > las/unas aguas claras; el/un habla andaluza > las/unas hablas andaluzas*. Aunque a simple vista pueda parecer lo contrario, estos sustantivos son femeninos y, como se advierte en los ejemplos anteriores, la concordancia adjetival se debe llevar a cabo de manera correspondiente tanto en el singular como en el plural.

Cuando **se antepone un adjetivo** a uno de estos sustantivos, por ejemplo, en un contexto poético, la concordancia con el artículo es la habitual para los sustantivos femeninos, *la fría agua, la bienintencionada hada*. Esta regla afecta solamente a los sustantivos, por lo que cuando a un sustantivo se le antepone un adjetivo que empieza por *a–* o *ha–*, la concordancia se hace en el femenino, *la ácida naranja, la árida estepa*. Las únicas excepciones al uso del artículo masculino en el singular con estos sustantivos que comienzan por *a–* o *ha–* tónicas aparecen en los nombres propios femeninos cuando van introducidas por un artículo, *la Ana, la Ángela*, etc., por ejemplo, en el habla coloquial o como parte de una variedad dialectal, como sucede en el español de Chile (véase el capítulo 7 sobre variación lingüística). También es necesario el artículo femenino en los sustantivos invariables animados para distinguir el género, *el/la árabe*; en las letras del abecedario, dado que se sobrentiende el sustantivo, *la (letra) a, la (letra) hache, la (letra) alfa*, etc., y en las siglas que comienzan por *a–* tónica y son sustantivos femeninos, *la AMPA* (*Asociación de Madres y Padres de Alumnos*).

La **concordancia con los demostrativos** de los sustantivos que empiezan por *a–* o *ha–* tónicas suele inducir a error a los hablantes nativos (L1) por motivos de ultracorrección. El hablante establece una analogía con la concordancia atípica descrita arriba con los artículos en singular, y aplica el género masculino para otras categorías funcionales como los pronombres demostrativos *este, esta, ese, esa, aquel, aquella*. De ahí que, por ejemplo, la forma correcta del dicho popular *Nunca digas de esta agua no beberé* sea con su correspondiente femenino y no masculino, *\*Nunca digas de este agua no beberé*, aunque también se haya podido popularizar esta última variante debido a la confusión sobre la concordancia. Esto se aplica también a los cuantificadores, algo que suele provocar errores típicos de concordancia para los hablantes de L1, aunque en algunos casos también se pueda deber a un uso dialectal, *\*Tengo mucho hambre → mucha hambre, \*La conferencia es en otro aula → otra aula, \*Pon todo el agua → toda el agua*.

---

**Actividad 27.  En las siguientes oraciones, excepto en una, se esconde un error relacionado con la concordancia de género por eufonía. Corrígelas e identifica la única oración correcta.**

1. Todavía no he recibido la acta de la reunión. Voy a llamar a la oficina para ver si está allí.
2. Si echas todo el agua en la botella, seguro que no va a caber.
3. Subimos hasta la cima de la montaña y vimos una águila que estaba haciendo un nido.
4. Creo que la reunión es en una aula que está en el otro edificio.
5. En esta época del año, no apetece nada bañarse en el frío agua invernal.
6. Me han dicho que el AMPA (Asociación de Madres y Padres de Alumnos) se va a reunir la semana que viene.
7. En este almacén no caben las cajas con las hachas que hemos comprado para los leñadores.
8. Dicen que en ese área de la ciudad el precio de la vivienda es más barato.

## 6.2. La noción de número y la formación del plural

En español existen tres morfemas de número. El más habitual es el **morfema –s**, que se añade generalmente para formar el plural de las palabras que terminan en vocal, *la casa, las casas*. Las palabras que acaban en consonante añaden normalmente el **morfema –es** para formar el plural, *el papel, los papeles*, a menos que esta consonante sea una *s*, caso en el que se le añade un **morfema cero –Ø** siempre y cuando se encuentre en una sílaba átona, *el lunes/los lunes*. Es importante recordar que la ausencia de morfema de plural se denomina *morfema cero* y su utilización sigue unas determinadas reglas. Por ejemplo, cuando una palabra termina en –s y la vocal que la precede es átona, *el/los jueves, el/los matamoscas*. Veamos algunos ejemplos de los morfemas de plural en español:

- Morfema –s: *la casa > las casa–s, la calle > las calle–s, el gato > los gato–s*
- Morfema –es: *la pared > las pared–es, el animal > los animal–es, el mes > los mes–es, el inglés > los ingles–es*
- Morfema –Ø: *el lunes > los lunes–Ø, el cumpleaños > los cumpleaños–Ø, la dosis > las dosis–Ø*

Aunque *lunes* e *inglés* terminan en *s*, solamente *lunes* recibe el morfema cero, *el lunes > los lunes–Ø*. En la palabra *inglés* la vocal que precede a la –s es tónica, *el inglés > los ingleses*, y por eso adopta el sufijo *–es*. Como ya vimos en el caso del género, debemos recordar que los determinantes y los adjetivos que acompañan o modifican a un sustantivo también concuerdan en número. Con los determinantes, debemos tener en cuenta además que poseen su propio paradigma, y que algunos de los masculinos presentan formas propias que no siguen estas reglas, como en los casos de *el > los* o *este > estos*.

La noción de número se puede sistematizar en español a partir de rasgos vinculados a la morfología y el acento prosódico de la palabra.

a) Los **morfemas más habituales** para formar el plural son –s, para sustantivos que terminan en vocal átona, y –es, para sustantivos terminados en una consonante distinta a –s. Sin embargo, en la formación del plural existen algunas peculiaridades en función de los rasgos de la palabra:

- Regla general del plural: *la plaza > las plaza–s; el techo > los techo–s; la cantidad > las cantidad–es*. Nótese aquí el cambio en la acentuación desde el punto de vista ortográfico: *el examen > los exámen–es; el inglés > los ingles–es; el régimen > los regímen–es; el espécimen > los especímen–es*.
- Cambio ortográfico z > c: *la luz > las luc–es; el pez > los pec–es*.
- Los sustantivos que terminan en las vocales tónicas –á, –é u –ó forman el plural añadiendo –s a la forma singular: *el sofá > los sofá–s; el té > los té–s; el dominó > los dominó–s*.
- Los sustantivos con final en la vocal tónica –í forman el plural añadiendo –es al singular: *el rubí > los rubí–es; el maniquí > los maniquí–es; el/la israelí > los/las israelí–es*. Sin embargo, en algunos sustantivos el morfema –s es más habitual: *el bisturí > los bisturí–s; el esquí > los esquí–s*.
- Los sustantivos terminados en la vocal tónica –ú forman el plural con los morfemas –s o –es en función del sustantivo en cuestión: *el menú > los menú–s; el iglú > los iglú–es, los iglú–s; el/la hindú > los/las hindú–es, los/las hindú–s*.

- Los sustantivos que terminan en *–s* o *–x* forman el plural en *–es* cuando la última sílaba es tónica, *el autobús > los autobus–es*, y no varían cuando las sílabas tónicas son la penúltima o la antepenúltima, *la tesis > las tesis–Ø*. En este caso el artículo u otras marcas de concordancia, como, por ejemplo, las de los adjetivos, son las que muestran el número del sustantivo: *el fax > los fax–es*; *el tórax > los tórax–Ø*.
- Los sustantivos con final en *–y* forman el plural con el morfema *–es*: *la ley > las ley–es*; *el rey > los reyes*. No obstante, algunos préstamos de otras lenguas pueden formar el plural con el morfema *–s*: *el jersey > los jerséi–s*.
- El plural del nombre de las vocales se forma con el morfema *–es* mientras que el de los nombres de las consonantes se construye con *–s*: *la o > las o–es*; *una jota > dos jota–s*.

b) **Sustantivos que representan una colectividad pero se suelen usar en singular**, tal como indica la concordancia del sustantivo con el artículo en singular. También aparecen en singular los nombres propios, así como el nombre de algunas disciplinas o áreas del saber:

- Nombres colectivos: *la armada, la comunidad, la gente, el grupo, el mundo, la nación, el público, el pueblo, la sociedad*, etc.
  *El grupo era muy numeroso.*
  *El público llenaba las gradas.*
- Nombres de determinados fenómenos o áreas del saber: *el caos, el cosmos, la gimnasia, la química, la salud, la sed*, etc. Excepción: *las matemáticas*.
- Nombres propios: *América, Asia, África, Europa, Oceanía*, etc. Excepción: *las Américas*.

c) **Sustantivos que expresan una composición de dos o más partes**, o de varios elementos, y que se emplean en plural: *los alrededores, las arras, los comicios, las nupcias, las vacaciones, los víveres*, etc.
Sin embargo, otros sustantivos se presentan en su forma singular aunque posean este mismo rasgo: *la gafa > las gafas*; *el pantalón > los pantalones*; *la tijera > las tijeras*, etc.

d) **Sustantivos terminados en *–s***, como, por ejemplo, los días de la semana con esta terminación, algunas herramientas, animales, aparatos, utensilios o prendas de ropa, determinadas profesiones, o rasgos de la personalidad de un individuo, etc., que añaden un morfema cero *–Ø* y no varían en su forma singular o plural. El artículo, u otros elementos de concordancia, determinan la noción de género del sustantivo en función del contexto:

- Los días de la semana: *el lunes, el martes, el miércoles, el jueves* y *el viernes*. Excepciones: *el/los sábado–s, el/los domingo–s*.
- Otros sustantivos similares: *el abrelatas, el/la astronauta, el/la cantamañanas, el/la cazatalentos, el ciempiés, el cumpleaños, el guardabarros, el/la guardacostas, el/la guardaespaldas, el lavavajillas, el limpiaparabrisas, el matamoscas, el montacargas, el paraguas, el paracaídas, el pasamontañas, el pisapapeles, el portaviones, el quitamanchas, el rascacielos, el sacacorchos, el saltamontes, el (chaleco) salvavidas, el tragamonedas* o *tragaperras (Esp.)*, etc.

e) Hay numerosas **locuciones que solamente se usan en su forma plural**: *a duras penas, a oscuras, a solas, a trancas y barrancas, de veras, de buenas a primeras, de rodillas, en brazos, por las buenas* o *por las malas*, etc.

f) **El plural de los préstamos lingüísticos** o palabras de origen extranjero que se han adaptado fonéticamente o que se han mantenido sin variación alguna, va en función de la forma que se haya consolidado como la más idónea por parte de los hablantes. Algunos sustantivos respetan la estructura de los morfemas habituales del español, pero otros no:

 – Los que terminan en vocal suelen añadir el morfema –s: *el chalé* > *los chalé–s*; *la boutique* > *las boutique–s*.
 – Los que terminan en –*d*, –*l*, –*n*, –*r*, –*s*, –*x* o –*z* (–*s* y –*x* en palabras que llevan el acento tónico en la última sílaba) suelen añadir el morfema –*es*: *el eslogan* > *los eslógan–es*; *el esmoquin* > *los esmóquin–es*; *el yogur* > *los yogur–es*.
 Sin embargo los préstamos lingüísticos o extranjerismos que terminan en una consonante diferente de las anteriormente mencionadas añaden el morfema –*s*: *el anorak* > *los anorak–s*; *el ballet* > *los ballet–s*; *el bistec* > *los bistec–s*; *el entrecot* > *los entrecot–s*. La RAE hace recomendaciones sobre algunos de estos sustantivos de uso común como, por ejemplo, *clubes* como plural de *club* o *sándwiches* como el de *sándwich*.

g) Los **sustantivos de origen latino** no suelen cambiar en su forma plural; sin embargo, las adaptaciones de algunas de estas palabras sí que lo hacen siguiendo la regla general de la formación del plural: *el/los memorándum*; *el memorando* > *los memorandos*.

---

**Actividad 28. Decide cuál es el morfema apropiado para la formación del plural (–s, –es o *cero –Ø*) de los siguientes sustantivos. Añade una breve justificación como en el ejemplo.**

|     | Singular | Morfema | Plural | Justificación |
|-----|----------|---------|--------|---------------|
|     | *la sala* | *–s* | *las salas* | *termina en vocal átona* |
| 1.  | el lunes |  |  |  |
| 2.  | la hoz |  |  |  |
| 3.  | el alhelí |  |  |  |
| 4.  | el abrebotellas |  |  |  |
| 5.  | el ballet |  |  |  |
| 6.  | el yogur |  |  |  |
| 7.  | el currículum |  |  |  |
| 8.  | el autobús |  |  |  |
| 9.  | la crisis |  |  |  |
| 10. | el buey |  |  |  |

❱ **Ahora identifica al menos otras cinco palabras que forman el plural añadiendo el morfema –s, –es o *cero –Ø*.**

❱ **¿Cómo le explicarías a un estudiante de español como L2 la diferencia en la formación del plural de las palabras *el fax* > *los faxes* y *el tórax* > *los tórax*? Justifica tu respuesta.**

## 6.3. Características morfológicas del verbo

Como categoría léxica, el verbo hace referencia a un proceso, una acción o una consecución. Puede asimismo denotar existencia y también informar sobre un estado en relación con el sujeto de la oración. Se compone de varios **constituyentes morfológicos**, la raíz, la vocal temática y las desinencias verbales, así como de numerosas variaciones flexionales ya sean simples, *hablo*, o compuestas, *he hablado*.

Al igual que sucede con el sustantivo, el verbo posee una raíz, que es el morfema léxico que indica su significado esencial, *habl–* (*hablar*). Las **desinencias verbales**, también llamadas **morfemas desinenciales**, son morfemas gramaticales unidos a la raíz del verbo y que expresan los significados de modo, tiempo, número y persona. En la siguiente tabla vemos cómo las formas conjugadas se pueden descomponer en distintos constituyentes morfológicos bajo el esquema **Verbo → Raíz + Vocal temática + Desinencias**.

**Tabla 3.14** Elementos constituyentes de las formas conjugadas del verbo

| Conjugación | Forma conjugada | Raíz | Vocal temática | Desinencia | Desinencia |
|---|---|---|---|---|---|
| 1ª | *hablaban* | habl– | –a– | –ba | –n |
| 2ª | *bebían* | beb– | –í– | –a | –n |
| 3ª | *escribían* | escrib– | –í– | –a | –n |

En la forma *hablaban*, la desinencia *–ba–* indica el modo indicativo y el tiempo pretérito imperfecto, y la desinencia *–n* expresa la tercera persona y el número plural. Es importante no confundir la vocal temática con las desinencias verbales. La **vocal temática** conecta la raíz del verbo con las desinencias. Esta vocal cambia según la conjugación a la que pertenece un verbo: primera, *–ar* (*habl–a–mos*), segunda, *–er* (*beb–e–mos*), o tercera, *–ir* (*escrib–i–mos*). En algunas formas verbales la vocal temática de la segunda y de la tercera conjugación coincide: *habl–a–n*, *beb–e–n*, *escrib–e–n*. Las **desinencias**, en cambio, son los morfemas flexivos que expresan modo, tiempo, número y persona. Se denomina **tema** al conjunto compuesto por la raíz verbal + la vocal temática. En la tabla siguiente podemos observar algunos ejemplos de temas verbales.

**Tabla 3.15** Elementos constituyentes del tema verbal

| Conjugación | Forma conjugada | Raíz | Vocal temática | Tema | Desinencias |
|---|---|---|---|---|---|
| 1ª | hablamos / hablan | habl– | –a– | habla– | –mos / –n |
| 2ª | bebemos / beben | beb– | –e– / –e– | bebe– | –mos / –n |
| 3ª | escribimos / escriben | escrib– | –i– / –e– | escribi– / escribe– | –mos / –n |

La vocal temática puede cambiar de ser una vocal simple, como ocurre en la forma del pretérito perfecto simple, *beb–í–as*, a un diptongo, como en el pretérito imperfecto de subjuntivo, *beb–ie–ras*. También, a pesar de ser diferente para cada conjugación, puede coincidir en la segunda y la tercera conjugación de algunos tiempos verbales, por ejemplo, en el presente simple, *beb–e–s*, *escrib–e–s*, y en el pretérito indefinido, *beb–i–ste*, *escrib–i–ste*. Del mismo modo, hay que considerar que la vocal temática no aparece siempre en todo el paradigma verbal. Por ejemplo, la forma *amo*, primera persona del singular del presente de indicativo del verbo *amar*, no transparenta vocal temática.

El verbo es la única categoría que se puede conjugar, y cada **conjugación** engloba la totalidad de las varias formas que puede poseer un mismo verbo. Hay en español tres conjugaciones que se clasifican según la terminación de su infinitivo.

**Tabla 3.16** Elementos constituyentes del infinitivo

| Conjugación | Infinitivo | Raíz | Vocal temática | Morfema |
|---|---|---|---|---|
| 1ª | *hablar* | **habl–** | –a– | –r |
| 2ª | *beber* | **beb–** | –e– | –r |
| 3ª | *escribir* | **escrib–** | –i– | –r |

Como vemos en la tabla, el morfema –r es el que expresa el hecho de que estas formas verbales son infinitivos. Las tres vocales temáticas, –a, –e, –i, se sitúan después de la raíz del infinitivo e indican que estos verbos pertenecen a tres clases morfológicas diferentes, es decir, tomarán diferentes afijos para denotar el mismo valor temporal en función de la conjugación a la que pertenezcan. La primera conjugación aglutina a todos los verbos que terminan en –ar (*bailar, hablar, saltar*); la segunda comprende los verbos cuyos infinitivos terminan en –er (*comer, responder, traer*); y la tercera engloba a todos los verbos que terminan en –ir (*escribir, permitir, salir*).

Los **verbos regulares** son aquellos cuya raíz es la misma en todas sus formas y que, por lo tanto, no cambian al añadirle las desinencias. Algunos ejemplos de este tipo de verbos son: *hablar* (habl–o, tú habl–as/vos habl–ás, habl–a, habl–amos, habl–áis, habl–an), *beber* (beb–o, tú beb–es/vos beb–és, beb–e, beb–emos, beb–éis, beb–en) y *escribir* (escrib–o, tú escrib–es/vos escrib–ís, escrib–e, escrib–imos, escrib–ís, escrib–en). No obstante, algunos verbos que se consideran regulares poseen una serie de cambios ortográficos en la raíz según cómo se representan los sonidos en su forma escrita en algunas personas o tiempos verbales. Por ejemplo, *apag–ar* → *apag–o, apagu–e*; *conducir* → *conduz–co, conduc–es*.

Los **verbos irregulares** sufren diversos cambios respecto a la conjugación a la que pertenecen. La irregularidad se puede manifestar en la raíz y también en las desinencias. Algunas de las **irregularidades que afectan a la raíz** pueden tener que ver con la adición de una consonante, *venir* → *venga*; o de una vocal y una consonante, *andar* → *anduve*; la supresión de algunos elementos, *tener* → *ten*; o la eliminación de un elemento y la adición de otro, *salir* → *saldré*. La irregularidad puede derivar también de raíces completamente distintas, *haber* → *he, haya, hubiera*; el cambio en una vocal, *medir* → *mido*, o en una consonante, *saber* → *supe*. Además, se puede producir la sustitución de una vocal por un diptongo, *mentir* → *miento*. En las formas no flexivas del verbo, como en los gerundios y en los participios, también existen irregularidades en cuanto a su composición morfológica. En el caso de los gerundios se producen algunos cambios vocálicos en ciertos verbos, *poder* → *pudiendo, dormir* → *durmiendo*. En los participios la irregularidad se manifiesta al presentar una forma distinta a la habitual, *hacer* → *hecho*, no *\*hacido*.

Algunas **irregularidades que afectan a las desinencias** se producen, por ejemplo, en la primera y en la tercera persona del singular del pretérito perfecto simple. A diferencia de la forma habitual tónica para los verbos regulares, *beber* → *bebí, bebiste, bebió*, las formas del verbo irregular *tener* → *tuve, tuviste, tuvo*, son átonas en este tiempo verbal y carecen de acento ortográfico. Algunos participios también varían en sus desinencias, como ocurre con el verbo *imprimir*, que tiene dos formas, una regular terminada en *–ido*, *imprimido*, y otra irregular terminada en *–so*, *impreso*. Otro ejemplo es el verbo *freír*, que tiene una forma regular en *–ido*, *freído*, y una irregular en *–to*, *frito*.

Por último, dentro de los verbos irregulares podemos referirnos a los denominados **verbos defectivos**, es decir, aquellos que no poseen una conjugación completa. Algunos ejemplos son *ocurrir* → *ocurre, ocurren*, y *suceder* → *sucede, suceden*, que únicamente se conjugan en la tercera persona del singular o del plural. Otros verbos defectivos solo tienen una única forma conjugada, como ocurre con los verbos relacionados con fenómenos meteorológicos, *amanecer* → *amanece*; *nevar* → *nieva*; *llover* → *llueve*, si bien algunos de estos verbos se pueden usar con un sentido figurado, metafórico o idiomático, *Ayer tenía tanto sueño que no amanecí hasta las diez*; *Eso sucederá cuando lluevan ranas*.

Otros verbos no admiten la conjugación en todos los tiempos verbales. Por ejemplo, el verbo *soler* no se emplea en el futuro ni en el condicional. Cabe mencionar, no obstante, que la relevancia de estos verbos puede evolucionar con el paso del tiempo, y por ello algunos verbos que eran defectivos dejan de serlo debido a su uso generalizado. Según el *DPD* (2005, 7), encontramos un ejemplo en el verbo *abolir*, que significa "derogar", como en el ejemplo *abolir una ley*, y que tradicionalmente se catalogaba como defectivo. Su uso en los textos jurídico-administrativos y periodísticos ha podido influir en que en la actualidad se consideren válidas el resto de las formas de la conjugación, *Se abole la ley número 28*; *La oposición, cuando llega al poder, siempre abole todas las nuevas leyes*.

## 6.4. Número, persona, tiempo, modo y aspecto

Como adelantábamos al comienzo de esta sección, las desinencias verbales indican número y persona gramatical en relación con el verbo. El **número** viene expresado en singular, *hablo*, *hablas/hablás*, *habla*, o en plural, *hablamos*, *habláis*, *hablan*, y hace referencia a los individuos que participan en la comunicación.

Las personas gramaticales del verbo son tres: **la primera persona**, *yo*, *nosotros/nosotras*, que identifica a la persona que habla; **la segunda persona**, *tú/vos*, *usted*, *vosotros/vosotras*, *ustedes*, que se refiere a la persona que escucha, y **la tercera persona**, *él*, *ella*, *ellos*, *ellas*, que hace referencia a quien no posee las funciones de hablante ni de oyente o a la persona sobre la que hablan el hablante y el oyente. Los pronombres *usted*, *ustedes*, pese a ser formas de segunda persona del singular y plural en cuanto a su significado, se conjugan con el verbo en tercera persona, *usted habla*, *ustedes hablan*. Existen no obstante algunas diferencias dialectales en este sentido, como el uso en la zona occidental de Andalucía (España) de la forma verbal correspondiente al pronombre *vosotros* acompañada del pronombre *ustedes* (*ustedes sois*, *ustedes coméis*) (véase el capítulo 7 sobre variación lingüística).

Con respecto al momento de la enunciación, podemos distinguir en español tres **tiempos verbales** que indican cuándo sucede la acción. El **pasado** señala algo que ha sucedido en un momento anterior al de la enunciación. El **presente** muestra hechos que suceden o que están relacionados con el momento mismo de la comunicación. El **futuro** indica un hecho que ocurrirá con posterioridad al momento en el que se habla.

El **modo verbal** tiene que ver con cómo el hablante presenta los hechos y, por lo tanto, con su perspectiva o punto de vista en relación con lo que se dice y con el contexto de la comunicación. Podemos distinguir tres modos verbales. El **modo indicativo** es el modo de lo real, de los hechos que se consideran reales, o que se presentan desde un punto de vista objetivo, *Es más alto que su hermano*; *Le encanta bailar salsa*. El **modo subjuntivo** es el modo de la duda, las hipótesis, y presenta los hechos en relación con la subjetividad del hablante, con hechos de naturaleza incierta o que no se presentan como reales. Por esta razón, muchas de las acciones a las que se refiere tienen que ver con sentimientos, voluntad, deseos, intenciones y, por lo tanto, con verbos que denotan volición, es decir, voluntad, mandato, influencia, ruego, etc., *Quiero que te quedes hasta las tres*; *No me gusta que me hable así*. El **modo imperativo** es el modo de los mandatos y se utiliza para solicitar algo, dar órdenes, indicaciones o instrucciones, o apelar al oyente para que haga algo, *Ven aquí*; *No se mueva*. Indudablemente, el funcionamiento de los modos indicativo y subjuntivo es mucho más complejo de lo que recogemos en esta breve presentación.

Para mostrar cómo se dividen las formas verbales en morfemas, incluimos la siguiente tabla, que incluye un ejemplo de cada tiempo verbal en español junto con su vocal temática (VT) y las desinencias verbales que indican el tiempo (T), el modo (M), el aspecto (A), la persona (P) y el número (N). Por motivos de espacio, únicamente hemos tomado el paradigma correspondiente a la segunda persona del singular *tú/vos*.

**Tabla 3.17** Paradigma de la segunda persona del singular (*tú/vos*) en todos los modos verbales

| | Raíz | Indicativo | | | Subjuntivo | | | Imperativo | | |
|---|---|---|---|---|---|---|---|---|---|---|
| | | VT tú/vos | TMA | P/N | VT | TMA | P/N | VT tú/vos | TMA | P/N |
| | habl– beb– escrib– | | | | | | | –a / –á –e / –é –e / –í | | |
| Presente | habl– beb– escrib– | –a– / –á– –e– / –é– –e– / –í– | | –s –s –s | –e– –a– –a– | | –s –s –s | | | |
| Imperfecto | habl– beb– escrib– | –a– –í– –í– | –ba– –a– –a– | –s –s –s | –a– –ie– –ie– | –ra–/–se– –ra–/–se– –ra–/–se– | –s –s –s | | | |
| Pretérito | habl– beb– escrib– | –a– –i– –i– | –ste –ste –ste | | | | | | | |
| Futuro | habl– beb– escrib– | –a– –e– –i– | –rá– –rá– –rá– | –s –s –s | | | | | | |
| Condicional | habl– beb– escrib– | –a– –e– –i– | –ría– –ría– –ría– | –s –s –s | | | | | | |

Aunque la vocal temática es diferente para la forma de infinitivo de cada conjugación, en algunos tiempos verbales esta puede coincidir en la segunda y la tercera conjugación como, por ejemplo, en las formas de la segunda persona del singular del imperativo, presente, imperfecto y pretérito.

Por último, el **aspecto** o **valor aspectual** señala la forma en la que se realiza una acción o el proceso que indica un verbo. A grandes rasgos, podemos clasificar los verbos en varios grupos: **perfectivos** (*brindar*, *entrar*, *salir*), que indican una acción que se debe completar para que se entienda como realizada; **imperfectivos** (*querer*, *saber*, *vivir*), que por el contrario no muestran la necesidad de compleción en su significado; **incoativos** (*dormirse*, *florecer*, *nacer*), que manifiestan el comienzo de una acción, su continuidad o el cambio de estado; **frecuentativos** (*acostumbrar*, *frecuentar*, *soler*), que indican una acción habitual o frecuente; e **iterativos** (*castañetear*, *picotear*, *repicar*), que muestran una misma acción que se compone de repeticiones. Esta última categoría de verbos se forma muchas veces a partir del sufijo verbal –*ear*, que es bastante productivo en la creación de verbos que indican repetición como, por ejemplo, los procedentes de otro verbo, *picar* > *picotear*, o de un pronombre, *tú* > *tutear* (véase Martín García 2007a).

Como acabamos de ver, la morfología verbal muestra que las formas flexivas del verbo ofrecen una gran cantidad de información en cada una de sus variantes y en relación con sus constituyentes morfológicos, es decir, la raíz a la que sigue la vocal temática y las desinencias con la información de número, persona, tiempo, modo y aspecto. La información de tiempo, modo y aspecto es una característica exclusiva de las formas verbales.

---

**Actividad 29. A partir del modelo que aparece en la tabla 3.17, separa en morfemas las siguientes formas verbales.**

Modelo: *beberías*    beb    – e    – ría    – s
                      *raíz*   VT    TMA    P/N

| | |
|---|---|
| 1. comeremos | |
| 2. votaste | |
| 3. pidió | |
| 4. volviera | |
| 5. teme | |
| 6. salía | |
| 7. mire | |
| 8. volaba | |

❯ **Determina el valor aspectual de los siguientes verbos en función de su significado.**

martillear • cerrar • bailar • comenzar • ver
amanecer • acariciar • saltar • visitar • codearse

| Perfectivos | Imperfectivos | Incoativos | Frecuentativos | Iterativos |
|---|---|---|---|---|
| | | | | |

❯ **Sin consultar un diccionario y teniendo en cuenta la raíz y el valor aspectual, ¿qué diferencia de significado crees que existe entre los verbos *hojear* y *ojear*?**

⌂ **Actividad 30. Escucha el siguiente diálogo entre dos amigas y responde a las preguntas sobre morfología con los conocimientos que has adquirido a lo largo del capítulo.**

⌾ Audio: http://www.audio-lingua.eu/spip.php?auteur1079&lang=fr.

A:  Ei, Patri, ¿qué tal? Ehhh. . . ¿Te apetece venir a comer hoy conmigo?

P:  Vale, ¿dónde vamos?

A:  Pues, mira había pensado que, sabes. . . es final de mes. . . y ando un poco pillada. . . Entonces, ¿te parece que vayamos al Macdo?

P:  Tía, ¿al McDonald's?

A:  Sí, joer, está bien, es un menú asequible y yo qué sé, pues . . .

P:  Mira, es que a mí, la verdad, ya de primeras, la carne me da un poquito de asquito, y en el McDonald's es que te ponen las hamburguesas ahí con superbuena pinta en el cartel de la entrada y luego entras y están chafadas, que dan un asco . . .

A:  Bueno, pero si quieres también tienes ensaladas. . . y cosas de esas . . .

P:  Pero, tía, si yo leí el otro día que las ensaladas del McDonald's tienen más calorías que las hamburguesas.

A:  No, hombre [n'ombre], ¿cómo va a ser eso?

P:  Que sí . . .

A:  Que no, que no . . .

P:  Mira yo, debajo de mi casa hay un bar que hacen ahí un quinto y tapa, tía, que, por 2 euros, te pides un quintito y te dan una tapa supercumplidita.

A:  Pero yo quiero comer, no quiero ir de aperitivo, así. . . no sé . . .

P:  A ver, igual también tienen algún menú, yo qué sé. . . lo podemos mirar.

A:  Ya. Y. . . qué te parece. . ., pues, si no te apetece el McDonald's, podemos ir al Telepi o al. . .

P:  ¿Al Telepi?

A:  Al Telepizza . . .

P:  Hombre, el Telepizza ya me lo pensaría un poco, pero ¿tú has visto el tomate que le echan a las pizzas? Es que no es tomate de verdad, son unos polvos rojos a los que les echan agua y los remueven, y luego los echan.

A:  Bueno, pero al final en qué sitio . . .

P:  Es que para ir a una pizzería, vamos a la italiana . . .

A:  Sí, pero es muchísimo más caro.

P:  Pues ¡nos pedimos una a medias!

❷ **Preguntas sobre el diálogo:**

1. Localiza al menos tres morfemas libres gramaticales y determina a qué categoría gramatical pertenecen.

2. Durante la conversación han aparecido las formas verbales "quieres" y "remueven". ¿Cuáles son los alomorfos de las raíces de estos verbos?

3. ¿Qué acortamientos se utilizan durante la conversación? ¿Cuál de ellos es un hipocorístico? ¿Qué puedes comentar sobre el uso de estas formas con respecto al contexto de la comunicación?

4. Enumera todos los diminutivos que han aparecido y describe su uso en relación con el contexto. ¿Crees que alguno de ellos se podría considerar lexicalizado?

5. Identifica qué tres préstamos lingüísticos o extranjerismos se utilizan en el diálogo. ¿Qué puedes comentar sobre su adaptación a la ortografía del español? ¿Y sobre la formación del plural?

6. Segmenta morfológicamente las siguientes palabras en sus diferentes constituyentes. Describe su proceso de formación teniendo en cuenta todo lo que has aprendido en el capítulo.

| | | | |
|---|---|---|---|
| 1. pillada | 3. chafadas | 5. podemos | 7. pizzería |
| 2. superbuena | 4. supercumplidita | 6. rojos | 8. muchísimo |

¿Cuáles de estas palabras nos ofrecen además información relacionada con la noción de registro?

## PROYECTOS DE INVESTIGACIÓN

1. Investiga las diferentes opiniones de los lingüistas en torno al concepto de interfijo o infijo en relación con su función morfofonémica, y elabora una tabla en la que recojas ejemplos o muestras de lengua que contengan este afijo. Después, prepara una presentación oral en la que expongas, mediante ejemplos concretos, las diferentes posturas que han surgido sobre este concepto para contrastar en qué se diferencian. Puedes consultar la bibliografía especializada que aparece al final del capítulo.

2. Entrevista a estudiantes de español que posean diferentes niveles en el uso de la lengua y averigua cuáles son los aspectos del género y del número de los sustantivos que más difíciles les resultan. Recoge ejemplos concretos y describe los datos que te hayan proporcionado tus informantes. Después elabora ejercicios que en tu opinión les puedan ayudar a reforzar este aspecto de la morfología y a mejorar su competencia gramatical.

3. La medicina, las ciencias naturales, la economía y la tecnología son algunos de los campos en los que hoy en día se utilizan numerosas palabras que se componen de prefijos y de sufijos de origen griego y latino, y que constituyen neologismos en la lengua. Prepara una presentación oral sobre el léxico que se ha incorporado a estos ámbitos en la última década. Selecciona diez neologismos o tecnicismos, identifica cómo se han constituido en la lengua y explica su significado.

4. Consulta la tabla y la información que ha aparecido en el capítulo sobre los sufijos diminutivos, aumentativos y peyorativos, identifica otros ejemplos de sufijación apreciativa y explica su significado. Después, localiza en qué zonas geográficas del dominio panhispánico se suelen utilizar algunos de estos afijos y menciona si se podrían considerar como parte de algunas de las variedades dialectales del idioma. Puedes consultar la bibliografía especializada que aparece al final del capítulo.

## LECTURAS ADICIONALES PARA PROFUNDIZAR SOBRE LA MATERIA

A continuación, incluimos algunas recomendaciones bibliográficas y pautas generales sobre **morfología** que le permitirán al estudiante iniciarse en el estudio y en la investigación de los temas que han aparecido a lo largo del capítulo. Todas las referencias que se mencionan aparecen recogidas en la bibliografía especializada al final del capítulo.

■ Para profundizar en el estudio de los **conceptos básicos de morfología** desde un punto de vista general y contrastivo entre diferentes lenguas, se pueden consultar los libros de Matthews (1974), Aronoff (1976), Spencer y Zwicky (1988), Spencer (1991), Anderson (1992),

Katamba y Stonham (2006), y Fábregas y Scalise (2012). Para adquirir una perspectiva general sobre diferentes aspectos relacionados con la morfología del español se pueden consultar el tomo III (quinta parte, pp. 4305-5096) de la *Gramática descriptiva de la lengua española* (*GDLE*) de Bosque y Demonte (1999), y el primer volumen de la *Nueva gramática de la lengua española* (2009, 81-778) de la Real Academia Española y de la Asociación de Academias de la Lengua Española. Como obras de introducción a la materia, se recomiendan los trabajos de Bosque (1982), Moreno Cabrera (1994), Varela Ortega (2001), García-Page (2008) y Gómez Torrego (2011).

■ Sobre la **formación de palabras**, sus diferentes tipos y estructura, se pueden consultar los trabajos de Pena (1990, 1991) y los libros de González Calvo (1988), Alvar Ezquerra (1993), Almela Pérez (1999), Varela Ortega (2009) y Díaz Hormigo (2013). Véase el estudio de Malkiel (1958) sobre el concepto de **interfijo**, y el de Martínez Celdrán (1978), quien traza una distinción entre interfijo e infijo, así como los trabajos de Allen (1976), Dressler (1985), Dressler y Merlini Barbaresi (1986), Alvar Ezquerra (1993), Méndez Dosuna y Pensado Ruiz (1993), el artículo de Portolés (1988), así como su capítulo de la *GDLE* (1999, 5041-5072), y el libro *El problema lingüístico de los interfijos españoles* (2002) de Martín Camacho.

■ Para adquirir una perspectiva general sobre la **morfología derivativa** del español se puede encontrar más información en Almela Pérez (1999), Lang (2002) y Varela Ortega (2001, 2009). En el caso de la derivación nominal y de la **sufijación apreciativa**, aumentativos, diminutivos y peyorativos, se recomienda leer el capítulo de Lázaro Mora (1999, pp. 4645–4682) de la *GDLE* para adquirir una perspectiva general. También, los trabajos de Fernández Ramírez (1986), Bajo Pérez (1997), desde un punto de vista sincrónico, y Martín Camacho (2001). El tema de la sufijación apreciativa ha dado lugar a numerosos estudios desde el punto de vista histórico o dialectológico. Algunos ejemplos son González Ollé (1962) y Álvarez de Ruf (1986) sobre los sufijos diminutivos en el castellano medieval; Almela Pérez (1998) sobre los sufijos despectivos; Seguí y Carranza (2005) sobre la sufijación apreciativa en el habla de la ciudad de Córdoba (Argentina); Igland (2008) sobre el español de Costa Rica, y Castellano Ascencio (2011) sobre el habla de la ciudad de Medellín (Colombia).

■ Sobre **la prefijación** y **la sufijación** existen numerosas publicaciones que, por lo general, se centran en casos concretos. Sobre la **parasíntesis** se puede consultar el libro de Serrano-Dolader (1995), así como su capítulo recogido en la *GDLE* (1999, 4683-4755). Algunos estudios generales sobre los **prefijos** los encontramos en los trabajos de Quilis (1970), Pérez González (1988), Martín García (1998), Cabrera Morales (1999), Morera Pérez (2000) y Montero Curiel (2002). He aquí algunos estudios sobre prefijos concretos: Montes Giraldo (1989) y Serrano-Dolader (2011) sobre "des–" e "in–"; Montero Curiel (1998) sobre "ex–" y "extra–"; Martín García (2001) y Serrano-Dolader (2002) sobre "anti–" y "contra–"; Felíu Arquiola (2003) sobre "auto–", "co–" e "inter–"; Pharies (2009) sobre el prefijo "re–"; Martín García (2012) sobre los prefijos "pre–" y "pos–"; y Serrano-Dolader (2015) sobre la prefijación apreciativa.

■ Sobre los **sufijos**, se recomienda consultar Martín García (2007a, 2007b) sobre el sufijo verbal "–ear" y sobre el adjetival "–oso", respectivamente. Véase Lázaro Mora (1977) sobre la morfología de los sufijos diminutivos "–ito(a)", "–ico(a)", "–illo(a)", y los trabajos de Pharies (1990, 1994, 2004), en concreto, sus estudios sobre los sufijos "–ucho" (1999), "–ajo", "–ejo", "–ijo", "–ojo" y "–ujo" (2002a) y "–azo" (2002b), así como su *Diccionario etimológico de los sufijos españoles* (2002c). Para adquirir una perspectiva más amplia y detallada de los elementos compositivos, prefijados y sufijados del español, se recomienda consultar también el apéndice 3 del *Diccionario esencial de la lengua española* (2006) de la Real Academia.

- Los procedimientos en la formación de palabras como las **siglas**, los **acrónimos**, las **abreviaturas** y los **acortamientos** han dado lugar a numerosas investigaciones desde diferentes perspectivas y en distintos ámbitos lingüísticos. Para un análisis fonológico, se pueden leer los trabajos de Rabanales (1963) o Rodríguez González (1982). Como mecanismos de creación léxica, véase Casado Velarde (1979). En relación con la noción de número, con la derivación, la composición y sobre las siglas como procedimiento lexicogenésico, se pueden leer los estudios de Rodríguez González (1983, 1989, 1990, 1993). Sobre las abreviaturas dobles se puede consultar Vigara Tauste (1999). Para un análisis de este mismo tema en diferentes ámbitos se puede encontrar más información en: Alba de Diego (1973) sobre el lenguaje publicitario; Gómez de Enterría (1992) en el ámbito de la economía; y Cruz Piñol (1998) en relación con las TIC y la enseñanza del español. También existen diccionarios de siglas, abreviaturas y acrónimos como el de Alvar Ezquerra y Miró (1983).

- Sobre los **neologismos** se puede consultar el libro de Guerrero Ramos (1995), así como los trabajos de Cabré Catellví (2006), Montoro del Arco y Almela Pérez (2008), Zacarías Ponce de León (2011) y Sánchez Manzanares (2013). También existen diccionarios de neologismos que recogen este tipo de palabras antes que los diccionarios normativos. Algunos ejemplos son el *Diccionario de neologismos* de Gutiérrez Gutiérrez, Palomo García y González Ordás (2011) y el *Diccionario de neologismos del español actual* de la colección María Moliner (2013).

- Como obras de referencia fundamentales sobre las **categorías gramaticales** se puede hallar más información en los capítulos correspondientes a cada categoría en la *Gramática descriptiva de la lengua española* de Bosque y Demonte (1999), y en la *Nueva gramática de la lengua española* (2010) de la Real Academia Española y de la Asociación de Academias de la Lengua Española. Para obtener una perspectiva panorámica y general sobre las categorías gramaticales, además de las mencionadas obras de referencia, se puede leer Luque Durán (1988), Sarmiento González (1998), Gómez Torrego (2011) y Bosque (1989/2015).

- Para adquirir una perspectiva general sobre **morfología flexiva** se puede leer el libro de Ambadiang (1994). Las principales publicaciones sobre este tema entre los años 1950-1992 se encuentran recogidas en el ensayo bibliográfico de García Medall (1993-1994). Sobre la **morfología flexiva nominal** véase Díaz Hormigo (1998), y sobre las clases y categorías de nombres comunes se puede encontrar más información en el libro de García Meseguer (2008). Para indagar más sobre diferentes aspectos relacionados con la **noción de género** desde una perspectiva general y en relación con el español, se recomiendan los trabajos de Morera Pérez (1985), Moreno Fernández y Ueda (1986), García-Page (1996), Serrano-Dolader (2010) y Corbett (1991, 2013). Sobre la ambigüedad de género de algunos sustantivos se puede leer Gómez Torrego (1996). Para el tema de la **formación del plural** en los sustantivos se pueden consultar los estudios de Gazdaru (1968) y Calvo Shadid (1996), así como el libro de Corbett (2000) para adquirir una perspectiva general sobre la **noción de número**. Para saber más sobre la **morfología flexiva verbal** se puede leer Martínez Celdrán (1975) sobre la vocal temática; Porto Dapena (1987) sobre las conjugaciones y la morfología general del verbo, y Comrie (1976), Bybee (1985) y Bosque (1990) para las nociones de tiempo y aspecto.

- Por último, si se desea encontrar información sobre diferentes aspectos relacionados con la morfología en el contexto de la **enseñanza del español**, se puede consultar Serrano-Dolader, Martín Zorraquino y Val Álvaro (2009), Muñoz-Basols, David y Núñez Piñeiro (2010) y Liceras (2014). Para mantenerse al día sobre los últimos avances de la morfología del español se recomienda consultar el blog MORFORETEM https://morforetem.wordpress.com/.

## LISTA DE CONCEPTOS Y TÉRMINOS CLAVE

**abreviatura** *(abbreviation)*
**acortamiento o truncamiento** *(shortening)*
**acrónimo** *(acronym)*
**adaptación** *(adaptation)*
**adjetivo** *(adjective)*
**adverbio** *(adverb)*
**afijo** *(affix)*
**alomorfo** *(allomorph)*
**apócope** *(apocope)*
**aspecto verbal o valor aspectual** *(verbal aspect)*
**aumentativo** *(augmentative)*
**base léxica** *(lexical base)*
**calco lingüístico** *(calque)*
**categoría funcional o clase cerrada** *(functional category or closed-class word)*
**categoría léxica o clase abierta** *(lexical category or open-class word)*
**composición** *(composition)*
**conjugación** *(conjugation)*
**conjunción o nexo** *(conjunction)*
**conversión** *(conversion)*
**determinante** *(determiner)*
**derivación** *(derivation)*
**desinencia verbal** *(verbal desinence)*
**diminutivo** *(diminutive)*
**diminutivo lexicalizado** *(lexicalized diminutive)*
**epiceno** *(epicene or noun of common gender)*
**eslabón** *(infix)*
**eufonía** *(euphony)*
**familia léxica** *(lexical family)*
**formante culto**
**frecuentativo** *(frequentative)*
**imperativo** *(imperative)*
**imperfectivo** *(imperfective)*
**incoativo** *(inchoative)*
**indicativo** *(indicative)*
**infijo** *(infix)*
**influencia croslingüística léxica** *(cross-linguistic lexical influence)*
**interfijo o eslabón** *(interfix)*
**iterativo** *(iterative)*
**locución preposicional** *(prepositional locution)*
**modo verbal** *(verbal mood)*
**morfema** *(morpheme)*
**morfema cero o morfema –Ø** *(null or zero morpheme)*
**morfema derivativo** *(derivational morpheme)*
**morfema desinencial** *(verbal desinence)*
**morfema flexivo** *(inflectional morpheme)*
**morfema gramatical** *(functional morpheme)*
**morfema léxico** *(lexical morpheme)*
**morfema libre** *(free morpheme)*

**morfema ligado o trabado** (*bound morpheme*)
**morfema radical** (*radical morpheme*)
**neologismo** (*neologism*)
**orden secuencial** (*sequential order*)
**palabra compuesta** (*compound word*)
**palabra compuesta parasintética** (*compound parasynthetic word*)
**palabra derivada** (*derivative word*)
**palabra derivada parasintética** (*parasynthetic detivative word*)
**palabra monomorfemática** (*monomorphemic word*)
**palabra polimorfemática** (*polymorphemic word*)
**palabra simple** (*simple word*)
**paradigma** (*paradigm*)
**perfectivo** (*perfective*)
**peyorativo** (*pejorative*)
**pluriverbal** (*a multi-word lexical unit*)
**prefijación** (*prefixation*)
**prefijo** (*prefix*)
**preposición** (*preposition*)
**préstamo lingüístico** (*linguistic borrowing*)
**pronombre** (*pronoun*)
**raíz o lexema** (*root, stem or lexeme*)
**recurrencia del morfema** (*morpheme recurrence*)
**segmentación morfológica** (*morphological segmentation*)
**siglas** (*initials*)
**síncopa** (*syncope*)
**subjuntivo** (*subjunctive*)
**sufijación** (*suffixation*)
**sufijación apreciativa** o valorativa (*evaluative suffixation*)
**sufijo** (*suffix*)
**superlativo** (*superlative*)
**sustantivación** (*nominalization*)
**sustantivo** (*noun*)
**tema** (*theme*)
**tiempo verbal** (*verbal tense*)
**univerbal** (*a single-word lexical unit*)
**verbo** (*verb*)
**verbo defectivo** (*defective verb*)
**verbo frecuentativo** (*frequentative verb*)
**verbo imperfectivo** (*imperfective verb*)
**verbo incoativo** (*inchoative verb*)
**verbo iterativo** (*iterative verb*)
**verbo perfectivo** (*perfective verb*)
**vocal temática** (*thematic vowel*)

## BIBLIOGRAFÍA ESPECIALIZADA DEL CAPÍTULO 3
## MORFOLOGÍA

Alba de Diego, V. 1973. "Marcas, abreviaciones y siglas en el lenguaje publicitario". *Prohemio* 4 (3): 349-378.

Aleza Izquierdo, M. y J. M. Enguita Utrilla, coords. 2010. *La lengua española en América: normas y usos actuales*. València: Universitat de València.

Aleza Izquierdo, M. 2010. "Morfología y sintaxis: observaciones gramaticales de interés en el español de América". En *La lengua española en América: normas y usos actuales*, coords. M. Aleza Izquierdo y J. M. Enguita Utrilla, 95-223. Valencia: Universitat de València.

Allen, A. 1976. "Interfixes Preserve Syllables and Word Roots". *Proceedings of the 2nd Annual Meeting of the Berkeley Linguistics Society*, 31-35.

Almela Pérez, R. 1998. "¿Sufijos peyorativos en español?". En *Estudios en honor del profesor Josse de Kock*, eds. N. Delbecque y C. Paepe, 1-11. Lovaina: Leuven University Press.

Almela Pérez, R. 1999. *Procedimientos de formación de palabras en español*. Barcelona: Ariel.

Alvar Ezquerra, M. 1993. *La formación de palabras en español*. Madrid: Arco/Libros.

Alvar Ezquerra, M. y A. Miró. 1983. *Diccionario de siglas y abreviaturas*. Madrid: Alhambra.

Álvarez de Ruf, H. 1986. *Los sufijos aumentativos y peyorativos en el español medieval*. Tesis doctoral, University of Michigan.

Ambadiang, T. 1994. *La morfología flexiva*. Madrid: Taurus.

Anderson, S. 1992. *A-Morphous Morphology*. Cambridge: Cambridge University Press.

Aronoff, M. 1976. *Word formation in generative grammar*. Boston: MIT Press.

Asociación de Academias de la Lengua Española. 2010. *Diccionario de americanismos*. Madrid: Santillana.

Bajo Pérez, E. 1997. *La derivación nominal en español*. Madrid: Arco/Libros.

Bosque, I. 1982. "La morfología". En *Introducción a la lingüística*, coords. F. Abad y A. García Berrio, 115-153. Madrid: Alhambra.

Bosque, I., ed. 1990. *Tiempo y aspecto en español*. Madrid: Cátedra.

Bosque, I. 1989/2015. *Las categorías gramaticales*. 2ª edición. Madrid: Síntesis.

Bosque, I. y V. Demonte, dirs. 1999. *Gramática descriptiva de la lengua española*. Colección Nebrija y Bello. Real Academia Española Madrid: Espasa.

Bosque, I. y V. Demonte, dirs. 1999. "Quinta parte: morfología". En *Gramática descriptiva de la lengua española*, vol. 3, 4305-5096. Colección Nebrija y Bello. Real Academia Española. Madrid: Espasa.

Bybee, J. L. 1985. "Aspect, Tense and Mood Inflections in the Languages of the World". *Morphology. A Study of the Relation between Meaning and Form*. Amsterdam: John Benjamins: 137–206.

Cabré Catellví, M. T. 2006. "La clasificación de neologismos: una tarea compleja". *Alfa 50* (2): 229-250.

Cabrera Morales, C. 1999. "Sobre la derivación en el español actual. Los prefijos". *Analecta Malacitana 22* (2): 591-606.

Calvo Shadid, A. 1996. "Clases paradigmáticas en la formación del plural de los sustantivos". *Revista de Filología y Lingüística de la Universidad de Costa Rica 22* (2): 133-142.

Casado Velarde, M. 1979. "Creación léxica mediante siglas". *Revista Española de Lingüística* 9 (1): 67-88.

Castellano Ascencio, M. D. 2011. "Caracterización morfológica de las fórmulas de tratamiento nominales en el habla de Medellín". *Revista Virtual Universidad Católica del Norte* 32: 220-246. http://revistavirtual.ucn.edu.co/index.php/RevistaUCN/article/download/33/74.

Comrie, B. 1976. *Aspect*. Cambridge: Cambridge University Press.

Corbett, G. G. 1991. *Gender*. Cambridge: Cambridge University Press.

Corbett, G. G. 2000. *Number*. Cambridge: Cambridge University Press.

Corbett, G. G., ed. 2013. *The Expression of Gender*. Berlín: Walter de Gruyter.

Cruz Piñol, M. 1998. "Intrusos cibernéticos en la clase de E/LE. Siglas, acortamientos y combinaciones en el español de la Internet". *Rilce* (14) 2: 349-365. Disponible en: http://www.ucm.es/info/especulo/numero12/siglas.html.

Díaz Hormigo, M. T. 1998. *La categoría lingüística sustantivo*. Cádiz: Universidad de Cádiz.

Díaz Hormigo, M. T. 2013. *Disciplinas lingüísticas y formación de palabras*. Cádiz: Servicio de Publicaciones de la Universidad de Cádiz.

Dressler, W. U. 1985. "On the Predictiveness of Natural Morphology". *Journal of Linguistics* 21 (2): 321-337.

Dressler, W. U. y L. Merlini Barbaresi. 1986. "How to Fix Interfixes? On the Structure and Pragmatics of Italian (and Spanish, Russian, Polish) Antesuffixal Interfixes and of English 'Intermorphemic Elements'". *Acta Linguistica Academiae Scientiarum Hungaricae* 36: 53-67.

Fábregas, A. y S. Scalise. 2012. *Morphology: From Data to Theories*. Edimburgo: Edinburgh University Press.

Felíu Arquiola, E. 2003. *Morfología derivativa y semántica léxica: la prefijación de auto–, co– e inter–*. Madrid: UAM Ediciones.

Fernández Ramírez, S. 1986. *La derivación nominal*. Madrid: Real Academia Española.

García Medall, J. 1993-1994. "Ensayo bibliográfico sobre la morfología no flexiva del español (1950-1992)". *Boletín de Filología* 34: 111-186.

García Meseguer, A. 2008. *Clases y categorías de nombres comunes*. Madrid: Arco/Libros.

García-Page Sánchez, M. 1991. "Breves apuntes sobre el adverbio en –mente". *Thesaurus. Boletín del Instituto Caro y Cuervo* 46 (2): 183-224.

García-Page Sánchez, M. 1996. "El sustantivo de género contrahecho: un caso marginal de morfología flexiva". *Anuario de Letras* 34: 31-60.

García-Page Sánchez, M. 2008. *Cuestiones de morfología española*. Madrid: Fundación Universitaria Ramón Areces.

Gazdaru, D. 1968. "Formación del plural en español". *Romanica* 1: 109-115.

Gómez de Enterría, J. 1992. "Las siglas en el lenguaje de la economía". *Revista de Filología Románica* 9: 267-274.

Gómez Torrego, L. 1996. "Algunas cuestiones sobre los sustantivos ambiguos en cuanto al género". *Español Actual* 66: 86-88.

Gómez Torrego, L. 2011. *Análisis morfológico. Teoría y práctica*. Madrid: Ediciones SM.

González Calvo, J. M. 1988. *Estudios de morfología española*. Cáceres: Universidad de Extremadura.

González Ollé, F. 1962. *Los sufijos diminutivos en castellano medieval*. Madrid: CSIC.

Guerrero Ramos, G. 1995. *Neologismos en el español actual*. Madrid: Arco/Libros.

Gutiérrez Gutiérrez, C., C. Palomo García y E. González Ordás. 2011. *Diccionario de neologismos*. Madrid: Everest.

Igland, A. V. 2008. *La sufijación apreciativa en el español de Costa Rica. Análisis formal y estilístico*. Tesis doctoral, Universitetet i Bergen. https://bora.uib.no/handle/1956/7045.

Katamba, F. y J. Stonham. 2006. *Morphology*. London: Palgrave Macmillan.

Lang, M. F. 2002. *Formación de palabras en español. Morfología derivativa productiva en el léxico moderno*. Madrid: Cátedra.

Lázaro Mora, F. A. 1977. "Morfología de los sufijos diminutivos –ito(a), –ico(a), –illo(a)". *Verba* 4: 115-125.

Lázaro Mora, F. A. 1999. "La derivación apreciativa". En *Gramática descriptiva de la lengua española*, dirs. I. Bosque y V. Demonte, vol. 3, 4645-4682. Madrid: Espasa Calpe.

Liceras, J. M. 2014. "Teaching Spanish as a Non-Primary Language in the 21st Century: Insights from Linguistic Theory, Psycholinguistic Theory and Empirical Research on Language Acquisition". *Journal of Spanish Language Teaching* 1 (1): 86-100. doi: 10.1080/23247797.2014.898519.

Luque Durán, J. de D. 1988. "Introducción a la tipología léxica". En *Temas de lingüística y gramática*, ed. B. Gallardo, 122-145. Valencia: Universitat de València.

Malkiel, Y. 1958. "Los interfijos hispánicos. Problema de lingüística histórica y estructural". En *Miscelánea-Homenaje a André Martinet*, ed. D. Catalán Menéndez-Pidal, 107-199. Tenerife: Biblioteca Filológica de la Universidad de La Laguna.

Martín Camacho, J. C. 2001. "Sobre los supuestos diminutivos infijados del español". *Anuario de Estudios Filológicos* 24: 329-341.

Martín Camacho, J. C. 2002. *El problema lingüístico de los interfijos españoles*. Cáceres: Universidad de Extremadura.

Martín García, J. 1998. "Los prefijos intensivos del español: caracterización morfo-semántica". *Estudios de Lingüística de la Universidad de Alicante* 12: 103-116.

Martín García, J. 2001. "Construcciones morfológicas y construcciones sintácticas: los prefijos *anti–* y *contra–* del español". En *Lengua española y estructuras gramaticales*, eds. A. Veiga y M. R. Pérez, *Verba* (anexo 48): 225-237.

Martín García, J. 2007a. "Verbos denominales en –*ear*: Caracterización léxico-sintáctica". *Revista Española de Lingüística* 37: 279-310.

Martín García, J. 2007b. "La definición de las palabras derivadas: los adjetivos en –*oso*". En *Reflexiones sobre el diccionario*, eds. M. Campos Souto, E. Conde Noguerol, J. I. Pérez Pascual y J. A. Porto Dapena, *Revista de Lexicografía* (anexo 6): 253-263.

Martín García, J. 2012. "Los prefijos *pre–* y *pos–* con sustantivos verbales". En *Tiempo y espacio en la formación de palabras en español*, eds. E. Bernal, S. Carsten y E. Martina, 21-31. Múnich: Peniope.

Martínez Celdrán, E. 1975. "Estudio morfonológico de la vocal temática en español". *Revista Española de Lingüística* 5 (1): 165-176.

Martínez Celdrán, E. 1978. "En torno a los conceptos de interfijo e infijo en español". *Revista española de lingüística* 8 (2): 447-460.

Matthews, P. 1974. *Morphology*. Cambridge: Cambridge University Press.

Méndez Dosuna, J. V. y C. Pensado Ruiz. 1993. "¿Hasta qué punto es innatural *Víctor–Vict–ít–or*? Los diminutivos infijados en español". En *La formación de las palabras*, coord. S. Varela Ortega, 316-335. Madrid: Taurus.

Moliner, M. 2013. *Neologismos del español actual*. Madrid: Gredos.

Montero Curiel, M. L. 1998. "Los prefijos *ex–* y *extra–* en español". *Anuario de Estudios Filológicos* 21: 243-255.

Montero Curiel, M. L. 2002. "Cambio de categoría gramatical mediante prefijos en español". En *Presente y futuro de la lingüística en España. La Sociedad de Lingüística 30 años después*, eds. A. Bernabé *et al.*, 89-96. Madrid: Gredos.

Montes Giraldo, J. J. 1989. "Notícula sobre los prefijos *des–* e *in–* en portugués y en español". *Anuario de Lingüística Hispánica* 5: 135-138.

Montoro del Arco, E. T. y R. Almela Pérez, eds. 2008. *Neologismo y morfología*. Murcia: Universidad de Murcia.

Moreno Cabrera, J. C. 1994. *Curso universitario de lingüística general*. Madrid: Síntesis.

Moreno Fernández, F. y H. Ueda 1986. "El género en los sustantivos del español: sobre su naturaleza gramatical". *Boletín de la Academia Puertorriqueña de la Lengua Española* 14 (2): 79-110.

Morera Pérez, M. 1985. "El valor del género en español y el caso particular del sustantivo *mar*". *Revista de Filología* 4: 107-123.

Morera Pérez, M. 2000. "Naturaleza semántica de los prefijos españoles". En *Cien años de investigación semántica, de Michel Breal a la actualidad. Actas del Congreso Internacional de Semántica*, La Laguna 1997, coords. J. M. Oliver Frade *et al.*, 735-742.

Muñoz-Basols, J., M. David y O. Núñez Piñeiro. 2010. *Speed up your Spanish. Strategies to Avoid Common Errors*. Londres y Nueva York: Routledge.

Muñoz-Basols, J. y D. Salazar. 2016. "Cross-Linguistic Lexical Influence between English and Spanish". *Spanish in Context* 13 (1): 80-102.

Pena, J. 1990. "Sobre modelos de descripción en Morfología". *Verba* 17: 5-75.

Pena, J. 1991. "La palabra: estructura y procesos morfológicos". *Verba* 18: 69-128.

Pérez González, G. 1988. *Los prefijos en el DRAE y en algunos diccionarios de voces cubanas*. La Habana: Editorial Academia.

Pharies, D. A. 1990. *The Origin and Development of the Ibero-Romance –nc–/–ng– Suffixes*. Tubinga: Niemeyer.

Pharies, D. A. 1994. *Bibliography of Latin and Ibero-Romance Suffixation*. Madison: Medieval Seminary of Hispanic Studies.

Pharies, D. A. 1999. "Origin of the Hispano-Romance Suffix -ucho". *Iberoromania* 49: 1-25.

Pharies, D. A. 2002a. "The Origin and Development of the Spanish Suffix –azo". *Romance Philology* 56: 41-50.

Pharies, D. A. 2002b. "Historia de los sufijos españoles –ajo, –ejo, –ijo, –ojo y –ujo". En *Aspectos de morfología derivativa del español*, ed. J. García-Medall, Colección Grammaton 3, 95-101. Lugo: Tris Tram.

Pharies, D. A. 2002c. *Diccionario etimológico de los sufijos españoles (y de otros elementos finales)*. Madrid: Gredos.

Pharies, D. A. 2004. "Tipología de los orígenes de los sufijos españoles". *Revista de Filología Española* 84: 153-167.

Pharies, D. A. 2009. "*Rebién, retebién, requetebién*: Allomorphy of the Spanish Prefix *re–*". *Romance Quarterly* 56: 13-20.

Porto Dapena, J. A. 1987. *El verbo y su conjugación*. Madrid: Arco/Libros.

Portolés, J. 1988, "Sobre los interfijos en español". *Lingüística española actual* 10 (2): 153-169.

Portolés, J. 1999. "La interfijación". En *Gramática descriptiva de la lengua española*, dirs. I. Bosque y V. Demonte, vol. 3, 5041-5072. Madrid: Espasa-Calpe.

Quilis, A. 1970. "Morfonología de los prefijos del español". *Revista de la Universidad de Madrid* 19 (74): 223-248.

Quilis, A. y C. Casado-Fresnillo. 2008. *La lengua española en Filipinas. Historia. Situación actual. El chabacano. Antología de textos*. Madrid: Consejo Superior de Investigaciones Científicas (CSIC).

Rabanales, A. 1963. "Las siglas: un problema de fonología española". *Boletín de Filología de la Universidad de Chile* 15: 327-342.

Real Academia Española y Asociación de Academias de la Lengua Española. 2006. *Diccionario esencial de la lengua española*. Madrid: Espasa. Apéndice 3.

Real Academia Española y Asociación de Academias de la Lengua Española. 2005. *Diccionario panhispánico de dudas*. Madrid: Santillana.

Real Academia Española y Asociación de Academias de la Lengua Española. 2009. *Nueva gramática de la lengua española*, vol. 1 (Morfología y Sintaxis I), 81-778. Madrid: Espasa.

Real Academia Española. 2010. *Ortografía de la lengua española*. Madrid: Espasa.

Real Academia Española y Asociación de Academias de la Lengua Española. 2011. *Nueva gramática básica de la lengua española*. Madrid: Espasa.

Real Academia Española y Asociación de Academias de la Lengua Española. 2014. *Diccionario de la lengua española*. 23ª ed. Madrid: Espasa.

Rodríguez González, F. 1982. "Variaciones fonotácticas en siglas: condicionamientos lingüísticos y sociolingüísticos". *Revista Española de Lingüística* 12 (2): 357-374.

Rodríguez González, F. 1983. "Morfología del número en las siglas". *Lingüística Española Actual* 5 (1): 137-152.

Rodríguez González, F. 1989. "La derivación de las siglas". *Boletín de la Real Academia Española* 69: 211-256.

Rodríguez González, F. 1990. "La composición por siglas". *Beiträge zur Romanischen Philologie* 24: 105-116.

Rodríguez González, F. 1993. "Las siglas como procedimiento lexicogenésico". *Estudios de Lingüística de la Universidad de Alicante* 9: 9-24.

Sánchez Manzanares, C. 2013. "Valor neológico y criterios lexicográficos para la sanción y censura de neologismos en el diccionario general". *Sintagma* 25: 111-125.

Sarmiento González, R. 1998. *Manual de corrección gramatical y de estilo*. Madrid: SGEL.

Seguí, V. y R. Carranza. 2005. "La productividad de la sufijación apreciativa en el habla de Córdoba (Argentina)". En *Las gramáticas y los diccionarios en la enseñanza del español como segunda lengua, deseo y realidad. Actas del XV Congreso Internacional de ASELE*, Sevilla 22-25 de septiembre de 2004, coord. M. A. Castillo Carballo, 199-206.

Serradilla Castaño, A. M. 2005. "Evolución de la expresión del grado superlativo absoluto en el adjetivo: las perífrasis sustitutivas del superlativo sintético en español antiguo". *Cauce: Revista de filología y su didáctica* 28: 357-386.

Serrano-Dolader, D. 1995. *Las formaciones parasintéticas en español*. Madrid: Arco/Libros.

Serrano-Dolader, D. 1999. "La derivación verbal y la parasíntesis". En *Gramática descriptiva de la lengua española*, dirs. I. Bosque y V. Demonte, vol. 3, 4683-4755. Madrid: Espasa Calpe.

Serrano-Dolader, D. 2002. "Hacia una concepción no-discreta de algunas formaciones con *anti–* en español". *Revista Española de Lingüística* 32 (2): 387-411.

Serrano-Dolader, D. 2010. "El género en los sustantivos: ¿flexión y/o derivación?". En *La gramática del sentido: léxico y sintaxis en la encrucijada*, eds. J. F. Val Álvaro y M. C. Horno Chéliz, 249-270. Zaragoza: Prensas Universitarias de Zaragoza.

Serrano-Dolader, D. 2011. "Base Selection and Prefixing: The Prefix *des–*". En *Spanish Word Formation and Lexical Creation*, eds. J. L. Cifuentes Honrubia y S. Rodríguez Rosique, 255-281. Amsterdam: John Benjamins.

Serrano-Dolader, D. 2015. "Sobre la prefijación apreciativa en español: un enfoque didáctico". En *Aspectos de la subjetividad en el lenguaje*, eds. D. Serrano-Dolader, M. Porroche Ballesteros y M. A. Martín Zorraquino, 225-248. Zaragoza: Institución Fernando el Católico.

Serrano-Dolader, D., M. A. Martín Zorraquino y J. F. Val Álvaro. 2009. *Morfología y español como lengua extranjera (E/LE)*. Zaragoza: Prensas Universitarias de Zaragoza.

Sinner, C. 2004. *El castellano de Cataluña: estudio empírico de aspectos léxicos, morfosintácticos, pragmáticos y metalingüísticos*. Berlín: Mouton de Gruyter.

Spencer, A. 1991. *Morphological Theory*. Oxford: Blackwell.

Spencer, A. y A. M. Zwicky, eds. 1998. *The Handbook of Morphology*. Oxford: Blackwell.

Varela Ortega, S. 2001. *Fundamentos de morfología*. Madrid: Síntesis.

Varela Ortega, S. 2009. *Morfología léxica: la formación de palabras*. Madrid: Gredos.

Vigara Tauste, A. M. 1999. "Abreviaturas dobles (CC. OO.)". *Español Actual* 72: 81-83.

Zacarías Ponce de León, R. F. 2011. "El buzón buscapalabras. Procesos de formación de neologismos". *Anuario de Letras Hispánicas. Glosas hispánicas* 2: 81-89. http://ru.ffyl.unam.mx:8080/jspui/handle/10391/3805.

## Capítulo 4

# Sintaxis: la estructura de las oraciones

## Introducción

Este capítulo sirve de introducción al estudio de la sintaxis teórica. El estudiante aprenderá a apreciar cómo funciona la estructura de la lengua española a partir de la representación de sus componentes en diagramas arbóreos. Para ello se explica la capacidad creativa del lenguaje y se analiza cómo las palabras desempeñan funciones sintácticas concretas en la oración y se agrupan en constituyentes en consonancia con una serie de reglas. Para comprobar si determinadas palabras conforman un constituyente se describen diferentes pruebas: sustitución, permutación, coordinación y elipsis. A continuación se analiza el concepto de núcleo de un sintagma, es decir, la información relevante dentro de un constituyente, y se estudia cómo se agrupan los sintagmas en diversos tipos: nominal (SN), adjetival (SA), verbal (SV), adverbial (SAdv) y preposicional (SP), para pasar después a analizar las funciones sintácticas que desempeña cada uno de ellos según su lugar en la oración. Después se aborda la distinción entre los argumentos, elementos obligatorios o necesarios, y los adjuntos, constituyentes opcionales que añade el hablante para proporcionar información adicional. Se examina además la jerarquía existente entre los elementos de la oración, complementos y adjuntos, lo cual lleva a crear una estructura en la que se refleje dicha jerarquía: la X-barra, regida por reglas de estructura sintagmática (RES), y se presenta una clasificación de los tipos de oraciones simples y compuestas (coordinadas y subordinadas). El capítulo se cierra con las categorías funcionales, el sintagma de tiempo (ST) y el sintagma complementante (SC), así como información sobre el orden de las palabras en español. Mediante el estudio de la sintaxis, el estudiante descubrirá cómo los hablantes enlazan y combinan jerárquicamente diferentes enunciados y oraciones en el discurso para poder expresarse.

## 1. La capacidad creativa del lenguaje

En los capítulos anteriores ya se ha mencionado que los seres humanos utilizamos el lenguaje para comunicarnos. De hecho, en el primer capítulo del libro se presentan las características del lenguaje humano, entre las que se encuentra la creatividad. Vimos así que con un conjunto de elementos podíamos producir un elevado número de oraciones, pero no todas ellas eran gramaticales, por lo que dedujimos que esta capacidad creativa del lenguaje ha de seguir ciertas reglas, es decir, se trata de una creatividad regida.

Al agrupar sonidos formamos morfemas, y con estos morfemas creamos palabras. Las palabras forman parte del lexicón, o sea, el "diccionario mental" que los hablantes de una lengua poseen. Todas estas palabras o términos léxicos los agrupamos en sintagmas que, a su vez, combinamos en oraciones al construir el discurso. Un **sintagma** es una unidad funcional y está constituido por una palabra o grupo de palabras que desempeñan una función sintáctica concreta dentro de la oración. Supongamos que tenemos el siguiente conjunto de términos:

(1) {el, pájaro, canta, armoniosamente, sobre, la, rama}.

Con estas siete palabras podemos formar numerosas combinaciones, por ejemplo:

(2) El pájaro canta armoniosamente sobre la rama.
(3) Canta armoniosamente el pájaro sobre la rama.
(4) Sobre la rama canta el pájaro armoniosamente.
(5) *La el armoniosamente rama pájaro canta sobre.
(6) *Armoniosamente pájaro sobre canta el rama la.

Sin embargo, no todas las combinaciones son gramaticales ni posibles, ya que los ejemplos (5) y (6) se caracterizan por su **agramaticalidad**, es decir, no se ajustan a las reglas de la gramática. Por lo tanto, el asterisco (*) que aparece delante de estos ejemplos indica que la oración es agramatical. De todas las combinaciones posibles de estos elementos, alrededor de una decena se podrían considerar gramaticales o bien formadas. Esto se debe a que en la lengua existen reglas para agrupar estas palabras y a que los hablantes están familiarizados con ellas, aunque en muchos casos sea de manera inconsciente o intuitiva.

Las palabras se agrupan en constituyentes que a su vez se combinan entre ellos para formar oraciones. Por ejemplo, cualquier hablante de español se daría cuenta de que no es habitual que un adverbio como *armoniosamente* aparezca precedido por el artículo *el*, como vemos en el ejemplo (5), ni seguido del sustantivo *pájaro*, como en el ejemplo (6). En la oración (2), repetida aquí como (7), vemos que hay varios grupos de palabras:

(7) [El pájaro] [canta] [armoniosamente] [sobre la rama].

Estos sintagmas son los llamados **constituyentes** de la oración, y ponen de manifiesto que cada palabra tiene una relación más estrecha con otra dentro de su constituyente que con cualquier otro elemento que se encuentre fuera de él. Por este motivo, y como norma general, las palabras que forman un constituyente no se pueden separar. Podemos realizar varias pruebas para comprobar si determinadas palabras conforman un constituyente. A continuación, presentaremos cuatro de las más comunes: sustitución, permutación, coordinación y elipsis.

---

**Actividad 1.** Tomando como punto de partida todos los elementos del conjunto aquí representado, escribe cinco oraciones gramaticales y tres agramaticales.

{un, niño, juega, con, una, cometa, blanca, en, la, playa}

❷ Explica brevemente qué elementos has movido para conseguir que las oraciones sean agramaticales.

---

### 1.1. Sustitución

La prueba de **sustitución** consiste en la capacidad de algunas palabras individuales de sustituir a grupos de palabras. Si un grupo puede sustituirse por una única palabra, llamada **proforma**, entonces este grupo se considera un constituyente:

(8) El pájaro canta armoniosamente *sobre la rama.* → El pájaro canta armoniosamente *allí.*

Como vemos en (8), el grupo de palabras o constituyente *sobre la rama* se puede reemplazar por el adverbio *allí*, que al sustituirlos actúa como proforma. Veamos otros ejemplos:

(9) a. Pepe vio saltar *al gato* desde la ventana. → Pepe *lo* vio saltar desde la ventana.
    b. *Pepe* vio saltar al gato desde la ventana. → *Él* vio saltar al gato desde la ventana.

El ejemplo (9a) demuestra que la secuencia *al gato* forma un constituyente, ya que se puede sustituir por el pronombre de objeto directo *lo*. En (9b) comprobamos que *Pepe*, pese a ser solamente una palabra, conforma un constituyente que se puede sustituir por el pronombre de sujeto *él*. Al tratarse de un nombre propio no requiere la presencia de un determinante, por lo que el sustantivo es por sí mismo un constituyente.

### 1.2. Permutación

En comparación con otras lenguas, el orden de las palabras en español no es excesivamente rígido y los constituyentes se pueden mover con bastante libertad. Pensemos, por ejemplo, en el orden *adjetivo + sustantivo* en inglés, el cual no puede alterarse, *the main reason/*the reason main*, mientras que en español, aunque el orden habitual sea *sustantivo + adjetivo*, *la razón principal*, en muchas ocasiones puede invertirse, *la principal razón*. La prueba de **permutación**, también conocida como transposición, consiste en mover los elementos dentro de la oración y nos indica que, si trasladamos el grupo de palabras que forma un constituyente a otro lugar de la oración, este ha de moverse al completo. Fijémonos en los ejemplos de (10):

(10) a. Paco bebió café con leche en el aeropuerto.
     b. En el aeropuerto, Paco bebió café con leche.
     c. *El aeropuerto, Paco bebió café con leche en.

En los ejemplos (10a) y (10b), *en el aeropuerto* forma un constituyente. El ejemplo agramatical (10c) nos muestra que es imposible separar la preposición *en* del resto de los elementos que le siguen. Fijémonos ahora en el ejemplo (11):

(11) Pepe comió arroz con pollo.

En este caso debemos determinar si tenemos dos constituyentes a continuación del verbo o solamente uno. Traslademos primero el constituyente entero:

(12) Arroz con pollo comió Pepe.

El resultado es una oración gramatical y con sentido completo en español, por lo que concluimos que *arroz con pollo* es un único constituyente. Veamos ahora qué sucede si intentamos mover solamente *arroz*, como si *arroz* y *con pollo* fueran dos constituyentes independientes:

(13) Arroz comió Pepe con pollo.

El resultado es de nuevo una oración gramatical, pero con un sentido un tanto extraño en español, como se puede apreciar a continuación:

Arroz con pollo comió Pepe.          Arroz comió Pepe con pollo.

**Figura 4.1** Ambigüedad de la oración según su división en constituyentes

Esto se debe a que la oración es ambigua. La interpretación de (12) es que "Pepe comió un plato de arroz con pollo", mientras que la interpretación de (13) sería que "Pepe comió un plato de arroz acompañado por un pollo (o por alguien llamado Pollo)". Como hemos dicho, la interpretación resulta poco habitual, pero posible.

Generalmente, la ambigüedad en la lengua se manifiesta mediante diferentes estructuras. En el ejemplo (11) vemos que, según el significado, podemos tener uno o dos constituyentes, y lo reflejamos así en nuestros diagramas (14) y (15). La diferencia de interpretación entre las dos oraciones depende de la estructura jerárquica entre sus componentes, generalmente representada en **diagramas arbóreos**, también llamados árboles sintácticos o indicadores sintagmáticos, y que se utilizan para mostrar las relaciones jerárquicas entre las palabras de una oración. En la siguiente tabla se observa la correspondencia de cada una de las abreviaturas que aparecen a continuación en el diagrama arbóreo.

**Tabla 4.1** Nomenclaturas utilizadas en los diagramas arbóreos

| | |
|---|---|
| O | Oración |
| SN | Sintagma nominal |
| SV | Sintagma verbal |
| SP | Sintagma preposicional |
| N | Nombre o sustantivo |
| V | Verbo |
| D | Determinante |
| P | Preposición |

(14)

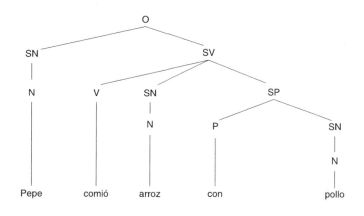

(15)

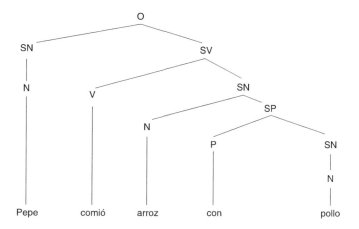

Las relaciones entre los diferentes elementos de las oraciones se pueden explicar a través de relaciones familiares. En el diagrama representado en (14), *arroz* y *con pollo* son dos constituyentes independientes, el SN es hermano del SP, los dos son hijos de SV, y por eso en este caso tenemos la interpretación de que "Pepe estaba con Pollo comiendo arroz". Por otro lado, en (15), *arroz con pollo* es un único constituyente, y el SP *con pollo* está contenido en el SN, es su hijo, con lo cual la interpretación que representamos aquí es que "Pepe comió un plato de arroz con pollo". Estas relaciones de hermanos e hijos nos dan una idea de la jerarquía que existe en la sintaxis. Por ejemplo, cuando dos constituyentes son hermanos, están al mismo nivel en la estructura, es decir, tienen la misma madre. Si ya no están al mismo nivel, siguiendo la terminología familiar, podemos hablar de abuelos, nietos, tíos, primos, etc.

**Actividad 2. Escribe una única oración que sirva para representar los dibujos de las dos viñetas. Asegúrate de que en la oración aparezcan los elementos en este orden {Pablo, ver, oso, prismáticos}.**

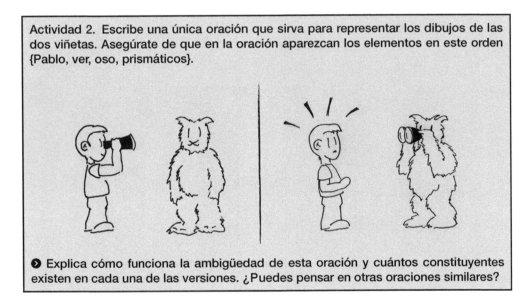

❷ **Explica cómo funciona la ambigüedad de esta oración y cuántos constituyentes existen en cada una de las versiones. ¿Puedes pensar en otras oraciones similares?**

### 1.3. Coordinación

Otra prueba que se suele utilizar para determinar si un grupo de palabras forma un constituyente es la **coordinación**. Sin embargo, existen reglas que limitan la coordinación de elementos: únicamente los elementos que desempeñan la misma función pueden ser coordinados. Los ejemplos a continuación derivan de la oración *Mario envió una carta a Alberto*:

(16) a. Mario envió <u>una carta</u> y <u>una botella de vino</u> a Alberto.
                     SN               SN
    b. Mario envió una carta <u>a Alberto</u> y <u>a Laura</u>.
                            SP        SP
    c. <sup>?</sup>Mario envió <u>una carta</u> y <u>a Alberto</u>.
                     SN     SP

Si nos fijamos en el ejemplo (16a), vemos que los elementos coordinados por la conjunción *y* son los objetos enviados, es decir, dos sintagmas nominales que funcionan como objeto directo: *una carta y una botella de vino*. En (16b), los elementos coordinados son dos sintagmas preposicionales que funcionan como objeto indirecto: *a Alberto y a Laura*. Sin embargo, en (16c), los elementos que tratamos de coordinar son un SN objeto directo y un SP objeto indirecto, por lo cual la oración sería poco habitual en español; de ahí que vaya introducida con el símbolo (??). Para muchos hablantes esta oración también podría resultar agramatical. No obstante, existe la posibilidad de que algún hablante alegara que (16c) es gramatical pero, en ese caso, el significado de la oración variaría notablemente, ya que como se ilustra a continuación indicaría que "Mario realizó un envío de una carta y de Alberto".

??Mario envió una carta y a Alberto.

**Figura 4.2** Ejemplo de coordinación de dos elementos de distinta naturaleza

## 1.4. Elipsis

La cuarta prueba para detectar un constituyente es la **elipsis** y consiste en eliminar la palabra o grupo de palabras que consideramos un constituyente. Si al eliminarlo la oración continúa siendo gramatical, entonces se trata de un constituyente. Veamos qué componentes forman constituyentes en la oración *La vecina trajo el libro*:

(17) a. – ¿Quién trajo el libro?
     – La vecina.
   b. – ¿Qué hizo la vecina?
     – Trajo el libro.
   c. – ¿Quién trajo el libro?
     – *La.

En (17a) el constituyente que hemos elidido por completo en la respuesta es el SV [*trajo el libro*], de ahí que vaya entre corchetes, mientras que en (17b) el elemento elidido es el SN sujeto [*la vecina*]. Por otro lado, en (17c) vemos que, al intentar dividir el constituyente

SN *la vecina*, que forma el sujeto, la respuesta a la pregunta que se formula en relación con la oración carece de sentido.

---

**Actividad 3.** Utiliza al menos dos pruebas para determinar si los elementos subrayados conforman un constituyente. Después explícalas brevemente.

1. <u>Mis amigos españoles</u> llegaron a Calacalí anoche.
2. Mis amigos españoles llegaron a <u>Calacalí</u> anoche.
3. Calacalí es un pueblito muy <u>pintoresco</u>.
4. Calacalí está situado <u>en el norte de la cordillera andina ecuatoriana</u>.
5. <u>Pronto llegaremos</u> a Calacalí.

---

## 2. Los sintagmas y sus núcleos

Todo sintagma posee solamente un núcleo. El **núcleo** es el elemento con la información relevante dentro del constituyente, y el único imprescindible en un sintagma. En la siguiente tabla aparecen los núcleos de los distintos constituyentes de la oración.

**Tabla 4.2** Los principales sintagmas y sus núcleos

| Tipo de sintagma | Núcleo | Ejemplo |
|---|---|---|
| Sintagma Nominal (SN) | nombre o sustantivo (N) | un **niño** |
| Sintagma Verbal (SV) | Verbo (V) | **come** bombones |
| Sintagma Adjetival (SA) | Adjetivo (A) | **orgulloso** de su gato |
| Sintagma Adverbial (SAdv) | Adverbio (Adv) | tan **alegremente** |
| Sintagma Preposicional (SP) | Preposición (P) | **en** casa |

Como se deduce de la tabla, cada sintagma se llama como su núcleo: el nombre o sustantivo es el núcleo del sintagma nominal (SN), el verbo el del verbal (SV), el adjetivo el del adjetival (SA), etc. He aquí las diferentes configuraciones de los sintagmas de la tabla anterior en diagramas arbóreos:

(18)                                    (19)

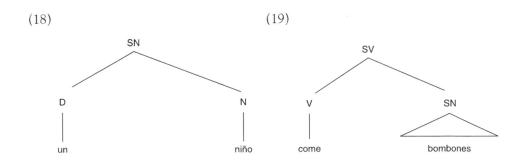

(20)                                          (21)

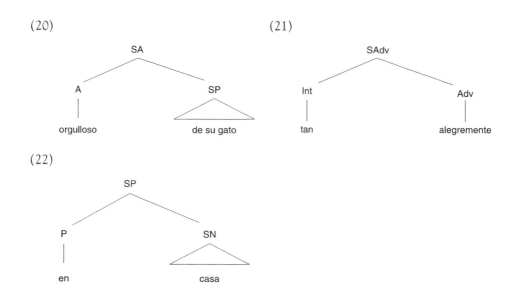

(22)

En los diagramas arbóreos observamos la estructura de cada uno de los sintagmas que hemos presentado con anterioridad. Es importante notar que los triángulos que aparecen en algunos diagramas se emplean para sustituir una estructura que no resulta pertinente para lo que se está explicando en ese momento. Así, en (19) la estructura de la que estamos hablando es del SV, por lo tanto hemos puesto un triángulo bajo SN para no desarrollarlo en este ejemplo. Veamos ahora el diagrama de una oración completa con sujeto y predicado, es decir, con un SN agente, el actor de la acción del verbo, y un SV formado por el verbo y sus modificadores:

(23)

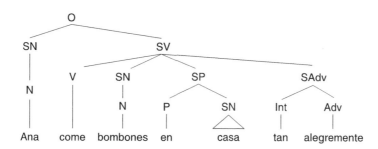

Esta representación arbórea muestra que *bombones* forma un único constituyente, un SN que funciona como objeto directo del verbo *comer*. El SP *en casa* es otro constituyente que nos ofrece información acerca del lugar en el que transcurre la acción del verbo, mientras que el SAdv *tan alegremente* es un nuevo constituyente que, en este caso, nos ofrece información sobre el modo en que realiza la acción del verbo.

---

**Actividad 4. Identifica el núcleo de los siguientes sintagmas e indica a qué tipo pertenecen utilizando corchetes de la manera que aparece en el ejemplo.**

Modelo: La casa azul. *Núcleo: casa. Tipo de sintagma: Nominal*   [<sub>SN</sub>La [<sub>N</sub>casa] azul]

1. Nació en México.
2. Desde su juventud.
3. Una vida atormentada.
4. En la casa siguiente.
5. Vivía con su marido.
6. Esas gruesas cejas de la artista.
7. Los cuadros de Frida Kahlo.
8. Una gran variedad de pinturas muy coloridas.

❸ **A continuación dibuja los árboles de los sintagmas 2, 3, 4 y 6.**

---

**Actividad 5.  Escribe un sintagma para cada una de las siguientes palabras. Todas las palabras tienen que ser el núcleo de su sintagma.**

gato • grande • quiso • por • hacía • sol
plácidamente • desde • aburrido • rápidamente

---

## 3. Las reglas de estructura sintagmática (RES)

Toda oración se compone de un sujeto y un predicado. El sujeto siempre ha de ser un SN y el predicado un SV. Un modo de representar esta regla sería:

(24)  O → SN SV

La formación de todos los sintagmas sigue unas reglas específicas. Existen unos determinados elementos que pueden aparecer en un sintagma concreto y en un orden más o menos rígido. Estas reglas se llaman **Reglas de Estructura Sintagmática**, más conocidas como **RES**, aunque algunas gramáticas también las denominan *Reglas de Reescritura Sintagmática*. Se llaman así porque obedecen a la recursividad característica del lenguaje que permite que la reiterada combinación de elementos dé lugar a un número ilimitado de enunciados (véase el capítulo 1). Como se aprecia en (24), el símbolo O sirve de punto de partida para todas las oraciones bajo la regla "vuelve a escribir O en la forma de su nivel inferior SN + SV", y así sucesivamente hasta llegar a los niveles más bajos en la estructura (Muñiz Rodríguez 1989, 183). A continuación, vamos a analizar cada una de estas reglas en relación con los diferentes tipos de sintagmas: el sintagma nominal (SN), el sintagma adjetival (SA), el sintagma verbal (SV), el sintagma adverbial (SAdv) y el sintagma preposicional (SP).

### 3.1. El sintagma nominal (SN)

En el **sintagma nominal** el nombre o sustantivo es el elemento indispensable que siempre ha de aparecer acompañado o no de otros elementos concretos. Por ejemplo:

(25)  a.   come [<sub>SN</sub> empanadas].

b. come [$_{SN}$ [$_D$ unas] empanadas].

c. come [$_{SN}$ [$_D$ unas] [$_{SA}$ deliciosas] empanadas].

d. come [$_{SN}$ [$_D$ unas] empanadas [$_{SA}$ deliciosas]].

e. come [$_{SN}$ [$_D$ unas] [$_{SA}$ deliciosas] empanadas [$_{SP}$ de queso]].

El SN de (25a) consiste en un único elemento: el sustantivo *empanadas*. En (25b) hemos añadido un determinante, *unas*, elemento que habitualmente acompaña al sustantivo. En (25c) aparece un SA a la izquierda del sustantivo, *unas deliciosas empanadas*; el mismo SA que en (25d) aparece a la derecha del sustantivo, *unas empanadas deliciosas*. En (25e), por otro lado, vemos que también un sintagma preposicional, *de queso*, puede aparecer modificando al sustantivo. A partir de todos estos ejemplos, deducimos que la RES del SN es:

(26) SN → (D) (SA) N (SA) (SP)

En esta regla observamos que el nombre ha de aparecer obligatoriamente como núcleo del sintagma nominal, mientras que tanto el adjetivo como el determinante y el sintagma preposicional pueden estar presentes o no. Por esta razón, aparecen formulados en la regla entre paréntesis.

## 3.2. El sintagma adjetival (SA)

El **sintagma adjetival** siempre contiene un adjetivo que constituye su núcleo, pero hay otros elementos que pueden o no acompañarlo, como comprobamos en los siguientes ejemplos:

(27) a. Nicolás es [$_{SA}$alto].

b. Nicolás es [$_{SA}$[$_{Int}$muy] alto].

c. Nicolás es [$_{SA}$fácil [$_{SP}$de convencer]].

d. Nicolás es [$_{SA}$[$_{SAdv}$extremadamente] fácil [$_{SP}$de convencer]].

Al igual que hemos visto en el caso del SN con el sustantivo, el adjetivo es el único elemento imprescindible en el SA. En (27b) aparece un intensificador, *muy*; así como en (27c), que aparece un SP modificando al adjetivo, *de convencer*. Del mismo modo, en (27d) hay un adverbio modificando al adjetivo, *extremadamente*. Una vez más, constatamos que, mientras que el núcleo esté presente, todos los demás elementos pueden o no aparecer. Así pues, la RES del sintagma adjetival es:

(28) SA → (Int/SAdv) A (SP)

## 3.3. El sintagma verbal (SV)

El núcleo del **sintagma verbal** es el verbo, pero a esta categoría gramatical la pueden modificar diversos elementos. Veamos algunos ejemplos:

(29) a. Irene [$_{SV}$baila].

b. Irene [$_{SV}$baila [$_{SN}$salsa]].

c. Irene [$_{SV}$baila [$_{SN}$salsa] [$_{SP}$en su casa]].

d. Irene [$_{SV}$baila [$_{SN}$salsa] [$_{SAdv}$tranquilamente] [$_{SP}$en su casa]].

e. Irene [$_{SV}$ [$_{SAdv}$tranquilamente] baila [$_{SN}$salsa] [$_{SP}$en su casa]].

En (29a) el verbo es suficiente por sí mismo para conformar el sintagma verbal, pero en los siguientes ejemplos observamos cómo hemos ido añadiendo elementos a este SV. En (29b) un sintagma nominal nos indica "qué es lo que baila Irene", *salsa*; en (29c), se nos informa sobre "el lugar donde baila Irene", *en su casa*, un sintagma preposicional; en (29d), además se nos cuenta "de qué manera lo hace", mediante un sintagma adverbial, *tranquilamente*, que aparece a la derecha del verbo, mientras que en (29e) ese mismo adverbio aparece a la izquierda del verbo.

Con bastante frecuencia hay verbos que pueden presentarse acompañados por un verbo auxiliar, como *haber*. Veamos el ejemplo (30):

(30)   Irene [$_{SV}$ [$_{Aux}$ ha] bailado].

Si nos fijamos en todos los ejemplos que hemos visto podemos deducir la RES del sintagma verbal:

(31)   SV → (SAdv) (Aux) V (SN) (SAdv) (SP)

### 3.4. El sintagma adverbial (SAdv) y el sintagma preposicional (SP)

Dentro del sintagma verbal anterior hemos encontrado dos sintagmas que aún no habíamos explicado en detalle: el sintagma adverbial y el sintagma preposicional. El **sintagma adverbial** posee un adverbio como núcleo y puede ir acompañado de diversos elementos, como se aprecia en los siguientes ejemplos:

(32)   a.   Está [$_{SAdv}$lejos].
       b.   Está [$_{SAdv}$ [$_{Int}$muy] lejos].
       c.   Está [$_{SAdv}$lejos [$_{SP}$de ti]].

En (32a) el adverbio *lejos* aparece como único elemento del sintagma, es decir, como su núcleo. En (32b) este núcleo está modificado por el intensificador *muy*, y en (32c) el sintagma preposicional *de ti* modifica al adverbio, indicándonos la relación espacial con el sujeto. La RES del sintagma adverbial se presenta en (33):

(33)   SAdv → (Int) Adv (SP)

Por último, el **sintagma preposicional** es el único en el que solamente el núcleo no es suficiente para formar un sintagma. Como se muestra en (34), la preposición por sí misma no basta:

(34)   a.   *Está [$_{SP}$en].
       b.   Está [$_{SP}$en [$_{SN}$Bilbao]].

La preposición siempre ha de ir seguida de un sintagma nominal, por eso, al escribir su RES, el sintagma nominal no aparece entre paréntesis:

(35)   SP → P SN

En la siguiente tabla recogemos a modo de resumen las reglas de estructura sintagmática (RES) en español introducidas a lo largo de esta sección.

**Tabla 4.3** Reglas de estructura sintagmática (RES)

| Sintagma | Regla | Ejemplo |
|---|---|---|
| SN | SN → (D) (SA) N (SA) (SP) | Come (unas) (deliciosas) empanadas (deliciosas) (de queso).<br>        D      SA      N       SA       SP |
| SA | SA → (Int) / (SAdv) A (SP) | Es (muy) fácil (de convencer).<br>    Int   A        SP<br><br>Es (extremadamente) fácil (de convencer).<br>        SAdv         A       SP |
| SV | SV → (SAdv) (Aux) V (SN) (SAdv) (SP) | (Siempre) (ha) bailado (salsa) (tranquilamente) (en su casa).<br>  SAdv   Aux   V     SN      SAdv         SP |
| SAdv | SAdv → (Int) Adv (SP) | Está (muy) lejos (de ti).<br>      Int  Adv   SP |
| SP | SP → P SN | Está en París.<br>      P  SN |

---

**Actividad 6. Señala qué tipo de sintagmas son los siguientes elementos que aparecen entre corchetes.**

Modelo: [El chico [alto]] → [_SN_El chico [_SA_alto]]

1. [Mi cama]
2. [Muy alegre]
3. [Tranquilamente]
4. [Salió [de casa] [por la mañana]]
5. [En [la casa [del bosque]]]

❯ **En las siguientes frases marca cada sintagma entre corchetes y señala el tipo de sintagma que es cada uno.**

Modelo: _Un estudiante tan inteligente._ → [Un estudiante [tan inteligente]] → [_SN_Un estudiante [_SA_tan inteligente]]

1. A las tres.
2. Muchos chicos jóvenes.

---

**Actividad 7. Lee detenidamente las siguientes reglas de estructura sintagmática. Imagina que son las reglas de una lengua inventada.**

O → SN SV
SN →(D) N (SA)
SA → (Int) A
SP → P SN
SV → V SN SP

❯ **Ahora decide cuáles de las siguientes oraciones no podrían generarse aplicando estas reglas.**

Modelo: *El chico es alto* → No puede producirse porque, según la RES indicada arriba, el SV no permite que haya un SA en el predicado, y exige la presencia de un SN y de un SP, los cuales no aparecen en el ejemplo.

1. Jorge salió de casa rápidamente.
2. Pepe dio un beso a Laura.
3. Este fue un bonito momento.
4. Miguel tiene cosquillas en la barriga.
5. Mi amigo quiere un helado de chocolate.

❷ **Por último, adecúa las RES presentadas en la actividad para que las oraciones 1–5 puedan generarse.**

## 4. Las funciones sintácticas

Hasta el momento hemos visto cómo las palabras se agrupan en sintagmas de diversos tipos. Ahora analizaremos qué función desempeña cada uno de los sintagmas según su lugar en la oración. Los primeros elementos que debemos distinguir son el sujeto y el predicado. Si recordamos la RES de la oración, podremos indicar cuáles son los elementos que corresponden al sujeto y al predicado:

(36)   O → SN SV

La oración se forma con un SN sujeto y un SV predicado, y ambos elementos son imprescindibles. Según el orden canónico o no marcado del español, el sujeto (S) ha de preceder al predicado. Este predicado puede estar formado por un verbo (V), como en el ejemplo (37), o un verbo seguido de un objeto (O), como en (38). No hay que confundir la O de objeto con la O de oración que se indica en la parte más alta del árbol sintáctico. Generalmente, a este orden canónico se le llama SVO:

(37)   <u>Alicia</u> <u>lee</u>.
          S      V
(38)   <u>Alicia</u> <u>lee</u> <u>un libro</u>.
          S      V        O

### 4.1. El sujeto

Un gran número de gramáticas tradicionales suelen explicar que el **sujeto** es el elemento de la oración que realiza la acción del verbo. No obstante, debemos tener en cuenta que no todos los verbos expresan acciones, tal y como se demuestra en los siguientes ejemplos:

(39)   <u>Mi hermano</u> tiró una piedra. → acción
              S
(40)   <u>Rosa</u> teme a Luis. → sentimiento o experiencia
          S
(41)   <u>Los chicos nuevos</u> son carpinteros. → identificación
              S

En estos ejemplos, los elementos subrayados son los sujetos de las oraciones. En (39) vemos que *mi hermano* es quien realiza la acción del verbo: en efecto, *tirar* es un verbo que expresa una acción, y *mi hermano* es quien lleva a cabo dicha acción, es decir, "quien tira la piedra". Por otro lado, el verbo en (40), *temer*, no indica una acción concreta, sino un sentimiento o una experiencia, por lo que podemos decir que *Rosa* es el elemento "que sufre o experimenta ese miedo", pero no realiza una acción concreta. Por último, en (41) aparece el verbo copulativo *ser*, que no solo no expresa una acción, sino que su significado es nulo. El verbo *ser* sirve básicamente de puente entre el sujeto y el predicado de la acción, y podría compararse en términos de significado al símbolo matemático de igual (=). En este caso la oración identifica cuál es la profesión de *los chicos nuevos*, es decir, *carpinteros*. Por lo tanto, en estos ejemplos comprobamos que el sujeto no siempre realiza la acción del verbo, sino que también desempeña otros valores de significado en la oración. Sin embargo, estos tres sujetos tienen en común que son sintagmas nominales (SNs). Este aspecto es importante, puesto que solamente los SNs pueden realizar la función de sujeto. Si aparece una preposición delante del SN que creemos va a ser sujeto, al momento sabemos que este constituyente no puede serlo:

(42)   [$_{SP}$A [$_{SN}$Luis]] le aburren [$_{SN}$las novelas de misterio].

El SN *Luis* aparece precedido por la preposición *a*, lo cual automáticamente nos indica que el SN *Luis* no es el sujeto porque está contenido en un SP. Además, si volvemos a fijarnos bien en los sujetos de las oraciones (39), (40) y (41), nos damos cuenta de que los tres sujetos concuerdan con el verbo. En (39) y (40), tanto *mi hermano* como *Rosa* son tercera persona del singular, al igual que los verbos *tiró* y *teme*; en (41), *los chicos nuevos* son tercera persona del plural, al igual que el verbo *son*. Volvamos ahora al ejemplo (42), puesto que hasta el momento solamente sabemos que *A Luis* no es el sujeto. El sujeto ha de concordar con el verbo, por lo que debemos buscar un elemento que concuerde con la tercera persona del plural *aburren*. El elemento que nos queda es *las novelas de misterio*, por lo que este ha de ser el sujeto de *aburrir*. La mejor manera de identificar el sujeto de una oración es buscar el elemento que creemos que es el sujeto y modificar su número: si es singular, lo transformamos en plural y, si es plural, lo expresaremos en singular. Si al realizar este cambio de número también cambia el verbo, entonces se trata del sujeto. Sin embargo, si el verbo se mantiene intacto, tenemos que seguir probando. Así, si cambiamos el número de *las novelas de misterio*, obtenemos *\*A Luis le aburren la novela de misterio*, esta se convierte en una oración agramatical. Para que se estableciera la concordancia la oración resultante debería ser *A Luis le aburre la novela de misterio*, por lo que al cambiar el número del SN hemos tenido que cambiar también el número del verbo, de ahí que el SN *las novelas de misterio* sea el sujeto de la oración *A Luis le aburren las novelas de misterio*.

Otra característica de los SNs sujeto es que se pueden sustituir por un pronombre personal de sujeto: *yo*, *tú/vos/usted*, *él*, *ella*, *nosotros/nosotras*, *vosotros/vosotras*, *ellos/ellas*, *ustedes*. Volvamos a los ejemplos (39), (40) y (41), repetidos aquí como (43), (44) y (45):

(43)   *Mi hermano* tiró una piedra. → *Él* tiró una piedra.
(44)   *Rosa* tiene miedo de Luis. → *Ella* tiene miedo de Luis.
(45)   *Los chicos nuevos* son carpinteros. → *Ellos* son carpinteros.

Como se deduce de los tres ejemplos anteriores, hemos sustituido los tres SN sujeto por la proforma correspondiente a los pronombres personales de sujeto.

Teniendo en cuenta las características presentadas, podemos definir sujeto como un SN que concuerda con el verbo en persona y número, y que puede sustituirse por un pronombre de sujeto.

Al comienzo de esta sección explicamos que tanto el sujeto como el predicado son imprescindibles en todas las oraciones. No obstante, en español es bastante habitual que el sujeto de una oración no aparezca en su forma explícita. De hecho, siempre que podemos tratamos de eliminar el sujeto explícito de las oraciones. Por lo tanto, un hablante nativo de español no utilizaría el pronombre de sujeto como en (46), sino que lo más habitual sería que lo hiciera como en (47):

(46) **Juan** *se levanta todos los días a las ocho de la mañana. Lo primero que **él** hace es ducharse. **Él** siempre canta en la ducha y tararea mientras **él** se hace el desayuno. Después de desayunar, **él** va a trabajar de muy mal humor, porque **él** trabaja en una oficina, pero su gran pasión siempre ha sido tocar la batería en un grupo de rock.*

(47) **Juan** *se levanta todos los días a las ocho de la mañana. Lo primero que Ø hace es ducharse. Ø Siempre canta en la ducha y tararea mientras Ø se hace el desayuno. Después de desayunar, Ø va a trabajar de muy mal humor, porque Ø trabaja en una oficina, pero su gran pasión siempre ha sido tocar la batería en un grupo de rock.*

Aunque el párrafo (46) sería gramaticalmente admisible, resulta atípico en español. Curiosamente, es probable que un estudiante anglófono de español como segunda lengua (L2) de nivel inicial utilizara el sujeto explícito de esta manera, ya que en su lengua materna, el inglés, el sujeto siempre aparece en la forma explícita. En cambio, en español es la forma implícita, omitida o tácita, del pronombre de sujeto la más común, ya que la forma verbal utilizada nos permite identificar quién es el sujeto. A no ser que se quiera poner de manifiesto un contraste, *Yo me quedo y tú te vas*, lo habitual en el párrafo (46) habría sido prescindir de todos los pronombres sujeto *él*, tal y como sucede en (47), puesto que el oyente es capaz de reconocer a qué sujeto se hace referencia en cada caso, sin necesidad de mencionarlo constantemente.

Aunque *a priori* se pueda pensar que en estos casos no hay sujeto, esto no es así, puesto que como acabamos de comentar se halla implícito o tácito. Estos sujetos implícitos se llaman **pro**, y en un análisis arbóreo siempre han de estar presentes. Las lenguas que, como el español, no requieren un sujeto explícito, se denominan **lenguas pro-drop**, abreviatura de *pronoun-dropping* en inglés (véase el capítulo 1 para más información).

---

**Actividad 8. Identifica todos los sujetos en cada una de las siguientes oraciones. Ten en cuenta que en algunas de ellas hay más de uno.**

Modelo: <u>Ana</u> quiere que <u>Pepe</u> le compre un coche nuevo.
       S              S

1. ¿Quién ha dicho eso?
2. A Marta no le gustan los pasteles de crema.
3. Quiero que Paco venga ya.
4. ¿Ha llegado ya el médico?
5. A Ana la vio la estudiante ayer.
6. Como no quieres que lo compre Pepe, saldremos tú y yo a por ello.

7. Nunca pongas la caja en el armario.
8. La besó Juan.
9. ¿Vienes o no?
10. Al otro lado del río tiene una casa Laura.

Antes de seguir con las funciones sintácticas de los constituyentes del predicado, cabe mencionar algunos detalles sobre la terminología que emplearemos. Como ya se indicó, en las relaciones sintácticas existe una jerarquía, los elementos no se relacionan entre sí de la misma manera. Todos los constituyentes que son imprescindibles son **argumentos**. Hasta ahora hemos visto que el sujeto es necesario en toda oración. Esto se conoce habitualmente como el argumento externo, y se llama así porque se encuentra fuera del sintagma verbal. Todos los demás argumentos del verbo, los cuales revisaremos a continuación, se denominan "argumentos" o "complementos" y ambos términos se emplearán indistintamente. No obstante, es importante tener presente que el sujeto es un argumento, pero no un complemento, ya que son todos los demás argumentos los que se denominan complementos.

## 4.2. El atributo

Debemos considerar que existen dos tipos de oraciones atendiendo al predicado: las **oraciones atributivas**, cuyo predicado expresa una cualidad del sujeto, y las **oraciones predicativas**, cuyo predicado expresa una acción o un estado del sujeto. Los verbos de las oraciones atributivas se denominan verbos copulativos y los principales son *ser, estar* y *parecer*. Si prestamos atención al significado general de estos verbos, nos daremos cuenta de que ni expresan una acción ni poseen un significado concreto, más bien, como ya se ha mencionado anteriormente, actúan de puente entre el sujeto y el predicado. El complemento de los verbos copulativos es el **atributo**, como podemos apreciar en las siguientes oraciones:

(48)  <u>Las mesas y los taburetes nuevos</u> <u>son</u> <u>amarillos</u>.
                S                V    Atr
(49)  <u>Ana</u> <u>está</u> <u>cansada</u>.
      S    V    Atr

Es importante notar que en ambos ejemplos el atributo concuerda en género y número con el sujeto, ya que, como dijimos, la oración atributiva es aquella cuyo predicado expresa una cualidad del sujeto.

## 4.3. El complemento directo

Los complementos de las oraciones predicativas, por otro lado, son el objeto o complemento directo, el indirecto y el complemento del verbo. Cuando el verbo es transitivo, requiere de un sintagma nominal **complemento** u **objeto directo** (OD). Este complemento es el tema o paciente de la acción. Así, en una oración como:

(50)  Anoche rompí <u>el sofá</u>.
                       OD

el objeto directo del verbo *romper* es *el sofá*. Las gramáticas tradicionales suelen explicar que el objeto directo es el elemento que recibe la acción del verbo. Esto es aplicable a ciertos grupos de verbos, aquellos que requieren "objetos afectados", por ejemplo, cuando hay un cambio de estado, como en el ejemplo (50), donde el objeto directo es el tema de la acción. Sin embargo, en algunos casos no se produce alteración alguna, como podemos observar en (51), mientras que en otros, los verbos designan estados o propiedades, como en (52):

(51)   Todos imaginamos <u>una historia de terror</u>.
                                        OD
(52)   Su nueva situación conlleva <u>muchas alegrías</u>.
                                                    OD

Una propiedad que nos ayuda a distinguir los objetos directos es que son sustituibles por pronombres personales de objeto directo, también denominados acusativos, *me*, *te*, *lo*, *la*, *nos*, *os*, *los*, *las*, como vemos en (53):

(53)   a.  Anoche rompí *el sofá*. → Anoche *lo* rompí.
        b.  Todos imaginamos *la historia*. → Todos *la* imaginamos.
        c.  Su nueva situación conlleva *muchas alegrías*. → Su nueva situación *las* conlleva.

Otra prueba de identificación de objetos directos consiste en transformar la oración a la voz pasiva. Con ello, el objeto directo se convierte en el sujeto de la oración pasiva, mientras que el sujeto de la oración en voz activa pasa a ser el complemento agente de la voz pasiva:

(54)   a.  <u>La policía</u>          <u>arrestó</u>          <u>a Juan</u>.
            sujeto          verbo (voz activa)          objeto directo

        b.  <u>Juan</u>          <u>fue arrestado</u>          <u>por la policía</u>.
            sujeto          verbo (voz pasiva)          complemento agente

Como podemos observar en (54b), el objeto directo de (54a) es ahora el sujeto de la oración. Ha perdido el marcador de caso, la *a personal*, y ha pasado a ser el sujeto, concordando ahora en número y persona con el verbo.

Los ejemplos (50), (51) y (52) nos indican que el objeto directo es un SN, no lleva preposición alguna. Sin embargo, en (54a) es importante notar que el objeto directo se compone de un marcador de caso + un sustantivo, *a Juan*. Aunque la *a* pueda parecer una preposición, debemos aclarar que, en realidad, se trata de un marcador de caso que se denomina **a personal**, y que se presenta cuando el objeto directo es una persona, un grupo de personas o un ser animado. Por ejemplo:

(55)   a.  Vi *a* mi profesor de semántica.
        b.  Vi *a* la gente que esperaba para entrar en el cine.
        c.  Vi *a* Raúl y *a* David.
        d.  Vi *a* mi gato.
        e.  Vi (*a*) un gato.
        f.  Vi la tele.
        g.  *Vi a la tele.

Si bien es cierto que utilizamos la *a personal* cuando el OD es una mascota o un animal con el que puede existir algún tipo de vínculo, como muestra el ejemplo (55d), cuando hablamos de un animal cualquiera, la *a personal* no resulta imprescindible, como en (55e). Por el contrario, en (55f) la *a personal* no solo no resulta necesaria, al no ser *la tele* un objeto animado, sino que, de hecho, su presencia provocaría la agramaticalidad de (55f) como se aprecia en (55g). Este suele ser un error común entre los estudiantes anglófonos de español por influencia croslingüística, pues uno de los verbos equivalentes en inglés, *to look at*, requiere el uso de una preposición.

Según las propiedades presentadas en esta sección, un OD es un sintagma nominal que no concuerda con el verbo (si lo cambiamos de singular a plural o viceversa no afecta al verbo), que puede sustituirse por un pronombre de OD y que pasa a ser el sujeto de la oración cuando esta se transforma a la voz pasiva. En ocasiones puede ir precedido de la *a* personal.

### 4.4. El complemento indirecto

Otro complemento del verbo es el **complemento** u **objeto indirecto** (OI). Este objeto designa generalmente al receptor, el destinatario, el experimentador o el beneficiario de una acción, un proceso o una situación. El objeto indirecto está formado por un SP encabezado por un pronombre dativo, *me*, *te*, *le*, *nos*, *os*, *les*, o por la preposición *a*, como se indica en (56) y (57):

(56)  <u>Me</u> encantan las películas de terror.
     OI
(57)  Juana <u>le</u> regaló flores <u>a Laura</u>.
         OI               OI

En (56) el pronombre de complemento indirecto *me* modifica al verbo *encantar* y este concuerda en plural con el sujeto de la oración, *las películas*. En (57) podemos ver además la reduplicación del objeto indirecto, algo bastante habitual en español con verbos que poseen la estructura: *darle algo a alguien*, *decirle algo a alguien*, *preguntarle algo a alguien*, etc. A pesar de la presencia del SP, generalmente el pronombre de objeto indirecto, también llamado dativo, aparece igualmente en la oración.

El OI es, por lo tanto, un sintagma preposicional introducido por la preposición *a*, puede ser sustituido por un pronombre dativo y en muchas ocasiones aparece reduplicado, es decir, aparece tanto el pronombre de OI como el SP, como vemos en (57).

### 4.5. El complemento del verbo

Por último, los **complementos del verbo** (CV) son complementos obligatorios sin los cuales el verbo no tendría sentido y siempre son sintagmas preposicionales. Como se recoge en la *NGLE* (2009, 2716), las gramáticas tradicionales lo llamaban *complemento de régimen preposicional*, dado que son grupos preposicionales argumentales que están precedidos o seleccionados semánticamente por diversos verbos. De ahí que también podamos encontrar en la literatura el término *complemento preposicional*. Funcionan como objetos directos en el sentido de que son seleccionados por el verbo y son obligatorios, pero con la diferencia de que van precedidos por una preposición. Pensemos, por ejemplo, en verbos de movimiento como: *ir*, *venir*, *entrar*, *salir*, etc.

(58)   Mañana iré *al cine*.

Es cierto que la oración sigue siendo gramatical sin el complemento del verbo, pero suena incompleta o poco habitual. Esto se expresa en sintaxis anteponiendo un signo de interrogación a la oración (?):

(59)   ?Mañana iré.

Se podría argumentar, no obstante, que la oración (59) sería la respuesta a la pregunta *¿Cuándo vas al cine?*, es decir, parte de una conversación ya iniciada en la que la información aparecería implícita para el hablante y su interlocutor. Sin embargo, falta la información principal, y por ello el punto relevante en este caso sería el adverbio de tiempo *mañana*. Pensemos ahora en esos verbos que siempre van acompañados de una misma preposición, como *arrepentirse de*, *tardar en*, *jactarse de*, etc. Como indica la definición de la *NGLE* (2009), esta preposición se encuentra "seleccionada" por el verbo, no por el SN al que precede. El sintagma preposicional que sigue a estos verbos es el complemento del verbo. Veamos algunos ejemplos:

(60)   Pablo nunca se arrepiente *de nada*. → arrepentirse *con/*en/*hacia algo
(61)   Raúl tardó *en hacer las compras*. → tardar *de/*con/*desde algo
(62)   Marta sueña *con ganar el partido de fútbol*. → soñar *de/*en/*a algo

En (60) el complemento de la preposición es un SN y en (61) y (62) es una oración completa. En ambos casos, la preposición no puede cambiar, siempre ha de ser la misma, es decir, la seleccionada por el verbo.

---

**Actividad 9. Identifica la función sintáctica de cada uno de los constituyentes subrayados en las siguientes oraciones.**

Modelo: <u>Ana</u> ha comprado <u>un coche nuevo</u> esta mañana.
        S                      OD

1. <u>Rafael</u> puso <u>el libro</u> <u>en la mesa</u>.
2. <u>A Maite</u> no le gustan <u>las galletas de chocolate</u>.
3. <u>Alberto</u> salió <u>de casa</u> corriendo.
4. Le daré <u>las gracias</u> <u>a mi jefe</u> por el aumento.
5. <u>Ana</u> se arrepintió <u>de todo</u>.
6. <u>Tres estudiantes</u> han llegado tarde <u>al examen</u>.
7. Vi <u>a Juan</u> en el restaurante de la esquina.
8. Siempre gana <u>Martín</u> <u>la carrera</u>.
9. Tenemos <u>muchos cuadros</u> en casa.
10. <u>Laura</u> es <u>la mejor dibujante del mundo</u>.

## 5. Los argumentos y los adjuntos

La sección anterior subraya que existen varios sintagmas que pueden modificar a otros. Estos sintagmas pueden tener diferentes relaciones con el núcleo al que modifican. Todos estos "satélites" del núcleo se dividen en argumentos y adjuntos.

Los **argumentos** son los participantes del núcleo. Son obligatorios y, por lo tanto, necesarios, aunque pueden en algunos casos presentarse de manera implícita. Por su parte, un **adjunto** expresa información extra, no necesaria para la gramaticalidad y el sentido de la oración.

Como ya adelantábamos, es importante recordar que los términos *argumento* y *complemento* se utilizan de manera casi indistinta. Todos los complementos son argumentos, pero el término argumento incluye el sujeto, cuyas características también dependen del verbo. Veamos su obligatoriedad en (63a) y (63b):

(63)   a.  Pepe [$_{SV}$ devoró [$_{SN}$ el bocadillo]].
       b.  *Pepe [$_{SV}$ devoró].

En (63b) falta información y la oración resulta incompleta. El SN, *el bocadillo*, objeto directo del verbo *devorar*, un verbo transitivo, es necesario para la gramaticalidad de la oración, lo cual nos indica que es un argumento. Sin embargo, hay verbos que, a pesar de ser transitivos, pueden tener un objeto implícito, como vemos en (64):

(64)   a.  Pepe [$_{SV}$ come [$_{SN}$ una manzana] todos los días].
       b.  Pepe [$_{SV}$ come todos los días].

En (64b) podemos observar que la oración es gramatical, aunque *comer* sea un verbo transitivo y el objeto directo no aparezca de manera explícita.

Otra característica de los complementos es que están más cerca del núcleo que los adjuntos. Veamos uno a uno los posibles complementos que puede haber en cada sintagma. Dentro del SN, el argumento o complemento forma un constituyente con el núcleo y, por lo tanto, no se pueden separar:

(65)   [La [simpática] [estudiante [de lingüística]]].
(66)   *$^{/?}$[La [estudiante [simpática]] de lingüística].

En (66) el SA, *simpática*, aparece entre el núcleo del SN y su complemento, y la oración, si bien para algunos hablantes no sería del todo agramatical, suena poco habitual, mientras que en (65), donde sí hemos respetado el orden canónico de la oración, esta es completamente gramatical y es el orden más utilizado por los hablantes de español. Por otra parte, aparecen los dos símbolos juntos (*$^{/?}$), que señalan que esta estructura sería agramatical para algunos hablantes, mientras que para otros simplemente sonaría poco habitual.

Revisemos ahora los elementos que pueden ser complementos del sustantivo. En (65) y (66), el sustantivo *estudiante* toma como argumento *lingüística*. La palabra *estudiante* es un sustantivo que tiene la misma raíz que el verbo *estudiar*, por lo tanto, *estudia lingüística* y *estudiante de lingüística* no son estructuras tan diferentes desde el punto de vista de su significado. En el primer caso, *lingüística* es el objeto directo del verbo *estudiar*, su argumento, al igual que *de lingüística* lo es del sustantivo *estudiante*. Podríamos decir entonces que funciona como su objeto directo.

Al hablar de los objetos directos del verbo, hemos mencionado la *a personal*, la cual no es una preposición, sino un marcador de caso. En el caso de *el estudiante de lingüística*, la secuencia *de lingüística* no es un sintagma preposicional, sino un sintagma nominal precedido del **marcador de caso** *de*. El marcador de caso no es un elemento que se genera en la oración, sino un elemento insertado. En el siguiente diagrama arbóreo, existe una convención por la cual se inserta dicho marcador mediante una flecha gruesa ($\nearrow$), tal y como podemos apreciar en (67):

(67)

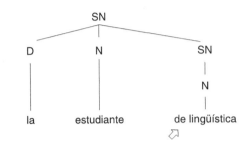

Los marcadores de caso siempre son elementos insertados, por lo tanto, la *a personal* mencionada anteriormente al hablar de los objetos directos en los ejemplos de (55), también lo es.

Normalmente, cuando un sustantivo comparte su raíz con un verbo, el SN que le sigue es un complemento, es decir, un argumento. Aunque es cierto que muchas gramáticas tradicionales considerarían el compuesto *de lingüística* un SP, como se detalla en la *NGLE* (2009), los complementos subjetivos y objetivos del nombre —es decir, que en una configuración oracional serían el sujeto o el objeto del verbo— no son "complementos de régimen". La preposición que los encabeza no se obtiene de los respectivos verbos, sino que se considera una marca de caso exigida por la sintaxis. De este modo, tenemos "una estudiante que estudia lingüística", al igual que podemos tener: *un profesor de inglés, la subasta de un cuadro, la destrucción de la ciudad, la lectura de un libro, la llegada de la primavera,* etc. Por otro lado, debemos recordar que en ocasiones hay SP adjuntos a la derecha de este tipo de oraciones. Por ejemplo:

(68)  El estudiante *de física.* → complemento
(69)  El estudiante *de pelo negro.* → adjunto

Al comparar (68) y (69) se puede apreciar la diferencia entre los complementos y los adjuntos. En (68), "el estudiante estudia física", por lo tanto, *física* es el complemento, mientras que en (69) no podemos decir "que el estudiante estudia pelo negro", sino que "tiene pelo negro". En este caso, *de pelo negro* es un SP y es adjunto del nombre. Además, es importante señalar que en español los adjetivos calificativos siempre son adjuntos, por lo tanto, *negro* es un adjunto de *pelo* en el sintagma *pelo negro*.

En el sintagma adjetival (SA), como hemos visto, también pueden aparecer argumentos, y estos forman un constituyente con el núcleo, y no se puede interponer nada entre ambos:

(70)  Patxi está siempre [orgulloso de su equipo].
(71)  *$^{/?}$Patxi está [orgulloso siempre de su equipo].

En (70) la oración es gramatical y resulta habitual, mientras que (71) es una oración extraña y normalmente un hablante de español no la formularía de esta manera.

El sintagma preposicional, como se dijo antes, siempre necesita un argumento, no puede prescindir de él, y no acepta adjuntos:

(72)   Lo vio [desde [la puerta]].
(73)   *Lo vio [desde].

Podemos apreciar claramente el contraste entre (72) y (73), y la agramaticalidad de (73). Como ya explicamos en la sección sobre las reglas de estructura sintagmática (RES), la preposición siempre necesita un SN que lo complemente.

Los argumentos del sintagma verbal son los que vimos en la sección anterior, objeto directo (OD), objeto indirecto (OI) y complemento del verbo (CV). Estos complementos van siempre pegados al verbo, siguiendo el orden canónico de las oraciones en español → S V OD OI CV, aunque el español, en comparación con otras lenguas, posee un orden de elementos en la oración bastante flexible:

(74)   Paloma toma *un té* en el porche de su casa.
(75)   */?Paloma toma en el porche de su casa *un té*.

Los **adjuntos** expresan la información relacionada con las circunstancias en las que se desarrolla la acción, tiene lugar el estado o la experiencia. Son constituyentes que añade el hablante para proporcionar más detalles sobre la acción, pero no son participantes del verbo. Otra característica importante es que los adjuntos no son obligatorios, son siempre opcionales, al fin y al cabo se trata de información adicional y pueden separarse del núcleo sin ningún problema. Por ejemplo:

(76)   Paloma durmió [ayer] [cómodamente] [en el sofá].
(77)   Paloma durmió [en el sofá] [ayer] [cómodamente].

Por lo general, los adjuntos ofrecen información de tiempo, lugar y modo. En las gramáticas tradicionales se conocen como **complementos circunstanciales**, precisamente porque señalan las circunstancias en las que se desarrolla una acción. El tiempo y el modo siempre son adjuntos, como podemos ver en (76) y (77) con el adverbio de tiempo *ayer* y el de modo *cómodamente*. Sin embargo, no sucede lo mismo con los adjuntos de lugar. Debemos tener cuidado con los constituyentes que expresan información sobre el lugar donde sucede la acción expresada por el verbo, puesto que pueden ser argumentos o adjuntos. El SP *en el sofá* presente en los ejemplos anteriores es un adjunto, puesto que el verbo *dormir* no necesita expresar dónde sucede, esta información es adicional. Sin embargo, como vimos en el ejemplo (58), repetido aquí como (78):

(78)   Mañana iré *al cine*.

El complemento del verbo *ir* es *al cine* y, por lo tanto, no es un adjunto. Muchos verbos de movimiento, los que indican desplazamiento, requieren un complemento preposicional que indica "lugar hacia donde" para que la oración tenga sentido completo. Pensemos en verbos como: *entrar en, salir de, meter en, sacar de*, etc.

La siguiente tabla nos ofrece un resumen de las características principales de los complementos y de los adjuntos que hemos visto en esta sección.

**Tabla 4.4** Características principales de los complementos y de los adjuntos

|  | Complementos | Adjuntos |
|---|---|---|
| Participantes del núcleo | Sí | No |
| Información adicional | No | Sí |
| Opcionales | No | Sí |
| Contiguos al núcleo | Sí | No |
| Orden fijo | Sí | No |

**Actividad 10. En las siguientes oraciones indica cuáles de los elementos subrayados son argumentos y cuáles adjuntos.**

Modelo: <u>Carlos</u> trabaja <u>en la Universidad de Chicago</u>.
   *Argumento (Arg.)*          *Adjunto (Adj.)*

1.  <u>A Mafalda</u> no le gusta <u>la sopa</u>.
2.  La sopa <u>de sobre</u>.
3.  <u>El profesor de inglés</u> volvió <u>a casa</u> solo.
4.  El profesor <u>de inglés</u>.
5.  <u>El profesor inglés</u> volvió <u>a casa</u> <u>rápidamente</u>.
6.  El profesor <u>inglés</u>.
7.  <u>El profesor de pelo negro</u> volvió <u>a casa</u> <u>después de la conferencia</u>.
8.  El profesor <u>de pelo negro</u>.
9.  <u>Paco</u> vendió <u>la casa azul</u>.
10. La casa <u>azul</u>.
11. Se arrepintió <u>de todo</u> <u>en el juicio</u>.
12. Devolvió <u>la carta</u> <u>a su dueño</u> <u>ayer</u>.
13. <u>Pepe</u> puso <u>la carta de su amante</u> <u>en el cajón</u>.
14. <u>Carlos</u> cenó <u>con su madre</u> <u>a las tres</u> <u>en el restaurante de la esquina</u>.
15. <u>Carla</u> salió <u>de su casa</u> <u>rápidamente</u>.

❱ **Ahora dibuja los diagramas arbóreos de las oraciones 5 y 13. No olvides seguir las RES que hemos aprendido para el español.**

## 6. La teoría de X-barra

En esta sección vamos a presentar la teoría de X-barra, lo que supondrá un cambio de estructura. Esta teoría se basa en los postulados de Noam Chomsky, en el concepto de gramática universal y los principios y parámetros del lenguaje (véase el capítulo 1).

Hasta ahora hemos planteado cómo representar las oraciones con un diagrama arbóreo. Veamos algún ejemplo más:

(79)  a. Marina salió de casa por la tarde.

b.

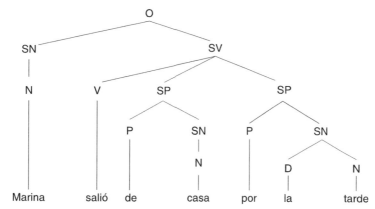

(80)  a. Beatriz envió flores a Sara.

b.

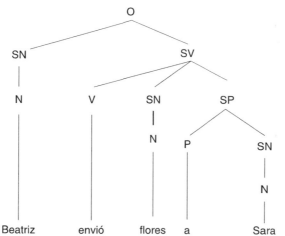

Si nos fijamos en estas dos oraciones, notaremos que en (79), *de casa* es un argumento del verbo, mientras que *por la tarde* es un adjunto. Sin embargo, en (80), tanto *flores* como *a Sara* son dos argumentos del verbo. Como la sección anterior explicaba, los argumentos y los adjuntos no guardan la misma relación con el núcleo del sintagma al que pertenecen. Los **argumentos** se sitúan más cerca del núcleo. En los diagramas arbóreos (79b) y (80b), vemos que no hay modo de identificar qué es un argumento y qué es un adjunto. En (79b) tanto el SP *de casa*, argumento del verbo *salir*, es hermano de V, al igual que lo es el SP *por la tarde*, adjunto del verbo. En (80b), ambos argumentos, el OD y el OI, son hermanos de V. Para poder representar en los diagramas la diferencia jerárquica existente entre los argumentos y los adjuntos, debemos recurrir a la teoría de X-barra (X'). Es importante notar que, cuando hablamos de SX, X' y X°, X representa a cualquiera de las categorías que existen (N, A, V, P, etc.). Esta teoría nos ofrece una clara visión de la jerarquía en las oraciones. La estructura básica del sintagma en X' es la siguiente:

(81)

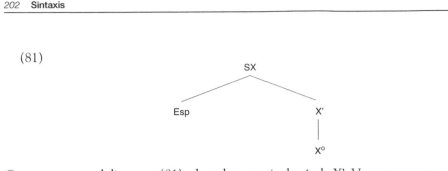

Como vemos en el diagrama (81), ahora hay un nivel más, la X'. Veamos una a una las posiciones. X° es la posición de núcleo y, si este SX fuese un SV, X° sería la posición en la que se generaría su núcleo, el verbo, y se señalaría como V°. Como ya hemos indicado previamente, el núcleo es el elemento central del sintagma. Solamente puede existir un núcleo en cada sintagma y su categoría gramatical determina el tipo de sintagma. Es, por lo tanto, el elemento que proyecta sus rasgos gramaticales hacia arriba, hacia el SX, el nudo máximo de la estructura. Así, si el núcleo es un sustantivo, el sintagma será nominal. Si hubiese un complemento, un argumento, este sería hermano del núcleo, hijo de X', como vemos en (82):

(82)

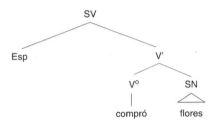

El SN *flores* es el objeto directo del verbo *comprar*, por lo que es un argumento y, por ello, aparece como hermano del núcleo verbal (V°). Tanto V° como su complemento, SN, son hijos de V', y nietos de SV.

X' es una posición intermedia que va a estar siempre en la estructura. Este nivel, X', aumenta dependiendo de los adjuntos que haya en el sintagma. Siempre hay uno por defecto que es el padre de X° y, por cada adjunto que aparezca, habrá un X' más. Así, si no hay adjuntos, habrá un X'; si hay un adjunto, habrá dos X'; si hay dos adjuntos, tres X'; si hay tres adjuntos, cuatro X', y así sucesivamente, como se indica en el siguiente ejemplo:

(83)

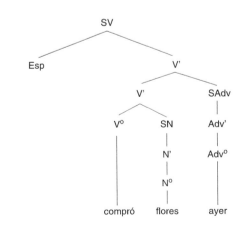

En (83) observamos que, al haber un adjunto en la oración, *ayer*, hay dos V'. Si hubiese un adjunto más, tendríamos la estructura en (84):

(84)

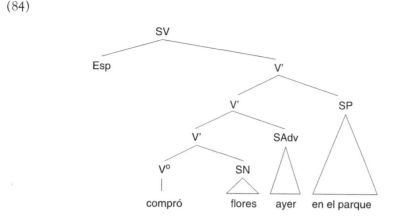

Como observamos de nuevo en este ejemplo, tenemos una V' madre de V° y del complemento, una V' más, madre del sintagma adverbial adjunto *ayer*, y una tercera V', madre del sintagma preposicional adjunto *en el parque*.

En la teoría de X' hay una posición nueva que no existía en los diagramas de estructura plana que utilizábamos antes: el especificador. El **especificador** (Esp) es el elemento que cierra el sintagma por arriba, por la izquierda. Si bien es cierto que en el SV hemos dejado esa posición vacía, veamos un ejemplo de sintagma nominal en el cual está más claro que esta posición de especificador ha de existir:

(85)

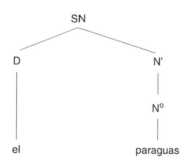

En (85) notamos que esa nueva posición de especificador está ocupada por el determinante. Siguiendo con la analogía familiar que estamos utilizando, el especificador es hermano de un nivel X' e hijo de SX.

Como hemos visto en los ejemplos anteriores, la teoría de X' ofrece una estructura recursiva. Podríamos seguir añadiendo elementos hasta el infinito a base de aumentar niveles X'.

A mediados de la década de los noventa, Chomsky desarrolló el programa minimista (o minimalista), el cual se basa en cómo se forman las estructuras a partir de la economía del lenguaje. Solo existen dos modelos de representación: la **forma lógica**, es decir, el significado, y la **forma fonética**, o, lo que es lo mismo, el enunciado que emitimos. Será un proceso básico y simple el que relacione ambos niveles y, por esta razón, se parte de que la facultad del lenguaje es perfecta, lo que lleva al programa minimista a proponer explicaciones sintácticas más sencillas y a reducir los niveles. Uno de los cambios introducidos por este programa es, por ejemplo, la no necesidad de dibujar siempre el nivel X', solamente cuando es necesario, es decir, solo cuando aparece un adjunto. No obstante, para los propósitos de este capítulo no vamos a adentrarnos en el minimismo, por lo que continuaremos desarrollando los árboles como hemos visto hasta ahora, dibujando siempre los niveles de X', aunque el núcleo no aparezca modificado ni por complementos ni por adjuntos.

---

**Actividad 11.** Dibuja los diagramas arbóreos de los siguientes sintagmas, utilizando la teoría de X'.

1. Estoy en Chicago.
2. Una casa de caramelo.
3. Orgulloso de mi equipo.
4. Muy lejos.
5. El conductor del camión.

❯ ¿Son los sintagmas 2 y 5 ejemplos de la misma estructura? Justifica tu respuesta.

---

**Actividad 12.** En cada uno de los siguientes diagramas arbóreos hay un paso que no sigue las reglas que hemos presentado en el capítulo. Identifica cuál es la discordancia y arréglala.

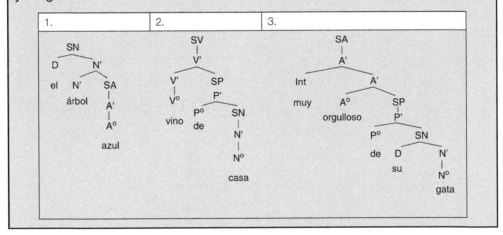

## 7. Las nuevas reglas de estructura sintagmática

Al tener nuevas categorías y nuevos niveles en la estructura, ahora debemos rediseñar las reglas de estructura sintagmática que habíamos descrito anteriormente. Estas reglas nos van a servir para generar estructuras y para mostrar la relación jerárquica entre los diferentes elementos. Podemos resumir todas las RES en tres, una para cada nivel:

(86)  Especificador     SX → (SY) X'        o       SX → X' (SY)
      Adjunto           X' → X' (SZ)         o       X' → (SZ) X'
      Complemento       X' → X° (SW)         o       X' → (SW) X°

Con estas tres reglas podemos desarrollar las reglas de todos los sintagmas que hemos visto hasta ahora:

(87)  SN → (D) N'
      N' → (SA) N' (SA)(SP)
      N' → N° (SP)

(88)  SV → V'
      V' → V' (SP)(SAdv)
      V' → V° (SN)(SP)

(89)  SA → A'
      A' → (Int) A'
      A' → A° (SP)

(90)  SAdv → Adv'
      Adv' → (Int) Adv'
      Adv' → Adv° (SP)

(91)  SP → P'
      P' → P'
      P' → P° SN

---

**Actividad 13.  Imagina una lengua que posea las siguientes RES.**

  → significa "se compone de"
  () indica opcionalidad

O → SN SV
SN → Det N (SA)
SV → V (SN) (SP) (SAdv)
SA → A
SAdv → Adv
SP → P SN

❯ **Decide ahora si estas RES son suficientes para generar las siguientes oraciones. Si alguna de ellas no se puede generar, modifica las RES para que funcionen.**

1. Los jugadores del Mánchester ganan siempre.
2. El delantero avanza muy rápidamente.
3. El portero rojiblanco paró el tiro.
4. El final del partido fue apasionante.
5. Vi el partido en la tele.

**Actividad 14. Dos de los siguientes diagramas arbóreos son incorrectos según las RES del español. Identifica cuáles son y explica por qué.**

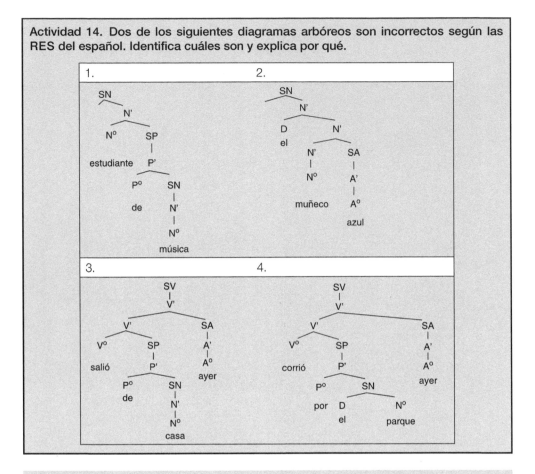

## 8. Las oraciones simples, las oraciones compuestas y las oraciones yuxtapuestas

Hasta el momento, hemos trabajado básicamente con oraciones simples. Una **oración simple** se compone de un único sujeto y predicado:

(92)   Maite se fue de compras.

No obstante, los hablantes no emplean únicamente oraciones simples al comunicarse, sino también **oraciones compuestas**, que pueden ser coordinadas o subordinadas. Las **oraciones coordinadas** se componen de dos o más oraciones simples que son oraciones principales, sintácticamente independientes, y entre las cuales no existen diferencias de jerarquía, como se muestra en el siguiente diagrama:

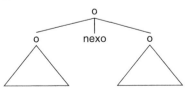

**Figura 4.3** Relación jerárquica de las oraciones coordinadas

(93)   [Maite se fue de compras]        y        [José se quedó en casa leyendo].
   *oración simple*     *nexo*    *oración simple*

Como vemos en (93), la estructura de una oración coordinada contiene dos verbos, cada uno de ellos con su respectivo sujeto, por lo que es una oración compuesta. Ambas cláusulas están unidas por la conjunción y, que actúa como nexo, y no dependen la una de la otra, sino que contribuyen al significado global de todo el enunciado. Por otro lado, en las **oraciones subordinadas** una cláusula recibe el nombre de principal y cuenta con mayor jerarquía que otra u otras, que se denominan cláusulas subordinadas. A diferencia de lo que sucedía en la coordinación, estas oraciones no pueden separarse, porque sus significados están interrelacionados y no tendrían sentido completo de manera independiente. Su representación esquemática sería la siguiente:

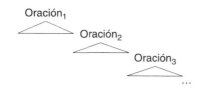

**Figura 4.4** Relación jerárquica de las oraciones subordinadas

(94)   Quiero [que Papá Noel me traiga muchos regalos].
(95)   El chico [que está sentado junto al árbol] tiene la camisa sucia.

En (94) vemos que ninguna de las dos partes tiene sentido completo por separado:

(96)   ?Quiero.
(97)   *Que Papá Noel me traiga muchos regalos.

La oración (96) no es agramatical, pero carece de sentido completo aislada de su subordinada, mientras que la subordinada en (97), resulta incompleta como oración declarativa. El ejemplo en (95) es algo diferente, puesto que la oración principal sí tiene sentido por sí misma, como se ilustra en (98), pero la oración subordinada en (99) sigue sin tener sentido completo por sí misma:

(98)   El chico tiene la camisa sucia.
(99)   *Que está sentado junto al árbol.

Como ya hemos mencionado, esta agramaticalidad se debe a que las oraciones subordinadas dependen de la principal, no pueden existir de manera independiente.

Por último, existen también las **oraciones yuxtapuestas** que, como su propio nombre indica, simplemente aparecen una detrás de otra:

(100)   Llegué, vi, vencí.

Todas ellas son cláusulas principales separadas entre sí por signos de puntuación, pero, a diferencia de las coordinadas, no tienen un nexo que una las diferentes proposiciones.

Pasaremos ahora a analizar brevemente los tipos de oraciones coordinadas y subordinadas que existen en español y cómo se representan en los árboles sintácticos.

## 8.1. Las oraciones coordinadas

Las oraciones coordinadas se dividen en cinco tipos principales en función de los nexos que las unen y de las relaciones de significado que existen entre las oraciones. Pueden ser: copulativas, disyuntivas, distributivas, adversativas y explicativas.

1. Las **oraciones copulativas** o **aditivas** expresan adición, suma o combinación, y se unen mediante los nexos *y* y *ni*:

   (101)  David bebió tequila *y* Pablo comió quesadillas.

   (102)  Raúl no bebió tequila *ni* comió quesadillas.

2. Las **oraciones disyuntivas** expresan elección. Se unen dos oraciones que se excluyen mutuamente, puesto que se debe elegir una u otra. Para expresar esta disyunción utilizamos los nexos *o*, *u*, *(o) bien*, etc.:

   (103)  Maite irá en avión a Menorca *o* tomará un barco.

3. Las **oraciones distributivas** expresan alternancia o distribución, pero no se excluyen mutuamente. Los nexos que se utilizan para expresar este tipo de coordinación son correlaciones que constan de dos partes: *ya . . . ya*, *bien . . . bien*, *ni . . . ni*, etc.:

   (104)  *Bien* llueva, *bien* nieve, mañana nos vamos de viaje.

   (105)  *Ni* dijo que sí, *ni* dijo que no.

4. Las **oraciones adversativas** expresan contraposición entre dos oraciones, excluyendo o restringiendo en la segunda oración lo que se expresa en la primera. Se emplean para ello nexos como *pero*, *mas*, *antes bien*, *por el contrario*, *sino que*:

   (106)  Tenía que ir al banco, *pero* me entretuve hablando con mi hermana.

   (107)  No compré las flores, *sino que* me las regalaron.

5. Las **oraciones explicativas** indican explicación, consecuencia o resultado de la anterior. Los nexos que expresan este tipo de coordinación son: *conque*, *luego*, *pues*, *a saber*, *es decir*, *esto es*, *o sea*, etc.:

   (108)  Ana tiene mucho trabajo, *luego* va a estar ocupada toda la tarde.

   (109)  Estas salas son de uso público, *es decir*, las puede utilizar cualquier empleado.

Resumimos en la siguiente tabla los tipos de oraciones coordinadas y sus principales nexos:

**Tabla 4.5** Clasificación de las oraciones coordinadas

| Tipo | Función | Nexos |
|---|---|---|
| copulativas o aditivas | adición o suma | - simples: *y (e)*, *ni*<br>- compuestas, discontinuas o correlativas: *ni . . . ni*; *tanto . . . como*; *tanto . . . cuanto*; *así . . . como*; *no solo . . . sino (que)*, etc. |
| disyuntivas | elección | *o (u)*, *(o) bien* |
| distributivas | alternancia o distribución | *o . . . o*; *ya . . . ya*; *(ya) sea . . . (ya) sea*; *(o) bien . . . (o) bien*; *ora . . . ora* (= *ahora*, en desuso); *unas veces . . . otras (veces)*, etc. |
| adversativas | contraposición | - simples: *pero*, *sino (que)*, *mas* (en desuso), *aunque*, *que*<br>- locuciones conjuntivas: *sin embargo*, *no obstante*, *con todo*, *antes bien*, etc. |
| explicativas | explicación; consecuencia o resultado | - simples: *conque*, *luego*, *pues*<br>- locuciones conjuntivas: *a saber*, *es decir*, *esto es*, *o sea*, etc. |

**Actividad 15. Identifica los nexos coordinantes de las siguientes oraciones y explica de qué tipo son.**

Modelo: José pidió un chuletón, *pero* Luis prefirió salmón.
*adversativo*

1. ¿Daniel fue al cine o fue al teatro?
2. A Patricia le gustan los libros de aventuras, aunque se ha comprado uno de poesía.
3. Juan no llegó a tiempo, de ahí que perdiera el tren.
4. Ni tengo frío, ni tengo tiempo de encender la chimenea.
5. Quiero que me toque la lotería, es decir, quiero ser millonaria.
6. O bien termina pronto de arreglarse, o bien no llegamos a la fiesta.
7. ¿Quieres carne o prefieres pescado?
8. Pablo quiere ser médico, antes bien, tendrá que esforzarse más en sus estudios.
9. Unas veces quieres té, otras quieres café.
10. No solo tiene un problema, sino que se niega a admitirlo.

❷ **Prepara oraciones para ilustrar algunos de los nexos coordinantes que aparecen en la tabla 4.5. Al menos una ha de corresponder a cada categoría.**

## 8.2. Las oraciones subordinadas

Hay tres grupos principales de oraciones subordinadas: sustantivas, adjetivas y adverbiales. Como su propio nombre indica, las oraciones sustantivas pueden sustituirse por un sustantivo, las adjetivas por un adjetivo y las adverbiales por un adverbio.

1. Las **subordinadas sustantivas** cumplen las mismas funciones sintácticas que los sustantivos, es decir, pueden aparecer como sujeto (110), objeto directo (111) o como objeto de una preposición (112):

(110)  Me sorprende *que me digas eso*. → Me sorprende *eso*.

(111) Preguntó *si venía conmigo al partido.* → Preguntó *eso.*

(112) Tiene miedo de *que no le llegue el dinero.* → Tiene miedo de *eso.*

Como vemos en estos ejemplos, el verbo de las subordinadas sustantivas puede aparecer tanto en el modo indicativo como en el subjuntivo.

2. Las **subordinadas adjetivas** sustituyen a un adjetivo, por lo tanto, modifican o califican a un sustantivo:

(113) El chico *que mide dos metros* hizo ruido. → El chico *alto* hizo ruido.

Las subordinadas adjetivas también se construyen en indicativo o subjuntivo. En este caso depende de si conocemos o no la existencia de aquello que designa el sustantivo al que modifica la subordinada. Veamos por ejemplo el contraste entre los ejemplos (114a) y (114b):

(114) a. Busco una librería en la que *venden* libros antiguos.

b. Busco una librería en la que *vendan* libros antiguos.

En (114a), quien emite la oración "conoce la existencia de una librería en la que se venden libros antiguos, o le han hablado de ella", mientras que en (114b) "el hablante desconoce si existe una librería que cumpla con ese requisito".

3. Las **subordinadas adverbiales** pueden sustituirse por un adverbio, por lo que modifican al verbo. Hay nueve tipos de oraciones adverbiales: de modo o modales, de tiempo o temporales, de lugar o locativas, comparativas, consecutivas, condicionales, concesivas, causales, finales:

3.1. Las **subordinadas de modo** indican la manera o el modo en que se realiza la acción de la oración principal, para lo cual van introducidas por nexos: *como, de modo que, según, así como,* etc.:

(115) a. Lo hice *como* me dijo Mónica.

b. Siempre lo hago *como* me dice Mónica.

c. Lo haré *como* me diga Mónica.

Las oraciones subordinadas de modo admiten tanto el indicativo como el subjuntivo, dependiendo de si la información resulta conocida o no. En (115a), "Mónica ya había dicho cómo lo quería", en (115b) "sabemos cómo lo suele decir", por lo que utilizamos el indicativo, mientras que en (115c) "aún no nos ha dicho cómo lo quiere", lo que hace que el subjuntivo sea necesario, adquiriendo la oración valor de futuro.

3.2. Las **subordinadas de tiempo** sitúan en el tiempo la acción de la cláusula principal. Algunas conjunciones para indicar tiempo son: *cuando, en cuanto, apenas, antes de, después de, al, mientras,* etc.:

(116) a. Estaba en la ducha *cuando* sonó el teléfono.

b. Siempre estoy en la ducha *cuando* suena el teléfono.

c. Estaré en la ducha *cuando* suene el teléfono.

En (116) vemos un contraste similar al de (115). En el ejemplo (116a) se relata algo que ya ha sucedido, en (116b) se pone de manifiesto un hecho habitual, por lo que el verbo aparece en el modo indicativo, mientras que en (116c) la oración adquiere valor de futuro, "ni estoy en la ducha, ni ha sonado el teléfono", por lo que requiere el uso del subjuntivo. Una excepción a esta regla la conforma el nexo *antes de que*, pues siempre requiere la presencia del modo subjuntivo, como ilustran los ejemplos siguientes:

(117)  a.  Habíamos terminado de cenar *antes de que* llegara Celia.
       b.  Siempre terminamos de cenar *antes de que* llegue Celia.
       c.  Habremos terminado de cenar *antes de que* llegue Celia.

3.3.  Las **subordinadas de lugar** van introducidas por los nexos: *donde, a donde, de donde, por donde*, etc.:

(118)  Bilbao es la ciudad *donde* nací.

3.4.  Las **subordinadas comparativas** sirven como punto de comparación con la oración principal. Los nexos más comunes son: *más . . . que, menos . . . que, tan . . . como, igual que, lo mismo que, todo cuanto*, etc.:

(119)  Paco tiene el pelo *tan* largo *como* su esposa.

3.5.  Las **subordinadas consecutivas** indican la consecuencia de la acción de la oración principal. Algunos de los nexos que utilizamos son: *así que, de forma que, de manera que, de modo que, de ahí que, por consiguiente, por ello/eso, por (lo) tanto, tal . . . que, tan . . . que*, etc.:

(120)  a.  Me lo explicó bien, *de manera que* pude hacerlo correctamente.
       b.  Siempre me lo explica bien, *de manera que* puedo hacerlo correctamente.
       c.  Explícamelo bien, *de manera que* lo haga correctamente.

Los ejemplos en (120) ilustran el uso de indicativo y subjuntivo en las subordinadas consecutivas. En (120a) y (120b) se describe un hecho sucedido en el pasado y un hecho habitual respectivamente, por lo que marcan el uso del indicativo, mientras que en (120c) la acción todavía no ha sucedido, de manera que se requiere el uso del modo subjuntivo.

3.6.  Las **subordinadas condicionales** expresan una condición en relación con la oración principal. El nexo condicional por excelencia es *si*, pero existen otros nexos también como: *como, cuando, con que, con tal que, a menos que*, etc.:

(121)  a.  *Si* llueve, nos mojamos.
       b.  *Si* lloviera, nos mojaríamos.
       c.  *Si* hubiera llovido, nos habríamos mojado.

La oración subordinada introducida por la conjunción *si* que expresa la condición se denomina **prótasis**, mientras que la oración principal se llama **apódosis**. Los ejemplos en (121) muestran los tres tipos principales de subordinadas condicionales. En (121a) tenemos una *subordinada condicional real*, cuyo verbo siempre va en presente de indicativo. Es importante notar que este tipo de subordinada condicional no admite en la prótasis ni el futuro, ni el condicional, ni el presente de subjuntivo, aunque existen algunas variedades dialectales en las que el uso del condicional puede aparecer. En (121b) y (121c) vemos dos ejemplos de *subordinadas condicionales irreales*. En (121b) se pone de manifiesto una hipótesis en relación con el presente y con el futuro, por lo que la oración subordinada requiere el uso del pretérito imperfecto de subjuntivo. En (121c), en cambio, la oración subordinada hace referencia al pasado, por lo que en la oración subordinada se utiliza el pretérito pluscuamperfecto de subjuntivo y también se denomina "contrafactual" porque hace referencia a un hecho que ya ha sucedido. Como ya se indicó, las correlaciones temporales que suelen aparecer en las oraciones subordinadas condicionales pueden variar en relación con algunas variedades dialectales (véase *NGLE* 2009, 3527-3536).

3.7. Las **subordinadas concesivas** indican una dificultad o un impedimento para la realización de la oración principal. Algunas de las conjunciones que indican concesión son: *aunque, bien que, a pesar de que, cuando, aun cuando, pese a que, siquiera, por mucho que, por más que*, etc.:

> (122) a. Aunque *nieva*, saldré esta noche.
> b. Aunque *nieve*, saldré esta noche.

Siguiendo la tónica de las subordinadas adverbiales, las concesivas admiten la presencia tanto del modo indicativo como del subjuntivo. Ya que se trata de un hecho constatado, en (122a) utilizamos el indicativo: "sabemos que está nevando y que no va a parar, pero a pesar de todo voy a salir". En (122b) se requiere el uso del subjuntivo porque "no sabemos con seguridad si nevará o no cuando salga". Tal y como se indica en la *NGLE* (2009, 3528), los términos *prótasis* y *apódosis*, que veíamos en las oraciones subordinadas condicionales, se aplican igualmente a las oraciones con valor concesivo, siendo la prótasis la concesión de la subordinada introducida por *aunque*, y la apódosis la oración principal.

3.8. Las **subordinadas causales** expresan la causa, el motivo o la razón por la cual acontece la oración principal. Los nexos más comunes son: *porque, ya que, puesto que, pues, dado que, como, en vista de que, so pretexto de*, etc.:

> (123) a. No llegó a tiempo *porque* perdió el autobús.
> b. No llegará a tiempo *porque* perderá el autobús.

En los ejemplos (123a) y (123b) vemos que, en el caso de las subordinadas causales, no importa si hablamos de presente o futuro, siempre se utiliza el indicativo.

3.9. Las **subordinadas finales** expresan el propósito de la acción principal. Para ello se emplean nexos como: *para, para que, con el objeto de, a que, a fin de*, etc.:

> (124) a. Llegó pronto *con el objeto de que* su amigo no se enfadase.
> b. Siempre llega pronto *con el objeto de que* su amigo no se enfade.
> c. Llegará pronto *con el objeto de que* su amigo no se enfade.

Al igual que con el nexo temporal *antes de que*, este tipo de construcciones admite únicamente el modo subjuntivo.

En la siguiente tabla se sintetizan, a modo de resumen, todos los tipos de oraciones subordinadas adverbiales que acabamos de explicar.

**Tabla 4.6** Clasificación de subordinadas adverbiales

| Tipo | Función semántica | Nexos |
|---|---|---|
| subordinada de modo | modo o manera | *como, de modo que, según, así como, etc.* |
| subordinada de tiempo | tiempo | *cuando, en cuanto, apenas, antes de, después de, al, mientras, etc.* |
| subordinada de lugar | lugar | *donde, adonde, de donde, por donde, etc.* |
| subordinada comparativa | comparación | *más . . . que, menos . . . que, tan . . . como, igual que, lo mismo que, todo cuanto, etc.* |
| subordinada consecutiva | consecuencia | *así que, de forma/manera/modo que, de ahí que, en consecuencia, hasta el punto de, por consiguiente, por ello/eso, por ese/tal/dicho motivo/razón/causa, por ende, por (lo) tanto, tal . . . que, tan . . . que, etc.* |
| subordinada condicional | condición | *si, como, cuando, con que, con tal (de) que, a menos que, etc.* |
| subordinada concesiva | concesión, impedimento o dificultad | *aunque, bien que, a pesar de que, cuando, aun cuando, pese a que, siquiera, por mucho que, por más que, etc.* |
| subordinada causal | causa, motivo o razón | *porque, ya que, puesto que, pues, dado que, como, en vista de que, so pretexto de, etc.* |
| subordinada final | fin o propósito | *para, para que, con el objeto de, a que, a fin de, etc.* |

Tradicionalmente, la forma de distinguir las oraciones en los diagramas era utilizar O para representar la oración principal y O' para representar a cada una de las oraciones subordinadas, llegando así a un diagrama como el ilustrado en (125b):

(125)   a.  Martín dice que Marina duerme.
        b.

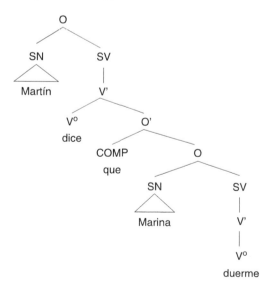

Como podemos apreciar en el diagrama, O' es la proyección en la que se genera el **complementante (COMP)**, también llamado **complementador**, es decir, el nexo o conjunción que introduce la oración subordinada. En este ejemplo, *que Marina duerme* es el OD del verbo *decir*, por lo que O' se genera en la posición de OD, es decir, como complemento de V°.

---

**Actividad 16. Decide cuáles de las siguientes oraciones son coordinadas o subordinadas. Identifica a qué categoría pertenecen y explica por qué.**

Modelo: *José pidió un chuletón y Luis prefirió salmón.* → oración coordinada
Explicación: → Ambas cláusulas están unidas por el nexo *y*. No dependen la una de la otra, sino que ambas contribuyen al significado global.

1. Creo que Federico debería decirle a Pepe que se diera prisa.
2. Alicia fue a la peluquería y Edith la esperó en un café.
3. Laura llegó a la hora, pero Marta ya se había ido.
4. Me gusta que Lucía sonría siempre.
5. No hizo nada hasta que ya fue demasiado tarde.
6. Ni Raúl bebe café, ni Ramón toma té.
7. Como no ganamos, no pudimos celebrarlo.
8. José esperó pacientemente porque estaba cansado.
9. No sé si mañana será un buen día.
10. Después de salir de la ducha, se dio cuenta de que no había comprado toallas.

---

**Actividad 17. Subraya las oraciones subordinadas que aparecen a continuación y clasifícalas según sean sustantivas, adjetivas o adverbiales.**

Modelo: *Lucía dice* <u>que quiere un gato</u>. → Oración subordinada sustantiva.

1. La verdad es que nunca tengo suerte.
2. Elena llegó a casa después de que hubiera empezado a nevar.
3. Necesito que me toque la lotería.
4. La historia que Esther nos contó anoche no me dejó dormir.
5. Hace demasiado calor para ir a la playa.
6. Nunca vamos a la playa que me gusta.
7. No irá a la reunión aunque su presencia sea necesaria.
8. No soporto que siempre tengas razón.
9. Compraré azúcar porque quiero hacer un bizcocho.
10. A Maite le gustó el chico que entró tarde.

---

**Actividad 18. Fíjate en el nexo de las siguientes oraciones subordinadas adverbiales y clasifícalas según su función.**

Modelo: Si quieres, puedes hacerlo. → Nexo: *si*; oración condicional.

1. No comenzaremos hasta que esté aquí todo el mundo.
2. Dado que siempre tienes razón, mejor lo haces tú.
3. A menos que llegue en una hora, perderemos el tren.
4. Nuestro perro es muy miedoso, hasta el punto de no parecer un perro.
5. Como nunca llega a tiempo, siempre se encuentra la puerta cerrada.
6. Nunca llega a la hora porque no lleva reloj.
7. Desde que es rico, ya no viene por el barrio.
8. Dejó una nota a fin de que su jefe supiera que no podía ir a la reunión.

## 9. Las categorías funcionales: el sintagma de tiempo (ST) y el sintagma complementante (SC)

En los ejemplos que han ido aparecido a lo largo del capítulo hemos llamado a la oración O. Como hemos indicado, la RES para la oración era O → SN SV. Sin embargo, esta regla es diferente a todas las demás. La categoría máxima O no tiene núcleo, no hay un O° que transmita sus rasgos gramaticales hasta la proyección máxima. Al no haber O°, tampoco va a haber O'. Este hecho supone una alteración dentro de la nueva teoría. Para solventar este problema, existen las categorías funcionales (no son categorías léxicas) ST y SC. Hasta la década de los ochenta, las oraciones se analizaban principalmente como en (125b), repetido a continuación como (126):

(126)

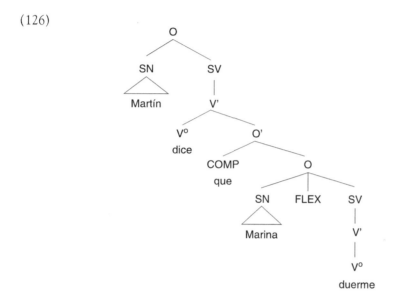

Hay dos nuevos elementos en esta estructura. El complementante (COMP), generalmente *que* o *si*, y la posición para la flexión verbal (Flex). A pesar de que en este ejemplo la posición Flex queda vacía, pensemos, por ejemplo, en verbos compuestos como *ha dormido*. Esta sería la posición en la que se genera el auxiliar *ha*.

Por otro lado, esta estructura tiene demasiados problemas en nuestra nueva teoría, puesto que no sigue una estructura similar a las de las demás RES. Por ello hemos de incluir dos nuevas categorías funcionales en nuestra lista: el sintagma de tiempo (ST) y el sintagma complementante (SC).

El sintagma de tiempo (ST) se llama también sintagma flexivo (SF), y su núcleo es T°, la flexión abstracta, *tense* en inglés. Tiene el rasgo [± finito] y, como tal, contiene la información acerca de la finitud de la oración. Nunca tiene adjuntos y siempre selecciona como complemento a SV. Además es seleccionado por C°, el núcleo de SC. Por otro lado, SC es también una categoría funcional. Su núcleo es C°, es decir, un complementante, en español *que* o *si*. Al igual que ST, nunca presenta adjuntos. Siempre selecciona a un ST como complemento, y es la categoría máxima de la oración. Veamos ahora la misma oración de (126) utilizando la estructura completa:

(127) a.  Martín dijo que Marina duerme.

b.

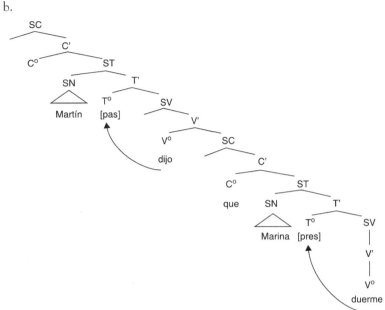

Como vemos en (127), no siempre hay una realización explícita de C°. En la oración principal C° aparece vacío, aunque en él hay un rasgo [+ declarativo] o [– interrogativo], como prefiramos, mientras que en la posición C° de la oración subordinada aparece *que*, el complementante de las oraciones declarativas, por lo tanto también aquí tenemos el rasgo [+ declarativo] o [– interrogativo].

Por otro lado, en T° aparecen los rasgos de tiempo/modo/aspecto del verbo. En realidad, el elemento que se genera en V° es un verbo no finito, es decir, el infinitivo, y tiene que subir a T° para recoger el rasgo de tiempo/modo/aspecto de T°. Es importante fijarnos en que es un elemento en posición de núcleo (V°) el que sube a otra posición de núcleo (T°). Este movimiento se conoce como *movimiento de V a T*. Los núcleos solo pueden moverse a posiciones de núcleo. Este es un principio básico de la teoría de X'.

---

**Actividad 19. Dibuja los diagramas arbóreos de las siguientes oraciones. No olvides usar la estructura de X' y las nuevas categorías funcionales SC y ST.**

1. Pepe vio un oso en el bosque.
2. Necesito que vengas ya.
3. Creo que Roberto ha comprado bombones.
4. Lucía dice que quiere un gato.
5. Fui a un concierto el viernes.

---

## 10. El orden de las palabras

Hasta el momento hemos analizado oraciones simples que siguen el orden canónico del español. El orden del español, como hemos mencionado anteriormente, al igual que el del inglés, es SVO. Sin embargo, este orden no es tan rígido en español, puesto que al hablar alteramos constantemente el orden de los elementos de la oración:

(128) Anoche ganó Alejandro la partida. ↔ Alejandro ganó la partida anoche.
(129) Ya ha llegado Sergio. ↔ Sergio ha llegado ya.

En los ejemplos (128) y (129) vemos que el hablante no sigue el orden canónico, SVO, presentado a continuación de los mismos. Esto se debe generalmente a una cuestión de organización de la información: al alterar el orden de los elementos, se da prioridad a unas partes del discurso sobre otras y cuya intencionalidad por parte del hablante puede venir determinada por rasgos pragmáticos o estilísticos en una situación comunicativa concreta, como se ve en ejemplos como: *Cecilia llega mañana* y *Mañana llega Cecilia*. En el primer caso, la información que se pone de relieve es que "quien llega mañana es Cecilia y no otra persona", mientras que en el segundo ejemplo se destaca el hecho de que "Cecilia llega mañana y no en otro momento". Sin embargo, hay oraciones en las que siempre se producen alteraciones del orden y estas no corresponden a deseos del hablante o a significados concretos, sino a motivos estructurales. Hay seis estructuras en las que generalmente se altera el orden no marcado y en las que habitualmente el sujeto aparece en posición posverbal. No queremos decir con esto que el sujeto preverbal resulte agramatical, al menos no lo es en la mayoría de los casos, pero sí que resulta más habitual encontrarlo en posición posverbal:

1.  Oraciones interrogativas y exclamativas:

    (130) ¿Qué ha bebido Raúl?
    (131) *¿Qué Raúl ha bebido?
    (132) ¡Qué vestido ha comprado Alicia!
    (133) *¡Qué vestido Alicia ha comprado!

    El ejemplo (131) sería gramatical en un contexto muy concreto: si existen varias personas que se llaman Raúl y queremos saber cuál de ellos es el que ha bebido, pero no es posible con el significado de (130), a excepción de determinados dialectos caribeños en los que sí que puede tener este uso.
    En caso de que un pronombre interrogativo sea el sujeto, este no aparece en posición posverbal, sino que se mantiene al comienzo de la oración, como ilustra (134):

    (134) ¿Quién le ha regalado flores a Laura?

2.  Con verbos denominados psicológicos o de sensación como *gustar*, *encantar*, *fascinar*, *doler*, *enfadar*, etc., que expresan una actitud psíquica o una reacción ante algo:

    (135) Me gustan los lápices de colores.
    (136) Me duelen los pies.

3.  Con verbos intransitivos en los que el sujeto no es agente:

    (137) Vino Juan.
    (138) Llegó el pedido.

4.  Con verbos como *faltar*, *suceder*, *ocurrir*, etc., que toman sujetos indefinidos:

    (139) Falta azúcar.
    (140) Sucedieron varias desgracias.

5.  En determinadas construcciones con *se*:

>  (141) Se perdieron las joyas.

6.  Con sujetos plurales sin determinantes:

>  (142) Lo compraron viejos amigos.

A pesar de haber enumerado las seis estructuras en las que habitualmente alteramos el orden no marcado de las oraciones en español, vamos a utilizar las interrogativas para explicar más detalladamente cómo se mueven los elementos en las oraciones. Por ejemplo:

>  (143) ¿Qué dijo Lucas en el restaurante ayer?   OD V S ADJ ADJ
>  (144) ¿Quién dijo eso en el restaurante ayer?   S V OD ADJ ADJ
>  (145) ¿Dónde dijo Lucas eso ayer?   ADJ V S OD ADJ
>  (146) ¿Cuándo dijo Lucas eso en el restaurante?   ADJ V S OD ADJ

En estos ejemplos se puede ver que el único que parece seguir el orden canónico es el ejemplo (144), aunque todas las oraciones son gramaticales en español. Como sabemos, el tipo de oraciones interrogativas que no busca una respuesta de sí o no comienza con una **palabra-Q**, y hemos de tener en cuenta que esta palabra-Q no siempre es el sujeto. Se conoce como palabras-Q a los interrogativos *qué, quién, cómo, cuándo, cuánto*. Si bien es cierto que *cómo, cuándo* y *cuánto* no comienzan con la letra "q", se llaman también así por formar parte del grupo de pronombres interrogativos. Para llegar al orden que observamos en las oraciones interrogativas, los elementos se mueven y van dejando huellas a su paso. Los constituyentes se originan en un determinado orden y, cada vez que un elemento se mueve, este deja una **huella** en la estructura. Veamos cómo sucede en las oraciones anteriores:

>  (147) Qué$_i$ dijo$_j$ Lucas h$_j$ h$_i$ en el restaurante ayer.
>  (148) Quién$_i$ dijo$_j$ eso h$_j$ h$_i$ en el restaurante ayer.
>  (149) Dónde$_i$ dijo$_j$ Lucas h$_j$ eso h$_i$ ayer.
>  (150) Cuándo$_i$ dijo$_j$ Lucas h$_j$ eso en el restaurante h$_i$.

Se podría poner en duda la existencia de las huellas, no obstante, una vez que movemos un elemento cabría preguntarse por qué decimos que queda una huella, y por qué no se mueve todo el elemento sin dejar ninguna huella. Un buen ejemplo, que nos puede ayudar a ver el porqué, aparece en la forma verbal del inglés *wanna*, contracción de *want to*. Fijémonos en los ejemplos a continuación:

>  (151) *Paul wants George to be quiet.*
>  (152) *Who does Paul want to be quiet?*
>  (153) *\*Who does Paul wanna be quiet?*

En el ejemplo (151) tenemos una oración declarativa que es gramatical en inglés, al igual que lo es su versión interrogativa en (152). Sin embargo, en (153) vemos que la contracción *wanna*, tan habitual en el inglés coloquial norteamericano, no se puede utilizar. No es una oración que un hablante nativo de inglés llegaría a formular. Así, la estructura de (152) y (153) sería la representada en (154):

(154) *Who does Paul want* **h** *to be quiet?*

Como podemos observar, al moverse la palabra-Q *who*, esta ha dejado una huella, por eso *want* y *to* no pueden unirse en esta ocasión. Hay un elemento entre ellas que lo impide, aunque no podamos oírlo.

En la sección anterior apreciamos que los núcleos se movían a posición de núcleo. Sin embargo, cada vez que movemos una palabra-Q, no trasladamos solamente un núcleo, sino un sintagma completo. La mejor prueba para demostrar que esto es cierto la encontramos a continuación:

(155) Quiero la camisa roja.
(156) ¿Qué camisa quieres?
(157) *¿Qué quieres camisa?

Como vemos en (156), tenemos que mover el constituyente completo *qué camisa*, porque, si solo movemos la palabra-Q, como hemos intentado hacer en (157), la oración resulta agramatical. La palabra-Q *qué* funciona en este caso como determinante. Como lo que movemos es un constituyente, un sintagma, no podemos trasladarlo a una posición de núcleo. Siempre que movemos un sintagma tiene que ir a una posición de especificador:

(158)

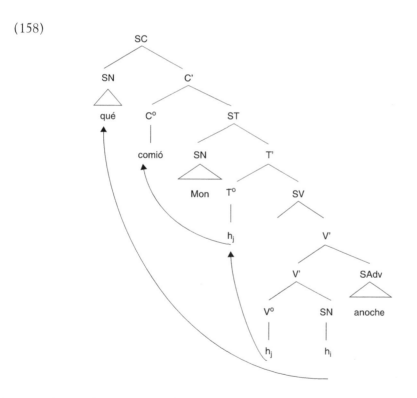

Como podemos observar, se producen varios movimientos. Primero, el de núcleo a núcleo que aprendimos en la sección anterior: el verbo tiene que subir a T° para recoger la flexión verbal. Al ser una oración interrogativa, hemos visto que el sujeto es posverbal, lo cual indica que el verbo no se puede quedar en T°, tiene que seguir subiendo, y tiene que hacerlo a una posición de núcleo. Si prestamos atención, vemos que la única posición de núcleo a la que puede subir es C° y, efectivamente, en las oraciones interrogativas, V° sube a T° y T° sube a C°. El otro movimiento que observamos es el de la palabra-Q. Como se mueve el sintagma completo, tiene que trasladarse a una posición de especificador, de ahí que tenga que ir a la posición de especificador de SC. Las palabras interrogativas siempre suben a [Spec, SC].

---

**Actividad 20.** Hemos visto cómo se mueve tanto el verbo como la palabra-Q en las oraciones interrogativas directas. ¿Qué sucede en las interrogativas indirectas? Fíjate en los ejemplos de abajo. Da ejemplos propios que apoyen tu hipótesis.

Interrogativa directa → ¿Dónde vive Pepe?
Interrogativa indirecta → No sé dónde vive Pepe.

---

**Actividad 21.** Dibuja los diagramas arbóreos de las oraciones a continuación.

1. ¿Dónde has ido esta mañana?
2. ¿Qué dijo Lucas en el restaurante ayer?
3. Pepe cree que Ana ha terminado el libro.
4. ¿Cómo has hecho la sopa?
5. ¿Qué camisa llevaba Ana ayer?

---

## PROYECTOS DE INVESTIGACIÓN

1. Compara varias oraciones en inglés y en español que difieran en su sintaxis. Puedes contrastar la posición de los elementos verbales, de los adjetivos, el uso de las preposiciones, de los adverbios, de los pronombres posesivos, etc. Después utiliza la información de manera que te sirva para explicar las diferencias sintácticas que existen entre las dos lenguas, por ejemplo, en el número y tipo de constituyentes, y para elaborar reglas que indiquen el comportamiento habitual de estos elementos en una lengua u otra.

2. Selecciona diferentes ejemplos en los que el pronombre personal de sujeto en español, como lengua *pro-drop*, se puede omitir y representa cada oración con un diagrama arbóreo. Haz lo mismo con otros casos en los que el uso del pronombre resulte imprescindible. Una vez que hayas contrastado todos los ejemplos, utiliza la información y los diagramas para determinar cómo influye el contexto de la comunicación en el uso de este tipo de pronombres.

3. Escribe ejemplos claros para los diferentes tipos de oraciones coordinadas y subordinadas que existen en español. Después indica cuáles de estos tipos de oraciones pueden ir acompañados del modo indicativo o subjuntivo. Una vez que tengas toda la información, prepara un esquema visual en el que muestres cómo presentarías esta información en una clase de español como segunda lengua de nivel avanzado. Explica además qué términos lingüísticos te ayudarían al principio de tu presentación para introducir este aspecto de la sintaxis del español.

4. La voz pasiva es uno de los casos del español en los que más cambia la sintaxis de la oración. Busca textos periodísticos e identifica seis ejemplos auténticos en los que se haga uso de la voz pasiva. Transforma los ejemplos que hayas seleccionado a la voz activa, de manera que se pueda apreciar las diferentes posibilidades sintácticas que existen en la lengua. Explica cómo ha cambiado la sintaxis y analiza las funciones sintácticas de los diferentes elementos de la oración.

## LECTURAS ADICIONALES PARA PROFUNDIZAR SOBRE LA MATERIA

A continuación, incluimos algunas recomendaciones bibliográficas y pautas generales sobre **sintaxis** que le permitirán al estudiante iniciarse en el estudio y en la investigación de los temas que han aparecido a lo largo del capítulo. Todas las referencias que se mencionan aparecen recogidas en la bibliografía especializada al final del capítulo.

■ Para adquirir una perspectiva más amplia sobre las **teorías de Chomsky** en relación con el lenguaje y con la sintaxis, se recomienda leer el libro de Maher y Groves (1999), *Introducing Chomsky*, y el de Lorenzo González (2001), *Comprender a Chomsky. Introducción a la filosofía chomskyana sobre el lenguaje y la mente*. Para un estudio de la sintaxis en general, y para aprender más sobre cómo funcionan las diferentes lenguas, se pueden consultar los estudios de Greenberg (1963, 1966), *Universals of Language* y *Language Universals with Special Reference to Feature Hierarchies*, así como la obra de Van Valin y LaPolla (1997), *Syntax: Structure, Meaning, and Function*, y la recopilación de artículos sobre tipología lingüística de Song (2011), *The Oxford Handbook of Linguistic Typology*.

■ Para profundizar en el tema de los **constituyentes** y de las **estructuras sintácticas**, se recomienda leer el libro de Radford (1988), *Transformational Grammar. A First Course*. Otro manual de sintaxis transformacional que se enfoca específicamente en la lengua española y que, por ello, puede ser de interés para el estudiante es el libro de D'Introno (1990), *Sintaxis transformacional del español*. En él se ofrece una detallada introducción de la sintaxis teórica.

■ Otros libros de carácter introductorio a la **teoría de X'**, y en los cuales se explica la teoría de principios y parámetros y se puede investigar el estudio de la sintaxis generativa, son *Introduction to Government and Binding Theory,* de Haegeman (1994) o *Syntax. A Generative Introduction*, de Carnie (2007). A este respecto, también se recomienda leer el artículo de Kornay y Pullum (1990). Si se quiere profundizar en el estudio de la sintaxis generativa y ver cómo ha evolucionado la teoría de la X' al programa minimista, se puede consultar el artículo de Bok-Bennema (2002), así como el libro *Fundamentos de sintaxis formal* de Bosque y Gutiérrez-Rexach (2009).

■ Para aprender más sobre los enfoques más tradicionales y exhaustivos de la **sintaxis del español**, se puede leer el libro de Campos (1993), la gramática de Alarcos Llorach (1994), así como la obra de Hernández Alonso (1995) *Nueva sintaxis de la lengua española*. Todos los casos y estructuras del español pueden encontrarse tanto en el *Esbozo de una nueva gramática de la lengua española* (1973) como en la *Nueva gramática de la lengua española* (2009).

■ Para profundizar en el tema de los **constituyentes oracionales** y la **formación de los sintagmas**, recomendamos el artículo de Eguren Gutiérrez (1993). Para ahondar en el tema de **argumentos** y **adjuntos**, más específicamente dentro del sintagma nominal, se recomienda consultar el libro de Escandell Vidal (1995), así como los artículos sobre el sustantivo y el sintagma nominal de Bookman (1987-1988), González Calvo (1998), Rigau (1999) y Picallo (1999). Sobre el adjetivo y el sintagma nominal y adjetival, véanse Demonte (1999) y Bosque (1999). Asimismo, se puede encontrar una perspectiva generativista sobre la materia en el libro de Alexiadou, Haegeman y Stavrou (2007), *Noun Phrase in the Generative Perspective*, así como en el de Taboada (2012), *The Internal Structure of the Non-Quantified DP. A Study on the Architecture of Determiners Phrases*.

■ Dentro del tema de las **funciones sintácticas**, se recomiendan los capítulos 38-42 de la *NGLE* (2009), dedicados al sujeto, al complemento directo, al complemento indirecto, al complemento de régimen preposicional y al atributo, respectivamente. En los artículos

Franco y Landa (2003), y Camacho (2006), se puede encontrar información sobre este tema desde el punto de vista generativista.

- Para saber más sobre la **clasificación de las oraciones** y sobre los tipos de nexos que introducen las oraciones compuestas, se recomienda consultar el *Esbozo* (1973), en el cual encontrará una detallada clasificación formal de todos los nexos y de los tipos de oraciones, así como la *NGLE* (2009). Otras obras en las que se trata el tema en profundidad son: Martínez (1994), en su libro *La oración compuesta y compleja*, así como en *El diccionario de conectores y operadores del español* de Fuentes Rodríguez (2005). Existen numerosos trabajos sobre las **oraciones coordinadas**, de los que recomendamos: Báez San José y Moreno Martínez (1977), Báez San José (1979), Brucart (1987) y Aranovich (2006).

- Para profundizar en el estudio de la clasificación de las **oraciones subordinadas**, se recomiendan los artículos de García-Medall (1995, 2005), Breul (1998), Brucart (1999), Galán Rodríguez (1999), Montolío (1999), Álvarez (1999), Flamenco García (1999), García Medina (2001) y Rodríguez Rosique (2001). Sobre **el modo verbal en las oraciones subordinadas**, véanse Serrano Montesinos (1995), Ridruejo (1999), Pérez-Saldanya (1999) y González Rodríguez (2003).

- Por último, para adentrarse en el estudio del **programa minimista**, además del libro de Chomsky, *The Minimalist Program* (1995), se recomiendan otras obras que pueden ayudar a comprender mejor sus teorías, como el artículo de Marantz (1995), o los libros de Eguren Gutiérrez y Fernández Soriano (2004), Hornstein, Nunes y Grohman (2005), Boeckx (2006) y Bošković (2006).

## LISTA DE CONCEPTOS Y TÉRMINOS CLAVE

**a personal** (*personal a*)
**adjunto** (*adjunct*)
**argumento** (*argument*)
**atributo** (*attribute*)
**árbol sintáctico** (*tree diagram or syntactic tree*)
**complementante** (*complementizer*)
**complemento** (*complement*)
**complemento circunstancial** (*adjunct*)
**complemento del verbo** (*verbal complements*)
**complemento (u objeto) directo** (*direct object*)
**complemento (u objeto) indirecto** (*indirect object*)
**constituyente** (*constituent*)
**coordinación** (*coordination*)
**coordinación adversativa** (*adversative coordination*)
**coordinación copulativa** (*copulative coordination*)
**coordinación distributiva** (*distributive coordination*)
**coordinación disyuntiva** (*disjunctive coordination*)
**coordinación explicativa** (*explicative coordination*)
**diagrama arbóreo** (*tree diagram or syntactic tree*)
**elipsis** (*ellipsis or omission*)
**especificador** (*specifier*)
**huella** (*trace*)
**indicador sintagmático** (*tree diagram or syntactic tree*)
**lengua non-pro-drop** (*non-pro-drop language*)

**lengua pro-drop** (*pro-drop language*)
**marcador de caso** (*case marker*)
**núcleo** (*head*)
**objeto directo** (*direct object*)
**objeto indirecto** (*indirect object*)
**oración atributiva** (*attributive clause*)
**oración compuesta** (*complex sentence*)
**oración coordinada** (*coordinate sentence*)
**oración predicativa** (*predicative clause*)
**oración simple** (*simple sentence*)
**oración subordinada** (*subordinate clause*)
**oración subordinada adjetiva** (*adjectival clause*)
**oración subordinada adverbial** (*adverbial clause*)
**oración subordinada sustantiva** (*noun clause*)
**oración yuxtapuesta** (*juxtaposed clause*)
**palabra-q** (*wh-word*)
**permutación** (*permutation or movement*)
**pro** (*pro*)
**proforma** (*proform*)
**reglas de estructura sintagmática** (RES) (*phrase structure rules*)
**sintagma** (*phrase*)
**sintagma adjetival** (*adjectival phrase*)
**sintagma adverbial** (*adverbial phrase*)
**sintagma nominal** (*noun phrase*)
**sintagma preposicional** (*prepositional phrase*)
**sintagma verbal** (*verbal phrase*)
**sujeto** (*subject*)
**sustitución** (*substitution*)

## BIBLIOGRAFÍA ESPECIALIZADA DEL CAPÍTULO 4 SINTAXIS

Alarcos Llorach, E. 1994. *Gramática de la lengua española*. Madrid: Espasa-Calpe.

Alexiadou, A., L. Haegeman y M. Stavrou. 2007. *Noun Phrase in the Generative Perspective*. Berlín: Mouton de Gruyter.

Álvarez, A. I. 1999. "Las construcciones consecutivas". En *Gramática descriptiva de la lengua española*, dirs. I. Bosque y V. Demonte, vol. 3, 3739-3804. Madrid: Espasa-Calpe.

Aranovich, R. 2006. "A Polarity-Sensitive Disjunction: Spanish *ni . . . ni*". En *New Perspectives on Romance Linguistics*, eds. J.-P. Montreuil y C. Nishida, 1-12. Amsterdam: John Benjamins.

Báez San José, V. 1979. "La oración compuesta (II). La subordinación sustantiva (primera parte)". *Cuadernos de Filología* (2) 1: 7-51.

Báez San José, V. y M. Moreno Martínez. 1977. "La oración compuesta (I). La coordinación". *Millars* 4: 89-129.

Boeckx, C. 2006. *Linguistic Minimalism. Origins, Concepts, Methods and Aims*. Oxford: Oxford University Press.

Bok-Bennema, R. 2002. "La gramática generativa: de la teoría standard al programa minimista". *Foro Hispánico* 21: 9-38.

Bookman, K. 1987-1988. "Spanish Noun and Adjective Word Order and the Universe of Discourse". *Revista de Estudios Hispánicos* 14: 163-178.

Boškovi , Ž. y H. Lasnik, eds. 2006. *Minimalist Syntax. The Essential Readings*. Cambridge: Blackwell.

Bosque, I. 1999. "El sintagma adjetival. Modificadores y complementos del adjetivo. Adjetivo y participio". En *Gramática descriptiva de la lengua española*, dirs. I. Bosque y V. Demonte, vol. 1, 129-215. Madrid: Espasa-Calpe.

Bosque, I y V. Demonte, dirs. 1999. *Gramática descriptiva de la lengua española*. Real Academia Española. Madrid: Espasa.

Bosque, I y J. Gutiérrez-Rexach. 2009. *Fundamentos de sintaxis formal*. Madrid: Akal.

Breul, C. 1998. "On Adverbial Clauses and their Status within Concepts of Hypotaxis, Subordination and Clause Embedding". *Studia Neophilologica* 70 (2): 129-138.

Brucart, J. M. 1987. "Sobre la representación sintáctica de las estructuras coordinadas". *Revista Española de Lingüística* 17 (1): 105-130.

Brucart, J. M. 1999. "La estructura del sintagma nominal. Las oraciones de relativo". En *Gramática descriptiva de la lengua española*, dirs. I. Bosque y V. Demonte, vol. 1. Madrid: Espasa-Calpe.

Camacho, J. 2006. "Do Subjects Have a Place in Spanish?". En *New Perspectives on Romance Linguistics*, eds. J.-P. Montreuil y C. Nishida, 51-66. Amsterdam: John Benjamins.

Campos, H. 1993. *De la oración simple a la oración compuesta*. Washington: Georgetown University Press.

Carnie, A. 2007. *Syntax. A Generative Introduction*. Cambridge: Blackwell.

Chomsky, N. 1995. *The Minimalist Program*. Cambridge, MA: MIT Universiy Press.

Demonte, V. 1999. "El adjetivo: clases y usos. La posición del adjetivo en el sintagma nominal". En *Gramática descriptiva de la lengua española*, dirs. I. Bosque y V. Demonte, vol. 1, 129-215. Madrid: Espasa-Calpe.

D'Introno, F. 1990. *Sintaxis transformacional del español*. Cátedra, Madrid: España.

Eguren Gutiérrez, L. J. 1993. "Núcleos de frase". *Verba* 20: 61-91.

Eguren Gutiérrez, L. J. y O. Fernández Soriano. 2004. *Introducción a una sintaxis minimista*. Gredos: Madrid.

Escandell Vidal, M. V. 1995. *Los complementos del nombre*. Madrid: Arco/Libros.

Flamenco García, L. 1999. "Las construcciones concesivas y adversativas". En *Gramática descriptiva de la lengua española*, dirs. I. Bosque y V. Demonte, vol. 3, 3805-3878. Madrid: Espasa-Calpe.

Franco, J. y A. Landa. 2003. "Null objects revisited". En *A Romance perspective on language knowledge and use*, eds. R. Núñez-Cedeño, L. López y R. Cameron, 311-326. Amsterdam: John Benjamins.

Fuentes Rodríguez, C. 2005. "El Diccionario de conectores y operadores del español". *Español Actual* 84: 11-34.

Galán Rodríguez, C. 1999. "La subordinación causal y final". En *Gramática descriptiva de la lengua española*, dirs. I. Bosque y V. Demonte, vol. 3, 3597-3642. Madrid: Espasa-Calpe.

García-Medall, J. 1995. "Conjunciones temporales y aspecto". *Moenia* 1: 219-249.

García-Medall, J. 2005. "La concesión genérica y el modo verbal en español". *Moenia* 11: 283-304.

García Medina, R. 2001. "Los enlaces 'así pues, consecuentemente, consiguientemente, en consecuencia, por consiguiente, por tanto, pues'". *Anuario de Estudios Filológicos* 24: 183-206.

González Calvo, J. M. 1998. "El sustantivo como clase de palabra en español". *Anuario de Estudios Filológicos* 21: 105-118.

González Rodríguez, R. 2003. "Tiempo y modo en las subordinadas sustantivas". *Dicenda* 21: 35-58.

Greenberg, J. H., ed. 1963. *Universals of Language*. Cambridge, MA: The MIT Press.

Greenberg, J. H. 1966. *Language Universals with Special Reference to Feature Hierarchies*. París: Mouton de Gruyter.

Haegeman, L. 1994. *Introduction to Government and Binding Theory*. Cambridge: Blackwell.

Hernández Alonso, C. 1995. *Nueva sintaxis de la lengua española*. Salamanca: Colegio de España.

Hornstein, N., J. Nunes y K. Grohman. 2005. *A Course in Minimalist Syntax*. Cambridge: Blackwell.

Kornay, A. y G. K. Pullum. 1990. "The X-Bar Theory of Phrase Structure". *Language* 66 (1): 24-50.

Lorenzo González, G. 2001. *Comprender a Chomsky. Introducción a la filosofía chomskyana sobre el lenguaje y la mente*. Madrid: España.

Maher, J. y J. Groves. 1999. *Introducing Chomsky*. Royston, UK: Totem Books.

Marantz, A. 1995. "A reader's guide to the minimalist program". En *Government and Binding Theory and the Minimalist Program*, ed. G. Webelhuth, 351-367. Cambridge: Blackwell.

Martínez, J. A. 1994. *La oración compuesta y compleja*. Madrid: Arco/Libros.

Montolío, E. 1999. "Las construcciones condicionales". En *Gramática descriptiva de la lengua española*, dirs. I. Bosque y V. Demonte, vol. 3, 3643-3738. Madrid: Espasa-Calpe.

Muñiz Rodríguez, V. 1989. *Introducción a la filosofía del lenguaje: problemas ontológicos*. Barcelona: Anthropos.

Pérez-Saldanya, M. 1999. "El modo en las subordinadas relativas y adverbiales". En *Gramática descriptiva de la lengua española*, dirs. I. Bosque y V. Demonte, vol. 2, 3253-3322. Madrid: Espasa-Calpe.

Picallo, M. C. 1999. "La estructura del sintagma nominal. Las nominalizaciones y otros sustantivos con complementos argumentales". En *Gramática descriptiva de la lengua española*, dirs. I. Bosque y V. Demonte, vol. 1, 363-394. Madrid: Espasa-Calpe.

Radford, A. 1988. *Transformational Grammar. A First Course*. Cambridge: Cambridge University Press.

Real Academia Española. 1973. *Esbozo de una nueva gramática de la lengua española*. Madrid: Espasa.

Real Academia Española y Asociación de Academias de la Lengua Española. 2009. *Nueva gramática de la lengua española*, vol. 2 (Sintaxis II). Madrid: Espasa.

Ridruejo, E. 1999. "Modo y modalidad. El modo en las subordinadas sustantivas". En *Gramática descriptiva de la lengua española*, dirs. I. Bosque y V. Demonte, vol. 2, 3209-3252. Madrid: Espasa-Calpe.

Rigau, G. 1999. "La estructura del sintagma nominal. Los modificadores del nombre". En *Gramática descriptiva de la lengua española*, dirs. I. Bosque y V. Demonte, vol. 1, 311-362. Madrid: Espasa-Calpe.

Rodríguez Rosique, S. 2001. "Las construcciones condicionales concesivas en español". *Moenia* 7: 261-270.

Serrano Montesinos, M. J. 1995. "Indicativo y subjuntivo: referencia y funcionalidad". *Revista de Filología de la Universidad de La Laguna* 14: 205-215.

Song, J. J., ed. 2011. *The Oxford Handbook of Linguistic Typology*. Oxford: Oxford University Press.

Taboada, I. 2012. *The Internal Structure of the Non-Quantified DP. A Study on the Architecture of Determiner Phrases*. Saarbrücken: Lambert Academic Publishing.

Valin, R. D. Van y R. J. LaPolla. 1997. *Syntax: Structure, Meaning, and Function*. Cambridge: Cambridge University Press.

## Capítulo 5

# Semántica y pragmática:
# del significado al uso del lenguaje

## Introducción

La primera parte de este capítulo se centra en la semántica, rama de la lingüística que se ocupa del estudio del significado o contenido de las palabras. En primer lugar, se explica la distinción entre el significado conceptual o denotativo y el significado asociativo o connotativo. A continuación, se describen las relaciones semánticas entre los constituyentes de la oración, esto es, el papel semántico de los participantes en la acción expresada por el verbo. Después, se enumeran las principales relaciones semánticas entre palabras, tales como: la homofonía, la homonimia, la polisemia, la sinonimia, la antonimia, la hiponimia y la metonimia. Por último, a partir de las metáforas y del lenguaje idiomático, se explica la diferencia entre el significado literal y el significado figurado. La segunda parte del capítulo se enfoca en la pragmática, con especial atención al significado en relación con el contexto de la enunciación. Para ello, se presentan algunos de los principales modelos de análisis pragmático: la teoría de los actos de habla de Austin y Searle, el principio de cooperación de Grice y sus máximas, y la teoría de la relevancia de Sperber y Wilson. A partir de estas teorías, se analiza cómo se desarrolla el intercambio comunicativo entre el hablante y su interlocutor para que el mensaje se pueda llevar a cabo con éxito, así como los factores específicos que pueden influir en la comunicación. Para concluir, se aborda el estudio de algunas áreas de especial interés para la pragmática como son la cortesía lingüística, la ironía y el humor.

## 1. La semántica

En el capítulo anterior hemos visto que la sintaxis estudia las combinaciones de palabras en sintagmas y oraciones, a partir de las relaciones jerárquicas entre los elementos del discurso. Por su parte, la **semántica** es la rama de la lingüística que se ocupa del estudio formal del significado derivado de las relaciones y combinaciones de palabras, expresiones, enunciados y oraciones.

### 1.1. El significado conceptual o denotativo y el significado asociativo o connotativo

Si tomamos como base de análisis una situación comunicativa, debemos distinguir entre dos tipos de significado: el **significado conceptual** o **denotativo** de las palabras, y el **significado asociativo** o **connotativo**. La semántica se ocupa principalmente del significado conceptual o denotativo, es decir, el significado literal de una palabra que podemos encontrar en la definición de un diccionario. Sin embargo, una palabra puede poseer además diferentes asociaciones o connotaciones para una misma persona. Dichas asociaciones y connotaciones pueden ser determinadas y condicionadas por experiencias anteriores. Si tomamos como ejemplo la palabra *gato/a*, su significado conceptual es "animal doméstico de la familia de los felinos". No obstante, otro de sus significados conceptuales posibles sería el de "aparato a modo de palanca que sirve para levantar un coche y cambiar una rueda" (*gato* en España y, según el *Diccionario de americanismos*, *gata* en Honduras, El Salvador, Nicaragua, Costa Rica, Puerto Rico, Ecuador, Perú, Bolivia, Chile). Al oír esta palabra, un hablante podría asociarla a significados de diversa índole y, por lo tanto, pensar en un arañazo que haya recibido por parte de este animal o en los síntomas asociados a la alergia a este tipo de mamífero, como estornudos, ojos llorosos, etc. En resumen, la **representación mental** que se produce al oír una misma palabra puede variar de un individuo a otro.

El significado conceptual de las palabras nos ayuda a entender también por qué algunas oraciones pueden resultar atípicas. Un hablante puede construir oraciones gramaticalmente correctas, pero que se podrían considerar incoherentes desde el punto de vista de su significado. Veamos algunos ejemplos:

(1)  [$_{SN}$Andrés] se comió una manzana.
(2)  [$_{SN}$Una manzana] se comió a Andrés.

Como observamos en los ejemplos (1) y (2), ambas oraciones resultan gramaticales, ya que en ambas un sintagma nominal (SN) sujeto realiza la acción del verbo. En el sintagma verbal (SV) hay un verbo transitivo que toma un SN como objeto directo. Sabemos de manera intuitiva que la segunda oración no refleja un hecho real a pesar de la gramaticalidad de su sintaxis. El sujeto de la oración, *Andrés*, es un ser animado capaz de realizar la acción de *comer*. Sin embargo, en el segundo ejemplo el sujeto, *una manzana*, es un ser inanimado incapaz de realizar la misma acción.

La figura muestra que, en el primer caso, Andrés es el agente que lleva a cabo la acción de comer; no obstante, en la segunda imagen, la manzana adquiere dicho rol. El *agente* es uno de los papeles temáticos que se pueden asignar a un SN para describir la función de iniciador o actor de la acción que este desempeña en relación con el predicado. Como veremos a continuación, los constituyentes de las oraciones poseen un papel temático, es

Andrés se comió una manzana.          Una manzana se comió a Andrés.

**Figura 5.1** Cambio de estructura y de significado en la oración

decir, todo SN cumple una función específica que le atribuye el SV de la oración a modo de **argumento** o propiedad. Por esta razón, todo SN tiene un papel temático y solamente uno en una oración. En la sección sobre los papeles temáticos (papeles-θ), explicaremos de manera más detallada por qué se pueden construir en la lengua oraciones que no son lógicas, aunque sean gramaticales.

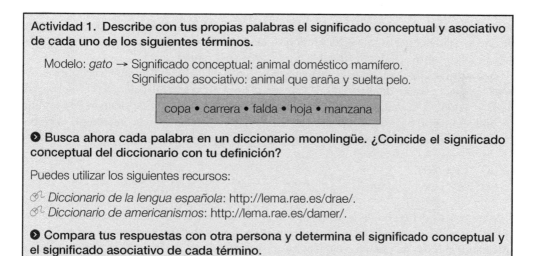

1.2. Las relaciones semánticas

En esta sección nos ocuparemos primero de las relaciones semánticas de los sintagmas nominales en relación con su función sintáctica, esto es, según el papel que desempeña el argumento con respecto al predicado. En segundo lugar, explicaremos las relaciones semánticas más tradicionales que se pueden establecer entre las palabras. Así, analizaremos algunas de sus principales características como signos lingüísticos compuestos de un significante, secuencia de sonidos y morfemas, y uno o varios significados, lo que la palabra significa.

### 1.2.1. Los papeles temáticos (papeles-θ)

Un núcleo sintáctico contiene una información necesaria que debe completarse con la presencia de complementos (véase el capítulo 4 sobre sintaxis). Recordemos, por ejemplo, que hay un grupo de verbos que no requieren complemento, *Juan estornuda*, un segundo grupo que sí lo requiere, *Juan besa a su hermanito*, y un tercer grupo que necesita dos complementos, *Juan le regala algo a su hermanito*. Los hablantes de una lengua poseen esta información almacenada en el cerebro, en una especie de "diccionario mental" llamado **lexicón**. Para cada lengua que hablamos tenemos un lexicón, y estos diccionarios mentales contienen la información referente a cada término, desde su información fonológica hasta la estructura argumental, o sea, la asignación de los **papeles temáticos** que, como mostraremos después en detalle, indican cuál es la participación del argumento que describe el predicado. Cada entrada léxica en nuestro lexicón ha de contener:

- a. El significado de la palabra.
- b. La categoría sintáctica de la palabra (N, V, A, P, T, etc.).
- c. La realización fonológica de la palabra.
- d. La información especial asociada a la palabra (irregularidades morfológicas).
- e. La estructura argumental.

Cada vez que aprendemos una palabra, almacenamos toda esta información, aunque no seamos plenamente conscientes de ello. El primer paso es la **categorización**, que nos informa de que la palabra *besar* es un verbo y no un sustantivo, un adjetivo o una preposición, y que *beso* es un sustantivo, y no un adverbio o un complementante.

A continuación, se produce la **subcategorización** o **selección-c** (del inglés *category selection*), que nos permite determinar qué categorías sintácticas son seleccionadas por el verbo de la oración. Así, cualquier hablante de español reconocería que la oración (3) resulta incompleta y, por lo tanto, es agramatical, puesto que como vemos en la oración (4) el verbo *besar* necesita un objeto directo:

(3)  *Pepe besó.
(4)  Pepe besó [$_{SN}$ a Jaime].                                  [ ___ SN]

Esta necesidad del verbo de ir acompañado de un objeto directo para adquirir su sentido completo se debe a que el verbo *besar* es **transitivo**. En cambio, un verbo como *estornudar* es **intransitivo**, o sea, no precisa complementos para su realización. Por este motivo la oración (5), pese a que el verbo solamente aparece con el sujeto, es una oración gramatical y con sentido completo en español:

(5)  Patricia estornudó.                                          [ ___ ]

Finalmente, existen otros verbos que necesitan dos argumentos además del sujeto. Aquí, como en los verbos *poner* y *regalar* de los ejemplos (6) y (7), el verbo necesita la presencia de dos argumentos además del sujeto, lo cual nos indica que el verbo es **ditransitivo**:

(6)  Mario puso [$_{SN}$ el libro] [$_{SP}$ en la mesa].          [ ___ SN SP]
(7)  Paco le regaló [$_{SN}$ bombones] [$_{SP}$ a Pepa].          [ ___ SN SP]

Del mismo modo, debemos tener en cuenta que hay verbos, como en el ejemplo (8), que requieren un complemento preposicional:

(8)  Todo depende [$_{SP}$ de ti].          [ ___ SP]

Si el verbo selecciona una preposición en concreto, entonces debe venir especificado en el lexicón, por ejemplo, *depender de, entrar en, soñar con,* etc. Este aspecto es importante porque cualquier otra preposición no seleccionada por el verbo resulta agramatical, como se observa en los ejemplos *\*Todo depende contigo, \*Todo depende en ti* o *\*Todo depende a ti,* etc.

Por último, tras la categorización y la subcategorización o selección-c, se encuentra la **selección-s**, del inglés *semantic selection*, que hace referencia a las relaciones temáticas entre los elementos. Así, la selección-s describe el papel que desempeña el argumento con respecto al predicado. He aquí los **papeles temáticos** más habituales y que indican cuál es la participación del argumento que describe el predicado:

1. **Agente.** Es el iniciador o actor de la acción. Los agentes deben ser en principio seres vivos, capaces de volición o voluntad, como en el siguiente ejemplo:

   (9)  *Beatriz* golpeó la pelota.

   Sin embargo, a veces encontramos situaciones en las que el agente no es un ser vivo ni manifiesta la intención de llevar a cabo una acción:

   (10)  *El viento* movió la pelota.

   En otros casos, aunque se trate de un agente en toda regla, este no tiene por qué desear cometer la acción, es decir, no se considera volitivo:

   (11)  *Marta* golpeó la pelota sin querer.

2. **Experimentador.** Siente o percibe las acciones. Pueden ser sujetos u objetos:

   (12)  A *Triki* le gustan las galletas.
   (13)  *Rosa* vio el eclipse.
   (14)  Las arañas asustan a *José.*

3. **Tema.** La entidad que padece la acción, que la experimenta o la percibe:

   (15)  José compró *el libro de lingüística.*
   (16)  La pelota golpeó a *Martín.*
   (17)  Elena odia *las películas de terror.*

4. **Meta.** Entidad hacia la que va el movimiento:

(18)  Maite va a *Chicago*.

(19)  Le envió flores a *su lugar de trabajo*.

5. **Receptor**. Aparece con verbos que denotan cambio de posesión:

(20)  Julia le dio el lápiz a *Jorge*.

6. **Fuente**. Es lo contrario a la meta, donde comienza el movimiento:

(21)  *Julia* le dio el lápiz a Jorge.

(22)  Ana vino directamente *de clase*.

7. **Locación**. Es el lugar donde ocurre la acción:

(23)  Estamos *en una fiesta*.

8. **Instrumento**. Es el objeto utilizado para llevar a cabo la acción:

(24)  Están hechos *a mano*.

(25)  Rompió la ventana *con un martillo*.

9. **Beneficiario**. Quien recibe el beneficio de la acción:

(26)  Compró los bombones *para Clara*.

Como explicamos al principio de esta sección, cada verbo incluido en el lexicón selecciona determinados argumentos para completar su significado. Todos los verbos poseen un esquema temático y, por lo tanto, algunos requieren la presencia de determinados papeles temáticos para completar la información que se halla almacenada en el lexicón. Por ejemplo, el verbo *romper* necesita un agente (AG), "alguien que rompa", y un tema, "algo que se rompa". Es importante recordar que el sujeto no va a ser siempre el agente y el objeto el tema, dado que en las oraciones pasivas, por ejemplo, el esquema compositivo se invierte:

(27)  <u>Celia</u> rompió <u>la ventana</u>.           (*Voz activa*)
      AG        TEMA

(28)  <u>La ventana</u> fue rota <u>por Celia</u>.      (*Voz pasiva*)
     TEMA       AG

Existe un criterio temático que estipula que a cada argumento se le asigna un único papel temático, y que cada papel temático se asigna a un único argumento. Dicho de otro modo, no se pueden tener más argumentos que papeles temáticos ni más papeles temáticos que argumentos. Aunque a simple vista pueda parecer que la asignación de papeles temáticos es innecesaria, existen varias pruebas que nos indican lo contrario. Ya hemos mencionado, por ejemplo, que a diferencia de lo que suelen indicar las gramáticas tradicionales, no podemos justificar siempre que el sujeto sea quien realiza la acción del verbo y el objeto quien la recibe, pues la oración *La ventana fue rota por Celia* nos indica lo opuesto: el sujeto es el tema y el complemento que sigue al verbo es el agente.

Por otro lado, existen adverbios que requieren la presencia de un determinado papel temático, como se aprecia en los ejemplos a continuación, en los que observamos que el adverbio *personalmente* solo se puede utilizar junto a un experimentador (EXP):

(29) Personalmente, <u>yo</u> creo que el cine clásico es mejor que el moderno.
        EXP
(30) Personalmente, <u>me</u> encantan las películas en blanco y negro.
        EXP
(31) *Personalmente, <u>yo</u> golpeé a Gabriel.
        AG
(32) *Personalmente, <u>yo</u> fui golpeado por Gabriel.
        TEMA

La coordinación ofrece otra prueba más de que los papeles temáticos existen, y de que están sometidos a una serie de reglas. Solamente se pueden coordinar elementos de la misma naturaleza, por lo que únicamente podremos coordinar dos elementos con el mismo papel temático. Veamos los siguientes ejemplos con papeles temáticos de agente e instrumento (INS):

(33) <u>Lorena</u> secó la ropa.
        AG
(34) <u>El sol</u> secó la ropa.
        INS
(35) ?<u>Lorena</u> y <u>el sol</u> secaron la ropa.
        AG        INS

En (35) se coordinan dos sintagmas nominales, ambos pertenecen a la misma categoría gramatical y poseen la misma función sintáctica, puesto que son sujetos. Es decir, desde el punto de vista formal se coordinan elementos de la misma naturaleza y por ello la relación sintáctica entre las oraciones debería resultar gramatical y coherente. Sin embargo, *Lorena* es un agente y *el sol* es un instrumento, por lo que el resultado es una oración cuya interpretación resulta un tanto incongruente. Cabe mencionar que esta clasificación de los papeles temáticos es solo una de las diferentes posibilidades que se han ido desarrollando en el ámbito de la semántica (véase Rappaport Hovav y Levin 2007).

---

**Actividad 2. Identifica los papeles temáticos subrayados en las siguientes oraciones. En algunos casos puede haber más de una posibilidad.**

→ Puedes utilizar las siguientes etiquetas: *agente* (AG), *experimentador* (EXP), *tema* (T), *meta* (M), *receptor* (REC), *fuente* (F), *locación* (LOC), *instrumento* (INS) y *beneficiario* (BEN).

   Modelo: <u>Ramón</u> tiró <u>una piedra</u>.
                AG                T

1. <u>Tomás</u> envió <u>la nota</u> a <u>Paloma</u>.
2. <u>Beatriz</u> regresará <u>a California</u> en verano.

3. <u>Manuel</u> rompió <u>la ventana</u> <u>con un martillo</u>.
4. <u>La piedra</u> rompió <u>la ventana</u>.
5. <u>Carolina</u> se siente contenta.
6. <u>En el desierto de Atacama</u> hace calor.
7. <u>Paco</u> recibió <u>amenazas</u> <u>de su vecino</u>.
8. <u>La secretaria</u> llamó <u>a Ramón</u> <u>por ti</u>.
9. <u>Daniel</u> puso <u>el jarrón</u> <u>en la ventana</u>.
10. <u>Carlos</u> tiene miedo.

### 1.2.2. Las relaciones semánticas entre palabras

Las palabras no constituyen meros signos con un significado, como si fuesen simples contenedores de dicho significado, sino que se relacionan entre sí y, por ello, hay unidades léxicas que definimos o que entendemos en relación o incluso en oposición con otras. Por ejemplo, para comprender mejor el significado del adjetivo *alto*, podemos relacionarlo con el sustantivo *altura*, y también contrastarlo con su antónimo, *bajo*. En esta sección, vamos a ver algunas de las relaciones semánticas más habituales entre palabras que muestran cómo se pueden sistematizar en función de su significado: la homofonía, la homonimia, la polisemia, la sinonimia, la antonimia, la hiponimia y la metonimia.

a) La **homofonía** ocurre cuando dos palabras se pronuncian igual, se escriben de forma diferente y se refieren a conceptos distintos. Ejemplos de palabras homófonas son: *baca – vaca, hasta – asta, sabia – savia*, etc. Cuando los dos términos homófonos se escriben de manera idéntica se denominan **homógrafos**, por ejemplo, *¿Cuánto vale?*, verbo *valer*; *No llevo el vale de descuento*, es decir, con el significado de "bono o tarjeta"; *Vale, te ayudaré con el proyecto*, como interjección para mostrar acuerdo.

---

**Actividad 3. Escribe el término homófono de las siguientes palabras. Identifica su categoría gramatical y explica la diferencia de significado.**

basto • habría • haremos • hay • tubo • vacilo • varón • vaya

❯ **¿En cuál de los ejemplos hay tres palabras homófonas en lugar de dos?**

❯ **Piensa ahora en dos ejemplos más de palabras homófonas para añadir a esta lista. Uno de ellos tiene que ser homógrafo.**

❯ **¿Recuerdas cuántos fonemas vocálicos y consonánticos existen en español? ¿Por qué crees que se produce el fenómeno de la homofonía en la lengua?**

---

b) La **homonimia** identifica dos términos que poseen la misma forma, es decir, se escriben exactamente de la misma manera, pero que tienen dos o más significados sin ninguna relación entre sí. Las palabras homónimas poseen etimologías distintas que, de manera casual, han llegado a coincidir en sus significantes pero que presentan diferentes significados. Un ejemplo de homonimia es la palabra *banco*, que posee los significados de "entidad financiera", "lugar donde sentarse en un parque" y, como sustantivo colectivo, "grupo de peces que nadan juntos".

c) La **polisemia** denota un mismo término que posee varios significados relacionados entre sí de alguna manera. Un ejemplo es la palabra *pie*. Podemos hablar del *pie* como "parte del cuerpo humano", del *pie* "de un árbol", del *pie* "de una montaña", o del *pie* "de una lámpara". En todas sus acepciones, el significado señala "la parte baja en la que se apoya algo", pero todos los ejemplos son diferentes entre sí, ya que la representación mental al oír cada una de estas palabras es distinta. Es importante no confundir la polisemia con la homonimia. Los significados de los términos homónimos no tienen ningún tipo de relación entre sí, como veíamos en la palabra *banco*, mientras que los significados de una palabra polisémica sí que se encuentran relacionados.

---

**Actividad 4. Indica cuáles de las siguientes palabras son homónimas o polisémicas y explica cómo se establece la relación de significado entre las polisémicas.**

Modelo: *sobre* → preposición que significa *encima de*; envoltorio de papel donde se mete una carta.
(*homonimia*)

*ojo* → parte de la anatomía humana; agujero por el que se introduce el hilo en una aguja.
Relación de significado: la forma de ambos elementos es similar.
(*polisemia*)

> alianza • cura • fallar • sierra • traje • violeta

❯ **Explica ahora la diferencia polisémica de significado en las siguientes oraciones.**

1. No nos gustó nada. Fue una actuación bastante *sosa*.
2. ¡Qué *soso* es tu primo! La verdad es que no se parece nada a ti.
3. Esta sopa está realmente *sosa*.
4. No pintaría la habitación de este color. Es un tanto *soso*.
5. Te voy a contar un chiste, pero te advierto que es un poco *soso*.

---

d) La **sinonimia** pone de manifiesto la semejanza de significado entre dos o más palabras, aunque puedan existir algunas diferencias semánticas. Cuando dos palabras son prácticamente equivalentes en términos de significado, hablamos de **sinónimos absolutos**, como, por ejemplo, *alegría* → *felicidad* o *perseverante* – *tenaz*. Una de las principales características de este tipo de sinónimos es que son intercambiables en cualquier contexto. Cuando se trata de términos que se parecen en su significado pero no son intercambiables en un mismo contexto, se denominan **sinónimos relativos**, por ejemplo, *dolor de cabeza* (registro común) – *cefalea* (registro técnico), *veraniego* (registro común) – *estival* (registro poético), *autobús* (español peninsular) – *guagua* (español canario y caribeño), *amigo* (registro común) – *chamo* (registro coloquial; español venezolano). Relacionados con el registro y con los rasgos estilísticos de la lengua, los **eufemismos** o términos sinónimos se utilizan para evitar que una palabra pueda resultar malsonante en un contexto determinado. Los eufemismos pueden ser univerbales, *anciano* → *viejo*, *ebrio* → *borracho*, *devolver* → *vomitar*, o pluriverbales, *poco agraciado* → *feo*, *residencia de la tercera edad* → *asilo*, *faltar a la verdad*

→ *mentir*. Vemos, por lo tanto, que el uso de un sinónimo está relacionado con rasgos de registro, estilísticos, dialectales, etc., que tienen que ver con el momento y el contexto de la enunciación.

---

**Actividad 5. Explica la diferencia de significado en los siguientes pares de sinónimos. Piensa en el contexto en el que los utilizarías.**

Modelo: *casa – hogar*
    *casa* → lugar donde vive una persona (lugar físico y estructura)
    *hogar* → lugar donde vive una persona (como concepto abstracto)

1. flaco – delgado
2. madre – mamá
3. meter – introducir
4. valor – coraje
5. cuarto – habitación

❷ **Busca la definición en un diccionario de los verbos *contestar* y *responder* y compara sus significados. ¿Se podría hablar de sinonimia absoluta o relativa?**

Puedes utilizar el siguiente recurso:

 *Diccionario de la lengua española*: http://lema.rae.es/drae/

---

e) La **antonimia** hace referencia a las palabras cuyos significados se consideran opuestos. Hay tres tipos principales de antónimos:

 1. **Antónimos graduales**. No presentan una oposición absoluta, sino gradual. Por ejemplo, los adjetivos *alto* y *bajo* son antónimos graduales porque un sujeto A puede ser más *alto* o más *bajo* que otro sujeto B. La oposición, por lo tanto, no es absoluta. Otros pares de antónimos graduales son *joven – viejo* o *frío – caliente*.

 2. **Antónimos complementarios**. Los dos términos son mutuamente excluyentes, como los adjetivos *vivo* y *muerto*, ya que no existe gradación posible. Un sujeto A no puede estar más *vivo* que uno B, ni uno B más *muerto* que uno A. O se considera que "está vivo" o que "está muerto". Otros ejemplos son: *masculino – femenino* o *verdadero – falso*, etc. Sin embargo, esto no impide que en la lengua se hayan podido lexicalizar gradaciones derivadas del significado primario de algunos adjetivos, y que podamos oír ejemplos como, *Andrés está más vivo que antes; parece que le ha sentado bien su primer año en la universidad*. En esta oración el uso de *más vivo* equivaldría a "más animado o extrovertido".

 3. **Antónimos recíprocos**. Los dos términos opuestos se necesitan mutuamente para definirse. Un ejemplo de este tipo de antonimia es *padre* e *hijo*. Un hombre no es *padre* si no tiene un *hijo*, y todo *hijo* tiene un *padre*. Por este motivo decimos que son antónimos recíprocos, porque no pueden existir el uno sin el otro. Otros ejemplos de este tipo son *entrar – salir* o *vestir – desvestir*.

**Actividad 6.  Decide a qué tipo de antónimos pertenece cada par de la siguiente lista.**

Modelo: *alto – bajo* → antónimos graduales

1. rápido – despacio
2. suegra – nuera
3. meter – sacar
4. fuerte – débil
5. arriba – abajo
6. abrochar – desabrochar
7. ligero – pesado
8. culpable – inocente
9. nieto – abuelo
10. poner – quitar

---

**Actividad 7.** *Colorless green ideas sleep furiously* **("Las ideas verdes incoloras duermen furiosamente") es un ejemplo que utilizó Noam Chomsky (1957) para argumentar que una oración puede ser gramatical pero carecer de sentido a la vez. Teniendo en cuenta toda la información que has aprendido en el libro, explica cómo le pudo servir este ejemplo.**

❯ **Ahora lee la siguiente oración y responde a las preguntas:**

*Opacas blancas hojas transparentes se traspapelan sin piedad.*

a) Argumenta por qué carece de sentido la oración y explica qué elementos muestran su gramaticalidad.
b) ¿Qué podría evocar esta oración desde un punto de vista poético? Elabora una posible interpretación teniendo en cuenta todos los componentes semánticos que aparecen.

f) La **hiponimia** se da entre palabras cuando el significado de un término está incluido en el de otro. Hablamos de **hiperónimos** cuando se trata de una palabra con contenido semántico amplio, *flor*, *ropa*, *vivienda*, y de **hipónimos** cuando el significado es más específico, ya que posee características semánticas diferenciadoras con respecto a su hiperónimo, *flor* (*clavel*, *margarita*, *rosa*), *ropa* (*camisa*, *falda*, *pantalón*), *vivienda* (*apartamento*, *casa*, *edificio*). Como vemos, el significado semántico del hipónimo se halla incluido en el del hiperónimo. Los hipónimos conforman en su conjunto un **campo semántico**. Por ejemplo, *autobús*, *automóvil*, *avión*, *metro*, *tranvía*, *tren*, conforman el campo semántico de medios de transporte.

**Actividad 8.  Identifica al menos cinco hipónimos para cada uno de los hiperónimos.**

Modelo: *fruta* → cereza, manzana, naranja, pera, uva, etc.

| | |
|---|---|
| 1. árbol | |
| 2. mamífero | |
| 3. mueble | |
| 4. cereal | |
| 5. calzado | |

> ❷ **¿Cuál de los términos has tardado más tiempo en resolver? ¿Por qué crees que ha sucedido?**
>
> ❷ **¿Qué indica la hiponimia sobre la relación semántica de las palabras en una lengua?**

g) La **metonimia** se establece cuando una palabra adquiere un significado por la proximidad o cercanía entre conceptos. El hablante hace uso de la metonimia para designar una entidad o idea del mundo que le rodea con el nombre de otra. Por ejemplo, *botella* y *agua* mantienen una relación de continente y de contenido. El hablante puede aprovechar esta relación y producir un enunciado como *Se bebió una botella entera*, en el que *una botella* se refiere, en realidad, a su contenido, *el agua*. Por lo tanto, cuando oímos un enunciado de este tipo comprendemos que se trata de "su contenido" y no literalmente "del envase de la botella".

Se bebió una botella entera.

**Figura 5.2** Representación metonímica y literal del significado

Encontramos otros ejemplos de metonimias en enunciados en los que se designa una parte que equivale a un todo, por ejemplo, *La Casa Blanca ha anunciado que va a dialogar con los manifestantes*. En un enunciado así, comprendemos que "una casa" no posee la capacidad de comunicarse y, por ello, que el agente o iniciador de la acción es el portavoz, el gabinete de prensa, o el propio presidente en representación de todo el Gobierno. También puede ser al revés, un todo que equivale a una parte, como en *Lavarse la cabeza*, es decir, *el pelo*. En otros casos, la metonimia establece relaciones semánticas entre objetos o productos. Por ejemplo, entre una prenda de vestir y su portador, *los cascos azules* (en referencia a las fuerzas de seguridad de las Naciones Unidas); una marca comercial para referirse a un producto, *Me he comprado un BMW* (un automóvil de esta marca); una obra artística en relación con su autor/a, *Han subastado un Goya* (una obra de este pintor); o un producto y su lugar de origen, *¿Te apetece un jerez?* (el vino típico de Jerez de la Frontera, España). En todos estos contextos se produce un cambio semántico que tiene que ver con la relación de significado que se establece entre los elementos.

---

**Actividad 9.  Localiza las metonimias en las siguientes oraciones y explica la relación de significado que se establece.**

Modelo: *Desde que era pequeñito leyó a Mistral y comenzó a memorizar sus poemas*. Relación de significado: "la autora" por "la obra". Es decir, leyó la obra poética de Gabriela Mistral.

1. Todos celebraron efusivamente el momento en el que el balón entró en la red.
2. Han dicho que los atracadores planeaban robar un Picasso a primera hora de la mañana.
3. ¡Haz el favor de cepillarte la boca, Pablito! Ya es hora de que te vayas a la cama.
4. La cantante saludó a las gradas durante unos minutos antes de que diera comienzo el concierto.
5. ¿Por qué no vamos a cenar a un kebab esta noche? Esta vez pago yo la cuenta.
6. Las batas blancas desfilaron ante el Ministerio de Sanidad para reclamar un aumento de sueldo.
7. No lo entiendo, se comió tres platos enteros y decía que todavía tenía el estómago vacío.
8. Ha sido la mejor batuta de la última década y continúa triunfando con orquestas de todo el mundo.

❯ **Explica el valor metonímico que poseen los términos *cuello*, *patilla* y *puño* teniendo en cuenta sus posibles significados.**

---

## 1.3. El significado literal y el significado figurado

Las metáforas y el lenguaje idiomático constituyen ejemplos de muestras de lengua que, pese a poder interpretarse en ocasiones de manera literal, poseen a menudo un valor semántico de carácter figurado. Cuando leemos o escuchamos este tipo de secuencias, necesitamos saber reconocer su estructura morfosintáctica e incluso estar familiarizados con la cultura en la que se emiten. De ahí que, por ejemplo, un hablante de español como L2 desconozca el significado de muchas de estas expresiones cuando las oye por primera vez. Algunas de ellas poseen cierta lógica, como, por ejemplo, *dar en el clavo*, y cuya acción de conseguir clavar bien un clavo con un martillo identificamos con el significado de "acertar". Esta representación metafórica y su uso pueden ser equivalentes o similares en otras lenguas y culturas, como, por ejemplo, en inglés, *to hit the nail on the head*, aunque su estructura morfosintáctica sea distinta.

Sin embargo, estas expresiones revelan además la relación existente entre lengua y cultura, dado que se han podido originar a partir de elementos propios de una comunidad de hablantes, tradiciones culturales o incluso hechos históricos. Por ejemplo, muchos hablantes que hagan uso de la expresión *valer un Potosí* o *valer un Perú*, equivalente a "valer mucho", desconocerán que en realidad se refieren a un topónimo, esto es, a la ciudad de Potosí (Bolivia), en cuyo cerro se encontraba una gran mina de la que se extraía plata durante la época colonial. Por lo tanto, el significado etimológico o la lógica que ha llevado a los hablantes a constituir el sentido figurado o metafórico en este tipo de expresiones no siempre resultan accesibles, incluso para los hablantes nativos (Escandell Vidal 2007, 31-32).

Como veremos a continuación, las metáforas y el lenguaje idiomático constituyen áreas de interés para la **semántica léxica**, por la interpretación de cada unidad léxica, y para la

**semántica combinatoria**, por la combinación específica de dichas unidades que en su conjunto adquieren un significado concreto.

### 1.3.1. Las metáforas

El término *metáfora* se suele emplear para denominar la figura retórica que en los textos literarios cumple una función poética. Así, en la metáfora literaria confluyen dos términos distintos entre los que se establece una relación estética de significado, como en el verso del poeta español del siglo XX Gerardo Diego: "La *guitarra* es un *pozo* con viento en vez de agua". Sin embargo, George Lakoff y Mark Johnson (1980) señalaron que la metáfora era además un elemento presente en la vida cotidiana que no pertenecía exclusivamente al ámbito del lenguaje, sino también al del pensamiento y al de la acción. Según estos expertos, no somos conscientes de que poseemos un sistema conceptual, que es además de naturaleza metafórica, porque generalmente actuamos de manera mecánica. G. Lakoff y Johnson (1980) consideran la metáfora de manera extensa, en relación con el ámbito del lenguaje y bajo un punto de vista cognitivo que permite la comprensión de un elemento en relación con otro. Así, los conceptos abstractos se comprenden también a partir de experiencias concretas que tienen que ver con el cuerpo humano, el mundo y su entorno.

Para Escandell Vidal, la **metáfora** constituye un recurso, procedimiento o estrategia de los hablantes, cuya consecuencia es el cambio de significado, en definitiva, "una operación cognitiva que proyecta un dominio conceptual sobre otro" (2007, 114). Para explicar este cambio conceptual en el significado, Escandell Vidal (2007, 116) menciona la palabra *músculo*, que etimológicamente procede del término latino MUS, *ratón*, y en concreto de su diminutivo MUSCULUS, *ratoncito*. Esta palabra se empezó a utilizar para designar el bíceps del brazo humano, dado que el bulto producido al contraerse y extenderse de esta parte del brazo se asemejaba al de un pequeño ratón bajo la piel. De esta analogía derivó la palabra *músculo*, y su uso se extendió posteriormente para designar cualquier órgano compuesto de fibras contráctiles.

Otro ejemplo de la naturaleza metafórica del lenguaje lo plantean G. Lakoff y Johnson (2003, 5) al hablar de los recursos retóricos que se emplean para describir una discusión verbal. Existen numerosas expresiones relacionadas con el campo semántico de lo bélico y que los hablantes usan de manera inconsciente para concretar el significado de lo que desean expresar. Por ejemplo, *ganamos o perdemos una discusión*, vemos a la persona con la que discutimos como *un oponente o un contrincante*, *atacamos sus posiciones y defendemos las nuestras*, *ganamos y perdemos terreno*, *planeamos y usamos estrategias*, e incluso, a lo largo de la discusión, podemos *cambiar nuestra táctica* o *línea de ataque*. Por lo tanto, el carácter bélico de las discusiones es una muestra más de cómo en el día a día integramos en el lenguaje una serie de componentes léxicos de carácter metafórico.

---

**Actividad 10. A continuación aparecen tres asociaciones metafóricas tomadas de G. Lakoff y M. Johnson (1980) que se utilizan en la lengua cotidiana y varias expresiones metafóricas relacionadas. Decide qué expresiones corresponden a cada asociación.**

Modelo: *Ser un buen perdedor* (la vida como juego de azar)

| Asociaciones metafóricas |
| --- |
| el tiempo como dinero • las ideas y la comida • la vida como juego de azar |

---

**Expresiones metafóricas**

devorar un libro • costar dos horas • dejar reposar una idea
guardarse un as en la manga • malgastar el tiempo • poner las cartas sobre la mesa
dejar buen/mal sabor de boca • invertir mucho tiempo • echar algo a cara o cruz
administrar el tiempo • cantar las cuarenta • tragarse las propias palabras

---

❯ **Ahora elige dos expresiones y úsalas en una misma oración. Después tradúcela al inglés o a otra lengua. ¿Es posible mantener el significado metafórico? ¿Por qué?**

❯ **Hemos visto el valor metafórico de la palabra "músculo" desde el punto de vista etimológico. Investiga qué partes del cuerpo son el "bocado de Adán" o la "tabaquera anatómica" y explica la relación metafórica entre estas denominaciones y su significado.**

## 1.3.2. El lenguaje idiomático

No resulta fácil delimitar las múltiples aplicaciones del lenguaje idiomático en la lengua cotidiana, como demuestran las distintas nomenclaturas empleadas para definirlas: *expresiones fijas*, *expresiones hechas*, *modismos*, *metáforas culturales*, *expresiones idiomáticas*, *predicados complejos*, *unidades fraseológicas*, etc. La **fraseología** se ocupa del estudio de estas estructuras de carácter idiomático, cuyo significado no aparece de modo literal por cada elemento de la composición morfosintáctica, sino que en su conjunto expresa un sentido figurado. Por esta razón, las secuencias que se clasifican dentro del lenguaje idiomático, independientemente del contexto en el que se presentan, poseen en común la **idiomaticidad**, esto es, el "conjunto de rasgos lingüísticos (composición morfosintáctica específica), semánticos (denotativos y connotativos), pragmáticos y culturales propios de una lengua, compartidos por emisor y receptor, que permiten que la comunicación se lleve a cabo con éxito" (Muñoz-Basols 2016, 442). Veamos en los siguientes ejemplos cómo opera la idiomaticidad en la lengua (Mendívil Giró 1999, 51):

(36) Tengo que *hacer las maletas* antes de las 2:00.
    *hacer las maletas* → *prepararlas metiendo ropa* → Significado literal
(37) Le han dicho en el trabajo que *haga las maletas*.
    *hacer las maletas* → *marcharse* → Significado figurado

En (36) el significado de la oración se presenta desde una perspectiva literal y, por lo tanto, equivale a "preparar las maletas". En cambio, la expresión *hacer las maletas* en (37) adquiere un valor idiomático, ya que, como expresión **lexicalizada** o constituida en la lengua con un valor semántico específico, posee un sentido figurado equivalente a *Le han dicho en el trabajo que se marche*. En (37) el significado pueda estar asociado a la acción literal, *hacer las maletas* → *viajar* → *irse*, y sin embargo su uso adquiere valor idiomático desde el momento en el que el hablante no hace referencia directa a los elementos intralingüísticos que figuran en la oración, *las maletas*. Toda la expresión en su conjunto, *hacer las maletas*, contribuye a transmitir un significado figurado e idiomático hacia el interlocutor. Dicho significado idiomático se perdería si la estructura morfosintáctica de la secuencia se sustituyera por otros elementos no lexicalizados en la lengua, como en *Le han dicho en el trabajo que haga un pastel*, en lugar de "las maletas", y donde la oración volvería a adquirir un significado literal. Jackendoff (1997, 2002) argumenta que lo que hace que estas expresiones sean idiomáticas es el hecho de que cada uno de sus constituyentes sintácticos no se corresponde con los conceptuales. En su análisis, identifica un componente de interfaz compartido entre la estructura sintáctica y la estructura conceptual. Así, la semántica de estas expresiones no es composicional y no equivale a la suma individual de cada uno de sus elementos, sino que su significado queda expresado por "la combinación" de dichos elementos.

El *Marco Común Europeo de Referencia para las Lenguas* (MCER 2002), una hoja de ruta sobre la enseñanza de segundas lenguas (L2), ofrece una lista de los elementos que podemos incluir en la categoría de unidades fraseológicas. Las denomina "expresiones hechas", porque se caracterizan en su gran mayoría por su invariabilidad y se componen de palabras que deben emplearse y aprenderse en su conjunto. Reproducimos aquí los elementos principales destacados por el *Marco*.

**Tabla 5.1** Clasificación de expresiones hechas recogidas en el *MCER* (2002, 108)

| Expresiones hechas | | |
|---|---|---|
| **Fórmulas fijas** | Exponentes directos de funciones comunicativas, como los saludos. | *encantado de conocerle*, *buenos días*, etc. |
| | Refranes, proverbios, etc. | *en abril aguas mil*, *más vale pájaro en mano que ciento volando*, etc. |
| | Arcaísmos residuales. | *desfacer* (deshacer) *entuertos*, *válgame Dios*, etc. |
| **Modismos** | Metáforas lexicalizadas, semánticamente opacas. | *estiró la pata* (murió) *se quedó de piedra* (se quedó asombrado) *está en las nubes* (no presta atención), etc. |
| | Intensificadores, ponderativos o epítetos. Su uso es a menudo contextual y estilísticamente restringido. | *blanco como la nieve* (= blanco puro) *blanco como la pared* (= pálido) |
| **Estructuras fijas** | Aprendidas y utilizadas como conjuntos no analizados, en los que se insertan palabras o frases para formar oraciones con sentido. | *¿sería tan amable de* + infinitivo? |
| **Frases hechas** | Verbos con régimen preposicional. | *convencerse de*, *alinearse con*, *atreverse a*, etc. |
| | Locuciones prepositivas. | *delante de*, *por medio de*, etc. |
| **Régimen semántico** | Expresiones que se componen de palabras que habitualmente se usan juntas. | *cometer un crimen/error*; *ser culpable de* (algo malo); *disfrutar de* (algo bueno), etc. |

Un aspecto importante del lenguaje idiomático tiene que ver con la **invariabilidad de la estructura morfosintáctica** o composición formal, dado que muchas de estas expresiones no se pueden modificar desde la perspectiva lingüística o conceptual. Esta es una de las razones por las que su traducción resulta compleja. Veamos el siguiente ejemplo:

(38)  *ser pan comido* → significado: "ser muy fácil"
(39)  Traducción equivalente: *to be a piece of cake* → Idiomaticidad
(40)  Traducción literal: *"to be a piece of eaten bread* → Ausencia de idiomaticidad

En (39), una traducción equivalente de la expresión *ser pan comido* al inglés es *to be a piece of cake*, ya que ambas poseen el mismo significado, esto es, se usan para denominar algo que "es muy fácil". Sin embargo, la traducción literal al inglés de la misma secuencia idiomática en (40) produce la ruptura del esquema compositivo original. En la cultura meta, el inglés en este caso, la representación metafórica de "identificar comer pan como algo sencillo" no se halla institucionalizada como tal. Así, en la traducción literal se pierde el sentido metafórico de la expresión y, por consiguiente, su idiomaticidad. Lo mismo sucedería al revés, es decir, si cambiamos la lengua origen:

(41)  *to be a piece of cake* → significado: "to be very easy"
(42)  Traducción equivalente: *ser pan comido* → Idiomaticidad
(43)  Traducción literal: *"ser un trozo de pastel* → Ausencia de idiomaticidad

Una vez más, para lograr una equivalencia semántica en ambas lenguas, debemos recurrir a la traducción equivalente de (42). Sin embargo, al reconstruir el lenguaje idiomático de (41) de manera literal en (43) se vuelve a alterar el esquema compositivo, ya que ahora "la acción de comer pastel" no se halla institucionalizada en español con el significado de "ser muy fácil". Esto demuestra que el lenguaje idiomático es un buen ejemplo de la falta de equivalencia semántica que existe entre lenguas y que, como nos indicaba Jackendoff (1997, 2002), el lenguaje y el sentido figurado de estas expresiones establecen un interfaz entre estructura sintáctica y estructura conceptual. Desde la óptica de la traducción, estos ejemplos ponen de manifiesto que el lenguaje idiomático se inserta en la **especificidad lingüística y cultural** propia de un idioma. Así, la expresión *tomar el pelo* no se encuentra lexicalizada como *"tomar un pelo* ni como *"tomar el cabello, "tomar el flequillo* o *"tomar la melena*. Tampoco tiene por qué ser equivalente en otras culturas, dado que *tomar el pelo* equivale a *to pull someone's leg* y no a *"to pull someone's hair*. Igualmente, no suele haber variaciones en la sintaxis, de ahí que una expresión como *echar una mano* o "ayudar" no se pueda utilizar con sentido idiomático en voz pasiva *"Su mano fue echada*, ni en plural, *"Echar unas manos*. Del mismo modo, por su componente léxico, estas expresiones están sujetas a variación diatópica o geográfica. Por ejemplo, para decir que "alguien está sin dinero" en Argentina se dice que *está sin un mango*, en Venezuela que *está limpio* y en España que *está sin un duro*. Otro ejemplo de diferencias en las variedades dialectales es la expresión *se armó la gorda*, es decir, "una gran confusión o un malentendido". En Ecuador lo que se arma es *un chivo*, en Uruguay y Argentina *un quilombo*, y, en España, *la marimorena* (véase el capítulo 7 sobre variación lingüística).

Estas expresiones nos permiten apreciar que el lenguaje idiomático se define muchas veces por una opacidad semántica, a pesar de que también existan expresiones más transparentes o fáciles de interpretar. Hemos explicado que algunas de estas expresiones poseen un origen histórico y que con el paso de los años se han constituido como secuencias idiomáticas en la lengua, sin que muchos hablantes sepan establecer de manera inmediata dicha conexión con la etimología de la expresión. Por ejemplo, en España se utiliza la expresión *¡A buenas horas, mangas verdes!* para indicar cuando alguien llega tarde, da con la solución a un problema cuando ya no es necesario, u ofrece su ayuda cuando ya no hace falta. En el siglo XV, bajo el mandato de los Reyes Católicos, se crearon los cuerpos de la Santa Hermandad, cuyo uniforme era de color verde. La función de este cuerpo era detener a los malhechores. Sin embargo, eran famosos por su poca puntualidad y solían llegar cuando el ladrón había escapado, por lo que se acuñó este dicho que se aplica de manera análoga.

Con todo lo anterior, podemos identificar en la siguiente figura las tres variables principales que inciden directamente en el uso del lenguaje idiomático: la frecuencia de uso, la noción de registro y la variación diatópica (véase Muñoz-Basols 2016, 442-453). El proceso desde el significado denotativo al connotativo indica cómo un hablante de L2 suele percibir este tipo de lenguaje (Muñoz-Basols 2016, 450).

**Figura 5.3** Principales variables que operan en el uso del lenguaje idiomático

Hemos mencionado antes que el lenguaje idiomático se compone principalmente de expresiones hechas o fijas, cuyo significado se entiende en el discurso como una totalidad. Además de estas dos características formales, el uso de muchas expresiones puede variar bajo distintas razones: a) por economía lingüística, prefiriéndose el uso de una expresión más breve en el momento de la enunciación; b) por tratarse de una expresión que pertenece a un sociolecto determinado (por ejemplo, una misma generación de hablantes, etc.); c) por la preferencia individual del hablante al utilizar una expresión (Muñoz-Basols, Pérez Sinusía y David 2014, xii). Todos estos aspectos inciden en la **frecuencia de uso** de unas expresiones respecto a otras. Veamos el siguiente ejemplo:

(44)  *como dos y dos son cuatro* → expresión frecuente
(45)  *como tres y dos son cinco* → expresión menos frecuente

En (44) y (45) hay dos expresiones que contienen cantidades numéricas en español con el significado de "ciertamente", "desde luego" o "sin lugar a dudas". Sin embargo, al contrastar dichas expresiones observamos que el uso de (44) resulta más habitual que (45). La preferencia de un hablante por una de estas dos expresiones puede estar ligada a diferentes factores como su frecuencia de uso en el discurso, el empleo de una expresión más breve por economía lingüística, o la variedad dialectal a la que se adscriba el hablante; pero también por la propia configuración interna de la expresión u otros rasgos estilísticos propios del momento de la enunciación. En (44), desde el punto de vista estilístico, resulta significativo el hecho de que la misma cantidad aparezca repetida.

Otra de las variables en relación con el lenguaje idiomático tiene que ver con la **noción de registro**, ya que no todas las expresiones de este tipo se pueden utilizar en cualquier contexto. Por ejemplo, la expresión *ser el talón de Aquiles*, para mencionar el "punto débil de una persona", y cuyo origen se remonta a la antigüedad clásica, pertenece a un registro más culto que la expresión *ser un cantamañanas* para describir a "alguien que es un charlatán y que no es de fiar", más propia del lenguaje familiar.

Por último, una tercera variable vinculada al lenguaje idiomático concierne la **variación diatópica** o geográfica, a la que ya hemos aludido y, por tanto, con el uso de una expresión en las distintas variedades dialectales de una misma lengua. Por ejemplo, el proyecto Varilex

(Variación léxica del español en el mundo) ha documentado al menos 31 maneras diferentes de nombrar el hecho de "equivocarse". Entre ellas se recogen algunas expresiones de carácter idiomático como: *no dar pie con bola*, *meter la pata*, *levantarse con el pie izquierdo*, *no pegar una*, *no levantar cabeza*, etc. (Muñoz-Basols, Pérez Sinusía y David 2014, xii). Estas opciones pueden no ser intercambiables en un mismo contexto comunicativo e incluso albergar matices en su significado. Por ello, al analizar el lenguaje idiomático es conveniente pensar en todos los factores descritos en esta sección: idiomaticidad, invariabilidad de la estructura morfosintáctica, especificidad lingüística y cultural, frecuencia de uso, registro y variación diatópica.

---

**Actividad 11. Reconstruye las siguientes secuencias idiomáticas y responde a las preguntas que aparecen a continuación.**

> un ratón • la toalla • una cabra • la almohada • una ostra • un flan

1. Se ha puesto tan nervioso por el examen que estaba hecho . . . . . . . . .
2. Siempre está estudiando. Es . . . . . . . . . de biblioteca.
3. Cuando voy a casa de mis tíos se ponen a hablar y me aburro como . . . . . . . . .
4. No te desanimes y tires . . . . . . . . . Ya verás como al final se soluciona todo.
5. Antes de tomar la decisión, voy a consultarlo con . . . . . . . . .
6. No le hagas caso. Está como . . . . . . . . . y siempre dice cosas sin sentido.

**❯ Ahora responde a las siguientes preguntas sobre las anteriores secuencias idiomáticas:**

1. Busca una lógica compositiva entre el significado literal y el figurado de cada expresión.

   Modelo: *Ponerse rojo como un tomate* → Ruborizarse por vergüenza; el tomate es de color rojo.

2. Busca las expresiones equivalentes en inglés. Explica cómo se ha constituido cada una de ellas en esta lengua desde el punto de vista de su especificidad lingüística y cultural.
3. Ahora compara las expresiones en ambas lenguas. ¿En cuál de ellas existe una mayor equivalencia lingüística y cultural? ¿Cuáles son las que más difieren?

---

**Actividad 12. Investiga el origen etimológico de las siguientes secuencias idiomáticas y responde a las preguntas que aparecen a continuación.**

1. *Estar sin un mango* (Argentina)
2. *Estar limpio* (Venezuela)
3. *Estar sin un duro* (España)

**❯ Preguntas:**

1. ¿En qué expresión se ha simplificado la estructura morfosintáctica? ¿Por qué crees que ha sucedido esto?
2. ¿En cuál de las tres expresiones se nota más que ha habido cambios a nivel social? ¿Crees que esta expresión puede desaparecer con el paso del tiempo?
3. Ahora busca la etimología de una expresión relacionada con algún hecho histórico o anecdótico. Preséntala al resto de la clase y explica cómo opera su especificidad lingüística y cultural.

## 2. La pragmática

Imaginemos que una familia va en un automóvil y un niño dice *¿Falta mucho para llegar?* Aunque desde una perspectiva semántica se está preguntando por la distancia, o por el tiempo que queda hasta el lugar de destino, una de las posibles motivaciones para emitir dicho enunciado, según el contexto de la comunicación, podría ser que el niño quiere manifestar desde el punto de vista pragmático hechos del tipo "Me aburro" o "Tengo que ir al cuarto de baño". Como hemos visto, la semántica estudia el significado conceptual de las palabras sin considerar la información contextual que rodea al acto comunicativo. La **pragmática**, en cambio, es la rama de la lingüística que se ocupa del significado contextual y de cómo los elementos extralingüísticos y el contexto pueden incidir directamente sobre la interpretación del significado. Así, el análisis pragmático del lenguaje nos sirve para comprender cuál es la intencionalidad del hablante cuando emite un enunciado, ya que pone de relieve aspectos relacionados con el contexto de la comunicación. Hasta este momento hemos hablado principalmente de oraciones como unidades del discurso analizadas en el capítulo de sintaxis. Sin embargo, en el contexto de la pragmática se emplea a menudo el término **enunciado**, esto es, una unidad comunicativa que equivale a la contribución de un hablante a la comunicación. Esta contribución puede ser una oración completa o no, y también se puede dar el caso de que únicamente una parte de la misma se halle contextualizada.

### 2.1. La deíxis

Un concepto importante en el estudio del significado es la **deíxis**, o conjunto de referencias a elementos del contexto de la comunicación que se llevan a cabo mediante diferentes categorías gramaticales (pronombres, demostrativos, adverbios, etc.). Estas categorías codifican en la lengua aspectos del contexto (personales, espaciales, temporales, etc.), y su interpretación depende del momento específico de la enunciación. A este grupo de palabras o **deícticos** pertenecen, por ejemplo, los pronombres personales. Si alguien llamado Gabriel dice *yo*, este pronombre equivale a un individuo en concreto, pero el pronombre *yo* adquiriría un significado deíctico o referencial distinto si cualquier otro individuo (por ejemplo, una persona llamada Elisa) lo pronunciase.

Podemos distinguir tres tipos principales de deíxis: la personal y social, la de lugar y la de tiempo. Como su propio nombre indica, en la **deíxis personal** el referente es una persona. Algunas de las categorías gramaticales que funcionan como deícticos personales son: los pronombres personales, *yo, tú/vos, él*, etc.; los demostrativos, *este, ese, aquel*, etc.; los posesivos, *mío, tuyo, suyo*, etc., y los cuantificadores, *alguien, algún, alguna*, etc. Estos deícticos personales se incluyen además en la *deíxis social*, que sitúa el lenguaje en su contexto de uso inmediato. Dentro de este tipo de deíxis se halla también la *deíxis de actitud*, estrechamente vinculada a la deíxis personal, y que consiste en el uso de formas de tratamiento y expresiones para denotar distancia social o respeto, como el contraste entre los pronombres *tú/vos* y *usted* en español. Otro tipo de deíxis social es la *deíxis discursiva*. Al hablar o al escribir se hace referencia a elementos que van antes o después en el discurso, y que se quieren destacar. Por ejemplo, si en una conversación o en un texto escrito se dice *Esa es la idea que quería destacar*, se llama la atención del interlocutor o del lector sobre algo mencionado con anterioridad.

La **deíxis espacial** o de lugar incluye deícticos que designan un espacio determinado. Los adverbios *aquí/acá, ahí, allí/allá* forman parte de estas expresiones deícticas. Por ejemplo, si estamos hablando del *lago Titicaca*, no vamos a decir *el lago Titicaca* cada vez que nos refiramos a él, sino que utilizaremos formas como *allí*, o sea, *en ese lugar*. También son deícticos espaciales *arriba* y *abajo*, y su significado depende del punto que el hablante tome como referencia. Si una persona se encuentra en el segundo piso y va al tercero, *irá arriba*, mientras que si está en el cuarto y se dirige al tercero, *irá abajo*. Este hecho muestra cómo cambia la perspectiva deíctica del hablante en función del espacio. Por último, la **deíxis temporal** se relaciona con la dimensión de tiempo. Algunos ejemplos de deícticos temporales son *ayer*, *esta tarde*, *hoy*, *mañana*, etc. Según el momento de la enunciación, estas expresiones adquieren un significado u otro. Por ejemplo, el adverbio *hoy* tendría significados distintos si se pronunciara un *8 de mayo* o un *8 de noviembre*.

Como podemos comprobar, los deícticos son algunos de los elementos que nos ayudan a delimitar los campos de la semántica y de la pragmática, ya que para interpretar el significado de estos elementos es necesario considerar la representación semántica, o del significado, del signo lingüístico, pero también su valor referencial (Chilton 2014, 9-14). De esta manera, dada la naturaleza de la deíxis, debemos fijarnos asimismo en cómo el contexto puede incidir directamente en la interpretación del significado, hecho que nos sitúa en el ámbito de la pragmática.

---

🖭 🎧 **Actividad 13. Escucha el siguiente texto. Después lee la transcripción y responde a las preguntas.**

🔗 Vídeo: https://www.youtube.com/watch?v=kelMJeEcn5A.

**Transcripción:**

So my husband is Puerto Rican, and I am half-Mexican and half-Guatemalan. And a lot of times, words vary, specifically with the word *ahorita*. Our very first fight had to do with the word *ahorita*. We were together about two weeks, we were in love, all enamored, googly eyes, butterflies, the whole works.

And, you know, we were talking like two teenagers: *Ay, sí, pues no sé qué.* And he tells me: *Bueno, te llamo ahorita.* And of course, I hung up and I sat by the phone and I waited and I was so happy he was going to call me back, and . . . you know, five minutes passed, ten minutes passed, I thought maybe he is trying to find a payphone or something, I don't know. *Al fin*, two hours passed and I was pissed, I was livid, so I left. I went out, I hung out with my friends, and I came back home around 8 o'clock, and then around 10 o'clock the phone rang. It was him.

I answered: *hello.* And he's like: *hey.* And I'm like: *m-hmmm, what.* -Hey, how you doing'? This and that. And I'm like: *fine.* And he's like: *Pero nena, ¿qué es tu problema?* And I'm like: *You know what? My problem is that you told me you were going to call me 'ahorita,' all right? And I waited by that phone for two hours, and you never called me and you call me now, at 10 o'clock at night?* And he's like: *No, pero yo te dije que te llamaba 'ahorita'.* And I'm like: *yeah, you said 'ahorita'.* And he's like: *ya pues, te dije que te iba a llamar ahorita.* And I'm like: *exactly! You said 'ahorita' and I waited.* And he's like: *wait a minute, wait a minute, wait. Yo te llamo ahorita y te llamé ahorita. A esa fue a esa hora y ahora es ahorita.* And I'm like: *no, no, no, no. To me 'ahorita' is right now, right this second. Ahoritita mismo, like it should have happened already.* And he's like: *No pues, para mí ahorita es a la horita, later on.*

See the whole difference between me being Mexican and him being Puerto Rican. To us *ahorita* means to stress the importance of the fact that it's 'now.' But to them, it means the hour that you can't see, the small hour, the *–ita*, the *ahorita*. So you see *ahorita* for

Mexicans, it means one thing, and for Puerto Ricans, it means something completely different, so don't mess them up.

❯ **Preguntas:**

1. Identifica de qué tipo de deíxis se habla en el vídeo y proporciona otros ejemplos.
2. Explica el malentendido cultural que se produce. ¿Cuál es el valor semántico de la palabra *ahorita* para un hablante y para otro? ¿Qué elemento de la morfología de la palabra crees que ha podido contribuir a marcar una diferencia de significado entre las variedades del español que se mencionan?
3. Investiga desde el punto de vista dialectal las diferencias entre los adverbios deícticos *ahorita*, *ahoritita* y *ahoritica*. Identifica su significado y las áreas geográficas en las que se utilizan.

   ✎ Puedes consultar el *Diccionario de americanismos*: http://lema.rae.es/damer/. ¿Cuál de los adverbios es el más consistente en su uso desde el punto de vista de la deíxis?

4. Compara a grandes rasgos los siguientes tipos de deíxis en español y en inglés a partir de las muestras de lengua que aparecen. Comenta algunas de las principales diferencias que observes.

   a) deíxis personal: *tú, usted, vosotros, vosotras, ustedes*
   b) deíxis espacial: *aquí, ahí, allí* y *este, ese, aquel*
   c) deíxis temporal: *anteayer* y *pasado mañana*

## 2.2. Algunos modelos pragmáticos

Para ofrecer una perspectiva panorámica de las principales teorías pragmáticas, las próximas secciones presentan algunos de los modelos que han tenido un mayor impacto en la comunidad investigadora en las últimas décadas: la teoría de los **actos de habla** de John Langshaw Austin, publicada póstumamente (1962a) y ampliada por John Searle (1969), las **máximas conversacionales** de Herbert Paul Grice (1975), modelo elaborado como parte de una serie de conferencias y publicado posteriormente (1989), y la **teoría de la relevancia** de Dan Sperber y Deirdre Wilson (1986/1995).

### 2.2.1. La teoría de los actos de habla

Aunque se suele considerar al filósofo John Langshaw Austin como el padre de la pragmática moderna, fue su discípulo, John Searle, quien llegó a perfeccionar los postulados teóricos de Austin en el ámbito de la filosofía del lenguaje. En una serie de conferencias que tuvieron lugar en los años cincuenta del siglo XX, Austin comenzó a perfilar la idea central de la teoría de los **actos de habla**, la cual estipula que cuando usamos el lenguaje no solo describimos el mundo que nos rodea, sino que también lo empleamos para realizar actos concretos de acuerdo con una serie de principios pragmáticos que reflejan funciones comunicativas. Un **acto de habla** es, por lo tanto, la emisión de un enunciado en un contexto concreto como parte de la interacción comunicativa entre los hablantes. Cuando Austin (1962a) comenzó a elaborar su teoría, contrastó dos tipos principales de enunciados para mostrar cómo funcionan los actos de habla. Por un lado, los **asertivos** o **constatativos**, que pueden ser verdaderos o falsos y que describen la realidad o el estado de las cosas, *Hace frío en*

*Montreal*. Y, por otro, los actos **realizativos** o **performativos**, en los que no se describe la realidad, sino que establecen o llevan a cabo un acto en el momento de la enunciación, *Te prometo que iré*. Así, la acción expresada en la lengua en este tipo de actos da lugar a enunciados que con frecuencia se introducen de manera explícita con determinados verbos, tales como: *afirmar, declarar, jurar, negar, ordenar, pedir, prometer, rogar, suplicar*, etc. Como veremos a continuación, las teorías de Austin y Searle ponen de manifiesto la relación entre el lenguaje y las acciones de los hablantes, y cómo el lenguaje en un contexto de comunicación es reflejo de la intencionalidad del emisor.

### 2.2.1.1. *Actos de habla de Austin*

Cuando nos referimos a enunciados realizativos o performativos como, por ejemplo, *Lo prometo*, en lugar de hablar de condiciones de verdad hablamos de "condiciones de felicidad". Según la **teoría de los infortunios** de Austin (1962a), un enunciado de este tipo no se considera verdadero ni falso, sino afortunado o desafortunado con respecto al contexto de la comunicación. Estos enunciados realizativos son **afortunados**, o *felicitous* en inglés, siempre que los emita quien debe, cuando se debe y donde se debe, y son **desafortunados**, o *infelicitous*, cuando no se dan las circunstancias adecuadas para que estos enunciados realizativos se puedan llevar a cabo (Bornedal 1997, 321). Así, para que un enlace matrimonial se pueda oficiar, es la persona que representa a la autoridad competente, y no el testigo o uno de los contrayentes, quien ha de pronunciar la fórmula *Yo os declaro . . .*

Una vez que Austin había creado su teoría de infortunios, se dio cuenta de que todos los enunciados asertivos son también de algún modo realizativos, ya que todo enunciado es en el fondo una afirmación aunque durante la enunciación no comencemos siempre con la frase *Yo afirmo que . . .* A partir de esta conclusión, Austin (1962a) propuso una **tricotomía de los actos de habla**: locutivos, ilocutivos y perlocutivos (también conocidos como locucionarios, ilocucionarios y perlocucionarios). Como hemos explicado, un acto de habla corresponde a la emisión de un enunciado en un contexto específico dentro de la interacción comunicativa entre los hablantes. De este modo, las tres dimensiones que identifica Austin se dan a la vez en un mismo acto de habla. El **acto locutivo** es el que realizamos por "el mero hecho de decir algo". Corresponde a la propia emisión de sonidos y palabras con un sentido prefijado por el hablante; designa algo y hace referencia a un estado de cosas en el mundo. El **acto ilocutivo** es el que "se realiza al decir algo" y tiene que ver con la intención comunicativa, ya que, por ejemplo, el verbo *aconsejar* no posee la misma intención o función comunicativa que el verbo *ordenar*. Así, el hablante debe saber interpretar dicha función. Por último, el **acto perlocutivo** se realiza "por haber dicho algo", es decir, se refiere a las consecuencias que puede tener la emisión de un acto de habla a nivel de pensamientos, sentimientos y acciones y, por lo tanto, los efectos producidos en el interlocutor. Cada vez que emitimos un enunciado se activan estas tres dimensiones de manera simultánea. En un enunciado como, *Te recomiendo que vayas al médico*, el acto locutivo corresponde a la emisión propiamente dicha, "acto de emitir sonidos y palabras con un sentido concreto en la lengua"; el ilocutivo refleja la intencionalidad del hablante, "recomendar o sugerir algo", y el perlocutivo está relacionado con los posibles efectos en el interlocutor, "convencer al interlocutor para que haga algo".

Como vemos, al emitir un enunciado el hablante determina la intencionalidad en función de sus intereses comunicativos y del contexto de la comunicación. Aunque seamos conscientes de las intenciones con que nos comunicamos, no sabemos con seguridad cuál será el efecto de lo que decimos en nuestro interlocutor, cómo reaccionará, o si entenderá la intención del emisor. Si se emite un enunciado como *Me gustaría ir de viaje a Canarias*, desde la intención del hablante, el acto puede corresponder a "un desahogo", "una petición" o "una sugerencia". De esta forma, se realiza un acto ilocutivo concreto, pero el destinatario o interlocutor decide en última instancia si las consecuencias de dicho acto son las deseadas por el emisor.

Normalmente, el interlocutor no tendrá problemas para comprender la intencionalidad del enunciado, ya que presuponemos que el hablante lo emite en las circunstancias adecuadas. El hablante tiene en cuenta a los posibles oyentes y el contexto de la comunicación, pero las consecuencias que dicho acto provoque en la audiencia dependerán de las circunstancias que rodeen a su emisión. Si una persona que no está en su propia casa dice *Ya es de noche* al ver que anochece, el oyente podrá deducir que posiblemente se está formulando una petición para que su interlocutor "encienda la luz", aunque esa no sea la única interpretación del mensaje. Por otro lado, conviene recordar que la ausencia de efecto es un efecto en sí mismo. La acción de hacer caso omiso, o de no querer atender a una petición, puede ser un efecto producido igualmente por un acto perlocutivo, aunque tal efecto no se corresponda con los deseos expresados por el hablante.

Austin desarrolla sus principales teorías en el libro *How to Do Things with Words* (1962a), cuya traducción literal sería *Cómo hacer cosas con las palabras*. En el propio título de su obra ya se nos indica la importancia que para este modelo pragmático adquiere el acto de habla, el contexto donde tiene lugar, la intención comunicativa del hablante y las implicaciones de significado que dicho acto tienen de cara al interlocutor.

### 2.2.1.2. *Actos de habla de Searle*

Para Searle, quien desarrolló sus teorías a partir de los postulados de Austin, hablar es realizar actos conforme a reglas, y los actos de habla son las unidades de la comunicación lingüística. La relación entre acción y lenguaje es, por lo tanto, indiscutible, pues el uso del lenguaje en la comunicación se puede etiquetar para representar o identificar diferentes acciones. Según Searle (1969), la **fuerza ilocutiva** o intención comunicativa del acto ilocutivo está ligada convencionalmente a los enunciados realizativos, por lo que se produce una relación entre la fuerza ilocutiva y la forma lingüística. Cualquier individuo es capaz de distinguir la diferencia entre los enunciados *¿Me pasas el pan, por favor?*, *¡Pásame el pan!* y *¡El pan!*, es decir, una petición cortés, un ruego y un mandato.

Esta relación entre fuerza ilocutiva y forma lingüística es regular y constante, y sigue la fórmula "*x* cuenta como *y* en el contexto *z*". Por ejemplo, la acción de "meter el balón en la portería" (*x*) cuenta como "un gol" (*y*) en el contexto de "el juego del fútbol" (*z*). Del mismo modo, en un enunciado como *¡Cuidado con el perro!*, el contenido lingüístico y los rasgos suprasegmentales como la entonación y el tono son (*x*), que cuentan como "un aviso o advertencia" (*y*), ante el contexto de "un perro peligroso" (*z*). Searle llama **condición esencial** a la relación que se establece entre (*x*) "las expresiones enunciadas por el hablante", *¿Me puedes pasar el pan?*, e (*y*) "la intención del hablante", en este caso, una petición cortés. En todo acto de habla hay una forma lingüística (*x*) convencionalmente asociada a una fuerza ilocutiva (*y*), y ambos conceptos están unidos por una relación regular y constante.

**Tabla 5.2** Relación entre la forma lingüística y la fuerza ilocutiva de un enunciado

| z → contexto → *durante la comida* | | |
|---|---|---|
| *¡Pásame el pan!* | *x* → verbo imperativo, entonación | *y* → ruego |
| *¿Me puedes pasar el pan?* | *x* → verbo *poder*, tono ascendente | *y* → petición cortés |

Estas relaciones regulares y constantes pueden ser más o menos convencionales. Por ejemplo, el uso del imperativo y de una entonación característica (x) resaltan un ruego (y), *¡Pásame el pan!*; o el tono ascendente (x) con respecto a una interrogación (y), *¿Me puedes pasar el pan?*, en donde el verbo *poder* en presente, que también podría ir en condicional, *¿Me podrías pasar el pan?*, conforma una petición cortés (y). Por lo tanto, el acto ilocutivo se entiende como una función que asigna un valor o función comunicativa (fuerza ilocutiva) a un argumento (contenido proposicional) (Searle 1969; Searle y Vanderveken 2005). Fijémonos en los siguientes enunciados:

(46) *Ojalá* Elena baile conmigo.
(47) *Te aseguro que* Elena baila conmigo.
(48) *Te apuesto cinco dólares a que* Elena bailará conmigo.
(49) *Temo que* Elena baile conmigo.
(50) Elena, *¡baila* conmigo!
(51) Elena, *¿te gustaría* bailar conmigo?

El contenido proposicional de todos los enunciados en los ejemplos anteriores es similar, *Elena*, *bailar* y *conmigo*, pero la fuerza ilocutiva es distinta en cada enunciado: (46) indica un *deseo*, (47) expresa una *confirmación*, (48) pone de manifiesto una *apuesta*, (49) muestra *temor*, (50) puede ser un *mandato* o una *invitación*, mientras que (51) constituye una *petición formal*. Cada uno de estos actos de habla asignan al argumento una fuerza ilocutiva concreta. A partir de las tres clases generales de actos postuladas por Austin (1962a, 151), Searle (1976, 10-16) plantea cinco tipos de actos de habla o enunciados: **asertivos**, **directivos**, **comisivos**, **expresivos** y **declarativos**. La siguiente tabla ilustra los diferentes tipos de actos de habla propuestos por Searle.

**Tabla 5.3** Actos de habla de Searle

| Actos de habla | | |
|---|---|---|
| Asertivos | Dicen cómo son las cosas. | *Hoy hace sol.* |
| Directivos | Dirigen la conducta del oyente. | *Pásame el pan.* |
| Comisivos | Dirigen la conducta del hablante. | *Esta noche compro yo la cena.* |
| Expresivos | El hablante indica esperanza, gozo, temor, etc. | *Ojalá podamos ir a la playa.* |
| Declarativos | El hablante tiene poder para cambiar el mundo. | *Yo os declaro marido y mujer.* |

Dentro de cada tipo de acto, Searle distingue tres criterios: el **contenido proposicional**, que muestra el significado léxico y gramatical y refleja la intención del hablante; la **dirección de ajuste** entre las palabras y el mundo, o sea, si es el hablante quien se ajusta al mundo (p. ej., actos asertivos; *afirmar algo*), o si es el mundo el que se ajusta a los deseos del hablante (p. ej., actos directivos; *ordenar algo*), y el **estado psicológico del hablante**, o actitud del hablante al emitir el enunciado que es la condición de sinceridad. He aquí una descripción de cada uno de los actos de habla sugeridos por Searle en relación con estos tres criterios (1976, 10–16):

1. **Actos asertivos**. Son actos afirmativos o representativos que dicen o describen cómo son las cosas. Por esta razón, el contenido proposicional puede ser de cualquier tipo. La

dirección de ajuste es la del hablante que se ajusta al mundo: dice lo que sucede en el mundo. El estado psicológico del hablante es el de creencia o de expresar verdad. Por ejemplo, *afirmar*, *concluir*, *deducir*, etc. → *Hoy hace sol*.

2. **Actos directivos**. Dirigen la conducta y su propósito es conseguir que el oyente haga algo. El contenido proposicional es que el oyente realice la acción expresada por el hablante. La dirección de ajuste es la contraria a la de los actos asertivos, es decir, que el mundo se ajuste a lo que diga el hablante. El estado psicológico del hablante es el de deseo. Por ejemplo, *invitar*, *ordenar*, *rogar*, etc. → *Pásame el pan*.

3. **Actos comisivos**. Dirigen la conducta del propio hablante y se refieren a hechos próximos o futuros. El contenido proposicional es que el hablante va a hacer algo. La dirección de ajuste, como en los actos directivos, es que el mundo se ajuste a lo que diga el hablante. El estado psicológico del hablante es la intención de realizar algo. Por ejemplo, *prometer*, *comprometerse a hacer algo*, *aceptar hacer algo*, etc. → *Esta noche compro yo la cena*.

4. **Actos expresivos**. Ponen de manifiesto el estado psicológico del hablante, por ejemplo, sus sentimientos o actitud. El contenido proposicional de estos actos es trasladar al receptor una propiedad que se atribuye al hablante, por ejemplo, temor, *temo que*; esperanza, *ojalá*; gozo, *me alegro de que*, etc. La dirección de ajuste no existe porque ni el mundo se ajusta a lo que dice el hablante ni el hablante se ajusta al mundo. El estado psicológico del hablante es expresar sus sentimientos o su actitud. Por ejemplo, *dar las gracias o dar la bienvenida*, *felicitar a alguien*, *pedir disculpas*, etc. → *Ojalá podamos ir a la playa*.

5. **Actos declarativos**. Son aquellos actos que al realizarlos cambian el mundo. Se llevan a cabo en virtud del poder del hablante, dado que se encuentran institucionalizados en una comunidad. El contenido proposicional puede ser cualquiera. La dirección de ajuste ha de ser doble, puesto que el hablante describe cómo va a ser el mundo y el mundo se ajusta a lo que dice el hablante. El estado psicológico del hablante es fundamentalmente de creencia, pero, para que el acto se pueda concretar, esta creencia debe ser compartida por el hablante y el oyente. Por ejemplo, *yo te bautizo*, *yo te absuelvo*, *yo te condeno*, etc. → *Yo os declaro marido y mujer*.

Con la base de los trabajos de Searle (1969, 1979), Searle y Vanderveken (1985) y Vanderveken (1985, 183-187) determinan siete elementos que intervienen en la fuerza ilocutiva ligada a la emisión de un enunciado: el **propósito ilocucionario**, el **modo de conseguir el propósito ilocucionario**, la **intensidad del propósito ilocucionario**, las **condiciones sobre el contenido proposicional**, las **condiciones preparatorias**, las **condiciones de sinceridad** y la **intensidad de las condiciones de sinceridad**. Veremos a continuación en qué consiste cada uno de estos elementos. Cabe subrayar aquí que el primero, el propósito ilocucionario, es el elemento esencial, mientras que los seis restantes son las especificaciones o consecuencias del propósito ilocucionario:

1. El **propósito ilocucionario** es lo que se pretende con un acto de habla concreto, o sea, la intención comunicativa: *un mandato*, *una petición*, *un ruego*, etc. Es, por lo tanto, un elemento esencial e interno, el que constituye el acto de habla, y que puede poseer diferente fuerza ilocutiva. Es importante distinguir el propósito ilocucionario de la fuerza ilocutiva. Por ejemplo, *una orden* y *una petición* poseen el mismo propósito ilocucionario, "conseguir que el interlocutor ejecute una acción"; sin embargo, son dos actos diferentes que poseen distinta fuerza ilocutiva, ya que no es lo mismo *ordenar* que *pedir*.

2. El **modo de conseguir el propósito ilocucionario** tiene que ver con el modo o la manera particular que requieren algunos actos ilocutivos. Por ejemplo, *ordenar* es "pedir en virtud de la autoridad del hablante sobre el interlocutor", y *testificar* es "declarar en calidad de testigo".

3. La **intensidad del propósito ilocucionario** se vincula a la capacidad de un enunciado de poner de manifiesto una intensidad en relación con una acción. No es lo mismo *suplicar* que *pedir*, *exigir* u *ordenar*, como tampoco lo es *especular con la posibilidad de*, *conjeturar*, *creer probable*, *afirmar* o *jurar*. Un *deseo* nos impulsa a *pedir*, pero un *deseo intenso* nos puede impulsar a *suplicar*. El *deseo* junto con el convencimiento de *poder pedir* nos puede llevar a *exigir*. Del mismo modo, un hablante que *jura hacer algo* se compromete de manera más firme a hacerlo que uno que *acepta hacer algo*. Estos ejemplos muestran que existen diferentes fuentes de intensidad.

4. Las **condiciones sobre el contenido proposicional** hacen referencia a lo que es admisible como contenido proposicional en relación con el propósito ilocucionario. Por ejemplo, en una *promesa* se exige que el contenido proposicional sea una condición futura del hablante, mientras que en una *disculpa* o un *agradecimiento* exigen una acción anterior del hablante.

5. Las **condiciones preparatorias** conciernen lo que se presupone en relación con la fuerza ilocutiva. Así, *hacer una promesa* presupone que el hablante es capaz de mantenerla y, por lo tanto, de ejecutar la acción, y en una *afirmación* el hablante presupone igualmente que tiene suficientes razones para creer que lo que dice es verídico.

6. Las **condiciones de sinceridad** plantean que todo acto ilocutivo se expresa en un determinado estado psicológico. Por ejemplo, un hablante que *hace una promesa* expresa su intención de realizarla. Uno puede igualmente fingir un estado psicológico. Los actos, aunque insinceros, se llevan a cabo.

7. La **intensidad de las condiciones de sinceridad** se relaciona igualmente con el estado psicológico del hablante, aunque desde el punto de vista de su intensidad. No posee la misma intensidad el estado psicológico que lleva a *implorar* que el que lleva a *suplicar*, a *pedir encarecidamente* o a *sugerir* (Vanderveken 1985, 191). Del mismo modo, adverbios como *sinceramente* o *francamente* pueden reforzar la intensidad de las condiciones de sinceridad (Bouzouba y Moulin 1998, 292). La intensidad puede venir también marcada o determinada por patrones de entonación (Vanderveken 1995, 1364). En algunos casos, la intensidad del estado psicológico y la del propósito ilocucionario van paralelas, pero en otros son independientes. Una persona con el mismo grado de deseo que otra puede *suplicar*, mientras que la otra puede simplemente *sugerir*. Por tanto, no se puede deducir el grado de intensidad del estado psicológico del hablante por el tipo de acto que lleva a cabo.

Por último, Searle (1975, 60-61) plantea un problema a su teoría de los actos de habla: los **actos de habla indirectos**. Estos actos se producen cuando la fuerza ilocutiva que el hablante asocia a una determinada forma lingüística no es la prototípica, por ejemplo, expresar una orden mediante una oración interrogativa, como en la siguiente pregunta:

(52)  ¿Quieres estarte quieto? (contexto: una madre a su hijo)

En (52) obviamente, la madre no le está preguntando al niño "si su deseo es estarse quieto". Aunque aparezca expresado en una oración interrogativa, le está ordenando "que se esté quieto". Estos actos de habla indirectos, con doble interpretación, traen a colación la falta de correspondencia en ciertos enunciados entre el contenido lingüístico expresado y el acto ilocutivo. Como el ejemplo anterior indica, el receptor entiende lo que el hablante dice a pesar de que esta relación no es siempre fija. Esto lleva a preguntarnos cuál es el factor que conduce al interlocutor a modificar la interpretación literal del enunciado o, lo que es lo mismo, qué hace que el niño, al oír la oración *¿Quieres estarte quieto?*, pueda reconocer que lo que quiere su madre en realidad es que "se comporte".

Escandell Vidal (2013, 85) plantea dos posibles explicaciones a este problema. La primera seguiría lo propuesto por Gordon y G. Lakoff (1971) y estaría relacionada con las condiciones de sinceridad, esto es, que si el emisor (A) pide sinceramente al receptor (B) que haga una acción (R), entonces sucede que: i) A quiere que B haga R; ii) A supone que B puede hacer R; iii) A supone que B está dispuesto a hacer R; y iv) A supone que B no hará R si no se le pide que lo haga. Esto indica que existen cuatro formas diferentes de hacer la misma petición que se corresponden con cada una de las condiciones de sinceridad que acabamos de mencionar: i) *Quiero que te estés quieto*; ii) *¿Puedes estarte quieto?*; iii) *¿Te vas a estar quieto?*, y iv) *¿Quieres estarte quieto?*

Searle (1975) rechaza esta explicación, ya que la clave para entender por qué el emisor pone de manifiesto la ambigüedad en el enunciado *¿Quieres estarte quieto?* reside en una inferencia o deducción lógica con dos tipos de premisas. Por un lado, la información pragmática compartida por el emisor y el receptor sobre el contenido proposicional y las condiciones preparatorias y, por otro, la capacidad racional y psicológica del receptor, esto es, la condición de sinceridad (Pinker 2013, 26). Al realizar la inferencia con estas dos premisas a partir del contexto, el oyente extraería la conclusión de que "se me está dando una orden" y rechaza que "se me está preguntando si me apetece estarme quieto". Este ejemplo nos sirve para ver también que el hablante se comunica por medio de un enunciado distinto a lo expresado por el contenido propiamente lingüístico. Por lo tanto, el éxito del acto comunicativo depende en gran medida tanto de la información contextual como de la capacidad del interlocutor para comprender el mensaje.

Searle (1975) afirma que cuando un receptor oye la pregunta *¿Puedes pasarme la sal?* va a seguir el razonamiento, "me ha preguntado si puedo pasarle la sal". Es de suponer que ese enunciado responde a una intención. Y, por tanto, esa intención: a) no puede ser sobre mi habilidad o mi capacidad física para realizar dicha acción, porque ve que puedo hacerlo físicamente y que la sal está cerca; b) tampoco puede ser sobre la imposibilidad moral, porque no supone ningún ataque contra mi ética; y c) tampoco puede ser sobre mi imposibilidad social, porque no se trata de un acto ridículo o extraño. Por lo tanto, la pregunta acerca de la capacidad resulta innecesaria. Si sobra esta pregunta, *poder* en forma interrogativa en presente o en condicional se usa también en español para formular una petición. De ahí que el enunciado *¿Puedes pasarme la sal?* no constituya una pregunta propiamente dicha, sino que se trata más bien de una petición.

La segunda explicación a los actos de habla indirectos es que la inferencia sobra, y que simplemente hay una relación convencional entre este tipo de preguntas con el verbo *poder* en presente o condicional y una petición (Escandell Vidal 2013, 85). La inferencia en términos convencionales resulta innecesaria, porque solo existe una posibilidad. Se puede argumentar también que los mecanismos de inferencia han sufrido procesos de **institucionalización**, o sea, se han constituido o lexicalizado en la lengua con un valor específico (García-Page 2008, 29). Por ello la expresión *¿puedes?* funciona en español como una fórmula lexicalizada o institucionalizada para realizar una petición. No obstante, si el contexto fuera distinto, esto es, si una persona le pidiera ayuda a otra porque "la sal se encuentra en lo alto de una estantería", aquí sí que quizás se le estaría preguntando al interlocutor acerca de su capacidad física para poder "pasar la sal". Por este motivo, un enunciado y su acto de habla no están unidos indisolublemente, porque, como vemos, los factores extralingüísticos o contextuales los pueden separar.

A pesar de estas dos explicaciones, la relacionada con las condiciones de sinceridad y la que estipula que la inferencia del enunciado sobra, todavía no se ha llegado a argumentos plenamente concluyentes. Lo que resulta indudable es que el contexto desempeña un papel fundamental para determinar el acto de habla, hasta tal punto que contribuye a definir con claridad su fuerza ilocutiva.

---

**Actividad 14. Decide a qué tipo de acto de habla (asertivo, directivo, comisivo, expresivo o declarativo) corresponden los siguientes enunciados. Hay dos para cada categoría.**

1. Te nombro presidente del comité.
2. Te prometo que limpiaré mi habitación.
3. Tengo veinte años.
4. Te digo que Juan va a llegar tarde.
5. ¡Qué bien que hayas venido!
6. Debes invitar a tu jefe a la fiesta de Navidad.
7. Te doy la enhorabuena por tu ascenso.
8. Declaro al acusado inocente.
9. Estaré encantado de acompañarte.
10. Te pido que llegues a tiempo.

❿ **Ahora crea tú un enunciado para cada tipo de acto de habla.**

❿ **Todos los siguientes actos son asertivos. ¿Qué pone de manifiesto la diferencia de cada enunciado desde el punto de vista del hablante?**

1. Creo que Juan va a llegar tarde.
2. Te digo que Juan va a llegar tarde.
3. Te aseguro que Juan va a llegar tarde.
4. Estoy convencido de que Juan va a llegar tarde.

---

*Actividad 15.* **En "A Classification of Illocutionary Acts", Searle (1976) propuso sus cinco tipos de actos de habla a partir de lo postulado anteriormente por Austin (1962a). Consulta el documento y explica qué le impulsó a ampliar la investigación anterior.**

---

**2.2.2.** Las máximas conversacionales de Grice

Herbert Paul Grice (1968, 1975, 1989) desarrolló sus teorías desde el ámbito de la filosofía del lenguaje. En ellas estipuló que la naturaleza de las reglas de la conducta conversacional es de suma importancia para determinar el contenido de los enunciados emitidos durante la comunicación. Grice (1989) propone el concepto de **implicatura** como información que el hablante manifiesta hacia su interlocutor, que "da a entender" y que, por tanto, no expresa de manera explícita. Grice distingue entre **implicaturas convencionales**, que expresan el significado convencional o previamente establecido y en lo que están de acuerdo las partes, o sea, "lo que dicen las palabras", e **implicaturas no convencionales** o **conversacionales**, que expresan "el significado intencional", esto es, el significado transmitido de manera indirecta a través de los enunciados convencionales.

En los casos en que el significado convencional de las palabras basta para realizar inferencias y sacar conclusiones acerca de lo que se dice, utilizamos implicaturas convencionales. Si alguien dice *Comeré alcachofas aunque no me gusten*, deducimos que el hablante manifiesta cierto "hastío" por el valor concesivo de *aunque*; en realidad, el valor de los dos enunciados es conjuntivo, es decir, el significado de los dos enunciados es cierto: "no le gustan las alcachofas", pero "se las va a comer". Sin embargo, para captar el significado indirecto, el oyente debe realizar una serie de inferencias a modo de deducciones lógicas que, como acabamos de indicar, Grice (1975, 1989) llama implicaturas conversacionales. De este modo, el significado de lo que dice el hablante se puede dividir a grandes rasgos en "lo que se dice" y en "lo que se quiere decir", esto es, la diferencia en inglés entre *saying* e *implicating* (Grice 1975, 1989). Veamos el siguiente ejemplo:

(53)  A:  No encuentro el chocolate que compré ayer.
      B:  Juan ha estado aquí.

A partir de la respuesta de B, *Juan ha estado aquí*, el hablante A llegará a modo de deducción lógica a la implicatura no convencional o conversacional de que posiblemente "Juan se ha comido el chocolate". Para Grice (1975), las implicaturas conversacionales poseen tres propiedades principales. En primer lugar, y, como ya habíamos apuntado, poseen un **significado no convencional** que se vehicula de manera indirecta, o sea, la oración *Juan ha estado aquí* no significa de manera literal que "Juan se ha comido el chocolate", sino "el hecho de que Juan ha estado aquí". En segundo lugar, son **deducibles**, de ahí que A deba deducir o calcular que, a partir de lo que dice B, "Posiblemente Juan se haya comido el chocolate". Y, en tercer lugar, son **anulables**, porque el hablante puede anular o revocar la implicatura conversacional. Por ejemplo, B hubiera podido decir, *Juan ha estado aquí pero no se lo ha comido*. De esta manera, el hablante A no habría tenido que establecer ninguna deducción lógica de lo expresado por B y la implicatura conversacional "Juan se ha comido el chocolate" habría quedado anulada o cancelada.

Una característica que distingue a las implicaturas de cualquier otro tipo de inferencia es el hecho de que la implicatura es intencional, es decir, el hablante quiere que su interlocutor reconozca esa implicatura e infiera el significado. Las implicaturas constituyen una transmisión deliberada e intencional de información. Emplean como medio de transmisión tanto el significado natural de las expresiones como nuestro conocimiento del mundo, el cual resulta imprescindible para entender la finalidad del acto comunicativo.

Las implicaturas conversacionales se enmarcan en la actitud cooperativa del hablante durante la comunicación. Cuando accedemos a una conversación, deseamos implícitamente que nuestro interlocutor capte nuestra intención comunicativa, lo que queremos decir o poner de manifiesto, y no solamente lo que expresamos en términos lingüísticos. Si es así, se considera una conversación exitosa, para lo que se necesita que haya voluntad de cooperación entre los dos interlocutores. Esto se traduce en el cumplimiento de una serie de normas conversacionales que forman parte de una especie de "ética conversacional". Según Grice (1975, 45), entre los hablantes existe un acuerdo tácito de colaboración durante el acto comunicativo que se denomina **principio de cooperación**, *cooperative principle* en inglés. Grice formula su principio de cooperación en estas palabras:

*Make your conversational contribution what is required, at the stage at which it occurs, by the accepted purpose or direction of the talk exchange in which you are engaged* (Grice 1989, 26).

Haga que su contribución a la conversación sea, en cada momento, la requerida por el propósito o la dirección del intercambio comunicativo en el que está usted involucrado (traducción de Escandell Vidal 2013, 80).

El principio de cooperación no es normativo, y supone una condición de racionalidad básica para que el discurso sea inteligible y tenga sentido. Tanto el hablante como el oyente son conscientes de este principio de cooperación, y el oyente espera que el hablante lo cumpla. Sin embargo, si el hablante no lo respeta, el oyente no pensará que su interlocutor está incumpliendo dicho principio, sino que deducirá que el hablante quiere decir otra cosa y el oyente tendrá que llegar a deducir una implicatura conversacional. El principio de cooperación formulado por Grice se compone de cuatro **máximas** a modo de categorías (1975, 45-47): máxima de cantidad, máxima de cualidad, máxima de relación y máxima de manera o modalidad. Tres de ellas constan además de submáximas.

**Tabla 5.4** Máximas de Grice

| Máxima de cantidad |
| --- |
| Está relacionada con la cantidad de información que se proporciona en la conversación. Consta de las siguientes máximas: |
| 1. *Haga que su contribución sea todo lo informativa que requiera el propósito de la conversación.* <br> 2. *No haga que su contribución sea más informativa de lo necesario.* |
| **Máxima de cualidad** |
| Consta de una supermáxima: |
| 1. *Haga que su contribución sea verdadera.* |
| Específicamente: |
| 1. *No diga nada que considere falso.* <br> 2. *No diga nada de lo que no tenga pruebas suficientes.* |
| **Máxima de relación** |
| Consta de una única máxima: |
| 1. *Sea relevante, es decir, pertinente.* |
| **Máxima de manera** |
| Consta de una supermáxima: |
| 1. *Sea claro.* |
| Y se ve complementada por las siguientes: |
| 1. *Evite la oscuridad de expresión.* <br> 2. *Evite la ambigüedad.* <br> 3. *Sea breve.* <br> 4. *Sea ordenado.* |

(adaptado de Escandell Vidal 2013, 81)

Como ya indicamos, el principio de cooperación no es normativo, por lo que los hablantes pueden decidir **incumplir** o transgredir las máximas conversacionales en función de sus objetivos comunicativos y la comunicación seguiría siendo posible (Grice 1975, 49).

De hecho, las máximas se transgreden deliberadamente con fines comunicativos concretos, estilísticos o retóricos, o con algunos comportamientos lingüísticos, como en el caso de la ironía o del humor, tal y como veremos más adelante en el capítulo. El incumplimiento de las máximas contribuye al buen funcionamiento del acto comunicativo y forman parte del mismo. Si siempre respetáramos el principio de cooperación y las cuatro máximas, la comunicación resultaría bastante monótona porque quedaría sujeta a una serie de comportamientos constantes durante el acto comunicativo. Por ejemplo, las **tautologías** son fórmulas verdaderas en todo mundo posible, pero constituyen una transgresión de la máxima de cantidad por no resultar informativas. Así, un enunciado como *un premio es un premio* no aporta nada nuevo a la conversación, incumpliendo de esta forma la máxima de cantidad. Sin embargo, si oímos un enunciado como este en un determinado contexto, no pensaríamos que se trata de un hecho que no aporta información, sino que le daríamos a la oración una interpretación distinta, tal y como se puede apreciar en el siguiente intercambio comunicativo:

(54)  A:  Me habría gustado ganar el primer premio en lugar del tercero.
       B:  Bueno, un premio es un premio.

Entre las transgresiones de la máxima de cualidad encontramos figuras retóricas como la metáfora o la ironía, las cuales están presentes, por ejemplo, en los textos literarios y en las que la contribución no tiene por qué ser verdadera. En este fragmento del capítulo tercero de un clásico de la literatura hispánica, *El Buscón* (1626) de Francisco de Quevedo, podemos observar un ejemplo de ironía:

(55)  "Comieron una comida eterna, sin principio ni fin".

En la cita de (55) se nos presenta un juego lingüístico al emplear el adjetivo *eterna*, ya que, aunque pueda parecer que "se trata de una comida muy copiosa que no tiene fin", en realidad, se da a entender lo contrario de lo que se dice, pues al añadir que "no tenía principio", su significado es que "no hubo tal comida". Como ya hemos explicado en la sección sobre semántica, las metáforas aparecen con frecuencia en el lenguaje literario, pero su uso es también habitual en los textos periodísticos o en la lengua cotidiana. Así, a la que fuera primera ministra del Reino Unido, Margaret Thatcher, se la llamaba metafóricamente en el lenguaje periodístico *la dama de hierro*, para describir su tenacidad, carácter y falta de sensibilidad.

Uno de los ejemplos más conocidos de Grice (1989, 33) sobre el incumplimiento de las máximas es el de la carta de recomendación. Un profesor tiene que escribir una recomendación para un estudiante que quiere trabajar como instructor de filosofía. Sin embargo, este estudiante, el Sr. X, no es uno de los alumnos más brillantes. En lugar de negarse a redactar la carta, el profesor acepta escribirla, pero el texto dice: "Estimado señor: el dominio de la lengua que posee el Sr. X es excelente, y su asistencia a clase ha sido regular a lo largo del año . . .". No hay duda de que tanto las habilidades lingüísticas como la regularidad en su asistencia a clase son cualidades positivas para un profesor, pero ¿cuáles son las implicaturas que podemos extraer de esta carta? Puesto que se trata de una tipología textual concreta, el autor de la carta no quiere enfatizar las características negativas del Sr. X, por eso se centra en las positivas. Sin embargo, a pesar de que no quiere incumplir la máxima de cualidad y con ello mentir, la no referencia a los conocimientos sobre filosofía del Sr. X supone un claro incumplimiento de la máxima de cantidad, lo cual da lugar a una importante implicatura que los lectores de la carta podrán comprender: el Sr. X no es un gran filósofo. Vemos entonces que el autor de la carta tiene que elegir entre mentir y faltar así a la máxima de cualidad, u ocultar información y resaltar otras cualidades del candidato, incumpliendo así la máxima de cantidad.

La máxima de manera o modalidad se incumple cuando, por ejemplo, el hablante hace un circunloquio al hablar, es decir, da muchos rodeos durante su intervención y proporciona demasiada información o detalles a la hora de explicar algo, faltando así a la submáxima de brevedad. Sin embargo, cuando estas indicaciones son para un asunto que no resulta trivial, puede resultar necesario proporcionar instrucciones que sean minuciosas y detalladas.

---

**Actividad 16. Deduce las implicaturas conversacionales que se pueden inferir de los siguientes enunciados.**

Modelo: Hoy no puedo ir al cine, no cobro hasta el jueves. → *¿Me invitas al cine?*

1. (A una amiga en un probador de una tienda) ¿Te has probado el otro vestido?
2. No hay mucha gente en ese restaurante, ¿no?
3. ¡Cómo voy a ir andando al trabajo con esta lluvia!
4. Anoche vi a Martín cenando con la vecina del quinto.
5. Hace mucho frío en esta casa.

---

**Actividad 17. Explica cuál es la principal máxima que se incumple en las siguientes situaciones. Justifica tu respuesta.**

Modelo: A: ¿En qué parte de Francia está Marsella?
B: En algún punto al sur del país.
→ Se incumple la máxima de cantidad. La contribución que hace el hablante no es lo suficientemente informativa.

1. A: Estoy sin gasolina.
   B: Hay una gasolinera por aquí.

2. A: ¿Qué hora es?
   B: Están dando *Modern Family* en la televisión.

3. A: Igual me pongo a leer un rato.
   B: Ha sonado el teléfono dos veces.

4. A: ¿Me queda bien este vestido?
   B: Bueno . . . ¿y si te pruebas ese?

5. La señorita Marta emitió una serie de sonidos parecidos a una partitura de las que compuso el compositor italiano Giuseppe Verdi.

6. A: Qué guapo es David!
   B: Sí . . . es muy simpático.

---

### 2.2.3. La teoría de la relevancia de Sperber y Wilson

Otro de los modelos fundamentales en el estudio de la pragmática durante el siglo XX es el desarrollado por Dan Sperber y Deirdre Wilson (1986/1995) y que se conoce como la **teoría de la relevancia**. La diferencia con los postulados anteriores reside en que esta teoría propone explicar los factores que operan en la comunicación a partir de componentes extralingüísticos o cognitivos que, además, tienen en cuenta el contexto común o mutuo de los hablantes respecto a la "relevancia" de un enunciado, hecho pragmático que esta teoría considera esencial para la comunicación. Por este motivo, concedemos atención al hablante, porque presuponemos que su enunciación es relevante. Sin embargo, gran parte del éxito del acto comunicativo depende del oyente y del conocimiento previo que este tenga del contexto. De ahí que esta teoría también preste especial atención al **contexto común** o información compartida por emisor y receptor.

Al analizar los postulados de Grice sobre las implicaturas conversacionales, hemos explicado que la selección de la intención comunicativa exige un proceso inferencial deductivo que, como todo razonamiento, tiene unas premisas derivadas de unos supuestos que aporta el contexto. Ahora bien, esa información contextual que actúa como premisa del razonamiento es enormemente plural y variada porque está en continua modificación. En una conversación vamos cambiando nuestras presuposiciones, y como se producen numerosas premisas en su desarrollo, hay que seleccionar algunas, lo que implica también un razonamiento. Veamos el siguiente ejemplo:

> (56) A:  ¿Por qué no vamos al teatro esta tarde?
> B:  La obra termina a las 5:00.

En (56) el hablante A invita al interlocutor B al teatro, *¿Por qué no vamos al teatro esta tarde?*, y la respuesta que recibe de B es *La obra termina a las 5:00*. Esta respuesta solamente será relevante o pertinente si hay un contexto común o compartido entre el hablante y su interlocutor, en el que A sabe que B tiene una cita a las 4:30 y, por eso, no puede ir al teatro. Si A desconoce esta información, B tendrá que explicar en su respuesta la razón por la cual no le viene bien asistir a la representación teatral. Por lo tanto, se debe crear un subconjunto de supuestos que sean relevantes para realizar la inferencia. La creación de este subconjunto de supuestos relevantes vinculado a la información compartida entre los participantes del acto comunicativo es, a grandes rasgos, el eje central de la teoría de la relevancia.

Sperber y Wilson (1986/1995) parten del supuesto de que toda comunicación activa dos tipos de mecanismos: por un lado, el de **codificación** y **descodificación**, conocer el **código** y sistema de una lengua; por otro, el de **ostensión** e **inferencia**, conocer los factores situacionales y culturales u otro tipo de información extralingüística que rodea al contexto de la comunicación. Los siguientes ejemplos muestran cómo operan estos dos tipos de mecanismos:

> (57)  *Tengo hambre.*
> Codificación → el hablante pone de manifiesto un contenido en un código lingüístico o lengua determinada
> Descodificación → el oyente que conoce la lengua recupera el contenido lingüístico del mensaje

> (58)  *Tengo sueño.*
> Ostensión → intención del hablante de comunicar algo
> Inferencia → proceso que hace posible interpretar la intención del hablante en un contexto determinado
> Contexto A (en una fiesta): *Tengo sueño.* → "vámonos ya a casa"
> Contexto B (en un avión): *Tengo sueño.* → "no me des conversación, quiero dormir"

En (57) el proceso de codificación y descodificación se centra en el contenido lingüístico sin considerar otros aspectos extralingüísticos relacionados con el momento de la enunciación. En (58), en cambio, la información extralingüística obtenida a partir de cada uno de los contextos ante el mismo enunciado es la que le permite al oyente inferir o interpretar la intención del hablante.

La comunicación incluye ambos procedimientos, lo cual hace posible producir mensajes o interpretarlos a partir de un modelo convencional (codificación/descodificación) o no convencional (ostensión/inferencia). Ambos modelos se combinan porque en su conjunto refuerzan la eficacia comunicativa. El **convencional** corresponde al uso del código, el uso de la lengua, etc., y el **no convencional** sería llamar la atención del oyente mostrando algo que actúa como estímulo, gestos, una mirada, etc., de modo que el receptor debe deducir el contenido que se le quiere comunicar. En toda comunicación ostensivo-inferencial se utilizan estímulos, y dichos estímulos pueden estar o no convencionalmente asociados a un mensaje concreto. Si lo están, basta con utilizar el código correspondiente, pero si no lo están, para que su significado se entienda es necesario que la persona a la que se dirigen sea capaz de comprender estos estímulos, en primer lugar como intencionados, en segundo lugar como dirigidos hacia ella, y en tercer lugar que los entienda como orientados a captar su atención. Observemos el siguiente ejemplo:

(59)  1. Un niño acompañado de su hermana contempla el escaparate de una pastelería.
→ se detiene ante el escaparate de manera intencionada
2. El niño se frota la barriga mientras mira el escaparate y saca la lengua.
→ realiza gestos para que su interlocutor los vea
3. El niño exclama: *¡ñam!*
→ capta la atención de su interlocutor con una onomatopeya que significa "sabroso"

En (59) vemos que al destinatario, la hermana del niño, le corresponde deducir dos elementos del estímulo o mensaje: primero la **proposición**, o información que se le señala, y segundo, la **intención** con la que se señala esa información. El reconocimiento de que detrás de la ostensión o muestra de estímulo hay una intención es una condición necesaria para interpretarla adecuadamente. Así, en (59) la hermana del niño concluye que su hermano tiene hambre y que quiere un pastel. Si detrás de un estímulo no se aprecia una intención clara de que se manifiesta algo, es decir, si el niño simplemente hubiera contemplado el escaparate durante unos minutos, es bastante probable que dicho estímulo se hubiera ignorado.

Este proceso inferencial de la comunicación que permite interpretar la intención del hablante en un contexto determinado es de suma importancia en la teoría de la relevancia. Dentro de este modelo, una inferencia es un **razonamiento**, un procedimiento lógico que nos obliga a aceptar un supuesto o representación mental consciente que llamamos **conclusión**, sobre la base de la verdad de otros supuestos previos y conscientes a los que llamamos **premisas** y que nos permiten llegar a dicha conclusión. Un enunciado es un supuesto que constituye lo que solemos llamar una **creencia**, un hecho generalizado que uno cree verdadero. Los estados mentales se construyen a partir de creencias. En el proceso inferencial o deductivo de la comunicación diaria intervienen las leyes lógicas, pero también, y con más peso, otros factores, como las restricciones concretas sobre la naturaleza de los supuestos que actúan como premisas y sobre la confirmación de estos supuestos.

Sin embargo, como muestran los ejemplos anteriores, la confluencia de componentes extralingüísticos y cognitivos hace que el proceso de inferencia no siempre resulte sencillo. El proceso inferencial trata de averiguar la "verdadera intención comunicativa" durante la enunciación, pero esa verdad no se puede deducir como si fuese una verdad física que se puede comprobar en su totalidad. El interlocutor no posee una certeza absoluta sobre la auténtica intención del hablante, sino que la "supone", esto es, recurre mentalmente a la formula "yo creo que me quiere decir que . . .". El receptor construye su razonamiento sobre una verdad probable y no sobre una verdad necesaria. Por lo tanto, es importante la fiabilidad en los supuestos que actúan como premisas, porque no todos los supuestos son igualmente verdaderos. En otras palabras, en el razonamiento comunicativo la verdad es una cuestión de grado. Si dos supuestos no encajan bien entre sí son incompatibles y, en ese caso, hacemos una selección entre los supuestos, dado que como norma general nos decantaremos por el más probable, es decir, el que ofrezca más garantías de seguridad. Según Sperber y Wilson, es imprescindible evaluar la fiabilidad de un supuesto y, para ello, hay que acudir a su fuente e historia. Poseen más firmeza los supuestos que se ajustan a la experiencia del destinatario, los que afirma una persona con autoridad digna de crédito y los que no se desmienten. Tienen menos firmeza los rumores o los comentarios anónimos. Sin embargo, un aspecto significativo es que el peso de los supuestos es enormemente variable, dado que nuestras creencias van cambiando a lo largo del tiempo.

Como hemos explicado, la función del mecanismo deductivo consiste en procesar automáticamente las implicaciones y extraer conclusiones de cualquier información nueva a partir de los supuestos que se poseen, que actúan como premisas, y que de manera amplia y genérica Sperber y Wilson denominan **contexto**. Las conclusiones obtenidas son los **efectos contextuales**, porque funcionan como conclusiones que modifican el contexto, bien reforzándolo, bien debilitándolo, o incluso entrando en conflicto o en contradicción con él. Estos efectos contextuales son los que hacen que una información sea relevante. No obstante, en ocasiones, la información emitida no produce ninguno de estos efectos, por lo que decimos que es irrelevante (Escandell Vidal 2013, 118-120), tal y como advertimos en el siguiente ejemplo:

(60) A:  ¿Por qué no vas a comprar las entradas para ir al teatro?
     B:  Tengo ganas de que lleguen las vacaciones.

En (60), la aportación de información que hace el hablante B no está relacionada con los supuestos existentes y se aleja del contexto comunicativo. Por esta razón, lo que dice B se considera irrelevante porque no produce ningún efecto contextual. Este "distanciamiento comunicativo" es el que se aprecia en fenómenos como las respuestas anómalas, la ironía y el humor. Sin embargo, en el próximo ejemplo podemos ver cómo funcionaría la misma situación en la que sí se produce un enunciado relevante:

(61) A:  ¿Por qué no vas a comprar las entradas para ir al teatro?
     B:  No me pagan hasta la semana que viene.

En (61) la teoría de la relevancia indicaría que el enunciado de B es relevante. El hablante A es capaz de inferir con un mínimo esfuerzo de procesamiento que B no puede comprar las entradas porque "no tiene dinero suficiente". A modo de resumen podemos decir que en nuestro entorno cognoscitivo operan tres tipos principales de información. Primero, está la información accesible que no requiere esfuerzo de procesamiento. Segundo, tenemos información totalmente desconectada que exige demasiado esfuerzo de procesamiento. Tercero, se halla la información más relevante para la comunicación. Esta información es nueva, pero se conecta de algún modo con la que ya tenemos, por lo que produce a su vez más información nueva. El concepto de relevancia, por lo tanto, depende del coste y beneficio que supone el acto comunicativo, ya que en el intercambio conversacional se involucran tanto el efecto cognoscitivo como el efecto de procesamiento que conlleva. Así, un enunciado relevante es aquel que cuando produce efectos cognoscitivos conlleva poco **esfuerzo de procesamiento** o de interpretación.

---

**Actividad 18. Explica las siguientes situaciones desde la óptica de la teoría de la relevancia.**

Modelo:  A: Estoy sin gasolina.
B: Hay una gasolinera a dos manzanas.
→ La respuesta es pertinente porque el interlocutor, con poco esfuerzo cognoscitivo, puede deducir que hay una gasolinera cerca y que está abierta.

1. – ¡Qué breve ha sido la película! (dicho por alguien que acaba de despertarse al final de una película de tres horas).

2. – El señor Martínez escribió toda una tesis doctoral en una servilleta.

3. A: ¿Vamos al cine?
   B: Mañana tengo un examen.

4. – ¿No tienes frío? (dicho por una persona que está sentada en el sofá de casa de un amigo).

5. A: El automóvil no arranca. Se ha quedado sin batería.
   B: ¿Llevas los cables en el maletero?

6. A: ¿Vamos de compras?
   B: Cobro el viernes.

---

## 3. El estudio de la cortesía lingüística

La cortesía se ha estudiado en el ámbito de la sociolingüística, la psicología social del lenguaje, la psicolingüística, la antropología y en el que aquí nos ocupa, el de la pragmática. Se entiende por **cortesía** un conjunto de normas sociales que se establece en cada sociedad y que regula el comportamiento de sus habitantes. Si estos se ajustan a las reglas, son corteses, y, si no se ajustan, son descorteses. La **cortesía lingüística** representa una estrategia conversacional de la que disponen los hablantes y que les permite evitar conflictos y mantener buenas relaciones. Las teorías tradicionales sobre cortesía lingüística (R. Lakoff 1973; Brown y Levinson 1978/1987; Leech 1983) han tomado como punto de partida el principio de cooperación de Grice y la teoría de los actos de habla. Trabajos más recientes como los de Gino Eelen (2001), Sara Mills (2003) o Richard Watts (2003) introducen una nueva perspectiva al notar que existen diferencias entre culturas, e incluso dentro de una misma cultura. Los hablantes poseen distintos juicios acerca de lo que es o no es cortés, por lo que el papel del oyente pasa a adquirir vital importancia. No podemos limitarnos a estudiar solamente la perspectiva del hablante, debido a que la cortesía lingüística constituye parte de una negociación entre el hablante y su interlocutor.

Las siguientes secciones plantean distintos modos de analizar la cortesía lingüística. Primero, repasaremos las reglas de cortesía de Robin Tolmach Lakoff (1973) y presentaremos la tipología de las estrategias de cortesía de Henk Haverkate (1988). Después estudiaremos las maneras de proteger la imagen pública según las teorías de Penelope Brown y Stephen C. Levinson (1978/1987). Y, por último, concluiremos con algunas consideraciones sobre la ampliación del modelo griceano de Alexandra Kallia (2004) con respecto a la máxima de cortesía.

### 3.1. Las reglas de cortesía

Aunque la obra de R. Lakoff que presenta su modelo de cortesía data de 1973, en un trabajo más reciente el mismo autor define la cortesía como "un sistema de relaciones interpersonales para facilitar la interacción, minimizando el potencial de conflicto y confrontación inherente al lenguaje humano" (R. Lakoff 1990, 34). Para su teoría de 1973, R. Lakoff se basa en el modelo de Grice y lo adapta para incluir la cortesía lingüística. De hecho, reduce las máximas a dos, "sea claro" y "sea cortés", pues la primera de las máximas resumiría ya las cuatro máximas de Grice. Su visión de la cortesía es la ausencia de conflicto en una interacción. Hablante y oyente han de ser capaces de satisfacer sus necesidades e intereses, empleando estrategias de cortesía para mantener la armonía y la cohesión como parte de la interacción social que se produce durante el intercambio comunicativo.

En su obra de 1990, R. Lakoff aborda además el tema de las diferencias culturales y propone tres estrategias de cortesía presentes en las interacciones sociales, que pueden variar en función de la cultura: la distancia, la deferencia y la camaradería. La **distancia**, un componente planteado anteriormente por la proxémica desde una perspectiva física (Hall 1963), es lo que habitualmente denominamos un comportamiento cortés basado en el empleo de expresiones impersonales y no impositivas. La **deferencia** es una estrategia que ofrece opciones al interlocutor y que, de algún modo, muestra indecisión. Por último, la **camaradería** se identificaría, por ejemplo, con que los interlocutores quieren ser vistos como afables y amistosos, y un tipo de cortesía en el que los niveles de informalidad e intimidad en la interacción son bastante altos. Estas tres estrategias de cortesía conforman las tres submáximas de "sea cortés": no se imponga, ofrezca opciones; refuerce los lazos de camaradería, y haga sentir bien a su interlocutor.

### 3.2. Una tipología de las estrategias de cortesía

A partir de la tipología de estrategias de cortesía de Haverkate (1988), se distinguen tres tipos de cortesía. En primer lugar, la **cortesía no verbal**, que Haverkate llama "no comunicativa", y que corresponde a normas de conducta o de etiqueta, como "abrir la puerta" o "dejar pasar a una persona mayor". En segundo lugar, la **cortesía de categorías funcionales** posee carácter sociocultural como, por ejemplo, "hablar para evitar el silencio en un ascensor" o "no interrumpir a una persona mientras habla". Estas acciones sirven para regular tanto la interacción comunicativa como la interacción metacognitiva, que comprende tres tipos de actos: los corteses, los descorteses y los no corteses. Entre los **actos corteses** se hallan acciones como dar las gracias o disculparse; se consideran **actos descorteses** amenazar o insultar, y actos **no corteses** son actos neutros, como pueden ser las aserciones o las indicaciones. En tercer lugar, la **cortesía de categorías formales** opera a un nivel pragmalingüístico y se fundamenta en un análisis de los actos de habla. Así, los actos no corteses pueden variar según factores como el tono de voz, el uso de diminutivos, la elección de pronombres personales en el discurso, la realización de actos de habla indirectos en lugar de directos, el uso de figuras retóricas, etc.

## 3.3. La imagen pública

En su estudio de la cortesía lingüística, Brown y Levinson (1978/1987) aplican el concepto de **imagen pública**, procedente del término *face* del inglés e introducido previamente por Erving Goffman (1956, 1959, 1967) en el ámbito de la sociología, a partir de la existencia de principios universales en relación con el comportamiento social de los seres humanos. Para Brown y Levinson (1978/1987), cada individuo posee una serie de creencias sobre la imagen pública que ostenta como parte de la sociedad, la cual puede ser positiva o negativa, y la cortesía es una forma de proteger dicha imagen. La **imagen positiva** (*positive face*) es la imagen que cada individuo tiene de sí mismo y que aspira a ser respetada por los demás, es decir, la necesidad de un individuo de sentirse apreciado. Por otro lado, la **imagen negativa** (*negative face*) es el deseo de cada individuo de que su imagen no se vea dañada por otros. Durante el intercambio comunicativo, los hablantes intentan mantener un equilibrio para que la imagen de una persona no se vea alterada. No obstante, el estudio de Brown y Levinson demuestra que hay actos que pueden amenazar la imagen de una persona, conocidos en inglés como *Face Threatening Acts* (FTAs), y que incluyen diversas acciones de nuestra vida cotidiana: acusaciones, amenazas, aserciones, avisos, consejos, críticas, cumplidos, desacuerdos, insultos, órdenes, peticiones, promesas, rechazar una invitación, etc. Veamos las siguientes situaciones comunicativas:

(62)  – Te invito a cenar esta noche.
      – No.
(63)  – Te invito a cenar esta noche.
      – No puedo, es que tengo que estudiar.
(64)  – Te invito a cenar esta noche.
      – Te lo agradezco, es todo un detalle por tu parte, pero justamente hoy no puedo.

Estos ejemplos presentan tres posibles opciones para rechazar una invitación. Por un lado, se puede realizar un acto que amenaza la imagen de manera directa y efectiva (62). Por otro, se puede disponer una estrategia para atenuar o suavizar el lenguaje, por ejemplo, justificando el porqué del rechazo para que resulte menos violento para el interlocutor (63). Por último, se puede aplicar una estrategia para evadir la realización del acto amenazante y maximizar la imagen positiva del interlocutor (64). Este último acto es el más cortés de los tres, es decir, es la mejor opción si se quiere preservar la imagen pública de un individuo. Cuando una persona siente que su imagen se ve amenazada, se puede optar por esta posibilidad, y los hablantes pueden complementar o reforzar el acto comunicativo y el mensaje con gestos corporales o faciales.

Como acabamos de ver, los hablantes pueden optar por desarrollar un acto comunicativo amenazante de un modo más suave. Esta opción permite también proteger la imagen del hablante mediante el uso de expresiones ambiguas o indirectas. Por ejemplo, si estamos en una cafetería con un amigo y nos damos cuenta de que no llevamos dinero, podemos utilizar expresiones como:

(65) ¡Vaya! Creo que me he dejado la cartera en casa.

(66) Lo siento, pero creo que me he dejado la cartera en casa, ¿podrías prestarme dinero para el café?

Podemos, por tanto, emplear estrategias que ayuden a maximizar la imagen positiva de nuestro interlocutor, como en (65), al mostrar cierta decepción, o mediante una disculpa, como en (66), y que ayuden a suavizar el acto comunicativo. Por último, podríamos usar la estrategia menos cortés de todas a partir de un acto de habla directo:

(67) ¡Préstame dinero! / ¡Págame el café!

Esta manera de realizar el acto que amenaza la imagen es la más directa, aunque, como se indica en (67), resultaría quizás un tanto agresiva. No obstante, respetaría las máximas del principio de cooperación, cantidad (que la contribución sea informativa), cualidad (que sea verdadera), relación (que sea relevante) y manera o modalidad (que sea clara).

### 3.4. Sobre la máxima de cortesía

La cortesía no deja de ser lo que se espera de todo individuo que forma parte de una sociedad, esto es, una serie de normas que hay que respetar para no romper los esquemas de la cortesía verbal (Kallia 2004). Sin embargo, los hablantes pueden llevar a cabo más acciones de las que se esperan de ellos, y pueden transmitir implicaturas de cortesía que transformen las relaciones sociales entre los hablantes. Con el principio de cooperación de Grice como punto de partida, Kallia (2004) sostiene que ciertos usos de la cortesía lingüística producen implicaturas, es decir, el hablante tiene la intención de transmitir un mensaje a su interlocutor, y este infiere que la intención del hablante era la de ser cortés a través de su enunciado. Por ejemplo, si después de preparar un café vemos que nos ha quedado demasiado fuerte y lo admitimos, nuestro interlocutor puede decirnos algo como *No, a mí me gusta así.* En este caso puede que el interlocutor esté diciendo la verdad, pero también es posible que simplemente esté intentando ser amable.

El propio Grice (1968, 1989, 28) señaló la existencia de otras máximas conversacionales, estéticas, sociales y morales, entre ellas "sea cortés", que, según sus teorías, también pueden producir implicaturas. Sin embargo, fue Geoffrey Leech (1983, 81) quien dio a la cortesía estatus de principio, ya que minimiza la expresión de creencias descorteses o, en su versión positiva, maximiza la expresión de creencias corteses. Las máximas de este principio son: tacto, aprobación, compasión, generosidad, modestia y acuerdo. Leech (1983, 81) menciona la imposibilidad de reconciliar el principio de cooperación de Grice y su principio de cortesía, esto es, un hablante no puede seguir uno sin incumplir el otro, de ahí que Leech hable de un **principio de cortesía** (1983, 79-103), que estipula que los hablantes minimizan la expresión de actos descorteses y maximizan la de creencias corteses. Para ello, Leech contrasta los siguientes ejemplos a modo de escala en cuyo uso se puede apreciar una gradación de los enunciados menos corteses y más directos a los más corteses o menos directos en una misma situación comunicativa:

(68) *Answer the phone.*
 *I want you to answer the phone.*
 *Will you answer the phone?*

> *Can you answer the phone?*
> *Would you mind answering the phone?*
> *Could you possibly answer the phone?* (Leech 1983, 108)

Más recientemente, Kallia (2004, 161) propuso ampliar el principio de cooperación añadiéndole la máxima de cortesía. De acuerdo con esta idea, la cortesía es tan necesaria para ser cooperante como lo es ser relevante o ser sincero. Por lo tanto, esta máxima de cortesía quedaría formulada así:

*Máxima de cortesía*
Sea apropiadamente cortés tanto en la forma (el cómo) como en el contenido (el qué).
Submáxima 1: no sea más cortés de lo necesario.
Submáxima 2: no sea menos cortés de lo necesario.

Esta máxima formaría parte del principio de cooperación y, por ello, su incumplimiento también produce implicaturas. La segunda submáxima puede parecer un tanto lógica, "si no se es tan cortés como impone la norma social, se está siendo descortés". La primera, por su parte, puede parecer un tanto llamativa, "no sea más cortés de lo necesario". Sin embargo, esta submáxima se ocupa también de la ironía, tema que se aborda en la siguiente sección. Hay ocasiones en las que un enunciado puede parecer excesivamente cortés, pero, al emitirlo, el hablante espera que su interlocutor sea capaz de inferir la implicatura, o sea, que comprenda que lo que quiere decir es "algo distinto", que incluso puede ser lo opuesto de lo que en realidad está diciendo. Por ejemplo, en el contexto comunicativo del siguiente diálogo entre una pareja sobre el desorden que hay en la cocina:

(69) A:  Siento haber manchado tantas cosas . . . quizás utilicé demasiadas cacerolas.
      B:  No te preocupes, cariño, si me encanta limpiar todo lo que ensucias.

En (69) comprobamos que la respuesta incumple o transgrede la máxima de cortesía. El enunciado se formula de manera extremadamente cortés para manifestar una secuencia de carácter irónico respecto al contexto de la comunicación. Al emitirlo, el hablante espera que su interlocutor note que, en realidad, "le molesta todo lo que va a tener que limpiar" y, por lo tanto, espera que sea capaz de interpretar la implicatura conversacional y el mensaje irónico de la oración de B. Por ello, los diferentes modelos teóricos sobre cortesía que hemos expuesto revelan la confluencia de aspectos no solamente lingüísticos, sino también sociológicos y psicológicos en relación con la comunicación.

---

**Actividad 19. En la siguiente situación comunicativa, la persona A ha de salvaguardar la imagen pública de B y la suya propia. ¿Qué podría decir para conseguirlo?**

Situación comunicativa A (Dos amigas se encuentran por la calle después de mucho tiempo):

A:  ¡Paula! ¡No sabía que estabas embarazada!
B:  No, no lo estoy.

Situación comunicativa B (Dos antiguos compañeros de trabajo coinciden en un restaurante):

A:   ¡Paco! ¿Eres tú?
B:   ¿Qué tal, Miguel?
A:   ¡Muy bien! ¿Aún sigues trabajando en el mismo banco y ganando tanto dinero?
B:   No, la verdad es que despidieron a toda la plantilla por la crisis.

---

**Actividad 20. En los siguientes intercambios comunicativos entre un anglohablante y un hispanohablante se produce un malentendido cultural por un error en el uso de la cortesía. Explícalos con tus propias palabras.**

Situación comunicativa A (Al final de una conversación telefónica):

OK, see you later. ("Te veo luego")
B:   Bueno, ¿a qué hora?
A:   !?!?!?!?

Situación comunicativa B (Dos colegas en el pasillo de la oficina minutos antes de una reunión):

A:   How are you?
B:   Eh, más o menos. Mi esposa sigue enfadada conmigo, mi hijo mayor se va todas las noches de juerga hasta las tantas y el pequeño parece que no va a pasar de curso.
A:   !?!?!?!?

---

**Actividad 21. Escucha el siguiente texto. Después lee la transcripción y responde a las preguntas.**

Vídeo: https://www.youtube.com/watch?v=m8x85PWw0lc.

**Transcripción:**

La primera vez que llegué a América pues yo traducía *How are you?* como "¿Cómo estás?". Entonces qué pasaba . . . que la gente, *How are you?* y yo que tenía un montón de problemas en aquella época, pues me paraba a contarle mi vida a todo el mundo: *I miss my family, I miss home, Oh, I am feeling depressed! This place is not for me! I can't cope with this! I am really stressed!* Total que . . . me daba cuenta que la gente me ponía unas caras muy raras como esta mujer está loca o qué le pasa . . . Total, que después de ya unos meses me di cuenta que *How are you?* esperaba la respuesta *Good!* que no es más que un saludo como *Hi!* que es nuestro ¡Hola!; voy con prisa; déjeme; no quiero intervenir en tu vida; porque no me importa; porque solo pienso en mí; porque solo me importa el dinero . . . Eh . . . me di cuenta que *How are you?* requería *Good!*, que no es ni siquiera correcta en inglés porque sería *Fine, thank you!* no *Good!*, que es un nombre en vez de un adverbio y perdonen que les cuente este rollo, pero creo que es importante que ustedes se enteren. Si acaban de venir a América, que no se les ocurra a ustedes explicarle su vida a alguien que les pregunte *How are you?*, porque realmente les aseguro que no les interesa.

**❯ Preguntas:**

1. Resume con tus propias palabras el malentendido cultural que se describe desde el punto de vista de la cortesía verbal.
2. Según lo que se dice, explica el funcionamiento de la fórmula de cortesía ¿*Cómo estás?* y las expectativas del hablante y del oyente en las culturas hispánicas.

3. La persona que habla hace un comentario sobre gramática. ¿Estás de acuerdo con lo que dice? ¿Por qué crees que la gente responde de esta forma en inglés ante tal pregunta?
4. ¿Se te ocurren otros ejemplos de falta de equivalencia en las fórmulas rutinarias de la cortesía verbal en inglés y en español? ¿Cómo se marca la distancia entre los hablantes en una lengua u otra?
5. Ahora busca dos fórmulas rutinarias que sean distintas en dos países hispanohablantes. Explica su estructura y función comunicativa desde el punto de vista pragmático.

## 4. La ironía y el humor en el ámbito de la pragmática

La ironía y el humor se han incorporado en las últimas décadas como objeto de estudio en el ámbito de la pragmática. El interés por estos dos fenómenos tiene que ver, entre otros factores, con el hecho de que son prácticas conversacionales que incumplen o transgreden el principio de cooperación entre los hablantes. Del mismo modo, son hechos que pueden exigir un mayor esfuerzo cognitivo por parte del interlocutor o receptor de un texto a la hora de inferir el significado que se desprende del acto comunicativo (Muñoz-Basols y Muñoz-Calvo 2015, 163). Como veremos a continuación, estos conceptos poseen características distintas pese a que ambos están relacionados desde el punto de vista pragmático y de la comunicación.

### 4.1. La ironía en el contexto de la cortesía lingüística

Si después de uno de los inviernos más fríos que se recuerdan, ya en el mes de abril, una persona se despierta por la mañana, mira por la ventana, ve que acaba de caer una nevada y dice, *Me encanta esta ciudad. Es tan cálida . . .*, su interlocutor con bastante probabilidad reconocerá la ironía presente en dicho enunciado, es decir, *No me gusta nada esta ciudad. Hace mucho frío*. En la **ironía** se expresa algo distinto u opuesto de lo que verdaderamente se quiere manifestar, un fenómeno que se puede explicar desde el marco teórico de los tres modelos pragmáticos que hemos estudiado. En la teoría de los actos de habla de Austin y Searle se puede considerar un acto indirecto, esto es, cuando un hablante emplea un enunciado para comunicar algo distinto a lo que expresa la secuencia lingüística. En el principio de cooperación de Grice y sus máximas, la ironía conllevaría un incumplimiento de la máxima de cualidad, que oculta información o que no se ajusta a la veracidad de los hechos. Por último, en la teoría de la relevancia de Sperber y Wilson, la ironía correspondería a un fenómeno que implica un uso interpretativo del lenguaje, a modo de eco, y que muestra un distanciamiento en el hablante (burla, rechazo, etc.) (Ruiz Gurillo 2010, 90; Alvarado Ortega 2012, 9-10). El *DRAE* ofrece tres acepciones diferentes de ironía que se corresponden con algunas de las ideas que acabamos de mencionar desde el punto de vista de las teorías pragmáticas:

> ironía
> (Del lat. ironīa, y este del gr. εἰρωνεία).
> 1. f. Burla fina y disimulada.
> 2. f. Tono burlón con que se dice.
> 3. f. Figura retórica que consiste en dar a entender algo contrario o diferente de lo que se dice, generalmente como burla disimulada. (*DRAE* 2014, 1266)

Según estas definiciones, algunos ejemplos de ironía en conversaciones cotidianas son enunciados del tipo *¡Estarás muy cansado!*, dicho a alguien que está de vacaciones; *¡No hables* *tanto!*, cuando el interlocutor no ha dicho nada en toda la conversación; o *¿Ya no hay más?*, después de haber comido mucho en un banquete. Sin embargo, Haverkate (1985) señala que la ironía no siempre supone una disociación entre el significado literal y la verdadera intencionalidad del hablante. También hay sentidos figurados que englobamos dentro del recurso de la ironía, por lo que no estaríamos hablando de significados opuestos, sino diferentes.

Sea cual sea el tipo de ironía que utilice el hablante, su propósito es que el oyente infiera lo que ha dicho el hablante para así obtener el significado completo, esto es, lo que verdaderamente ha querido expresar en un contexto concreto. Recordemos que un acto de habla indirecto se produce cuando el hablante emplea un enunciado para comunicar algo diferente a lo que este expresa. Imaginemos un contexto en el que un amigo le dice a otro que está completamente convencido de que España va a ganar el mundial de fútbol y que, de hecho, ha apostado una cantidad de dinero importante. Sin embargo, el equipo español cae eliminado en la primera ronda de clasificación, y el interlocutor le dice, *¡Qué ojo tienes!* El interlocutor, mediante su comentario irónico, está diciendo exactamente lo opuesto de lo que expresaría el enunciado en otro tipo de contexto comunicativo.

Con respecto al principio de cooperación de Grice y sus máximas, Graciela Reyes (1992, 41) explica que en numerosas ocasiones lo que hacemos es usar las palabras de manera deliberada, dando así lugar a enunciados falsos que incumplen la máxima de cualidad. Como ya hemos señalado, el incumplimiento de las máximas obliga al oyente a extraer implicaturas conversacionales para explicar y justificar lo que el hablante quiere decir. De esta forma, la precondición de cualidad se transgrede en los enunciados irónicos a modo de **principio de inversión** de los principios conversacionales (Rodríguez Rosique 2005, 115). El hablante no ha cumplido con el requisito de sinceridad, pero debe haber un contexto para que el oyente advierta que se ha incumplido la máxima de cualidad, por lo que podríamos decir que los principios conversacionales funcionan a la inversa.

Por último, la ironía verbal para Sperber y Wilson (2004, 272) consiste en hacerse eco de un pensamiento o enunciado anterior que se atribuye de modo tácito o implícito. Siempre hay que estudiar la ironía con un cierto distanciamiento hacia un pensamiento o un enunciado atribuidos a alguien y a menudo suele llevar consigo un contexto que se puede entender como una especie de "eco burlón", tal y como explica Belén Alvarado Ortega (2005, 34). Sin embargo, la autora rechaza la idea de que la ironía siempre tenga que poseer un tono burlón o un efecto negativo, sino que puede existir igualmente ironía con efecto positivo en la que la burla no se encuentre presente. Para ello se basa en Brown y Levinson (1978/1987), quienes ofrecen una lista de estrategias para producir cortesía, entre las que se encuentra la ironía. Como recordamos, Brown y Levinson habían incorporado el término *imagen pública* al estudio de la cortesía lingüística, el cual estipulaba que en los intercambios conversacionales cada individuo ha de proteger su propia imagen y evitar asimismo dañar la imagen de los demás. Por lo tanto, la ironía es también una de las herramientas que le ayudan al hablante a mantener su imagen pública (Alvarado Ortega 2005; Briz 2012).

Cuando un hablante emite un enunciado irónico, evidentemente tiene la intención de comunicar algo. Su interlocutor tendrá que inferir lo que no se ha dicho en términos lingüísticos a partir del principio de inversión para poder obtener la verdadera interpretación del enunciado. Este enunciado puede ser positivo o negativo, dependiendo de si existe burla o no. Alvarado Ortega (2005) distingue entre **ironía con efecto negativo (–)** e **ironía con efecto positivo (+)**. La primera, la ironía con efecto negativo, se da en un enunciado cuando hay presencia de burla hacia el oyente, hacia una persona ausente o hacia una situación. Así, podemos ironizar sobre una prenda de vestir que se ha comprado nuestro interlocutor, *Con lo morena que estás, te sienta fenomenal esa blusa marrón oscuro*, o podríamos hacerlo sobre alguien ausente pero conocido para el interlocutor, diciendo algo como *Con lo pálida que es Marisa, los colores claros le sientan de maravilla.*

El segundo tipo de ironía, con efecto positivo, se relaciona con la cortesía y se da, como ya hemos dicho, cuando hay ausencia de burla en el enunciado. Puede ser "de imagen negativa" cuando se centra en el propio hablante, es decir, autoironía a través de la cual el hablante quiere conservar su imagen pública. También puede ser "de imagen positiva", que indica que el hablante desea integrarse en el grupo conversacional y la ironía puede producirse hacia su oyente, hacia una persona ausente o hacia una situación. Este esquema muestra cómo se relaciona la ironía con algunos de sus posibles efectos.

**Tabla 5.5** Posibles efectos de la ironía (Alvarado Ortega 2005, 43)

| Ironía con efecto negativo (ausencia de cortesía, pero presencia de +/– burla) |
| --- |
| Hacia el oyente<br>Hacia una persona ausente<br>Hacia una situación |
| **Ironía con efecto positivo (ausencia de burla, pero presencia de +/– cortesía)** |
| Ironía de imagen negativa  → autoironía<br>Ironía de imagen positiva  → hacia el oyente<br>  → hacia una persona ausente<br>  → hacia una situación |

(Alvarado Ortega 2005, 43)

Veamos un ejemplo de **ironía con efecto positivo (+) y de imagen negativa (–)**, esto es, centrada en el hablante, en el siguiente extracto de un corpus lingüístico de español coloquial peninsular en el que una joven está hablando con su abuelo sobre sus exámenes (Alvarado Ortega 2005, 40):

(70) A: síii pero eso- te- tuvo exámeneh tamién ¿no?
   C: mmm/sí
   A: (( ))
   C: (y eso)
   A: ¿y lo aprobasteh todo?/¡ayy/qué lista es!
   C: sí/**listísima**
   A: (RISAS)
   C: tuve suerte

   (Briz y Grupo Val.Es.Co. 2002, 247 [BG.210.A.1])

El uso por parte de la joven del superlativo *listísima* pretende dar a entender precisamente lo opuesto, "que no se considera muy inteligente", pero con ello busca que el interlocutor le diga que no, que "sí que es lista". Como esto no sucede, en su lugar el abuelo se ríe, la joven tiene que intervenir de nuevo para salvar su imagen añadiendo que había tenido suerte, es decir, ironiza para salvar su imagen de las posibles amenazas que puedan surgir a lo largo del acto comunicativo. Esta autoironía recibe también el nombre de **cortesía mitigadora** (Marta Albelda 2003, 300; citado en Alvarado Ortega 2005, 41).

Como ejemplo de **ironía con efecto positivo (+) y de imagen positiva (+)**, es decir, centrada en la integración del hablante en un grupo (Alvarado Ortega 2005, 42-43; Padilla García y Alvarado Ortega 2010, 65-66; Briz 2012, 43-44), podemos ver otro extracto de español coloquial peninsular. Aquí una amiga le está contando a otra su viaje de novios a

Nueva York y las dificultades que tuvieron para comunicarse, especialmente su esposo, que no hablaba nada de inglés:

(71)   V: Ahí nos acabábamos de encontrar / yo estaba ya un poco quicaut y luego encima hablar en inglés / que hace cinco años que no hablo
A: Y Roberto ¿qué? ¿Se mosqueaba porque hablaras inglés?
V: **Nooo ¡qué va! él dice que me entendía**
A: ¿Roberto?
V: Sí / sí **hombre** no es que- no es un inglés muy académico el que hablo yo
(Briz y Grupo Val.Es.Co. 2002, 380 [IH.340.A.1])

Roberto no está presente durante la conversación, pero del diálogo se desprende que no sabe hablar inglés. Esta ironía tiene efecto positivo, puesto que no existe burla, solo hay ironía en el enunciado, al afirmar V que su esposo la entendía cuando hablaba inglés. A partir de la situación comunicativa, inferimos que la información que da Roberto en la que afirma entender a su esposa en inglés no es cierta. Por otro lado, al decir V que su inglés no es muy académico se hace uso de la cortesía lingüística. Para Antonio Briz (2012, 43-44), el empleo de la partícula discursiva *hombre* en (71), al comienzo de la última oración, funciona además como reformulador o atenuante de autoprotección de la imagen pública del propio hablante sobre lo dicho anteriormente.

Los ejemplos de esta sección nos muestran cómo los elementos lingüísticos, mediante su inclusión y disposición como parte de los intercambios conversacionales, pueden operar en el discurso a modo de marcadores de carácter pragmático.

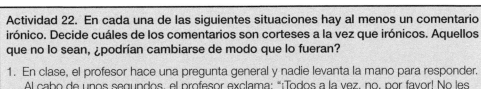

**Actividad 22. En cada una de las siguientes situaciones hay al menos un comentario irónico. Decide cuáles de los comentarios son corteses a la vez que irónicos. Aquellos que no lo sean, ¿podrían cambiarse de modo que lo fueran?**

1. En clase, el profesor hace una pregunta general y nadie levanta la mano para responder. Al cabo de unos segundos, el profesor exclama: "¡Todos a la vez, no, por favor! No les entiendo cuando hablan todos a la vez".
2. Después de comerte el postre en menos de dos minutos tu anfitrión te dice: "Veo que no te gustó nada".
3. Reservaste un vuelo por teléfono y el agente de viajes te dicta el número de reserva muy rápidamente. En ese momento le dices: "¿Me lo podría repetir un poco más deprisa, por favor?".
4. Entras en el banco y el empleado de la ventanilla te ignora. Como ves que no te hace caso, le dices: "¡Buenos días tenga usted también! Me gustaría depositar este cheque".

❷ **Ahora transforma las situaciones comunicativas anteriores para que haya ausencia de ironía. Fíjate en el ejemplo.**

1. En clase el profesor hace una pregunta general y nadie levanta la mano para responder. Después de unos segundos, el profesor exclama: "¡Todos a la vez, no, por favor! No les entiendo cuando hablan todos a la vez".

   → "Agradecería que hubiera un voluntario o una voluntaria".

❷ **¿Qué situaciones parecen indicar mayor irritabilidad por parte del hablante? Justifica tu respuesta.**

Actividad 23. El grupo de investigación GRIALE (Grupo de Investigación sobre Ironía y Humor en Español) de la Universidad de Alicante (España) estudia la ironía y el humor desde el punto de vista lingüístico. Consulta su página web y prepara una presentación oral sobre un artículo de uno de los miembros del grupo investigador.

❯ Pautas:

🖉 Grupo de investigación GRIALE: http://dfelg.ua.es/griale.

1. Explica qué aspecto lingüístico relacionado con la ironía o el humor se analiza en el artículo.
2. Resume cuáles son las principales hipótesis de partida del estudio.
3. Identifica los marcos teóricos pragmáticos, o de otro tipo, con los que se trabaja.
4. Enumera cuáles son algunas de las aportaciones o conclusiones del estudio y que contribuyen a entender la ironía o el humor.

## 4.2. La especificidad lingüística, cultural y multimodal del humor

En muchas de las situaciones descritas en la sección anterior sobre la ironía también se puede manifestar el humor, ya que tanto la ironía como el humor, pese a ser dos conceptos independientes, se hallan estrechamente vinculados entre sí. Sin embargo, Leo Obrst (2012, 52) indica que los componentes del humor se relacionan con diferentes disciplinas lingüísticas: la fonología y la fonética, la morfología, la sintaxis, la semántica y la pragmática (véase Ruiz Gurillo 2012 sobre la lingüística del humor en español). El humor puede ir acompañado de rasgos suprasegmentales y pasar de nivel en nivel, es decir, de las palabras, o parte de ellas, a los enunciados u oraciones, y de ahí al discurso. Se trata además de un fenómeno profundamente enraizado en la **especificidad lingüística y cultural** de una lengua, y que viene delimitado por la tipología textual en la que se enmarca.

Estos aspectos se pueden apreciar de manera clara bajo la óptica de la traducción, precisamente por la dificultad que muchas veces entraña el trasvase del humor de una lengua a otra (Muñoz-Basols 2008; Padilla García y Gironzetti 2012b; Muñoz-Basols, Adrjan y David 2013). A los factores lingüísticos y culturales hay que añadir además la **multimodalidad** o uso de diferentes modos semióticos (lingüísticos, orales, visuales, espaciales, etc.) que inciden en la producción e interpretación del sentido y que muchas veces se asocian al humor. De este modo, en un texto oral el refuerzo del mensaje humorístico puede ir acompañado de elementos multimodales como gestos, cambios en el tono de la voz, una entonación característica, la emisión de sonidos onomatopéyicos que ayuden a complementar la narración verbal de acciones, etc. En un texto escrito, podemos pensar en las novelas gráficas y en los cómics, cuyo uso de elementos humorísticos multimodales se advierte en componentes visuales como el tipo de imágenes, el trazo de los dibujos, la forma de los bocadillos o globos donde aparecen los diálogos, la tipografía de las letras, la distribución del espacio en la página, u orales, como la inclusión de onomatopeyas o elementos que proceden de la oralidad.

Los géneros y componentes multimodales propios del texto humorístico, los temas y estilos asociados al humor, y los mecanismos lingüísticos, retóricos o comportamientos conversacionales utilizados para crear o reforzar el mensaje humorístico constituyen algunos de los principales aspectos relacionados con el humor, y que desempeñan un importante papel a la hora de valorar su composición pragmática. En su conjunto nos muestran la especificidad lingüística, cultural y multimodal de este fenómeno, siendo todos ellos aspectos que se deben considerar a la hora de traducir el humor (Muñoz-Basols y Muñoz-Calvo 2015, 163-164):

a) Los **géneros y componentes multimodales** propios del texto humorístico: la literatura infantil y juvenil, la narrativa, la poesía, el teatro, las tiras de prensa o tiras cómicas, los cómics y las novelas gráficas, las películas y las series de televisión (dobladas o subtituladas), las comedias de situación o telecomedias, los programas de telerrealidad, los espectáculos de variedades, la comedia en vivo o el monólogo humorístico, el *sketch* televisivo, la publicidad, los videojuegos, las redes sociales, el grafiti, el arte urbano, etc.

b) Los **temas y estilos asociados al humor**. Por un lado, la temática escogida, los estereotipos, los tópicos en torno a los que gira el humor o el género o grupo al que está dirigido (véase Chiaro y Baccolini, 2014): humor étnico, humor feminista, humor misógino, humor negro, humor sexual u obsceno, sobre estereotipos (una profesión, un colectivo o un tipo de individuo concreto, por ejemplo, abogados, economistas, hombres solteros, etc.). Por otro lado, los principales estilos humorísticos: humor afiliativo (o humor inocente o bienintencionado); humor de autoafirmación (o visión humorística del mundo); humor agresivo (o relacionado con la ironía, el ridículo, el sarcasmo o como forma de manipulación); y humor de autodescalificación (en el que uno mismo se presenta como el objeto del humor) (Martin *et al.*, 2003: 53-54; Galloway, 2010; Mendiburo y Páez Rovira, 2011, 91).

c) Los **mecanismos lingüísticos, retóricos o comportamientos conversacionales** para crear o reforzar el mensaje humorístico, que se pueden combinar entre sí y funcionar a modo de técnicas (en la elaboración de textos) o procedimientos (en el caso de la conversación espontánea): las adivinanzas, la alusión, los aforismos, los refranes y dichos populares, la ambigüedad, las anécdotas, el argot, la atenuación o lítote, los dobles sentidos, la caricatura, el chiste, los epigramas, las exageraciones, las expresiones coloquiales e idiomáticas, la farsa, la hipérbole, la imitación, la ironía, los juegos de palabras (por ejemplo, de carácter fonético: la aliteración, el calambur, la paronomasia, la rima, etc.), la metáfora, el oxímoron, las paradojas, la parodia, el pastiche, el sarcasmo, los sinsentidos, etc. (véase Penas Ibáñez 2009, 365-376).

Desde el punto de vista pragmático, en la mayor parte de los contextos que acabamos de mencionar "los efectos humorísticos se consiguen gracias a la infracción de los principios pragmáticos que gobiernan la comunicación" (Ruiz Gurillo 2014, 150). De este modo, el humor se manifiesta muchas veces mediante un elemento de sorpresa, o de discrepancia; algo inesperado sucede, un hecho se sale de la norma habitual y se rompen algunos patrones o esquemas habituales, o existe una inferencia anómala. Estos hechos se pueden apreciar en algunas **teorías del humor** que, a grandes rasgos, se podrían resumir en tres grupos principales (Morreall 1983; Palmer 1994; Attardo 2008). En primer lugar, las **teorías del alivio de tensiones** (Freud 1905/1960; Gruner 1997) consideran el humor como un medio psicológico para lidiar con situaciones de tensión entre los hablantes, por ejemplo, en un espacio reducido como puede ser un ascensor. En segundo lugar, las **teorías de la superioridad** (Gruner 1978) hacen hincapié en el uso del humor en circunstancias que le permiten a una persona sentirse superior, por ejemplo, una persona que cuenta un chiste sobre abogados. Y, en tercer lugar, las **teorías de la incongruencia** (Raskin 1985; Attardo 1994), que nacen del reconocimiento de una situación o asociación incongruente que no se percibe como plenamente lógica, y por ello se convierte en humorística, por ejemplo, *Un padre le dice a su hijo: "Hijo mío, la felicidad está hecha de pequeñas cosas: un pequeño yate, una pequeña mansión . . .".*

Por último, vemos que el humor incumple las máximas de Grice y, por ejemplo, un hablante que emite un enunciado humorístico no cumple con la máxima de cantidad, es decir, omite información importante y espera que su interlocutor sea capaz de reconocer que se trata de un enunciado humorístico. En términos griceanos, el hablante confía en que su interlocutor descubra la intención comunicativa e infiera el contenido de las implicaturas derivadas de la transgresión de la máxima de cantidad. Sin embargo, Attardo (2002) explica que algo que caracteriza al humor en contraste con otros estilos de comunicación también transgresores de las máximas griceanas es que este tipo de incumplimientos del principio de cooperación representa un comportamiento comunicativo socialmente aceptado y, por esta razón, empleamos el humor de manera habitual en los intercambios conversacionales de la vida cotidiana.

---

🎧 📺 **Actividad 24.** Mira el vídeo del grupo humorístico argentino *Les Luthiers.* Después lee la transcripción, analiza el diálogo y responde a las preguntas teniendo en cuenta los conocimientos que has aprendido en el capítulo.

🔗 Enlace para ver el vídeo: http://www.youtube.com/watch?v=tlzNGCBp1TE.

**Transcripción:**

**"Lo importante que es saber idiomas". Les Luthiers, Radio Tertulia (Gusty Morgan)**

MM:  Ah, ¿tenemos esa comunicación? Ah, bueno, menos mal. Vamos a terminar el programa con algo muy lindo para nuestros oyentes, una sorpresa realmente. Sí, estamos en comunicación con Londres, vamos a conversar con los integrantes de London Inspection. Bueno digamos, antes que nada, que no fue nada fácil conseguir esta entrevista, ellos no le dan entrevistas a nadie . . .

DR:  ¿Son muy famosos?

MM:  No, nadie se las pide. Eh . . . *Hello!*

DR:  *Hello!*

MM:  *Hello!*

DR:  *Hello,* ¡sí!

MM:  Ah, ¿era usted? Eh . . . ¿Podrían decirnos para Argentina y América Latina . . .? Eh . . . Y ¿qué les pregunto?

DR:  Algo interesante para nuestra tertulia.

MM:  ¿Podrían decirnos qué hora es en Londres en este momento?

JM:  *Eleven forty.*

MM:  ¡Traducí!

DR:  ¡No sé!

MM:  ¡Ah, está bien! "Eleven".

DR:  ¿Qué es eso?

MM:  Se ve que no escuchan bien, que eleven la voz.

DR:  "Forty" . . . más fuerte. ¡Ahora le vamos a hablar más "forty"! Por favor, ¿podrían presentarse para el público de Radio Tertulia?

CL:  *Oh, yes! We are the group* . . .

DR:  Somos el grupo . . .

CL:  *London Inspection.*

DR:  En lo hondo del pecho. ¿Podría decirnos cada uno su nombre?

CN:    *I'm Oscar Bird.*
DR:    Hay moscas verdes.
CL:    *Terry Bill Wells.*
DR:    Huele terrible.
JM:    *Stan Commodore.*
DR:    Están cómodos.
MM:    Ahora, ¡qué tipos raros! ¡Huele terrible, hay moscas verdes pero ellos están cómodos!
DR:    Eh . . . ¿Hace mucho que se conocen?
JM:    *Seven years.*
MM:    Que se venían, dice.
DR:    ¿Hace mucho que se conocen?, les pregunté.
MM:    Ah, "seven".
DR:    ¿Qué es eso?
MM:    Que hace mucho que se ven.
DR:    ¡Ah, «se ven»! Lo pronuncian mal, no se les entiende. Qué inglés cerrado, ¿no? Sí, deben ser de algún suburbio.
MM:    Sí, me parece que estos son de Temperley, no más. Eh . . . ¿Podrían contarnos cómo fue su debut como grupo musical?
CN:    *It was at a Christmas party.*
MM:    Les partieron la crisma.
CL:    *At that party, we met the great manager Buster Lyndon.*
MM:    Que va a estar lindo.
CL:    *We didn't know him, but somebody told us: "this person is the manager".*
MM:    El manager . . . este . . . estaba disperso.
CN:    *He liked our music very much.*
DR:    Era muy macho.
JM:    *And the manager said . . .*
DR:    El manager tenía sed.
JM:    *Come on! Trust me!*
MM:    Eh . . . "continueishon".
CN:    *He was . . . He was a wonderful son of a bitch.*
DR:    Magnífica zona de bichos.
CL:    *Then I said: I want you!*
DR:    ¿Tiene sed? ¡Aguante!
CL:    *I believe you!*
MM:    ¡A Bolivia!
DR:    ¿Qué es eso?
MM:    Ah, no, la primera gira.
DR:    ¿Londres-Bolivia?
MM:    Está bien, no, no, el único peligro es que si vienen a Bolivia después vengan acá. Eh . . . Bueno, y ahora ya, para ir . . . este . . . "redondieiting", ¿podrían decirnos para Argentina, América Latina . . .?
DR:    Y el cono urbano, también.
MM:    ¿Podrían decirnos cuál es su mayor deseo?
JM:    *We want . . . peace!*
MM:    No, no, está bien, está bien, pero digo, pero . . . ¿los tres a la vez?
JM:    London Inspection: *Yes, peace!*
MM:    Ah, bueno, eh . . . no queremos seguir reteniéndolos . . . Ni que ellos sigan reteniendo . . . ¡Qué bárbaro nos salió!

| DR: | ¡Es fantástico! Estos reportajes así, qué importante es saber idiomas. Bueno, ya son las diez de la mañana, vamos a ir terminando el programa. Esto ha sido todo por hoy, queridos oyentes. Hasta mañana, querido Murena. |
|---|---|
| MM: | Hasta mañana Ramírez, aquí finaliza otro programa de . . . |
| LI: | Tanto tiempo que . . . . |
| DR y MM: | Finaliza el programa . . . finaliza el programa . . . |
| LI: | Radio tertulia . . . . |
| MM: | Nuestra opinión y la tuya. |
| LI: | Que ahora va a comenzar . . . |

Integrantes del grupo argentino de humor *Les Luthiers*: CL (Carlos López Puccio); CN (Carlos Núñez Cortés); DR (Daniel Rabinovich); EA (Ernesto Acher); JM (Jorge Maronna); MM (Marcos Mundstock).

**❯ Preguntas sobre el diálogo:**

1. ¿Qué mecanismos lingüísticos utilizan *Les Luthiers* para crear mensajes humorísticos? ¿Se trata de ambigüedad semántica, juegos de palabras, homofonía, semejanzas fonéticas, ironía, etc.?
2. Escoge tres ejemplos de enunciados humorísticos del diálogo y explica con tus propias palabras cómo funcionan desde el punto de vista semántico y pragmático.
3. Teniendo en cuenta el contexto de la comunicación del diálogo, explica el enunciado: *¡Es fantástico! Estos reportajes así, qué importante es saber idiomas.*
4. ¿Se te ocurren otros enunciados para crear humor que funcionen de manera similar a los que han aparecido en el diálogo en tu propia lengua o en otra que conozcas? Justifica tu respuesta.
5. ¿Qué habría que hacer si se quisiera traducir este diálogo humorístico al inglés y preservar el humor? ¿Cuáles serían algunas de las dificultades desde el punto de vista semántico y pragmático?

## PROYECTOS DE INVESTIGACIÓN

1. Cuando se acude a un diccionario se debe escoger el término más adecuado según el contexto de la comunicación. Teniendo en cuenta los diferentes tipos de diccionarios que existen, monolingüe, bilingüe, de sinónimos y antónimos, combinatorio, etc., y bases de datos con muestras auténticas de la lengua, *CREA*, *CORPES XXI*, *Corpus del español*, etc., diseña dos actividades que le podrían ayudar a un estudiante de español como L2 a hacer mejor uso de estas herramientas de aprendizaje.

⌖ Corpus de Referencia del Español Actual (CREA): http://corpus.rae.es/creanet.html
⌖ Corpus del Español del Siglo XXI (CORPES XXI): http://web.frl.es/CORPES/
⌖ Corpus del español: http://www.corpusdelespanol.org/

2. Busca cinco titulares de periódicos en los que se pueda apreciar cómo se condensa la información, en los que se utilicen palabras o expresiones con varios significados o que formen parte del lenguaje idiomático. Después explica cuál es, por un lado, el significado conceptual o denotativo, es decir, la información léxica directa, y, por otro, cuál es el significado asociativo o connotativo y, por lo tanto, algunas de las posibles asociaciones semánticas de dichos titulares.

3. Investiga algunas de las diferencias que existen en relación con la cortesía verbal en los distintos países hispanohablantes. Puedes analizar aspectos como el uso de los pronombres

personales de sujeto, del imperativo, de formulismos que se utilizan para saludarse, disculparse, llamar la atención de un desconocido, etc. Una vez que hayas contrastado esta información, prepara una presentación oral en la que expongas las muestras de lengua que has recogido y en la que expliques las diferencias lingüísticas que has observado.

4. Como hemos visto en el capítulo, la ironía y el humor son dos aspectos complejos de la lengua, puesto que para producirlos los hablantes transgreden a menudo las máximas conversacionales y requieren un mayor esfuerzo cognitivo a la hora de inferir el significado. Busca un texto humorístico auténtico, como el que ha aparecido en el capítulo, en el que se puedan apreciar estos componentes de la lengua. Selecciona algunas muestras y analiza diferentes aspectos semánticos y pragmáticos del texto que te ayuden a comprenderlo mejor. Después presenta tus resultados al resto de la clase.

## LECTURAS ADICIONALES PARA PROFUNDIZAR SOBRE LA MATERIA

A continuación, incluimos algunas recomendaciones bibliográficas y pautas generales sobre **semántica** y **pragmática** que le permitirán al estudiante iniciarse en el estudio y en la investigación de los temas que han aparecido a lo largo del capítulo. Todas las referencias que se mencionan aparecen recogidas en la bibliografía especializada al final del capítulo.

▪ Para profundizar en el estudio de los conceptos analizados en las secciones acerca de las **relaciones semánticas**, recomendamos manuales introductorios como el de Yule (1996), que sirve de breve introducción tanto a la semántica como a la pragmática, o Kearns (2000), que ofrece una detallada introducción a la semántica desde nociones básicas, como las relaciones semánticas a la lógica de predicados o la semántica del tiempo y el aspecto verbales, así como Lappin y Fox (2015), y Saeed (2015). En relación con el español y desde un punto de vista práctico, se puede consultar del Teso Martín (2002, 2007). Sobre las diferentes clasificaciones de los **papeles temáticos** o jerarquías semánticas se puede leer el capítulo de Rappaport Hovav y Levin (2007), en el que se explica la conveniencia de no ajustarse solamente a un modelo, sino de tener presente las clasificaciones que han contribuido a crear generalizaciones lingüísticas sobre la lengua.

▪ Para saber más sobre el tema de las **metáforas**, recomendamos el artículo de G. Lakoff y M. Johnson (1980) que dio origen a su libro *Metaphors We Live By* (2003), así como el libro *The Body in the Mind: The Bodily Basis of Meaning, Imagination and Reason* de Johnson (1987). Existen también trabajos que relacionan las metáforas con la enseñanza de lenguas, por ejemplo, en el terreno de la enseñanza del español, como Lantolf y Bobrova (2014).

▪ Sobre las **expresiones idiomáticas**, se puede consultar Freire (1989), Ruiz Gurillo (1997, 1998, 2001, 2002), García-Page (2008), Mogorrón Huerta y Navarro Domínguez (2015). También otros estudios sobre la **enseñanza del lenguaje idiomático**, como Zuluaga (1980), Schenk (1994), Portero (2000), Pontes Hübner y Sanhudo da Silveira (2009), Timofeeva Timofeev (2013), Muñoz-Basols, Pérez Sinusía y David (2014), y Muñoz-Basols (2016).

▪ Para ahondar en el estudio de la **pragmática** en general, proponemos los libros de Austin publicados póstumamente, *How to Do Things with Words* (1962a) y *Sense and Sensibilia* (1962b). También las obras *Principles of Pragmatics* de Leech (1983), *Pragmatics* de Levinson (1983), *Pragmatics and Natural Language Understanding* de Green (1996), así como los libros de introducción al estudio de la pragmática *El abecé de la pragmática*, de Reyes (1995), *Understanding Pragmatics* de Verschueren (1999), *Introducción a la pragmática* de Escandell Vidal (2013) o *La comunicación* y *Aspects of Spanish Pragmatics* de Dumitrescu

(2005, 2011), o los libros de O'Keeffe, Clancy y Adolphs (2011), Archer y Grundy (2011), Bublitz y Norrick (2011), y Archer, Aijmer y Wichmann (2012), en los que analizan las teorías más relevantes de las últimas décadas.

■ Sobre el tema de los **modelos pragmáticos** presentados en el capítulo, recomendamos comenzar por las fuentes originales, *Speech Acts: An Essay in the Philosophy of Language*, de Searle (1969) y sus trabajos de 1976 y 1983, así como Searle y Vanderveken (1985, 2005); "Logic and conversation" de Grice (1975) o su libro *Studies in the Way of Words* (1989), y *Relevance: Communication and Cognition* de Sperber y Wilson (1986/1995). Existen obras dirigidas a complementar o explicar teorías concretas, como la teoría de la relevancia, Blakemore (1992), Carston (2002), Carston y Powell (2005), o Clark (2013). También se recomienda consultar el libro de Yus (2011) *Cyberpragmatics: Internet-mediated Communication in Context*, donde se ofrece una novedosa aplicación de la pragmática al ámbito de la comunicación cibernética, y *Pragmatic Variation in First and Second Language Contexts: Methodological Issues* de Félix-Brasdefer y Koike (2012), sobre la pragmática variacional en contextos de L1 y L2.

■ Para profundizar en el tema de la **cortesía lingüística**, recomendamos clásicos como el artículo original "The Logic of Politeness; or Minding Your p's and q's" de R. Lakoff (1973) y su ampliación en el libro *Talking Power: The Politics of Language in our Lives* de 1990, *Politeness: Some Universals in Language Usage*, de Brown y Levinson (1978/1987), "Toward a Typology of Politeness Strategies in Communicative Interaction" de Haverkate (1988). Se puede profundizar sobre estos temas con estudios como Serrano Montesinos (2000-2001), o los libros *A Critique of Politeness Theories* de Eelen (2001), *Gender and Politeness* de Mills (2003), *Politeness* de Watts (2003) y *Politeness in Language* de Watts, Sachiko y Ehlich (2005). Para el caso concreto del español, se puede hallar más información en *Pragmática sociocultural: estudios sobre el discurso de cortesía en español* de Bravo y Briz (2004), y en los libros de Márquez Reiter y Placencia *Current Trends in the Pragmatics of Spanish* (2004) y *Spanish Pragmatics* (2005).

■ Sobre la **cortesía intercultural** véase Maha (2014). Otros autores que aquí proponemos son Félix-Brasdefer (2003, 2008), que compara países latinoamericanos y EE. UU., y el libro *Politeness across Cultures* de Bargiella-Chiappini y Kádár (2011). Por su parte, Albelda (2003, 2008) y Blas Arroyo (2005) se enfocan en los niveles de cortesía lingüística en la península ibérica, y Placencia (1996) sobre Ecuador. Para una perspectiva general sobre el mundo hispanohablante, véase *Cortesía verbal codificada y cortesía verbal interpretada en la conversación*, de Briz (2004) y el libro *Research on Politeness in the Spanish Speaking World* de Placencia y García (2007). Sobre la **descortesía verbal**, se pueden leer los artículos de Bolívar (2002), Colín Rodea (2003) y Martínez Lara (2009), así como el libro *El insulto en Venezuela* de Pérez (2005).

■ Existen numerosos trabajos acerca de la **ironía** como Haverkate (1985) y Reyes (1992). El grupo de investigación GRIALE de la Universidad de Alicante (España) investiga los componentes lingüísticos que operan en la ironía y en el humor dentro del campo de la pragmática y sus posibles aplicaciones en la enseñanza del español: http://dfelg.ua.es/griale/index.html. Sobre la ironía se puede hallar más información en Alvarado Ortega (2005), Padilla García (2011) y en el libro *Dime cómo ironizas y te diré quién eres: una aproximación pragmática a la ironía*, de Ruiz Gurillo y Padilla García (2009).

■ Sobre el **humor** existen obras de carácter general, como Morreall (1983), Attardo (1994, 2002, 2008) o la *Encyclopedia of Humor Studies* de Attardo (2014). Para las teorías del alivio de tensiones se pueden leer los trabajos de Freud (1905/1960) y Gruner (1997); para las teorías de la superioridad se puede consultar el libro de Gruner (1978); para las teorías de la incongruencia se puede encontrar información en Raskin (1985) y Attardo (1994). Sobre el **humor en español** se pueden consultar los trabajos de Alvarado Ortega (2012, 2013), Ruiz Gurillo (2012, 2013a, 2013b, 2014), Padilla García y Gironzetti (2012a, 2012b) y Padilla García (2013), sobre la ironía y el humor en la creación de viñetas gráficas y su traducción, y de Adrjan y Muñoz-Basols (2003), Muñoz-Basols, Adrjan y David (2013), y Muñoz-Basols (2008, 2011, 2012, 2014) sobre los chistes fonológicos y otros aspectos relacionados con la producción y la traducción del humor desde una perspectiva multilingüe.

## LISTA DE CONCEPTOS Y TÉRMINOS CLAVE

**acto cortés** (*polite act*)
**acto de habla asertivo** (*assertive speech act*)
**acto de habla comisivo** (*commisive speech act*)
**acto de habla declarativo** (*declarative speech act*)
**acto de habla directivo** (*directive speech act*)
**acto de habla expresivo** (*expressive speech act*)
**acto de habla ilocutivo o ilocucionario** (*ilocutionary speech act*)
**acto de habla indirecto** (*indirect speech act*)
**acto de habla locutivo o locucionario** (*locutionary speech act*)
**acto de habla perlocutivo o perlocucionario** (*perlocutionary speech act*)
**acto descortés** (*impolite act*)
**acto no cortés** (*non-polite act*)
**agente** (*agent*)
**antonimia** (*antonymity*)
**antónimos complementarios** (*complimentary antonyms*)
**antónimos graduales** (*gradual antonyms*)
**antónimos recíprocos** (*reciprocal antonyms*)
**autoironía** (*autoirony*)
**beneficiario** (*beneficiary*)
**categorización** (*categorization*)
**codificación-descodificación** (*codification-decodification*)
**código** (*code*)
**conclusión** (*conclusion*)
**contexto común** (*mutual knowledge*)
**cortesía de categorías formales** (*formal politeness*)
**cortesía de categorías funcionales** (*functional politeness*)
**cortesía lingüística** (*linguistic politeness*)
**cortesía no verbal** (*non-communicative politeness*)
**creencia** (*belief*)
**deferencia** (*deference*)
**deíctico** (*deictic*)
**deíxis** (*deixis*)
**deíxis espacial** (*spatial deixis*)
**deíxis personal** (*personal deixis*)
**deíxis social** (*social deixis*)
**deíxis temporal** (*time deixis*)
**distancia** (*distance*)
**ditransitividad** (*ditransitivity*)
**enunciado** (*proposition*)

enunciado relevante (*relevant proposition*)
experimentador (*experiencer*)
fraseología (*phraseology or idiomatic language*)
fuente (*source*)
fuerza ilocutiva (*ilocutionary force*)
hiponimia (*hyponymy*)
homofonía (*homophony*)
homonimia (*homonymy*)
idiomaticidad (*idiomaticity*)
imagen negativa (*negative face*)
imagen positiva (*positive face*)
imagen pública (*face*)
implicatura (*implicature*)
inferencia (*inference*)
institucionalización (*institutionalization*)
instrumento (*instrument*)
intransitividad (*intransitivity*)
ironía (*irony*)
ironía de efecto negativo (*negative irony*)
ironía de efecto positivo (*positive irony*)
lenguaje idiomático (*idiomatic language or phraseology*)
lexicón (*lexicon*)
locación (*location*)
máxima (*maxim*)
meta (*goal*)
metáfora (*metaphor*)
metonimia (*metonymy*)
multimodalidad (*multimodality*)
ostensión-inferencia (*ostension-inference*)
papel temático (*thematic role*)
polisemia (*polisemy*)
pragmática (*pragmatics*)
premisa (*premise*)
principio de cooperación (*cooperative principle*)
principio de cortesía (*politeness principle*)
receptor (*recipient*)
registro (*register*)
selección-c (*c-selection*)
selección-s (*s-selection*)
significado (*meaning*)
significado asociativo (*associative meaning*)
significado conceptual (*conceptual meaning*)
significado connotativo (*connotative meaning*)
significado convencional (*conventional meaning*)
significado denotativo (*denotative meaning*)
significado no convencional (*unconventional meaning*)
sinonimia (*synonymy*)
subcategorización (*subcategorization*)
tautología (*tautology*)
tema (*theme*)

**teoría de la incongruencia del humor** (*incongruity theory of humor*)
**teoría de la relevancia** (*relevance theory*)
**teoría de la superioridad del humor** (*superiority theory of humor*)
**teoría de los actos de habla** (*speech act theory*)
**teoría del alivio de tensiones del humor** (*relief theory of humor*)
**transitividad** (*transitivity*)

## BIBLIOGRAFÍA ESPECIALIZADA DEL CAPÍTULO 5
## SEMÁNTICA Y PRAGMÁTICA

Adrjan, P. y J. Muñoz-Basols. 2003. "The Sound of Humor: Linguistic and Semantic Constraints in the Translation of Phonological Jokes". *SKY: Journal of Linguistics* 16: 239-246.

Albelda, M. 2003. "Los actos de refuerzo de la imagen en la cortesía peninsular". En *La perspectiva no etnocentrista de la cortesía verbal: identidad sociocultural en las comunidades hispanohablantes*, ed. D. Bravo, 298-305. Estocolmo: Universidad de Estocolmo.

Albelda, M. 2008. "Influencia de los factores situacionales en la codificación e interpretación de la descortesía". *Pragmatics* 18 (4): 751-773.

Alvarado Ortega, B. 2005. "La ironía y la cortesía: una aproximación desde sus efectos". *ELUA* 19: 33-45.

Alvarado Ortega, B. 2012. "Una propuesta para el estudio del humor en la conversación coloquial". *ELUA* 26: 7-28.

Alvarado Ortega, B. 2013. "An Approach to Verbal Humor in Interaction". *Procedia – Social and Behavioral Sciences* 95: 594-603.

Archer, D. y P. Grundy, eds. 2011. *The Pragmatics Reader*. Londres y Nueva York: Routledge.

Archer, D., K. Aijmer y A. Wichmann. 2012. *Pragmatics: An Advanced Resource Book for Students*. Londres y Nueva York: Routledge.

Attardo, S. 1994. *Linguistic Theories of Humor*. Berlín: Mouton de Gruyter.

Attardo, S. 2002. "Humor and Irony in Interaction: From Mode Adoption to Failure of Detection". En *Say not to Say: New Perspectives on Miscommunication*, ed. G. Riva, 159-180. Amsterdam: IOS Press.

Attardo, S. 2008. "A Primer for the Linguistics of Humor". En *The Primer of Humor Research*, ed. V. Raskin, 101-156. Berlín: Mouton de Gruyter.

Attardo, S., ed. 2014. *Encyclopedia of Humor Studies*. Thousand Oaks, CA: Sage Publications.

Austin, J. L. 1962a. *How to Do Things with Words*. Oxford: Clarendon Press.

Austin, J. L. 1962b. *Sense and Sensibilia*, ed. G. J. Warnock. Oxford: Oxford University Press.

Blakemore, D. 1992. *Understanding Utterances*. Oxford: Blackwell.

Bargiella-Chiappini, F. y D. Z. Kádár. 2011. *Politeness across Cultures*. Nueva York: Palgrave MacMillan.

Blas Arroyo, J. L. 2005. "Los grados de la cortesía verbal: reflexiones en torno a algunas estrategias y recursos lingüísticos en el español peninsular contemporáneo". *Revista Internacional de Lingüística Iberoamericana* 3/1 (5): 9-29.

Bolívar, A. 2002. "Violencia verbal, violencia física y polarización a través de los medios". En *El discurso político en las ciencias humanas y sociales*, ed. L. Molero y A. Franco, 125-136. Caracas: Fonacit.

Bornedal, P. 1997. *Speech and System*. Copenhague: Museum Tusculanum Press.

Bouzouba, K. y B. Moulin. 1998. "KQML+: An Extension of KQML in order to Deal with Implicit Information and Social Relationships". En *Proc. of FLAIRS'98*: 289-293.

Bravo, D. y A. Briz, eds. 2004. *Pragmática sociocultural: estudios sobre el discurso de cortesía en español*. Barcelona: Ariel.

Briz, A. 2004. *Cortesía verbal codificada y cortesía verbal interpretada en la conversación*. Barcelona: Ariel.

Briz, A. 2012. "La definición de las partículas discursivas *hombre* y *mujer*". *Anuario de lingüística hispánica* 28: 27–55.

Briz, A. y Grupo Val.Es.Co. 2002. *Corpus.Val.Es.Co.* http://www.uv.es/corpusvalesco/corpus.html.

Brown, P. y S. C. Levinson. 1978/1987. *Politeness: Some Universal in Language Usage*. Cambridge: Cambridge University Press.

Bublitz, W. y N. R. Norrick. 2011. *Foundations of Pragmatics*. Berlín: Mouton de Gruyter.

Carston, R. 2002. *Thoughts and Utterances*. Oxford: Blackwell.

Carston, R. y G. Powell. 2005. "Relevance Theory – New Directions and Developments". *UCL Working Papers in Linguistics* 17: 279-299.

Chiaro, D. y R. Baccolini, eds. 2014. *Gender and Humor Interdisciplinary and International Perspectives*. Nueva York: Routledge.

Chilton, P. 2014. *Language, Space and Mind: The Conceptual Geometry of Linguistic Meaning*. Cambridge: Cambridge University Press.

Chomsky, N. 1957. *Syntactic Structures*. Berlín: Mouton de Gruyter.

Clark, B. 2013. *Relevance Theory*. Cambridge: Cambridge University Press.

Colín Rodea, M. 2003. *El insulto: estudio pragmático-textual y representación lexicográfica*. Tesis doctoral, Universitat Pompeu Fabra.

Consejo de Europa. 2002. *Marco común europeo de referencia para las lenguas: aprendizaje, enseñanza, evaluación*. Madrid: MECD. http://cvc.cervantes.es/ensenanza/biblioteca_ele/marco/.

Dumitrescu, D. 2011. *Aspects of Spanish Pragmatics*. Berna: Peter Lang.

Eelen, G. 2001. *A Critique of Politeness Theories*. Mánchester: St. Jerome.

Escandell Vidal, M. V. 2005. *La comunicación*. Madrid: Gredos.

Escandell Vidal, M. V. 2007. *Apuntes de semántica léxica*. Madrid: UNED.

Escandell Vidal, M. V. 2013. *Introducción a la pragmática*. Barcelona: Ariel.

Félix-Brasdefer, J. C. 2003. "Declining an Invitation: A Cross-Cultural Study of Pragmatic Strategies in Latin American Spanish and American English". *Multilingua* 22 (3): 225-255.

Félix-Brasdefer, J. C. 2008. *Politeness in Mexico and the United States*. Filadelfia: John Benjamins.

Félix-Brasdefer, J. C. y D. A. Koike, eds. 2012. *Pragmatic Variation in First and Second Language Contexts: Methodological Issues*. Amsterdam: John Benjamins.

Freire, J. L. 1989. "Correlaciones socio-culturales en el lenguaje idiomático". *Actas del XIX AIH*: 49-62. http://www.sel.edu.es/pdf/ene-junio-89/04%20Freire.pdf.

Freud, S. 1905/1960. *Jokes and Their Relation to the Unconscious. The Standard Edition of the Complete Works of Sigmund Freud*, vol. 8, ed. J. Strachey. Londres: The Hogarth Press.

Galloway, G. 2010. "Individual Differences in Personal Humor Styles: Identification of Prominent Patterns and Their Associates". *Personality and Individual Differences* 48 (5): 563-567.

García-Page Sánchez, M. 2008. *Introducción a la fraseología española*. Madrid: Anthropos.

Goffman, E. 1956. "The Nature of Deference and Demeanor". *American Anthropologist* 58 (3): 473-502.

Goffman, E. 1959. *The Presentation of Self in Everyday Life*. Nueva York: Anchor Books.

Goffman, E. 1967. *Interaction Ritual: Essays on Face-to-Face Behavior*. Nueva York: Anchor Books.

Gordon, O. y G. P. Lakoff. 1971. "Conversational Postulates". En *Papers from the Seventh Regional Meeting of the Chicago Linguistic Society*: 63-84.

Green, G. 1996. *Pragmatics and Natural Language Understanding*. Nueva Jersey: Lawrence Erlbaum Associates.

Grice, H. P. 1968. "Utterer's Meaning, Sentence Meaning and Word Meaning". *Foundations of Language* 4: 225-242.

Grice, H. P. 1975. "Logic and Conversation". En *Syntax and Semantics*, eds. P. Cole y J. Morgan, 41-58. Nueva York: Academic Press.

Grice, P. 1989. *Studies in the Way of Words*. Cambridge, MA: Harvard University Press.

Gruner, C. R. 1978. *Understanding Laughter: The Workings of Wit and Humor*. Chicago: Nelson-Hall.

Gruner, C. R. 1997. *The Game of Humor: A Comprehensive Theory of Why We Laugh*. New Brunswick, NJ: Transaction Publishers.

Hall, E. T. 1963. "A System for the Notation of Proxemic Behavior". *American Anthropologist* 65 (5): 1003-1026.

Haverkate, H. 1985. "La ironía verbal: análisis pragmalingüístico". *Revista Española de Lingüística* 15 (2): 343-391.

Haverkate, H. 1988. "Toward a Typology of Politeness Strategies in Communicative Interaction". *Multilingua* 7: 385-409.

Jackendoff, R. 1997. *The Architecture of the Language Faculty*. Cambridge: MIT Press.

Jackendoff, R. 2002. *Foundations of Language. Brain, Meaning, Grammar, Evolution*. Oxford y Nueva York: Oxford University Press.

Johnson, M. 1987. *The Body in the Mind: The Bodily Basis of Meaning, Imagination, and Reason*. Chicago: University of Chicago Press.

Kallia, A. 2004. "Linguistic Politeness: The Implicature Approach". *Multilingua* 23 (1/2): 145-169.

Kearns, K. 2000. *Semantics*. Nueva York: Palgrave, MacMillan.

Lakoff, G. P. y M. Johnson. 1980. "Conceptual Metaphors in Everyday Language". *The Journal of Philosophy* 77 (8): 453-486.

Lakoff, G. P. y M. Johnson. 2003. *Metaphors We Live By*. Chicago: The University of Chicago Press.

Lakoff, R. T. 1973. "The Logic of Politeness; or Minding Your P's and Q's". *Papers from the Ninth Regional Meeting of the Chicago Linguistic Society*: 292-305. Chicago: Chicago Linguistic Society.

Lakoff, R. T. 1990. *Talking Power: The Politics of Language in Our Lives*. Glasgow: Harper Collins.

Lantolf, J. P. y L. Bobrova. 2014. "Metaphor Instruction in the L2 Spanish Classroom: Theoretical Argument and Pedagogical Program". *Journal of Spanish Linguistics Teaching* 1 (1): 46-61. doi: 10.1080/23247797.2014.898515.

Lappin, S. y C. Fox. 2015. *The Handbook of Contemporary Semantic Theory*. 2ª ed. Oxford: Blackwell.

Leech, G. 1983. *Principles of Pragmatics*. Londres: Longman.

Levinson, S. C. 1983. *Pragmatics*. Cambridge: Cambridge University Press.

Maha, L. 2014. "Cross-Cultural Perspectives on Linguistic Politeness". *Cross-Cultural Communication* 10 (1): 56-60.

Márquez Reiter, R. y M. E. Placencia. 2004. *Current Trends in the Pragmatics of Spanish*. Amsterdam: John Benjamins.

Márquez Reiter, R. y M. E. Placencia. 2005. *Spanish Pragmatics*. Nueva York: Palgrave McMillan.

Martin, R. A., P. Puhlik-Doris, G. Larsen, J. Gray y K. Weir. 2003. "Individual Differences in Uses of Humor and Their Relation to Psychological Well-Being: Development of the Humor Styles Questionnaire". *Journal of Research in Personality* 37 (1): 48-75.

Martínez Lara, J. A. 2009. "Los insultos y palabras tabúes en las interacciones juveniles. Un estudio sociopragmático funcional". *Boletín de lingüística* [online]. 21 (31): 59–085. http://www.scielo.org.ve/scielo.php?pid=S0798–97092009000100003&script=sci_arttext.

Mendiburo, A. y D. Páez Rovira. 2011. "Humor y cultura. Correlaciones entre estilos de humor y dimensiones culturales en 14 países". *Boletín de psicología* 102: 89-105.

Mendívil Giró, J. L. 1999. *Las palabras disgregadas: sintaxis de las expresiones idiomáticas y los predicados complejos*. Zaragoza: Prensas Universitarias de Zaragoza.

Mills, S. 2003. *Gender and Politeness*. Cambridge: Cambridge University Press.

Mogorrón Huerta, P. y F. Navarro Domínguez, eds. 2015. *Fraseología, didáctica y traducción*. Frankfurt: Peter Lang.

Morreall, J. 1983. *Taking Laughter Seriously*. Nueva York: SUNY Press.

Muñoz-Basols, J. 2008. "Translating Sound-Based Humor in Carol Weston's *With Love from Spain, Melanie Martin*: A Practical Case Study". En *New Trends in Translation and Cultural Identity*, eds. M. Muñoz-Calvo, C. Buesa Gómez y M. A. Ruiz-Moneva, 249-266. Newcastle: Cambridge Scholars Publishing.

Muñoz-Basols, J. 2011. "On the Interrelationship between Sound and Meaning". En *Con/Texts of Persuasion*, eds. B. Penas Ibáñez y M. Muñoz Calvo, 179-192. Kassel: Edition Reichenberger.

Muñoz-Basols, J. 2012. *The Sound of Humor: Translation, Culture and Phonological Jokes*. Tesis doctoral, Universitat Pompeu Fabra.

Muñoz-Basols, J. 2014. "Phonological Jokes". En *The Encyclopedia of Humor Studies*, ed. S. Attardo, 570-572. Thousand Oaks, CA: Sage Publications.

Muñoz-Basols, J. 2016. "Enseñanza del lenguaje idiomático". En *Enciclopedia de lingüística hispánica*, ed. Javier Gutiérrez-Rexach, 442-453. Londres y Nueva York: Routledge.

Muñoz-Basols, J., P. Adrjan y M. David. 2013. "Phonological Humor as Perception and Representation of Foreignness". En *Irony and Humor: From Pragmatics to Discourse*, eds. L. Ruiz Gurillo y B. Alvarado Ortega, 159-188. Amsterdam: John Benjamins.

Muñoz-Basols, J.,y . Pérez Sinusía y M. David. 2014. *Spanish Idioms in Practice Understanding Language and Culture*. Londres y Nueva York: Routledge.

Muñoz-Basols, J y M. Muñoz-Calvo. 2015. "La traducción de textos humorísticos multi-modales". En *La traducción. Nuevos planteamientos teórico-metodológicos*, ed. M. A. Penas Ibáñez, 159-184. Madrid: Síntesis.

O'Keeffe, A., B. Clancy y S., Adolphs. 2011. *Introducing Pragmatics in Use*. Londres y Nueva York: Routledge.

Obrst, L. 2012. "A Spectrum of Linguistic Humor: Humor as Linguistic Design Space Construction Based on Meta-Linguistic Constraints". In *AAAI Technical Report FS-12–02*, 51-53.

Padilla García, X. A. 2011. "¿Existen rasgos prosódicos objetivos en los enunciados irónicos?". *Oralia* 14: 203-227.

Padilla García, X. A. 2013. "Cartoons in Spanish Press: A Pragmatic Approach". En *Irony and Humor: From Pragmatics to Discourse*, eds. L. Ruiz Gurillo y B. Alvarado Ortega, 141-158. Amsterdam: John Benjamins.

Padilla García, X. A. y B. Alvarado Ortega. 2010. "Being Polite through Irony". En *Dialogue in Spanish: Studies in Functions and Contexts*, eds. D. Koike y L. Rodríguez-Alfano, 55-68. Amsterdam: John Benjamins.

Padilla García, X. A. y E. Gironzetti. 2012a. "Humor e ironía en las viñetas cómicas periodísticas: un estudio pragmático-intercultural entre el español y el italiano". En *Estudios de pragmática y comunicación intercultural en el mundo hispanohablante*, eds. M. E. Placencia y C. García, 93-133. Amsterdam: Rodopi.

Padilla García, X. A. y E. Gironzetti. 2012b. "Translating Graphic Jokes". *The Limits of Literary Translation: Expanding Frontiers in Iberian Languages*, eds. J. Muñoz-Basols, C. Fouto, L. Soler González, y T. Fisher, 176-188. Kassel: Reichenberger.

Palmer, J. 1994. *Taking Humour Seriously*. Londres y Nueva York: Routledge.

Penas Ibáñez, M. A. 2009. *Cambio semántico y competencia gramatical*. Frankfurt: Iberoamericana/Vervuert.

Pérez, F. 2005. *El insulto en Venezuela*. Caracas: Fundación Bigott.

Pinker, S. 2013. *Language, Cognition, and Human Nature: Selected Articles*. Nueva York: Oxford University Press.

Placencia, M. E. 1996. "Politeness in Ecuadorian Spanish". *Multilingua* 15 (1): 13-34.

Placencia, M. E. y C. García, eds. 2007. *Research on Politeness in the Spanish Speaking World*. Londres: Lawrence Erlbaum.

Pontes Hübner, L. y P. Sanhudo da Silveira. 2009. "Expresiones idiomáticas en las clases de español". Río Grande del Sur: Pontificia Universidad Católica de Río Grande del Sur. http://www.pucrs.br/edipucrs/online/IXsemanadeletras/lin/Larissa_Pontes_Hubner.pdf.

Portero, A. P. 2000. *Propuesta metodológica para enseñar expresiones idiomáticas*. Madrid: Universidad Antonio de Nebrija.

Quevedo, F. 2009. *El buscón*. Madrid: Punto de Lectura.

Ramírez, T. 1990. *Los más ingeniosos dichos populares*. Madrid: Edicomunicación.

Rappaport Hovav, M. y B. Levin. 2007. "Deconstructing Thematic Hierarchies". En *Architectures, Rules, and Preferences: Variations on Themes by Joan W. Bresnan*, eds. A. Zaenen, J. Simpson, T. H. King, J. Grimshaw, J. Maling y C. Manning, 385-402. Stanford, CA: CSLI Publications.

Raskin, V. 1985. *Semantic Mechanism of Humor*. Dordrecht: D. Reidel.

Real Academia Española y Asociación de Academias de la Lengua Española. 2014. *Diccionario de la lengua española*. 23ª ed. Madrid: Espasa.

Reyes, G. 1992. "Lo serio, lo irónico y la búsqueda de interlocutor". *Voz y letra* 3 (1): 19-34.

Reyes, G. 1995. *El abecé de la pragmática*. Madrid: Arco/Libros.

Rodríguez Rosique, S. 2005. "¡*Qué bonito!* y sus relaciones con la ironía". *Interlingüística* 17 (2007): 114-119.

Rodríguez Rosique, S. 2009. "Una propuesta neogriceana". En *Dime cómo ironizas y te diré quién eres: una aproximación pragmática a la ironía*, eds. L. Ruiz Gurillo y X. A. Padilla García, 109-132. Oxford: Lang.

Ruiz Gurillo, L. 1997. *Aspectos de fraseología teórica española*. Valencia: Universitat de València.

Ruiz Gurillo, L. 1998. *La fraseología del español coloquial*. Barcelona: Ariel.

Ruiz Gurillo, L. 2001. *Las locuciones en español actual*. Madrid: Arco/Libros.

Ruiz Gurillo, L. 2002. *Ejercicios de fraseología*. Madrid: Arco/Libros.

Ruiz Gurillo, L. 2010. "Para una aproximación neogriceana a la ironía en español". *Revista española de lingüística* 40 (2): 95-124.

Ruiz Gurillo, L. 2012. *La lingüística del humor en español*. Madrid: Arco/Libros.

Ruiz Gurillo, L. 2013a. "El monólogo humorístico como tipo de discurso. El dinamismo de los rasgos primarios". *Cuadernos AISPI* 2: 195-218.

Ruiz Gurillo, L. 2013b. "Eva Hache y El Club de la Comedia: del guion monológico al registro dialógico". *Onomázein* 28: 148-161.

Ruiz Gurillo, L. 2014. "Infiriendo el humor. Un modelo de análisis para el español". *Círculo de Lingüística Aplicada a la Comunicación* 59: 148-162.

Ruiz Gurillo, L. y X. A. Padilla García, eds. 2009. *Dime cómo ironizas y te diré quién eres: una aproximación a la ironía*. Frankfurt: Peter Lang.

Saeed, J. I. 2015. *Semantics*. Oxford: Wiley-Blackwell.

Schenk, A. 1994. *Idioms and Collocations in Compositional Grammar*. Tesis doctoral, Universidad de Utrecht.

Searle, J. R. 1969. *Speech Acts: An Essay in the Philosophy of Language*. Cambridge: Cambridge University Press.

Searle, J. R. 1975. "Indirect Speech Acts". En *Syntax and semantics: Speech acts*, eds. P. Cole y J. L. Morgan, 59-82. Vol. 3. Nueva York.

Searle, J. R. 1976. "A Classification of Illocutionary Acts". *Language in Society* 5 (1): 1-23.

Searle, J. R. 1979. *Expression and Meaning: Studies in the Theory of Speech Acts*. Cambridge: Cambridge University Press.

Searle, J. R. 1983. *Intentionality. An Essay in the Philosophy of Mind*. Cambridge: Cambridge University Press.

Searle, J. R. y D. Vanderveken. 1985. *Foundations of Illocutionary Logic*. Cambridge: Cambridge University Press.

Searle, J. R. y D. Vanderveken. 2005. "Speech Acts and Illocutionary Logic". En *Logic, Thought and Action*, ed. D. Vanderveken, 108-132. Dordrecht: Springer.

Serrano Montesinos, M. J. 2000-2001. "Hacia una caracterización lingüística de los honoríficos como unidades de cortesía verbal". *Revista Española de Lingüística Aplicada (RESLA)* 4: 401-411.

Sperber D. y D. Wilson. 1986. *Relevance: Communication and Cognition*. Oxford: Blackwell.

Sperber D. y D. Wilson. 1995. *Relevance: Communication and Cognition*. 2ª ed. Oxford: Blackwell.

Sperber, D. y D. Wilson. 2004. "Relevance Theory". En *The Handbook of Pragmatics*, eds. L. R. Horn y G. Ward, 607-632. Oxford: Blackwell.

Teso Martín, E. del. 2002. *Compendio y ejercicios de semántica I*. Madrid: Arco/Libros.

Teso Martín, E. del. 2007. *Compendio y ejercicios de semántica II*. Madrid: Arco/Libros.

Timofeeva Timofeev, L. 2013. "La fraseología en la clase de lengua extranjera: ¿misión imposible?". *Onomázein* 28: 320-336.

Vanderveken, D. 1985. "What is an Illocutionary Force?". En *Dialogue. An Interdisciplinary Study*, ed. M. Dascal, 181-204. Amsterdam: John Benjamins.

Vanderveken, D. 1995. "Illocutionary Force". En *Sprachphilosophie/Philosophy of Language/La philosophie du langage*, ed. M. Dascal, 1359-1370. Berlín: Mouton de Gruyter.

Verschueren, J. 1999. *Understanding Pragmatics*. Nueva York: Arnold.

Watts, R. 2003. *Politeness*. Cambridge: Cambridge University Press.

Watts, R., I. Sachiko y C. Ehlich. 2005. *Politeness in Language: Studies in its History, Theory and Practice*. Berlín: Mouton de Gruyter.

Yule, G. 1996. *The Study of Language*, 2ª ed. Cambridge: Cambridge University Press.

Yus, F. 2011. *Cyberpragmatics: Internet-mediated Communication in Context*. Amsterdam: John Benjamins.

Zuluaga, A. 1980. *Introducción al estudio de las expresiones fijas*. Frankfurt: Peter Lang.

# Historia de la lengua: la evolución del idioma

## Introducción

En este capítulo llevaremos a cabo un recorrido histórico de la lengua española desde sus orígenes tanto en su vertiente diacrónica, a partir del estudio de las principales etapas lingüísticas de la península ibérica, como sincrónica, deteniéndonos en momentos concretos de su evolución. El capítulo describe primero la situación de la Península antes de la llegada del Imperio romano y, para ello, examina algunos de los restos de las lenguas habladas en aquella época. Después se analiza el impacto del latín como lengua vehicular en la Península y su influencia en el desarrollo del español primitivo, mediante un repaso de los principales procesos fonológicos que sufrieron algunas palabras latinas, que pasaron por el latín tardío y el castellano medieval, hasta llegar al español moderno. También, desde un punto de vista histórico, se analiza la influencia de las lenguas visigodas, del árabe y del galorromance, y se presentan algunos rasgos del judeoespañol. Por último, el capítulo se centra en la evolución de los sonidos sibilantes. Este grupo de sonidos es de especial interés porque muestra la tendencia natural a la economía lingüística, así como el modo en que diferentes áreas geográficas, como el español del centro-norte peninsular y el resto de las variedades del español, dirigen los cambios fonológicos por vías distintas. Los contenidos de este capítulo nos permitirán comprender cómo la lengua española es el resultado de un conjunto de sucesos lingüísticos que han ido evolucionando de manera paulatina a lo largo de los siglos.

## 1. Lingüística diacrónica: la evolución del idioma

Las lenguas no son estáticas, sino que evolucionan con el paso del tiempo. La **lingüística diacrónica**, también conocida tradicionalmente como **gramática histórica**, es la rama de la lingüística que se ocupa del estudio de dichos cambios. Existen varias hipótesis y teorías acerca de cómo y por qué se producen cambios lingüísticos en un idioma. Tradicionalmente, se ha intentado explicar la evolución de las lenguas mediante el **modelo de árbol genealó-gico** (*Stammbaum model*) que, a modo de analogía, representa las relaciones entre lenguas a partir de su parentesco u origen común. Sin embargo, este modelo no ha servido para aclarar qué motiva los cambios y procesos fonológicos y morfológicos de una palabra a lo largo de la historia de una lengua.

Con la **teoría de las ondas** (*Wellentheorie*), propuesta a finales del siglo XIX por Johannes Schmidt (1872) en un libro sobre las interrelaciones entre lenguas indoeuropeas, se consi-guió dar un paso más en el análisis de la lingüística histórica. Esta teoría establece una comparación con los círculos concéntricos que se forman en el agua al arrojar unas piedras a un estanque. Con esta imagen, la teoría de las ondas propone que las características e innovaciones lingüísticas de las lenguas convergen, es decir, confluyen, se relacionan y se parecen, pero, al mismo tiempo, divergen y, por lo tanto, se alejan y difieren. De ahí que, al comparar lenguas que están relacionadas entre sí, exista cierta correlación entre la distancia geográfica y la distancia lingüística en lo que a algunas de sus características se refiere (Bynon 1977, 192-195). Como vemos, con esta teoría se concedía importancia al componente geolingüístico a la hora de explicar la evolución de una lengua. La imagen de estos círculos que se superponen en el agua serviría igualmente para explicar que las coincidencias entre las lenguas no tienen por qué ser propiamente heredadas, por guardar un parentesco concreto, sino que también pueden ser adquiridas. Este enfoque, aplicado al análisis de la lingüística histórica, sirvió para establecer **relaciones tipológicas** entre lenguas, es decir, en función de sus rasgos en común, y no únicamente genéticas o en relación con su origen (Malmberg 2003, 31).

Una de las teorías más extendidas en la actualidad sobre cómo evolucionan las lenguas es la **difusión léxica**, la cual propone que los cambios lingüísticos se extienden de manera gradual en el lexicón, o conjunto de palabras que conforman una lengua, es decir, de palabra en palabra, o incluso de morfema en morfema (Chambers y Trudgill 1980/1989, 160). Para comprender en qué consiste, necesitamos explicar en primer lugar la hipótesis opuesta a esta teoría, es decir, la de los **neogramáticos** (*Junggrammatiker*), un grupo de lingüistas alemanes del último tercio del siglo XIX entre los que destacan Hermann Osthoff y Karl Brugmann (1878). Estos lingüistas consideraban que los cambios fonéticos se producían de manera regular y al mismo tiempo en una comunidad lingüística (véase Lass 2015, 45-63). En concreto, los neogramáticos pensaban que el cambio de la pronunciación de una palabra era un proceso fonético mecánico que no se veía influido, por ejemplo, por el valor semántico de una palabra o el deseo de los hablantes por entablar comunicación (Labov 2010, 261). Por ejemplo, los neogramáticos pensaban que un fenómeno como la conversión de la "f" inicial de palabra en una "h" siempre sucedía así, esto es, en todas las palabras que comen-zaban de la misma manera y durante un mismo periodo de tiempo. No obstante, basta con comparar algunos ejemplos para comprobar que, aunque la estructura compositiva de una palabra se parezca a otra, no siempre tiene por qué evolucionar de la misma manera. Así, en español el adjetivo *fácil*, del latín FACILIS, ha conservado la misma consonante inicial que la palabra de la que deriva etimológicamente; sin embargo, en el verbo *hacer*, del latín FACERE, este sonido inicial no se ha mantenido. Por lo tanto, la propuesta de los neogra-máticos no se puede aplicar a todos los casos por igual, sino que, como analizaremos más adelante, en la evolución de una palabra intervienen también otros factores.

En la segunda mitad del siglo XX, la **teoría de la difusión léxica**, desarrollada por lingüistas como William Wang (1969, 1976, 1979), Paul Kiparsky (1995) o William Labov (1981, 1994, 2001, 2010), admite que los cambios lingüísticos no son homogéneos ni se dan al mismo tiempo, sino que se pueden originar en una palabra, o en un pequeño grupo, para poder pasar después a extenderse gradualmente por el lexicón de una lengua. De este modo, la unidad básica del cambio la constituye la palabra en sí y no el sonido. A diferencia de lo que creían los neogramáticos, el hecho de que un sonido cambie en una palabra, o en un grupo de palabras con características similares, no significa que este sonido vaya a evolucionar de la misma manera en todas.

Más adelante, observaremos algunos de los cambios más significativos que se han producido a lo largo de la historia del español. Para ello, adoptaremos principalmente una perspectiva **diacrónica**, es decir, mediante el estudio de la lengua desde sus orígenes y en sus diferentes fases. Analizaremos, por tanto, la evolución del español a lo largo de la historia, desde el latín vulgar que llegó con la expansión del Imperio romano hasta el romance castellano que se formó posteriormente y se expandió por toda la Península hasta llegar al continente americano a finales del siglo XV. En primer lugar, haremos un breve recorrido histórico para explicar cuáles fueron las principales comunidades lingüísticas existentes en la península ibérica antes del Imperio romano.

---

**Actividad 1. Identifica cuáles de las siguientes afirmaciones sintetizan la teoría de los neogramáticos y cuál es la posición de la lingüística histórica moderna en relación con la teoría de la difusión léxica.**

1. El cambio fonético se produce en un grupo de palabras o se propaga de unas palabras a otras.
2. El cambio fonético se produce al mismo tiempo en una comunidad de hablantes.
3. El cambio fonético es siempre regular.
4. El cambio fonético se va extiendo de manera gradual por el lexicón.
5. El cambio lingüístico debe tener un orden y ser así reducible a una investigación sistemática.

---

## 2. El legado de las lenguas prerromanas en la península ibérica

Aunque la influencia del Imperio romano fue quizás la que tuvo un mayor impacto desde el punto de vista lingüístico, no podemos obviar las civilizaciones que habitaron la península ibérica antes de la llegada de los romanos en el siglo III a. C. Durante el primer milenio antes de Cristo, la Península se dividía en cinco grandes áreas: Levante (costa este), sur de Portugal, norte de la desembocadura del río Tajo (parte central de Portugal), Galicia, Cantabria, Vasconia y Pirineos, y la meseta central.

La figura 6.1 muestra que había diferentes civilizaciones en el territorio peninsular. El noroeste y gran parte de la costa occidental estaban habitados por los **lusitanos**. Los **tartesios** ocupaban el sur de la costa occidental, actual sur de Portugal y oeste de Extremadura y Andalucía. Se considera que a partir del siglo I a. C. llegaron los primeros grupos **celtas** a la península ibérica, procedentes del centro de Europa, y que se asentaron en el centro de la Península. Los **íberos**, por su parte, se repartían por toda la costa este de la Península, mientras que los **celtíberos** se habían asentado en el centro, norte y oeste. Los **vascos** ocupaban la zona del golfo de Vizcaya, a ambos lados de la actual frontera entre España y Francia. Este es el único pueblo de origen primitivo que todavía habita en una gran parte de lo que fue su territorio original.

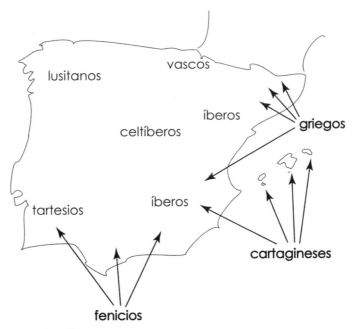

**Figura 6.1** Pueblos e invasiones prerromanas

Las diferentes civilizaciones de la península ibérica experimentaron numerosas incursiones de otros pueblos llegados de distintos puntos del litoral mediterráneo durante varios siglos. Los **fenicios**, originarios del Medio Oriente, los **cartagineses**, procedentes de la antigua ciudad de Cartago, actual Túnez, y los **griegos**, que provenían de la península del Peloponeso, actual Grecia, fueron las principales civilizaciones invasoras. Los fenicios, que ocuparon la parte sur de la Península, llegaron alrededor del año 1100 a. C. y fundaron *Gadir* (Cádiz) y *Malaca* (Málaga). Alrededor del año 650 a. C., los cartagineses compitieron por el control del territorio y en su campaña fundaron *Qart Hadasht* (actual ciudad de Cartagena). Fueron un pueblo poderoso que tomó el control de ciudades y de territorios al sur de los ríos Duero y Ebro, además de las Islas Baleares. Por la costa este, actual territorio de Cataluña, llegaron los griegos, y conquistaron alrededor del año 650 a. C. el territorio que abarcaba desde Marsella (sur de Francia) hasta la actual Alicante, llamada por los griegos *Akra Leuka*. La influencia griega en el idioma se puede apreciar todavía hoy en la presencia de numerosos términos que comparten esta etimología en diferentes campos del saber, como las ciencias, *quirúrgico*, las matemáticas, *teorema*, la literatura, *poema*, la filosofía, *génesis*, etc. Muchas de estas palabras no permanecieron en la Península, sino que se reintrodujeron en el idioma con la llegada de los romanos. Por este motivo, un gran número de ellas han llegado hasta nuestros días en su forma latinizada, como, por ejemplo, las palabras *hermético* (del dios griego Hermes, denominado Mercurio por los romanos, y mensajero de los dioses) y *política* (del griego *polis*, que significa *ciudad*).

De los pueblos que habitaron la península ibérica en el periodo prerromano se han conservado principalmente algunos sufijos derivativos y términos léxicos. Entre los sufijos que se han mantenido con mayor vitalidad se encuentran *–arro*, *–orro*, *–urro*, en palabras como *guijarro*, *abejorro* o *cazurro*. Del precéltico o céltico *–aiko*, tenemos el sufijo –*iego* en español, como en las palabras *andariego, palaciego* o *solariego* (Lapesa 1997, 44-45).

Dentro del **legado prerromano** en la lengua española encontramos dos grupos principales de términos léxicos. En el primero se podrían catalogar aquellas palabras cuyo origen no está claro, pero que no provienen del latín o del griego, como *barro, charco* o *galápago*. El segundo grupo está formado por palabras que descienden de las prerromanas por sus afinidades fonéticas. Encontramos aquí palabras de origen celta como *camisa, cerveza, taladro*. Otros términos que pudieron derivarse del precelta o del celta son *abedul, berrueco, braga, calzón* y *puerco*. Además, todavía se encuentran hoy en día en la lengua algunos vasquismos, algunos de ellos de uso común como *chatarra, izquierda* u *órdago* (Lapesa 1997, 46-50).

Como vemos, ya en una época temprana la península ibérica fue el escenario del contacto lingüístico entre diferentes civilizaciones, hecho que tendría un significativo impacto en el desarrollo posterior del idioma. A continuación, estudiaremos cómo surgió el latín como lengua y después cómo se fue expandiendo por la Península desde su llegada con el Imperio romano. Asimismo, nos detendremos en el análisis de los principales cambios lingüísticos que se produjeron en la evolución del latín vulgar al romance castellano.

---

**Actividad 2. Relaciona los siguientes topónimos o nombres de lugares derivados de lenguas prerromanas.**

Ibiza (*Eivissa*) • Alicante (*Akra Leuka*) • Aranda de Duero
Málaga (*Malaca*) • Lekeitio • Sigüenza • Cartagena (*Qart Hadasht*)
Segovia • Cádiz (*Gadir*) • Eibar • Rosas (*Rhodas*) • Basauri

| Origen | Topónimo | Topónimo |
|---|---|---|
| griego | | |
| fenicio | | |
| cartaginés | | |
| celta | | |
| vasco | | |

❯ **Ahora busca los topónimos en un mapa actual de la península ibérica. ¿Qué conclusiones puedes extraer sobre su ubicación?**

Puedes utilizar el siguiente recurso:

*Instituto Geográfico Nacional*: http://www.ign.es/ign/main/index.do.

---

## 3. Del latín al español

El latín forma parte del grupo de lenguas indoeuropeas, y a esta familia lingüística pertenecen también la mayoría de los idiomas originados en Europa, parte de Asia y de África.

Por esta razón, un gran número de estas lenguas se encuentran emparentadas y poseen rasgos en común, lo cual corrobora la hipótesis de que pudieron provenir de una "lengua origen" llamada **protoindoeuropeo**. Esto no quiere decir que el protoindoeuropeo existiera como tal, sino que es una manera de entender la relación de parentesco entre las lenguas y sus distintas familias. Por lo tanto, estas se habrían ido constituyendo a partir de una lengua matriz: lenguas anatolias, lenguas balcánicas, lenguas bálticas, lenguas celtas, lenguas eslavas, lenguas germánicas, lenguas helénicas, lenguas indoiranias, lenguas itálicas y lenguas tocarias.

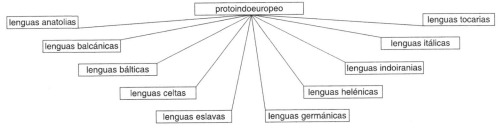

**Figura 6.2** Familias de lenguas de origen indoeuropeo

Como vemos en la figura, estas lenguas dieron lugar a otras; sin embargo, muchas de ellas, por ejemplo las que procedían tanto de las lenguas anatolias como de las tocarias, no se han mantenido hasta la actualidad y, por este motivo, se consideran **lenguas extintas** o muertas. El siguiente mapa muestra las áreas donde se ubicaban lenguas que pertenecían a diferentes familias lingüísticas.

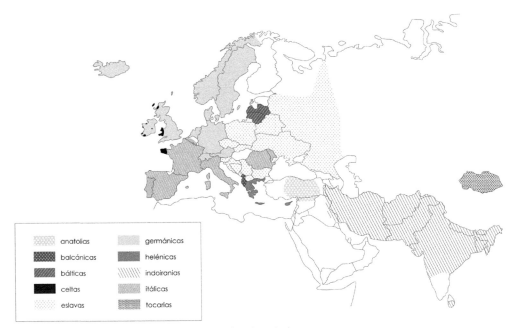

**Figura 6.3** Principales familias de lenguas de origen indoeuropeo

La siguiente tabla muestra algunos ejemplos de idiomas que provienen de distintas familias lingüísticas. Así, entre las lenguas balcánicas, encontramos lenguas actuales como el albanés o el armenio; entre las bálticas, el letón y el lituano; entre las celtas, el bretón, el gaélico irlandés, el gaélico escocés o el galés; entre las eslavas encontramos el búlgaro, el checo, el polaco o el ruso; entre las germánicas tenemos el alemán, el danés, el holandés, el inglés, el islandés, el noruego o el sueco; de las helénicas desciende el griego moderno; entre las indoiranias, el bengalí, el kurdo, el nepalí, el pashtu, el persa o el sánscrito, y, finalmente, entre las itálicas, se encontraban el osco-umbro y el latín, ambas extintas. A diferencia de lo que sucede con las lenguas anatolias y las tocarias, del latín sí que procede un gran número de lenguas que existen en la actualidad: las **lenguas romances**. Entre ellas se encuentran el navarro-aragonés, el asturleonés, el catalán, el español, el francés, el gallego, el italiano, el portugués, el rumano y el sardo.

**Tabla 6.1** Familias de lenguas indoeuropeas

| Familia de lenguas | Lenguas principales |
|---|---|
| balcánicas | albanés, armenio, †frigio |
| bálticas | letón, lituano, †prusiano antiguo |
| celtas | bretón, gaélico irlandés, gaélico escocés, galés |
| eslavas | búlgaro, checo, polaco, ruso |
| germánicas | alemán, danés, holandés, inglés, islandés, noruego, sueco |
| helénicas | †griego antiguo, griego moderno |
| indoiranias | bengalí, kurdo, nepalí, pashtu, persa, sánscrito |
| itálicas | †osco-umbro, †LATÍN, etc. ↓ (navarro-aragonés, asturleonés, catalán, español, francés, gallego, italiano, portugués, rumano, sardo) |

Como vemos, un buen número de lenguas descenderían de la lengua original llamada proto-indoeuropeo y, como hemos visto, del latín procederían las lenguas romances entre las que se incluye el español. Las lenguas precedidas por el símbolo de la cruz (†) son lenguas extintas.

En las próximas secciones, presentaremos en orden cronológico las tres migraciones que dejaron una mayor impronta en la península ibérica desde el punto de vista lingüístico: el **Imperio romano**, la **invasión visigoda** y la **invasión musulmana**. De las tres, la que causó un mayor impacto fue la del Imperio romano, puesto que el latín vulgar se estableció como lengua franca entre las diferentes provincias del imperio. Sin embargo, el latín evolucionó de manera distinta según las regiones, lo que provocaría variedades más conservadoras, como el **galaico-portugués**, o variedades más innovadoras o sujetas a cambios, como el **castellano**.

En general, resulta posible distinguir tres periodos históricos para la evolución del castellano, desde el latín temprano hasta el latín tardío (siglo II a. C.-siglo II d. C.), del latín tardío al castellano medieval (siglo II-siglo X) y del castellano medieval al español moderno (siglo X-siglo XV). Examinaremos cada uno de estos periodos teniendo en cuenta, por un lado, los principales aspectos relacionados con el contexto histórico y, por otro, los cambios que se produjeron en la lengua.

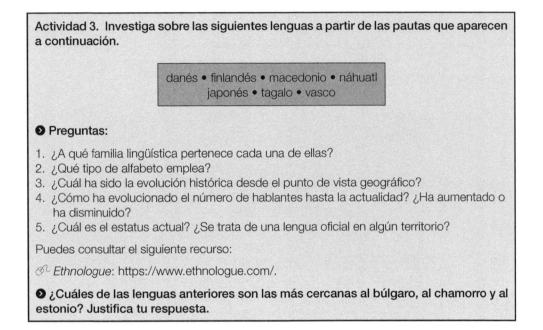

**Actividad 3. Investiga sobre las siguientes lenguas a partir de las pautas que aparecen a continuación.**

> danés • finlandés • macedonio • náhuatl
> japonés • tagalo • vasco

**❯ Preguntas:**

1. ¿A qué familia lingüística pertenece cada una de ellas?
2. ¿Qué tipo de alfabeto emplea?
3. ¿Cuál ha sido la evolución histórica desde el punto de vista geográfico?
4. ¿Cómo ha evolucionado el número de hablantes hasta la actualidad? ¿Ha aumentado o ha disminuido?
5. ¿Cuál es el estatus actual? ¿Se trata de una lengua oficial en algún territorio?

Puedes consultar el siguiente recurso:

🔗 *Ethnologue*: https://www.ethnologue.com/.

**❯ ¿Cuáles de las lenguas anteriores son las más cercanas al búlgaro, al chamorro y al estonio? Justifica tu respuesta.**

## 3.1. El Imperio romano

En el siglo III a. C. la expansión del Imperio romano había llegado hasta la península ibérica y el latín se imponía de manera progresiva como la lengua de comunicación entre los habitantes de los diferentes territorios. Las circunstancias de la época relacionadas con la situación política, militar y económica del imperio favorecieron el debilitamiento de las lenguas prerromanas y crearon una situación de diglosia, lo cual favoreció la instauración y consolidación del latín por todo el territorio. El término **diglosia** hace referencia a la coexistencia de dos lenguas o dialectos que se usan en una misma comunidad en función de su prestigio (véase el capítulo 7 sobre variación lingüística).

El latín era la **lengua vernácula** o lengua propia de uso general en Roma. La sociedad romana se hallaba ampliamente estratificada, y este aspecto se reflejaba en el uso del idioma. De ahí que existieran dos variedades principales de latín: el clásico y el vulgar. El **latín clásico** se utilizaba en el ámbito político, en el de la administración pública y en el cultural. Su uso era primordialmente escrito y, por lo tanto, era más conservador y menos sujeto a la variación. El **latín vulgar**, en cambio, era el que hablaba la gente en el ámbito familiar y en otros contextos relacionados con la vida cotidiana. Se trataba de una variedad ligada principalmente a la oralidad y, por esta razón, más abierta a cambios y a variaciones en su uso. Este dialecto es el que llegó a la Península, puesto que era el más común entre los miembros del ejército, comerciantes, colonos, etc. El latín vulgar fue el primero en abrirse camino entre las diferentes clases sociales de la península ibérica, y una vez ahí, el latín evolucionó paulatinamente de manera oral hasta convertirse en el romance castellano, es decir, en la **lengua vernácula** o propia de los hablantes de Castilla.

---

**Actividad 4.** Revisa los contrastes en esta selección del *Appendix Probi* (s. II a. de C.), una lista de correcciones que el gramático Valerius Probus elaboró sobre errores gramaticales comunes en el latín escrito de la época.

speculum non speclum
masculus non masclus
tristis non tristus
tabula non tabla
stabulum non stablum
auctoritas non autoritas
labsus non lapsus
musium vel musivum non museum
rivus non rius

❯ **Preguntas:**

1. Según esta información, ¿cuáles son las formas que el gramático Probus consideraba correctas?
2. ¿Cuáles son las formas que se parecen más a su versión actual en español, las que aparecen antes o después del vocablo *non*? Justifica tu respuesta con ejemplos del español moderno.
3. ¿Cuál crees que fue la motivación principal que llevó al gramático Probus a elaborar esta lista?
4. ¿Qué crees que sucedió desde el punto de vista de la evolución de la lengua con la mayoría de esos cambios que en la época se consideraban incorrecciones del idioma?

---

### 3.1.1. Cambios lingüísticos

Este apartado presenta en orden cronológico una selección de los principales procesos fonológicos que se produjeron en la evolución del latín vulgar al romance. Cada uno de estos procesos viene marcado con una P mayúscula (proceso) y un número. Para comprender mejor cómo se van produciendo dichos cambios lingüísticos, debemos recordar la teoría de la difusión léxica descrita al comienzo del capítulo, que plantea que no todas las palabras experimentan los procesos evolutivos, sino que solamente incorporan algunos de los cambios.

Antes de enumerar los cambios fonológicos, conviene hacer las siguientes matizaciones:

1. Las palabras en latín aparecen escritas en mayúsculas por motivos de claridad y para seguir una convención ampliamente extendida.
2. El acento prosódico en latín, o sea, la sílaba tónica, se situaba en la antepenúltima sílaba, a menos que en la penúltima sílaba hubiera una vocal larga, que se representaba con un signo diacrítico en forma de raya horizontal: AMĀRE; o en el caso de que la penúltima sílaba tuviera coda consonántica: PROFUNDUM. Este aspecto resulta importante para comprender alguno de los procesos que describiremos a continuación.

3. Todas las palabras latinas que se presentan en el capítulo aparecen en el caso acusativo. Esto se debe a que la gran mayoría de los términos léxicos del español con etimología latina proceden de este caso gramatical.

4. En la transcripción de las palabras, las vocales largas se representan seguidas de dos puntos: /o:/. El resto de las convenciones para las transcripciones figuran en el capítulo sobre fonología y fonética (capítulo 2). He aquí un ejemplo en el que se aprecian las convenciones de las que haremos uso: AMĀRE /amá:re/ → amar.

## P1. Monoptongación

Uno de los primeros cambios vocálicos importantes es la **monoptongación** o simplificación de los diptongos a un único sonido vocálico. De esta manera, los diptongos latinos ĀŪ /au̯/, ĀĒ /ai̯/ y ŌĒ /oi̯/ a veces dan lugar a vocales largas, las cuales se representan como vimos con dos puntos: /o:/ o /e:/.

/au̯/ → /o:/
/ai̯/ → /e/
/oi̯/ → /e:/

|  | (AU) /au̯/ → /o:/ | (AE) /ai̯/ → /e/ | (OE) /oi̯/ → /e:/ |
|---|---|---|---|
|  | PAUPEREM | CAELUM | FOEDUM |
| P1: monoptongación | /pó:perem/ | /kélum/ | /fé:dum/ |
|  | pobre | cielo | feo |

## P2. Reducción de las consonantes nasales

La **reducción** de las consonantes nasales puede ser de dos tipos. Por una parte, la nasal bilabial en posición final de palabra cambia su punto de articulación a alveolar en las palabras monosilábicas y desaparece en los demás casos. Por otra, la nasal alveolar desaparece en el contexto en que va precedida de una vocal y seguida de una /s/.

a) **/m/# →** { **n / __# en palabras monosilábicas**
              { **Ø/ en los demás contextos**

b) **Vns → V: s**

|  | TAM | ACTUM | SPONSUM |
|---|---|---|---|
| P1: monoptongación | — | — | — |
| P2: red. nasal | /tan/ | /áktu/ | /spó:su/ |
|  | tan | acto | esposo |

## P3. Síncopa

La **síncopa** es la pérdida de un sonido o grupo de sonidos en el interior de una palabra. Como el ejemplo indica, en este proceso las vocales breves desaparecen entre consonantes si son átonas.

V → Ø / V́C _ CV(C)
  / C _ CV́CV

|  | AURĪCULAM |
|---|---|
| P1: monoptongación | /oːríkulam/ |
| P2: red. nasal | /oːríkula/ |
| P3: síncopa | /oːríkla/ |
|  | oreja |

## P4. *Grupo consonántico –mn–*

Tras producirse el proceso descrito en P3, a menudo nos encontramos el grupo consonántico /–mn–/, dos consonantes nasales cuya articulación no resulta sencilla, y, por lo tanto, poco frecuente en español. Este proceso consta de dos pasos: en un primer momento, /–mn–/ se transforma en /–mɾ–/, para después incorporar el sonido oclusivo bilabial entre ambos (*epéntesis*), dando como resultado /–mbɾ–/.

**/–mn–/→/–mɾ–/→ /–mbɾ–/.**

|  | HOMINE |
|---|---|
| P1: monoptongación | — |
| P2: red. nasal | — |
| P3: síncopa | /ómne/ |
| P4: –mn– | /ómbɾe/ |
|  | hombre |

## P5. *La /f/ latina*

Numerosas palabras que en latín comienzan con /f–/ pierden este sonido en español bajo un proceso que también consta de dos pasos. En primer lugar, se aspira la fricativa labiodental /f–/, que da lugar al sonido velar /h–/ y después acaba desapareciendo. No obstante, la grafía "h" se mantuvo, y por eso hoy en día hay muchas palabras escritas en español con esta consonante muda.

**/f–/ → /h–/→ Ø**

|  | FĒMINA |
|---|---|
| P1: monoptongación | — |
| P2: red. nasal | — |
| P3: síncopa | /fémna/ |
| P4: –mn– | /fémbɾa/ |
| P5: /f/ latina | /émbɾa/ |
|  | hembra |

---

**Actividad 5. Detalla la evolución del latín al español de estas palabras latinas e identifica qué procesos fonológicos aparecen.**

| Modelo: ACTUM → acto | | ACTUM |
|---|---|---|
|  | P2: red. nasal | /áktu/ |
|  |  | acto |

1. TAURUM → toro
2. NOMINE → nombre
3. FAMINE → hambre
4. AURUM → oro
5. LAICUM → laico
6. CAUSAM → cosa

❯ **En el P1, la monoptongación, hemos visto que el diptongo latino /aṷ/ se transformó en la vocal /o:/ en castellano. En esta evolución hubo un paso intermedio, el diptongo /aṷ/, dando lugar a términos como *ouro* "oro". ¿En qué lenguas romances se ha mantenido la palabra *ouro*? ¿Por qué crees que ha sucedido de manera distinta al español?**

**P6.** *Sonorización por asimilación regresiva*

Como explicamos en el capítulo sobre fonología y fonética, la asimilación se produce cuando un sonido adopta los rasgos de otro. La **sonorización** por asimilación regresiva es el cambio fonético en que un sonido sordo se sonoriza si va precedido por otro sonoro.

$$C_1 \quad C_2 \quad \rightarrow \quad C_1 \quad C_2$$
$$\text{[–son]} \quad \text{[+son]} \quad \quad \text{[+son]} \quad \text{[+son]}$$

|  | AURĪCULAM | SPECULUM |
|---|---|---|
| P1: monoptongación | /o:ríkulam/ | — |
| P2: red. nasal | /o:ríkula/ | /spékulu/ |
| P3: síncopa | /o:ríkla/ | /spéklu/ |
| P4: –mn– | — | — |
| P5: /f/ latina | — | — |
| P6: sonorización | /o:rígla/ | /spéglu/ |
|  | oreja | espejo |

**P7.** *Palatalización y posterior velarización de /–gl–/*

El grupo consonántico /–gl–/ sufre un proceso consistente en dos pasos. En primer lugar, el grupo /–gl–/ se reduce y se palataliza y, por tanto, se convierte en la sibilante palatal sonora /–ʒ–/. En segundo lugar, esta palatal retrasa su punto de articulación hasta transformarse en la fricativa velar /–x–/.

**/–gl–/ → /–ʒ–/ → /–x–/**

|  | SPECULUM |
|---|---|
| P1: monoptongación | — |
| P2: red. nasal | /spékulu/ |
| P3: síncopa | /spéklu/ |
| P4: –mn– | — |
| P5: /f/ latina | — |
| P6: sonorización | /spéglu/ |
| P7: pal. /–gl–/ | /spéxo/ |
|  | espejo |

## P8. *Espirantización*

El proceso de **espirantización** hace que las oclusivas velares se fricaticen en posición final de sílaba y ante consonante. En concreto, una consonante fuerte y oclusiva se transforma en una consonante débil, y así da lugar a su versión fricativa en un proceso de debilitamiento también conocido como **lenición**.

$$\begin{bmatrix} k \\ g \end{bmatrix} \rightarrow \begin{bmatrix} x \\ \gamma \end{bmatrix} \Big/ \text{---}\text{--C}$$

| | AURĪCULAM |
|---|---|
| P1: monoptongación | /o:ríkulam/ |
| P2: red. nasal | /o:ríkula/ |
| P3: síncopa | /o:ríkla/ |
| P4: –mn– | — |
| P5: /f/ latina | — |
| P6: sonorización | /o:rígla/ |
| P7: pal. /–gl–/ | — |
| P8: espirantización | /o:ríɣla/ |
| | oreja |

## P9. *Asimilación total*

Generalmente, en los procesos de asimilación que hemos visto, un sonido adopta rasgos de otro que puede precederlo o seguirlo. Sin embargo, cuando hablamos de **asimilación total**, un sonido duplica íntegramente el sonido que lo sigue, y da así lugar a consonantes geminadas.

l, r → s / —s
p → t / __t

| | URSUM | SEPTEM |
|---|---|---|
| P1: monoptongación | — | — |
| P2: red. nasal | /úrsu/ | /sépte/ |
| P3: síncopa | — | — |
| P4: –mn– | — | — |
| P5: /f/ latina | — | — |
| P6: sonorización | — | — |
| P7: pal. /–gl–/ | — | — |
| P8: espirantización | — | — |
| P9: asimilación | /ússu/ | /sétte/ |
| | oso | siete |

Por motivos de espacio, en los cambios descritos a continuación no se incluirán todos los pasos en la evolución de la palabra, a menos que estos sean relevantes para la explicación de los ejemplos.

## P10. *Epéntesis*

La **epéntesis** es el proceso por el cual aparece un sonido en una palabra que antes no existía. Cuando sucede al principio de una palabra, como en el ejemplo, el proceso recibe el nombre de **prótesis**. Sin embargo, aquí nos referiremos a este tipo de cambio con el término genérico de epéntesis para simplificar la terminología. Así, observamos que, cuando una palabra comienza con /s–/ y va seguida de una consonante en latín, en castellano antiguo aparece una /e–/ epentética, p. ej., STUDIARE → *estudiar*.

**#sC → esC**

|  | SCHOLAM |
|---|---|
| P2: red. nasal | /skóla/ |
| P10: epéntesis | /iskóla/ |
| P12: red. vocálica | /eskóla/ |
|  | escuela |

## P11. *Elisión de /–e/*

Encontramos un nuevo caso de debilitamiento vocálico en la **elisión** o pérdida de /–e/ átona en posición final de palabra, también llamado *apócope*.

**/–e/ → Ø**

|  | PĀNE |
|---|---|
| P11: elisión /–e/ | /pan/ |
|  | pan |

## P12. *Reducción vocálica*

En el latín clásico existían diez sonidos vocálicos: cinco largos y cinco breves; sin embargo, en español encontramos únicamente cinco vocales. Esto se debe a la **reducción vocálica** que se produjo de manera progresiva a lo largo de la evolución de la lengua. La siguiente figura muestra una versión simplificada de cómo el sistema de 10 vocales del latín clásico pasó a convertirse en un sistema de 7 en el latín tardío.

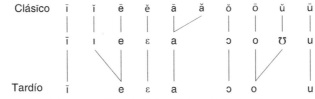

**Figura 6.4** Evolución del sistema vocálico del latín clásico al latín tardío

En el latín tardío aparecen ya las cinco vocales del español actual, /a/, /e/, /i/, /o/ y /u/, además de una /e/ abierta, representada como /ɛ/, y una /o/ abierta, representada como /ɔ/. Este sistema de siete sonidos vocálicos todavía se mantiene hoy en día, por ejemplo, en otras lenguas romances como el portugués y el gallego.

|  | POENAM |
|---|---|
| P1: monoptongación | /pé:nam/ |
| P2: red. nasal | /pé:na/ |
| P12: red. vocálica | /péna/ |
|  | pena |

## P13. *Diptongación*

Tras la reducción vocálica de diez a siete sonidos (P12), todavía queda un último paso para llegar al sistema de cinco vocales del español actual. Las vocales medias abiertas en posición tónica del latín tardío pasaron por un proceso de **diptongación** que culminó en los diptongos del castellano. Así, la /ɔ/ se convirtió en el diptongo /we/ y la /ɛ/, en el diptongo /je/.

/ɔ/ → /we/
/ɛ/ → /je/

|                        | CŎRPUS    |
|------------------------|-----------|
| P12: red. vocálica     | /kɔrpo/   |
| P13: diptongación      | /kwérpo/  |
|                        | cuerpo    |

|                        | BENE      |
|------------------------|-----------|
| P11: elisión /-e/      | /bĕn/     |
| P12: red. vocálica     | /bɛn/     |
| P13: diptongación      | /bjen/    |
|                        | bien      |

En el castellano antiguo tanto la *v* como la *u* se representaban con el grafema "u". Por este motivo, cuando la diptongación aparecía en posición inicial de palabra, se añadía una "h" completamente muda diferente de la "h" procedente de la "f" latina, para evitar confusiones de pronunciación, por ejemplo, ORPHANUM   *huérfano*, OVUM   *huevo*. Al insertar la "h" se confirmaba que la letra que le seguía era una "u" y no una "v", y que las palabras resultantes no eran ni *\*vérfano* ni *\*vevo*.

---

**Actividad 6. Detalla la evolución del latín al español de estas palabras latinas e identifica qué procesos fonológicos aparecen.**

Modelo: ACTUM → acto

ACTUM
P2  /áktu/
acto

1. SCRIBĒRE → escribir
2. NŎVEM → nueve
3. OVUM → huevo
4. PĔTRAM → piedra
5. FOETĬDUM → fétido
6. TĔMPUM → tiempo
7. SĔPTEM → siete
8. INFERNUM → infierno

❽ **Fíjate ahora en las palabras OCULUM "ojo" y SEPTEM "séptimo". Busca al menos dos términos del español que no hayan sufrido los mismos procesos fonológicos y mantengan sus raíces latinas.**

Modelo: PETRAM → pétreo, petrificado.

**P14.** *Vocalización de /ɣ/*

El sonido velar fricativo /ɣ/ pasa por un proceso de **vocalización**, es decir, adopta rasgos vocálicos y se convierte en la semivocal /i̯/ ante consonante y en posición final de sílaba:

/ɣ/ →/i̯/ __ –C#

|  | LIGNAM |
|---|---|
| P2: red. nasal | /lígna/ |
| P8: espirantización | /líɣna/ |
| P12: red. vocálica | /léɣna/ |
| P14: vocalización /ɣ/ | /léi̯na/ |
|  | leña |

**P15.** *Palatalización de líquidas y nasales*

Tanto los sonidos líquidos alveolares como los nasales alveolares, /l/ y /n/, se palatalizan cuando van precedidos de la vocal /i/ y seguidos por la semiconsonante /j/, y se convierten así en /ʎ/ y /ɲ/ respectivamente. La semiconsonante desaparece al palatalizarse estos sonidos consonánticos.

$$\begin{bmatrix} l \\ i \\ n \end{bmatrix} j \rightarrow \begin{bmatrix} \Lambda \\ i \\ ɲ \end{bmatrix}$$

|  | FĪLIUM |
|---|---|
| P2: red. nasal | /fí:liu/ |
| P12: red. vocálica | /fíljo/ |
| P15: pal. líquidas/nasales | /fíʎo/ |
|  | hijo |

**P16.** *Palatalización de los grupos consonánticos /fl–/, /kl–/ y /pl–/*

Los grupos consonánticos /fl–/, /kl–/ y /pl–/ se palatalizan en posición inicial de palabra, dado que el elemento oclusivo desaparece y la lateral alveolar retrasa su punto de articulación hasta quedar como lateral palatal /ʎ/.

/fl–/ → /ʎ/
/kl–/ → /ʎ/
/pl–/ → /ʎ/

|  | CLĀMĀRE | PLŌRĀRE |
|---|---|---|
| P11: elisión /-e/ | /klamáɾ/ | /ploráɾ/ |
| P16: pal. /kl–/ /pl–/ | /ʎamáɾ/ | /ʎoráɾ/ |
|  | llamar | llorar |

**P17.** *Geminación*

La **geminación** es el proceso por el cual se duplica un sonido. Vimos algo similar en (P9), en los casos de asimilación total. El sonido oclusivo dental /t/ y el oclusivo velar /k/ se duplican cuando van seguidos de un diptongo creciente con la semiconsonante /j/. Los dos sonidos vocálicos se mantienen.

$$\begin{bmatrix} t \\ k \end{bmatrix} jV \rightarrow \begin{bmatrix} tt \\ kk \end{bmatrix} jV$$

|  | PŬTEŬM |
|---|---|
| P12: red. vocálica | /pótjo/ |
| P17: geminación | /póttjo/ |
|  | pozo |

## P18. *Palatalización/africación*

En este proceso de palatalización/africación las velares oclusivas se transforman en palatales africadas cuando van seguidas de vocales anteriores. La oclusiva velar sonora derivará en la africada sonora, mientras que la oclusiva velar sorda lo hará en la africada sorda.

$$\begin{bmatrix} g \\ k \end{bmatrix} \begin{bmatrix} i \\ e \end{bmatrix} \rightarrow \begin{bmatrix} d\mathfrak{z} \\ t\int \end{bmatrix}$$

|  | PĀCEM |
|---|---|
| P2: red. nasal | /páke/ |
| P18: pal./africación | /pátʃe/ |
|  | paz |

## P19. *Desafricación/ensordecimiento*

El proceso opuesto a (P18) es la **desafricación/ensordecimiento**. En este proceso [dz] sonoro y [ts] sordo pierden el elemento oclusivo y se convierten en fricativos. En el español del centro-norte peninsular se interdentalizan dando lugar a /θ/. Asimismo, la dorsodental sonora se ensordece, por lo que se produce la neutralización entre [dz], DICĔRE /dídze/ > /díže/ > /díše/ >/díθe/ > *dice*, y [ts], BRACHĬUM /brátso/ > /brášo/ >/bráθo/ *brazo*. Como vemos, en la evolución de DICĔRE > *dice* hay un paso más, el del ensordecimiento (Pharies 2007, 153).

|  | CAPĬTĬAM |
|---|---|
|  | /kabédza/ |
| P19: desafricación | /kabéža/ |
| P19: ensordecimiento | /kabéša/ |
| interdentalización | /kabéθa/ |
|  | cabeza |

## P20. *Fricativización*

El proceso de **fricativización** consiste en que las oclusivas sonoras se convierten en sus correspondientes versiones fricativas. El modo de articulación es lo único que cambia en este proceso, y se mantiene así el punto de articulación.

|  | LĒGĀLE | RADĪCE |
|---|---|---|
| P12: red. vocálica | /legále/ | /radíke/ |
| P18: pal./africación | — | /radítʃe/ |
| P20: fricativización | /leɣále/ | /raðítʃe/ |
|  | leal | raíz |

## P21. *Elisión de /β/, /ð/ y /ɣ/*

Podemos considerar este proceso como la segunda parte del anterior (P21). En este caso, las fricativas /β/, /ð/ y /ɣ/ desaparecen en posición intervocálica.

$$V \begin{bmatrix} \beta \\ \eth \\ \gamma \end{bmatrix} \rightarrow V\,\emptyset\,V$$

|  | LĒGĀLE | RADĪCE |
|---|---|---|
| P12: red. vocálica | /legále/ | /radíke/ |
| P18: pal./africación | — | /radítʃe/ |
| P20: fricativización | /leɣále/ | /raðítʃe/ |
| P21: elisión /β, ð, ɣ/ | /leále/ | /raítʃe/ |
|  | leal | raíz |

## P22. *Sonorización*

En la **sonorización**, una consonante sorda se sonoriza en posición intervocálica. En (P20) hemos visto un proceso similar que se aplicaba a las consonantes oclusivas so noras.

$$VC_{[-son]}\,V \rightarrow VC_{[+son]}V$$

|  | CAECUM |
|---|---|
| P1: monoptongación | /kékum/ |
| P2: red. nasal | /kéku/ |
| P12: red. vocálica | /kéko/ |
| P13: diptongación | /kjéko/ |
| P18: pal./africación | /tʃjéko/ |
| P22: sonorización | /tʃiégo/ |
|  | ciego |

## P23. *Degeminación*

La **degeminación** es el proceso por el cual una consonante geminada se vuelve simple. Este cambio se aplica a todos los sonidos consonánticos geminados excepto a –ll–, –rr–, y –nn–.

$C_1 C_2 \rightarrow C_1$ donde $C_1=C_2$, excepto **ll, rr, nn**

|  | SPISSUM |
|---|---|
| P2: red. nasal | /spíssu/ |
| P10: epéntesis | /ispíssu/ |
| P12: red. vocálica | /espésso/ |
| P23: degeminación | /espéso/ |
|  | espeso |

Si revisamos el último ejemplo, podemos comprobar que las consonantes geminadas no lograron mantenerse en su evolución hasta el español. Los **dígrafos** "ll" y "rr", dos letras con las que se representa un mismo fonema, son los únicos casos en los que en español escribimos consonantes dobles que se pronuncian como parte de una misma sílaba. Por lo tanto, estas grafías se pronuncian /ʎ/ o /y/ y /r/ respectivamente. La grafía "nn" corrió una suerte distinta. Una de las razones por las que desapareció como tal tiene que ver con la falta de espacio y de papel, dado que los escribas utilizaban abreviaturas para ciertas palabras cuando copiaban los textos. Así, en lugar de escribir una *n* junto a la otra, escribían una consonante encima de la otra por motivos de espacio. Fue de esta manera como la *n* que se quedaba arriba, con el paso del tiempo, acabó convirtiéndose de manera gráfica en la tilde de la "ñ" que conocemos en el español actual.

---

**Actividad 7.** Detalla la evolución del latín al español de estas palabras latinas e identifica qué procesos fonológicos aparecen.

| Modelo: ACTUM → acto | ACTUM |
|---|---|
| P2 | /áktu/ |
|  | acto |

1. PORCUM → puerco

2. CAUSAM → cosa

3. FĀBULĀRE → hablar

4. FRĪGIDUM →frío

5. HORTUM → huerto

6. MAGISTRUM → maestro

7. CRĒDERE → creer

8. LEPOREM → liebre

9. CLĀVEM → llave

10. PŌPULUM → pueblo

**Actividad 8.** Completa la tabla con los distintos procesos que hemos estudiado, según afecten a las vocales o a las consonantes.

| Vocálicos | Consonánticos |
|---|---|
| P1 Monoptongación<br>$\overline{\text{AU}}$ /au̯/ → /o:/<br>$\overline{\text{AE}}$ /ai̯/ → /e/<br>$\overline{\text{OE}}$ /oi̯/ → /e:/ | P2 Reducción de nasales<br>a) /m/# → $\begin{cases} \text{n /\_\_\# en monosilábicas} \\ \emptyset \text{ / en los demás contextos} \end{cases}$<br><br>b) Vns → V: s |
| | |
| | |
| | |
| | |
| | |
| | |
| | |
| | |
| | |
| | |
| | |
| | |
| | |
| | |
| | |

### 3.1.2. Palabras patrimoniales y cultismos

De entre las palabras derivadas del latín, es importante diferenciar entre dos categorías principales. Por un lado, el grupo más numeroso está formado por las **palabras patrimoniales** o **populares**, aquellas que siguieron los cambios y procesos típicos en su evolución al castellano, como en el caso del sustantivo FĪLIUM → *hijo*. Por otro lado, el grupo de los **cultismos** comprende términos derivados del latín que no han sufrido tanta transformación. Debido al estatus del latín como lengua culta, se recurrió a esta variedad en diferentes momentos de la historia para acuñar nuevos vocablos e integrarlos en la lengua castellana tomando la raíz de la palabra latina junto con las respectivas adaptaciones morfológicas y fonológicas, como en FĪLIUM → *filial*.

Hay que tener en cuenta igualmente la existencia de los llamados **semicultismos**, que son voces patrimoniales cuya evolución no se terminó de completar o, en algunos casos, se detuvo en su propio origen etimológico. En el ámbito religioso se utilizaba el latín como la lengua de culto, por lo que los clérigos hacían uso de la fonética latina; pero en muchos casos se trataba de palabras también utilizadas por el pueblo, y eso favorecía que ciertas palabras evolucionaran de una forma u otra. Así, la palabra SAECULUM siguió los siguientes pasos:

SAECULUM → seculu → seclu → seglo → sieglo → *siglo*

Si la palabra anterior hubiera seguido su evolución natural, los procesos de cambio deberían haber continuado hasta dar *\*sejo*, pero la evolución se detuvo de manera que la palabra se quedó en *siglo*. Del mismo modo, el sustantivo FRŪCTUM debería haber llegado a evolucionar hasta la forma *\*frucho* si hubiera seguido todos los procesos, pero su evolución se detuvo en un estadio muy temprano, *fruto*. Para los propósitos del capítulo, no estableceremos la diferencia entre cultismos y semicultismos, por lo que utilizaremos indistintamente el término *cultismo* para referirnos a ambos.

Los pares compuestos por una palabra patrimonial y un cultismo derivados de la misma raíz latina se denominan **dobletes**, como, por ejemplo, el constituido por las ya mencionadas palabras *hijo/filial*. Ambos términos derivan de FĪLIUM, pero la palabra patrimonial entró en el léxico del español en la lengua oral y ha experimentado todos los procesos fonológicos pertinentes descritos en la sección anterior. En cambio, el cultismo *filial* es un término tomado directamente del latín para describir que "está relacionado con el sustantivo hijo"; o "que se trata de una entidad que depende de otra"; por ejemplo, *una filial bancaria*, es decir, "la oficina de un banco". Otro ejemplo lo encontramos en la palabra latina NOCTEM, que siguió los procesos habituales hasta derivar en la palabra patrimonial *noche*. Sin embargo, si nos fijamos en la familia léxica de *noche*, vemos que sus derivados toman la raíz latina NOCT–, como podemos apreciar en los términos *noctámbulo, nocturnidad* o *nocturno*.

---

**Actividad 9.  Completa los dobletes que aparecen en la tabla. Ayúdate de los términos latinos.**

| Término latino | Cultismo | Palabra patrimonial |
|---|---|---|
| COLLUM | collar | cuello |
| LĪMITEM | | linde |
| ATTONITUM | | tonto |
| FŌRMAM | forma | |
| CLĀVEM | clave | |
| STRICTUM | estricto | |
| OPERARIUM | | obrero |
| COLLOCĀRE | colocar | |
| CATHEDRAM | | cadera |

❯ Fíjate en la última palabra de la lista, CATHEDRAM → *cadera*. En portugués existe la palabra *cadeira*. ¿Qué significa? ¿Puedes explicar la relación semántica entre *cadera*, su cultismo y esa palabra portuguesa?

**Actividad 10.** Revisa las palabras en latín de la primera columna y escribe el cultismo correspondiente. Incluye la palabra patrimonial y el número de los procesos evolutivos.

| Latín | Cultismo | Palabra patrimonial |
|-------|----------|---------------------|
| COLLUM | *collar* | *P2, P13 = cuello* |
| LUPUM | | |
| OPERAM | | |
| PLĒNUM | | |
| CLĀMĀRE | | |
| CAL☒DUM | | |
| FABULAM | | |
| VITAM | | |
| PŎRTAM | | |

**Actividad 11.** Decide de qué palabras latinas proceden los términos en español que aparecen debajo. Escribe junto a ellas una P o una C según si son palabras patrimoniales o cultismos / semicultismos.

INTEGRUM • PEDEM • MĒNSEM • LACTEM • RECITĀRE
INSŬLAM • ANNUM • COMPARĀRE • VĪTAM • CAPILLUM
FABRĬCAM • RAPĬDUM • APICŬLAM • EXĀMEN

pie • examen • rezar • rápido • vital • leche • comparar
anual • apicultor • enjambre • pedal • íntegro • año • mes
entero • lácteo • recitar • abeja • fragua • mensual • cabello
raudo • comprar • capilar • isla • vida • fábrica • ínsula • examen

## 3.2. Los pueblos visigodos

En el siglo V, varios grupos de origen germánico, como los vándalos, los suevos y los alanos, conocidos en su conjunto como los **pueblos visigodos**, llegaron a la Hispania romana por los Pirineos y se asentaron en la zona central de la península ibérica. A pesar de que los visigodos permanecieron en la Península durante casi tres siglos, su paso no se dejó notar tanto como el de otras civilizaciones. Durante el siglo VII se produjo la romanización de la élite visigoda, lo cual debilitó su cultura y el uso de sus idiomas.

Las lenguas visigodas no parecen haber influido en gran medida en la fonética española, aunque sí se han conservado algunos sufijos que se adaptaron a los sonidos del latín vulgar y del romance que se hablaba en la Península. Este es el caso del sufijo –*engo*, procedente del sufijo germánico –*ingôs*, y que se habría instaurado para nombrar un lugar o al propietario de un territorio, como en las palabras *abadengo*, *abolengo*, *frailengo* o *realengo*, aunque no se ha descartado la hipótesis de que este sufijo haya podido ser asimismo una adaptación del catalán o del provenzal –*enc* (Dworkin 2012, 77). También, aunque los **patronímicos**, o nombres propios que designan ascendencia, –*ez*, –*iz*, –*oz* sean probablemente de origen prerromano, su consolidación o propagación se ha podido ver favorecida por algunos genitivos góticos latinizados en –*rici*, como *Roderici*, *Singerici*, *Gunterici* (Echenique Elizondo 2003, 618). Estos patronímicos han dado lugar a apellidos populares en el mundo hispanohablante, tales como *Jiménez*, *Ruiz* o *Muñoz*. Asimismo, nos han llegado de las lenguas visigodas algunos términos léxicos asociados al ámbito militar, como *espía*, *guardián* o *guerra*.

### 3.3. La conquista musulmana

A medida que la hegemonía romana y la de los pueblos germánicos se debilitaba en Europa, el islam iba adquiriendo fuerza. Esto tuvo como consecuencia más notable una pugna por el control de la Península de casi ocho siglos, desde el 711 hasta 1492, es decir, del siglo VIII al siglo XV. La invasión musulmana ocupó toda la Península a excepción de algunos reductos en las montañas de la zona noroeste. Durante el siglo VIII, los cristianos aprovecharon la rivalidad entre los diferentes reinos musulmanes para ir extendiéndose a lo largo de la cuenca del río Duero. Alfonso I formó un reino que se extendió de Galicia a Cantabria y Álava, el cual, bajo el reinado de Alfonso II, comenzó a recuperar parte del territorio de la Península. En contraste con la época visigoda, la influencia musulmana fue mucho más patente, dado que se produjo un mayor contacto interétnico con los habitantes de la Península. Los musulmanes y los reinos cristianos convivieron de forma tan cercana que a partir del siglo VIII surgió el **mozárabe**, habla que se originó como resultado de la confluencia de un conjunto de variedades romances derivadas del latín y del árabe. El mozárabe fue el habla vernácula de cristianos, también de musulmanes y judíos, que vivían en Al-Ándalus, la zona que se encontraba bajo dominio islámico, y su uso se extendió hasta el siglo XIII y posiblemente en el sur de la Península hasta el siglo XV (Penny 2006, 299). La influencia musulmana fue clave en todo el territorio para el desarrollo de la agricultura, el comercio, las artes, las ciencias y la gastronomía. La siguiente figura muestra cómo ya en el siglo IX los reinos cristianos habían perdido la mayor parte del territorio peninsular, retrocediendo hasta la zona norte de la Península.

Entre las características sintácticas más llamativas de la variedad mozárabe, encontramos el uso del pronombre tónico tras preposición, como en *ya encontré a ellos* por "ya los encontré"; uso del determinante posesivo cuando el posesor está también presente, *su vida del hermitanno* por "la vida del ermitaño"; aclaración posterior del pronombre relativo *que*, como en *la estrella que tú quisieres saber su lugar* por "la estrella cuyo lugar quisieres saber", y, por último, el orden de palabras normal es verbo—sujeto—complemento(s).

Sin embargo, la influencia más notable del árabe nos ha llegado en forma de **términos léxicos de origen árabe** que todavía existen en el español moderno. Se estima que en torno a unas 850 palabras conforman el léxico español de origen árabe, aunque podrían ser más de 4000 si también se incluyen los términos derivados de estas palabras (Lapesa 1997), así como los numerosos topónimos o nombres de lugares repartidos por la geografía peninsular, como *Alhambra*, del árabe *al-Hamr* "la roja", abreviatura del nombre completo *al-qal'a al-hamra* "la fortaleza roja". Una gran parte de estos términos comienzan con *a*– o *al*–, puesto que este era el artículo en árabe y se asimiló como parte de la palabra cuando se incorporó al léxico del español (Lapesa 1997). Así, tenemos palabras como *aceite*, *alambique*, *albóndiga*, *alcachofa*, *alcalde*, *alcayata*, *alcohol*, *alfombra*, *algodón*, *alhaja*, *almohada*, *alquimia*, *azúcar*, *bata*, *bellota*, *carcajada*, *daza*, *embarazar*, *fideo*, *fulano*, *guitarra*, *hazaña*, *jabalí*, *jaqueca*,

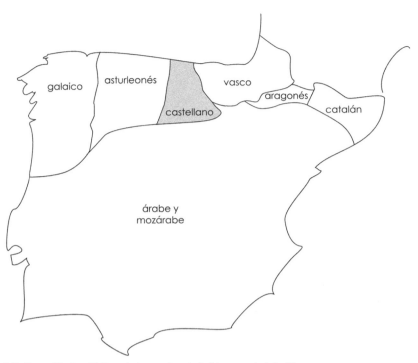

**Figura 6.5** Situación lingüística de la península ibérica en el siglo IX

*jinete, jirafa, lapislázuli, limón, mandil, mezquino, mezquita, nácar, naranja, quintal, quiosco, rehén, rincón, ronda, sandía, sorbete, sultán, tarea, tarima, valija, zafio, zafra, zaguán, zanahoria,* etc.

Entre las influencias morfológicas, ya hemos mencionado la incorporación del artículo a un gran número de sustantivos, lo cual también era aplicable en ocasiones a palabras de distinto origen, como el sustantivo *almena*, del latín MINA. Otros procesos morfosintácticos incluyen la terminación *–i* utilizada para crear gentilicios como *bengalí, ceutí, iraní, marroquí* o *yemení*, o que ha llegado también en sustantivos con esta misma terminación, como *baladí, jabalí, maravedí*; la preposición *hasta*, y sus variantes en la época medieval *adta, ata, hata, fata, fasta* [ > *hatta* "hasta"], así como la adopción de la interjección *ojalá* para expresar deseo y que procede de la expresión *in sha'a Allah* ("si Dios quiere") (Medina López 1999, 26).

Como vemos, la lengua árabe influyó de diferentes maneras en el español, lo cual pone de manifiesto el contacto directo que se produjo entre las culturas de la época que hablaban esta lengua —o el mozárabe— y las que se comunicaban en las variantes romances primitivas procedentes del latín. A continuación, trazaremos la evolución del romance desde sus orígenes para mostrar cómo el mapa lingüístico de la península ibérica fue evolucionando a lo largo de los siglos.

Actividad 12. Identifica el origen de las siguientes palabras de uso común en el español con la ayuda de un diccionario monolingüe. Indica cuál de ellas no proviene del árabe.

> alberca • alacena • alba • ajedrez
> arsenal • azahar • alfajor • aceituna

Puedes utilizar el siguiente recurso:

🔖 *Diccionario de la lengua española*: http://lema.rae.es/drae/.

❯ ¿Qué conclusiones puedes extraer de esta búsqueda etimológica con respecto a las palabras del español que comienzan por *a-* o *al-*?

---

Actividad 13. Fíjate en los siguientes ejemplos de jarchas, poemas mozárabes de los siglos XI–XII.

| | |
|---|---|
| *Vayse meu corachón de mib.*<br>*Ya Rab, ¿si me tornarád?*<br>*¡Tan mal meu doler li-l-habib!*<br>*Enfermo yed, ¿cuánd sanarád?* | ¿Qué faré mamma?<br>*Meu-l-habibest' ad yana.* |
| | ¿Qué haré, madre?<br>Mi amigo está en la puerta. |
| Se va mi corazón de mí.<br>Oh Dios, ¿acaso volverá a mí?<br>¡Tan fuerte mi dolor por el amigo!<br>Enfermo está, ¿cuándo sanará? | |

Fuente: http://www.palabravirtual.com/index.php?ir=critz.php&wid=396&show=poemas&p=Jarchas+moz%E1rabes.

Otros ejemplos de jarchas mozárabes: http://www.jarchas.net/.

📷 🎧 Ejemplo audiovisual de jarcha: https://www.youtube.com/watch?v=zDq-8BbLykc.

❯ En la primera jarcha aparece una de las características sintácticas del mozárabe presentadas en la sección. Identifícala.

❯ Fíjate ahora en la segunda jarcha. ¿Qué dos fenómenos no habituales en español observas en la oración afirmativa?

---

## 3.4. El romance primitivo en la Península

Las primeras muestras del romance primitivo en la Península aparecen en diferentes documentos notariales alrededor del siglo IX. Aunque en principio se suponía que estos documentos estaban escritos en latín, tal vez por descuido, o porque de algún modo se reflejaba que la lengua se hallaba en periodo de transición, dichos documentos ya incluían ciertas frases o palabras en romance. Sin embargo, el primer uso del que tenemos noticia del romance en un texto escrito lo encontramos en una serie de anotaciones que aparecen en homilías, o sermones de carácter religioso, y en un penitencial que datan del siglo XI, escritos en latín en el monasterio de monjes benedictinos de San Millán de la Cogolla (La Rioja). Estos textos se conocen hoy en día como el *Códice Emilianense 60*.

El propósito de estas anotaciones o glosas era el de facilitar la comprensión de los textos latinos cuando se presentaban dificultades sintácticas, léxicas o morfológicas. Los monjes que los consultaban anotaban palabras, oraciones e incluso párrafos enteros al margen a modo de traducción de aquellos pasajes que les resultaban desconocidos. En el códice se encuentran más de mil glosas: unas cien de ellas están en romance navarro-aragonés, dos en lengua vasca y el resto en latín, aunque en un latín muy arromanzado, esto es, con influencias romances. El hecho de que existan tantas glosas en este códice demuestra que entre los hablantes ya no se usaba el latín, sino la lengua romance, y por eso los monjes incluían traducciones o aclaraciones. Estas glosas son conocidas comúnmente por el nombre de *Glosas Emilianenses*, y se considera que son los primeros vestigios escritos del castellano (Wolf 1991). Por eso se suele calificar el Monasterio de San Millán de la Cogolla como la cuna de esta lengua. Otras glosas que aparecen alrededor del siglo XI son las conocidas como *Glosas Silenses*, puesto que se encontraron en el archivo del Monasterio de Santo Domingo de Silos (Burgos), también benedictino. El códice contiene 513 glosas, y constituye un compendio latino de sermones, cartas y un penitencial. En el penitencial aparecen 368 glosas escritas tanto en los márgenes como entre líneas. En general, se considera que estas glosas constituyen el primer intento de traducción del latín al romance. Sin embargo, algunos autores como Rafael Lapesa (1997, 162-163) creen que debió de existir una especie de diccionario latín-romance que no se habría conservado y que los monjes utilizarían para realizar estas anotaciones. No obstante, la aparición en 1997 de un nuevo códice emilianense fechado el año 964 y denominado *Códice Emilianense 46* adelantaría la aparición de las primeras pruebas documentales del castellano hasta finales del siglo X (véase García Turza y García Turza 1997, 2002).

Otra muestra de apreciable interés para el estudio del romance primitivo es la *Nodicia de kesos*, una especie de nota de uso doméstico fechada a finales de 974 o principios de 975. La *Nodicia* consiste en una lista de quesos preparada en un monasterio cerca de la ciudad de León. Si bien estos documentos no se solían conservar por su utilidad efímera, este texto en concreto se redactó en la parte de atrás de un documento legal que sí tenía un valor más perdurable, lo cual permitió que Ramón Menéndez Pidal pudiera editarlo y darlo a conocer en su obra *Orígenes del español* (1926/1976). La comparación entre la *Nodicia* y el texto jurídico en el anverso da pie a evidentes diferencias, que en el caso de la lista doméstica sugieren la ausencia de fórmulas lingüísticas preestablecidas, una escritura mucho más espontánea y sin un borrador previo, o el empleo de determinadas variantes lingüísticas muy poco comunes en textos más formales (Morala Rodríguez 2008).

Tanto las *Glosas Emilianenses* y las *Glosas Silenses* como la *Nodicia de kesos* constituyen pruebas documentales que confirman los primeros intentos de utilización del alfabeto latino para plasmar los sonidos de una lengua romance emergente sin convenciones ni pautas ortográficas. No cabe duda de que esta práctica impulsó la difusión de esta nueva lengua y sirvió para reflejar igualmente la evolución que se estaba produciendo en el momento.

**Actividad 14.** Observa la siguiente imagen de un texto escrito en latín.

Puedes consultar el siguiente recurso:

Fundación San Millán de la Cogolla: http://www.fsanmillan.es/estudio-del-espanol.

▶ Localiza en la imagen dónde se encuentran las glosas anotadas en romance primitivo. ¿De qué manera crees que estas anotaciones facilitaban la lectura?

▶ ¿Conoces otros textos antiguos similares en tu lengua materna o en otras lenguas?

### 3.5. La influencia galorromance en el siglo XI

La lengua vernácula hablada en la Península hasta el siglo XI carecía de prestigio, como demuestra el hecho de que se recurriera a los idiomas clásicos para componer textos. Además, el romance había derivado del latín vulgar y se encontraba aislado de las influencias del resto de Europa. La peregrinación a Santiago de Compostela desde Francia discurría por Roncesvalles (norte de Navarra) a través de caminos montañosos y poco accesibles, por lo que dicho recorrido no tenía una gran afluencia de peregrinos. Sancho el Mayor, rey vascón del Reino de Navarra, en el siglo XI decidió desviar el camino hacia territorios más llanos en el sur. Esto hizo que aumentara notablemente el número de fieles —muchos de origen francés, que se fueron asentando en distintas ciudades a lo largo del camino— y que a esta ruta se la llegase a conocer como "el camino francés".

Gracias a este nuevo trazado de peregrinaje, la Península salió en parte de su aislamiento geográfico, cultural y religioso. Si bien es cierto que la parte norte de la Península era cristiana, los ritos eran un tanto particulares, puesto que todavía conservaban influencias visigodas, no ciñéndose estrictamente a la norma de la Iglesia vigente en el sureste de Europa. Esta apertura, impulsada en gran medida por monjes y obispos franceses, supuso la introducción de la reforma cluniacense en las órdenes religiosas y monásticas a lo largo del camino, hasta llegar finalmente a todos los rincones de la Península.

Los monjes cluniacenses defendían la universalidad romana por encima de cualquier diferencia regional, por lo que el rito visigodo fue sustituido por el romano, se llevó a cabo una reorganización eclesiástico-monástica y se adoptó la liturgia gregoriana. Esta nueva corriente latinista influyó de modo importante en el lenguaje religioso y el de la literatura, hasta alcanzar finalmente la lengua oral de la mayoría de la población. Esta influencia se puede apreciar, por ejemplo, en la cantidad de **galicismos** o palabras procedentes del **galorromance**, es decir, el francés primitivo que se hablaba en Francia (Dworkin 2012, 118). Nuevos términos lingüísticos galorromances llegaron a la Península y se incorporaron al léxico religioso, como es el caso, por ejemplo, del sustantivo francés *fraire*, que dio lugar al vocablo *fraile*; pero también en los ámbitos de la economía y de la realidad social feudal, como se puede apreciar en algunas voces que contienen el sufijo *–age*, *–aje*, como *coraje*, *homenaje*, *linaje*, *peaje*, *ultraje*, *viaje*, etc. (véase Dworkin 2012, 118-138).

### 3.6. La Reconquista

En el siglo XV los reinos medievales formaban ya entidades lingüísticas claramente definidas, puesto que cada uno de ellos se había ido configurando en un progresivo fraccionamiento político con unas características lingüísticas y culturales propias que ya habían aflorado en la época visigoda.

El **Reino de León**, considerado como el bastión principal de la Reconquista, heredó parte de las costumbres visigodas en la esfera política, aunque carecía de unión desde el punto de vista lingüístico. En la zona occidental se hablaba el gallego, el romance más **conservador** y menos sujeto a evoluciones de la Península, que después fue extendiéndose hacia el sur (portugués). El asturleonés del centro del reino tenía influencia gallega y mozárabe, y en la franja oriental incorporó novedades procedentes del castellano, el romance más **innovador** y más evolucionado de todos.

La **zona de Cantabria**, territorio insumiso durante la conquista visigoda, fue la cuna de Castilla, en cuyas fronteras se lidiaron incesantes batallas contra los árabes. Aunque Castilla fue en principio uno de los condados dependientes de León, luchó por conseguir su autonomía, más tarde su independencia y, por último, la supremacía en la España cristiana. Por esta razón, al comparar el resultado de los procesos fonológicos de distintas lenguas románicas, por ejemplo con el gallego, las palabras del castellano suelen ser las que han pasado por más procesos desde su origen etimológico latino.

En el **Pirineo**, no se produjo un afán reconquistador como el de las zonas de León y Castilla. La conquista musulmana había logrado llegar hasta la zona noroeste francesa y fue en la cuenca del Ebro donde comenzaron a asentarse los territorios cristianos pirenaicos.

El **Reino de Navarra** recupera La Rioja en el siglo X, pero al morir Sancho el Mayor este territorio quedó aislado y se fue reduciendo. El dialecto navarro-aragonés era similar al asturleonés, pero también poseía otras particularidades (Lapesa 1997, 174). Desde el punto de vista evolutivo, los localismos aragoneses no se expandieron al sur del valle del Ebro. Así como el asturleonés presenta estados intermedios entre el gallego-portugués y el castellano, el navarro-aragonés muestra etapas intermedias entre el castellano y el catalán.

La primitiva **Cataluña** consiguió deshacerse del sometimiento de los musulmanes, al principio, como un grupo de condados incorporados a Francia, pero con la expansión del condado de Barcelona pronto tuvo representación en la esfera política gala.

En los mapas que aparecen a continuación se puede observar el rápido avance de la Reconquista, lo cual provocó la paulatina desaparición de las hablas mozárabes. En el siglo XI, los reinos cristianos habían recuperado casi media Península y se habían expandido hacia el sur.

Si bien es cierto que todos los reinos cristianos habían ido extendiéndose hacia el sur de la Península, en apenas dos siglos la lengua castellana fue ganando terreno al asturleonés y al aragonés, puesto que avanzaba hacia la zona sur relegando al árabe y al mozárabe a sus últimos bastiones. En una sucesión de campañas militares que duraron desde 1482 hasta 1492, se produjo finalmente la toma de Granada, propiciada por el rey Fernando II de Aragón y la reina Isabel I de Castilla, que acabó de esta manera con el último reducto del reino musulmán bajo el mandato del rey Boabdil.

El año 1492 es históricamente digno de resaltar, puesto que es una fecha que marca tres sucesos históricos con profundas consecuencias sociales, políticas, culturales y lingüísticas: el inicio de la conquista de América, la publicación de la *Gramática* de Elio Antonio de Nebrija —la primera de la lengua española— y la expulsión de los judíos de la Península. En América se produjo un desarrollo paralelo al de la Península, con el desarrollo de distintas variedades de la lengua (véase el capítulo 7 sobre variación lingüística).

Con la paulatina desaparición del dominio musulmán, el castellano se fue extendiendo por todo el centro norte y el sur de la Península durante el siglo XV, como muestra la figura 6.8.

Si contrastamos las figuras 6.6, 6.7, 6.8 y 6.9, podemos apreciar cómo ha cambiado la situación lingüística de la península ibérica hasta la actualidad. En el mapa del siglo XXI se aprecian las zonas en las que se hablan las diferentes lenguas, así como los territorios en los que todavía quedan hablantes de asturleonés y de aragonés. Además, existen otras regiones con algunas particularidades lingüísticas, como, por ejemplo, el área pirenaica del Valle de Arán (Lérida), en la que el aranés es idioma cooficial junto con el español y el catalán.

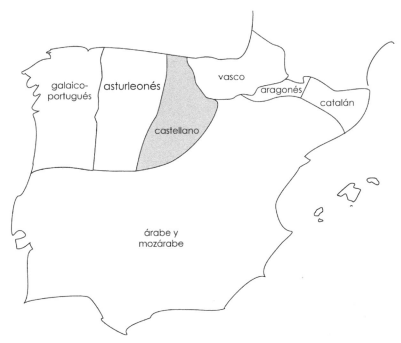

**Figura 6.6** Situación lingüística de la península ibérica en el siglo XI

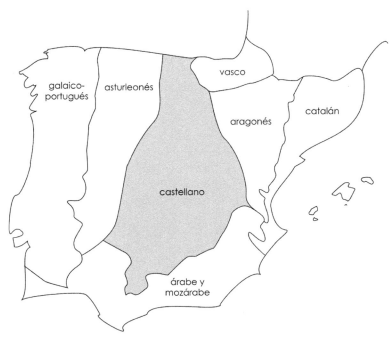

**Figura 6.7** Situación lingüística de la península ibérica en el siglo XIII

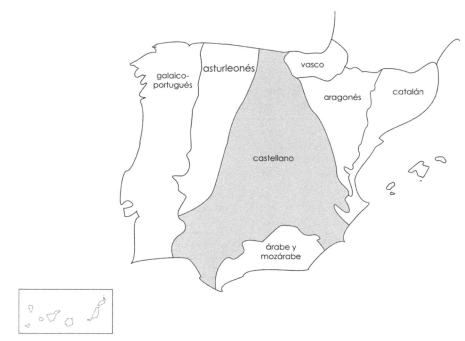

**Figura 6.8**  Situación lingüística de la península ibérica en el siglo XV

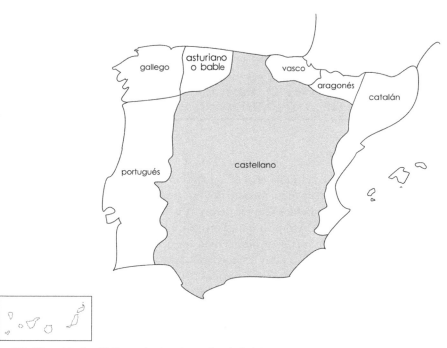

**Figura 6.9**  Situación lingüística actual en la península ibérica

**Actividad 15.　Lee las descripciones sobre distintos tipos de textos medievales de los siglos IX-XV e identifica sus nombres genéricos.**

> glosas • cuaderna vía • textos históricos y doctrinales
> fueros y documentos notariales • cantares de gesta
> textos literarios de carácter moralizante • jarchas

| Descripción | Tipo de texto |
|---|---|
| 1. Anotaciones que aparecen hacia finales del siglo X en documentos religiosos encima de los vocablos latinos o al margen para facilitar la lectura a quienes no entendían latín. | *Glosas* |
| 2. Canciones folclóricas que se transmitían oralmente y que cantaban los mozárabes (habitantes de religión cristiana en las zonas ocupadas por los árabes). | |
| 3. Textos procedentes de testamentos, actas de donación, contratos de compraventa, pactos matrimoniales, partidas de nacimiento, etc. | |
| 4. Manifestaciones literarias cantadas por juglares que narran las hazañas de un héroe que solía representar el carácter modélico de un pueblo o una comunidad. El más conocido es el *Cantar del Mio Cid* (¿1191?). | |
| 5. Estrofa formada por cuatro versos alejandrinos (de catorce sílabas) con rima consonante, habitual en los poemas de escritores cultos, normalmente clérigos, y que contrasta con los textos juglarescos, que no observaban tal regularidad. | |
| 6. Estos textos incluyen obras originales como la *Crónica general*, primera historia de España escrita en castellano, y traducciones al romance de obras en latín, árabe y hebreo. | |
| 7. Textos con una finalidad didáctica y narrativa que plantean vicios o defectos en las costumbres sociales de la época, entre ellos *El Conde Lucanor*, de Don Juan Manuel, o el *Libro de Buen Amor*, de Juan Ruiz, Arcipreste de Hita. | |

❥ **Todos estos textos contrastan por pertenecer a diferentes tipologías. ¿Por qué crees que ha sido importante hallar estas manifestaciones textuales diferentes entre sí en la evolución de la lengua? ¿Qué nos indican desde el punto de vista de su uso?**

### 3.6.1. El judeoespañol

La expulsión de la comunidad judía en 1492 marcó uno de los sucesos más trágicos en la historia de la Península, con un gran impacto desde el punto de vista político, social, cultural y lingüístico. Los judíos expulsados se repartieron en cuatro áreas geográficas principales: el Imperio otomano, el norte de África, Italia y Portugal. Muchos de los que emigraron al norte de África no disfrutaron de una gran bienvenida, ya que fueron vendidos como esclavos, asesinados o murieron de hambre y de enfermedades. Los que se marcharon a Italia corrieron mejor suerte, y pudieron establecerse en ciudades como Padua, Nápoles, Venecia y Ferrara, donde se realizó la primera traducción de la Biblia con caracteres latinos al judeoespañol. En Portugal, las comunidades judías fueron obligadas en 1497, por decreto de Manuel I de Portugal, a convertirse al cristianismo o, de lo contrario, serían expulsadas del territorio. La intolerancia religiosa hacia los judíos conversos se vio exacerbada en 1506 con la masacre de Lisboa, en la que miles de judíos fueron asesinados. La Inquisición se estableció oficialmente en Portugal treinta años más tarde, durante el reinado de João III, y en este periodo se firmaron alrededor de treinta mil penitencias de las que cerca de dos mil fueron ejecuciones. Cuando en 1593 los judíos fueron expulsados de Portugal, comenzaron los primeros asentamientos sefardíes en Amsterdam (Holanda). Tras su estancia en Portugal, muchos de los judíos que llegaron a Holanda eran bilingües; sin embargo, el judeoespañol siguió considerándose la lengua culta y se siguió utilizando en los libros litúrgicos.

En el siglo XVI, el sultán Beyazid II ofreció a los judíos la posibilidad de establecerse en su imperio. Por esta razón, numerosos judíos que anteriormente se habían refugiado en Italia, Amsterdam y el norte de África emigraron a territorios del Imperio otomano. Los judíos de origen sefardí pudieron disfrutar en este nuevo territorio de una relativa calma, lo cual les permitió conservar su lengua.

Los **sefardíes** eran la comunidad judía presente en la península ibérica, y recibían ese nombre porque *Sefarad* era el nombre propio en hebreo con el que los sefardíes hacían referencia a la Península. El idioma que hablaban las comunidades judías peninsulares tras su expulsión era el que se utilizaba en la Península en el siglo XV, antes de que comenzaran los cambios que constituyen el paso del castellano antiguo al español moderno a partir del siglo XVI. Gracias a estas circunstancias especiales, el judeoespañol es una modalidad lingüística cercana al castellano antiguo, aunque continuó evolucionando de manera interna y por el contacto con las lenguas de los territorios en los que se habla (Israel, Asia Menor, norte de África y los Balcanes). Como veremos en esta sección, en ella se han conservado un gran número de arcaísmos, sobre todo fonológicos, puesto que la mayor parte de las influencias externas pertenecen al ámbito léxico (Lapesa 1997, 527). Sin embargo, el judeoespañol ha ido cayendo en desuso, porque la mayor parte de sus hablantes ha adoptado la lengua de su lugar de residencia y ha creado dos grupos principales, el oriental y el occidental. A pesar de ello, los sefardíes de las distintas regiones del Mediterráneo pueden entenderse entre sí.

En el **nivel fonológico**, el judeoespañol se ha descrito como una modalidad lingüística conservadora o poco sujeta a cambios. Sí existe en general la diptongación típica de /ŏ/ y /ĕ/ en /wé/ e /jé/ respectivamente, aunque en muchas ocasiones no se llegue a producir. Así, encontramos palabras como *ponte* (puente) o *preto* (prieto). Por otra parte, también observamos algunos rasgos innovadores como *n > m* delante del diptongo /we/, *muestro* (nuestro). La /–e/ suele convertirse en /–a/ cuando está en contacto con una *r*, y origina palabras como *piarna* (pierna) o *tarnero* (ternero). Por último, las vocales medias /–o/ y /–e/ se cierran en /–u/ e /–i/ respectivamente, como en *parru* (perro) o *vardi* (verde) (Penny 2006, 23).

Se conserva la *f* latina, como en *furmiga* (hormiga) o *afogarse* (ahogarse), aunque en ocasiones el sonido se aspire. En algunos dialectos del judeoespañol, la pronunciación de la grafía "v" se distingue de la de "b", y se realiza como labiodental sonora. Se mantienen las sibilantes del castellano antiguo, como muestra esta figura:

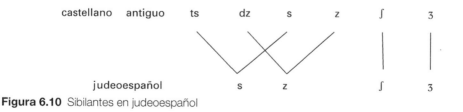

**Figura 6.10** Sibilantes en judeoespañol

Algunos rasgos característicos son la ausencia de acentos ortográficos en la escritura, la no existencia de la "h" muda y el uso del grafema "k", que representa el grupo consonántico del español "qu–". Cabe destacar que el judeoespañol es un dialecto yeísta (véase el capítulo 2 sobre

fonología y fonética), aunque hay dos soluciones ortográficas para la desaparición de la "–ll–".
Por un lado, encontramos su sustitución por "y" y, por otro, su reducción a "l": *yavi* (llave);
*amariyu* (amarillo); *luvia* (lluvia) o *pelísku* (pellizco). Podemos observar las diferencias con el
castellano en el nivel morfológico a partir de las formas del verbo *ser*:

**Tabla 6.2**  Paradigma del verbo *ser* en judeoespañol

| judeoespañol | español |
|---|---|
| *so, se* | soy |
| *sos, ses, eres* | eres |
| *es, ez* | es |
| *somos, semos* | somos |
| *sof, sef* | sois |
| *son, sen* | son |

La **n paragógica**, es decir, la adición de la n como sonido final, se añade al reflexivo *se* cuando
la persona es plural, como en *pararsen* o *lavarsen*. En judeoespañol, el posesivo *su* siempre
concuerda con el poseedor, tanto en singular, *su parru*, como en plural, *sus parru*. Por último,
el verbo *tener* funciona también como auxiliar para formar los tiempos compuestos, como en
*tengo hecho* o *tengo comido*.

El **léxico** del judeoespañol muestra la heterogeneidad entre las dos regiones: la oriental y
la occidental. Esto se debe a que los hablantes de cada región fueron adoptando vocablos de
las lenguas que se hablaban en los nuevos territorios en los que se asentaron.

**Tabla 6.3**  Ejemplos con diferencias dialectales del judeoespañol

| judeoespañol (región oriental) | judeoespañol (región occidental) | español |
|---|---|---|
| asukar | asukir | azúcar |
| enzias | zinzibres | encías |
| blando | moye | blando |
| rubio | royo | rubio |

Gran parte del vocabulario que contiene el judeoespañol de ambas regiones corresponde a
arcaísmos provenientes del castellano, que en judeoespañol mantuvieron su significado
original.

**Tabla 6.4**  Arcaísmos procedentes del castellano

| judeoespañol | español |
|---|---|
| abliston | charlatán, parlanchín, hablador |
| antier | anteayer |
| biko | pico de las aves |
| comer al desmuerto | comer copiosamente, hartarse de comer |
| furo | vacío |
| mego | brujo |
| piña | mazorca de maíz |
| preto | negro |
| sayo | vestido, traje |
| tuyir | dolerse por el entorpecimiento de algún miembro |

En el léxico del judeoespañol hay igualmente términos de índole religiosa. Por ejemplo, la palabra *Dio* se utilizaba con esta forma, en lugar de Dios, debido a que su uso se percibía como un plural innecesario o incluso ofensivo. Además, algunos términos de este campo semántico procedentes del hebreo se han introducido al judeoespañol: *meldar* (leer libros sagrados) o *mazal* (destino). Sin embargo, con el tiempo, el número de préstamos de sus lenguas de acogida (el árabe, el italiano, el griego, el turco, diferentes lenguas eslavas, etc.) se ha ido incrementando (Penny y García-Macho 2001).

Por último, cabe señalar que es importante no confundir el judeoespañol con el **ladino**, puesto que este último no era una lengua propiamente hablada, sino la variante utilizada en las traducciones y adaptaciones de los textos religiosos de los sefardíes. Esta variante se empleaba a modo de calco de la sintaxis y del vocabulario de los textos hebreos y arameos, y se escribía con letras latinas o con caracteres rasíes (Alvar 2000, 31; Attig 2012, 838).

---

**Actividad 16. He aquí una serie de refranes en judeoespañol. Transcríbelos al español moderno e intenta explicar su significado según la asociación que se establece.**

1. "El amigo ke no ayuda y el kuçiyo que no korta, ke se piedran poco emporta".
2. "Kada uno konose las koles de su guerta".
3. "Pan ke ayga en el sesto, ke sea blanko, ke sea preto".
4. "Nadie sabe lo ke ay dentro de la oia, sino la kutchara ke la menea".
5. "Ken de mama te kita, kon palabras te enganya".

Adaptado de: http://yadbeyad.wordpress.com/2011/02/16/refranes-sefardies/.

❯ **¿Cuál crees que es la importancia de los refranes como transmisores de información desde el punto de vista lingüístico y cultural?**

❯ **El judeoespañol es una lengua viva. El siguiente texto está sacado de una revista sefardita. Compara el texto original con su transcripción y responde a las preguntas.**

Grasias a ti, mersi a ti Nona, a kada nona muestra ke me akoxiste de la mano y me amostraste un mundo que los libros, los meldados, el ombre . . . no puede.

La Nona sefardita nasió konosièndo su mazal, llevó el peso de su familia y kumplió komo muyer en kada momento de su vida: fiyika, ermana, desposada, madre, suegra. . . y Nona afrentándose a un mundo de estrechuras en akeyos tiempos tanto difíciles en Gresia.

**Transcripción:**

Gracias a ti, gracias a ti Abuela, a cada abuela nuestra que me cogiste de la mano y me mostraste un mundo que los libros, las oraciones, el hombre . . . no puede.

La abuela sefardita nació conociendo su suerte, llevó el peso de su familia y cumplió como mujer en cada momento de su vida: hija, hermana, esposa, madre, suegra . . . y Abuela enfrentándose a un mundo de estrechuras en aquellos tiempos tan difíciles en Grecia.

Adaptado de: http://www.sefarad.org/lm/LMOW1/LosMuestrosOnWeb1Kore83.pdf.

❯ **Preguntas:**

1. Explica qué cambios ortográficos se presentan entre los dos textos.
2. ¿Qué sucede en judeoespañol con las palabras que comienzan con *h* en español? Fíjate en *hombre*, *hija*, *hermana*.
3. ¿Con qué otra lengua romance se relaciona la palabra "abuela" en judeoespañol?
4. Enumera algunos ejemplos de sibilantes propias del judeoespañol.
5. A partir de tu experiencia con esta actividad, ¿cómo catalogarías el nivel de inteligibilidad del judeoespañol (bajo, medio, alto) para un hablante de español moderno? ¿Por qué?

## 4. Dos cambios significativos del castellano medieval al español moderno

Las secciones anteriores presentan una selección de los principales cambios que se produjeron en el paso del latín vulgar al romance. Sin embargo, hay dos procesos fonológicos fundamentales que nos ayudan a entender el desarrollo de la lengua desde el castellano medieval al español moderno: la evolución de las sibilantes y la yod. A continuación, analizaremos cómo se pasó de seis sonidos sibilantes a tres en el castellano actual. En el resto de las regiones y países de habla hispana, estos tres sonidos se redujeron a tan solo dos, pues el sonido interdental sordo /θ/ no constituye un sonido representativo de su inventario. También haremos referencia a la evolución de la yod, uno de los temas más estudiados en la historia de la lengua española, puesto que influyó en la evolución de su sistema vocálico. Como veremos, el término **yod** se aplica tanto a la semiconsonante /j/ como a la semivocal /i̯/.

### 4.1. La evolución de las sibilantes

En el castellano medieval existían seis sibilantes que tras varios procesos fonológicos se vieron reducidas a tres fonemas diferentes. He aquí un esquema de cómo se produjeron dichos cambios.

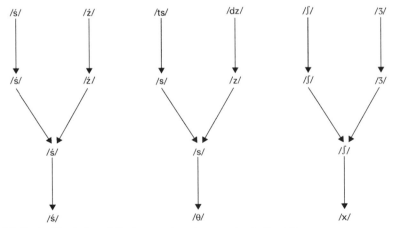

**Figura 6.11** Evolución de las sibilantes en el centro y norte de España

Como indica el esquema, el castellano medieval contaba en principio con seis sibilantes: la apicoalveolar sorda /ś/, correspondiente al dígrafo "ss", *passa*; la apicoalveolar sonora /ź/, equivalente a la grafía "s", *casa*; la africada sorda /ts/, representada mediante las grafías "c" y "ç", *braço*; la africada sonora /dz/, que corresponde a la grafía "z", *dizía*; la palatal sorda /ʃ/, equivalente a la grafía "x", *dixo*, y la palatal sonora /ʒ/, representada mediante las grafías "j", "ge" y "gi", *ojo*. Vemos estos seis sonidos resumidos en la siguiente tabla.

**Tabla 6.5** Ejemplos de sibilantes en castellano medieval

| Grafía | Sonido | Ejemplo |
|--------|--------|---------|
| ss | /ś/ | passa /pá.śa/ |
| s | /ź/ | casa /ká.źa/ |
| c/ç | /ts/ | braço /brá.tso/ |
| z | /dz/ | dizía /di.dzí.a/ |
| x | /ʃ/ | dixo /dí.ʃo/ |
| j/ge/gi | /ʒ/ | ojo /ó.ʒo/ |

El primer cambio fue la pérdida del elemento oclusivo, con lo cual las dos africadas pasaron a ser alveolares sorda y sonora, es decir, /ts/→ /s y /dz/→ /z/. Después desaparecieron las sonoras, con lo cual las sibilantes quedaron reducidas a tres: una apicoalveolar /ś/, una alveolar /s/ y una palatal /ʃ/, todas ellas sordas. Estos tres sonidos sibilantes tenían puntos de articulación demasiado cercanos, por lo que resultaba difícil distinguirlos al pronunciarlos como en las palabras: *casa* /káśa/, *caza* /kása/ y *caxa* /káʃa/. Este hecho motivó el adelantamiento de la alveolar, /s/→ /θ/ y el retroceso de la palatal, /ʃ/→ /x/. El resultado fue el que vemos en la tercera columna de la siguiente tabla.

**Tabla 6.6** Evolución de las sibilantes

| /ś/ passa, casa | apicoalveolar | /ś/ pasa, casa |
|-----------------|---------------|----------------|
| /s/ braço, dizía | alveolar → interdental | /θ/ brazo, decía |
| /ʃ/ dixo, ojo | palatal → velar | /x/ dijo, ojo |

Estos tres fonemas resultantes poseen el mismo modo de articulación (fricativo) y la misma sonoridad (sordos), y únicamente cambian en el punto de articulación. Los tres fonemas todavía se conservan en el español de la mitad centro y norte peninsular. Sin embargo, en la mitad sur peninsular, en Canarias y en Latinoamérica estos se redujeron únicamente a dos, puesto que la interdental y la apicoalveolar se neutralizaron a la /s/ alveolar. La palatal, al igual que en el español peninsular, se realiza como la velar fricativa sorda /x/, aunque en algunas zonas del Caribe se articula como /h/ (véase el capítulo 7 sobre variación lingüística).

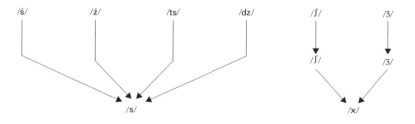

([h] p. ej., en el Caribe y otras zonas)

**Figura 6.12** Evolución de las sibilantes en el español de América y en los dialectos andaluz y canario

## 4.2. La yod

Son cuatro los posibles motivos que se barajan para la aparición de la yod, que se refiere tanto a la semiconsonante anterior alta /j/ como a su correspondiente semivocal /i̯/. En primer lugar, se puede deber a la ruptura de un hiato latino, es decir, la diptongación de EA, como en VĪNEA (vi-ne-a) → vinja → *viña*; en segundo lugar por la vocalización de una consonante implosiva, como vemos en LACTEM → lai̯te → *leche*; tercero, por la metátesis de una vocal, es decir, el cambio de lugar de la vocal en el interior de una palabra, como sucede en BASIU → bai̯su → *beso*, y por último, el cambio ha podido venir de la desaparición de una consonante, como en AMAUI → amai̯ → *amé*.

La yod puede influir en los sonidos que la rodean, ya sean consonánticos o vocálicos, como hemos visto en los ejemplos anteriores. Para ilustrar su influencia sobre las consonantes, se puede citar la palatalización de la oclusiva dental o velar que la precede. No afecta a las consonantes bilabiales porque su punto de articulación se encuentra lejos del paladar. También puede palatalizar la nasal alveolar /n/, así como la lateral alveolar /l/. Algunas palabras que reflejaban estos cambios han aparecido en la sección sobre los procesos evolutivos, aunque entonces los explicamos sin hacer referencia a la yod. A continuación presentamos algunos ejemplos.

**Tabla 6.7** Cambios consonánticos producidos por la yod

| Palatalización de oclusivas |
| --- |
| TITIONE → /titjón/ → /titsjón/ → *tizón* |
| TRUCTAM → /trúi̯ta/ → /trútja/ → *trucha* |
| **Palatalización de /n/ → /ɲ/** |
| INSIGNIA → /ensénja/ → *enseña* |
| VINEAM → /wí:nea/ → /βí:nja/ → /bíɲa/ → *viña* |
| **Palatalización de /l/ → /x/** |
| CONCILIUM → /konsíljo/ → *consejo* |
| OCULUM → /ókulo/ → /óklo/ → /ókljo/ → /óxo/ → *ojo* |

La yod no afectó por igual a las diferentes lenguas romances. Si comparamos el español con una variedad romance más conservadora como es el gallego, vemos que solo algunos de los cambios producidos en español se aplican a esta lengua. Así, los grupos de oclusivas que en latín vulgar cambiaban /k/ por una semivocal mantienen la semivocal en gallego, aunque en español sufren el proceso de la yod y cambian a la africada:

TRUCTAM → trui̯tam → tróii̯ta → *troita*      **gallego**
TRUCTAM → truii̯tam → trútja → *trucha*      **español**

Otro de los cambios producidos por la yod que no afecta al gallego es la palatalización de la lateral alveolar. En realidad, la /l/ se palataliza, pero se queda ahí sin evolucionar más. No llega hasta el último paso que vemos en español para pasar de la /ʎ/ a la /x/, como vemos en los ejemplos:

OCULUM → óklum → ókljo → óʎo → *ollo*      **gallego**
OCULUM → óklum → ókljo → óʎo → óxo → *ojo*      **español**

Actividad 17. **Vuelve a la tabla que creaste en la "Actividad 7". Marca ahora cuáles de los procesos que hemos estudiado están relacionados o producidos por la yod.**

## 5. Las lenguas romances

A lo largo del capítulo hemos hecho un recorrido diacrónico por los principales procesos evolutivos del latín hasta llegar al español. Como sabemos, el Imperio romano se extendió por una gran parte de Europa y en estas zonas se desarrollaron otras lenguas que comparten el mismo origen latino. Tal y como sucedió en la península ibérica, el latín entró en contacto con otras lenguas que ejercieron a modo de **sustrato lingüístico**, es decir, influyeron con sus características fonológicas, semánticas y léxicas sobre el latín. Además, como ya dijimos en el caso del español, otros factores de tipo social, histórico y político condicionaron igualmente la evolución del idioma. En la siguiente tabla presentamos algunos ejemplos de palabras que contrastan en las principales lenguas romances.

**Tabla 6.8** Términos de diferentes lenguas romances de origen latino

| latín | español | portugués | gallego | francés | catalán | italiano | rumano |
|---|---|---|---|---|---|---|---|
| NIGRUM | negro | preto | negro | noir | negre | nero | negru |
| SINISTRAM | izquierda | esquerda | ezquerda | gauche | esquerra | sinistra | stânga |
| CANIS | perro | cão | can | chien | gos | cane | câine |
| CUNICULUM | conejo | coelho | coello | lapin | conill | coniglio | lepure |
| SCHOLAM | escuela | escola | escola | école | escola | escuola | scoala |
| LIBRUM | libro | libro | libro | libre | llibre | libro | cartea |
| MANUM | mano | mão | man | main | mà | mano | mână |
| PLĒNUM | lleno | cheio | cheo | plein | ple | pieno | complet |
| VALLIS | valle | vale | val | vallée | vall | valle | valea |
| COGNOSCERE | conocer | conhecer | coñecer | connaître | conèixer | conoscere | cunoaşte |
| CANTARE | cantar | cantar | cantar | chanter | cantar | cantare | cântând |
| VIVERE | vivir | viver | vivir | vivre | viure | vivere | trâi |

La tabla muestra que no todas las palabras poseen la misma raíz en cada una de las lenguas romances. Esto se debe a que el sustrato lingüístico fue distinto para cada una de ellas, así como por el contacto lingüístico con otras lenguas a lo largo de la historia. No obstante, en muchos casos las palabras comparten las raíces, y las diferencias se deben principalmente a la evolución específica de cada una de las lenguas.

Actividad 18. **Fíjate en la tabla 6.8 donde se comparan diferentes términos de origen latino. En todas las lenguas romances habladas en la península ibérica, la palabra izquierda comparte la raíz, pero no es la latina. ¿A qué crees que se puede deber?**

❯ **Ahora presta atención a las diferentes formas de decir "lleno". Algo similar sucede con otras palabras en español que comienzan con la grafía "ll", como vemos a continuación.**

| latín | español | portugués | gallego | francés | catalán | italiano |
|-------|---------|-----------|---------|---------|---------|----------|
| PLORĀRE | llorar | chorar | chorar | pleurer | plorar | piangere |
| PLOVĔRE | llover | chover | chover | pleuvoir | ploure | piovere |

¿Puedes explicar el cambio que ha sucedido en cada una de las lenguas?

❯ En español, como hemos visto en la tabla, existe la palabra "lleno", pero también existe "pleno". Busca en el diccionario el significado de ambos términos, y explica la evolución de ambas formas del latín al español y su diferencia de significado en caso de que la haya.

⌁ Puedes consultar el *Diccionario de la lengua española*: http://lema.rae.es/drae/.

---

**Actividad 19.** Fíjate en cómo se dice "conejo" en las diferentes lenguas romances que hemos visto en la tabla anterior.

| latín | español | portugués | gallego | francés | catalán | italiano | rumano |
|-------|---------|-----------|---------|---------|---------|----------|--------|
| CUNICULUM | conejo | coelho | coello | lapin | conill | coniglio | lepure |

Todos estos términos proceden del latín, pero no de la misma raíz. En español, portugués, gallego, catalán e italiano derivan de CUNICULUM. Sin embargo, en francés y en rumano proceden de otra palabra latina, que también existe en español con un significado similar. ¿Cuál es la palabra española que procede de esta nueva raíz?

❯ Ahora busca tú los equivalentes de las siguientes palabras del español en otras lenguas romances.

| latín | español | portugués | francés | catalán | italiano | rumano |
|-------|---------|-----------|---------|---------|----------|--------|
| NOCTEM | | | | | | |
| CONSILIUM | | | | | | |
| VICINUS | | | | | | |
| CAELUM | | | | | | |

⌁ Puedes consultar el diccionario multilingüe *WordReference*: http://www.wordreference.com/.

---

## 6. Préstamos lingüísticos en español

Esta sección se centra en los préstamos lingüísticos procedentes de las principales culturas que han poblado la Península a lo largo de su historia. Para ello, recopilaremos algunos términos léxicos existentes en español que proceden de otras lenguas.

No se conservan muchos préstamos de las lenguas que se hablaban en la Península antes de la invasión romana debido principalmente a la situación de diglosia, puesto que no se consideraban lenguas de prestigio. Sin embargo, sí que se han conservado vocablos de origen celta y vasco (Penny 2006). Entre los **celtismos**, podemos distinguir los que se originaron en los asentamientos de la Península, *álamo, berro, gancho* o *greña*, y, por otro lado, las palabras de origen celta que entraron más tarde y que llegaron a través del galorromance, *camisa, cerveza* o *vasallo*. Entre los **vasquismos**, se incluye un gran número de nombres propios y apellidos, *Javier, Gimeno, Íñigo, Sancho* o *García*, así como otras palabras, algunas de ellas de uso común, *abarca, aquelarre, becerro, garrapata, gusano, izquierda, pizarra* o *urraca*.

Existen también **helenismos**, que no pueden considerarse de procedencia prerromana, ya que los asentamientos griegos en la costa este de la Península dejaron algunos de estos helenismos como topónimos en el idioma, *Ampurias*, derivado de *Empóriom*, y *Rosas*, originariamente *Rhodas* (Dworkin 2012, 61). Los helenismos en el español actual fueron incorporados sobre todo a través del latín y, por lo tanto, llegaron al español más tarde. Algunos de estos vocablos se refieren a objetos pertenecientes a la vida cotidiana, *cesta, cuchara, cuerda, lámpara*; a la vivienda y la construcción, *bodega, mármol, piedra, torre*; términos referentes a la botánica y a los animales, *cáñamo, cereza, espárrago, olivo, ostra, perdiz, regaliz*, además de voces propias del ámbito religioso, puesto que el griego fue originariamente el idioma eclesiástico, *bautismo, blasfemar, catedral, diablo, iglesia* o *monasterio*.

En cuanto a los **germanismos**, Penny (2006) distingue dos estadios principales. En primer lugar, términos que entraron en la Península con los romanos alrededor del siglo III, y que existen en varias lenguas romances. En este grupo encontramos vocablos como *banco, guardar, guerra, jabón* o *tregua*. Por otro lado, en el momento de la invasión visigoda entran otros términos nuevos como *banda, estaca* o *ropa*.

Entre los **arabismos** cabe destacar que muchos préstamos pertenecen a distintos ámbitos temáticos como reflejo de las innovaciones socioeconómicas que llegaron a la Península. Fueron los árabes quienes introdujeron el sistema métrico, y aún se emplean algunas unidades de medida de origen árabe en la España rural, como la *arroba* o el *quintal*; además hay vocabulario referente a ciertos oficios, *albañil* y *albéitar* (veterinario), y a herramientas, *alfiler* o *alicates*. Poseen también este origen términos del ámbito de la jardinería y herboristería, *albahaca, altramuz, azahar*, así como numerosos vocablos relacionados con la alimentación, ya que algunos de estos productos fueron introducidos por los árabes en la Península, *albaricoque, alcachofa, berenjena* o *limón*.

Los **galicismos** en el español actual han ido entrando en el idioma a lo largo de la historia. Desde la Edad Media se incorporaron términos de origen galo referentes a la guerra, *aliar, corcel, esgrimir, flecha*, y vocablos relacionados con el sistema feudal, *doncella, duque, joya*. Durante los siglos XV y XVI se adaptaron otros términos del ámbito bélico, *botín* o *amarrar*, así como otras voces pertenecientes a distintas áreas, *burdel, dama, embajada, jardín* o *galán*. Finalmente, durante el siglo XVIII, se introdujeron palabras como *bisutería, bucle, croqueta, frambuesa, galleta* o *merengue*.

La conquista de América también tuvo su impacto en el léxico del español mediante la incorporación de numerosas **voces amerindias**. Este contacto entre lenguas se produjo en relación con las variedades que se hablaban en las zonas por las que fueron llegando los europeos al Nuevo Mundo. En primer lugar, en la zona del Caribe hay contactos con el arahuaco, idioma en que se incluye el taíno, *cacique, canoa, hamaca, huracán, iguana, maíz*. En segundo lugar, en la zona de México y América Central, principalmente del náhuatl, *aguacate, cacahuete, cacao, coyote, petaca, tiza, tomate*. Y, por último, de la zona correspondiente al Imperio inca (sur de Colombia, Ecuador, Perú y Bolivia, norte de Chile y noroeste de Argentina), incorporándose palabras sobre todo del quechua, *alpaca, cancha, coca, cóndor, llama, mate, papa, puma* (Penny 2006, 302-303; véase el capítulo 7 sobre variación lingüística).

**Actividad 20.** Observa la estructura de los siguientes préstamos e intenta adivinar su etimología a partir de lo aprendido en el capítulo. Ayúdate de tus conocimientos de inglés.

| arabismos • vasquismos • galicismos • helenismos • voces amerindias • germanismos |
|---|

| celtismos | | | | | | |
|---|---|---|---|---|---|---|
| *losa* | zurdo | olivo | guardia | alcalde | deán | pampa |
| *alondra* | aquelarre | clérigo | arpa | limón | fraile | banana |

❯ Si comparamos la influencia del árabe, del alemán o del francés en el inventario léxico del inglés moderno, ¿cuál de estas tradiciones ha dejado un mayor legado léxico? Identifica el número de entradas en el diccionario y proporciona una breve explicación histórica.

**Actividad 21.** A continuación se presenta un texto en castellano medieval. Léelo y tradúcelo al español moderno. Revisa los veintitrés procesos que has estudiado en este capítulo, así como la reducción de las sibilantes y la palatización provocada por la yod.

**Texto 1**
Con o aiutorio de nuestro
dueno Christo, dueno
salbatore, qual dueno
get ena honore et qual
duenno tienet ela
mandatione con o
patre con o spiritu sancto
en os sieculos de lo siecu
los. Facanos Deus Omnipotes
tal serbitio fere ke
denante ela sua face
gaudioso segamus. Amen.

Fragmento de las *Glosas Emilianenses* (s. XII)

**Texto 2**
Nunqua trobé en sieglo logar tan deleitoso,
nin sombra tan temprada [nin] olor tan sabroso;
descargué mi ropiella por yazer más viçioso,
poséme a la sombra de un árbor fermoso.

Yaziendo a la sombra perdí todos cuidados,
odí sonos de aves, dulces e modulados:
nunqua udieron omnes órganos más temprados,
nin que formar pudiessen sones más acordados.

*Milagros de Nuestra Señora*, Gonzalo de Berceo (s. XIV)

## PROYECTOS DE INVESTIGACIÓN

1. Muchos estudiantes de español se preguntan por qué existe una diferencia entre la pronunciación de la /θ/ del centro norte peninsular y del resto de las variedades del español. Después de la explicación de la evolución de la *s* sibilante y de la información que has aprendido en el capítulo de fonología y fonética, prepara una presentación en la que expongas a qué se debe esta diferencia.

2. Escoge una de las lenguas romances que se hablan en la península ibérica en la actualidad. Investiga sobre la historia de esa lengua en relación con su extensión geográfica, número de hablantes, etc., y compara su situación con el español. Identifica al menos dos diferencias de carácter fonológico, morfológico y sintáctico, y compara algunas palabras en el léxico de ambas lenguas que difieran considerablemente en su estructura o significado.

3. Busca al menos diez cultismos, semicultismos y palabras patrimoniales e investiga cómo y dónde se utilizan estos términos en el español moderno. Te puedes fijar en la tipología textual de los textos en los que aparecen, si están relacionadas con la noción de registro, cuál es la frecuencia de su uso, etc. Consulta alguna de las siguientes bases de datos y fíjate en los periodos históricos que abarcan.

&#8478; Recursos:
Corpus del Español del Siglo XXI (CORPES XXI)
http://web.frl.es/CORPES/view/inicioExterno.view.
Corpus de Referencia del Español Actual (CREA)
http://corpus.rae.es/creanet.html.
Corpus Diacrónico del Español (CORDE)
http://corpus.rae.es/cordenet.html.

4. En este capítulo hemos visto el origen y el significado de la palabra *ojalá*. ¿Crees que, si se tiene en cuenta el significado literal de esta expresión, tiene sentido el uso obligatorio del subjuntivo? ¿Cómo integrarías los conocimientos sobre la influencia de la lengua y la cultura árabes en una clase de español como L2? Elabora una presentación oral en la que expliques diferentes ejemplos que demuestran el legado lingüístico de esta cultura en el español.

## LECTURAS ADICIONALES PARA PROFUNDIZAR SOBRE LA MATERIA

A continuación, incluimos algunas recomendaciones bibliográficas y pautas generales sobre **historia de la lengua** que le permitirán al estudiante iniciarse en el estudio y en la investigación de los temas que han aparecido a lo largo del capítulo. Todas las referencias que se mencionan aparecen recogidas en la bibliografía especializada al final del capítulo.

■ Para una perspectiva histórica sobre la evolución de la historia de la lengua como disciplina desde el siglo XIX y las teorías de los **neogramáticos**, se pueden consultar Morpurgo Davies (1998, 226-270), Burridge (2013, 141-166) y Lass (2015, 45-63).

■ Se puede encontrar más información sobre lingüística diacrónica en **lenguas indoeuropeas** en Bynon (1977), Walsh (1979), estudio que se centra en la reconstrucción del idioma protoindoeuropeo, en Correa Rodríguez (2004), así como en los libros de Villar Liébana (1991, 2000), Milroy (1992), Hickey (2003), Joseph y Janda (2003), y Clackson (2007). Para una perspectiva general sobre lingüística histórica se puede leer el libro de Campbell (2013).

■ Para ahondar en el tema de la **historia de la península ibérica**, se puede consultar la *Historia de España* de Menéndez Pidal (1991), obra compuesta por 42 tomos en 65 volúmenes con referencias a cada uno de los periodos de la historia citados en este capítulo. Estas lecturas pueden ayudar a comprender mejor cómo han podido influir las diferentes etapas históricas en la historia de la lengua a lo largo de los siglos. Además, se pueden leer los libros de Pérez (2001) o Carr (2007).

■ Para profundizar en el estudio de la **historia de la lengua en general**, se pueden consultar algunos libros clásicos como el de Menéndez Pidal (1904/1944), los trabajos de Navarro Tomás en el campo de la geografía lingüística (1962, 1975), Lapesa (1997), Lloyd (1987), Núñez-Méndez (2012) y Penny (2000, 2002, 2006).

■ Si se quiere profundizar en el estudio de los **cultismos, semicultismos y las palabras patrimoniales**, recomendamos los trabajos de Clavería Nadal (1991), García Valle (1992) o Martínez Egido (2007). Se puede encontrar más información sobre las incorporaciones al léxico del español en Verdonk (2004), sobre el léxico en la época de los Austrias, de Echenique Elizondo (2004), sobre la lengua vasca en la historia de la lingüística hispánica, de Echenique Elizondo y Sánchez Méndez (2005), así como el libro de Dworkin (2012) si se desea encontrar información sobre las principales etimologías que históricamente han conformado el inventario léxico del español.

■ Sobre la **influencia de la lengua árabe** en el español, se pueden consultar los trabajos de Wasserstein (1991), García González (1993-1994), Sánchez Nitzl (2001), Corriente Córdoba (2004) o Kiegel-Keicher (2006). En estos estudios se recoge tanto la incorporación de términos árabes a la lengua y a la toponimia como la influencia que ejerció el árabe en la Península en general. Sobre la etimología de los topónimos en el contexto de la península ibérica se puede leer el libro de Gordón Peral (2010).

■ Para saber más sobre el **judeoespañol** se puede recurrir a los trabajos de Quintana (2006, 2009), García Moreno (2010a, 2010b, 2012) y Romero (2009, 2012). Se pueden encontrar textos en judeoespañol en la revista *Los Muestros*, en http://www.sefarad.org/lm/.

■ Para una perspectiva panorámica sobre las **lenguas romances** desde el punto de vista de la lingüística histórica se puede consultar el volumen de Ernst *et al.* (2003). Y, por último, aunque este tema se analizará en mayor profundidad en el capítulo 7 sobre variación lingüística, para saber más sobre el contacto histórico del español principalmente a lo largo el último siglo, se puede leer el libro de Zamora Vicente (1967) o los artículos más recientes de Lipski (2004, 2005).

## LISTA DE CONCEPTOS Y TÉRMINOS CLAVE

**africación** (*affrication*)
**arabismo** (*Arabism*)
**asimilación regresiva** (*regressive assimilation*)
**asimilación total** (*total assimilation*)
**cultismo** (*literary or learned word*)
**degeminación** (*degemination*)
**desafricación** (*deaffrication*)
**diglosia** (*diglossia*)
**diptongación** (*diphthongization*)
**doblete** (*doublet or etymological pair*)

epéntesis (*epenthesis*)
espirantización (*spirantization*)
fricativización (*fricativization*)
galicismo (*Gallicism*)
geminación (*gemination*)
germanismo (*Germanic borrowing*)
glosa (*gloss*)
helenismo (*Hellenism*)
judeoespañol (*Judeo-Spanish*)
lengua vernácula (*vernacular language*)
lenición (*lenition*)
monoptongación (*monophthongization*)
mozárabe (*Mozarabic*)
palabra patrimonial (*etymological word*)
palatalización (*palatalization*)
prótesis (*prosthesis*)
protoindoeuropeo (*Protoindoeuropean*)
semicultismo (*semi-literary or semi-learned word*)
síncopa (*syncope*)
sonorización (*voicing*)
velarización (*velarization*)
visigodos (*Visigoths*)
vocalización (*vocalization*)
voz amerindia (*Amerindianism*)
yod (*yod*)

## BIBLIOGRAFÍA ESPECIALIZADA DEL CAPÍTULO 6
## HISTORIA DE LA LENGUA

Alvar, M. 2000. *El ladino, judeo-español calco*. Madrid: Real Academia de la Historia.

Attig, R. 2012. "Did the Sephardic Jews Speak Ladino?". *Bulletin of Spanish Studies* 89 (6): 831-838.

Berceo, G. 2006. *Milagros de Nuestra Señora*. Ed. M. Gerli. Madrid: Cátedra.

Burridge, K. 2013. "Nineteenth-century Study of Sound Change from Rask to Saussure". En *The Oxford Handbook of the History of Linguistics*, ed. K. Allan, 141-166. Oxford: Oxford University Press.

Bynon, T. 1977. *Historical Linguistics*. Cambridge: Cambridge University Press.

Campbell, L. 2013. *Historical Linguistics*. Edimburgo: Edinburgh University Press.

Cano Aguilar, R., coord. 2004. *Historia de la lengua española*. Barcelona: Ariel.

Carr, R. 2007. *Historia de España*. Barcelona: Península.

Chambers, J. K. y P. Trudgill. 1980/1989. *Dialectology*. Cambridge: Cambridge University Press.

Clackson, J. 2007. *Indo-European Linguistics: An Introduction*. Londres: Cambridge University Press.

Clavería Nadal, G. 1991. *El latinismo en español*. Barcelona: Bellaterra.

Corominas, J. 1990. *Breve diccionario etimológico de la lengua castellana*. Madrid: Gredos.

Correa Rodríguez, J. A. 2004. "Elementos no indoeuropeos e indoeuropeos en la historia lingüística hispánica". En *Historia de la lengua española*, coord. R. Cano Aguilar, 35-37. Barcelona: Ariel.

Corriente Córdoba, F. 2004. "El elemento árabe en la historia lingüística peninsular: actuación directa e indirecta. Los arabismos en los romances peninsulares". En *Historia de la lengua española*, coord. R. Cano Aguilar, 185-206. Barcelona: Ariel.

Dworkin, S. N. 2012. *A History of the Spanish Lexicon: A Linguistic Perspective*. Oxford: Oxford University Press.

Echenique Elizondo, M. T. 2003. "Substrato, adstrato y superestrato y sus efectos en las lenguas románicas: Iberorromania". En *Romanische Sprachgeschichte / Histoire linguistique de la Romania. Ein internationales Handbuch zur Geschichte der romanischen Sprachen / Manuel international d'histoire linguistique de la Romania*, eds. G. Ernst, G. Martin-Dietrich, C. Schmitt y W. Schweickard, 595-608. Berlín: Mouton de Gruyter.

Echenique Elizondo, M. T. 2004. "La lengua vasca en la historia lingüística hispánica". En *Historia de la lengua española*, coord. R. Cano Aguilar, 59-80. Barcelona: Ariel.

Echenique Elizondo, M. T. y J. Sánchez Méndez. 2005. *Las lenguas de un reino*. Madrid: Gredos.

Ernst, G., G. Martin-Dietrich, C. Schmitt y W. Schweickard, eds. 2003. *Romanische Sprachgeschichte / Histoire linguistique de la Romania. Ein internationales Handbuch zur Geschichte der romanischen Sprachen / Manuel international d'histoire linguistique de la Romania*. Berlín: Mouton de Gruyter.

Fernández, M. S. 2015. "La Nona Sefardita de Larisa". En *Los Muestros* 101: 5-7. http://www.sefarad.org/lm/LMOW1/LosMuestrosOnWeb1Kore83.pdf.

García González, J. 1993-1994. "El contacto de dos lenguas: los arabismos en el español medieval y en la obra alfonsí". *Cahiers de Linguistique Hispanique Médiévale* XVIII-XIX: 335-365.

García Moreno, A. 2010a. "El judeoespañol I: conceptos básicos". Publicación en línea dentro de la colección *Biblioteca E-Excellence*. http://www.academia.edu/2442045/El_judeoespanol_I_conceptos_basicos.

García Moreno, A. 2010b. "El judeoespañol II: conceptos básicos". Publicación en línea dentro de la colección *Biblioteca E-Excellence*. http://www.academia.edu/2442055/El_judeoespanol_II_caracteristicas.

García Moreno, A. 2012. "Alófonos, alógrafos y otras aves raras: problemas de edición de textos judeoespañoles aljamiados". En *Selected papers from the Fifteenth British Conference on Judeo-Spanish Studies (29-31 July 2008)*, 101-114, eds. H. Pomeroy, C. Pountain y E. Romero. Londres: Queen Mary, University of London.

García Turza, C. y J. García Turza. 1997. "Siglo XX: balbuceos de la lengua castellana. El manuscrito 46 de la Real Academia de la Historia: aspectos históricos y filológicos". *Ínsula* 607: 1-7.

García Turza, C. y J. García Turza. 2002. "El códice emilianense 46 de la Real Academia de la Historia". En *Los manuscritos visigóticos: estudio paleográfico y codicológico*, coords. C. García Turza y J. García Turza, 77-116. Logroño: Fundación San Millán de la Cogolla.

García Valle, A. 1992. "Otra vez sobre los conceptos de 'latinismo', 'cultismo' y 'semicultismo', a la luz de nuevos datos". *Anuario de Estudios Filológicos* 15: 89-96.

Gordón Peral, M. D. 2010. *Toponimia de España: estado actual y perspectivas de la investigación*. Berlín: Mouton de Gruyter.

Hickey, R. 2003. *Motives for Language Change*. Cambridge: Cambridge University Press.

Joseph, B. y R. Janda. 2003. *The Handbook of Historical Linguistics*. Oxford: Wiley-Blackwell.

Kiegel-Keicher, Y. 2006. "Lexicología y contexto histórico-cultural: los arabismos del español". En *Actas del VI Congreso Internacional de Historia de la lengua española II*, eds. J. Elvira *et al.*, 1477-1490. Madrid: Arco/Libros.

Kiparsky, P. 1995. "The Phonological Basis of Sound Change". En *The Handbook of Phonological Theory*, ed. J. A. Goldsmith, 640-670. Oxford: Wiley-Blackwell.

Labov, W. 1981. "Resolving the Neogrammarian Controversy". *Language* 57 (2): 267-308.

Labov, W. 1994. *Principles of Linguistic Change. Volume 1: Internal Factors*. Oxford: Wiley-Blackwell.

Labov, W. 2001. *Principles of Linguistic Change. Volume II: Social Factors*. Oxford: Wiley-Blackwell.

Labov, W. 2010. *Principles of Linguistic Change. Volume III: Cognitive and Cultural Factors*. Oxford: Wiley-Blackwell.

Lapesa, R. 1997. *Historia de la lengua española*. Madrid: Gredos.

Lass, R. 2015. "Lineage and the Constructive Imagination: The Birth of Historical Linguistics". En *The Routledge Handbook of Historical Linguistics*, eds. C. Bowern y B. Evans, 45-63. Londres: Routledge.

Lipski, J. 2004. "El español de América y los contactos bilingües recientes: apuntes micro-dialectológicos". *Revista Internacional de Lingüística Iberoamericana* 4: 89-103.

Lipski, J. 2005. "El español en el mundo: frutos del último siglo de contactos lingüísticos". En *Contactos y contextos lingüísticos: el español en los Estados Unidos y en contacto con otras lenguas*, eds. L. A. Ortiz López y M. Lacorte, 29-53. Frankfurt: Iberoamericana/Vervuert.

Lloyd, P. 1987. *Del latín al español*. Madrid: Gredos.

Malmberg, B. 2003. *Los nuevos caminos de la lingüística*. Madrid: Siglo XXI.

Martínez Egido, J. J. 2007. *Constitución del léxico español. Palabras patrimoniales, cultas y semi-cultas. Latinismos. Arabismos. Helenismos*. Madrid: Liceus. E-Excellence.

Medina López, J. 1999. *Historia de la lengua española I: español medieval*. Madrid: Arco/Libros.

Menéndez Pidal, R. 1904/1944. *Manual de gramática histórica del español*. Madrid: Espasa-Calpe.

Menéndez Pidal, R. 1926/1976. *Orígenes del español*. Madrid: Espasa-Calpe.

Menéndez Pidal, R. 1991. *Historia de España*. Madrid: Espasa-Calpe.

Milroy, J. 1992. *Linguistic Variation and Change*. Oxford: Blackwell.

Ministerio de Educación. Gobierno de España. Proyecto Palladium. http://recursos.cnice.mec.es/latingriego/Palladium/0_alumnos/espl00.php.

Morala Rodríguez, J. R. 2008, "Sobre la Nodicia de kesos, de hacia el 980". En *Actas del VII Congreso Internacional de Historia de la Lengua Española*, vol. 2, eds. C. Company y J. G. Moreno, 2019-2032. Madrid: Arco/Libros.

Morpurgo Davies, A. M. 1998. "The Neogrammarians and the New Beginnings". En *History of Linguistics. Vol. IV: Nineteenth-Century Linguistics*, ed. G. C. Lepschy, 226-270. Londres: Longman.

Navarro Tomás, T. 1962. "Muestra Del ALPI". *Nueva Revista de Filología Hispánica* 16: 1-15.

Navarro Tomás, T. 1975. *Capítulos de geografía lingüística de la Península Ibérica*. Bogotá: Instituto Caro y Cuervo.

Núñez-Méndez, E. 2012. *Fundamentos teóricos y prácticos de historia de la lengua*. New Haven, CT: Yale University Press.

Osthoff, H y K. Brugmann. 1878. *Morphologische Untersuchungen auf dem Gebiete der indo-germanischen Sprachen*, vol. 1. Leipzig: S. Hirzel.

Penny, R. 2000. *Variation and Change in Spanish*. Cambridge: Cambridge University Press.

Penny, R. 2002. *A History of the Spanish Language*. Cambridge: Cambridge University Press.

Penny, R. 2006. *Gramática histórica del español*. Barcelona: Ariel.

Penny, R. y M. L. García-Macho. 2001. *Gramática histórica de la lengua española: morfología*. Madrid: UNED.

Pérez, J. 2001. *Historia de España*. Barcelona: Crítica.

Pharies, D. A. 2007. *Breve historia de la lengua española*. Chicago: Chicago University Press.

Quintana, A. 2006. *Geografía lingüística del judeoespañol: estudio sincrónico y diacrónico*. Berna: Peter Lang.

Quintana, A. 2009. "Aportación lingüística de los romances aragonés y portugués a la coiné judeoespañola". En *Languages and Literatures of Sephardic and Oriental Jews*, ed. D. M. Bunis, 221-255. Jerusalén: Misgav Yerushalyim & The Bialik Institute.

Romero, R. 2009. "Lexical Borrowing and Gender Assignment in Judeo-Spanish". *Ianua Revista Philologica Romanica* 9: 23-36.

Romero, R. 2012. *Spanish in the Bosphorus: A Sociolinguistic Study on the Judeo-Spanish Dialect Spoken in Istanbul*. Estambul: Libral.

Sánchez Nitzl, R. 2001. *Syntaktische und semantische. Einflüsse des Arabischen im Spanischen am Beispiel der Aljamiado-Literatur der Morisken*. Berlín: Institut für Romanistik, Universität zu Berlin.

Schmidt, J. 1872. *Die Verwandtschaftsverhältnisse der indogermanischen Sprachen*. Weimar: Hermann Böhlau.

Verdonk, R. 2004. "Cambios léxicos del español durante la época de los Austrias". En *Historia de la lengua española*, coord. R. Cano Aguilar, 895-913. Barcelona: Ariel.

Villar Liébana, F. 1991. *Los indoeuropeos y los orígenes de Europa. Lenguaje e historia*. Madrid: Gredos.

Villar Liébana, F. 2000. *Indoeuropeos y no indoeuropeos en la Hispania Prerromana*. Salamanca: Ediciones Universidad.

Walsh, T. J. 1979. "Hazards in the Reconstruction of Proto-Romance". *Romance Philology* 34 (1): 64-77.

Wang, W. S.-Y. 1969. "Competing changes as a cause of residue". *Language* 45: 9-25.

Wang, W. S.-Y. 1976. "Language Change". *Annals of the New York Academy of Sciences* 280: 61-72.

Wang, W. S.-Y. 1979. "Language Change – A Lexical Perspective". *Annual Review of Anthropology* 8: 353-371.

Wasserstein, D. 1991. "A Latin Lament on the Prevalence of Arabic in Ninth-Century Islamic Cordoba". En *Arabicus Felix: Luminosus Britannicus: Essays in Honour of A. F. L.Beeston on His Eightieth Birthday*, ed. Alan Jones, 1-7. Reading: Ithaca Press.

Wolf, H. J. 1991. *Glosas emilianenses*. Hamburgo: Helmut Buske Verlag.

Zamora Vicente, A. 1967. *Dialectología española*. Madrid: Gredos.

## Capítulo 7

# Variación: diversidad lingüística y dialectal en el mundo hispanohablante

## Introducción

Este capítulo examina el español desde la óptica de la dialectología y de la sociolingüística con el objetivo de mostrar la diversidad lingüística y dialectal en el mundo hispanohablante. En primer lugar, se presentan algunos conceptos básicos para estudiar la variación lingüística desde el punto de vista diacrónico (temporal), diastrático (social), diafásico (contextual) y diatópico (geográfico). A continuación se analiza la presencia del español en algunos territorios donde no es lengua oficial y se ofrecen datos sobre el español como lengua global. Después se expone la variación dialectal en el dominio panhispánico y se observan sus diferencias mediante una descripción de los rasgos básicos fonético-fonológicos, morfosintácticos y léxicos. Por un lado, se estudian las principales variedades dialectales de España (castellano, andaluz y canario) y, por otro, se examina la zonificación dialectal del español en Latinoamérica (caribeño, mexicano-centroamericano, andino, austral y chileno). Por último, debido a la importante presencia demográfica de los hispanohablantes en los Estados Unidos, se estudian la trayectoria y características del español estadounidense. Con todo ello, el alumno constatará que el uso del idioma está estrechamente vinculado tanto a las experiencias lingüísticas propias del hablante como a los factores sociales que rodean el acto comunicativo. Del mismo modo, podrá apreciar la riqueza de la lengua española y aprenderá a reconocer la diversidad lingüística y dialectal que la caracteriza.

## 1. La variación lingüística

La **variación lingüística** abarca los rasgos fonético-fonológicos, morfosintácticos y léxicos presentes en las distintas variedades de una misma lengua. El estudio de la **variación**

**sociolingüística** o "alternancia de dos o más expresiones de un mismo elemento, cuando esta no supone ningún tipo de alteración o cambio de naturaleza semántica y cuando se ve condicionada por factores lingüísticos y sociales" (Moreno-Fernández 1998/2009, 30), nos ayuda a analizar el uso de la lengua teniendo en cuenta además el contexto social. El acto comunicativo incluye diferentes **variables sociolingüísticas** que reflejan a su vez factores lingüísticos y sociales (temporales, socioeconómicos, contextuales, geográficos, etc.). Debemos considerar dichas variables porque son un reflejo del hablante y de las situaciones comunicativas en las que este se desenvuelve.

Denominamos **comunidad lingüística** al grupo de hablantes de una lengua que se analiza desde un punto de vista amplio, ya sea geográfico o temporal, y que puede comprender a su vez varias comunidades de habla. Cuando dos personas no pertenecen a la misma **comunidad de habla** se pueden producir brechas en la comunicación, dado que "no comparten al menos una variedad lingüística, unas reglas de uso, una interpretación de ese uso, unas actitudes y una misma valoración de las formas lingüísticas" (Moreno-Fernández 2010, 231). Sin embargo, debido a la complejidad de las variables sociolingüísticas que entran en juego, resulta difícil delimitar con exactitud hasta dónde se extiende el alcance de un mismo grupo de hablantes. Como señala William Labov (1963, 1966, 1972, 120-121), la comunidad de habla se define por la participación de sus miembros en un conjunto de normas compartidas, no por un acuerdo tácito sobre el empleo de los elementos lingüísticos. De esta forma, las actividades comunicativas de los hablantes pueden mostrar rasgos dialectales y sociolingüísticos en el uso de la lengua y dar cuenta de lo que Eugenio Coseriu (1958/1978, 43) denominó el modo de "ser con otros" de un hablante, que o bien se reconoce como "perteneciente a otros" o que, como parte de la sociedad, "persigue tal propósito". De ahí que el concepto de *comunidad de habla* se entienda como el producto de las actividades comunicativas que lleva a cabo un grupo de personas, en relación tanto con aspectos sociales como de comportamiento (Duranti 1997, 82). Por ejemplo, pese a tratarse del mismo país, en Colombia existen diferencias entre el habla de la ciudad de Bogotá y el habla de la ciudad de Medellín (Giraldo Gallego 2012). Dichas diferencias entre comunidades de hablantes pueden tener que ver con aspectos como la interacción o las normas de cortesía.

Otro de los términos difíciles de definir en el ámbito de la dialectología es el de **dialecto** (véase García Mouton 2016, 30), que se suele identificar como la "modalidad de una lengua utilizada en un territorio determinado [o como el] sistema de signos desgajado de una lengua común, viva o desaparecida; normalmente con una concreta limitación geográfica, pero sin una fuerte diferenciación frente a otros de origen común" (Alvar 1996a, 13; citado en Moreno-Fernández 2010, 231). Como ya hemos mencionado, este sistema de signos o rasgos lingüísticos característicos se puede clasificar desde el punto de vista fonético-fonológico, morfosintáctico y léxico, y esta información nos sirve en su conjunto para describir una **variedad dialectal** o variante dialectal de una misma lengua. El uso del término *dialecto* muchas veces "presupone la existencia de cierta conciencia lingüística por parte de sus hablantes sobre la autonomía diferencial de su variedad respecto de la lengua estándar" (Fernández-Ordóñez 2016, 387). Por este motivo, dicho término ha recibido distintas interpretaciones, algunas de ellas no muy positivas. Por esta razón, la nomenclatura **lecto** se ha ido abriendo paso como la manera de identificar las variedades de una lengua en función de las características propias de un hablante. En concreto, los lectos son "variedades lingüísticas, con rasgos fónicos, gramaticales, léxicos y discursivos específicos, que derivan de los condicionamientos propios de unos dominios geográficos, unos perfiles sociales o unas situaciones y contextos comunicativos determinados" (Moreno-Fernández 2012, 94).

Un **sociolecto**, también llamado "dialecto social", concierne la manera característica de hablar o los rasgos compartidos entre hablantes de un grupo social según la combinación de distintas variables (profesión, edad, sexo, nivel de instrucción, estrato socioeconómico, etc.). Si hablamos de los rasgos lingüísticos propios de un hablante determinado, nos referimos a su **idiolecto**. El idiolecto puede reflejar asimismo el sociolecto al que pertenece el hablante, pero incluye además particularidades idiosincrásicas que hacen que una persona posea una manera particular de expresarse. Los siguientes tipos de variación lingüística, y las dimensiones con las que se relacionan, nos pueden ayudan a sistematizar a grandes rasgos el uso de la lengua desde un punto de vista descriptivo.

**Tabla 7.1** Principales tipos de variación lingüística según la dimensión que se compara

| Variación | Dimensión | Ejemplo |
|---|---|---|
| diacrónica | temporal | El uso de las fórmulas de cortesía en el español del siglo XVI y en el siglo XXI. |
| diastrática | social | Los rasgos sociofonéticos de un hablante que ha tenido acceso a una educación y de otro que no ha podido ser escolarizado. |
| diafásica | contextual | Grado de formalidad y registro utilizado al hablar con un profesor o con un familiar. |
| diatópica | geográfica | Diferencias fonético-fonológicas, morfosintácticas y léxicas entre el español andaluz, mexicano y austral. |

La **variación diacrónica** se relaciona con la dimensión temporal, por lo que nos permite explorar la variedad de la lengua desde una perspectiva histórica, por ejemplo, el castellano actual con respecto al que se empleaba durante el Siglo de Oro (XVI-XVII). Como se vio en el capítulo sobre historia de la lengua (capítulo 6), ciertos aspectos, tales como las formas de tratamiento entre los hablantes o el uso de un registro más o menos formal, atestiguan la evolución del idioma a lo largo de los siglos. Dentro del análisis temporal de la lengua, también podemos mencionar la dimensión generacional, es decir, los contrastes entre hablantes que pertenecen a diferentes generaciones o grupos de edad. Los datos que se obtienen al comparar tales grupos ofrecen una visión de los cambios lingüísticos en curso, siendo la población joven (de entre 15 y 40 años) la más innovadora (Kerswill 1996; Tuten y Tejedo-Herrero 2011) y, por tanto, la que acostumbra a marcar dichos cambios en una comunidad lingüística.

La **variación diastrática** se sitúa en la dimensión social, como se observa, por ejemplo, en los contrastes que puede haber entre hablantes según su estatus socioeconómico y/o nivel cultural. Relacionado con esta dimensión, el concepto de **diglosia** atañe a la situación lingüística que se produce cuando el uso de una lengua o variedad se considera de mayor prestigio y goza de mayores privilegios. Por **prestigio** entendemos las "variantes que se asocian con los grupos sociales de nivel socioeconómico privilegiado cuya forma de habla se percibe como un modelo positivo para otros miembros de la comunidad" (Díaz-Campos 2014, 33). Las distintas variables sociales (profesión, edad, sexo, nivel de instrucción, estrato socioeconómico, etc.), ya sea de manera individual o en su conjunto, nos pueden proporcionar datos concretos sobre cómo se comunican los hablantes.

La **variación diafásica** nos sirve para identificar los distintos tipos de registro que maneja un hablante según el momento y contexto de la situación comunicativa en la que se desenvuelve. Por ello, el uso de la lengua viene determinado por una serie de convenciones estilísticas y contextuales propias del acto comunicativo, por ejemplo, la diferencia entre conversar con un amigo o conversar con un profesor. En la lengua escrita, la variación diafásica se manifiesta en los rasgos estilísticos y en las convenciones características de una tipología textual como, por ejemplo, los textos periodísticos, los publicitarios, los jurídico-administrativos o los científico-técnicos (véase Muñoz-Basols, Pérez Sinusía y David 2011, 143-283).

Por último, la **variación diatópica** se centra en las diferencias geográficas (países, regiones, ciudades, pueblos, áreas o zonas de influencia, etc.) que hay entre los hablantes de una misma lengua. Más adelante, examinaremos los rasgos diatópicos más destacados de las ocho variedades principales del idioma español allí donde es lengua oficial, en España (castellano, andaluz y canario) y en América (caribeño, mexicano-centroamericano, andino, austral y chileno). También veremos que, por razones históricas y como resultado del contacto entre lenguas, el español ha dado lugar a la formación de idiomas criollos, como el palenquero (Colombia), el papiamento (Antillas Holandesas) y el chabacano (Filipinas); ha influido en otras desde el punto de vista léxico, como en el caso del chamorro (lengua de la familia austronesia que se habla en la isla de Guam y en las Islas Marianas), o ejerce una importante presencia demográfica, como ocurre con las variedades de español más comunes en los Estados Unidos.

**Actividad 1.** Explica a qué tipo de variación se hace referencia en las siguientes situaciones y por qué se producen malentendidos en la comunicación.

> Transforma los diálogos anteriores para que la comunicación se pueda llevar a cabo con éxito. ¿A qué variedad dialectal alude la viñeta 2? ¿Qué rasgos destacan de esta variedad?

> Proporciona un ejemplo para cada tipo de variación (diacrónica, diastrática, diafásica y diatópica) a partir de tus propias experiencias lingüísticas. Puedes utilizar ejemplos de tu lengua materna o del español.

## 1.1. La variación diacrónica

Desde el latín vulgar hasta la lengua que se habla en la actualidad se han producido una serie de cambios en el español que afectan al inventario de sonidos, la morfología de las palabras, la sintaxis de las oraciones y el vocabulario. Estas alteraciones se han desarrollado de manera paulatina a lo largo de los siglos y han dado lugar a variedades dialectales y sociales. En el capítulo sobre historia de la lengua (capítulo 6) observamos innovaciones fonológicas en la evolución de las sibilantes, cuyo resultado ha dado lugar a cambios en la ortografía, *Quixote* → *Quijote*. Con el tiempo, también se ha desarrollado la gramática, así como el orden habitual de las palabras en la oración, *Carlos dos fijas ha* → *Carlos tiene dos hijas*. En este último ejemplo podemos apreciar igualmente cambios fonéticos (la *f* en lugar de la actual *h* en *hijas*), léxicos (la forma verbal *ha* del verbo *haber*, en lugar de la actual *tiene*) y sintácticos (el orden de los elementos de la oración S + O + V en lugar del orden canónico S + V + O). Además de la evolución natural originada por el uso o desuso de unidades léxicas, el idioma experimenta otras transformaciones propiciadas por el contacto entre lenguas y culturas. Este hecho se puede observar en el vocabulario del ámbito doméstico si comparamos palabras sinónimas para denominar una parte concreta de una vivienda. Por ejemplo, el término *zaguán*, que procede del árabe hispánico *istawán*, se encuentra ya en desuso, siendo más comunes en el español moderno las voces *entrada*, *recibidor* o *vestíbulo*. Sin embargo, el empleo generalizado del préstamo lingüístico del inglés *hall* se ha podido ver favorecido, entre otros factores, por su estructura monosilábica, además de otros aspectos como su difusión a través de los medios de comunicación. En este ejemplo podemos notar la evolución de la lengua a nivel léxico, pero también el efecto que se desprende del contacto entre lenguas.

La movilidad geográfica en épocas pasadas no se producía de manera tan inmediata como en la actualidad; sin embargo, por razones políticas, militares y comerciales, muchos pueblos ejercieron una mutua influencia en el **inventario léxico** o conjunto de palabras de una lengua. De hecho, expresiones comunes en el español actual fueron en un momento préstamos o **calcos lingüísticos** a modo de traducción literal o como copia de la estructura de una palabra o expresión de otra lengua. Un ejemplo de calco lingüístico es la expresión *jardín de infancia*, originariamente del alemán *Kindergarten* aunque, según el *Diccionario panhispánico de dudas* (*DPD*) (2005, 386), ambos términos, así como el acortamiento *el kínder*, se utilizan tanto en el español peninsular como en el de América. También encontramos **préstamos integrados**, que fueron transferidos en su origen y en los que la palabra se ha acomodado a las convenciones de la lengua que la acoge, como en *albañil*, del mozárabe *albanní*, procedente a su vez del árabe *bann* , "construir". Otros vocablos llegaron al continente americano cuando el castellano entró en contacto con las lenguas amerindias y recibió influencias de ellas, tal como había sucedido siglos antes en la península ibérica con otras lenguas. Así, en el continente americano, el castellano fue incorporando términos sin adaptaciones fonéticas del idioma arahuaco, en el área del Caribe, variedad en la que se incluye el taíno, *canoa*, *huracán*, *iguana*; del náhuatl, lengua de parte de México y Centroamérica, *aguacate*, *cacao*, *tomate*, y del quechua, en el sur de Colombia, Ecuador, Perú y Bolivia, norte de Chile y noroeste de Argentina, *alpaca*, *cóndor*, *puma* (Penny 2006, 302-303).

Este tipo de préstamos, sin embargo, no constituye solamente un fenómeno del pasado. El contacto entre el inglés y el español, sobre todo en los Estados Unidos, ha dado lugar a calcos y préstamos lingüísticos con diferentes grados de integración en la lengua (ortográfica, fonética, morfológica, etc.). De la época en la que se hablaba español en lo que es hoy territorio estadounidense, nos quedan términos en el inglés como *adobe* (préstamo sin adaptación) y *hoosegow* (préstamo adaptado de la palabra *juzgado* en español), que aunque pueden resultar vocablos no frecuentes en la lengua de hoy en día han quedado registrados en el idioma (Muñoz-Basols y Salazar 2016, 88). Actualmente, observamos un mayor número de préstamos y calcos del inglés como lengua donante que se adaptan e incorporan al léxico del español, como la expresión *part-time*, que se utiliza como tal o cuya influencia puede apreciarse en la estructura morfosintáctica. Según el *DPD* (2005, 634-635), las expresiones equivalentes, *a/de tiempo parcial* o *a/de medio tiempo*, son locuciones encabezadas por dos preposiciones, siendo la preposición *a* la más habitual en el ámbito hispánico. No obstante, en algunas partes de América, como en México, estas expresiones se emplean a menudo junto a la preposición *de*. En el mismo diccionario también se apunta que, quizás por influencia del inglés, es posible escuchar en algunas zonas el uso de estas locuciones sin la preposición inicial y, por lo tanto, *Trabaja tiempo parcial* en lugar de *Trabaja a tiempo parcial*. Otro ejemplo es la palabra *troca* para referirse a "una camioneta de carga" y que deriva de la adaptación de *truck*. Según el *Diccionario de Americanismos* (*DA*), este sustantivo se utiliza en el español del suroeste de los Estados Unidos (Fernández-Ulloa 2004, 91), norte de México, El Salvador y Nicaragua.

Todos estos ejemplos demuestran que el idioma es un conglomerado de sucesos lingüísticos. Del mismo modo, también ilustran que en una palabra o estructura podemos percibir la evolución de la lengua de manera diacrónica, atestiguar el contacto entre diferentes lenguas y culturas, y describir una serie de características dialectales, ya que son los propios hablantes, y las comunidades lingüísticas a las que pertenecen, los que con el paso del tiempo van moldeando el inventario léxico del idioma. En algunas lenguas, como el inglés, no existe una academia oficial que ejerza una función normativa sobre el idioma o que haga recomendaciones sobre su empleo correcto. Los cambios lingüísticos se registran hoy en día en las gramáticas y en los diccionarios, como el *Webster's Dictionary* en los Estados Unidos o el *Oxford English Dictionary* en el Reino Unido. De hecho, se ha llegado a sugerir que la ausencia de una academia de la lengua inglesa ha representado uno de los factores determinantes en la constante adquisición e incorporación al inglés de extranjerismos o préstamos lingüísticos a lo largo de su historia (Payne 2010, 64; Durkin 2014; Muñoz-Basols y Salazar 2016, 81-82), hecho que se puede apreciar en préstamos que se encuentran recogidos en sus diccionarios, como *tête-à-tête*, *Gemütlichkeit*, *terra-cotta* (Muñoz-Basols y Salazar 2016, 93).

En el caso del español, las instituciones encargadas de monitorizar el uso del idioma son la Real Academia Española (RAE), fundada en 1713, y la Asociación de Academias de la Lengua Española (ASALE), creada en México en 1951 e integrada por las veintidós academias de la lengua repartidas por el mundo, entre ellas la Academia Norteamericana de la Lengua Española (ANLE), fundada en Nueva York en 1973. Estas entidades estudian la evolución de la lengua principalmente desde el punto de vista normativo, pero también realizan un trabajo descriptivo mediante el análisis de la frecuencia de uso de ciertas palabras y estructuras entre los hablantes. Estos datos quedan registrados en los corpus lingüísticos o bases de datos, y después se incorporan a los diccionarios.

Una manera de investigar los cambios en la lengua consiste en recoger muestras de hablantes de diferentes edades. Para Coseriu, el método de investigación, "desde el punto de vista diacrónico, es un conjunto de modos lingüísticos tradicionales ('que se transmiten'), y desde el punto de vista sincrónico, es un conjunto de modos comunes 'actuales' (en el momento considerado) que, sin embargo, no dejan por ello de ser tradicionales" (1958/1978, 49). Si aplicamos una aproximación sincrónica de la dimensión generacional, podemos considerar que los grupos de edad de entre 15 y 40 años encabezan los procesos de cambio en la lengua. Por supuesto, el colectivo que destaca es el de los adolescentes por su creatividad e innovación léxica, que dan pie a diferentes "modas" en la forma de hablar o de comunicarse. Esto se puede apreciar en la **jerga**, o uso de la lengua que se distingue sobre todo por un vocabulario específico, ya sea juvenil, p. ej., *la jerga estudiantil*, o especializada, p. ej., *la jerga de los economistas*, *de los médicos*, *de los abogados*. Así, en la jerga de los jóvenes de la década de los ochenta, en España se decía que algo era *chachi* cuando era "muy bueno"; mientras que en Ecuador se usaba *pleno*. No obstante, estas expresiones se han visto reemplazadas en la actualidad por otras opciones como *guay* y *chévere*, respectivamente, siendo *chévere* hoy en día de uso común en muchas variedades del español de América. En otras palabras, la selección que hace el hablante de las unidades que conforman el discurso revela información sobre esa persona y marca fronteras generacionales, al ubicarla dentro de un marco temporal concreto.

Estos cambios diacrónicos o temporales en el idioma no tienen lugar solamente a nivel léxico; hay también cambios sociofonológicos que varían según la edad de los hablantes y que son impulsados y difundidos por los hablantes más jóvenes. Uno de los primeros estudios que comparó dos generaciones distintas de hablantes de español lo llevó a cabo Henrietta J. Cedergren (1973, 1987) sobre el español de Panamá. En palabras de Labov (1994, 94; citado en Michnowicz 2011, v), este estudio fue instrumental para entender la **hipótesis del patrón curvilíneo** en el cambio lingüístico, que estipula que estos cambios tienden a originarse en los estratos socioeconómicos intermedios. El patrón "se presenta en aquellos casos en que los estratos medios de la escala social alcanzan porcentajes de realización de determinada variante muy superiores —o inferiores— a los que ofrecen los grupos extremos. Este patrón, si va acompañado de una distribución lineal de los grupos generacionales, es un índice de un cambio lingüístico en sus primeras etapas" (Etxebarria 2013, 223). En su estudio, Cedergren investigó el proceso de lenición, en concreto, la pérdida del elemento oclusivo, de la *che* o fonema africado /tʃ/ a fricativo [ʃ], como en *ocho* [ó.ʃo] en vez de [ó.tʃo] o *muchacha* [mu.ʃá.ʃa] en lugar de [mu.tʃá.tʃa]. En sus resultados, registró que el cambio era más común entre hablantes menores de 35 años. Dicha investigación constituiría un ejemplo de un cambio en progreso o "un fenómeno lingüístico que avanza y se impone en la comunidad de habla" (Díaz-Campos 2014, 33), y que demuestra que, por lo general, los agentes que propagan un cambio suelen pertenecer al sector joven de la población.

---

**Actividad 2. El español ha ido incorporando a su inventario léxico palabras de otras lenguas. Identifica la etimología de las siguientes con la ayuda de un diccionario.**

|     | Palabra     | Etimología | Palabra original |
|-----|-------------|------------|------------------|
|     | albañil     | *mozárabe* | *albanní*        |
| 1.  | baloncesto  |            |                  |
| 2.  | aguacate    |            |                  |
| 3.  | jonrón      |            |                  |
| 4.  | carpa       |            |                  |
| 5.  | coñac       |            |                  |
| 6.  | izquierda   |            |                  |
| 7.  | alioli      |            |                  |
| 8.  | chamanto    |            |                  |

Puedes utilizar los siguientes recursos:

⌖ *Diccionario de la lengua española*: http://lema.rae.es/drae/.
⌖ *Diccionario de americanismos*: http://lema.rae.es/damer/.

❯ **Determina si en las palabras anteriores hay algún calco lingüístico y comenta brevemente cómo se han adaptado el resto.**

**Actividad 3.** Las siguientes expresiones se han popularizado en España como parte de la jerga juvenil. Fíjate en su estructura y significado y responde a las preguntas.

| Expresión | Significado de la expresión |
|---|---|
| 1. *Ser un observer.* | Persona que, mientras todo el mundo habla y se relaciona, suele estar callada contemplando el ambiente. No habla, solamente observa. |
| 2. *Marcarse un triple.* | Frase tomada de la canasta de tres puntos en el juego del baloncesto. Los adolescentes la utilizan cuando alguien exagera o alardea de algo que realmente no sabe. |
| 3. *Random.* | Término que proviene de los reproductores de música, que en castellano se traduce por *aleatorio*. Son miles las situaciones en las que se puede emplear esta palabra. Una de las más frecuentes es denominar *random* a gente que va a una fiesta y nadie la ha invitado, por ejemplo, "Estos tíos son gente *random*". |
| 4. *Okey, oki, okis, okeler.* | Este es un ejemplo de cómo se transforman las palabras. El *OK* de toda la vida, abreviación de *0 Killed* que empleaba el ejército americano para informar de que no había ninguna baja entre sus filas, se ha adaptado por medio de diminutivos y otras combinaciones. |
| 5. *Worth.* | La juventud habla hoy en día varios idiomas. Por ejemplo, una persona propone coger el metro para ir a una discoteca. Los demás valoran la situación, asienten y dicen: "Es worth". La palabra proviene del inglés (*to be worth*) que significa "merecer la pena". |
| 6. *¡Zas en toda la boca!* | Se trata de una de las frases más famosas de Peter Griffin, personaje de la serie de animación *Padre de familia* (*Family Guy*). Se le dice a alguien que se ha equivocado o ha metido la pata. |
| 7. *Mordor.* | Procede de *El señor de los anillos*. Mordor hace referencia a un lugar perdido donde se escondían orcos y humanos. Se utiliza para referirse a un sitio muy lejano. O sea, si alguien está en el centro de la ciudad y debe ir a las afueras, entonces dice: "Me voy a *Mordor*". |
| 8. *Holi.* | Una variante tierna y simpática de "hola". |
| 9. *KMK.* | Significa: "qué me cuentas". La *q* y la *c* se sustituyen por la *k*. |
| 10. *Estar de jajás.* | Risa que se puede interpretar como "estar pasándolo bien", o como marcador de ironía, para situaciones "que no tienen ninguna gracia". Por ejemplo, una persona se levanta a las 6:00 de la mañana para ir a la universidad y se encuentra a un vecino en el ascensor. "¿Qué tal?", le pregunta él, y la otra persona le responde "Pues nada, aquí, *de jajás*". |

Adaptado de *El País*: http://elpais.com/elpais/2015/06/01/icon/1433161650_187368.html.

❯ **Preguntas:**

1. Explica algunos de los diferentes aspectos morfosintácticos que se pueden apreciar en la configuración de las expresiones anteriores.
2. Reflexiona sobre la etimología de las expresiones y comenta qué factores sociolingüísticos en tu opinión han podido influir en su creación.
3. Enumera al menos tres expresiones coloquiales que utilizas habitualmente en tu primera lengua (L1) o en una segunda lengua (L2) pero que difieren desde el punto de vista de la variación diacrónica con otros hablantes.

## 1.2. La variación diastrática

La posición social que ocupa una persona en su comunidad y su nivel de educación son dos variables importantes que influyen en el habla (Labov 2006). Para establecer un índice de estratificación social más preciso, los expertos han considerado varios factores adicionales tales como la ocupación o profesión o el sueldo percibido (véase Kahl, 1957; Labov 2006; Díaz-Campos 2014), el nivel de educación de ambos padres, el tipo de vivienda o el ingreso promedio familiar (Bentivoglio y Sedano 1993). El compendio de variables permite que la estratificación social no quede determinada solamente por la situación actual del hablante, sino por todo el contexto en el que ha desarrollado su habla y el ambiente social en el que se desenvuelve.

Cuando el sociolecto de una persona está marcado por su estatus socioeconómico, podemos identificar tres categorías principales según la relación del hablante con su entorno sociocultural. El **acrolecto** es la variedad que habla la clase social con mayores recursos económicos y generalmente, aunque no siempre, con un mayor nivel de educación. El **mesolecto** lo habla el estrato medio o clase media, y el **basilecto** es la variedad popular empleada por el estrato inferior o con menos recursos de una comunidad. Estos términos solamente plantean estas divisiones a grandes rasgos, ya que no siempre resulta posible determinar con exactitud el alcance de cada tipo de sociolecto.

Al hablar de sociolectos, o variedades sociales de un idioma, nos referimos tanto a la lengua oral como a la escrita. En la escrita, la variedad utilizada tiende a ser más homogénea. Cuando oímos hablar a una persona por primera vez, podemos apreciar que su manera de expresarse puede contener rasgos sociolingüísticos y dialectales sobre el país del que procede, pero también de la región o incluso del barrio concreto en el que reside. Esto puede provocar en el hablante una **actitud lingüística** determinada hacia otros hablantes que se manifiesta en su percepción o uso de la lengua, y que puede estar relacionada con una serie de creencias generalizadas a nivel social. En muchos casos, estas actitudes son comportamientos aprendidos o heredados del entorno familiar o social, y pueden ser positivos o negativos. En ocasiones, estas asociaciones sobre el uso de la lengua pueden constituir un **estereotipo lingüístico** o "asociación consciente de un rasgo lingüístico con una característica no lingüística [. . .] que puede o no responder al uso real de la lengua" (Silva-Corvalán 2001, 67). Dicho estereotipo puede verse asociado "a formas socialmente marcadas, [y] parte del conocimiento general de los miembros de la sociedad, que los reconocen como rasgo típico de ciertos grupos sociales, normalmente los más bajos de la escala, por lo que son normalmente estigmatizadas" (Etxebarria 2013, 222).

El género de los hablantes es otra importante variable dentro del estudio sociolingüístico de la lengua. Un aspecto estilístico relacionado con el género tiene que ver con las diferencias que puede haber entre hombres y mujeres en la manera de expresarse, y en este aspecto el español es quizás uno de los idiomas en que este contraste resulta más evidente (Labov 1991). Por ejemplo, se ha observado una mayor frecuencia de uso de las interjecciones en el habla de hombres, mientras que las mujeres tienden a emplear más diminutivos (Silva-Corvalán 1989). Para Díaz-Campos (2014, 40-41), este uso del diminutivo en todas las categorías gramaticales funciona a modo de "estrategia discursiva" que permite crear lazos de solidaridad entre los interlocutores.

La diferencia entre géneros puede variar igualmente según la clase socioeconómica (Eckert 2012). Los resultados de diversos estudios sobre el tema apuntan a lo que Díaz-Campos (2014, 40) denomina como "paradoja del comportamiento lingüístico de las mujeres", que se caracterizan por "ser conservadoras y favorecer el uso de variantes consideradas normativas, por una parte, y, por la otra, favorecer el uso de variantes nuevas que poseen prestigio sociolingüístico". Es decir, aunque las mujeres se suelen comportar lingüísticamente de modo conservador, son también las que contribuyen a diseminar cambios en la lengua (Cameron 2011; Medina-Rivera 2011). Son innovadoras en el sentido de que promueven dentro de su comunidad el uso de variantes que no suceden naturalmente en la lengua, pero que gozan de una valoración sociolingüística positiva (Díaz-Campos 2014, 39). Por esta razón, si en una comunidad de hablantes no se emplea una variante considerada de prestigio, las mujeres serán, con bastante probabilidad, las primeras en introducirla (Rissel 1989).

## 1.3. La variación diafásica

La **variación diafásica** se encuentra estrechamente vinculada a la enunciación y a los rasgos estilísticos de la dimensión contextual de la comunicación. Silva-Corvalán (2001, 116-117) subraya que algunos de los principales componentes de la interacción lingüística de los hablantes son: el escenario o ámbito de uso, el propósito y los participantes. El **ámbito de uso** en que transcurre la comunicación puede referirse al "tipo de espectadores o con la audiencia que escucha" (estudiantes, profesores, público en general, etc.), al "lugar" en el que se desarrolla el acto comunicativo (una sala de conferencias, un ayuntamiento, un colegio, etc.), o al "tiempo" (el discurso de una graduación, una ponencia en un congreso, una presentación para una clase, etc.). Relacionados con el **propósito** de la comunicación encontramos aspectos como el "tema" concreto de la actividad comunicativa (ciencia, arte, literatura, etc.) o el "tipo de actividad" (una conversación, una clase, un discurso, etc.). Por último, hay múltiples rasgos que tienen que ver con los **participantes**. Por una parte, podemos mencionar algunas de las características más propias del "carácter individual" con rasgos "más estables" (la personalidad, los intereses, las aspiraciones, la apariencia física, el estilo de vida, etc.), "menos estables" (las emociones, las actitudes, los estados de ánimo, etc.) o como "miembro de una categoría social" (el origen étnico, la clase social, el sexo, la edad, la ocupación, etc.). Por otra parte, podemos notar "las relaciones entre los participantes" y considerar las "relaciones interpersonales" (la amistad, el conocimiento, la simpatía, la admiración, etc.) y las "relaciones de rol y categoría" (el poder social, el estatus social, como miembro o como extraño al grupo, etc.). Todos estos aspectos muestran que los hablantes realizan ajustes en el habla para adecuar la expresión oral y escrita al contexto social en el que se desenvuelven.

Esta adecuación a una situación concreta en consonancia con el interlocutor y el contexto comunicativo se denomina **registro**. Para Michael Halliday (1978), existen tres parámetros en la adecuación de los hablantes durante la comunicación: campo, tenor y modo. El **campo** incumbe el marco social, el cual puede determinar el grado de especialización de un texto, por ejemplo, comunicarse en el ámbito familiar o en el ámbito administrativo. El **tenor** revela la relación entre el objeto de la comunicación y los interlocutores, por ejemplo, el tono escogido, el grado de formalidad, las formas de tratamiento utilizadas, la objetividad o subjetividad, etc. El **modo** corresponde al canal en el que ocurre la comunicación, ya sea monologado, dialogado, oral, escrito, audiovisual, mediatizado por computadora, etc. La selección de un registro u otro puede venir determinada además por una serie de normas o convenciones sociales como, por ejemplo, declarar ante un tribunal o escribir una carta de reclamación, todas ellas marcadas por expresiones o formulismos propios de estas situaciones comunicativas.

El **registro conversacional** representa "la forma primaria y más frecuente de comunicación entre la gente" (Silva-Corvalán 2001, 195), y por esta razón consta de determinadas
estructuras lingüísticas con las que se transmiten mensajes concretos. Dichas estructuras
están sujetas a las convenciones sociales de la comunidad y se emplean a diario al interactuar con otras personas en un entorno informal. Entre ellas figuran, por ejemplo, la manera
de saludar a alguien o de respetar los turnos de palabra durante una conversación. Al visitar
otros países hispanohablantes, o al interaccionar con individuos de diversos lugares de habla
hispana, uno puede notar que los comportamientos conversacionales difieren. Por ejemplo,
en España las personas se dan dos besos en la mejilla al saludarse, y es habitual que los interlocutores no dejen pasar tiempo entre los turnos de palabra y que se interrumpan durante las
intervenciones, sin que esto pueda dar lugar a malentendidos. Por otra parte, en muchos
países latinoamericanos la costumbre es darse solamente un beso y los turnos de palabra
entre interlocutores no tienden a solaparse de la misma manera (Cestero Mancera 1994;
Gaviño Rodríguez 2008). También puede haber contrastes en el mundo hispanohablante
con respecto a formulismos o expresiones propias de la cortesía verbal. Por ejemplo, en
Bogotá (Colombia) es habitual escuchar las expresiones *¡Qué pena!* o *¡Me da pena con usted!*
para llamar la atención de una persona en la calle y preguntarle la hora o cómo llegar a un
lugar. Pese a su significado literal, estas fórmulas de cortesía no se utilizan propiamente para
disculparse en ese contexto específico, lo cual muestra diferencias pragmáticas en la cortesía
verbal dentro del mundo hispanohablante (véase el capítulo 5 sobre pragmática).

Uno de los casos más significativos del español sobre los elementos contextuales de la
comunicación es la discrepancia entre el uso de los pronombres *tú* y *vos* (contextos familiares
o informales) y *usted* (contextos formales). Sin embargo, hay diferencias entre los hispanohablantes que pueden no adherirse a esta distinción tan rígida, como se explicará más
adelante al examinar cada variedad dialectal. Por ejemplo, el pronombre de sujeto de segunda
persona del singular *vos* se suele asociar a la modalidad bonaerense o de Buenos Aires y a la
zona de influencia de la capital, pero podemos identificar áreas voseantes en otras partes del
Cono Sur como Paraguay, Uruguay y Chile, en regiones del dialecto andino (zonas del norte
y este de Bolivia y en la zona andina de Colombia), en grandes áreas de Centroamérica y en
algunas partes del sur de México. Asimismo, en el uso del pronombre *vos* y de la forma verbal
que lo acompaña subyace un gran número de elementos sociolingüísticos. Uber (2011)
estudió las formas de tratamiento en varias ciudades hispanohablantes hasta conseguir datos
representativos de cada variedad dialectal del español. Estos datos constataron que los
factores más relevantes para el uso de la forma respetuosa *usted* eran la edad del interlocutor
(si era mayor, los participantes tendían a usarla como señal de respeto), el género (los sexos
opuestos se solían tratar de manera formal), y la jerarquía profesional o social (con desconocidos o al atender a un cliente en un negocio). Las demás situaciones no solían exigir el
empleo de la forma *usted*, es decir, en el trato entre personas de la misma edad, de la misma
jerarquía o estatus social, conocidos o miembros de la familia.

Por otro lado, la distinción entre los pronombres *ustedes* y *vosotros* cuenta con una demar-
cación dialectal más consistente en el mundo hispanohablante. La forma *vosotros* corresponde a la segunda persona del plural en el registro informal o familiar, sobre todo, en el
centro-norte y en áreas de la zona sur de España, mientras que *ustedes* se utiliza en situaciones formales. Sin embargo, en el sur de la Península hay algunas variedades del dialecto
andaluz que alternan *ustedes* y *vosotros* con la forma verbal correspondiente (*ustedes son,
ustedes comen*) o con la de *vosotros* (*ustedes sois, ustedes coméis*), siendo esta última más extendida en la Andalucía occidental. Esta variación en la combinación de la forma *ustedes* con

la segunda persona del plural que correspondería al pronombre *vosotros* se da sobre todo en el ámbito familiar o entre círculos de amistad, lo que implica variación diafásica, pues el contexto puede determinar su uso, así como variación diastrática, ya que suele ocurrir más en las áreas rurales. En el dialecto canario es también común el empleo de la forma *ustedes* para cualquier registro, y lo mismo sucede en Latinoamérica, donde el pronombre *ustedes* como segunda persona del plural sirve tanto para situaciones informales como para formales, información que ampliaremos cuando analicemos cada una de las principales variedades dialectales. Como vemos, la variación diafásica se puede analizar desde múltiples perspectivas que ponen de manifiesto la red de componentes sociolingüísticos relacionados con los hablantes y con el contexto de la comunicación.

---

**Actividad 4. El siguiente extracto literario muestra la variación diafásica mediante el cambio de registro. Identifica dónde se produce y explica qué elementos lingüísticos lo marcan.**

"Di a la sabiduría: tú eres mi hermana y llama a la inteligencia tu pariente. Para que te preserven de la mujer ajena, de la extraña de lúbricas palabras . . . No dejes ir tu corazón por sus caminos, no yerres por sus sendas, por más que, conociendo como conozco a los hombres, Mario, estoy segurísima de que me la has pegado más de una vez y más de dos, me juego la cabeza. No hay más que ver cómo se presentó Encarna ayer, menuda escenita, yo no sabía ni dónde meterme, que Valen decía, 'si parece ella la viuda, mujer', y es cierto, chico, que me puso en ridículo, ¡qué alaridos!".

*Cinco horas con Mario*, Miguel Delibes (citado en Borrego Nieto 2008, 94-95).

---

**Actividad 5. Crea diferentes contextos comunicativos o minidiálogos en los que se pueda apreciar el contraste de la variación diafásica en los siguientes ámbitos de uso.**

1. lenguaje público ≠ lenguaje familiar
2. lenguaje oral ≠ lenguaje escrito
3. lenguaje común ≠ lenguaje técnico

❯ **Ahora compáralos con otra persona de la clase y analiza cuáles son los componentes lingüísticos que determinan la correspondencia con cada ámbito.**

---

## 1.4. La variación diatópica

La **variación diatópica** se centra en los contrastes geográficos y áreas o zonas de influencia que hay entre los hablantes de un mismo idioma. Según el Instituto Cervantes (2015, 5), unos 470 millones de personas en el mundo hablan español como lengua materna. Si a esta cifra le añadimos los hablantes con un dominio nativo del idioma, los de competencia limitada y los estudiantes de español como L2, la cifra superaría los 559 millones de usuarios potenciales. El español es la segunda lengua materna más hablada del mundo, solamente superada por el chino mandarín, y en términos demográficos la población que tiene el español como L1 continúa en aumento. Se estima que un 6,7% de la población mundial es hispanohablante —con una previsión que sitúa al español en un 7,5% para el año 2030—, dato destacado si lo comparamos con otras lenguas de peso geopolítico como el ruso (2,2%), el francés (1,1%) y el alemán (1,1%).

### 1.4.1. El español: una lengua global

Como señala Humberto López Morales, el español "goza de una gran homogeneidad en medio de la variedad" (2006, 184). Las diferencias lingüísticas entre las variedades dialectales que conforman el idioma no impiden la comunicación y reúnen una serie de características que han contribuido a su consolidación como lengua internacional (Moreno-Fernández y Otero Roth 2007, 30):

- Posee un sistema vocálico simple (compuesto por cinco elementos).
- Su sistema consonántico es compartido por todo el mundo hispánico.
- El léxico patrimonial o propio de la lengua es altamente compartido en los lugares en los que se habla español.
- Posee una sintaxis elemental que no impide la inteligibilidad entre los hablantes de diferentes variedades dialectales.
- Es una de las lenguas de cultura más universales y que mayor alcance y difusión ha tenido a través de su literatura.
- Es un idioma vehicular y con carácter oficial en 21 países y presente en otros territorios.
- Disfruta de una geografía compacta y de una demografía en expansión.
- Ofrece un índice alto de comunicatividad, es decir, sirve de medio de comunicación en toda la sociedad, y se habla en territorios que incluyen grandes zonas bilingües o plurilingües.

La tabla 7.2 enumera los veintiún países donde el español es lengua oficial ordenados en función de su número de hablantes. Como el español se halla en contacto con otras lenguas, incluimos también el porcentaje estimado de hablantes de español como lengua materna para cada uno de estos países.

Existen diferentes nomenclaturas para referirse al idioma común del mundo hispanohablante, *español* o *lengua española*, *castellano* o *lengua castellana* (Moreno-Fernández y Otero Roth 2007, 32-34). Algunas razones históricas y culturales explicarían en parte esta diversidad de términos. Por ejemplo, las Constituciones de cada país alternan en el uso del nombre que se le da a la lengua. Así, en las de España (1978), El Salvador (1983), Colombia (1991), Paraguay (1992), Perú (1993), Bolivia (1994), Ecuador (1998) y Venezuela (1999) se habla de *castellano*, mientras que en las Constituciones de Costa Rica (1949), Puerto Rico (1952), Panamá (1972), Cuba (1976), Honduras (1982), Guatemala (1985) y Nicaragua (1987) mencionan el término *español*. En algunos países latinoamericanos, "se asocia *español* a la idea de 'España' y se prefiere el término *castellano* que parece marcar cierta distancia respecto de la forma de hablar de los españoles; en otros casos, el nombre 'castellano' se identifica con su región de origen y se prefiere la denominación *español* por ser más general y abarcadora" (Moreno-Fernández y Otero Roth 2007, 34). En España, el término *castellano* se utiliza principalmente en los territorios en que se hablan las lenguas cooficiales: catalán (Baleares, Cataluña y Comunidad Valenciana, donde también se le llama valenciano), gallego (Galicia) y euskera o vasco (norte de Navarra y País Vasco).

A grandes rasgos, se podría decir que en América del Sur se prefiere el término *castellano*, mientras que en Centroamérica y el Caribe resulta más habitual el término *español*. Además, como explican Moreno-Fernández y Otero Roth (2007, 34), "internacionalmente, el nombre más difundido es *español* y este es el preferido por los lingüistas [aunque] ha ido ganando terreno la etiqueta de *habla hispana*". En las últimas décadas se ha intentado proyectar una modalidad de **español estándar** de carácter normativo desde los medios de

**Tabla 7.2** Países hispanohablantes y hablantes nativos de español

| País donde el español es lengua oficial | Población | Porcentaje de hablantes nativos |
|---|---|---|
| México | 121.005.815 | 96,80% |
| Colombia | 48.014.693 | 99,20% |
| España | 46.771.341 | 91,90% |
| Argentina | 42.202.935 | 99,10% |
| Perú | 31.151.643 | 86,70% |
| Venezuela | 30.620.404 | 97,30% |
| Chile | 18.006.407 | 95,90% |
| Ecuador | 15.943.741 | 95,70% |
| Guatemala | 15.806.675 | 78,30% |
| Bolivia | 11.410.651 | 83,00% |
| Cuba | 11.210.064 | 99,70% |
| República Dominicana | 9.980.243 | 97,60% |
| Honduras | 8.378.000 | 98,70% |
| Paraguay | 6.893.727 | 67,90% |
| El Salvador | 6.405.000 | 99,70% |
| Nicaragua | 6.236.000 | 97,10% |
| Costa Rica | 4.832.234 | 99,30% |
| Panamá | 3.801.000 | 91,90% |
| Puerto Rico | 3.548.397 | 99,00% |
| Uruguay | 3.430.000 | 98,40% |
| Guinea Ecuatorial | 757.014 | 74,00% |

(Instituto Cervantes 2015, 6-7)

comunicación (Moreno-Fernández 2010, 121-124). Sin embargo, las diferencias en el habla no implican que haya una variedad dialectal de español más correcta que otra. Lo que precisamente caracteriza al castellano o español en el mundo hispanohablante es su **diversidad dialectal**, es decir, el conjunto de variedades que lo conforman con todas sus peculiaridades e idiosincrasias. Prueba de ello es que, con el paso del tiempo, se han ido creando academias de la lengua en diferentes continentes, incluso en territorios donde el español tuvo una mayor presencia histórica, como la Academia Filipina de la Lengua Española, fundada en Manila en 1924 o, más recientemente, la Academia Ecuatoguineana de la Lengua Española, creada en Guinea Ecuatorial en 2013 y donde el español es una de las lenguas oficiales.

A partir del trabajo de Miranda Stewart (2012), haremos un recorrido por algunos de estos lugares en que se habla el español, o donde la lengua ha estado presente a lo largo de la historia, como, por ejemplo, Guinea Ecuatorial, Guam, el norte de África, Andorra y Filipinas. Hemos incluido además Gibraltar, colonia británica situada en el extremo sur de la península ibérica donde también hay hablantes de español. El siguiente mapa ofrece una perspectiva panorámica de las áreas geográficas con presencia actual o histórica de la lengua española. Incluye también algunas partes de los Estados Unidos para mostrar la conexión histórica y el auge más reciente del español.

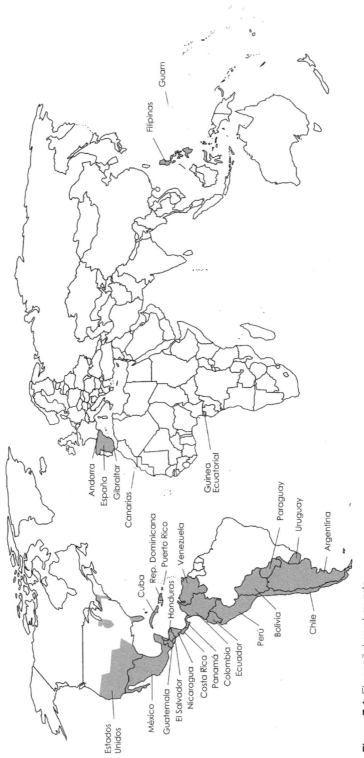

**Figura 7.1** El español en el mundo

### 1.4.2. Otros territorios hispanohablantes

Encontramos comunidades de hablantes de español en Guinea Ecuatorial, el norte de África, Gibraltar, Andorra, Filipinas y Guam (Stewart 2012). Como su propio nombre indica, **Guinea Ecuatorial** es un territorio situado en la parte oeste ecuatorial del continente africano. Fue colonizado primero por Portugal en el siglo XV, y en el siglo XVIII pasó a dominio español hasta su independencia en 1968. El español sigue siendo idioma oficial en este país, aunque comparte oficialidad con el francés desde 1998 y con el portugués desde 2007. También se hablan diferentes lenguas autóctonas de la familia de lenguas bantúes, siendo las más representativas en número de hablantes el bubi, el benga y el fang. Esta **diversidad lingüística**, o conjunto de idiomas que coexisten en un mismo territorio, ha propiciado que el multilingüismo sea común entre muchos de sus habitantes y que haya mutua influencia entre las lenguas (Lipski 1985, 2004b). Desde 1928 el español pasó a ser la **lengua franca** o de comunicación, aunque a partir de la década de los noventa el francés ha experimentado un notable auge como lengua del comercio.

En el **norte de África** existían dos protectorados en Marruecos, el español y el francés, como parte de la colonización ejercida por estos países. Hasta la independencia de Marruecos en 1956, el español era la lengua cooficial del área española, junto con el árabe. A partir de ese momento, el francés fue ganando terreno, aunque en ciudades como Tánger un alto porcentaje de la población mayor es bilingüe en árabe y español, e incluso trilingüe, con el francés. También se estima que unas 22.000 personas poseen una competencia limitada de español en la zona del Sáhara Occidental (Instituto Cervantes 2015, 8). Esta zona estuvo bajo jurisdicción española hasta la anexión de parte del territorio por Marruecos y Mauritania en 1975 (Awah y Moya 2009, 27). No obstante, como indica Quilis (1992), el español ha ido recuperando terreno en las últimas décadas, tanto en las escuelas como en los medios de comunicación. Pese a la arraigada influencia del francés, algunos factores han contribuido al mantenimiento del español, sobre todo en la parte norte de Marruecos, como la proximidad geográfica, la cercanía a las ciudades autónomas de Ceuta y Melilla, el incremento de compañías y de negocios de la Península, y el alcance de los medios de comunicación (Chahhou 2014, 74). Todo ello ha permitido hablar del español como "una segunda lengua no oficial" en algunas áreas de Marruecos (Sayahi 2014, 49).

La lengua oficial de **Ceuta** y **Melilla** es el español, aunque ambas ciudades cuentan con un notable porcentaje de población hablante de árabe. Por ello, actualmente se caracterizan por un alto grado de bilingüismo (Sayahi 2014, 70-73) y por una variedad de español que comparte rasgos con el andaluz a causa de la inmigración que tuvo lugar desde el sur de Andalucía (Moreno-Fernández 2014, 426-430).

El peñón de **Gibraltar** es colonia británica desde 1704. Con una extensión de tan solo 6 km$^2$ y una población de unos 30.000 habitantes, la ciudad está situada en el sur de la península ibérica y limita al norte con la provincia de Cádiz. Aunque la lengua oficial es el inglés, utilizado en el entorno administrativo y en las escuelas, más de dos tercios de su población es bilingüe, y su variedad dialectal es similar al español de Cádiz por su proximidad geográfica y vínculos históricos. En concreto, esta variedad se denomina **llanito** o **yanito**, se emplea como lengua de comunicación diaria en el ámbito familiar y en la calle, y se caracteriza por la presencia de la fonética del andaluz occidental, así como por un número destacado de anglicismos en el léxico, con algunos préstamos también del genovés y del portugués (Martínez González 2003, 754; Moreno-Fernández 2014, 152).

En el **Principado de Andorra**, un pequeño país en los Pirineos, la lengua oficial es el catalán, que coexiste con el francés en el norte y con el español en el sur. Hay además un gran número de hablantes de portugués por la inmigración que se produjo desde Portugal sobre todo a partir de la década de los ochenta. De sus 78.000 habitantes, se estima que en torno a 30.980 poseen un dominio nativo del español (Instituto Cervantes 2015, 7).

A pesar de los casi tres siglos de colonización española de **Filipinas**, el número de hablantes de español se ha reducido de manera drástica con el paso del tiempo, y ya en los ochenta existían muy pocos hablantes de español menores de cuarenta años (Lipski 1987). El español nunca fue una lengua dominante en Filipinas, ni se extendió entre todos los sectores de la población. Tampoco llegó a ser el idioma del comercio, y tanto la iglesia como la administración prefirieron emplear lenguas autóctonas para llegar a toda la población. En 1898, las islas pasaron a pertenecer a los Estados Unidos tras la guerra hispano-estadounidense, en la que España también cedió el control de Cuba, Puerto Rico y la isla de Guam. A partir de ese momento, en Filipinas se llevó a cabo una gran inversión en programas de educación en inglés hasta consolidar la presencia de este idioma en instituciones educativas y gubernamentales, y su empleo como lengua vehicular de la población y cooficial junto con el español y el tagalo o filipino. Se calcula que en torno al 20% del léxico tagalo procede del español, lo cual se observa sobre todo en palabras del ámbito doméstico. Esta situación ha ido cambiando, ya que cada vez se han adquirido más préstamos del inglés (Quilis y Casado-Fresnillo 2008, 392). En 1987, la Constitución Filipina decretó que las lenguas cooficiales del país eran únicamente el inglés y el tagalo, mientras que el español quedó relegado a un estatus de lengua de aprendizaje voluntario y opcional. La mayor parte de los hispanohablantes que todavía se encuentran allí son de ascendencia española. Hay además otros grupos con cierto nivel en el idioma, dado que hasta los años noventa el español era una asignatura obligatoria en la universidad. Por ejemplo, los abogados suelen tener conocimientos de español, porque el Código Civil está redactado en esta lengua, y muchos miembros de órdenes religiosas españolas en Filipinas se comunican en español. En general, resulta difícil precisar una cifra de hablantes de español en las islas actualmente, ya que el censo no distingue entre estos hablantes y los de **chabacano**, una modalidad criolla de base gramatical indígena y con una fuerte presencia léxica del español de la que nos ocuparemos en la siguiente sección.

La isla de **Guam** es una colonia estadounidense en el océano Pacífico a la que llegó el navegante portugués Fernando de Magallanes en 1521. Los misioneros católicos fueron los primeros en establecer una colonia allí en 1668, y esta isla dejó de estar bajo jurisdicción española en 1898, tras la guerra hispano-estadounidense. En 1980, Guam contaba ya con muy pocos hablantes nativos de español (Alvar 1996b, 245), aunque parte de la población mayor habla **chamorro**, lengua austronesia que posee una fuerte base léxica del español (Stewart 2012, 8). Esta lengua se habla tanto en Guam como en las islas Marianas y comparte oficialidad con el inglés en ambos territorios (Rodríguez Ponga y Salamanca 1995, 13). En la siguiente sección describiremos algunas de las principales lenguas criollas de base hispana.

Actividad 6.  Busca información sobre el español en uno de los territorios con presencia histórica de este idioma (norte de África, Filipinas, Guam, etc.). Identifica algunos topónimos procedentes del español que todavía se pueden localizar en un mapa. Después prepara una presentación visual en la que expongas los resultados de tu investigación.

⌀ Puedes encontrar información en el proyecto Ethnologue: https://www.ethnologue.com/.

Actividad 7.  El español es una lengua global, pero ¿cuál es su presencia en Internet y en las redes sociales? ¿Ha ido en aumento o ha disminuido? Busca datos que expliquen la tendencia del español en el ciberespacio en los últimos cinco años.

⌀ Puedes utilizar el siguiente recurso:

*Anuarios del Instituto Cervantes*: http://cvc.cervantes.es/Lengua/anuario/default.htm.

❯ ¿Qué desafíos crees que plantea el uso del español en el contexto de Internet y en las redes sociales?

### 1.4.3. Lenguas criollas de base hispana

Los *pidgin* y las **lenguas criollas** que se relacionan con el español "no son, *strictu sensu*, dialectos del español sino lenguas independientes, productos del mestizaje lingüístico y un proceso de transmisión interrumpida y reestructurada que rompe con los tradicionales modelos genealógicos de las lenguas indoeuropeas" (Lipski 2004a, 461). Antiguamente, cuando se creaban vínculos mercantiles entre diferentes culturas, los hablantes se veían en la necesidad de desarrollar un código para poder comunicarse. Este *pidgin* no dejaba de ser un sistema de comunicación rudimentario, con una gramática limitada y un inventario compuesto de unidades léxicas que cubrían sus necesidades básicas de comunicación (Klee y Lynch 2009, 81), pero sin hablantes nativos. Sin embargo, si las generaciones más jóvenes que hablaban un *pidgin* eran capaces de convertirlo en una lengua completa, es decir, con paradigma verbal, sistema morfológico, reglas gramaticales, etc., ese *pidgin* podía dar lugar a una **lengua criolla** (véase el capítulo 1).

En general, el número de hablantes de *pidgin* y de lenguas criollas descendientes del español es bastante reducido, sobre todo en contraste con las que presentan base inglesa o francesa. Según John McWhorter (1995; citado en Stewart 2012), esto puede deberse a tres factores principales. En primer lugar, puede tener que ver con el hecho de que a los esclavos que habían llegado durante la época colonial les resultaba más sencillo aprender el español y no tener que recurrir a un *pidgin* o a otras lenguas criollas. Segundo, en muchas ocasiones España ocupaba regiones ya colonizadas previamente por Portugal y, por ello, el *pidgin* de esas áreas presentaba base portuguesa. Tercero, es posible que el escaso número de lenguas criollas de base hispana tuviera que ver con la ausencia de asentamientos comerciales españoles en África Occidental.

Algunos *pidgin* relacionados con el español son el **cocoliche** (Meo Zilio 1964), variedad de un español italianizado que se habla en Buenos Aires; el **inglés de escalerilla** (Hancock 1971), *pidgin* español-inglés presente en algunos puertos mediterráneos, como en La Línea de la Concepción, Cádiz (España), y el **pichingli** o pichinglis (Armistead 1996, 1997), jerga comercial a modo de *pidgin* que existió en los puertos canarios durante el siglo XIX y hasta comienzos del XX. Como lenguas criollas de base hispana encontramos el **palenquero**, hablado en la costa norte de Colombia (Palenque de San Basilio); el **papiamento**, lengua criolla de las Antillas Holandesas, y el **chabacano**, modalidad ubicada en Filipinas.

El **palenquero** es un criollo hablado en Palenque de San Basilio (costa norte de Colombia) y proviene de la mezcla del español con el kikongo (Schwegler 2011), lengua bantú de los esclavos africanos que se asentaron en esa zona, junto con rasgos del portugués. En los últimos años el palenquero se ha revitalizado gracias en parte a un cambio de actitud entre las generaciones más jóvenes, a su empeño por preservar la lengua y a los programas educativos implementados en la zona que también han ejercido una influencia positiva (Lipski 2012, 40; 2016b).

El **papiamento** es otro criollo que procede de la mezcla del español con el portugués y el holandés. En 2007 adquirió estatus de lengua oficial de las Antillas Holandesas (Aruba, Bonaire y Curaçao), junto con el holandés. Sin embargo, varios cambios políticos y administrativos limitaron su oficialidad a los territorios de Bonaire y Aruba a partir del año 2010. El papiamento es la única lengua criolla de base hispana que goza de prestigio entre hablantes de todas las clases sociales y posee una tradición literaria que data del siglo XIX, lo cual supone un símbolo de identidad nacional y cultural (Lipski 2004a, 477). Dentro del papiamento hay variedades dialectales, tanto geográficas como estilísticas, visibles sobre todo en el léxico. Tan solo en la isla de Curaçao se identifican tres variedades; la primera, con una base española fuerte, hablada generalmente por descendientes de judíos sefardíes (Pedrique 2003, 206-207); la segunda con predominancia holandesa, común entre descendientes de los colonizadores holandeses, y una tercera intermedia, empleada por muchos habitantes de ascendencia africana. El sistema vocálico del papiamento es bastante complejo porque se basa en las vocales del español y se completa con las vocales largas y diptongadas del holandés. Su influencia africana se manifiesta en varios rasgos, como su sistema verbal, que alberga diferencias aspectuales, y el hecho de que se trata de una **lengua tonal**, es decir, en la que las variaciones de tono hacen que varíe el significado de las palabras o la estructura gramatical. Por otra parte, los préstamos lingüísticos del español gozan de una mayor popularidad que los del inglés entre los hablantes de papiamento (Munteanu 1996; Rivera y Mather 2015).

Como ya se indicó, Filipinas fue colonia española hasta 1898, año de la guerra contra los Estados Unidos. Hasta ese momento, el español había sido el idioma oficial de Filipinas, aunque solo lo usaba la élite del país, es decir, en torno al diez por ciento de la población. El **chabacano** es una modalidad hablada en Filipinas que se emplea de manera genérica para denominar un grupo de lenguas criollas (caviteño, ternateño y zamboangueño) (Fernández 2006) con base gramatical indígena del tagalo o del bisaya, pero con base léxica del español (Sippola 2006, 41). Estas lenguas sufrieron un proceso de descriollización a medida que la influencia española se fue reduciendo debido a la ocupación estadounidense (Sippola 2011, 19). A pesar de la cooficialidad del inglés y del tagalo, el chabacano es la lengua habitual en zonas donde se habla no solo en las situaciones informales, sino también en los medios de comunicación y en las escuelas. El conocimiento del chabacano conlleva un conocimiento pasivo del español, debido a la gran influencia léxica de esta lengua en su inventario léxico.

En las próximas secciones estudiaremos las variedades dialectales del español a partir de sus principales rasgos fonético-fonológicos, morfosintácticos y léxicos. No obstante, cabe mencionar que todos estos rasgos se deben considerar a "modo de guía" de la diversidad dialectal presente en el idioma. La **zonificación dialectal**, o división en zonas que poseen rasgos lingüísticos en común, no resulta una tarea sencilla (véanse Rosenblat 1962, 1967;

Coloma 2011; Quesada Pacheco 2014). Dicha división no se debe solamente a factores geolingüísticos o territoriales: se trata además de un fenómeno en constante evolución, y está relacionada igualmente con aspectos sociolingüísticos.

De este modo, resulta posible encontrar diferencias dialectales dentro de una misma área, y un determinado rasgo dialectal no siempre se da en una única zona geográfica. Esto sucede, por ejemplo, en el español de México si comparamos la variedad interior en el área de la ciudad de México con la de la costa yucateca, que se encuentra bajo la zona de influencia del español caribeño. Ocurre algo similar en el español andino, donde, en un país relativamente pequeño en extensión como es Ecuador, los hablantes de la costa presentan rasgos dialectales distintos a los de la sierra. Además, una misma característica dialectal puede no ser compartida por todos los sociolectos, que, como hemos explicado al comienzo del capítulo, se ven condicionados por numerosas variables (profesión, edad, sexo, nivel de instrucción, estrato socioeconómico, etc.).

Estos son algunos de los desafíos a los que se enfrenta la dialectología hispánica en la actualidad, cuyos temas principales de investigación giran en torno a "los dialectos urbanos, las actitudes de los hablantes, la nivelación, la convergencia, el peso de la norma y del prestigio, y los procesos de integración lingüística" (García Mouton 2016, 39). Indudablemente, al análisis de la lengua hoy en día hay que añadir los efectos palpables de la influencia de los medios de comunicación en todo el mundo hispanohablante, que ya desde el siglo pasado comenzó a transformar la realidad dialectal de "comunidades rurales aisladas y poco instruidas, que hablaban variedades conservadoras [y que] se convirtieron en comunidades con hablantes conocedores de la lengua de cultura" (García Mouton 2016, 30).

Con la base del trabajo de Francisco Moreno-Fernández (2014) y otros especialistas, describiremos las ocho modalidades dialectales principales del mundo hispanohablante. Tras un breve análisis sobre la diversidad lingüística en España, examinaremos las variedades dialectales habladas en la península ibérica (castellano y andaluz), en las islas Canarias (canario) y en Latinoamérica (caribeño, mexicano-centroamericano, andino, austral y chileno). Finalmente, nos ocuparemos del español que se habla en los Estados Unidos.

---

**Actividad 8.** La influencia de varias lenguas (bantú, español, inglés y portugués) en el palenquero se puede apreciar en su sistema pronominal. Fíjate en la morfología de los pronombres e identifica la influencia de estas lenguas.

| palenquero | español | Lengua que ha influido |
|---|---|---|
| i | yo | |
| enú | vosotros | |
| ané | ellos | |
| bo | tú | |
| ele | él/ella | |
| suto | nosotros | |
| utere | ustedes | |

Adaptado de Stewart (2012, 184)

Actividad 9.  Consulta la tabla 7.2 sobre el número de hablantes de español e identifica los siete países con el menor porcentaje de hablantes nativos. Localiza su ubicación en un mapa e investiga cuáles son algunas de las lenguas que conforman su diversidad lingüística.

✐ Puedes encontrar información en el proyecto Ethnologue: https://www.ethnologue.com/.

## 2. Diversidad lingüística y dialectal en España

En España hay cuatro idiomas con estatus de lenguas cooficiales del Estado: el castellano, el catalán, el euskera o vasco y el gallego. Sin embargo, también encontramos otras lenguas: el aranés (Valle de Arán, extremo noroccidental de Cataluña) (Lapresta Rey y Huguet Canalís 2006), el asturiano o bable (Asturias) (García Arias 2002), el aragonés (Pirineo aragonés) (Conte 1977) o el valenciano (Comunidad Valenciana) (Casanova 1985), aunque este último se considera a menudo una modalidad del catalán. La denominación como *lengua* o *dialecto* puede variar, dado que estos términos se ven sujetos con frecuencia a factores sociopolíticos.

Al término de la guerra civil española (1936-1939), Francisco Franco impuso una política lingüística centralista y uniforme, hecho que convirtió al español en la principal **lengua vehicular** o de comunicación en el ámbito público e impidió el desarrollo del resto de lenguas minoritarias habladas en la Península. Durante los casi cuarenta años de dictadura franquista (1939–1975), el español fue el idioma de las instituciones públicas y educativas y de los medios de comunicación, e incluso el que se solía emplear en la calle, debido a la prohibición de otras lenguas minoritarias que permanecieron casi exclusivamente en el ámbito doméstico (Montrul 2013). En la Constitución Española de 1978 se aprobaron los Estatutos de Autonomía de las diferentes comunidades y se dio relevancia a la diversidad lingüística de la Península al reconocer los idiomas cooficiales como "un patrimonio cultural que será objeto de especial respeto y protección", tal y como se especifica en el Artículo 3 de la misma:

1. *El castellano es la lengua española oficial del Estado. Todos los españoles tienen el deber de conocerla y el derecho de usarla.*
2. *Las demás lenguas españolas serán también oficiales en las respectivas Comunidades Autónomas de acuerdo con sus Estatutos.*
3. *La riqueza de las distintas modalidades lingüísticas de España es un patrimonio cultural que será objeto de especial respeto y protección.*

(Constitución Española, BOE, 29 de diciembre de 1978, 1)

Desde entonces, las políticas lingüísticas en esas comunidades autónomas se han centrado en la normalización lingüística hasta revitalizar sus respectivos idiomas en todos los ámbitos de la vida pública y privada. La Constitución Española subraya que todas las lenguas cooficiales deben disfrutar del mismo estatus y coexistir en cada una de sus comunidades autónomas: catalán en Cataluña e islas Baleares; catalán o valenciano, en la Comunidad Valenciana; gallego, en Galicia, y euskera o vasco, en el País Vasco y norte de Navarra.

Cuando dos o más idiomas conviven en un mismo territorio hablamos de **lenguas en contacto**, y la influencia que se deriva de este contacto suele ser recíproca, aunque puede haber rasgos de una lengua más presentes que otros. Estos fenómenos se pueden describir desde el punto de vista fonético-fonológico, morfosintáctico y léxico. Por ejemplo, algunas de las características del **castellano en contacto con el catalán** son el uso de *que* como partícula interrogativa al comienzo de una oración interrogativa total, es decir, que requiere un *sí* o *no* por respuesta, *¿Que es usted el último en la fila?* por *¿Es usted el último en la fila?*; el empleo del artículo definido con antropónimos, *la Ana*, *el Manel*; o la pluralización del verbo *haber* impersonal, *Habían muchas personas allí* por *Había muchas personas allí*. Del **castellano en contacto con el euskera** destaca el leísmo animado de persona para hacer referencia a hablantes de ambos sexos, *A Maite, le vi ayer con su hermana. A Jaime, no le vi* por *A Maite, la vi ayer con su hermana. A Jaime, no lo vi*; la omisión del pronombre de objeto directo cuando se trata de un referente inanimado, *¿Te vas a probar el vestido? Sí, ahora me [Ø] pruebo* en lugar de *Sí, ahora me lo pruebo*; o el empleo de *pues* como partícula al final de una oración interrogativa parcial, es decir, que requiere por respuesta información más detallada que solamente afirmar o negar, *¿Qué haces, pues?* Del **castellano en contacto con el gallego** podemos mencionar los valores aspectuales de algunas perífrasis, *Casi hubieron de llegar tarde*, con la que se indica algo inminente, es decir, *Casi estuvieron a punto de llegar tarde*; la repetición del verbo, como en gallego y en portugués, en respuesta a una oración interrogativa, *¿Estuvieron todos? Estuvieron*; o la preferencia por el diminutivo en *–iño, –iña*, como en *cosiña* (véanse Klee y Lynch 2009, 34–77; Fernández-Ordóñez 2016, 399–402).

Por último, también en la península ibérica, encontramos los denominados **dialectos históricos**, llamados así por la evolución paralela al castellano que durante la Edad Media tuvieron el aragonés (zona de Aragón) o el asturleonés (antiguo Reino de León), y otras variedades que se desarrollaron después en regiones o áreas de menor tamaño, como el extremeño (Extremadura) o el murciano (Murcia). En general, las principales variedades que se pueden identificar en España son tres: el castellano (centro-norte peninsular), el andaluz (sur peninsular) y el canario (islas Canarias). Las siguientes secciones describen los aspectos fonético-fonológicos, morfosintácticos y léxicos más sobresalientes de estas tres variedades.

**Actividad 10.** La siguiente figura representa cinco rasgos dialectales de hablantes de español de la península ibérica.

> **❷ Explica qué rasgo destaca en función de la ubicación geográfica de cada hablante.**
>
> 1. ¿Y por qué esa cara, Pabliño?
> 2. Ese libro ya he leído.
> 3. ¿Que has leído este libro?
> 4. Pero, ¿qué decís?
> 5. Eh que hase mucha caló.
>
> **❷ ¿Cuál de las variedades te parece más distintiva? Justifica tu respuesta.**
>
> **❷ Teniendo en cuenta que se trata de un mismo territorio, ¿qué puedes comentar sobre la diversidad lingüística de la Península?**

## 2.1. El castellano

Se pueden identificar dos grandes variedades de **castellano** en la Península (Moreno-Fernández 2014, 121). Por un lado, el **castellano manchego** (Castilla-La Mancha) y, por otro, el **castellano norteño** (al norte de Madrid), que comprende el **norteño occidental** (antiguos reinos de Castilla y León), el **norteño oriental** (Aragón) y el **castellano de áreas bilingües** (castellano gallego, castellano catalán y castellano vasco). La zona limítrofe que marcaría el paso del castellano al andaluz en la Península se ubica en las llamadas "hablas de tránsito", con la región de Extremadura al oeste y la región de Murcia al este.

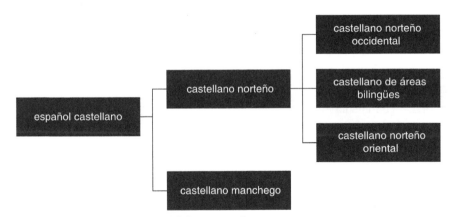

**Figura 7.2** Principales variedades del dialecto castellano
(Moreno-Fernández 2014, 121)

Uno de los rasgos más sobresalientes del castellano desde el punto de vista fonético-fonológico es la **distinción entre los fonemas /s/ y /θ/**. Estos sonidos forman pares mínimos, esto es, son fonemas y no alófonos, como, por ejemplo, en *casa* [ká.sa] y *caza* [ká.θa]. Ambos fonemas corresponden a grafemas distintos, dado que el sonido /θ/ se representa con "z" y "c", este último únicamente en las combinaciones "ce" y "ci". Por su parte, el fonema /s/ corresponde solo al grafema "s" y, a diferencia de otras áreas hispanohablantes, su punto de articulación es **apicoalveolar /s̺/**, es decir, en su realización intervienen el ápice de la lengua como articulador activo y los alveolos superiores como pasivos (véase el capítulo 2 sobre fonología y fonética).

**Figura 7.3** Principales variedades dialectales de España

Uno de los rasgos morfosintácticos más peculiares del castellano es el **uso del pronombre** *vosotros/vosotras*, forma de tratamiento informal correspondiente a la segunda persona del plural del paradigma verbal, *vosotros/vosotras cantáis, tenéis, escribís, sois,* etc. Este pronombre es un rasgo común en el dialecto castellano, aunque también se utiliza en el andaluz oriental y en algunas zonas del andaluz occidental. Sin embargo, en el resto del mundo hispanoha-blante, incluido el canario, o español hablado en Canarias, se utiliza la forma *ustedes*, aunque en La Gomera, El Hierro y La Palma el uso de *vosotros* se alterna con *ustedes* en el trato de confianza (Calderón Campos 2010, 229). Mientras que el empleo de *vosotros* constituye un rasgo distintivo del dialecto peninsular, en el español de América solo se mantiene como forma propia del lenguaje referencial o arcaizante, por ejemplo, en discursos solemnes que incluyen formas como *con vosotros, acordaos* o *vuestro* (Calderón Campos 2010, 228).

Una de las primeras preguntas que surgen, desde el punto de vista dialectal, es cómo se podría explicar esta diferencia de uso de los pronombres en español para representar la misma realidad o referente. Como apunta Miguel Calderón Campos (2010, 235–236), desde una óptica etimológica, el pronombre *vosotros* se desarrolló desde el español medieval donde existía la dualidad *tú*, de uso familiar, y *vos*, de carácter formal, para el singular, y solo una forma para el plural, *vos*. Para evitar la ambigüedad en el uso de las formas homófonas en el singular y el plural, la forma del plural *vos* se amplió mediante la adición de *–otros, vos > vos–otros*, de manera que a comienzos del siglo XVI, el uso de *vos* con valor de plural fue cayendo en desuso. Desde el siglo XV, habían aparecido además otras formas compuestas con sustantivos como *excelencia* o *merced*, que se popularizaron como *vuestra merced* y *vuesa merced*, tratamientos indirectos o distanciadores a modo de halago para el interlocutor que aparecen con frecuencia en la literatura de la época.

Desde mediados del siglo XVI hasta el siglo XIX, se comienza a utilizar la forma *vos* como tratamiento cercano similar al del pronombre *tú*. También durante este periodo, en áreas del español de América donde se estandarizó el uso de la lengua (México, Lima, Santo Domingo), o con mayor contacto con España (Cuba y Venezuela), se eliminó el uso de *vos* al considerarlo antinormativo. No obstante, este pronombre continuó su evolución en otros lugares de América, lo cual explicaría hasta cierto punto el arraigo del fenómeno del "voseo" o uso de la forma *vos* como pronombre sujeto o como parte del paradigma verbal, *vos hablás*, *bebés*, *escribís*, en algunas zonas del español de América, como en el Cono Sur, aunque no exclusivamente. Nos ocuparemos de este fenómeno más adelante en el capítulo.

He aquí los principales rasgos del castellano (véase Moreno-Fernández 2014; Fernández-Ordóñez 2016):

## a) Rasgos fonético-fonológicos

- **Yeísmo generalizado.** No hay distinción entre la pronunciación de los fonemas /ʎ/, grafema "ll", y /j/, grafema "y", por lo que ambos fonemas equivalen a un mismo sonido [j]. En regiones en que el castellano está en contacto con el catalán, algunos hablantes aún articulan esta distinción, *pollo* [pó.ʎo] y *poyo* [pó.jo]. También en algunas zonas rurales de Castilla León y Castilla-La Mancha, aunque la situación parece estar cambiando en las generaciones más jóvenes por la influencia de la variedad yeísta urbana de la zona de Madrid (Molina 2008; Díaz Campos 2014, 105–106).
- **Distinción entre los fonemas /s/ y /θ/.** Por ejemplo, *casa* [ká.sa] y *caza* [ká.θa].
- **Pronunciación apicoalveolar de /s̺/.** En su realización intervienen el ápice de la lengua como articulador activo y los alveolos superiores como pasivos.
- **Pronunciación tensa de /x/.** El fonema fricativo velar sordo /x/, que corresponde a la grafía "j" y a las combinaciones "ge" y "gi", se pronuncia de manera tensa [x], [mé.xi.ko] *México*. Esto contrasta con la mayor parte de variedades en que se articula de manera suave o relajada, convirtiéndose en la fricativa laríngea sorda [h], [mé.hi.ko] *México*.
- **Elisión de /d/ intervocálica.** Sobre todo en los participios en *–ado*, hasta su desaparición en muchos casos, *hablado* [a.βlá.ðo] > *hablao* [a.βlá.o]. Este rasgo se considera en el castellano más propio del habla coloquial o espontánea y también se da en otras variedades.
- **Elisión del elemento oclusivo en la combinación /ks/ para el grafema "x".** En áreas rurales, con realizaciones como *seso* [sé.so] por *sexo* [sék.so] o *tasi* [tá.si] por *taxi* [ták.si].
- **Conservación de consonantes finales.** Por ejemplo, de *–r, –l* y *–n*, *beber* [be.βér] por [be.βé], *mantel* [man̪.tél] por [man̪.té].

## b) Rasgos morfosintácticos

- **Tuteo.** Uso de la forma del pronombre *tú* de segunda persona del singular para mostrar cercanía y familiaridad entre los hablantes, *tú hablas*, *tú bebes*, *tú comes*.
- **Uso de *vosotros*.** Segunda persona del plural del pronombre de sujeto *vosotros, vosotras* y los posesivos *vuestro, vuestra, vuestros, vuestras*. Por ejemplo, *vosotros habláis, vuestros libros*.
- **Uso del pretérito perfecto.** Excepto en algunas zonas del norte de la Península (Galicia, parte occidental de Asturias y de León), es habitual el uso del pretérito perfecto, *He visto a María* (en lugar del pretérito indefinido, *Vi a María*), para acciones del pasado reciente, *He visto a María este fin de semana*, o para acciones en las que el hablante se sitúa dentro del marco temporal, *Hoy he visto a María* en lugar de

*Hoy vi a María* o *Este año* (*esta semana, esta mañana*) *he leído mucho.* Este rasgo verbal representa un contraste significativo entre el español peninsular y el de América. Sin embargo, en Bolivia, zonas de Perú y el noroeste de Argentina, así como en las zonas en las que hay contacto con lenguas amerindias, se ha documentado también el uso de la forma compuesta (véase Gutiérrez Araus 2001; Aleza Izquierdo 2010a, 145–146).

- **Infinitivo con valor de imperativo.** Por ejemplo, *¡Correr, niños! ¡Venir aquí!* por *¡Corred, niños! ¡Venid aquí!* La articulación de la terminación de infinitivo en *–r, correr*, requiere menos esfuerzo que la del imperativo en *–d*. En el caso de los verbos pronominales, la *–d* desaparece como en *sentarse > sentaos*, aunque por analogía con los verbos no pronominales muchos hablantes también conservan la marca de infinitivo, *sentaros*.

- **Preferencia por las formas en *–se* en el imperfecto y pluscuamperfecto de subjuntivo.** Empleo más extendido de *–se* en lugar de *–ra* en comparación con otras variedades, *hablase* por *hablara*, y *hubiese hecho* por *hubiera hecho*.

- **Leísmo.** Uso del pronombre de objeto indirecto *le* con función de objeto directo equivalente a *lo* y *la*, sobre todo, con referente humano y masculino llamado "leísmo de persona". Por ejemplo, *–Ayer vi a Pepe. –Ah, ¿le viste ayer?* en vez de *–Ah, ¿lo viste ayer?*, aunque también con referente femenino, *–Ayer vi a las vecinas. –Ah, ¿les viste ayer?* por *–Ah, ¿las viste ayer?* Con menos frecuencia, algunas zonas de la Península emplean el "leísmo de cosa", *–¿Dónde está el coche? –Le he visto aparcado fuera* por *–Lo he visto aparcado fuera*. El "leísmo de persona" se ubica principalmente en la península ibérica, mientras que el "leísmo de cortesía", *¿Le acompaño?* (*a usted*) en contraste con *¿La/Lo acompaño?*, se encuentra bastante generalizado en un gran número de dialectos del mundo hispanohablante (Dumitrescu 2011, 7). Desde el punto de vista normativo, según la *Nueva gramática básica de la lengua española* (*NGBLE*) (2011, 105), no se considera incorrecto el leísmo de persona con referente masculino, aunque se desaconseja su uso en plural, *A tus vecinos hace años que no los/les veo*. El leísmo de persona con referente femenino se encuentra menos extendido, carece de prestigio y se considera incorrecto. Se considera incorrecto igualmente el leísmo de cosa.

- **Forma pronominal de objeto indirecto *le* sin distinción de número.** Tendencia a utilizar el pronombre *le* para el singular y el plural, *Le dije a ellos que no vinieran* por *Les dije a ellos que no vinieran*. Este rasgo se da también en el español chileno.

- **Laísmo.** Consiste en el empleo del pronombre de objeto directo *la* en lugar del pronombre de objeto indirecto *le*, p. ej., *La regalé bombones a Laura* en lugar de *Le regalé bombones a Laura*. Sobre todo, en partes de Castilla y León y de Madrid, así como el área de influencia de la capital. Desde el punto de vista normativo (*NGBLE* 2011, 106), el laísmo se considera incorrecto en cualquier contexto.

- **Loísmo.** Bastante menos común que el laísmo, aparece en algunas zonas rurales de Castilla y León. Consiste en el empleo del pronombre de objeto directo *lo*, respectivamente, en lugar del pronombre de objeto indirecto *le*, p. ej., *Lo compró un regalo a Pablo* por *Le compró un regalo a Pablo*. Desde el punto de vista normativo (*NGBLE* 2011, 106), el loísmo se considera incorrecto en cualquier contexto.

## c) Rasgos léxicos

En el **léxico castellano** hay numerosas palabras, términos y modismos propios de esta variedad dialectal y que, por lo tanto, no emplean otros hispanohablantes. Muchas de estas diferencias léxicas radican en el vocabulario del ámbito doméstico. Así, *piso* es también *apartamento*, se utiliza *suelo* en lugar de *piso*, *coche* en vez de su equivalente *carro*, y *ordenador* es más común que *computadora*. Algunas prendas de ropa también cambian, por ejemplo, *albornoz* por *bata de baño* o *calcetín* en lugar de *media*, así como términos del entorno gastronómico *gamba* en vez de *camarón* o *zumo* por *jugo*. También hay contrastes en los coloquialismos, por ejemplo, la jerga juvenil, *chaval/a* sirve para referirse a *un/a chico/a joven*, *molar* significa *gustar*, y *follón* equivale a un *lío* o *conflicto* (Moreno-Fernández 2010).

---

🎧 **Actividad 11. Escucha el siguiente texto de dialecto castellano. Después lee la transcripción y responde a las preguntas.**

🎵 Audio: http://www.audio-lingua.eu/spip.php?article4662.

**Transcripción:**

A ver, estamos en el Bosque de la Herrería, en El Escorial, es una zona verde de Madrid eh . . . es una zona de naturaleza muy bonita. Está llena de fresnos, de pájaros que se oye el canto y . . . vamos camino de ver la Silla de Felipe II, y bueno, a ver es como una especie de monumento, digamos, que es donde dicen que Felipe II se sentaba desde ahí a dirigir las obras de El Escorial, a ver cómo iban.

❯ **Preguntas:**

1. Fíjate en los fonemas que aparecen e indica si se puede hablar de yeísmo.
2. Localiza ejemplos en los que se pueda apreciar la distinción entre los fonemas /s/ y /θ/.
3. ¿Observas alguna diferencia en la pronunciación del fonema /x/?
4. Analiza la pronunciación de las consonantes finales. ¿Qué se puede comentar en relación con esta variedad dialectal?
5. Describe la realización del sonido /s/ teniendo en cuenta que se trata del dialecto castellano.
6. Presta atención a la pronunciación de la palabra "Madrid". ¿Cuál de las siguientes realizaciones se corresponde con la que aparece en la grabación? ¿Crees que las otras dos pronunciaciones son posibles en español? Justifica tu respuesta.

    a) [ma.ðɾíð]
    b) [ma.ðɾíθ]
    c) [ma.ðɾí]

❯ **El dialecto castellano es la variedad con más casos de *leísmo*, *laísmo* y *loísmo*. Explica en cuáles de las siguientes oraciones no se hace un uso etimológico de los pronombres.**

1. Lo vi en el parque y más tarde lo volví a ver con sus amigos.
2. En cuanto llegué a casa las mostré todo lo que me había comprado.
3. A María le consideran con poca experiencia para el cargo.
4. Llamó varias veces pero no me di cuenta y no lo abrí la puerta.
5. Lo di un poco del pastel pero parece que no tenía mucha hambre.
6. Ya le he explicado que no podría ir a su fiesta, pero sigue sin creerme.
7. La dije que me esperara pero no me hizo caso y se fue sin avisar.
8. Les han otorgado numerosos premios por la última película.
9. En cuanto me hizo entrega del maletín, le di los documentos.
10. El regalo que compramos le habíamos visto más barato en otra tienda.

❯ **Ahora explica en qué partes de la Península se podrían escuchar estos tres fenómenos.**

## 2.2. El andaluz

El **andaluz** se ubica en la mitad meridional o sur de España. Ocupa una gran extensión geográfica, por lo que no es uniforme, y su área de influencia se extiende incluso más allá de la comunidad autónoma de Andalucía. De acuerdo con Moreno-Fernández (2014, 152–155), podemos distinguir dos áreas principales. Por un lado, las **hablas de transición**: las **occidentales** (como el extremeño, región de Extremadura) y las **orientales** (como el murciano, región de Murcia). Y, por otro, las **hablas propiamente andaluzas**, correspondientes a la división administrativa entre la **Andalucía occidental** (Huelva, Cádiz, Sevilla y Córdoba) y la **Andalucía oriental** (Jaén, Málaga, Granada y Almería).

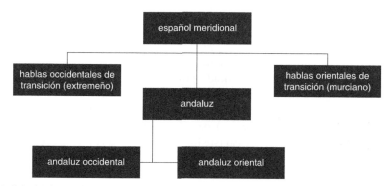

**Figura 7.4** Principales variedades de la mitad sur de la Península (Moreno-Fernández 2014, 155)

**Figura 7.5** Andalucía occidental y Andalucía oriental

Si contraponemos el andaluz al castellano, uno de los rasgos fonético-fonológicos más distintivos de los hablantes de andaluz es la **falta de contraste entre /s/ y /θ/**, es decir, no constituyen dos fonemas distintos, *casa* [ká.sa] y *caza* [ká.sa] (en lugar de *caza* [ká.θa] en el centro-norte peninsular). Sin embargo, sí que puede existir distinción de /s/ y /θ/ en Jaén, Almería y en la zona oriental de Granada, y en partes de la frontera castellano-andaluza del norte de Córdoba y del norte de Huelva (Moreno-Fernández 2014, 156).

Entre los siglos XIII y XV se llevaron a cabo en el marco de la Reconquista diferentes repoblaciones de Andalucía. En el siglo XIII, castellanos y leoneses repoblaron el reino de Jaén y la Baja Andalucía. Y, en el siglo XV, el reino de Granada fue repoblado por castellanos, sobre todo aragoneses, y por descendientes de antiguos repobladores de los campos de Sevilla y Cádiz. Como testimonio, han quedado en la lengua abundantes leonesismos y portuguesismos en el andaluz occidental, y aragonesismos y catalanismos en el andaluz oriental (Ariza 1992, 16; Verdejo López 1988, 241). De esta forma, desde el punto de vista dialectológico, la repoblación del territorio andaluz habría influido en el desarrollo de las variedades de las principales zonas de la región: la Andalucía occidental y la Andalucía oriental (véase Narbona Jiménez, Cano Aguilar y Morillo-Velarde Pérez 1988). He aquí los principales rasgos del andaluz (véase Moreno-Fernández 2014, 156, 168):

## a) Rasgos fonético-fonológicos

- **Yeísmo generalizado.** Los fonemas palatales /ʎ/ *pollo* y /j/ *poyo* se pronuncian igual, [j].
- **Seseo.** Es el fenómeno más extendido entre hablantes de la zona oeste de Sevilla, Córdoba y zonas centrales de Andalucía, como la zona central de Huelva. Los hablantes que sesean articulan una pronunciación predorsal de la /s/ (rozando el dorso de la lengua en los alveolos) para los grafemas "s", "z", "ce" y "ci", *sol* [sól], *zapato* [sa.pá.to], *cero* [sé.ro] y *cielo* [sjé.lo]. La distinción entre /s/ y /θ/ se conserva en Jaén, Almería, zona oriental de Granada, y en partes de la frontera castellano-andaluza del norte de Córdoba y del norte de Huelva (Moreno-Fernández 2014, 156).
- **Ceceo** (zonas del sur de Andalucía y Almería). Al "cecear" los hablantes articulan el fonema /θ/ para pronunciar los grafemas anteriormente mencionados, *sí* [θí], *cero* [θé.ro] y *cielo* [θjé.lo]. Según Moreno-Fernández, "este ceceo se considera rural, frente al urbano seseo, y no goza del prestigio abierto entre los hablantes andaluces" (2010, 74).
- **Heheo.** Aspiración de la /s/ en posición explosiva, tanto al principio de palabra [he.ɲó.ra] *señora*, como en posición intervocálica [pá.ha] *pasa* (Pharies 2007, 198).
- **Debilitamiento de /s/ final de sílaba.** Aspiración, asimilación y pérdida del fonema /s/ en posición final de sílaba (Moreno-Fernández 2010, 75). Al aspirarse, /s/ se transforma en [h], [éh.tah.ká.sah] *estas casas*. También los hablantes tienden a omitir el fonema y se alarga la vocal como medida compensatoria [é:.ta:.ká.θa:] *estas casas* (véase Hualde 1989, 187).
- **Aspiración de /x/.** La fricativa velar sorda /x/ se suaviza o se relaja hasta terminar como fricativa laríngea sorda [h], *cajón* [ka.hón], *México* [mé.hi.ko] o *geranio* [he.rá.njo]. Este rasgo se exceptúa en zonas de Granada, Jaén y Almería por influencia oriental.
- **Elisión de /d/ intervocálica.** Al igual que en el dialecto castellano, pero aquí en un mayor número de contextos, como en [tó.a.la.βí.a] *toda la vida*, en nombres propios [gwa.í] *Guadix*, o especialmente en los participios [kan.sá.o] para *cansado*, [be.βí.o] para *bebido* o [ko.mí.o] para *comido*. No obstante, la elisión de /d/ no se produce siempre en cualquier contexto fónico.
- **Velarización de las consonantes nasales.** Tendencia a la velarización de este tipo de consonantes de manera que se debilitan en posición final de sílaba, *pan* [pãŋ] o *pasión* [pa.sjõŋ].
- **Lenición o pronunciación fricativa de la africada /tʃ/.** El fonema africado del español pierde su elemento oclusivo en algunas variedades del andaluz, /tʃ/ > [ʃ], resultando así *ocho* [ó.ʃo] en vez de [ó.tʃo] o *muchacha* [mu.ʃá.ʃa] en lugar de [mu.tʃá.tʃa]. En relación

con este rasgo puede existir variación diafásica, en tanto que el contexto puede determinar su uso, y diastrática, ya que no se suele dar en el acrolecto o variedad hablada por la clase social con mayor nivel educativo.

- **Neutralización de –l y –r en posición final de sílaba**. En el habla popular, tendencia a la neutralización de –l, *carne* [kál.ne], *decir* [de.síl], y –r, *el muchacho* [er.mu.ʃá.ʃo]. En la pronunciación de palabras como *carne* hay variaciones en la pronunciación entre dialectos, [kár.ne], [káh.ne], [kán:.e], e incluso entre hablantes de una misma variedad (Hualde 2014, 189).
- **Pérdida de consonantes finales**. Sobre todo las alveolares –r, –l, –n y –d, *beber* [be.βé], *mantel* [maṇ.té], *aman* [á.mã], *usted* [uh.té].

## b) Rasgos morfosintácticos

- **Tuteo**. Uso de la forma del pronombre *tú* para mostrar cercanía y familiaridad entre los hablantes.
- **Alternancia de *vosotros* y *ustedes* en el sistema de tratamiento**. Los pronombres sujeto *vosotros* y *ustedes* coexisten en el dialecto andaluz para expresar afinidad entre los hablantes. También los posesivos *tu, tuyo, tuya, tus, tuyos, tuyas* y *su, suyo, suya, sus, suyos, suyas*. Con el pronombre *ustedes* podemos encontrar la forma verbal correspondiente (*ustedes son, ustedes comen*) o la de *vosotros* (*ustedes sois, ustedes coméis*), siendo esta última más extendida en la Andalucía occidental, sobre todo, en el ámbito familiar, entre amigos, y no siendo tan común en el acrolecto o clase social con mayores recursos.
- **Uso de *se* con valor de segunda persona del plural** (Andalucía occidental). Por ejemplo, *Cuidado que se vais a caer* en lugar de *Cuidado que os vais a caer*.
- **Infinitivo con valor de imperativo**. Al igual que en el dialecto castellano, se suele emplear el infinitivo en el lenguaje informal para la segunda persona del plural (*vosotros*) del imperativo. El principal contraste es que en los verbos pronominales el pronombre no varía, sino que se mantiene siempre la forma *se*, como vemos en *¡Sentarse y callarse!*, por *¡Sentaos y callaos!*
- **Cambio de género en algunos sustantivos**. Por ejemplo, *el sartén* en lugar de *la sartén* y *la calor* en lugar de *el calor* (véase el capítulo 3 sobre morfología).
- **Uso del artículo definido ante nombres propios de persona**. Por ejemplo, *el Miguel* y *la Lola*, aunque no es un rasgo exclusivo de este dialecto, pues también se observa en el español chileno o en zonas de contacto del español con el catalán.
- **Uso etimológico de los pronombres *le, la* y *lo***. Se emplea *le* para el objeto indirecto y de *lo* y *la* para el objeto directo. Ausencia bastante notable de "leísmo", así como de "laísmo" y de "loísmo". Aun así, algunos hablantes pueden mostrar "leísmo de cortesía", *¿Le acompaño?* por *¿La/Lo acompaño?*

## c) Rasgos léxicos

Encontramos **arcaísmos** como *cabero* "último o que está al final", *casapuerta* "portal, zaguán o recibidor", *entenzón* "contienda o pelea", *escarpín* "calcetín" o *fuéllega* "indicio, huella del pie en la tierra" y algunos **arcaísmos de origen mozárabe** como *almatriche* "reguera, acequia o canal de riego", *cauchil* "arqueta o depósito", o *paulilla* "polilla o mariposa nocturna". También **andalucismos léxicos** que se hallan extendidos por gran parte del territorio como *búcaro* "botijo", *bulla* "gentío, prisa", *descocado* "muy limpio", *gabarra* "molestia o cosa pesada", *hambrina* "hambre grande o extrema", *malaje* "persona desagradable, que tiene mala sombra", *porcachón* "persona muy sucia" o *relente* "rocío" (véase Díaz Bravo 2006, 2007). Otros se ubican en las principales zonas dialectales, andalucismos occidentales, *tabanco* (Cádiz) "taberna o tasca" o *verdear* (Córdoba y Sevilla) "coger la aceituna para comerla como fruto", y orientales, *porrudo* (Málaga) "testarudo" o *emperador* (Almería, Granada, Jaén y Málaga) "pez espada". La interjección ¡*ozú!* y sus variantes, ¡*ofú!*, ¡*ohú!* y ¡*ojú!*, se utilizan en el habla coloquial para mostrar asombro, sorpresa, irritación o enfado. En el léxico andaluz se incluye además un alto número de términos procedentes del **caló** o variedad del romaní que hablan los gitanos de España, Francia y Portugal (*DRAE* 2014, 392). Así, una persona "muy pesada" es alguien *hartible*, un individuo "extremadamente perezoso" es un *jurón* y alguien que está "muy hambriento" está *esmayao* (véase Alvar Ezquerra 2000).

---

**Actividad 12. Lee la transcripción y deduce cuáles de las siguientes realizaciones son más propias de un hablante de castellano o de andaluz. Justifica tu respuesta.**

| Palabra | Transcripción | castellano | andaluz | Justificación |
|---|---|---|---|---|
| ajo | [á.ho] | | | |
| castillo | [kas̺.tí.jo] | | | |
| cansado | [kan.sáu̯] | | | |
| caza | [ká.sa] | | | |
| cenizas | [θe.ní.θas̺] | | | |

---

⊙ ∩ **Actividad 13. Escucha el siguiente texto de dialecto andaluz. Después lee la transcripción y responde a las preguntas.**

✁ Vídeo: https://www.youtube.com/watch?v=-se54Vk_kTs.

**Transcripción:**

Las gorditas tenemos derecho a estar en el mundo. ¿Ustedes han visto lo guapa que yo estoy y lo contenta que estoy? Pues todo eso es gracias a que me harto de comer.

¿Usted cree que yo voy a ir a una fiesta y me voy a poner ensalada o me voy a poner fruta, habiendo cosas tan buenas? ¡Hombre, es que tendría que estar tonta!

Usted va a una tienda, *Oh, sorry we don't have your size*, pero ¿qué se creen? ¿Que las mujeres con curvas no somos sexis? ¿Por qué los hombres entonces pueden comer lo que les dé la gana y las mujeres nos tenemos que matar en el gimnasio?

¡Coman, coman y coman y sean felices! ¡Las gordas tenemos derecho a estar en el mundo! Más bien las gorditas. Pues sigan mi consejo: carnes y felicidad, y ¡viva la celulitis!

**❷ Preguntas:**

1. Fíjate en la pronunciación de las siguientes palabras y explica qué aspectos generales del andaluz se pueden comentar desde el punto de vista fonético-fonológico.

   a) "tenemos", "ustedes han visto", "cosas tan buenas"
   b) "estar", "comer", "ir", "poner", "matar"
   c) "gracias", "entonces", "felicidad", "celulitis"
   d) "mujeres", "gimnasio", "consejo"
   e) "usted", "felicidad"

2. ¿Qué fenómeno se aprecia en la pronunciación de "sexis" que es común al dialecto castellano? Transcribe la pronunciación y explica qué se puede decir desde el punto de vista sociolingüístico.
3. Transcribe la pronunciación de "carnes". ¿Qué puedes comentar sobre la articulación de esta palabra? ¿Qué otras posibilidades crees que podrían aparecer en el andaluz para esta palabra?
4. Fíjate en el contexto fónico de estas palabras y determina qué rasgo del andaluz destaca: "han", "creen", "coman", "bien", "sigan".
5. Comenta cómo funcionan en el texto las formas de tratamiento. ¿Qué se puede comentar sobre este rasgo en relación con el dialecto andaluz?

## 2.3. El canario

El **dialecto canario** se reparte por el archipiélago de las Canarias, situado en el Océano Atlántico frente a las costas de África, que consta de siete islas principales divididas en dos provincias. Al oeste se encuentra la provincia de Santa Cruz de Tenerife (Tenerife, La Palma, La Gomera y El Hierro), y al este la provincia de Las Palmas (Gran Canaria, Lanzarote y Fuerteventura). Las ciudades con mayor número de habitantes son Santa Cruz de Tenerife y Las Palmas de Gran Canaria. La variedad canaria posee algunos rasgos en común con el andaluz como, por ejemplo, el seseo o uso del fonema /s/ para los grafemas "c" y "z" en lugar de /θ/, el yeísmo, la aspiración de /s/ y de /x/, o la elisión de /d/ en posición intervocálica. Alvar (1988, 14) considera que "el canario no es castellano trasplantado a las Islas y allí evolucionado, sino andaluz, concretamente modalidad lingüística sevillana llevada desde Sevilla (y Jerez y Cádiz), y evolucionada allí como evolucionó en Andalucía. Es decir, el canario es históricamente andaluz (una modalidad del andaluz)". Las islas Canarias eran territorio de paso durante la época colonial y allí se abastecían los barcos en dirección al continente americano. Este hecho favoreció diferentes corrientes migratorias desde el sur de la Península al archipiélago a lo largo de los siglos, y de las islas hacia el continente americano, sobre todo a Cuba y Venezuela a finales del siglo XIX (Pharies 2007, 201). A pesar de la conexión histórica con el andaluz, el canario siguió evolucionando, por lo que posee particularidades propias más similares al dialecto caribeño que al castellano en aspectos como el léxico o los patrones de entonación (Dorta 2013).

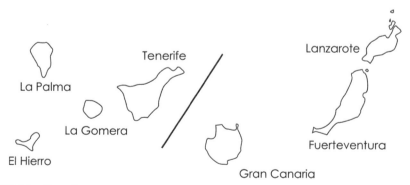

**Figura 7.6** Islas Canarias

He aquí los principales rasgos del canario (véase Pharies 2007, 200–202; Moreno-Fernández 2014, 192):

a) **Rasgos fonético-fonológicos**

- **Yeísmo generalizado**. Los fonemas palatales /ʎ/ *pollo* y /j/ *poyo* se pronuncian igual, con [j], aunque en algunas zonas puede haber distinción (especialmente las personas mayores).
- **Seseo**. Empleo de la /s/ predorsal, *zapato* [sa.pá.to].
- **Debilitamiento de /s/ final de sílaba**. Aspiración, debilitamiento y pérdida de /s/ en posición final de sílaba, *buenos* [bwé.noh].
- **Aspiración de /x/**. La fricativa velar sorda /x/ se suaviza o se relaja y termina convirtiéndose en la fricativa laríngea sorda [h]. Por ejemplo, *cajón* [ka.hón], *México* [mé.hi.ko] o *geranio* [he.rá.njo].
- **Elisión de /d/ intervocálica**. Por ejemplo, [pwé.o] *puedo*, [mjé.o] *miedo*, [a.re.ɣlá.o] *arreglado*, aunque hay áreas donde este fenómeno no es tan frecuente, quizá por el contraste entre habla rural ("elisión") y urbana ("conservación") del fonema (Etxebarria 2002, 203–204).
- **Entonación menos ascendente**. Se observan patrones entonativos menos ascendentes que los del norte peninsular para las oraciones interrogativas absolutas, y más similares al dialecto caribeño (véase Fernández Pérez-Terán *et al.* 2007, y Dorta 2013, para una comparativa de la entonación en las oraciones interrogativas absolutas en el español de Canarias, Cuba y Venezuela).

b) **Rasgos morfosintácticos**

- **Tuteo**. Uso de la forma del pronombre *tú* para mostrar cercanía y familiaridad entre los hablantes.
- **Uso de *ustedes***. Uso del pronombre *ustedes* para el tratamiento familiar entre los hablantes, en vez de *vosotros*, y de los posesivos *su, suyo, suya, sus, suyos, suyas*. Aunque en La Gomera, El Hierro y La Palma el uso de *vosotros* se alterna con *ustedes* en el trato de confianza (Calderón Campos 2010, 229).
- **Uso etimológico de los pronombres *le, la* y *lo***. Se usa *le* para el objeto indirecto y *lo* y *la* para el objeto directo. Ausencia notable de "leísmo", así como de "laísmo" y de "loísmo". No obstante, algunos hablantes pueden mostrar "leísmo de persona", *A Juan le he visto esta mañana* por *A Juan lo he visto esta mañana*, y "leísmo de cortesía", *¿Le acompaño?* por *¿La/Lo acompaño?*
- **Uso preferente del pretérito indefinido**. Para acciones del pasado reciente, *Vi a María este fin de semana*, por el pretérito perfecto, *He visto a María este fin de semana*, o para acciones en las que el hablante se sitúa dentro del marco temporal, *Hoy vi a María* por *Hoy he visto a María*.
- **Giros sintácticos característicos**. Estructuras comparativas con el esquema *artículo + más/menos que + verbo*: *los más que comen son ellos* por *los que más comen son ellos*; *para tú entender* por *para que tú entiendas*; *hay más de cinco años* por *hace más de cinco años*. También, como en otras variedades, existe una tendencia al uso de *cualo* en lugar de *cual*.

c) **Rasgos léxicos**

Las semejanzas del dialecto canario con el caribeño también se aprecian en el léxico. Por esta razón, hay diferentes americanismos en el inventario léxico canario del habla cotidiana como el término *guagua* que significa "autobús", común también en Cuba y Puerto Rico con el mismo significado, la palabra *papa* de empleo generalizado en vez del equivalente peninsular "patata", o *guayabera* para hacer referencia a la típica "camisa caribeña". El español de Canarias también se caracteriza por un léxico en el que se entremezclan influencias de la cultura *guanche*, autóctona de las islas, y de otras lenguas o culturas con que las islas han estado en contacto por diversas razones históricas. Así, hallamos **guanchismos**, *tabaiba* "un tipo de árbol"; **arcaísmos**, *demorarse* "tardar o retrasarse"; **americanismos**, *cocuyo* "luciérnaga", o **portuguesismos**, *enchumbar* "empaparse de agua" (Lorenzo, Morera y Ortega 1994). También destaca el uso de algunos **vocativos** como *mi niño, mi niña* (tratamiento de confianza), *don, doña* (tratamiento de respeto para una persona desconocida) como en *Oiga, don, ¿cómo se llega a la plaza?* Por último, cabe mencionar que las hablas canarias se encuentran fragmentadas entre sí con respecto a la oposición entre las hablas rurales y las urbanas, por lo que puede resultar difícil sistematizar dicho dialecto desde un punto de vista global (Morgenthaler García 2008, 204–208).

---

🎧 **Actividad 14. Escucha el siguiente texto de dialecto canario. Después lee la transcripción y responde a las preguntas.**

🔊 Audio: www.audio-lingua.eu/spip.php?article2129

**Transcripción:**

Vale, eh . . . el más conocido es el de Tenerife, pero en todas las islas se celebra el carnaval. En mi isla lo, lo que tenemos, que es más diferente, es la gala "Drag Queen". Hay muchísimos hombres que se disfrazan de drags queen, de drag queens, y hay un, un concurso, y gana el más original, el más espectacular, es muy divertido. Todos nos reímos muchísimo con los disfraces y la purpurina, la música, los movimientos . . . Es súper interesante.

Luego, tenemos muchísimas cabalgatas . . . Tenemos eh . . . lo que llamamos el "mogollón", que es una reunión de amigos donde gente bebe, escucha música, baila . . . Va todo el mundo disfrazado de lo más original que puedan pensar. Y luego tenemos la gala de "La Reina" que, bueno, se presentan muchísimas chicas representando a los diferentes municipios o zonas de la isla, y llevan trajes muy elaborados y el más original, el más diferente es el que gana el premio.

❷ **Preguntas:**

1. Enumera todos los ejemplos de seseo que encuentres en el texto. ¿Contienen algunos de estos ejemplos grafemas distintos?
2. Proporciona dos ejemplos de aspiración de /x/ que contengan grafemas distintos entre sí.
3. ¿Qué otro fenómeno fonético-fonológico general de este dialecto destaca en la grabación?
4. ¿Qué forma de tratamiento aparece en el texto? ¿Existe alguna variación en cuanto a su uso en algunas de las islas?
5. Busca el significado de la palabra "mogollón". Relaciona el uso que se le da en el Carnaval de Gran Canaria con su significado principal. ¿En qué otras variedades del español de América se utiliza este término?

Puedes utilizar los siguientes recursos:

🔗 *Diccionario de la lengua española*: http://lema.rae.es/drae/.
🔗 *Diccionario de americanismos*: http://lema.rae.es/damer/.

6. Las hablas canarias se caracterizan por encontrarse bastante fragmentadas entre sí. ¿Cómo explicarías este hecho teniendo en cuenta la geografía del archipiélago?

**Actividad 15.** Lee el siguiente texto sobre el origen etimológico de la palabra *guagua*, que se utiliza tanto en el español caribeño como en el canario. Resume los principales datos que aprendemos desde el punto de vista sociolingüístico y dialectal.

La palabra *guagua* se usa como equivalente a "autobús" en gran parte del Caribe y en Canarias. El cubano Esteban Pichardo fue el primero en registrarla en 1836 y según el filólogo y etimólogo español Joan Corominas dicho término puede ser adaptación del inglés *wagon*, "carruaje". Los norteamericanos denominaban así los carruajes de transporte militar y a los automóviles medianos empleados para el transporte gratuito de personas. Visto esto, es probable que, después de la guerra por la independencia de Cuba (1898), la inmediata ocupación americana, y la posterior dependencia económica, estuvieran en uso dicho tipo de vehículos.

En Canarias, el término guagua "autobús" no se registra en vocabularios de las dos primeras décadas del siglo XX. Luis y Agustín Millares, hablan del término en el *Léxico de Gran Canaria* (1924) y *Cómo hablan los canarios* (1932). Según ellos, las guaguas eran entonces "los ómnibus, hoy automóviles, que explotan el servicio de transportes entre los dos puntos extremos de la población: el Puerto de la Luz y el barrio de San José" de la isla de Gran Canaria. En Tenerife, según testimonio de personas mayores, todavía en los primeros años de la década de los cuarenta se empleaba la voz *jardinera* para designar al vehículo de transporte público, y fue por esos años cuando se extendió rápidamente, a partir de la capital, la voz *guagua* en lugar no de "autobús", término que nunca se había usado, sino de *jardinera*. Así, pues, teniendo en cuenta lo anterior y, sobre todo, que los primeros lexicógrafos que registran *guagua* hablan de su origen americano, parece bastante probable que dicha voz haya venido de Cuba a Canarias, como un elemento más del equipaje que, a su regreso, traían nuestros emigrantes.
    Adaptado de: http://www.academiacanarialengua.org/consultas/2010/04/guagua/.

**Actividad 16.** Decide cuáles de los siguientes rasgos son característicos de las principales variedades dialectales de España.

| Selección de rasgos dialectales | castellano | andaluz | canario |
|---|---|---|---|
| Yeísmo | | | |
| Seseo | | | |
| Ceceo | | | |
| Heheo | | | |
| Debilitamiento de /s/ final de sílaba | | | |
| Aspiración de /x/ | | | |
| Elisión de /d/ intervocálica | | | |
| Conservación de consonantes finales | | | |
| Pérdida de consonantes finales | | | |
| Tuteo | | | |
| Uso de *vosotros* | | | |
| Uso de *ustedes* | | | |
| Uso preferente del pretérito indefinido | | | |

| Uso etimológico de los pronombres *le*, *la* y *lo* | | | |
|---|---|---|---|
| Leísmo | | | |
| Laísmo | | | |
| Loísmo | | | |

❯ **Describe con tus propias palabras las particularidades del uso de los pronombres *vosotros* y *ustedes* en los tres dialectos anteriores. ¿Cómo explicarías la diferencia entre el sistema de tratamiento del castellano y del canario desde el punto de vista histórico?**

## 3. Diversidad lingüística y dialectal en Latinoamérica

A grandes rasgos, el español de América se puede dividir en dos tipos lingüísticos principales: el **español de tierras altas**, "la vasta porción de las mesetas que se extienden desde Méjico a través de la cordillera de América central y de los Andes de América del Sur hasta el norte argentino" y el **español de tierras bajas**, "las vastas regiones de las costas americanas y los llanos que las prolongan" (Rosenblat 1962, 110; citado en Parodi 2016, 375). Estas variantes presentan características muy distintas entre sí, como iremos analizando en cada modalidad, pero también comparten algunos rasgos como el ser variedades seseantes y también yeístas en su gran mayoría. La división general en grandes extensiones geográficas nos sirve para comprender el contacto dialectal del español americano. Así, el español **conservador** de fuerte consonantismo, *cajón* [ka.xón], *cansado* [kan.sá.ðo] o *pan* [pán], sería el de las tierras altas, mientras que el más **innovador** y de consonantismo débil, *cajón* [ka.hón], *cansado* [kan.sá.o] o *pan* [pãŋ], correspondería al de las tierras bajas (Parodi 2016, 375).

El español comenzó su andadura en el continente americano a finales del siglo XV con la llegada de los colonizadores europeos a la isla La Española, actualmente República Dominicana y Haití. La lengua española se expandió por el territorio comprendido entre el suroeste de los actuales Estados Unidos y el norte de Argentina y Chile. A lo largo del siglo XVI, se creó en 1519 el Virreinato de Nueva España en México y, en 1535, se constituyó el Virreinato del Perú en Lima. La influencia directa del español oficial de la Corona en estos dos primeros virreinatos fue notoria, siendo esta una de las razones por las que el español andino y el de la parte central de México se consideran dialectos más conservadores o menos sujetos a la variación. Esto no sucedió sin embargo en el Virreinato del Río de la Plata, fundado en 1776, solamente unas décadas antes de la declaración de independencia de Argentina en 1816, cuya variedad fue más innovadora.

Hay al menos tres factores principales que han influido en las variedades dialectales de cada región del español de América. En primer lugar, el contacto que, en mayor o menor grado, tenía cada pueblo con el español hablado en la capital de los virreinatos. Segundo, los rasgos dialectales de los colonos de las diferentes partes de España que llegaron a cada territorio. Y tercero, la influencia de las lenguas de **sustrato** o lenguas autóctonas ya presentes en un territorio concreto y que han influido en la evolución del castellano actual a nivel fonético-fonológico, morfosintáctico o léxico.

Notemos, por ejemplo, la dificultad que se presenta al tratar de delimitar una de las formas de tratamiento, el voseo, desde el punto de vista de su **isoglosa** o línea imaginaria que de manera geográfica divide un territorio donde se da un fenómeno. Como veremos "las formas de tratamiento están vinculadas estrechamente con la cultura y la comunicación interpersonal en distintas situaciones comunicativas" (Uber 2016, 628). El **voseo** o empleo del pronombre de sujeto *vos* de segunda persona del singular se suele identificar con el Cono Sur. No obstante, se trata de un fenómeno altamente complejo ya que el pronombre se emplea con diferentes formas verbales y presenta distintas funciones (menor o mayor distancia entre los hablantes). Podemos identificar tres tipos principales de voseo (Calderón Campos 2010, 227; Díaz Collazos 2015, 14):

a) **Voseo completo**. Uso del pronombre *vos* y de las formas verbales de la segunda persona del plural, *vos hablás, vos bebés, vos escribís*. Este tipo de voseo no se observa en todos los tiempos verbales, *vos hablás* (presente), *hablá (vos)* (imperativo), pero *vos hablabas* (pretérito imperfecto). Por su presencia en el dialecto austral se conoce también como "voseo argentino", pero también predomina en Centroamérica, la zona andina de Colombia, norte y este de Bolivia, Paraguay y Uruguay.

b) **Voseo pronominal**. Presencia del pronombre *vos* junto a las formas propias del **tuteo**, o correspondientes al pronombre de segunda persona del singular *tú*, es decir, *vos tienes* por *tú tienes* o por *vos tenés*. Afecta a todos los tiempos verbales. Este tipo de voseo es el menos frecuente y se localiza en la zona occidental de Bolivia, norte de Perú, en zonas rurales de la costa y la sierra de Ecuador, y en las provincias argentinas de Santiago del Estero y Tucumán.

c) **Voseo verbal**. Presencia del pronombre de sujeto *tú*, o forma tuteante, pero acompañado de las formas verbales de la segunda persona del plural o de variaciones de estas, como en *tú hablái, tu comís, tú vivís*, que se da principalmente en el español de Chile, o *tú hablás, tú tenés, tú comés*, en algunas zonas de Uruguay. También se ha registrado este tipo de voseo en zonas de Guatemala, Honduras y en otros países centroamericanos (Moser 2010; citado en Calderón Campos 2010, 227).

Además de estos tres tipos de voseo, es necesario matizar algunas particularidades (Calderón Campos 2010, 231). En el caso del **voseo uruguayo**, la forma *tú hablás* se denomina "forma estándar montevideana", por tratarse de un rasgo propio de los hablantes de la capital, Montevideo, y que se proyecta desde allí hacia el resto del país. Sin embargo, los medios de comunicación argentinos han influido en el habla del sector más joven de la población, de manera que la forma propia del voseo argentino, *vos hablás*, ha dado lugar además a un paradigma con tres posibilidades: *vos hablás* (grado informal o de confianza), *tú hablás* (grado intermedio), y *usted habla* (uso formal o distante).

En el caso del **voseo chileno** existe una forma propia de los hablantes más jóvenes *tú hablái, tu comís, tú vivís*, y otra un tanto menos frecuente, aunque presente, que se asocia a lo rural o con el trato informal, en el que la –s implosiva del pronombre se aspira, [vóh] *vo(s) cantái, vo(s) comís, vo(s) vivís* (véase Morales Pettorino 1998). En este sentido, Calderón Campos (2010, 231) explica que entre los jóvenes chilenos se ha ido imponiendo con cada vez más frecuencia el voseo verbal, *¿tú como estái?*, como forma de confianza entre los hablantes, aunque también puede resultar habitual en contextos familiares o informales entre hablantes de cualquier generación. En general, el uso de estas formas de tratamiento en el español de Chile se podrían sintetizar en *tú estái* (grado informal o de confianza), *tú estás* (grado intermedio), *usted está* (uso formal o distante).

El **voseo centroamericano** es quizás el fenómeno menos estudiado de todos y el más complejo. Por un lado, esto se debe a la mezcla híbrida de formas, dado que encontramos el "voseo diptongado", por ejemplo, en ciertas áreas de Costa Rica (Parodi 2016, 382) y en la región occidental de Panamá, *vos hablái(s)*, *vos bebéi(s)* (con aspiración de la "s" final), y el "voseo monoptongado", en el resto del Istmo (Guatemala, El Salvador, Honduras, Nicaragua y Costa Rica), *vos hablás*, *vos bebés* (Benavides 2003; Quesada Pacheco 2013). Por otro lado, la complejidad de sistematizar el voseo centroamericano tiene que ver con su uso desde una perspectiva social en unas zonas o en otras. Por ejemplo, Lipski (2000, 65–66) apunta que en Nicaragua no se utiliza el pronombre *tú* y la forma *vos* se usa de manera generalizada en el habla popular. En Costa Rica sucede algo similar, ya que el pronombre *vos* continúa siendo la forma de tratamiento más común, aunque la forma *tú* ha ido aumentando su presencia en los últimos años. En Honduras, se alterna en el uso de *tú* y *vos* entre conocidos que no son del entorno familiar, mientras que en Guatemala se utiliza *vos* tanto para amigos como para desconocidos pero, como explicaremos más adelante, el empleo del pronombre puede variar también en función del sexo del hablante y del interlocutor. En El Salvador, además de la coexistencia de las formas *vos* y *usted* que se aprecia en el resto de países centroamericanos, se da un tuteo que muestra amistad, pero sin el grado de confianza que representa el voseo, principalmente asociado al entorno familiar. Vemos, por lo tanto, que existen distintas variaciones en cuanto al uso de los pronombres donde no solamente tienen lugar factores sociolingüísticos, sino también pragmalingüísticos (Quesada Pacheco 2013), vinculados con elementos propios de la cortesía verbal (véase el capítulo 5 sobre pragmática).

Por último, como hemos mencionado, es importante considerar el número de lenguas de sustrato o de lenguas que todavía se hablan en los países hispanoamericanos. Este número fluctúa de tal modo que algunos países se definen por una mayor diversidad lingüística, como México o Guatemala, o por un alto porcentaje de bilingüismo, como ocurre en Paraguay con el guaraní y el español. El guaraní posee estatus de lengua oficial, y el contacto con el español ha propiciado la formación de la variedad oral conocida como el **yopará**, *jopará* en guaraní, en cuyos intercambios comunicativos se da alternancia de código de español y guaraní entre los hablantes (véase Dietrich 2010; Estigarribia 2015; Gynan *et al.* 2015). Dado que las lenguas de sustrato suponen un factor importante en el desarrollo lingüístico, las siguientes secciones ofrecen referencias a cómo algunos de los idiomas originarios de cada territorio han podido influir en el español.

---

**Actividad 17. Conecta las palabras comunes en el español peninsular del recuadro con su equivalente más próximo del español americano.**

el dinero • el coche • la percha • el billete (medio de transporte) • el sello • el zumo la gamba • el cerdo • la moqueta • la patata • el suelo • el jersey • el ascensor el escaparate • el bolso (de mujer) • la bocina • el látigo • el cacahuete • el calcetín el albornoz • la americana (chaqueta) • el guisante • el ordenador • la bombilla

| español de América | español peninsular | español de América | español peninsular |
|---|---|---|---|
| el alfombrado | | el gancho | |
| la arveja | | el maní | |
| la bata de baño | | la media (para hombre) | |

| el boleto | | la papa | |
|-----------|---|---------|---|
| el camarón | | la computadora | |
| la cartera | | el piso | |
| el carro | | la plata | |
| el chancho | | el saco | |
| el claxon | | el suéter | |
| el elevador | | la estampilla | |
| el fuete | | la vitrina | |
| el foco | | el jugo | |

❷ Revisa las columnas de nuevo. ¿En qué campos semánticos crees que existe a grandes rasgos mayor variación entre el léxico del español de América y peninsular?

**Actividad 18.** Analiza los contrastes dialectales que se dan en el continente americano para una misma situación comunicativa. Fíjate en la posición geográfica de cada hablante y explica qué rasgos lingüísticos destacan.

> ❯ ¿Qué fenómeno lingüístico de coincidencia fonética y gráfica se observa en el sustantivo *guagua*? Enumera otros tres ejemplos que reflejen este mismo fenómeno.
>
> ❯ Si consideramos que todas las situaciones comunicativas hacen referencia al español de América, ¿qué se puede comentar desde el punto de vista léxico?

## 3.1. El español caribeño

Por **español caribeño** entendemos la variedad hablada en los territorios bañados por el mar Caribe, lo cual incluye tanto las islas como las costas de una serie de países. Esta variedad comparte más rasgos en común con los dialectos andaluz y canario que con el castellano, y puede organizarse en varias divisiones dialectales (Moreno-Fernández 2014, 235). Por una parte, el **caribeño antillano** comprende el **cubano**, el **dominicano** y el **puertorriqueño**. Por la otra, el **caribeño continental** incluye (a) el **costeño**, en las costas caribeñas de México, Honduras, Costa Rica, Panamá y Colombia (no se incluye aquí las costas de Guatemala y Nicaragua, con variedades más sujetas a factores étnicos y sociolingüísticos que geolingüísticos), y (b) el **venezolano**, donde la norma caribeña es bastante consistente en gran parte del territorio.

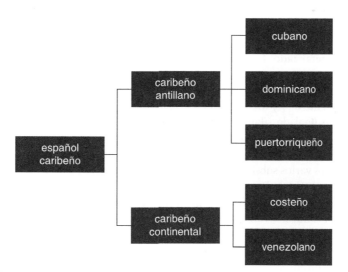

**Figura 7.7** Principales variedades del español caribeño
(Moreno-Fernández 2014, 235)

Estas divisiones delimitan cada zona dialectal a grandes rasgos, pero de todos modos hay aspectos diferenciadores dentro de un mismo territorio, por ejemplo, desde el punto de vista de la fonética (Rivera Castillo 2016) o de la morfosintaxis y pragmática (Ortiz López 2016). Por ejemplo, aunque hablemos de la variedad cubana, la isla de Cuba se puede dividir en la modalidad oriental, Santiago de Cuba o Camagüey, y occidental, característica de La Habana.

**Figura 7.8** Zona de influencia del español caribeño

He aquí los principales rasgos del español caribeño (véanse Moreno-Fernández 2014; Ortiz López 2016; Rivera Castillo 2016):

a) **Rasgos fonético-fonológicos**

- **Yeísmo generalizado.** Los fonemas palatales /ʎ/ *pollo* y /j/ *poyo* se pronuncian igual, con [j].
- **Seseo.** Empleo de la /s/ predorsal, *zapato* [sa.pá.to].
- **Debilitamiento de /s/ final de sílaba.** Aspiración, asimilación y pérdida del fonema /s/ en posición final de sílaba, como veíamos en el caso del andaluz, *pies* [pjɛh] y *dios* [djɔh]. Cuando la /–s/ va seguida de una consonante sonora, la aspiración hace que esta última se ensordezca, así, *disgusto* [diz.ɣús.to] > [dih.ɣúh.to] > [di.xúh.to]. Encontramos varios subsistemas en cuanto a lo que sucede con la /s/ en el Caribe. Así, en La Habana (Cuba) y en San Juan (Puerto Rico) se da mayoritariamente aspiración, en Santo Domingo (República Dominicana) predomina la elisión o pérdida del fonema, en Caracas (Venezuela) predomina la asimilación del sonido, y en el Caribe colombiano se da la aspiración o la pérdida de la /s/ implosiva (Vaquero 1991, 126; citado en Rivera Castillo 2016, 307).
- **Lenición o pronunciación fricativa de la africada /tʃ/** (zonas de Puerto Rico y zonas urbanas de Venezuela). El fonema africado del español pierde su elemento oclusivo, /tʃ/ > [ʃ], resultando así *ocho* [ó.ʃo] en vez de [ó.tʃo] o *muchacha* [mu.ʃá.ʃa] en lugar de [mu.tʃá.tʃa] (Orozco y Díaz-Campos 2016, 348).
- **Elisión de /d/ intervocálica.** Por ejemplo, [pwé.o] *puedo*, [mjé.o] *miedo*, [a.re.ɣlá.o] *arreglado*.
- **Aspiración de /x/.** La fricativa velar sorda /x/ se suaviza o se relaja y termina convirtiéndose en la fricativa laríngea sorda [h]. Por ejemplo, *cajón* [ka.hón], *México* [mé.hi.ko] o *geranio* [he.rá.njo]. Se trata de un rasgo distintivo de casi todo el Caribe.
- **Alargamiento vocálico** (Cuba, Puerto Rico y República Dominicana). Aparece en el caribeño antillano un alargamiento vocálico compensatorio a causa de la aspiración y pérdida de /s/, *pescado* [pe:.ka.o] (Núñez-Cedeño 2014, 71–73).

- **Pérdida de consonantes finales.** Sobre todo las alveolares *–r, –l, –n* y *–d, beber* [be.βé], *mantel* [ma̠n.té], *aman* [á.mã], *usted* [us.té].
- **Nasalización de vocales** (Cuba, Puerto Rico y República Dominicana). Sobre todo en el caribeño antillano en vocales en contacto con la nasal final, *San Juan* [saãŋ hwãn]. También con pérdida de la nasal, *pan* [pã].
- **Velarización de las consonantes nasales.** Tendencia a la velarización de este tipo de consonantes hasta debilitarse en posición final de sílaba, *pan* [pãŋ] o *pasión* [pa.sjõŋ].
- **Velarización de la vibrante múltiple** (zonas y sociolectos de Puerto Rico). Por ejemplo, *Puerto Rico* [pwél.to.ʁí.ko]. Esta /r/ velarizada se asemeja a la /r/ francesa (Silva-Corvalán 2001, 67).
- **Lambdacismo o pronunciación [l] de** *–r* (Puerto Rico). Por ejemplo, en *puerto* → *puelto* [pwél.to]. Este fenómeno también se da en algunas regiones de Colombia (Rivera Castillo 2016, 308).
- **Vocalización de /r/ en [i̯] en posición final de sílaba** (República Dominicana). Por ejemplo, *cerveza* [se̯i.βé.sa] o *porque* [pói̯.ke]. Se considera un rasgo de estratificación social de nivel socioeconómico bajo (Alba 1988; Núñez-Cedeño y Acosta 2011; Díaz Campos 2014, 105). Sin embargo, este alófono vocalizado varía en función de la zona del país. Aparece, sobre todo, en el norte de la República Dominicana, *carne* [kái.ne], mientras que el sonido se mantiene en el suroeste [kár.ne]. Cerca de la capital es [kál.ne] y en el sureste se produce geminación [kán.ne] (Rivera Castillo 2016, 308).
- **Geminación o asimilación de la consonante.** Aparición de una consonante larga por la asimilación, *carne* → *canne* [kán.ne], *corbata* → *cobbata* [kob.bá.ta], o *puerta* → *puetta* [pwét.ta].
- **Entonación.** Los patrones de entonación del español caribeño son muy variados, y por ello mencionaremos solamente dos aspectos. En Puerto Rico, se aprecia un movimiento final circunflejo (^), llamado así por su semejanza con la marca ortográfica o acento que lleva el mismo nombre. Se caracteriza por tener el punto más prominente en la penúltima sílaba acentuada, en enunciados interrogativos absolutos que requieren un sí o no por respuesta (Aleza Izquierdo 2010, 92). Para el español cubano, García Riverón *et al.* (2010) consideran que destaca por una entonación derivada de los procesos interaccionales entre los hablantes y de sus funciones comunicativas.

b) **Rasgos morfosintácticos**

- **Tuteo.** Uso del pronombre *tú* para mostrar cercanía y familiaridad entre los hablantes.
- **Uso de** *ustedes***.** Uso del pronombre *ustedes* para el tratamiento familiar entre los hablantes y de los posesivos *su, suyo, suya, sus, suyos, suyas.* Ausencia del *voseo*, a excepción de dos pequeñas áreas del este de Cuba (Blanco Botta 1982; Paufler 1989).
- **Uso explícito del pronombre personal sujeto.** Sobre todo en preguntas en las que el pronombre sujeto precede directamente al verbo, *¿Tú comes o tú vienes?, ¿Dónde tú vas?, ¿Qué tú quieres?* Este rasgo también se observa en el español de Panamá (RAE y ASALE 2009, 3169). También el uso explícito del pronombre ante infinitivo, *Me alegré al tú contarme eso; Ella salió temprano para yo poder llegar a tiempo.*
- **Uso de infinitivos con sujeto patente.** Oraciones con infinitivos acompañados de sujeto. Por ejemplo, *Lo haré para yo llegar antes* por *Lo haré para llegar antes* o *Haremos la comida para nosotros no preocuparnos* por *Haremos la comida para no preocuparnos* (Ortiz López 2016, 319).

- **Queísmo**. Elisión o eliminación de la preposición *de* en verbos como *alegrarse de algo, darse cuenta de algo, estar seguro de algo* que requieren la construcción *de que*. Por ejemplo, *Me alegro que haya venido* por *Me alegro de que haya venido*, *No me di cuenta que no estaba* por *No me di cuenta de que no estaba*, *Estaba seguro que vendría* por *Estaba seguro de que vendría*.

- **Marca –*n* en el imperativo de la segunda persona del plural seguido del pronombre *se*.** Se añade esta marca al pronombre, por ejemplo, *váyansen* en lugar de *váyanse, véngansen* en lugar de *vénganse*, o *espérensen* en lugar de *espérense*. Este rasgo también se comparte con otras variedades del español de América.

- **Uso etimológico de los pronombres *le*, *la* y *lo*.** Se emplea *le* para el objeto indirecto y *lo* y *la* para el objeto directo. No obstante algunos hablantes pueden mostrar "leísmo de cortesía", ¿*Le acompaño?* en lugar de ¿*La/Lo acompaño?*

- **Uso del presente progresivo con valor de futuro.** Por ejemplo, *En diez minutos estoy terminando la comida* por *En diez minutos voy a terminar la comida*. Este fenómeno se registró en los años ochenta en el español de Puerto Rico y se atribuyó a la influencia del inglés. No obstante, hoy en día se trata de un rasgo bastante extendido en el español caribeño que se relaciona más "con motivaciones internas de carácter semántico-pragmático del propio sistema" (Ortiz López 2016, 321) que con interferencias del inglés.

- **Pluralización del verbo *haber* impersonal.** Por ejemplo, *Habían muchas personas en la fiesta* en lugar de *Había muchas personas en la fiesta*. Este rasgo se da también en otras variedades como, por ejemplo, en los hablantes de castellano en contacto con el catalán, de español mexicano-centroamericano o de español chileno. En el español caribeño, la pluralización ocurre en mayor grado en "los objetos con referencias humanas, los nombres con función de sujeto o con referencia a entidades inherentemente delimitadas temporalmente" (Ortiz López 2016, 326).

- **Diferencia en el género en algunos sustantivos de uso común.** Por ejemplo, *el sartén* en lugar de *la sartén*, o *la piyama* por *el pijama*. Este cambio también se comparte a veces con otras variedades *el sartén* (Honduras, El Salvador, Nicaragua, Costa Rica, Colombia, Venezuela, Ecuador, Bolivia, Chile, Paraguay, Uruguay), *la piyama* (México, Honduras, Nicaragua, Costa Rica, Colombia, Venezuela, Ecuador, Perú, Bolivia, Paraguay, Argentina, Uruguay, Chile) (Aleza Izquierdo 2010a, 220).

## c) Rasgos léxicos

Como en los demás dialectos, se observa una influencia léxica importante de las lenguas de sustrato, que en este caso son el taíno y el arahuaco, y de los idiomas africanos que llegaron a las islas con la esclavitud (véase Mufwene 1993). Sin embargo, hay un mayor número de tainismos que de africanismos, tal como indican Cotton y Sharp (2001). Entre los **tainismos** que aún se conservan encontramos términos como *boricua* (palabra taína utilizada a modo de gentilicio para designar a los habitantes de la isla de Puerto Rico, cuyo antiguo nombre era *Boriquén*), *ají, batata, canoa, iguana, jaiba, manatí, yuca*, etc. Entre los **africanismos** más comunes se hallan palabras para referirse a la comida y la bebida, *banana, champola, guineo, ñame*, etc.; descripciones físicas o del carácter de una persona, *cheche* "valentón", *sanaco* "bobo o ingenuo", etc.; animales y plantas, *chango* "tipo de mono", *quimbombó* "especie de fruto comestible", *yaya* "tipo de árbol", etc., y música, *bachata, bongó, conga, mambo, marimba*, etc. (véase Megenney 1983; del Castillo 1984). También es habitual el uso de adverbios negativos en expresiones con *más*, como *más nada, más nadie* o *más nunca*.

**Actividad 19. Explica a qué fenómeno concreto se alude en el siguiente extracto desde el punto de vista de los rasgos fonético-fonológicos del español caribeño.**

"[. . .] yo creo que la erre, la erre de principio de sílaba sí la podemos pronunciar. Entonces me da coraje cuando me dicen: "Ay, eres de Puelto Lico". Y yo le digo, "Bueno, de Puelto Jico o de Puelto Rico, pero no de Puelto Lico". (Silva-Corvalán 2001, 67)

❯ ¿Cómo explicarías la reacción del hablante al decir "me da coraje . . ." sobre la percepción del habla de Puerto Rico por parte de otros hispanohablantes?

**Actividad 20. Describe el cambio de pronunciación de la palabra *disgusto* [di.xúh.to] > [di.húh.to] teniendo en cuenta los rasgos fonético-fonológicos del español caribeño.**

❯ ¿Con qué variedades de las que han aparecido hasta ahora (castellano, andaluz, canario) se comparte este rasgo? ¿Cómo explicarías esta coincidencia?

**Actividad 21. Escucha el siguiente texto de español caribeño. Después lee la transcripción y responde a las preguntas.**

Vídeo: https://www.youtube.com/watch?v=x1eBolPmWss.

**Transcripción:**

Una de las cosas que yo me traje de mi país era la devoción a los santos y a la religión a pesar de que la he adaptado y ha evolucionado, ¿no? Tengo ahora tengo imágenes de Buda, tengo a Sai Baba, la Virgen María, la Virgen de Milagrosa, la Virgen del Valle, la Virgen de Coromoto, la Divina Pastora, por supuesto, José Gregorio, que duerme al lado mío, José Gregorio el Santo, José Gregorio Hernández. San Francisco de Asís, San Benito porque era el santo negro, y entonces mira mai que San Benito, San Benito, y San Benito lo tengo. Tengo imágenes religiosas, entes, este, plegarias y todas esas bromas y todos los días que pueda rezo y le pido a Dios, y le pido, y le pido, y le pido, y creo fervientemente en Dios a pesar de que jamás voy a misa y no creo en la Iglesia.

Soy supersticiosa con lo de la sal, no paso la sal de mano a mano, ni a palos. Los gringos se me quedan mirando con cara de *Don't! Don't give it to me! Don't! Put on the table and I'll grab it!* Entonces claro, juran que soy una loca pero así es. O sea, mi papá no me pasa la sal ni a palos, entonces bueno, ya yo, ya yo caí en la misma vaina.

En mi país va para misa un domingo y el lunes tienes cita con una bruja en Altamira, incluso hay un amigo mío que su mamá fue y la bruja le dijo que el chamo este tenía monte debajo del colchón y la mamá fue y lo encontró, ahora no me preguntes cómo fue eso pero así es, eso es un cuento verídico. Creo que los fantasmas, o sea los espíritus existen completamente. A mí me visitan los muertos. Se sientan en mi cama, me tocan, me . . . A mí me pasa, o sea, yo no le cuento eso a nadie porque de bolas que no me van a creer, pero . . .

❯ **Preguntas:**

1. Identifica tres rasgos generales del español caribeño desde el punto de vista fonético-fonológico. Indica ejemplos concretos en los que se aprecian estos rasgos.

2. ¿Qué forma de tratamiento se usa en el texto? ¿Se hace un uso etimológico de los pronombres átonos (*le, la, lo*)? Localiza ejemplos concretos de estos dos rasgos morfosintácticos.
3. ¿Qué coloquialismo aparece en el texto con el significado de "madre"? ¿Qué se puede comentar desde el punto de vista morfológico?
4. Deduce por el contexto el significado de las locuciones "a palos" y "de bolas".
5. ¿Qué significa la palabra "vaina" en el texto? ¿Qué se puede comentar desde el punto de vista de la variación diafásica o estilística? ¿Cuál podría ser una alternativa en este contexto?
6. Consulta el *Diccionario de americanismos* y explica el origen etimológico de la palabra "chamo". ¿Cuál es su significado en el texto? Localiza en qué variedades de español se utilizan los términos equivalentes "cuate", "chochera" y "pana". ¿Cuál de ellos posee un uso más generalizado?

   *Diccionario de americanismos*: http://lema.rae.es/damer/.

7. ¿Cuál es el significado de la palabra "monte" en el texto? ¿En qué otros países se utiliza con este mismo significado?
8. ¿En qué variedad del español caribeño crees que se ubica el hablante del texto? Seguramente habrás encontrado la clave en el léxico.

## 3.2. El español mexicano-centroamericano

Aunque vamos a hablar de México y Centroamérica como un solo dialecto, debemos recordar que en las costas hay determinados rasgos que los diferencian de los hablantes del altiplano mexicano o meseta central. La división dialectal en México y Centroamérica resulta compleja desde el punto de vista geográfico, dada la gran extensión territorial que se incluye bajo esta denominación, pero también por el constante contacto que la lengua ha tenido con otras lenguas autóctonas en los diferentes territorios. Según Moreno-Fernández (2014, 269–288), el **español mexicano-centroamericano** se estructura en: (a) **mexicano**, que incluye el **norteño** (norte de México, estados de Baja California, Sonora, Chihuahua, Coahuila y Nuevo León), el **central** (Ciudad de México y zonas de influencia a sus alrededores) y el **costeño** (costa Atlántica de los estados de Veracruz y Tabasco, y la costa del Pacífico de los estados de Oaxaca y Guerrero), y (b) **mayense-centroamericano**, que comprende el **yucateco** (península de Yucatán con los estados de Yucatán, Quintana Roo y Campeche), el **centroamericano** (estado mexicano de Chiapas, Guatemala, Honduras, El Salvador y Nicaragua; Costa Rica comparte algunos rasgos con esta variedad, pero también presenta otros del español caribeño) y el **mayense de bilingües**, hablado por población bilingüe cuyo español recibe una notable influencia de otra lengua (bilingües nahuas de México, mayas de Guatemala y del istmo de Panamá, borucas de Costa Rica y guaimíes de Panamá).

He aquí los principales rasgos del español mexicano-centroamericano (véase Moreno-Fernández 2014; Parodi 2016):

a) **Rasgos fonético-fonológicos**

- **Yeísmo generalizado.** Los fonemas palatales *pollo* /ʎ/ y *poyo* /j/ se pronuncian igual, con [j], a excepción de dos regiones mexicanas: el valle de Atotonilco y Orizaba.
- **Seseo.** Empleo de la /s/ predorsal, *zapato* [sa.pá.to].

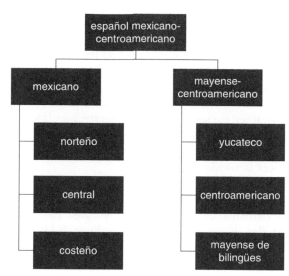

**Figura 7.9** Principales variedades del español mexicano-centroamericano
(Moreno-Fernández 2014, 272)

**Figura 7.10** Zona de influencia del español mexicano-centroamericano

- **Ceceo** (Centroamérica, sobre todo en Honduras y El Salvador). Al "cecear" los hablantes articulan el fonema /θ/ para pronunciar los grafemas "s", "z", "ce" y "ci", *sol* [θól], *cero* [θé.ro] y *cielo* [θjé.lo]. Este fenómeno puede resultar habitual en áreas rurales de Honduras y de El Salvador (Resnick y Hammond 2011, 265). En concreto, el ceceo hondureño se detecta en el departamento de Colón, sobre todo la región de Trujillo y en zonas montañosas de Atlántida y una parte de Yoro (Herranz 2001), y el ceceo salvadoreño se detecta en el interior (Canfield 1953, 32; Lipski 2000, 75; Azcúnaga López 2012, 35).
- **Aspiración de /x/** (zonas costeras de México y Yucatán; Centroamérica). La fricativa velar sorda /x/ se suaviza o se relaja y termina convirtiéndose en la fricativa laríngea sorda [h]. Por ejemplo, *cajón* [ka.hón], *México* [mé.hi.ko] o *geranio* [he.rá.njo].

- **Debilitamiento de las vocales átonas** (meseta central mexicana, sur de México y Guatemala). Las vocales se debilitan y llegan a perderse durante la realización, como en *oficina* [of.sí.na], *nosotros* [no.sótrs] o *entonces* [ntóns] (Parodi 2016, 376).

- **Alargamiento vocálico** (meseta central mexicana). Se alargan las vocales tónicas, *Vamos a comer* [bá:.mo.sa.ko.mé:r].

- **Diptongación** (norte de México y meseta central mexicana). Tendencia a diptongar hiatos con las vocales *e* y *o* seguidas de vocal fuerte, *peor* [pjór] o *poeta* [pwé.ta]. Para Lope Blanch (1995, 32–33), este fenómeno aparece a menudo en el habla culta mexicana, así como en la mayor parte de las variedades geográficas y sociales del español de América (Aleza Izquierdo 2010, 88).

- **Articulación plena y tensa de grupos consonánticos.** Por ejemplo, *examen* [ek.sá.men] o *cápsula* [káp.su.la].

- **Pronunciación oclusiva de sonoras entre vocales** (zona interior de México y Centroamérica). Por ejemplo, *dados* [dá.dos] en lugar de [dá.ðos].

- **Pronunciación bilabial de /f/** (zonas de la meseta central mexicana, sur de México y Centroamérica). Sobre todo en el estrato inferior o con menos recursos de una comunidad (Aleza Izquierdo 2010, 86), se observa una pronunciación bilabial [φ] del fonema /f/, es decir, una variedad fricativa bilabial sorda en posición de ataque, *foco* [φó.ko]. También se presenta la aspiración de /f/ en posición inicial de sílaba seguida de *u*, como en *fuera* [hwé.ra] o *afuera* [a.hwé.ra]. En El Salvador y Guatemala, además del sonido general labiodental sordo [f], alternan las dos pronunciaciones de /f/, [φ] y [h]. En áreas de influencia maya (altiplanos del occidente y norte de Guatemala, península mexicana de Yucatán) y con hablantes bilingües de bajo nivel de instrucción, el fonema /f/, que no existe en la lengua maya, se pronuncia [p], *Fernando* [per.náṇdo] (Aleza Izquierdo 2010, 86–87).

- **Asibilación de la vibrante /ř/** (centro de México y Centroamérica). En posición final de palabra la /r/ se asibila, es decir, se produce una fricción parecida a la de las sibilantes /ř/, como en *calor* [ka.lóř] o *pedir* [pe.ðíř]. El grupo consonántico *tr*– se asibila, como en [třa.ér] *traer*, en Guatemala y en Costa Rica, aunque este fenómeno recibe actitudes negativas entre jóvenes en el área metropolitana de San José (Costa Rica) (Aleza Izquierdo 2010, 75–76).

- **Pronunciación del grupo *tl* en la misma sílaba** (México y Guatemala). El sustrato náhuatl ha influido en la pronunciación articulada como en grupo explosivo, *atlas* [á.tlas] (Aleza Izquierdo 2010, 87).

- **Debilitamiento de /s/ final de sílaba** (Centroamérica, excepto en Costa Rica y Guatemala). Se aspira la /–s/ en posición implosiva o final de sílaba, *estas casas* [éh.tah.ká.sah]. En el caso de El Salvador se puede llegar a aspirar en posición inicial de palabra, *El Salvador* [el.hal.βa.ðór]. En cambio, en la mayor parte de Costa Rica y en amplias zonas de Guatemala no se aspira la /s/, sino que se mantiene como sonido sibilante (Parodi 2016, 380).

- **Velarización de la *–n* final** (zonas costeras de México y Centroamérica). Tendencia a la velarización de la /–n/ en posición final de sílaba, *bien* [bjẽŋ], *pan* [pãŋ] o *pasión* [pa.sjõŋ].

- **Relajación de *–y–* intervocálica** (zona norte de México y Centroamérica). Se debilita llegando en ocasiones a desaparecer, *calle* [ká.je] > [ká.e], *ardilla* → *ardía*, *colmillo* → *colmío*, *tortilla* → *tortía*.

- **Entonación circunfleja** (México). Sube de manera pronunciaciada y luego cae (^).

b) **Rasgos morfosintácticos**

- **Tuteo** (México y Panamá). Uso del pronombre *tú* para mostrar cercanía y familiaridad entre los hablantes. También se da tuteo, aunque en menor medida, en Guatemala, El Salvador y Honduras. En Costa Rica, donde esta forma de tratamiento se encontraba ausente, ha comenzado a instaurarse de manera paulatina (Quesada Pacheco 2013). En Nicaragua, el pronombre *tú* no se encuentra en el lenguaje cotidiano y su uso ha quedado prácticamente restringido al lenguaje literario (Lipski 2000, 65).

- **Ustedeo** (Centroamérica, sobre todo en Costa Rica). Este fenómeno alude al "empleo de usted en situaciones de confianza o intimidad, es decir, entre amigos, novios o cónyuges, de padres a hijos, etc." (Calderón Campos 2010, 225). En Costa Rica, el uso de la forma *usted* puede ser incluso habitual para referirse a un animal (Quesada Pacheco 2013), y obedece muchas veces a factores pragmáticos por lo que los hablantes pueden pasar de *usted* a *vos* en una misma conversación (Parodi 2016, 382). También se observa ustedeo en Guatemala (generaciones mayores), El Salvador y Panamá, pero Costa Rica presenta una mayor variación del pronombre en situaciones informales y formales.

- **Alternancia de tuteo y voseo** (Centroamérica). Predomina el voseo monoptongado, *vos hablás*, aunque en áreas de Costa Rica y de Panamá alterna con el voseo diptongado, *vos hablái(s)*, con la /s/ final aspirada (Parodi 2016, 382). Si contrastamos el voseo y el tuteo encontramos, por un lado, áreas con un uso predominante de *vos* en las que la forma *tú* se considera ajena a la comunidad (Nicaragua y Costa Rica). En estos dos países el voseo se corresponde con el sistema prototípicamente argentino o voseo monoptongado, *vos encontrás, vos sabés* (Calderón Campos 2010, 230). Y, por otro lado, zonas (Chiapas, México; Guatemala, El Salvador, Honduras, oeste de Panamá) que alternan el voseo y el tuteo de un modo más difícil de sistematizar, pero con una mayor preferencia hacia el tuteo entre los hablantes cultos. En Guatemala "es característico el uso de *vos* o *tú* en función del sexo de los interlocutores. Así, cuando un hombre habla con otros hombres puede recurrir al voseo, pero el tuteo podría verse en esta situación como afeminado. Por el contrario, en las mujeres, el *vos* se ve como vulgar o poco femenino" (Calderón Campos 2010, 232), por lo que se inclinan más por el uso de usted (Quesada Pacheco 2013). Del mismo modo, las generaciones más jóvenes guatemaltecas prefieren el uso de *vos*, como pronombre de solidaridad, a diferencia de las generaciones mayores que se inclinan más por la forma *usted* (Quesada Pacheco 2013).

- **Marca –*n* en el imperativo de la segunda persona del plural seguido del pronombre *se*.** . Se añade esta marca al pronombre, por ejemplo, *váyansen* en lugar de *váyanse*, *véngansen* en lugar de *vénganse*, o *espérensen* en lugar de *espérense*. Este rasgo se asocia a menudo a sociolectos con menor nivel de instrucción. También se comparte con otras variedades del español de América

- **Marca –*s* en la segunda persona del singular del pretérito indefinido**. Se añade esta marca por analogía con los demás tiempos verbales, dando lugar a formas como *cantastes* o *dijistes*. En ocasiones, en determinados registros se pierde la primera –*s*, como en *cantates* o *dijites*. Ambos rasgos se asocian a menudo a sociolectos con menor nivel de instrucción.

- **Desambiguación** (México y Centroamérica). Adición de un sintagma preposicional para desambiguar, *Su casa de usted, Su tía de su mamá, Ya se lo dije a ella*. Se pluraliza el pronombre directo *lo/la* para indicar el plural del objeto indirecto, como en *Ya se los dije a Pablo y María* por *Ya se lo dije a Pablo y María* (RAE y ASALE 2009, 2663; Parodi 2016, 382).

- **Uso del presente de subjuntivo por el imperfecto de subjuntivo.** Por ejemplo, *Le dije que venga* por *Le dije que viniera.*

- **Desuso del presente de subjuntivo.** Sobre todo en las oraciones subordinadas, *No creo que viene* por *No creo que venga.*

- **Uso del pronombre *le* enclítico con valor intensificador** (México). En expresiones comunes a modo de interjección, o en palabras para transmitir una impresión o con una función comunicativa concreta, *¡ándale!*, *¡échale!*, *¡híjole!* u *¡órale!* La presencia de este pronombre no implica una función sintáctica concreta, sino que se trata de un uso expresivo (Aleza Izquierdo 2010a, 131).

- **Aumentativo en *–ote, –ota* y *–azo*** (México). Su empleo puede indicar tamaño, *librote*, intensidad, *golpazo*, y también se puede utilizar para describir algo de manera despectiva, *grandote*. El aumentativo en *–azo* se observa en muchas otras variedades y destaca en la creación de nuevos americanismos que denotan algún tipo de "golpe" (Enguita Utrilla 2010, 310–311), por ejemplo, *Se dio un madrazo* o *¡Qué madrazo!*

- **Diminutivo en *–ito, –ita*** (México y Centroamérica). Su uso no se limita solamente a sustantivos y adjetivos, sino que también aparece en gerundios, *corriendito* y adverbios, *ahorita*, *ahoritita*. Este diminutivo se da también en otras variedades dialectales.

- **Diminutivo en *–tico, –tica*** (Costa Rica). Cuando la raíz de la palabra termina en /t/, *ratico*, *gatico* o *puertica*. Popularmente se conoce a los costarricenses como "ticos" por este rasgo de su habla.

- **Uso del prefijo *re–* con valor superlativo** (México). Se utiliza con valor superlativo o intensificador en el habla popular, ya sea con adverbios, *rebién*, *repoquito*, o con adjetivos, *rebonito*, *refeo.*

- **Adjetivos con valor adverbial.** Uso de algunos adjetivos con valor de adverbio en vez de la forma plena adverbial, *canta suave* y *huele feo* en lugar de *canta suavemente* y *huele mal.*

- **Preposición *hasta* con valor de inicio** (México y Centroamérica). Por ejemplo, *El semestre empieza hasta el 15 de agosto* por *El semestre no empieza hasta el 15 de agosto* o *El semestre empieza a partir del 15 de agosto.* También con valor negativo, *Se casó hasta que cumplió 40 años*, que en dialecto castellano corresponde a *No se casó hasta los 40 años* (Lope Blanch 2008, 53).

- **Pluralización del verbo *haber* impersonal** (México y Centroamérica). Por ejemplo, *Habían muchas personas en la fiesta* en lugar de *Había muchas personas en la fiesta.* Este rasgo se da también en otras variedades como, por ejemplo, en los hablantes de castellano en contacto con el catalán, de español caribeño o de español chileno (RAE y ASALE 2009, 3063; Parodi 2016, 379).

- **Uso etimológico de los pronombres *le*, *la* y *lo*** (México y Centroamérica). Empleo de *le* para el objeto indirecto y de *lo* y *la* para el objeto directo. No obstante, un gran número de hablantes pueden mostrar "leísmo de cortesía", *¿Le acompaño?* por *¿La/Lo acompaño?* (Parodi 2016, 382).

- **Ausencia de laísmo y loísmo** (México y Centroamérica). Sin embargo, se detecta un uso del "*lo* pleonástico" en hablas rurales de Nicaragua, Honduras y México, en el que el pronombre no desempeña ninguna función sintáctica, *Por cierto que lo sois rico*, *No te lo invito a sentarte* (Lipski 1996; Aleza Izquierdo 2010, 110, 131).

- **Sustitución de la preposición *en* por *a* con verbos de movimiento** (México y Centroamérica). Por ejemplo, *La ropa se mete al armario* por *La ropa se mete en el armario* (Parodi 2016, 382).

## c) Rasgos léxicos

El léxico del **español mexicano**, como las demás variedades latinoamericanas, incluye **arcaísmos**, o vocablos que cayeron en desuso en la Península, *liviano* (*ligero*) o *prieto* (*negro*), y préstamos de las lenguas de sustrato o autóctonas de cada región. En México, las dos de mayor influencia son el náhuatl, que hoy en día cuenta solamente con unos 170.622 hablantes (XII Censo General de Población y Vivienda 2010; García Mejía 2014, 22), y el maya, con unos 6.523.182 de hablantes repartidos entre Belice, Guatemala y México (Austin, Blume y Sánchez 2015, 26). Del **náhuatl** provienen palabras como *guajolote*, palabra habitual para *pavo*; *elote*, que significa *maíz*, el término *aguacate*, y también el sufijo para gentilicios como *guatemalteco*, *yucateco* o *chiapaneco*. Del maya quedan muy pocos términos, tales como *agüío* "un tipo de pájaro", *cacao* y *pita*, "una planta de la familia de la sábila". También destaca el uso de **mexicanismos** de diversos tipos, como *botana* "aperitivo que se sirve antes de una comida o con una consumición", *colonia* "barrio o zona de una ciudad", *chorrocientos* "muchos" o "muchísimos", *Te lo he dicho chorrocientas veces*; la expresión *¿a poco?* para expresar duda o "creo que no", o *¿a poco no?* para expresar afirmación o "creo que sí", o *¡sale!*, para expresar conformidad o asentimiento *¡Sale! Nos vemos en la puerta de la oficina*. También el uso frecuente de *nomás* "solamente", *ni modo* "de ninguna forma", *¿mande?* "¿cómo dice?", y de *qué tanto* "cuanto" y *qué tan* "cómo de", como en *¿qué tan bueno es?* Debido a la influencia y proximidad geográfica de la modalidad mexicana, algunas de estas expresiones también se comparten en el inventario léxico centroamericano. El **español centroamericano** es la variedad que se encuentra en contacto con un mayor número de idiomas de sustrato y donde se halla el mayor porcentaje de población monolingüe con escaso o ningún conocimiento de español. En Guatemala hay más de veinte lenguas indígenas y el 90% de ellas son de origen maya. En el español hablado coexisten, por lo tanto, numerosos vocablos de **origen maya** como *chapín* "guatemalteco", *canche* "rubio, de piel clara" o *chompipe* "pavo".

---

**Actividad 22.** Con la ayuda del *Diccionario de americanismos*, investiga las diferencias de significado entre las siguientes interjecciones típicas del español de México. Después busca un ejemplo auténtico en el que se haga uso de cada una de estas expresiones.

1. ¡ándale!
2. ¡échale!
3. ¡híjole!
4. ¡órale!

⌗ Corpus Diacrónico y Diatópico del Español de América (CORDIAM): http://www. academia.org.mx/Cordiam.

⌗ *Diccionario de americanismos*: http://lema.rae.es/damer/.

❯ ¿Cuál de las interjecciones es la más habitual para expresar "asombro o sorpresa"?

---

**Actividad 23. Responde a las siguientes preguntas sobre algunos rasgos fonético-fonológicos.**

a) Explica qué fenómeno se observa en [prez.ðéɲ.te] *presidente*. ¿Se trata de un rasgo más propio del español mexicano, del centroamericano, o de los dos?

b) Explica qué fenómeno se observa en [rjál] *real* y [kjú.βo.le] *¿qué húbole?* ¿En qué contexto fónico se suele presentar? ¿Aparece en otras variedades del español de América?

---

📖 🎧 **Actividad 24. Escucha el siguiente texto de español mexicano. Después lee la transcripción y responde a las preguntas.**

🔗 Vídeo: http://www.youtube.com/watch?v=BcXaKCwOGU4.

**Transcripción:**

Yo con tantos chorrocientos años que tengo arriba, a mí me encanta bailar. Bueno, me gusta de toda la música que sea, desde la escuela yo bailaba vals, bailaba corriditas así como el jarabe tapatío, bailaba pasodoble con castañuelas y toda la cosa. Claro, danzón o pegadito si hay pareja, pero pues como ahora están los hombres reescasos, por eso me gusta la cumbia porque así sueltecito, pues bailo sueltecito así solita.

De toda música no digo que no, solo el que no me gusta ahorita es el requesón, el pasito duranguense ese y ya choca que la quebradita y que la perreada y qué sé qué le hacen refeo, eso no me gusta. Y menos la quebradita porque si me quiebran ya no me levanto, pero si me enseñan a bailar pues me arranco órale donde está el caballo para ir en caballo. Que no se me peguen los pies en el piso y ya y hay que sacudir la polilla porque luego si estoy na' más viendo televisión y viendo radio y sentadota no, hay que hacer ejercicio.

❷ **Preguntas:**

1. ¿Qué coloquialismo aparece en el texto con el significado de "mucho"? ¿Cuál es su equivalente general en otras variedades de español?
2. Identifica todos los aumentativos y diminutivos que aparecen y fíjate en su uso. Explica cuál es su significado y a qué categorías gramaticales pertenecen estas palabras.
3. ¿Qué expresión típica de la modalidad mexicana se utiliza con el significado de "solamente"? ¿Qué otras expresiones siguen una estructura similar?
4. ¿Qué aspecto puedes comentar desde el punto de vista dialectal en la estructura de las oraciones "Ahora están los hombres reescasos" y "De toda música no digo que no"?
5. ¿Se observa en algún momento debilitamiento de vocales átonas? Fíjate en aquellos instantes en los que la dicción no resulta tan clara.

❷ **¿Qué crees que quiere decir la persona que habla con "De toda música no digo que no, solo el que no me gusta ahorita es el requesón"? ¿Qué se puede comentar desde el punto de vista generacional?**

---

## 3.3. El español andino

El **español andino** abarca principalmente las regiones ubicadas en la cordillera de los Andes, pero no todos los países donde se hallan esas regiones. En concreto, Moreno-Fernández

(2014, 304) identifica cuatro modalidades distintas del **español andino**. En primer lugar, el **español andino costeño** comprende la costa pacífica colombiana, el español costeño de Ecuador y del norte de Perú, el español costeño limeño, hasta la costa del departamento de Arequipa, y el español costeño sureño de Perú. En segundo lugar, el **español serrano** se divide en dos partes, la colombo-ecuatoriana y la peruano-boliviana, e incluiría también el español de los indígenas bilingües como variedad diferente a la de los serranos monolingües. En tercer lugar, el **español amazónico** incluye los territorios del Amazonas de Ecuador, Perú y Colombia. Y, en cuarto y último lugar, el **español llanero** o zona llana o no montañosa de Bolivia.

Entre las lenguas de sustrato que hay en los Andes, las dos con mayor presencia son el **quechua**, con unos 9.096.020 hablantes repartidos por Argentina, Bolivia, Chile, Colombia, Ecuador y Perú, y el **aimara**, con una comunidad de aproximadamente 2.808.740 hablantes repartidos entre Bolivia y Perú (Austin, Blume y Sánchez 2015, 26). Por **quechua** entendemos el nombre genérico que reciben todas las variedades, mientras que **quichua** hace referencia únicamente a la variedad hablada en Ecuador. Este contraste se debe a la existencia del fonema oclusivo uvular [q] en Perú y Bolivia que hace que la altura de la vocal alta [i] baje y se convierta en la vocal media [e], dando lugar a [ké.tʃwa] *quechua*. En la variedad ecuatoriana, el fonema presente es el velar [k], que no cambia la altura de la vocal y mantiene la pronunciación [kí.tʃwa] *quichua* (Adelaar 2004, 179–180). El contacto del español con estas lenguas es constante y la influencia es recíproca. Por ejemplo, el adverbio de negación del español *no* ha ido reemplazando a la correlación negativa del quechua *mana . . . –chu* (Matras 2009, 209). Como explica Anna María Escobar, una de las razones por las que resulta complejo describir el español andino es que "no solo incluye a nativohablantes y hablantes de segunda lengua, sino también a otros tipos de hablantes bilingües que han crecido con las dos lenguas y son nativohablantes de las dos, si bien emplean cada lengua con diferente frecuencia y para funciones diferentes" (2016, 354).

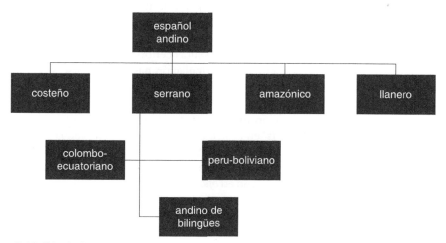

**Figura 7.11** Principales variedades del español andino
(Moreno-Fernández 2014, 306)

**Figura 7.12** Zona de influencia del español andino

En contraste con otras variedades del continente americano, en el español andino destacan los rasgos fonético-fonológicos, tal como veremos a continuación (véase Moreno-Fernández 2014; Escobar 2016):

**a) Rasgos fonético-fonológicos**

- **Seseo.** Empleo de la /s/ predorsal, *zapato* [sa.pá.to].
- **Zonas no yeístas.** Hay hablantes que distinguen entre los fonemas /ʎ/, grafema "ll", y /j/, grafema "y", repartidos por el área andina de Venezuela, Colombia (dialecto oriental, salvo en Bogotá), territorios andinos de Perú (tierras altas), Bolivia, Paraguay, zona nordeste argentina de influjo guaraní y partes fronterizas con Bolivia. El contacto de algunas de estas áreas con otras lenguas, por ejemplo, con el guaraní en Paraguay, o con el quechua y el aimara en Perú y Bolivia, ha favorecido el mantenimiento de la distinción entre los fonemas. En las partes altas centrales de Ecuador, la realización del fonema lateral /ʎ/ se adelanta en su articulación hasta asemejarse al sonido rehilado del español austral [ž], *pollo* [pó.žo], tal como sucede en Santiago del Estero (Argentina) (Aleza Izquierdo 2010, 68–69).
- **Conservación de /s/ en posición final de sílaba.** A diferencia de otros dialectos, se tiende a conservar el fonema /s/ en posición implosiva o final de sílaba como [s] o [z] dentro y al final de palabra, *mis amigos* [mi.za.mí.ɣos] (Escobar 2016, 356).
- **Debilitamiento de las vocales átonas.** A menudo las vocales se debilitan y llegan a perderse durante la realización, como en *oficina* [of.sí.na], *nosotros* [no.sótrs] o *entonces* [ntóns].
- **Velarización de las consonantes nasales.** Tendencia a velarizar este tipo de consonantes hasta debilitarse en posición final de sílaba, *pan* [pãŋ] o *pasión* [pa.sjõŋ]
- **Asibilación de la vibrante /ř/.** La /r/ se asibila en posición final de palabra, es decir, se produce una fricción parecida a la de la sibilante /ř/, *calor* [ka.lóř] o *pedir* [pe.ðíř], sobre

todo en el habla popular, y en menor medida entre los hablantes jóvenes (Alvord, Echávez-Solano y Klee 2005, 42-43). Se suelen asimilar los grupos consonánticos *tr–*, y *dr–*, *traer* [tr̃a.ér] o *dragón* [dr̃agón].

- **Intercambio de consonantes oclusivas.** Cuando estas consonantes van en posición final de sílaba *arigmética* por *aritmética*, *sectiembre* por *septiembre*.
- **Pronunciación bilabial de /f/** (áreas de contacto con lenguas indígenas de Colombia, sierra de Ecuador y zonas de Perú). Pronunciación bilabial [φ] del fonema /f/, o sea, una variedad fricativa bilabial sorda en posición de ataque, *foco* [φó.ko].

b) **Rasgos morfosintácticos**

- **Alternancia de tuteo, voseo y ustedeo.** Se emplean los tres pronombres, *tú*, *vos* y *usted*, como tratamiento de cercanía. Uno de los usos de *usted* indica formalidad y distancia entre los interlocutores, tal como ocurre en el resto de dialectos. No obstante, otro uso típico de *usted* en Colombia y en partes de Ecuador expresa precisamente el extremo opuesto: una gran cordialidad entre los hablantes. El "ustedeo" en Colombia, habitual en la variedad andina (Orozco y Díaz-Campos 2016, 345), puede estar relacionado con el género de los interlocutores en el que se ustedea a los hombres y se tutea a las mujeres (Calderón Campos 2010, 225). En el área de la ciudad de Medellín, se alterna *vos* con *tú* para mostrar familiaridad entre los hablantes, aunque *vos* se reserva para un círculo de personas más cercanas. No obstante, la forma *tú* en el español colombiano predomina más en la variedad costeña (Orozco y Díaz-Campos 2016, 345). Una peculiaridad del voseo en Ecuador es que los hablantes emplean la forma del paradigma verbal correspondiente a *tú*, lo que da lugar a expresiones del tipo *¿Vos tienes calor?* en vez de la forma habitual del voseo rioplatense *¿Vos tenés calor?* (véase Placencia 2010).
- **Leísmo** (especialmente en Ecuador). En contraste con otros dialectos, el leísmo andino se emplea con referentes animados e inanimados, incluso para objetos directos femeninos como en *–¿Viste a María? –Sí, le vi*, o *–¿Lavaste el carro? –Sí, le lavé* (Escobar 2016, 356).
- **Loísmo.** Se ha documentado en la zona andina el uso del pronombre *lo* como objeto directo, independientemente del género del referente, *La papa también lo pelamos*, o para el referente femenino plural, *Unas cosas viejas para quemarlos* (véase Aleza Izquierdo 2010a, 116-117).
- **Omisión de la –s de palabras compuestas.** En casos en que se indica el singular del sustantivo, como en *el abrelata* o *el sacapunta* por *el abrelatas* o *el sacapuntas*.
- **Diminutivos en –ito, –ita e –ico, –ica** (Ecuador y Colombia). Por ejemplo, adverbios, *aquicito*; demostrativos, *estica*; cuantificadores, *unito*; y gerundios, *corriendito*. Estos diminutivos se dan también en otras variedades dialectales.
- **Perífrasis verbales como dar + gerundio** (Ecuador). Por ejemplo, *¿Me das abriendo la puertita?*, con valor de imperativo, como en *¡Ábreme la puertita!*, o de ruego cortés, como en *Me haces el favor de abrirme la puertita*. Otros verbos auxiliares son *botar*, *dejar* y *mandar*. Este fenómeno puede deberse a la influencia del quichua en Ecuador. Sin embargo, algunos investigadores resaltan que solo los hablantes de quichua bilingües usan esta construcción en quichua, pero no los monolingües, que utilizan en su lugar la partícula *–pa–* en el verbo (Haboud 1998, 219; Olbertz 2008).
- **Predominio del futuro perifrástico** (Colombia). Preferencia por la forma *ir a* + infinitivo, *Voy a hablar con él esta semana* por *Hablaré con él esta semana* (Orozco y Díaz-Campos 2016, 345).

- **Reducción en el sistema de tiempos verbales.** Empleo del imperfecto de indicativo por el pluscuamperfecto, *No venía mi tío cuando salimos* por *No había venido mi tío cuando salimos*. También el presente de subjuntivo cuando la secuencia verbal requiere el imperfecto de subjuntivo, *Le dije que tenga cuidado* por *Le dije que tuviera/tuviese cuidado*. Este último rasgo del subjuntivo se comparte con las variedades del Cono Sur (español austral y chileno).

- **Uso del verbo *ser* por *estar*** (zonas de la sierra ecuatoriana). Por ejemplo, *Guayaquil es en Ecuador* en lugar de *Guayaquil está en Ecuador*.

- **Omisión del pronombre de tercera de singular de objeto directo.** En algunas zonas del español andino es común la elisión o supresión de los pronombres de objeto directo, *–¿Leíste ese libro? –Sí, [Ø] leí* (Escobar 2016, 356).

- **Posposición de posesivos.** Por ejemplo, *la hija mía, la casa de ustedes*.

- **Construcción *muy + superlativo*.** Por ejemplo, *muy riquísimo*.

### c) Rasgos léxicos

El léxico del español andino se caracteriza por una notoria influencia de las lenguas de sustrato. Existen numerosos **quechuismos** en el habla cotidiana como, por ejemplo, *llucho* "desnudo/a" o *yapa* (Ecuador y Perú) o *ñapa* (Bolivia) "añadidura"; o incluso de uso más generalizado en el ámbito hispánico, como *cancha* "terreno libre o despejado" o *carpa* "toldo en forma de tienda de campaña"; o **aimarismos**, *chipa* "cesto para llevar frutas"; *chuto* "tosco o inculto" (Moreno-Fernández 2014, 304). Además, algunas interjecciones originarias del quechua aportan significados distintos en cada país: *¡achachay!* denota "aprobación" en Colombia, "sensación de frío" en Ecuador y "miedo o temor" en Perú. Otra interjección similar es *¡atatay!* ("disgusto" en Colombia; "asco" en Ecuador y Perú, y "dolor", especialmente por una quemadura, en Bolivia, Colombia y Ecuador). También encontramos **andinismos**, *calato* (Perú, Bolivia y Chile) "desnudo"; *huachafo* (Ecuador, Perú y Bolivia) "cursi", y otros términos que se utilizan en otras variedades latinoamericanas, como *andinismo* (Colombia, Venezuela, Ecuador, Perú, Bolivia, Chile, Argentina y Uruguay) "hacer escalada o alpinismo", *empamparse* (Bolivia, Chile y Argentina) o *empampanarse* (Bolivia) "extraviarse en la pampa". Por último, Escobar (2016, 358) indica algunos **rasgos pragmáticos** característicos de esta variedad. Por ejemplo, el uso de *de repente* con valor de posibilidad, *De repente no está en la escuela* por *Posiblemente no está en la escuela*, o el empleo de título de persona con el nombre propio para mostrar cortesía, *Don Mario, Señora María, Doctor Jaime* (véase el capítulo 5 sobre pragmática).

---

**Actividad 25. Explica qué dos rasgos propios del español andino se pueden comentar en la oración: "No quería que le castiguen".**

❯ **¿Cuál de las dos características se comparte con el castellano? ¿Cómo crees que habría producido esta oración un hablante de español caribeño?**

---

🎦 🎧 **Actividad 26. Escucha el siguiente texto de español colombiano. Después lee la transcripción y responde a las preguntas.**

✎ Vídeo: https://www.youtube.com/watch?v=3WyRqrICSgQ.

## Transcripción:

Supuestamente en Colombia uno se conoce y sabe que esta gente es de la costa, esta gente es de Bogotá, sabes que allí comen esto, allá en esta región comen lo otro y hablan así, pero cuando llegas acá abres los ojos y dices qué pasó, yo no los conocía de verdad. Somos colombianos, pero todos de diferentes regiones, somos totalmente distintos. Nos vestimos distinto, bailamos distinto, escuchamos música distinta.

Los de Medellín son paisas, los de Cali son caleños, los de Bogotá son rolos. Los pastusos, que son como los gallegos, no se la pillan fácil no cogen el chiste fácil. Los de la costa, que es Cartagena, Barranquilla, Santa Marta, son los costeños.

En Colombia yo pensaba que los paisas y los rolos siempre eran enemigos. Tienen una rivalidad absurda, no sé ni por qué, de dónde salió. Ay, los rolos son tan aburridos, a toda hora cachaquitos, y todo es súper recto y no les gusta nada, y el frío de esa ciudad y la gente es mala clase. Los rolos igual de los paisas, que los paisas tan, tan, tan cuenteros, que inventan historias, que tan mentirosos. . . Que los paisas son habladores, yo soy paisa. . . que son puros negociantes que solo piensan en el negocio, en ganar platica allí, en ganar. . . Y allá yo decía los rolos y los paisas nada que ver no, no, no se llevan bien. Acá me di cuenta que no.

Tengo mi mejor amiga es rola, yo le digo a ella, ay es que usted es rola, y ella me dice, ay esta paisa exagerada, porque nosotros somos súper exagerados. Entonces aquí es muy chistoso, yo ya no pienso igual de los rolos, ya para mí los rolos me caen bien, si son recticos, no les gusta esto, no les gusta aquello, pero tienen otras cosas interesantes.

Cuando tú te encuentras con un colombiano la primera pregunta es, ay y de dónde sos, vos sos colombiano cierto, ay sí vos también, ay qué delicia, de qué parte, no que yo soy de Santa Marta y uno ay y cómo así, y qué tal es el carnaval de Barranquilla y qué tal la feria de las flores, ven te invito a mi casa en Medellín. Todos bailamos igual, vamos a buscar la misma comidita, la misma arepita, el mismo pandebono, el cafecito.

Aquí somos uno solo, somos colombianos y nos encanta conocer un colombiano de donde sea, de la parte que sea, aquí no hay rivalidades, aquí no hay nada. Aquí en Estados Unidos todos todos somos colombianos, de la manito todos como luchando por lo mismo.

❯ **Preguntas:**

1. Identifica los adverbios de lugar que se mencionan. ¿Qué puedes comentar sobre su uso desde el punto de vista dialectal?
2. Explica si en algún momento se emplea algún adjetivo con valor adverbial.
3. Describe el uso de los diminutivos. ¿A qué campos semánticos pertenecen principalmente? ¿A qué crees que responde su empleo teniendo en cuenta el contexto de la comunicación?
4. Consulta la palabra "mano" en el *DPD* y explica cómo establecerías a grandes rasgos una diferencia dialectal en el uso de los diminutivos "la manita" y "la manito".

   ✑ *Diccionario panhispánico de dudas*: http://www.rae.es/recursos/diccionarios/dpd.

5. Explica la variación para las formas de tratamiento que se produce en el texto a partir de la modalidad dialectal a la que pertenece.

❯ **¿Qué dos rasgos fonético-fonológicos de los que se mencionan en el capítulo son los más sobresalientes en relación con el fonema fricativo alveolar sordo? Proporciona algunos ejemplos del texto.**

Actividad 27. Con la información de las secciones previas, decide cuáles de los siguientes rasgos son característicos de cada modalidad.

| Selección de rasgos dialectales | caribeño | mexicano-centroamericano | andino |
|---|---|---|---|
| Yeísmo | | | |
| Seseo | | | |
| Debilitamiento de /s/ final de sílaba | | | |
| Conservación de /s/ final de sílaba | | | |
| Lenición o pronunciación fricativa de la africada /tʃ/ | | | |
| Alargamiento vocálico | | | |
| Velarización de las consonantes nasales | | | |
| Aspiración de /x/ | | | |
| Pronunciación del grupo *tl* en la misma sílaba | | | |
| Lambdacismo o pronunciación [l] de –*r* | | | |
| Asibilación de la vibrante/ř/ | | | |
| Tuteo | | | |
| Voseo | | | |
| Uso de *ustedes* | | | |
| Pronombre *le* enclítico intensificador | | | |
| Queísmo | | | |
| Uso etimológico de los pronombres *le*, *la* y *lo* | | | |
| Leísmo | | | |
| Loísmo | | | |

## 3.4. El español austral

Tradicionalmente se denomina a esta variedad "español rioplatense", puesto que se corresponde con el Virreinato del Río de la Plata (1776-1816), que abarcó los territorios de Paraguay, Argentina y Uruguay. Sin embargo, algunos dialectólogos como Moreno-Fernández (2014, 332, 347) prefieren hablar de **español austral** para describir las variedades del español en esa región geográfica, dado que se hallan ubicadas no solamente a lo largo del Río de la Plata. Podemos hablar, por lo tanto, de un **español austral** compuesto principalmente por un **español guaranítico** y por un **español atlántico**. El **guaranítico** comprende el **paraguayo** y el **nordestino argentino**. El **atlántico** se divide en el **español del interior** (variedades del noroeste de Argentina, español cuyano y español central) y el **español del Litoral**, que a su vez se reparte entre el **rioplatense** (desembocadura del Río de la Plata con el "español bonaerense" o de Buenos Aires, toda la provincia y área de influencia, y el "español uruguayo") y el **patagón** (en la Patagonia, con rasgos en común con el español de Chile por la influencia del mapudungun o lengua mapuche).

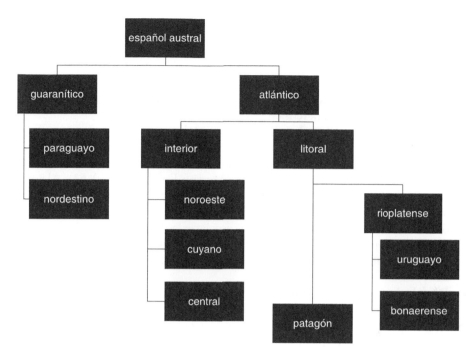

**Figura 7.13** Principales variedades del español austral
(Moreno-Fernández 2014, 348)

**Figura 7.14** Zona de influencia del español austral

He aquí los principales rasgos del español austral (véase Moreno-Fernández 2014; Palacios 2016):

a) **Rasgos fonético-fonológicos**

- **Yeísmo generalizado.** Los fonemas palatales /ʎ/ *pollo* y /j/ *poyo* se pronuncian igual, con [j], aunque de manera tensa.
- **Seseo.** Empleo de la /s/ predorsal, *zapato* [sa.pá.to].
- **Alargamiento vocálico.** Sobre todo en las vocales tónicas, [né:.na] *nena*.
- **Debilitamiento de /s/ final de sílaba.** Aspiración, asimilación y pérdida del fonema /s/ en posición implosiva o final de sílaba (Moreno-Fernández 2010, 62). Al aspirarse, /s/ se transforma en [h] como en [éh.tah.ká.sah] *estas casas*. La aspiración, [búh.ka] *busca*, tiende a ser más común que la pérdida del fonema, [bú.ka] *busca*. La pérdida de /s/ es un rasgo estigmatizado por asociarse a las clases sociales con menor nivel de instrucción. Por ello, el mantenimiento de la aspiración, frente a la pérdida del sonido, funciona como marcador sociolingüístico de clase (Aleza Izquierdo 2010, 64).
- **Pérdida de consonantes finales.** Sobre todo las alveolares –*d* y –*r* en posición final de sílaba, *usted* [us.té], *beber* [be.βé].
- **Elisión de /d/ intervocálica.** Por ejemplo, *cansado* [kan.sá.o], sobre todo en los participios en –*ado*, *hablado* [a.βlá.ðo] > *hablao* [a.βlá.o]. Este rasgo también se presenta en otras variedades.
- **Aspiración faríngea de /x/.** La fricativa velar sorda /x/ se suaviza o se relaja hasta convertirse en fricativa laríngea sorda [h] (Moreno-Fernández 2014, 341). Por ejemplo, *cajón* [ka.hón], *México* [mé.hi.ko] o *geranio* [he.rá.njo]
- **Pronunciación tónica de pronombres átonos enclíticos.** Por ejemplo, *dígame* o *ponérmelo* se pronuncian [di.ɣa.mé] y [po.ner.me.ló] respectivamente.
- **Rehilamiento o ʒeísmo, o ʃeísmo.** El rehilamiento es "la presencia a nivel fonemático de un segmento fricativo prepalatal (alveopalatal) sonoro tenso y estridente (esto es, con un grado relativamente notable de ruido) que simboliza /ž/ (y [ž] su representación fonética). Muy parecido en su timbre a la j del francés" (Zamora y Guitart 1988, 91; citado en Aleza Izquierdo 2010b, 70). Los hablantes no distinguen entre los sonidos de los grafemas "y" y "ll", dado que ambos se pronuncian como la fricativa palatal sonora. El ʃeísmo ocurre entre las generaciones más jóvenes, pero se ensordece /ʒ/ > [ʃ]. Así, *pollo* y *poyo* se pronuncian igual, como [pó.ʒo] o [pó.ʃo].
- **Entonación.** Incluimos aquí algunas notas sobre los patrones de entonación del español austral (Aleza Izquierdo 2010, 91-92). En Paraguay los enunciados interrogativos pueden resultar descendentes, sobre todo, cuando en el enunciado se añade algún sufijo guaraní interrogativo. En este sentido, hay que tener en cuenta que "el intenso contacto lingüístico potencia variaciones y cambios lingüísticos en el español paraguayo que han dado como resultado reorganizaciones del material lingüístico o reinterpretaciones del valor formal, semántico o pragmático" (Palacios 2016, 337). En Argentina podemos distinguir el español de Buenos Aires, con finales marcadamente descendentes, del de Tucumán, con finales átonos muy altos en frases enunciativas que a muchos porteños, o habitantes de Buenos Aires, les suenan como oraciones interrogativas. En Córdoba se produce

un alargamiento de la sílaba inmediatamente anterior a la última tónica, fenómeno popularmente conocido como la "tonada cordobesa" (véase Fontanella de Weinberg 1971).

b) **Rasgos morfosintácticos**

- **Voseo.** Uso del pronombre *vos* con su forma verbal correspondiente, *vos hablás*, *vos tenés*, *vos escribís*. A pesar de que el voseo existe en otros dialectos, se suele considerar este aspecto junto con el ʒeísmo como los dos rasgos más característicos del habla rioplatense. En la ciudad de Buenos Aires el pronombre *tú* ha desaparecido prácticamente de manera que la forma *vos* es la forma exclusiva utilizada para el tratamiento familiar entre los hablantes (Uber 2016, 623).
- **Paradigma verbal característico.** Formas con desinencias verbales propias, *hablo, hablás, hablá, hablamos, hablan*. En contraste con lo que sucede en otros dialectos, el voseo goza de gran prestigio entre los hablantes rioplatenses, ya que el sistema verbal es plenamente voseante.
- **Reducción en el sistema de tiempos verbales.** Empleo del presente de subjuntivo cuando la secuencia verbal requiere el imperfecto de subjuntivo, *Le dije que tenga cuidado* por *Le dije que tuviera/tuviese cuidado*. Este rasgo se comparte con el español andino y el chileno.
- **Uso del prefijo *re–* con valor superlativo.** Se utiliza muchas veces con valor superlativo o intensificador, *estaba rebueno*.
- **Uso del diminutivo en *–ito, –ita*.** Por ejemplo, en los llamados "diminutivos coquinarios" o referentes a la cocina, *cafecito, guisito, sopita, tortillita* (Ricci 1983, 258). Este diminutivo se da también en otras variedades dialectales.
- **Queísmo** (español del Litoral). Eliminación de la preposición *de* en expresiones como *asegurarse de que, darse cuenta de que, estar seguro de que*. Por ejemplo, *Hay que asegurarse que* por *Hay que asegurarse de que*. Este rasgo se comparte con otras variedades, por ejemplo, con el español chileno (Moreno-Fernández 2014, 380).
- **Dequeísmo** (español del Litoral). Adición de la preposición *de* delante de la conjunción *que* cuando esta no viene seleccionada por el verbo. Por ejemplo, *Es posible de que venga mañana* por *Es posible que venga mañana*. Este rasgo se comparte con otras variedades, por ejemplo, con el español chileno (Moreno-Fernández 2014, 380). Se puede encontrar *queísmo* y *dequeísmo* en la prensa nacional argentina (Moreno-Fernández 2014, 358).
- **Duplicación de pronombres clíticos** (rioplatense). Se duplica el objeto directo sobre todo cuando el referente es animado, *La vi a tu hermana, Lo vi a Juan*. Constituye uno de los rasgos más sobresalientes de la variedad rioplatense (Palacios 2016, 333).
- **Adjetivos con valor adverbial.** Uso de adjetivos como adverbios, por ejemplo *Llegó recién* en lugar de *Llegó recientemente*. Este rasgo se comparte con otras variedades.

c) **Rasgos léxicos**

Entre el léxico del español austral encontramos influencias de las lenguas de sustrato, o sea, el guaraní y el quechua. Por ejemplo, **guaranismos**, *matete* "confusión" o **quechuismos**, *guarango* "grosero", *tener cancha* "ser experto", *pampa* "llanura extensa sin árboles", *sobre* *el pucho* "inmediatamente". El léxico también ha recibido influencia de idiomas de países europeos de habla no hispana, entre los cuales hay que destacar el italiano, ya que desde mediados del siglo XIX y durante gran parte del siglo XX, llegaron a esta zona geográfica hasta seis millones de personas procedentes de Italia. El bonaerense se habla en toda la provincia de Buenos Aires y se ha extendido hacia el norte y el sur de la capital y la mayor parte de Uruguay. Numerosos **italianismos** proceden directamente de esta lengua, por ejemplo, *capo* "líder", *laburar* "trabajar", *laburo* "trabajo", *valija* "maleta". Por último, el **lunfardo** es una jerga que se originó en los arrabales o zonas del extrarradio de Buenos Aires a finales del siglo XIX y principios del XX, y se popularizó gracias a las letras de los tangos, cruzando así la barrera de los estratos socioeconómicos. Algunas palabras comunes a través del lunfardo son *cana* "policía", *escabiar* "beber alcohol", *farra* "fiesta", *mina* "mujer". La interjección *¡che!* funciona muchas veces a modo de muletilla, *Che, no sé*, interjección, *Che, ¡qué lindo!*, o un vocativo para apelar a alguien, *Che, ¿qué hacés?* Por último, como indica Palacios (2016, 334), se podría hablar de región dialectal con Chile y Paraguay para el léxico de esta variedad, puesto que existe un gran número de términos que se comparten.

---

🎧 **Actividad 28. Escucha el siguiente texto de español austral. Después lee la transcripción y responde a las preguntas.**

🎵 Audio: http://www.audio-lingua.eu/spip.php?article4538.

**Transcripción:**

Bueno ahí, tengo una serie de actores preferidos, tengo varios, de hecho, pero bueno voy a mencionar solamente algunos, eh . . . En Argentina hay un actor muy famoso que es Ricardo Darín eh . . . sus películas eh . . . ganaron eh . . . dos o tres óscars, así que es muy conocido.

Después hay otro que se llama Guillermo Francella, que es un comediante que, bueno, hace unos diálogos y unas parodias, este . . . alucinantes, la verdad es que son para despanzarse de la risa, eh . . . después bueno . . . me gusta mucho Gael García Bernal, que es de México, me gusta Javier Bardem, que es de España, me gusta mucho también, bueno, Salma Hayek, que es de México y . . . bueno después de Norteamérica que, bueno, son la mayoría de los actores vienen de ahí, eh . . . me gustan mucho los actores de edad media y . . . como, por ejemplo, bueno, Al Pacino o Robert de Niro, me gustan mucho porque ellos tienen mucha relación con lo que es la cultura italiana entonces sus papeles a veces policiales o de películas de suspenso siempre tienen que ver con dramas interesantes, por ejemplo, bueno, Al Pacino hizo *Cara cortada* o eh . . . *Carlito's Way* que no sé cómo se dice en español, y . . . también esos papeles muy interesantes y . . . me gusta cuando hablan inglés con acento italiano eh . . . son muy, muy divertidos.

Y . . . bueno después eh . . . sí tengo muchos actores más que quizás están un poco más de moda, eh . . . me gusta mucho, bueno, Brad Pitt o Leonardo di Caprio o no sé, Matt Damon, George Clooney y bueno, algunos otros . . .

**❯ Preguntas:**

1. Señala todos los casos de rehilamiento que se pueden escuchar en la grabación.
2. Identifica al menos cuatro ejemplos en los que se pueda apreciar el seseo con diferentes grafemas.

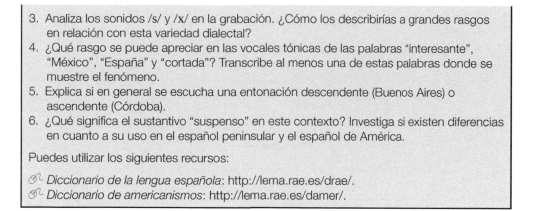

3. Analiza los sonidos /s/ y /x/ en la grabación. ¿Cómo los describirías a grandes rasgos en relación con esta variedad dialectal?
4. ¿Qué rasgo se puede apreciar en las vocales tónicas de las palabras "interesante", "México", "España" y "cortada"? Transcribe al menos una de estas palabras donde se muestre el fenómeno.
5. Explica si en general se escucha una entonación descendente (Buenos Aires) o ascendente (Córdoba).
6. ¿Qué significa el sustantivo "suspenso" en este contexto? Investiga si existen diferencias en cuanto a su uso en el español peninsular y el español de América.

Puedes utilizar los siguientes recursos:

*Diccionario de la lengua española*: http://lema.rae.es/drae/.
*Diccionario de americanismos*: http://lema.rae.es/damer/.

## 3.5. El español chileno

El **español chileno**, o variedad dialectal hablada en Chile, se ha mantenido dentro de esos límites nacionales debido en gran parte a su orografía y ubicación geográfica en el extremo occidental del continente. Desde el punto de vista dialectológico se pueden identificar cuatro zonas principales (Moreno-Fernández 2014, 386): **norte** (tarapaqueño y coquimbano); **centro** (colchagüino); **sur** (pencón); y **sur-austral** (chilote). La lengua principal de sustrato que encontramos es el **mapudungun** o **lengua mapuche**, con una comunidad de unos 260.620 hablantes en el sur de Chile (Austin, Blume y Sánchez 2015, 26). En el área norte del país existe una leve influencia del quechua.

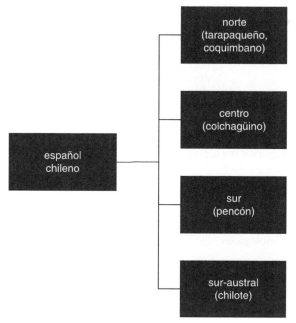

**Figura 7.15** Principales variedades del español chileno
(Moreno-Fernández 2014, 386)

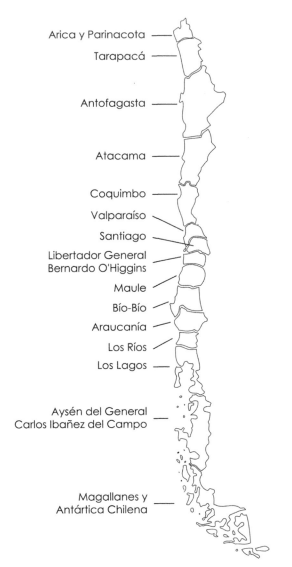

Arica y Parinacota ⸺

Tarapacá ⸺

Antofagasta ⸺

Atacama ⸺

Coquimbo ⸺

Valparaíso ⸺

Santiago ⸺

Libertador General
Bernardo O'Higgins ⸺

Maule ⸺

Bío-Bío ⸺

Araucanía ⸺

Los Ríos ⸺

Los Lagos ⸺

Aysén del General
Carlos Ibañez del Campo ⸺

Magallanes y
Antártica Chilena ⸺

**Figura 7.16** Zona de influencia del español chileno

He aquí los principales rasgos del español chileno (véase Moreno-Fernández 2014; Palacios 2016):

a) **Rasgos fonético-fonológicos**

- **Yeísmo generalizado**. Los fonemas palatales /ʎ/ *pollo* y /ʝ/ *poyo* se pronuncian igual, con [j].
- **Seseo**. Empleo de la /s/ predorsal, *zapato* [sa.pá.to].
- **Elisión de /d/ intervocálica**. Sobre todo en los participios en *–ado*, hasta su desaparición en muchos casos, *hablado* [a.βlá.ðo] > *hablao* [a.βlá.o]. Este rasgo también aparece en otras variedades.

- **Debilitamiento de /s/ final de sílaba.** Aspiración y asimilación del fonema /s/ en posición final de sílaba y pérdida en posición final de palabra (Moreno-Fernández 2010, 66). Como señala Palacios (2016, 330), la variedad chilena muestra diferentes procesos de debilitamiento articulatorio que se asocian a distintos estratos sociales en al menos tres variantes: /s/ final → [s] (sibilante, es decir, fricativa, predorso-alveolar sorda), /s/ → [h] (aspirada, es decir, fricativa glotal) y /s/ → [Ø] (elisión o pérdida). De estos fenómenos, la variante aspirada de /s/ es la más común al abarcar todos los estratos sociales. Al aspirarse, /s/ se transforma en [h], como en [vóh] *vos*. Se puede debilitar hasta perderse, *hasta* [áh.ta] > [á.ta]. En posición intervocálica también se puede aspirar, *así* [a.hí], o perder, *así* [a.í]. La elisión o pérdida de /s/ constituye un rasgo estigmatizado que se asocia a las clases sociales más desfavorecidas. Sin embargo, la pérdida de /s/ → [Ø] o la realización sibilante de /s/ → [s] también pueden funcionar respectivamente como indicadores de estilo en el habla espontánea o no espontánea (Palacios 2016, 330).
- **Pronunciación poco tensa de /x/.** Tendencia a la pronunciación menos tensa que en otras variedades del fonema velar /x/, *el jarabe de ajo* [el.ha.rá.βe.ðe.á.ho].
- **Pronunciación poco tensa de la africada /tʃ/.** Por ejemplo, *mucho* [mú.tso]/[mú.ʃo]. Estas pronunciaciones son rasgos estigmatizados por asociarse a las clases sociales más desfavorecidas.
- **Asibilación de la vibrante /ř/.** La /ɾ/ se asibila en posición final de palabra, es decir, se produce una fricción parecida a la de las sibilantes /ř/, como en *calor* [ka.lóř] o *pedir* [pe.ðíř]. Este fenómeno ocurre también en el grupo consonántico tr, *traer* [tř̆a.ér].
- **Pérdida de consonantes finales.** Sobre todo la alveolar *–d* en posición final, *usted* [uh.té].
- **Pronunciación palatalizada de [x], [k] y [ɣ].** Por ejemplo, [x], *mujer* [mu.xjér], *gente* [xjéṇ.te] y *dijeron* [di.xjé.ron]; [k] *queso* [kje.so]; y [ɣ] *higuera* [i.ɣjé.ra] (véase Tapia-Ladino y Valdivieso 1997).
- **Diferentes realizaciones de la /r/ implosiva.** Este fonema puede asimilarse totalmente a la consonante que le sigue, *carne* [kán.ne], aspirarse, [káh.ne], o desaparecer, *soltarle* [sol.tá.le].
- **Debilitamiento y pérdida de las obstruyentes /β/, /ð/, /ɣ/.** La /β/ suele pronunciarse como /v/, como en *había* [a.ví.a]. La /ð/ puede desaparecer incluso en posición inicial o final de palabra, *David* [da.ví]. Ante /ɾ/ se llega a pronunciar /j/, *padre* [pajɾe], aunque este último fenómeno aparece únicamente en el basilecto o estrato inferior de las zonas rurales.
- **Entonación de tono medio elevado.** Cadencia con frecuencias más altas.

b) **Rasgos morfosintácticos**

- **Alternancia de tuteo y voseo.** Coexisten los pronombres *tú* y *vos* con sus respectivas formas verbales. Por un lado, se observa un **voseo mixto** o mezcla de "un voseo verbal con tuteo pronominal" para contextos más informales, *tú hablái, tú tenís, tú comís* de uso generalizado por una gran parte de la población y cuya forma mixta parece ir avanzando. Por otro lado, el llamado **voseo auténtico** o "voseo pronominal y verbal", *vos hablái*, asociado a zonas rurales, de poco nivel de instrucción o para marcar descortesía en el interlocutor (Moreno-Fernández 2014, 384; Palacios 2016, 331). La *–s* implosiva se aspira, [vóh.kan.tái] *vo(s) cantái, vo(s) tenís, vo(s) comís*. El voseo mixto, *tú hablái, tú tenís, tú comís*, está más extendido entre los jóvenes y en la ciudad, aunque también resulta habitual en contextos familiares o informales entre hablantes de cualquier generación. Cabe destacar la alternancia de dos formas para el verbo *ser*: *tú/ vos soi* y *tú/vos erís*, forma más reciente utilizada por la población más joven (Moreno-Fernández 2014, 384). Hay que tener en cuenta además que, a diferencia de otras variedades voseantes, en el español chileno aparecen las formas tuteantes del imperativo para ambos pronombres, es decir, *tú/vos habla, tú/vos come, tú/vos escribe* (véase Morales Pettorino 1998).

- **Diminutivo en –*ito*, –*ita*.** Por ejemplo, *cafecito, chiquitito, poquitito, ratito, vueltita* (véase Puga Larraín 1997 sobre el valor diminutivo en el español chileno como recurso pragmático de "atenuación" o para mantener la distancia personal). Este diminutivo se da también en otras variedades dialectales.

- **Queísmo.** Eliminación de la preposición *de* en expresiones como *asegurarse de que, darse cuenta de que, estar seguro de que.* Por ejemplo, *Hay que asegurarse que* por *Hay que asegurarse de que.* Este rasgo se comparte con otras variedades, por ejemplo, con el español del Litoral (español rioplatense y español patagón) (Moreno-Fernández 2014, 358).

- **Dequeísmo.** Adición de la preposición *de* delante de la conjunción *que* cuando esta no viene seleccionada por el verbo. Por ejemplo, *Es posible de que venga mañana* por *Es posible que venga mañana.* Este rasgo se comparte con otras variedades, por ejemplo, con el español del Litoral (español rioplatense y español patagón) (Moreno-Fernández 2014, 358).

- **Uso preferente del pretérito indefinido.** Por ejemplo, *Vi a María*, en lugar del pretérito perfecto, *He visto a María.*

- **Variación verbal en las oraciones condicionales.** Tendencia a usar el pretérito imperfecto de indicativo en lugar del condicional *Si tuviera dinero, lo compraba*, por *Si tuviera dinero, lo compraría.* Este uso se da también en otras variedades.

- **Pluralización del verbo *haber* impersonal.** Por ejemplo, *Habían muchas personas en la fiesta* en lugar de *Había muchas personas en la fiesta.* Este rasgo ocurre también en otras variedades como, por ejemplo, en los hablantes de castellano en contacto con el catalán, de español caribeño o de español mexicano-centroamericano (Palacios 2016, 332).

- **Reducción en el sistema de tiempos verbales.** Empleo del presente de subjuntivo cuando la secuencia verbal requiere el imperfecto de subjuntivo, *Le dije que tenga cuidado* en lugar de *Le dije que tuviera/tuviese cuidado.* Este rasgo se comparte con el español andino y el austral.

- **Uso etimológico de los pronombres *le, la* y *lo*.** Del pronombre *le* para objeto indirecto y de *lo* y *la* para objeto directo. No obstante, muchos hablantes trasforman el pronombre de objeto directo en plural en la construcción *se lo* para reforzar la idea de que el objeto indirecto es plural, *se los di.*

- **Forma pronominal de objeto indirecto *le* sin distinción de número.** Tendencia a utilizar el pronombre *le* para el singular y el plural, *Le dije a ellos que no vinieran* por *Les dije a ellos que no vinieran* (Palacios 2016, 331). Este rasgo se da también en el dialecto castellano.

- **Marca de tercera persona del plural –*n* con el pronombre enclítico en el imperativo plural.** Por ejemplo, *déjemen, hágamen* o *tráigamen.* Además, el clítico *le* aparece como intensificador en los imperativos, *camínele, apúrele.* Este fenómeno es más común en las áreas rurales.

- **Uso del artículo definido ante nombres propios de persona.** Sobre todo en el lenguaje coloquial, lo cual denota familiaridad entre los hablantes, *la Marta* o *el*

*Marcelo.* Este rasgo se comparte con otras variedades como, por ejemplo, el andaluz o el castellano en contacto con el catalán.

## c) Rasgos léxicos

El léxico del español de Chile incluye palabras procedentes de otras lenguas de sustrato y otras voces características. Encontramos **andinismos**, *aconcharse* "enturbiarse", *a combos* "a puñetazos", *pisco* "aguardiente de uva", *polla* "lotería"; **chilenismos**, *al tiro* "ahora mismo, de inmediato", *bacán* o *bakán* "fantástico, bueno, agradable", *cahuín* "chisme", *carrete* "fiesta, juerga", *flaite* "persona de clase social desfavorecida a la que se asocia comúnmente a la delincuencia; ladrón del transporte público; algo que es de mala calidad; persona en la que no se debe confiar", *fome* "aburrido, sin gracia", *la once* "comida entre las cinco y las siete de la tarde que generalmente consiste en café, té o leche, acompañado de pan", *paco* "miembro del cuerpo de policía"; **mapuchismos**, *calcha* "mechón de pelo o plumas de ciertos animales", *cancato* "tipo de pescado", *charchazo* "golpe con la mano abierta", *pichintún* "una pizca o un poquito de algo", *pololo* o *polola* "novio o novia" o el verbo *pololear*, según el *DA*, "mantener relaciones amorosas, con cierto nivel de compromiso aunque no necesariamente de convivencia" (véase Sánchez Cabezas 2010), y **quechuismos**, *chasca* "cabello largo despeinado", *chupalla* "sombrero de paja", *encacharse* "vestirse elegantemente, acicalarse", *pucho* "colilla de cigarro o puro", *pupo* "ombligo". También hay algunas formas rutinarias propias del habla chilena como *¿Cómo estái?*, que equivale a la interjección "¡Hola!", o la forma *¿Qué hubo?*, pronunciado [kjú.βo], que ha ido cayendo en desuso y que solamente utiliza la generación mayor. La expresión *¿Cachái?* con el significado de "¿Entiendes?" o "¿Comprendes?" es común entre los jóvenes chilenos. En el lenguaje familiar es habitual también el empleo de la partícula *po* "pues", o la expresión *ya, po*, con valor expresivo al final de la oración, *¿Quieres ir al cine? ¡Ya, po!, ¿Puedo comerme tu postre? Obvio que sí po, si a mí no me gusta el flan*, o para mostrar enfado, *¡Ya, po! ¡Para de molestarme!*

---

🎧 **Actividad 29. Escucha el siguiente texto de español chileno. Después lee la transcripción y responde a las preguntas.**

✍ Audio: http://www.audio-lingua.eu/spip.php?article4443.

**Transcripción:**

Lo que pasa es que en Chile tenemos una tradición eh. . . en el horario de la comida que a eso de las siete de la tarde eh. . . tomamos "once", nadie sabe muy bien de dónde viene el nombre "once", eh. . . pero hay una. . . una leyenda que dice que. . . es que. . . los sacerdotes tomaban la. . . em. . . a la hora de la once eh. . . decían entre ellos "bueno vamos a tomar la once" y la gente no entendía qué era, y era en realidad que tomaban aguardiente y que entonces son las once letras de "aguardiente", pero nadie sabe si es. . . si es verdad, y. . . sin embargo a la once no tomamos eh. . . aguardiente; lo que tomamos es té, o café o. . . lo que uno quiera y generalmente acompañado con pan, y al pan se le puede agregar queso eh. . . o lo más común, palta en Chile, consumimos mucha palta. . . y mermelada. . . y lo que quieras, a veces también puedes comer algo dulce como un pastel o kuchen o torta, algo así . . .

❯ **Preguntas:**

1. Fíjate en la pronunciación de las siguientes palabras y explica qué aspectos generales del español chileno se pueden comentar desde el punto de vista fonético-fonológico.

a) "ellos", "leyenda"
b) "once", "dice", "entonces", "veces", "dulce"
c) "vamos", "puedes", "tomamos", "sacerdotes"
d) "verdad"

2. ¿Qué forma de tratamiento aparece en el texto? ¿En qué se distingue este aspecto del español chileno con respecto al español austral?

3. En el texto se menciona la palabra "kuchen". ¿Cuál crees que es su origen etimológico? Investiga cómo se podría explicar la incorporación de esta palabra al español chileno. ¿Qué puedes comentar sobre la pronunciación de esta palabra?

✐ Puedes consultar el *Diccionario etimológico*: http://etimologias.dechile.net/.

---

**Actividad 30. Transforma las siguientes oraciones de la variedad peninsular a las formas del voseo rioplatense y chileno.**

1. ¿Tú comes aquí todos los días?
2. ¡Ven! ¡Corre! ¡Ya ha empezado el partido!
3. ¡Cantas tan bien! No tenía ni idea.
4. ¿Comes allí o en mi casa? Tienes que decidirlo ya.

---

**Actividad 31. Lee el siguiente extracto literario. ¿A qué variedad del Cono Sur pertenece? Comenta los aspectos más relevantes que observes en el texto.**

"— Oye, Balmacea, tú hablái francés — alguien me dice —. Ademá tení auto y resulta que a mediodía llegan unos franchutes reimportantes y hay qu'ir a recibirlos al aeropuerto ya que vienen por nosotros, ¿sabí? Somos de Illapu, músicos ¿cachái?"

Adaptado de Fernando Balmaceda del Río (2002, 461)

❷ **¿Cómo explicarías las formas "ademá" y "hay qu'ir" en el texto?**

---

**Actividad 32.  Decide cuáles son los rasgos más característicos para cada modalidad de español del Cono Sur.**

| Selección de rasgos dialectales | austral | chileno |
|---|---|---|
| Yeísmo | | |
| Seseo | | |
| Alargamiento vocálico | | |
| Elisión de /d/ intervocálica | | |
| Debilitamiento de /s/ final de sílaba | | |
| Rehilamiento o ʒeísmo | | |
| Pronunciación palatalizada de [x], [k] y [ɣ] | | |
| Pérdida de consonantes finales | | |
| Asibilación de la vibrante /ř/ | | |
| Pronunciación poco tensa de la africada /tʃ/ | | |

| | | |
|---|---|---|
| Tuteo | | |
| Voseo | | |
| Uso de *ustedes* | | |
| Duplicación de pronombres clíticos | | |
| Artículo determinado con nombres propios de persona | | |

❷ Explica una de las principales diferencias léxicas entre el español austral y el chileno. ¿Cómo la explicarías en términos históricos y geográficos?

❷ A lo largo del capítulo hemos repasado las principales variedades del español. En tu opinión, ¿cuál es la más distintiva a nivel fonético-fonológico, morfosintáctico y léxico? Justifica tu respuesta.

---

✍ **Actividad 33. Vamos a realizar una pequeña investigación sobre patrones de entonación.**

1. Consulta el *Atlas interactivo de la entonación del español* de la Universitat Pompeu Fabra de Barcelona: http://prosodia.upf.edu/atlasentonacion/index.html.
2. Escoge dos variedades dialectales del español que difieran bastante entre sí. http://prosodia.upf.edu/home/arxiu/publicacions/prieto/transcription_intonation_spanish.php.
3. Haz una lectura de los materiales e identifica algunos de los rasgos característicos de los patrones de entonación de estas dos variedades.
4. Reúne muestras de lengua que puedas encontrar en audio y vídeo y que, en tu opinión, reflejen algunos de estos rasgos. Puedes utilizar las que aparecen en el proyecto o buscar otros textos.
5. Prepara una presentación oral para resumir tu investigación. Apóyate en las muestras de lengua para mostrar los contrastes en la entonación de las dos variedades que has investigado.

---

## 4. El español en y de los Estados Unidos

En el año 2000, el US Census Bureau recogía en un informe que el número de hispanos que residían en los Estados Unidos era de aproximadamente 35,3 millones de habitantes (Lipski 2010). Una década más tarde, el censo del 2010 revelaba que, con 50,5 millones de hispanos, este país habría superado a España en número de hablantes de español, siendo los Estados Unidos en la actualidad el segundo país hispanohablante del mundo detrás de México (Dumitrescu 2013, 526; Muñoz-Basols, Muñoz-Calvo y Suárez García 2014, 3). Según los datos del Instituto Cervantes (2015, 1), más de la mitad del crecimiento de la población de los Estados Unidos se ha debido al aumento de la comunidad hispana, y se prevé que para el año 2050 este país pueda llegar a situarse como el primer país hispanohablante del mundo. Algunas predicciones, como la del US Census Bureau (2012), arrojan la cifra de 130 millones de hispanos para el año 2060 (Lacorte y Suárez García 2014, 129). Al comparar los dos censos de la última década, podemos afirmar que, desde el punto de vista demográfico, lingüístico y cultural, el español constituye un testimonio oral y escrito que es seña de identidad de la población hispana en la sociedad norteamericana, ahora y en el futuro. Este hecho también supone la coexistencia con el inglés en muchas ciudades y regiones del país, y un mayor interés por el aprendizaje del español, ya que "millones de norteamericanos de origen no hispano han aprendido el español por razones prácticas: lo necesitan en su trabajo, en sus estudios, en sus relaciones personales, o en el área donde viven" (Lipski 2010).

En los documentos oficiales como el censo, las solicitudes de empleo o de acceso a la universidad, aparecen muchas veces de manera indistinta los términos *hispano* y *latino*. Sin embargo, vale la pena contrastar algunas de sus diferencias. Aunque no exista un consenso sobre cómo delimitar estas dos nomenclaturas, sí que encontramos algunas preferencias en cuanto a su empleo. Por un lado, un mayor porcentaje de inmigrantes de Latinoamérica que viven en los Estados Unidos prefieren hacer uso del término **hispano**, aunque en sus países de origen no se utilice como tal (Tienda y Mitchell 2006, 37). Así, podríamos considerar de manera general que este término se aplica a personas de ascendencia u origen de un país hispanohablante que reside en los Estados Unidos (Escobar y Potowski 2015, 343). Desde el punto de vista institucional, el término *hispano* identifica a un grupo étnico a modo de clasificación, mientras que socialmente su uso tiene que ver además con aspectos de identidad cultural (Tienda y Mitchell 2006, 50). El término **latino**, en cambio, aunque también se emplea de manera amplia, suele englobar a aquellas personas de ascendencia u origen hispano, hablen o no español (Escobar y Potowski 2015, 344). Como vemos, el idioma parece adquirir relevancia en la aplicabilidad de ambos términos, pero no es un componente que nos ayude a distinguirlos en su totalidad, dado que su significado se relaciona también con el medio, institucional o no, en el que se utilicen. Como señalan Tienda y Mitchell (2006, 40), que las etiquetas *hispano* y *latino* vayan a adquirir en el futuro un estatus panétnico o global en los Estados Unidos y que, por lo tanto, describan a un grupo cultural homogéneo, dependerá en gran medida de factores como la solidaridad croscultural, es decir, el desarrollo de una mayor vinculación cultural entre los diferentes grupos mayoritarios que ya coexisten (mexicanos, cubanos, puertorriqueños, dominicanos, etc.), la búsqueda de intereses comunes o la consecución de una misma motivación de carácter político que pueda unir a aquellas personas que se sientan identificadas con su ascendencia u origen en común de un país hispanohablante. Ambos términos, *hispano* y *latino*, han ido evolucionando y lo continuarán haciendo, puesto que las comunidades que se engloban bajo estas nomenclaturas seguirán ejerciendo una importante influencia demográfica en los Estados Unidos.

## 4.1. Las generaciones sociolingüísticas

A diferencia de otras comunidades de inmigrantes en el pasado, el español ha seguido adquiriendo fuerza en los Estados Unidos gracias a las corrientes migratorias de la población hispanohablante, principalmente del continente americano, un proceso relacionado con el concepto de **generación sociolingüística**. Un gran número de estos hablantes nacidos en los Estados Unidos o llegados a una edad temprana se han visto expuestos al idioma en el ámbito doméstico o en su comunidad, pero no han recibido instrucción formal de su lengua patrimonial. Muchos de ellos poseen con frecuencia un mayor nivel de comprensión y expresión oral que de comprensión lectora y expresión escrita. Este grupo de hablantes recibe el nombre de **hablantes de herencia**, es decir, "individuos que se han criado en una casa donde se habla una lengua no inglesa y que, como resultado, han adquirido cierta capacidad —productiva y/o receptiva— en esa lengua" (Valdés 2000, 35; citado en Potowski y Lynch 2014, 155). Para Potowski y Lynch (2014, 155), esta es la definición canónica y en cierto modo limitada, ya que presupone que dichos hablantes tienen cierta capacidad lingüística en español. Sin embargo, esta definición excluye a individuos que se sienten fuertemente vinculados a la cultura minoritaria pero que comprenden o usan poco español. Una definición más amplia del término englobaría también a estos hablantes (véase Beaudrie, Ducar y Potowski 2014).

Escobar y Potowski (2015, 21-24) identifican tres generaciones principales de hablantes que nos ayudan a sintetizar el contexto social del español en los Estados Unidos. Los de primera generación (G1) son aquellos que llegaron a este país después de la pubertad (alrededor de los 12 años), se consideran hablantes nativos del idioma, han sido escolarizados en español en sus lugares de origen y expuestos a la lengua en su entorno familiar. Los hablantes de segunda generación (G2) son los que o bien nacieron en los Estados Unidos o bien se trasladaron antes de los 6 años. Hay un grado intermedio (G1.5) para los individuos que llegaron entre los 6 y los 12 años, ya que muchos de ellos todavía presentan un fuerte mantenimiento de la lengua materna (Escobar y Potowski 2015, 23). Los hablantes de tercera generación (G3) suelen tener un nivel más débil de la lengua materna que los de G2, y precisamente en esta G3 se observa con mayor frecuencia un **desplazamiento lingüístico** que a menudo implica el abandono de la lengua patrimonial, o sea, el español, en favor del inglés (Escobar y Potowski 2015, 20). Por otra parte, cabe destacar el reciente auge del español gracias a las oportunidades laborales y económicas asociadas a este idioma (Lafford, Abbott y Lear 2014, 181; Muñoz-Basols, Muñoz-Calvo y Suárez García 2014, 1) y el desarrollo de un mayor número de programas educativos de aprendizaje (Lacorte y Suárez García 2014, 130). Estos aspectos han contribuido a crear mayor interés entre los hispanos por recuperar la lengua y la cultura de sus padres o abuelos. Al categorizar las diferentes generaciones de hablantes, también es necesario considerar dos variables importantes: (a) los antecedentes personales de los padres o tutores y la generación a la que puedan pertenecer (G1, G1.5, G2 o G3), y (b) el orden de nacimiento de los hijos (Silva-Corvalán 2014). Otros factores que inciden en el contacto y el desarrollo de la lengua de un hablante de herencia incluyen el lugar de residencia, el ambiente lingüístico durante la escolarización y la motivación para estudiar el idioma.

La diversidad de origen de los inmigrantes hispanos en los Estados Unidos ha favorecido que distintas variedades dialectales del español interactúen y coexistan en un mismo lugar geográfico y en los medios de comunicación. Los hablantes de ascendencia mexicana representan la comunidad más numerosa (63%), seguida por los de origen puertorriqueño (9%), cubano (3,5%), salvadoreño (3,3%), dominicano (2,8%), guatemalteco (2,1%) y colombiano (1,8%). Asimismo, el censo de 2010 indica que el 75% de los hispanos se reparte en 8 estados: California (27,8%), Texas (18,7%), Florida (8,4%), Nueva York (6,8%), Illinois (4%), Arizona (3,8%), Nueva Jersey (3,1%) y Colorado (2,1%) (Lipski 2013, 108-109). En el siguiente mapa se muestran los territorios con un mayor porcentaje de población hispana.

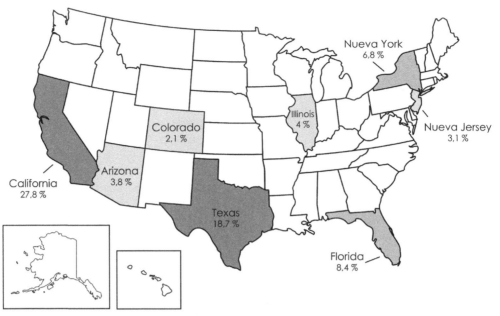

**Figura 7.17** Población hispana en los Estados Unidos
(adaptado del PEW Hispanic Center 2012)

---

👁 🎧 **Actividad 34.  Escucha el siguiente texto sobre la experiencia de ser hablante de herencia. Después lee la transcripción y responde a las preguntas.**

🔗 Vídeo: https://www.youtube.com/watch?v=6zQHIwHVIiU.

**Transcripción:**

My Spanish is all mixed up. I'm, like, my mother's Mexican, my father's Guatemalan. People would look at me and say, "Oh, where are you from? Are you Dominican? Puerto Rican? Cuban?" They would go through every single country they knew of. And at the very last, they'd be, like, "Well, you're not Mexican." I'm, like, "Yes, I am. I am, I'm half Mexican." "Well, what's the other half?" "I don't know, why don't you guess?" And they would never guess Guatemala, because they didn't even know it existed.

When my sister and I were growing up, we were both sent away for the summer. Like a typical Latino family: the day after school ended you would get shipped off to a country, and the week before school started you would get brought back. I would usually get sent to Guatemala, and my sister would get sent to Mexico. So we learned to speak two completely different types of Spanish. My sister has her little *chilanguita* accent, *muy mexicana, órale. Oye, mami, ¿adónde pusiste la mochila?* And me: *papi, mirá, ¿no sabes adónde pusiste la mochila?* But then aside from that, I grew up in a part of Brooklyn that's predominantly Italian-American. One of my best friends is Italian, the other one is Cuban, I grew up with Colombians. I went to one high school that was predominantly Latina, and all the girls talked like this. And they were, like, "Leslie, why do you talk like that? What do you have that accent for? You're always hanging out with the white girls." And I don't get that. Like, why do you talk like that to be considered a Latina? Half those girls didn't even speak

Spanish, and I speak fluent Spanish. I can speak *de tú*, and I can speak *de vos*. And then I go and I marry a Puerto Rican man, so now all my family is Mexican, Guatemalan, Puerto Rican. We're like the United Nations.

❯ **Preguntas:**

1. ¿A qué generación sociolingüística crees que pertenece la persona que aparece el vídeo? ¿Cómo describirías su contacto con el español?
2. ¿Cómo describe su español? ¿Cómo han influido sus experiencias lingüísticas en la variedad del español con la que se identifica?
3. ¿Qué rasgos concretos proporciona sobre las diferencias en el uso del español que observa en su entorno familiar? ¿Cómo se relacionan estos rasgos con las dos variedades a las que hace referencia?
4. ¿Crees que su lugar de residencia ha podido influir en el desarrollo de su español? ¿Cómo se caracteriza este lugar por el número de hispanohablantes en los Estados Unidos?
5. Al compararse con otros hablantes latinos, ¿qué argumenta en relación con el uso del español? ¿En qué definición de *hablante de herencia* entraría la protagonista: en la "definición canónica" o en la "definición amplia"? ¿Y sus compañeras de clase?

## 4.2. Principales comunidades hispanohablantes

Como indicamos antes, las tres comunidades más numerosas de hablantes de español en los Estados Unidos están formadas por personas de origen mexicano, puertorriqueño y cubano. En general, el **español mexicanoamericano** no es muy distinto del dialecto mexicano y no ha llegado a adquirir diferencias significativas debido al flujo migratorio continuo de este país hacia los Estados Unidos. Lipski (2008) explica que se suele definir el español de los mexicoamericanos, también conocidos como "chicanos", bajo tres perspectivas. La primera considera que el español chicano es equiparable al dialecto mexicano y que el único contraste radica en los anglicismos que se han ido incorporando como préstamos lingüísticos al inventario léxico de los hablantes. La segunda perspectiva sostiene que se trata de un "español mal hablado", con una influencia dominante del inglés, y que se define con términos despectivos como "pocho" o "pachuco". La tercera aproximación al análisis de esta variedad estipula que el español mexicano en los Estados Unidos se asemeja al español de las áreas de donde llegó la mayor parte de inmigrantes y, por tanto, con características propias de una población que a menudo pertenecía a un estrato sociocultural desfavorecido. Así, es posible que el dialecto mexicano de los Estados Unidos contenga muchos elementos propios de las áreas rurales, no tanto de las urbanas, ni tampoco de la variedad que se oye o se lee en los principales medios de comunicación.

Por su parte, el español de los hispanohablantes **de origen puertorriqueño en los Estados Unidos** comparte algunos rasgos con los habitantes de la isla, pero también con el resto de comunidades hispanas. Los primeros grupos de inmigrantes puertorriqueños llegaron a los Estados Unidos a través de Hawái a principios del siglo XX como operarios en la industria azucarera. A partir de 1948, el programa de industrialización llamado *Operation Bootstrap*, u Operación Fomento, trajo a unos dos millones de puertorriqueños a la zona este del país (Lipski 2013, 108). A los que se asentaron en el área de Nueva York se los denominó "neorriqueños" o *nuyoricans*, término también de uso corriente para los puertorriqueños isleños. Muchos de estos hablantes poseen un sistema de alternancia de código al que ha podido contribuir la propia realidad lingüística de la isla, donde el español y el inglés coexisten a diario en el ámbito público (Álvarez 1989; Zentella 1997; Torres 2002; Eisenstein Ebsworth y Ebsworth 2011). Por otra parte, cabe mencionar que la comunidad dominicana ha experimentado un notable aumento en el área metropolitana de Nueva York durante las últimas décadas (Hernández y Stevens-Acevedo 2011, 484–488), e incluso un censo reciente revelaba que esta comunidad habría superado a la puertorriqueña en número de habitantes (Durkin 2014).

El **español cubano hablado en los Estados Unidos** tampoco difiere mucho de la variedad cubana isleña (Lipski 2008). Los contrastes más sobresalientes son de carácter léxico, a los que se han unido préstamos del inglés. También ciertas palabras propias de la variedad cubana han ido cayendo en desuso en favor de términos más comunes en el ámbito hispanohablante, como la palabra *máquina*, que ha sido sustituida por *carro*, lo que muestra el efecto que la coexistencia con otras variedades puede ejercer en el sociolecto o dialecto social de una comunidad de hablantes. En esta comunidad hay además un alto porcentaje de bilingüismo debido al papel que desempeña el español en los ámbitos públicos y oficiales y en los medios de comunicación, sobre todo en el área de Miami, fiel reflejo del poder socioeconómico de los latinos (Klee y Lynch 2009, 210–211; Pascual y Cabo 2015).

Los hablantes bilingües de estas y otras comunidades hispanohablantes del país también emplean la **alternancia de código** o yuxtaposición de palabras sueltas, enunciados u oraciones completas del español y del inglés. Con frecuencia se hace referencia a este fenómeno como **espanglish** o *spanglish* y, como indica el *DRAE* (2014), corresponde a la "modalidad del habla de algunos grupos hispanos de los Estados Unidos en la que se mezclan elementos léxicos y gramaticales del español y del inglés". De hecho, esta no fue la definición original incluida en la última edición del diccionario, sino una rectificación de la anterior — a raíz de las cartas de protesta enviadas a la RAE y a ASALE por miembros de la Academia Norteamericana de la Lengua Española (ANLE) y otros expertos. En la versión en línea del diccionario del 2012 se podía leer "modalidad del habla de algunos grupos hispanos de los Estados Unidos, en la que se mezclan, *deformándolos*, elementos léxicos y gramaticales del español y del inglés" (Betti 2015, 6-8; énfasis añadido). La inclusión del verbo "deformar" en esa primera definición mostraba una **actitud lingüística** negativa hacia el espanglish, que sugería que esta alternancia de código se da entre personas que no se saben expresar correctamente en ambas lenguas, lo cual ha generado estereotipos lingüísticos en torno a este fenómeno (Zentella 2003).

Esta desafortunada actitud hacia el espanglish constituye una muestra del desconocimiento que hay en la sociedad sobre esta práctica comunicativa fruto del contacto entre lenguas. Como explica Almeida Jacqueline Toribio (2011), las personas que usan el espanglish, o cualquier otro tipo de alternancia de código, recurren a esta manera de comunicarse como resultado de su bilingüismo, y con un conocimiento suficiente de ambas lenguas que les permite cambiar de código dentro de una misma cláusula (intraoracional) o entre cláusulas (interoracional). El espanglish se suele emplear con mayor frecuencia en áreas con un bilingüismo prolongado, es decir, donde ambos idiomas han estado en contacto durante mayor tiempo. Por eso, aparece en regiones donde se concentran las comunidades hispanas más numerosas como la región del suroeste, Miami y sus alrededores, la ciudad de Nueva York y Chicago. Su uso no está restringido a la lengua oral, pues también se ha popularizado en la publicidad, los medios de comunicación, en Internet e incluso en la producción literaria (Toribio 2011, 533; Díaz-Campos 2014), y constituye un símbolo de la hibridez cultural como resultado de la mezcla de códigos (Tienda y Mitchell 2006, 47)

Otra de las creencias generalizadas en torno al espanglish es que se podría considerar un idioma nuevo, lo cual implicaría involucrar una gran cantidad de factores sociales, culturales y políticos. En realidad, esta práctica comunicativa solamente ofrece la opción de aplicar dos códigos lingüísticos distintos sin transgredir las relaciones sintácticas entre ellos (Otheguy 2003, 17). Además de ser bilingües, las personas que usan el espanglish son "biculturales", puesto que necesitan estar familiarizadas con los parámetros culturales de ambos idiomas (Zentella 1997). Tras estudiar las funciones pragmáticas del espanglish entre estudiantes, Reyes (2004, 84–85) enumera hasta doce categorías que explican el empleo de esta estrategia comunicativa. Algunas de ellas son: 1) cambio de tema; 2) imitación; 3) persuasión; 4) énfasis, y 5) cambio a una pregunta:

1) Cambio de tema: *We finished all the books . . . thank you* mira mis calzones se me andan cayendo . . .
2) Imitación: y luego le hace si {[con voz de robot] *I'm hungry}*
3) Persuasión: ándale pues esa cosa *we don't need this thing no more*
4) Énfasis: *loud* léelo *loud!*
5) Cambio a una pregunta: *let me see* cómo le hiciste?

Por su parte, Zentella (1997) propone tres funciones generales relacionadas con el espanglish. La primera sirve para establecer las bases del intercambio comunicativo, la segunda es la de expresar énfasis o hacer una aclaración, y la tercera es suplir la ausencia de una palabra o una estructura de una lengua con la otra. Como señala Betti (2015, 11), el espanglish "no representa ni el español *en* los Estados Unidos ni el español *de* los Estados Unidos, sino una forma de comunicación familiar, una estrategia expresiva natural, reflejo de una sociedad y de las personas que lo hablan, y sobre todo es una señal de identidad". Por lo tanto, este fenómeno, resultado del contacto entre lenguas, expresa funciones discursivas concretas y ocurre entre hablantes bilingües con un alto grado de comprensión de las dos lenguas y culturas.

---

**Actividad 35. Lee la siguiente cita y responde a las preguntas.**

"La gran necesidad de usar el inglés en los ámbitos laboral y educativo en los Estados Unidos hace que los inmigrantes de primera generación — desde Miami hasta Nueva York, Chicago, Houston, San Francisco y Los Ángeles — insistan en que sus hijos e hijas lo aprendan. Aun entre familias en las que hay una alta conciencia del valor del bilingüismo, muchos padres y madres quieren que la educación formal de sus hijos sea completamente en inglés" (Klee y Lynch 2009, 211).

❷ **Preguntas:**

1. A partir de la cita, ¿se puede hablar de diglosia sobre la situación del español con respecto al inglés en los Estados Unidos?
2. ¿Crees que es necesario un cambio de actitud hacia el español por parte de la sociedad norteamericana? ¿Cómo crees que se podría conseguir?
3. ¿Preferirías que tus hijos o hijas crecieran en un entorno monolingüe o bilingüe? ¿Por qué? ¿Cuáles serían algunas de las ventajas de ser escolarizado en un sistema educativo bilingüe?

## 4.3. El español estadounidense

Todos los detalles que acabamos de proporcionar sobre el español en los Estados Unidos confirman la arraigada presencia del idioma y su evolución desde el punto de vista sociolingüístico y dialectal. Resulta complicado determinar con exactitud la naturaleza del español estadounidense, "producto de la reproducción y diversificación natural de una lengua de inmigración en nuevas tierras" (Lipski 2013, 122). No obstante, es innegable que en los Estados Unidos no solamente residen millones de hispanohablantes hoy en día, sino que el país constituye una "nación hispanohablante *de facto*" (Lipski 2013, 121). De esta manera, al describir los rasgos del español estadounidense como una nueva variedad dialectal, habrá que considerar ciertos factores relevantes como: el estudio de la estratificación sociolingüística (en regiones donde predomina el uso del español y a nivel nacional); los parámetros de investigación (que permitan el análisis de zonas dialectales estables); la regionalización y nivelación de las comunidades de hablantes en áreas urbanas (focos principales de dispersión sociolingüística); el empleo del español en los medios de comunicación (publicidad, prensa, radio y televisión); la producción literaria, el sector editorial y el aprendizaje de español por parte de personas que no son de origen hispano (qué variedad o variedades se les enseña) (Lipski 2010, 2013). Este último aspecto, el de la metodología de enseñanza de la lengua, constituye ya en la actualidad un desafío no solo por la diversidad de perfiles lingüísticos que hemos descrito desde una óptica generacional, sino también en cuanto al diseño de materiales didácticos y su impacto como modelos lingüísticos en la enseñanza (Muñoz-Basols, Muñoz-Calvo y Suárez García 2014, 3-4; Cubillos 2014, 206, 222).

Al repasar las diferentes variedades dialectales del dominio panhispánico hemos constatado que el léxico representa uno de los rasgos más representativos. Este inventario de términos característicos va quedando registrado en los compendios lexicográficos o diccionarios, herramientas que atestiguan además la **influencia croslingüística léxica** entre lenguas o "proceso por el cual las lenguas se influyen mutuamente a nivel léxico y que refleja el impacto que los préstamos lingüísticos de una lengua donante pueden tener en la lengua de acogida o receptora" (Muñoz-Basols y Salazar 2016, 83). En la 23ª edición del *Diccionario de la lengua española* (2014) la Real Academia Española (RAE) y la Asociación de Academias de la Lengua Española (ASALE) incluyeron el término **estadounidismo** o "palabra o uso propios del español hablado en los Estados Unidos de América" (2014, 961). Se recogieron solamente cinco vocablos del español estadounidense, algunos de ellos compartidos, según el diccionario, con otras variedades: *congresional* (Antillas, Colombia, Estados Unidos y Nicaragua), *guardavidas* (Argentina, Chile, Costa Rica, Estados Unidos, Nicaragua, Panamá, Paraguay y Uruguay), *sobador* (América Central., Ecuador, Estados Unidos y Perú), *billón* (Estados Unidos) y *trillón* (Estados Unidos) (Dumitrescu 2014; Muñoz-Basols y Salazar 2016, 96). Claramente, son muchas más las palabras que forman parte del inventario léxico del español estadounidense, por lo que no deja de ser llamativo el hecho de que calcos del inglés —lengua con la que el español coexiste y se halla en contacto permanente— de uso común en el ámbito administrativo y fuera de este, como *aplicar* (*to apply*), *departamento* (*department*) o *eligible* (*eligible*), no lograran entrar en el diccionario (Muñoz-Basols y Salazar 2016, 96). No obstante, el hecho de que se acuñara el término *estadounidismo*, y de que se registraran algunas de sus voces, constituye una prueba más de la arraigada presencia del español en los Estados Unidos, de su evolución en este país y de su paulatina consolidación como una variedad dialectal más dentro del dominio panhispánico.

Como lengua global, el español se encuentra cada vez con un mayor número de escenarios de contacto con otros idiomas. En aquellos lugares en los que el español ha adquirido una mayor presencia internacional, se han ido asentando comunidades hispanohablantes que conforman su diáspora (Márquez Reiter y Martín Rojo 2015; Escobar 2016, 359). Estos escenarios, desde ciudades estadounidenses, Los Ángeles, Chicago, Nueva York, Miami, hasta ámbitos hispanohablantes donde interactúan diferentes variedades, la ciudad de México, Lima, Buenos Aires, Barcelona, o lugares repartidos por todo el planeta, donde la población hispanohablante ha aumentado en las últimas décadas, Toronto, Londres, París, São Paulo, Tokio (véase Lynch, en preparación), permitirá llevar a cabo nuevas investigaciones sobre la materia. En estos y en otros contextos, el contacto con lenguas distintas, y entre las propias variedades del español, dará lugar a nuevos rasgos dialectales y sociolingüísticos como reflejo de espacios sociales globalizados en plena transformación (Blommaert 2010, 2). En su conjunto, todas estas muestras de la interacción comunicativa entre los hispanohablantes continuarán ampliando la diversidad lingüística y dialectal del español.

---

**◎ ⌂ Actividad 36. Escucha el siguiente texto en el que se produce la alternancia de código. Después lee la transcripción y responde a las preguntas.**

⌁ Vídeo: https://www.youtube.com/watch?v=2iy4NTnrSW8.

**Transcripción:**

Marianela:    Bueno, mi mamá es cubana.
Marissa:    Y mi papá es de El Salvador.
Marianela:    Pero nacimos aquí in the United States of America. So our first language is . . .
Las dos:    . . . English!
Marianela:    Entonces, cuando nosotras empezamos en el mercado del entretenimiento, on what is TV and radio, all of a sudden . . .
Marissa:    . . . our professor says . . .
Las dos:    "You have an accent."
Marianela:    Y yo como "¿Qué? What does that mean . . .?"
Marissa:    ". . . I have an accent?"
Marianela:    "What accent do I have? I was born and raised in the United States of America, I am an American."
Marissa:    Preposterous.
Marianela:    And they are, like, "Well, you have a Spanish accent, you need to work on that."
Marissa:    So then, cuando fuimos al mercado hispano, me dicen "Ustedes tienen acento."
Las dos:    "¿Qué?"
Marianela:    ¿Cómo puedo tener acento americano si yo sé el español? Cuando yo hablo el español, yo lo hablo como . . .
Marissa:    . . . Como lo estamos hablando ahora. I can't start acting como "Hola, ¿qué tal? Yo me llamo Marissa González."
Marianela:    I don't want to be like a robot like "Hola ¿qué tal? Buenos días." That's not me, I can't be fake.
Marissa:    It's frustrating, because we're not Spanish enough for the Spanish market . . .
Marianela:    . . . But we're not English enough for the English market, so where does that leave us?
Las dos:    ¿Adónde estamos?
Marianela:    O sea, are we in the Spanglish market? Does that exist? And I know that many Latinos go through that. What's up with the accent stuff?
Marissa:    Can you, like, leave us alone with that?

| Marianela: | Can we stop to that? |
|---|---|
| Marissa: | That's us, we speak the way we speak. If you guys don't like it, well, then, tough. |
| Marianela: | Can we, like, do something about that? |
| Marissa: | Please? |

❯ **Preguntas:**

1. Las protagonistas, dos hermanas gemelas, dicen que han estado en contacto con dos variedades de español. ¿Se podrían considerar estas variedades mayoritarias en el español de los Estados Unidos?
2. ¿En qué zonas geográficas del país se ubican las principales comunidades de hablantes de estas variedades? ¿Cuál de las dos comunidades lingüísticas se encuentra más repartida por el país?
3. ¿Se percibe algún rasgo típico de estas variedades en la manera de hablar de las protagonistas? Escucha el vídeo varias veces y anota aquellos rasgos dialectales que te parezcan distintivos.
4. ¿Por qué crees que consideran que su primera lengua es el inglés pese a que ambos progenitores son hispanos? ¿Se podría decir que se ha producido un desplazamiento de su lengua de herencia?
5. ¿Cuál es la actitud lingüística de algunos hablantes hacia su manera de hablar inglés y español?
6. ¿Qué describe este vídeo en relación con la percepción del acento de unos hablantes hacia otros? ¿Qué crees que quieren reivindicar las protagonistas del vídeo con su historia personal?

## PROYECTOS DE INVESTIGACIÓN

1. La variación lingüística se produce entre diferentes dialectos pero también dentro de una misma variedad dialectal. Consulta el *Catálogo de voces hispánicas* del Instituto Cervantes http://cvc.cervantes.es/lengua/voces_hispanicas/ o el *Corpus del Proyecto para el estudio sociolingüístico del español de España y de América* (PRESEEA) http://preseea.linguas.net/ y elige dos lugares geográficos distintos de una misma variedad. Identifica algunos rasgos que difieran y prepara un informe oral sobre tu análisis.

2. Busca dos libros de texto de español como L2 de nivel avanzado y analiza cómo se aborda la variación lingüística. Presta atención a los formulismos, el léxico, las explicaciones gramaticales, los comentarios sobre pronunciación y entonación o la selección de temas culturales. Determina si se da preferencia a una variedad lingüística concreta o si se intenta reflejar la variación lingüística de los países hispanohablantes.

3. Investiga la diversidad lingüística de un país hispanohablante y prepara un informe escrito u oral sobre las lenguas en contacto con el español. Anota los nombres de las principales lenguas que coexisten junto con el español y otros datos de interés (porcentaje de hablantes, localización geográfica, uso y situación actual). Puedes consultar el proyecto Ethnologue: https://www.ethnologue.com/.

4. Haz una selección de materiales auténticos orales y escritos en español de una misma tipología (publicidad, prensa, radio, televisión, etc.), de las áreas de Nueva York, Chicago, San Diego o Miami. Analiza los principales rasgos fonético-fonológicos, morfosintácticos y léxicos de estos documentos. Después prepara un informe sobre las particularidades que se observan y determina si algunos de estos rasgos se corresponden con el español de los Estados Unidos u otras variedades.

## LECTURAS ADICIONALES PARA PROFUNDIZAR SOBRE LA MATERIA

A continuación, incluimos algunas recomendaciones bibliográficas y pautas generales sobre **variación lingüística** que le permitirán al estudiante iniciarse en el estudio y en la investigación de los temas que han aparecido a lo largo del capítulo. Todas las referencias que se mencionan aparecen recogidas en la bibliografía especializada al final del capítulo.

■ Para adquirir **una perspectiva general sobre variación y sociolingüística**, se pueden consultar Gimeno Menéndez (1990) y López-Morales (2004) sobre los últimos veinticinco años de investigación; Guitart (2004), Moreno-Fernández (2006, 2014), Chambers (2009) y Eckert (2012), sobre las nuevas tendencias en estudios variacionistas, y Díaz-Campos (2011, 2014) sobre sociolingüística hispánica.

■ Sobre la variación de **género** entre los hablantes se pueden leer Trudgill (1972), Chávez (1988, 1993), Milroy y Milroy (1985, 1993), Eckert (1996) y Labov (1990, 2001). También Almeida (1995), Almeida y Díaz (1998), Eckert y McConnell-Ginet (1999) o Holmquist (2011) sobre el habla de mujeres en Puerto Rico. El volumen de Coates y Pichler (2011) recoge una selección de las lecturas más destacadas de las últimas décadas sobre lengua y género.

■ Para una perspectiva sobre el **español como lengua global** se recomienda consultar los *Anuarios del Instituto Cervantes*: http://cvc.cervantes.es/Lengua/anuario/default.htm Sobre las **lenguas criollas de base hispana** se puede encontrar más información en De Granda (1968, 1994), Lipski y Schwegler (1993), Klee y Lynch (2009), Stewart (2012). Sobre el **papiamento** véase Munteanu (1992, 1996a, 1996b), para el **palenquero** véanse de Granda (1970, 1989) y Lipski (2012, 2016b), y para el **chabacano** se puede consultar Munteanu (2006), Fernández (2006) y Sippola (2006, 2011).

■ Se pueden encontrar muestras de las **diferentes variedades dialectales del dominio panhispánico** en diferentes corpus de lengua. El *Corpus Oral y Sonoro del Español Rural* (COSER) alberga grabaciones de lengua hablada en enclaves rurales de España www.lllf. uam.es/coser/; el *Catálogo de voces hispánicas* del Instituto Cervantes (Moreno-Fernández 2010) http://cvc.cervantes.es/lengua/voces_hispanicas/ contiene muestras audiovisuales de las principales variedades de la lengua española; y el *Corpus del Proyecto para el estudio sociolingüístico del español de España y de América* (PRESEEA) (2014) http://preseea. linguas.net/ reúne muestras de lengua española hablada en el mundo hispánico en su variedad geográfica y social. Para muestras de lengua escrita de las diferentes variedades se pueden consultar *El Corpus del Español del Siglo XXI* (CORPES XXI) http://web.frl. es/CORPES/, el *Corpus de Referencia del Español Actual* (CREA) http://corpus.rae.es/ creanet.html, el *Corpus Diacrónico y Diatópico del Español de América* (CORDIAM) http:// www.academia.org.mx/Cordiam y el *Corpus del Español* http://www.corpusdelespanol. org/. En la "Dialectoteca del Español" de la Universidad de Iowa http://dialects.its.uiowa.edu/ se puede hallar más información sobre las diferentes variedades de la lengua.

■ Sobre las **formas de tratamiento** en el mundo hispánico se puede leer el volumen de Hummel, Kluge y Vázquez Laslop (2010). Para saber más sobre **prosodia y patrones de entonación** véanse Sosa (1999), Prieto y Roseano (2010) para una perspectiva panorámica, y Dorta (2013), quien analiza una interesante comparativa sobre la entonación de Canarias, Cuba y Venezuela, y el *Atlas interactivo de la entonación del español* de la Universitat Pompeu Fabra, http://prosodia.upf.edu/atlasentonacion/index.html.

■ Sobre las **variedades dialectales de España** (castellano, andaluz y canario), se puede acudir a Zamora Vicente (1960) y Alvar (1996a). Véanse Narbona Jiménez, Cano Aguilar y Morillo-Velarde Pérez (1988) y Alvar Ezquerra (2000) para el **andaluz**, y Almeida y Díaz (1989) para el **canario**. Existen también atlas lingüísticos, como el *Atlas lingüístico de la península ibérica (ALPI)* (1962), el *Atlas lingüístico y etnográfico de Andalucía (ALEA)* (1961-1963) o el *Atlas lingüístico y etnográfico de las islas Canarias (ALEICan)* (1975-1978). Para una visión panorámica sobre el estado de la cuestión, así como el **español en zonas bilingües**, se puede leer Fernández-Ordóñez (2016).

■ Para una perspectiva general sobre las **diferentes variedades dialectales latinoamericanas**, se pueden consultar Canfield (1962/1981), Zamora y Guitart (1988), Moreno de Alba (1988), Fontanella de Weinberg (1979, 1992), Alvar (1996b), de Granda (1999), Cotton y Sharp (2001), Aleza *et al.* (2010), el *Atlas lingüístico de Hispanoamérica* (1991) y López Morales (2004).

■ Para saber más sobre el **español caribeño** se pueden consultar obras clásicas de referencia como Henríquez Ureña (1940), y otras más recientes como López Morales (1983, 1992) y Alba (1992). Sobre Cuba véase el *Atlas lingüístico de Cuba* de García Riverón (1991). Para un listado detallado de características específicas de esta variedad véase Rivera Castillo (2016) (fonética) y Ortiz López (2016) (morfosintaxis y pragmática). Para profundizar en el tema de los **africanismos** en el español caribeño se recomienda leer Schwegler (2006) y Megenney (2007).

■ Sobre el **español mexicano** se puede encontrar más información en Lope Blanch (1972, 1983) y Moreno de Alba (1994), además de en el *Atlas lingüístico de México* de Lope Blanch (1991). Sobre léxico, se puede hallar información en el *Diccionario breve de mexicanismos* de Gómez de Silva (2001), donde se recogen términos de otras lenguas (náhuatl, maya, etc.), así como otros mexicanismos. Véase igualmente Parodi (2016) sobre la división dialectal del español mexicano. Sobre el **español centroamericano** se puede hallar más información sobre Costa Rica en Gaínza (1973), Nicaragua en Mántica (1973), Honduras en Lipski (1987), y El Salvador en Maxwell (1980), Lipski (2000) y Parodi (2016) para un análisis contrastivo con el español mexicano.

■ Para profundizar sobre el **español andino** existen obras clásicas como Toscano Mateus (1953), con una exhaustiva descripción del español ecuatoriano, o más recientes, Haboud (1998), Palacios (2005), y Moreno y Taboada (2008). Acerca del español hablado en Perú se pueden consultar Escobar (1978, 2001), Caravedo (1992), Adelaar (2004) y Merma Molina (2008). Véase Escobar (2016) para una descripción detallada de los principales rasgos de esta variedad.

■ Para el **español austral** véanse Ogilvie (1986) y los estudios de Donni de Mirande (1992, 2000) sobre el español en Argentina. Sobre el bilingüismo en Paraguay, véase Corvalán y de Granda (1982). Sobre el español uruguayo se puede consultar Thun y Elizaincín (1989). Para un listado detallado de los principales rasgos de esta variedad se puede consultar Palacios (2016).

■ Entre los estudios sobre el **español chileno** se puede consultar Araya (1973), los manuales de Oroz (1966) y Sáez Godoy (1999) sobre los principales rasgos dialectales, Morales Pettorino (1998) sobre las conjugaciones, y el *Diccionario del uso de los casos en el español de Chile* de Becerra Bascuñán (1999). Véase Palacios (2016) para un análisis detallado de los principales rasgos de esta variedad.

■ Para ahondar en el tema de la **diversidad lingüística, lenguas en contacto y bilingüismo** tanto en España como en Latinoamérica, se puede encontrar más información en Quilis (1992), Silva-Corvalán (1983, 1990, 1991, 1995), Zentella (1997), Penny (2000), Cashman (2003), Klee y Lynch (2009), Stewart (2012), Montrul (2013), y Sessarego y González-Rivera (2015).

■ El **español en y de los Estados Unidos** es un tema que ha adquirido protagonismo en los últimos años. Para una perspectiva histórica se pueden leer Arboleya (1997) y Poyo (2014). También se puede encontrar información sobre las principales comunidades de hablantes de español en los Estados Unidos en Roca y Lipski (1993), Varela (2000), Potowski y Cameron (2007), Potowski y Rothman (2011), Beaudrie y Fairclough (2012), Otheguy y Zentella (2012), Montrul (2013), Escobar y Potowski (2015), y Lipski (2016a).

■ Sobre las **principales comunidades lingüísticas hispanohablantes de los Estados Unidos** véase, para el **español mexicano**, Silva-Corvalán (1982, 1986, 1995, 1997), Ocampo (1990) y Gutiérrez (1994). Para el **español puertorriqueño**, véanse Álvarez (1989), Gutiérrez González (1993), García y Cuevas (1995), Zentella (1997) y Torres (1989, 1992, 1997, 2002). Para saber más sobre el **español cubano**, véanse Varela (1992) y Lipski (1994, 2008). Sobre el **desplazamiento lingüístico** y los **hablantes de herencia** se puede hallar más información en Galindo (1992), Hidalgo (2001), Fishman (2001), Sánchez-Muñoz (2007), y Beaudrie, Ducar y Potowski (2014).

■ Si se quiere indagar más sobre el **español estadounidense** se puede consultar Lipski (2010, 2013), así como Escobar y Potowski (2015). Sobre el **espanglish y la alternancia de código** se pueden leer los trabajos de Acosta-Belén (1975), Sankoff y Poplack (1980), Poplack (1981), Aaron (2004), Reyes (2004), Toribio (2011), Escobar y Potowski (2015) y Otheguy (2016).

■ Por último, existen también materiales didácticos para la **enseñanza de las variedades dialectales**, como Deumert y Spratt (2005), Bueso *et al.* (2007) y García Fernández (2009-2010).

## LISTA DE CONCEPTOS Y TÉRMINOS CLAVE

**acrolecto** (*acrolect*)
**actitud lingüística** (*linguistic attitude*)
**africanismo** (*Africanism*)
**aimara** (*Aymara*)
**alternancia de código** (*code-switching*)
**ámbito de uso**
**americanismo**
**arcaísmo** (*archaism*)
**basilecto** (*basilect*)
**calco lingüístico** (*calque*)
**caló** (*Caló language*)
**castellano** (*Castilian*)
**ceceo**
**chabacano** (*Chavacano*)
**chamorro** (*Chamorro language*)
**cocoliche** (*Cocoliche*)
**comunidad de habla** (*speech community*)
**comunidad lingüística** (*linguistic community*)
**desplazamiento lingüístico** (*language displacement*)
**dequeísmo**
**dialecto** (*dialect*)
**dialecto andaluz o andaluz** (*Andalusian Spanish*)
**dialecto canario o canario** (*Canarian Spanish*)

dialecto castellano o castellano (*Castilian*)
dialectos históricos (*Hispano-Romance dialects*)
diglosia (*diglossia*)
diversidad dialectal (*dialectal diversity*)
diversidad lingüística (*linguistic diversity*) .
espanglish o *spanglish* (*Spanglish*)
español andino (*Andean Spanish*)
español austral (*Rioplatense Spanish*)
español caribeño (*Caribbean Spanish*)
español chileno (*Chilean Spanish*)
español estadounidense (*Spanish spoken in the US*)
español estándar (*standard Spanish*)
español mexicano-centroamericano (*Mexican-Central American Spanish*)
español para fines específicos (*Spanish for Specific Purposes*)
estadounidismo (*characteristic linguistic feature of the Spanish spoken in the US*)
estereotipo lingüístico (*linguistic stereotype*)
generación sociolingüística (*age-graded variation*)
guanchismo
guaraní (*Guarani language*)
habla (*speech*)
hablante de herencia (*heritage speaker*)
heheo
hipótesis del patrón curvilíneo (*curvilinear principle*)
hispano (*Hispanic*)
idiolecto (*idiolect*)
influencia croslingüística léxica (*cross-linguistic lexical influence*)
inglés de escalerilla
interjección (*interjection*)
inventario léxico (*lexical inventory*)
isoglosa (*isogloss*)
italianismo (*Italianism*)
jerga (*jargon*)
kikongo (*Kongo language*)
laísmo
latino (*Latino*)
lecto (*lect*)
leísmo
lengua criolla (*creole language*)
lengua franca (*lingua franca*)
lengua tonal (*tone language*)
llanito (*Yanito*)
loísmo
lunfardo (*Lunfardo*)
mapudungun o lengua mapuche (*Mapudungun or Mapuche language*)
maya o lengua maya (*Mayan*)
mesolecto (*mesolect*)
mexicanismo (*Mexicanism*)
náhuatl o nahua (*Nahuatl*)
pachuco (*Pachuco*)
palenquero (*Palenquero or Palenque*)

papiamento (*Papiamentu*)
pichingli o pichinglis
*pidgin* (*pidgin*)
portuguesismo (*Portuguese loanword*)
prestigio (*prestige*)
quechua (*Quechua*)
quichua (*Ecuadorian Quichua*)
queísmo
registro (*register*)
registro conversacional (*conversational register*)
seseo
sociolecto (*sociolect*) o dialecto social (*social dialect*)
sustrato (*substratum or substrate*)
tainismo (*Tainism*)
tuteo
ustedeo
variable sociolingüística (*sociolinguistic variable*)
variación diacrónica (*diachronic variation*)
variación diafásica (*diaphasic variation*)
variación diastrática (*diastratic variation*)
variación diatópica (*diatopic variation*)
variación lingüística (*linguistic variation*)
variación sociolingüística (*sociolinguistic variation*)
variedad dialectal (*dialectal variation*)
variedad lingüística (*linguistic variation*)
voseo
voseo completo
voseo pronominal
voseo verbal
yeísmo
yopará (*Jopara*)
zonificación dialectal (*dialectal division*)

## BIBLIOGRAFÍA ESPECIALIZADA DEL CAPÍTULO 7
## DIALECTOLOGÍA Y SOCIOLINGÜÍSTICA

Aaron, J. 2004. " '*So* respetamos un tradición del uno al otro': *So* and *entonces* in New Mexican Bilingual Discourse". *Spanish in Context* 1 (2): 161-179.

Acosta-Belén, E. 1975. "Spanglish: A Case of Languages in Contact". En *New Directions in Second-Language Learning, Teaching and Bilingual Education*, eds. M. Burt y H. Dulay, 151-158. Washington, DC: TESOL.

Adelaar, W. F. H. 2004. *The Languages of the Andes*. Cambridge: Cambridge University Press.

Alba, O. 1988. "Estudio sociolingüístico de la variación de las líquidas finales de palabra en el español cibaeño". En *Studies in Caribbean Spanish Dialectology*, eds. R. M. Hammond y M. Resnick, 1-12. Washington, DC: Georgetown University Press.

Alba, O. 1992. "El español del Caribe: unidad frente a diversidad dialectal". *Revista de Filología Española* 72 (3-4): 15-26.

*ALBI: Atlas lingüístico de Hispanoamérica: cuestionario*. 1991. Madrid: Instituto de Cooperación Iberoamericana.

Aleza Izquierdo, M. 2010a. "Morfología y sintaxis. Observaciones generales de interés en el español de América". En *La lengua española en América: normas y usos actuales*, coords. M. Aleza Izquierdo y J. M. Enguita Utrilla, 95-223. Valencia: Universitat de València.

Aleza Izquierdo, M. 2010b. "Fonética y fonología. Observaciones generales de interés en el español de América". En *La lengua española en América: normas y usos actuales*, coords. M. Aleza Izquierdo y J. M. Enguita Utrilla, 51-94. Valencia: Universitat de València.

Aleza Izquierdo, M. y J. M. Enguita Utrilla, coords. 2010. *La lengua española en America: normas y usos actuales*. Valencia: Universitat de València.

Almeida, M. 1995. "El factor sexo en los procesos de variación y cambio". *Anuario de Letras* 33: 97-109.

Almeida, M. y M. Díaz. 1998. "Aspectos sociolingüísticos de un cambio gramatical: la expresión de futuro". *Estudios Filológicos* 33: 7-22.

Almeida, M. y C. Díaz Alayón. 1989. *El español de Canarias*. Santa Cruz de Tenerife: Litografía A. Romero.

*ALPI: Atlas lingüístico de la Península Ibérica*. 1962. Madrid: Consejo Superior de Investigaciones Científicas (CSIC).

Alvar, M. 1961-1973. *Atlas lingüístico y etnográfico de Andalucía (ALEA)*. 6 vols. Granada: Universidad de Granada-CSIC.

Alvar, M. 1975-1978. *Atlas lingüístico y etnográfico de las Islas Canarias* (ALEICan). 3 vols. Las Palmas de Gran Canaria: Publicaciones del Excmo. Cabildo Insular.

Alvar, M. 1988. "¿Existe el dialecto andaluz?". *Nueva Revista de Filología Hispánica* 36 (1): 9-22.

Alvar, M., dir. 1996a. *Manual de dialectología hispánica. El español de España*, vol. 1. Barcelona: Ariel.

Alvar, M., dir. 1996b. *Manual de dialectología hispánica. El español de América*, vol. 2. Barcelona: Ariel.

Alvar Ezquerra, M. 2000. *Tesoro léxico de las hablas andaluzas*. Madrid: Arco/Libros.

Álvarez, C. 1989. "Code-Switching in Narrative Performance: A Puerto Rican Speech Community in New York". En *English across Cultures, Cultures across English*, ed. O. García y R. Otheguy, 373-386. Berlín: Mouton de Gruyter.

Alvord, S. M., N. Echávez-Solano y C. A. Klee. 2005. "La (r) asibilada en el español andino: un estudio socio lingüístico". *Lexis* 29 (1): 27-45.

Araya, G., dir. 1973. *Atlas lingüístico etnográfico del sur de Chile. (ALESUCh)*. Valdivia: Instituto de Filología, Universidad Austral de Chile.

Arboleya, J. 1997. *Contrarrevolución cubana*. La Habana: Editorial Ciencias Sociales.

Ariza, M. 1992. "Lingüística e historia de Andalucía". *Actas del II Congreso Internacional de Historia de la Lengua Española*, tomo 2, 15-34. Madrid: Pabellón de España.

Armistead, S. G. 1996. "Pichingli: An English-Spanish Pidgin from the Canary Islands". *Journal of Pidgin and Creole Languages* 11 (1): 85-87.

Armistead, S. G. 1997. "Sobre la lengua de los cambulloneros: el pichingli". *Revista de Filología de la Universidad de La Laguna* 14: 245-254.

Austin, J., M. Blume y L. Sánchez. 2015. *Bilingualism in the Spanish-Speaking World*. Cambridge: Cambridge University Press.

Awah, B. M. y C. Moya. 2009. *El porvenir del español en el Sáhara Occidental*. Madrid: Bubok.

Azcúnaga López, R. E. 2012. "Atlas lingüístico-etnográfico pluridimensional de El Salvador (ALPES) Nivel fonético". *Bergen Language and Linguistics Studies (BELLS)* 2: 27-47. https://bells.uib.no/bells/article/view/283/337.

Balmaceda del Río, F. 2002. *De zorros, amores y palomas: memorias.* Santiago: El Mercurio/ Aguilar.

Beaudrie, S., C. Ducar y K. Potowski. 2014. *Heritage Language Teaching: Research and Practice.* Nueva York: McGraw Hill.

Beaudrie, S. y M. Fairclough, eds. 2012. *Spanish as a Heritage Language in the United States: The State of the Field.* Washington, DC: Georgetown University Press.

Becerra Bascuñán, S. 1999. *Diccionario del uso de los casos en el español de Chile.* Copenhague: Museum Tusculanum Press.

Benavides, C. 2003. "La distribución del voseo en Hispanoamérica". *Hispania* 86 (3): 612-623.

Bentivoglio, P. y M. Sedano. 1993. "Investigación sociolingüística: sus métodos aplicados a una experiencia venezolana". *Boletín de Lingüística* 8: 3-35.

Betti, S. 2015. "La definición del spanglish en la última edición del *Diccionario de la Real Academia* (2014)". *Glosas* 8 (8): 5-14.

Blanco Botta, I. 1982. "El voseo en Cuba: estudio socio-lingüístico de una zona de la isla". *Beiträge zur Romanischen Philologie* 21: 291-304.

Blas-Arroyo, J. L. 2005. *Sociolingüística del español. Desarrollo y perspectivas en el estudio de la lengua española en contexto social.* Madrid: Cátedra.

Blommaert, J. 2010. *The Sociolinguistics of Glozalization.* Cambridge: Cambridge University Press.

*Boletín Oficial del Estado* (BOE). 1978. "*Constitución Española*". Núm. 311, 29 de diciembre.

Borrego Nieto, J. 2008. " 'Asín que ya la digo, señá Tomasa': el lugar de la variación en la descripción lingüística". Lección Inaugural del Curso Académico 2008-2009. Salamanca: Universidad de Salamanca.

Bueso, I., N. Moreno, R. Vázquez y H. Wingeyer. 2007. *Diferencias de usos gramaticales entre el español peninsular y el español de América.* Madrid: Edinumen.

Calderón Campos, M. 2010. "Formas de tratamiento". En *La lengua española en América: normas y usos actuales,* coords. M. Aleza Izquierdo y J. M. Enguita Utrilla, 225-236. Valencia: Universitat de València.

Cameron, R. 2011. "Aging, Age, and Sociolinguistics". En *The Handbook of Hispanic Sociolinguistics,* ed. M. Díaz-Campos, 207-229. Oxford: Wiley-Blackwell.

Canfield, D. L. 1953. "Andalucismos en la pronunciación salvadoreña". *Hispania* 36 (1): 32-33.

Canfield, D. L. 1962. *La pronunciación del español en América: ensayo histórico descriptivo.* Bogotá: Instituto Caro y Cuervo.

Canfield, D. L. 1981. *Spanish Pronunciation in the Americas.* Chicago: Chicago University Press.

Caravedo, R. 1992. "El atlas lingüístico hispanoamericano en el Perú: observaciones preliminares". *Lingüística Española Actual* 14 (2): 287-299.

Casanova, E. 1985. "El valenciano dentro del diasistema lingüístico catalán". *Revista de Filología Románica* 3: 25-34.

Cashman, H. R. 2003. "Social Network and English/Spanish Bilingualism in Detroit, Michigan". *Revista Internacional de Lingüística Iberoamericana* 1 (2): 59-78.

Castillo, N. del. 1984. "El léxico negro-africano de San Basilio de Palenque". *Thesaurus: Boletín del Instituto Caro y Cuervo* 39 (1-3): 80-169.

Cedergren, H. J. 1973. *The Interplay of Social and Linguistic Factors in Panama*. Tesis doctoral, Cornell University.

Cedergren, H. J. 1987. "The Spread of Language Change: Verifying Inferences of Linguistic Diffusion". En *Georgetown University Round Table (GURT) Proceedings. Language Spread and Language Policy: Issues, Implications and Case Studies*, 45-60. Washington, DC: Georgetown University Press.

Cestero Mancera, A. M. 1994. "Alternancia de turnos de habla en lengua española: la influencia del sexo y la edad de los interlocutores". *Pragmalingüística* 2: 123-149.

Chahhou, K. 2014. *The Status of Languages in Post-Independent Morocco: Moroccan National Policies and Spanish Cultural Action*. Tesis doctoral, City University of New York.

Chambers, J. K. 2009. *Sociolinguistic Theory: Linguistic Variation and its Social Significance*. Malden, MA: Wiley-Blackwell.

Chávez, E. 1988. "Sex Differences in Language Shift". *Southwest Journal of Linguistics* 8: 3-14.

Chávez, E. 1993. "Gender Differentiation in Minority Language Loss among Hispanic Children in Northern New Mexico". *Southwest Journal of Linguistics* 12: 39-53.

Coates, J. y P. Pichler, eds. 2011. *Language and Gender. A Reader*. Malden, MA: Wiley-Blackwell.

Coloma, G. 2011. "Caracterización fonética de las variedades regionales del español y propuesta de transcripción simplificada". *Revista de Filología Románica* 28: 11-27.

Conte, A. 1977. *El aragonés: identidad y problemática de una lengua*. Zaragoza: Librería General.

Coromines, J. 1990. *Breve diccionario etimológico de la lengua castellana*. Madrid: Gredos.

Corvalán, G. y G. de Granda, eds. 1982. *Sociedad y lengua: bilingüismo en el Paraguay*. Asunción: Centro Paraguayo de Estudios Sociológicos.

Coseriu, E. 1958/1978. *Sincronía, diacronía e historia: el problema del cambio lingüístico*. Madrid: Gredos.

Cotton, E. y J. Sharp. 2001. *Spanish in the Americas*. Washington, DC: Georgetown University Press.

Cubillos, J. H. 2014. "Spanish Textbooks in the US: Enduring Traditions and Emerging Trends". *Journal of Spanish Language Teaching* 1 (2): 205-225.

Deumert, A. y C. Spratt. 2005. "Authentic Teaching as the Context for Language Learning". *Educational Technology & Society* 8 (2): 83-93.

Díaz Bravo, R. 2006. "Aportación al estudio del léxico andaluz". En *Actas del XXXV Simposio Internacional de la Sociedad Española de Lingüística*. León, 2-5 de diciembre de 2005, ed. M. Villayandre Llamazares, 379-399. León: Universidad de León.

Díaz Bravo, R. 2007. "Estudio léxico del concepto 'rocío' en Andalucía: análisis de un mapa lingüístico del *ALEA*". *Interlingüística* 17: 288-296.

Díaz-Campos, M., ed. 2011. *The Handbook of Hispanic Sociolinguistics*. Oxford: Wiley-Blackwell.

Díaz-Campos, M. 2014. *Introducción a la sociolingüística hispánica*. Malden, MA: Wiley.

Díaz Collazos, A. M. 2015. *Desarrollo sociolingüístico del voseo en la región andina de Colombia (1555-1976)*. Berlín: Walter de Gruyter.

Dietrich, W. 2010. "Lexical Evidence for a Redefinition of Paraguayan 'Jopara'". *STUF – Language Typology and Universals* 63 (1): 39-51.

Donni de Mirande, N. 1992. "El sistema verbal en el español de la Argentina". *Revista de Filología Española* 72 (3-4): 655-670.

Donni de Mirande, N. 2000. "Sistema fonológico del español en la Argentina". *Español Actual* 74: 7-24.

Dorta Luis, J., ed. 2013. *Estudio comparativo preliminar de la entonación de Canarias, Cuba y Venezuela*. Santa Cruz de Tenerife: La Página Ediciones.

Dumitrescu, D. 2011. "Cortesía codificada versus cortesía interpretada en español: consideraciones generales". *Glosas* 7 (8): 2-12.

Dumitrescu, D. 2013. "El español en Estados Unidos a la luz del censo de 2010: los retos de las próximas décadas". *Hispania* 96 (3): 525-541.

Dumitrescu, D. 2014. "Sobre el así-llamado Spanglish y el concepto de 'estadounidismos'". Ponencia presentada en el American Association of Teachers of Spanish and Portuguese Southern California Chapter (AATSPSoCal), 25 de octubre, University of Southern California.

Duranti, A. 1997. *Linguistic Anthropology*. Cambridge: Cambridge University Press

Durkin, E. 2014. "Dominicans Surpass Puerto Ricans as City's Largest Latino Group". *New York Daily News*, 13 de noviembre. http://www.nydailynews.com/new-york/dominicans-pass-puerto-ricans-city-largest-latino-group-article-1.2009285.

Durkin, P. 2014. *Borrowed Words: A History of Loanwords in English*. Oxford: Oxford University Press.

Eckert, P. 1996. "The Whole Woman: Sex and Gender Differences in Variation". *The Matrix of Language: Contemporary Linguistic Anthropology*, 116-137.

Eckert, P. 2012. "Three Waves of Variation Study: The Emergence of Meaning in the Study of Sociolinguistic Variation". *Annual Review of Anthropology* 41: 87-100.

Eckert, P. y S. McConnell-Ginet. 1999. "New Generalizations and Explanations in Language and Gender Research". *Language in Society* 28: 185-201.

Eisenstein Ebsworth M. y T. J. Ebsworth. 2011. "Learning English in Puerto Rico: An Approach Avoidance-Conflict?". En *The Handbook of Language and Ethnic Identity*, eds. J. A. Fishman y O. Garcia, 96-112. Nueva York: Oxford University Press.

Enguita Utrilla, J. M. 2010. "Léxico y formación de palabras". En *La lengua española en América: normas y usos actuales*, coords. M. Aleza Izquierdo y J. M. Enguita Utrilla, 261-315. Valencia: Universitat de València.

Escobar, A. M. 1978. *Variaciones sociolingüísticas del castellano en el Perú*. Lima: IEP.

Escobar, A. M. 2001. "Contact Features in Colonial Peruvian Spanish". *International Journal of the Sociology of Language* 149: 79-94.

Escobar, A. M. 2016. "Dialectos del español de América: español andino". En *Enciclopedia de lingüística hispánica*, ed. Javier Gutiérrez-Rexach, 353-362. Londres y Nueva York: Routledge.

Escobar, A M. y K. Potowski. 2015. *El español de los Estados Unidos*. Cambridge: Cambridge University Press.

Estigarribia, B. 2015. "Guaraní-Spanish Mixing in Paraguay: Is Jopara a Third Language, a Language Variety, or True Codeswitching?". *Journal of Language Contact* 8 (2): 183-222.

Etxebarria, M. 2002. "Sobre variación lingüística". En *Erramu Boneta: Festschruft For Rudolf P. J. de Rijk*, eds. X. Artigoitia, P. Goenaga y J. Lakarra, 199-231. Bilbao: UPV-ASJU.

Etxebarria, M. 2013. "La variación lingüística: precisiones en torno a la noción en diversas teorías lingüísticas". *Oihenart. Cuadernos de Lengua y Literatura* 28: 207-239.

Fernández, M. 2006. "Las lenguas de Zamboanga según los jesuitas y otros observadores occidentales". *Revista Internacional de Lingüística Iberoamericana* 4/7: 9-26.

Fernández-Ordóñez, I. 2016. "Dialectos del español peninsular". En *Enciclopedia de lingüística hispánica*, ed. Javier Gutiérrez-Rexach, 387-404. Londres y Nueva York: Routledge.

Fernández Pérez-Terán, F., J. Dorta, D. Ramos y R. García Riverón. 2007. "La interrogativa absoluta en el español de Canarias y Cuba: estudio perceptivo". En *La prosodia en el ámbito lingüístico románico*, ed. J. Dorta, 371-387. Santa Cruz de Tenerife: La Página Ediciones.

Fernández-Ulloa, T. 2004. "Espanglish y cambio de código en el Valle de San Joaquín, California". *Actas del 1er BilingLatAm (simposio internacional sobre bilingüismo y educación bilingüe)*. Buenos Aires, abril de 2004. www.csub.edu/~tfernandez_ulloa/spanglish.pdf.

Fishman, J., ed. 2001. *Can Threatened Languages Be Saved? Reversing Language Shift, Revisited: A 21st Century Perspective*. Clevedon: Multilingual Matters.

Fontanella de Weinberg, M. B. 1971. "La entonación del español de Córdoba (Argentina)". *Thesaurus: Boletín del Instituto Caro y Cuervo* 26 (1): 11-21.

Fontanella de Weinberg, M. B. 1979. *Dinámica social de un cambio lingüístico*. México: UNAM.

Fontanella de Weinberg, M. B. 1992. *El español de América*. Madrid: Colecciones MAPFRE.

Gaínza, G. 1976. "El español de Costa Rica: breve consideración acerca de su estudio". *Revista de Filología y Lingüística de la Universidad de Costa Rica* 2 (4): 79-84.

García Mejía, A. P. 2014. *Representaciones sociales e interculturalidad en los alumnos del bachillerato Champagnat de la Montaña*. Tesis de licenciatura, Universidad Autónoma de Querétaro. http://ri.uaq.mx/bitstream/123456789/2461/1/RI001989.pdf.

Galindo, D. L. 1992. "Dispelling the Male-Only Myth: Chicanas and Caló". *The Bilingual Review/La Revista Bilingüe* 17 (1): 3-35.

García, O. y M. Cuevas. 1995. "Spanish Ability and Use among Second-Generation Nuyoricans". En *Spanish in Four Continents: Studies in Language Contact and Bilingualism*, ed. C. Silva-Corvalán, 184-195. Washington, DC: Georgetown University Press.

García Arias, X. Ll. 2002. "Breve reseña sobre la lengua asturiana". *Academia de la Llingua Asturiana. Informe sobre la llingua asturiana*, 15-23. Oviedo: Astur-graf.

García Fernández, E. 2009-2010. *El tratamiento de las variedades de español en los manuales de EL2/LE*. Tesina de máster, UNED.

García Mouton, P. 2016. "Dialectología y geografía lingüística". En *Enciclopedia de lingüística hispánica*, ed. Javier Gutiérrez-Rexach, 30-40. Londres y Nueva York: Routledge.

García Riverón, R. 1991. "El atlas lingüístico de Cuba". *Lingüística Española Actual* 13: 199-221.

García Riverón, R., M. Bermúdez Sánchez, A. Pedrosa Ramírez y A. F. Marrero Montero. 2010. "El sistema de entonación del español de cuba a la luz del modelo de análisis melódico del habla". *Phonica* 6: 3-25.

Gaviño Rodríguez, V. 2008. *Español coloquial: pragmática de lo cotidiano*. Cádiz: Servicio de Publicaciones de la Universidad de Cádiz.

Gimeno Menéndez, F. 1990. *Dialectología y sociolingüística españolas*. Alicante: Universidad de Alicante.

Giraldo Gallego, D. A. 2012. "Análisis estructural de dos conversaciones coloquiales del lenguaje juvenil medellinense, representadas en medios audiovisuales". *Lenguaje* 40 (1): 209-230.

Gómez de Silva, G. 2001. *Diccionario breve de mexicanismos*. México: Academia Mexicana/ Fondo de Cultura Económica.

Granda, G. de. 1968. "Sobre el estudio de las hablas 'criollas' en el área hispánica". *Thesaurus: Boletín del Instituto Caro y Cuervo* 23 (1): 547-573.

Granda, G. de. 1970. "Cimarronismo, palenques y hablas 'criollas' en Hispanoamérica". *Thesaurus: Boletín del Instituto Caro y Cuervo* 25 (3): 448-469.

Granda, G. de. 1989. "Condicionamiento kikóongo de un fenómeno en el criollo palenquero". *Anuario de Lingüística Hispánica* 5: 49-57.

Granda, G. de. 1994. *Español de América, español de África y hablas criollas hispánicas: cambios, contactos y contextos*. Madrid: Gredos.

Granda, G. de. 1999. *Español y lenguas indoamericanas en Hispanoamérica: estructuras, situaciones y transferencias*. Valladolid: Secretariado de Publicaciones e Intercambio Científico.

Guitart, J. M. 2004. *Sonido y sentido: teoría y práctica de la pronunciación del español con audio CD*. Washington, DC: Georgetown University Press.

Gutiérrez, M. 1994. "Simplification, Transference and Convergence in Chicano Spanish". *Bilingual Review* 19: 111-121.

Gutiérrez Araus, M. de la L. 2001. "Caracterización de las funciones del pretérito perfecto en el español de América". En *Unidad y diversidad del español*. II Congreso Internacional de la Lengua Española, Valladolid 16-19 de octubre del 2001. http://congresosdelalengua. es/valladolid/ponencias/unidad_diversidad_del_espanol/2_el_espanol_de_america/ gutierrez_m.htm.

Gutiérrez González, H. 1993. *El español en El Barrio de Nueva York: estudio léxico*. Nueva York: Academia Norteamericana de la Lengua Española.

Gynan, S. N., E. L. López Almada, C. M. Lugo Bracho y M. E. Mansfeld de Agüero. 2015. "The Formal Guaraní and Spanish of Paraguayan Bilinguals". En S. Sessarego y M. González-Rivera, eds., 69-98. Madrid/Frankfurt: Iberoamericana/Vervuert.

Haboud, M. 1998. *Quichua y castellano en los Andes ecuatorianos. Los efectos de un contacto prolongado*. Quito: Abya-Yala.

Halliday, M. A. K. 1978. *Language as Social Semiotic. The Social Interpretation of Language and Meaning*. Londres: Edward Arnold.

Hancock, I. F. 1971. "A Map and List of Pidgin and Creole Languages". En *Pidginization and Creolization of Languages*, ed. D. Hymes, 509-523. Nueva York: Cambridge University Press.

Henríquez Ureña, P. 1940. *El español en Santo Domingo*. Buenos Aires: Universidad de Buenos Aires/Instituto de Filología.

Hernández, R. y A. Stevens-Acevedo. 2011. "Dominicans Immigrants". En *Multicultural America: An Encyclopedia of the Newest Americans*, ed. R. H. Bayor, 471-532. Santa Bárbara, CA: Greenwood.

Herranz, A. 2001. "Formación histórica y zonas dialectales del español en Honduras". En *Unidad y diversidad del español*. II Congreso Internacional de la Lengua Española, Valladolid 16-19 de octubre del 2001. http://congresosdelalengua.es/valladolid/ponencias/unidad_diversidad_del_espanol/2_el_espanol_de_america/herranz_a.htm.

Hidalgo, M. 2001. "Sociolinguistic Stratification in New Spain". *International Journal of the Sociology of Language* 149: 55-78.

Holmquist, J. 2011. "Gender and Variation: Word-final /s/ in Men's and Women's Speech in Puerto Rico's Western Highlands". En *The Handbook of Hispanic Sociolinguistics*, ed. M. Díaz-Campos, 230-243. Oxford: Wiley-Blackwell.

Hualde, J. I. 1989. "Delinking Processes in Romance". *Studies in Romance Linguistics: Selectec Papers from the Seventeenth Linguistic Symposium on Romance Languages, Rutgers University, 27-29 March 1987*, eds. C. Kirschner y J. Decesaris, 177-193. Amsterdam: John Benjamins.

Hualde, J. I. 2014. *Los sonidos del español*. Cambridge: Cambridge University Press.

"In Arizona, Complaints That an Accent Can Hinder a Teacher's Career". *The New York Times*. http://www.nytimes.com/2011/09/25/us/in-arizona-complaints-that-an-accent-can-hinder-a-teachers-career.html?pagewanted=qall&_r=2&.

Hummel, M., B. Kluge y M. E. Vázquez Laslop, eds. 2010. *Fórmulas y formas de tratamiento en el mundo hispánico*. México: El Colegio de México.

Instituto Cervantes. 2015. *El español: una lengua viva. Informe 2015*. Madrid: Instituto Cervantes. http://eldiae.es/wp-content/uploads/2015/06/espanol_lengua-viva_20151.pdf.

Kahl, J., ed. 1957. *The American Class Structure*. Nueva York: Rinehart.

Kerswill, P. 1996. "Children, Adolescents, and Language Change". *Language Variation and Change* 8 (2): 177-202.

Klee, C. A. y A. Lynch. 2009. *El español en contacto con otras lenguas*. Washington, DC: Georgetown University Press.

Labov, W. 1963. "The Social Motivation of a Sound Change". *Word* 19: 273-309.

Labov, W. 1966. *The Social Stratification of English in New York City*. Washington, DC: Center for Applied Linguistics.

Labov, W. 1972. *Sociolinguistic Patterns*. Filadelfia: University of Pennsylvania Press

Labov, W. 1990. "The Intersection of Sex and Social Class in the Course of Linguistic Change". *Language Variation and Change* 2: 205-254.

Labov, W. 1991. "The Three Dialects of English". En *New Ways of Analyzing Sound Change*, ed. P. Eckert, 1–44. Nueva York: Academic Press.

Labov, W. 1994. *Principles of Linguistic Change: Internal Factors*. Oxford: Blackwell.

Labov, W. 2001. *Principles of Linguistic Change, Social Factors*. Malden, MA: Wiley.

Labov, W. 2006. *The Social Stratification of English in New York City*. Cambridge: Cambridge University Press.

Lacorte, M. y J. Suárez García. 2014. "La enseñanza del español en Estados Unidos: panorama actual y perspectivas de futuro". *Journal of Spanish Language Teaching* 1 (2): 129-136.

Lafford, B. A., A. Abbott y D. Lear. 2014. "Spanish in the Professions and in the Community in the US". *Journal of Spanish Language Teaching* 1 (2): 171-186.

Lapresta Rey, C. y A. Huguet Canalís. 2006. "Identidad colectiva y lengua en contextos pluriculturales y plurilingües. El caso del Valle de Arán". *Revista Internacional de Sociología* 64 (45): 83-115.

Lipski, J. M. 1985. *The Spanish of Equatorial Guinea: The Dialect of Malabo and its Implications*. Berlín: Mouton de Gruyter.

Lipski, J. M. 1987. *Fonética y fonología del español de Honduras*. Tegucigalpa: Guaymuras.

Lipski, J. M. 1994. *Latin American Spanish*. Nueva York: Longman.

Lipski, J. M. 1996. *El español de América*, Madrid: Cátedra

Lipski, J. M. 2000. "El español que se habla en El Salvador y su importancia para la dialectología hispanoamericana". *Científica* 1 (2): 65-88.

Lipski, J. M. 2004a. "Las lenguas criollas de base hispana". *Lexis* 28 (1-2): 461-508.

Lipski, J. M. 2004b. "The Spanish Language of Equatorial Guinea". *Arizona Journal of Hispanic Cultural Studies* 8: 115-130.

Lipski, J. M. 2008. *Varieties of Spanish in the United States*. Washington, DC: Georgetown University Press.

Lipski, J. M. 2010. "¿Existe un dialecto estadounidense del español?". En *América y la lengua española: de la Independencia a la Comunidad Iberoamericana de Naciones*. V Congreso

Internacional de la Lengua Española, Valparaíso, 2-5 de marzo de 2010. http://congresos-delalengua.es/valparaiso/ponencias/america_lengua_espanola/lipski_john_m.htm.

Lipski, J. M. 2012. "The 'New' Palenquero: Revitalization and Re-Creolization". En *Colombian Varieties of Spanish*, eds. R. J. File-Muriel y R. Orozco, 21-41. Madrid y Frankfurt: Iberoamericana/Vervuert.

Lipski, J. 2013. "Hacia una dialectología del español estadounidense". En *El español en los Estados Unidos: E pluribus unum? Enfoques multidisciplinarios*, eds. D. Dumitrescu y G. Piña-Rosales, 107-127. Nueva York: Academia Norteamericana de la Lengua Española.

Lipski, J. M. 2016a. "Dialectos del español de América: los Estados Unidos". En *Enciclopedia de lingüística hispánica*, ed. Javier Gutiérrez-Rexach, 363-374. Londres y Nueva York: Routledge.

Lipski, J. M. 2016b. "Palenquero and Spanish: A First Psycholinguistic Exploration". *Journal of Pidgin and Creole Languages* 31 (1): 42-81.

Lipski, J. M. y A. Schwegler. 1993. "Creole Spanish and Afro-Hispanic". En *Trends in Romance Linguistics and Philology* 5: Bilingualism and Linguistic Conflict in Romance, eds. J. Green y R. Posner, 407-432. Berlín: Mouton de Gruyter.

Lope Blanch, J. M. 1972. *Estudios sobre el español de México*. México: Universidad Autónoma de México.

Lope Blanch, J. M. 1983. *Estudios sobre el español de México*. México, D. F.: Universidad Nacional Autónoma de México.

Lope Blanch, J. M., dir. 1991. *Atlas lingüístico de México*. México, D. F.: El Colegio de México.

Lope Blanch, J. M. 1995. "El problema de la lengua española en América". *Nueva Revista de Filología Hispánica* 43 (1): 17-36.

Lope Blanch, J. M. 2008. *El español americano*. México, D. F.: El Colegio de México.

López Morales, H. 1983. *Estratificación social del estado español de San Juan de Puerto Rico*, vol. 18. México, DF: UNAM, Instituto de Investigaciones Filológicas, Centro de Lingüística Hispánica.

López Morales, H. 1992. *El español del Caribe*. Madrid: MAPFRE.

López Morales, H. 2004. "La investigación sociolingüística en Hispanoamérica durante los últimos veinticinco años". *Lingüística Española Actual* 26 (2): 151-173.

López Morales, H. 2006. *La globalización del léxico hispánico*. Madrid: Espasa-Calpe.

Lorenzo, A., M. Morera y G. Ortega. 1994. *Diccionario de canarismos*. Santa Cruz de Tenerife: Francisco Lemus Editor.

Lynch, A. ed. (En preparación). *Spanish in the Global City*. Londres y Nueva York: Routledge.

Mántica, C. 1973. *El habla nicaragüense*. San José: Editorial Universitaria Centroamericana (EDUCA).

Márquez Reiter, R. y L. Martín Rojo. 2015. *A Sociolinguistics of Diaspora. Latino Practices, Identities, and Ideologies*. Londres: Routledge.

Martínez González, A. 2003. "Gibraltar: el peñón bilingüe". En *Estudios ofrecidos al profesor José Jesús de Bustos Tovar*, vol. 1, coords. J. L. Girón Alconchel, S. Iglesias Recuero, F. J. Herrero Ruiz de Loizaga y A. Narbona, 749-766. Madrid: Editorial Complutense.

Matras, Y. 2009. *Language Contact*. Cambridge: Cambridge University Press.

Maxwell, J. 1980. "El español en El Salvador". *Estudios Centro Americanos (ECA)* 386: 1152-1166.

McWhorter, J. 1995. "The Scarcity of Spanish-Based Creoles Explained". *Language in Society* 24: 213-244.

Medina-Rivera, A. 2011. "Variationist Approaches: External Factors Conditioning Variation in Spanish Phonology". En *The Handbook of Hispanic Sociolinguistics*, ed. M. Díaz-Campos, 36-53. Oxford: Wiley-Blackwell.

Megenney, W. W. 1983. "Common Words of African Origin Used in Latin America". *Hispania* 66 (1): 1-10.

Megenney, W. W. 2007. "The Appearance and Use of *Bozal* Language in Cuban and Brazilian Neo-African Literature". En *Spanish in Contact: Policy, Social and Linguistic Inquiries*, eds. K. Potowski y R. Cameron, 135-152. Filadelfia: John Benjamins.

Meo Zilio, G. 1964. *El "cocoliche" rioplatense*. Santiago de Chile: Editorial Universitaria.

Merma Molina, G. 2008. *El contacto lingüístico en el español andino peruano*. Alicante: Universidad de Alicante.

Michnowicz, J. 2011. "Introduction". En *Selected Proceedings of the 5th Workshop on Spanish Sociolinguistics*, eds. J. Michnowicz y R. Dodsworth, v-viii. Somerville, MA: Cascadilla Press.

Milroy, J. y L. Milroy. 1985. "Linguistic Change, Social Networks, and Speaker Innovation". *Journal of Linguistics* 21: 339-384.

Milroy, J. y L. Milroy 1993. "Mechanisms of Change in Urban Dialects: The Role of Class, Social Network and Gender". *International Journal of Applied Linguistics* 3 (1): 57-77.

Molina, I. 2008. "The Sociolinguistics of Castilian Dialects". *International Journal of the Sociology of Language* 193/194: 57-78.

Montrul, S. 2013. *El bilingüismo en el mundo hispanohablante*. Malden, MA: Wiley.

Morales Pettorino, F. 1998. "La conjugación en el español de Chile". *Literatura y Lingüística* 11: 89-103. http://www.scielo.cl/scielo.php?script=sci_arttext&pid=S0716–581119980 01100008.

Moreno, N. y I. Taboada. 2008. "Alófonos emergentes de /n/, /r/ y /λ/ entre grupos de diferentes edades en el español quiteño". En *Actas del XXXVII Simposio Internacional de la Sociedad Española de Lingüística (SEL)*, coords. I. Olza Moreno, M. Casado Velarde y R. González Ruiz. Pamplona: Servicio de Publicaciones de la Universidad de Navarra.

Moreno de Alba, J. G. 1988. *El español en América*. México: Fondo de Cultura Económica.

Moreno de Alba, J. G. 1994. *La pronunciación del español en México*. México, D. F.: El Colegio de México.

Moreno-Fernández, F. 1998/2009. *Principios de sociolingüística y sociología del lenguaje*. Barcelona: Ariel.

Moreno-Fernández, F. 2006. *La diversidad lingüística de Hispanoamérica: implicaciones sociales y políticas*. Madrid: Real Instituto Elcano.

Moreno-Fernández, F., dir. 2010. *Catálogo de voces hispánicas*. Madrid: Instituto Cervantes. http://cvc.cervantes.es/lengua/voces_hispanicas.

Moreno-Fernández, F. 2010. *Las variedades de la lengua española y su enseñanza*. Madrid: Arco/Libros.

Moreno-Fernández, F. 2012. *Sociolingüística cognitiva: proposiciones, escolios y debates*. Madrid y Frankfurt: Iberoamericana/Vervuert.

Moreno-Fernández, F. 2014. *La lengua española en su geografía*. Madrid: Arco/Libros.

Moreno-Fernández, F. y J. Otero Roth. 2007. *Atlas de la lengua española en el mundo*. Barcelona: Ariel.

Morgenthaler García, L. 2008. *Identidad y pluricentrismo lingüístico. Hablantes canarios frente a la estandarización*. Madrid y Frankfurt: Iberomericana/Vervuert.

Moser, K. 2010. "Las formas de tratamiento verbales-pronominales en Guatemala, El Salvador, Panamá (y Costa Rica): hacia una nueva sistematización en la periferia centro-americana". En *Fórmulas y formas de tratamiento en el mundo hispánico*, eds. M. Hummel, B. K. Kluge y M. E. Vázquez Laslop, 271-291. México, D. F.: El Colegio de México.

Mufwene, S. S., ed. 1993. *Africanisms in Afro-American Language Varieties*. Athens, GA: The University of Georgia Press.

Munteanu, D. 1992. "Apuntes sobre el origen del papiamento". *Anuario de Lingüística Hispánica* 8: 189-200.

Munteanu, D. 1996. *El papiamento, lengua criolla hispánica*. Madrid: Gredos.

Munteanu, D. 2006. "La situación actual del español en Filipinas". *Lingüística Española Actual* 28 (1): 75-90.

Muñoz-Basols, J., Y. Pérez Sinusía y M. David. 2011. *Developing Writing Skills in Spanish*. Londres y Nueva York: Routledge.

Muñoz-Basols, J., M. Muñoz-Calvo y J. Suárez García. 2014. "Hacia una internacionalización del discurso sobre la enseñanza del español como lengua extranjera". *Journal of Spanish Language Teaching* 1 (1): 1-14.

Muñoz-Basols, J. y D. Salazar. 2016. "Cross-Linguistic Lexical Influence between English and Spanish". *Spanish in Context* 13 (1): 80-102.

Narbona Jiménez, A., R. Cano Aguilar y R. Morillo-Velarde Pérez. 1998. *El español hablado en Andalucía*. Barcelona: Ariel.

Núñez-Cedeño, R. A. y J. Acosta. 2011. "En torno al contexto real de la vocalización cibaeña: un nuevo replanteamiento prosódico". En *Selected Proceedings of the 13th Hispanic Linguistics Symposium*, ed. L. A. Ortiz-López, 239-250. Somerville, MA: Cascadilla Press.

Núñez Cedeño, R. A. 2014. "Fonología autosegmental". En *Fonología Generativa Contemporánea de la Lengua Española*, eds. R. A. Núñez Cedeño, S. Colina y T. G. Bradley, 47-82. Washington, DC: Georgetown University Press.

Ocampo, F. 1990. "El subjuntivo en tres generaciones de hablantes bilingües". En *Spanish in the United States: Sociolinguistic Issues*, ed. J. Bergen, 39-48. Washington, DC: Georgetown University Press.

Ogilvie, G. 1986. "El atlas lingüístico-etnográfico de la Argentina". En *Actas del II Congreso Internacional sobre el Español de América*. México, DF: Universidad Nacional Autónoma de México.

Olbertz, H. 2008. "*Dar* + gerund in Ecuadorian Highland Spanish: Contact-Induced Grammaticalization?" *Spanish in Context* 5 (1): 89-109.

Oroz, R. 1966. *La lengua castellana en Chile*. Santiago de Chile: Universidad de Chile.

Orozco, R. y M. Díaz-Campos. 2016. "Dialectos del español de América: Colombia y Venezuela". En *Enciclopedia de lingüística hispánica*, ed. Javier Gutiérrez-Rexach, 341-352. Londres y Nueva York: Routledge.

Ortiz López, L. 2016. "Dialectos del español de América: Caribe Antillano (morfosintaxis y pragmática)". En *Enciclopedia de lingüística hispánica*, ed. Javier Gutiérrez-Rexach, 316-329. Londres y Nueva York: Routledge.

Otheguy, R. 2003. "Las piedras nerudianas se tiran al norte: meditaciones lingüísticas sobre Nueva York". *Ínsula* 679-680: 13-18.

Otheguy, R. 2016. "Espanglish". En *Enciclopedia de lingüística hispánica*, ed. Javier Gutiérrez-Rexach, 454-462. Londres y Nueva York: Routledge.

Otheguy, R. y A. C. Zentella. 2012. *Spanish in New York: Language Contact, Dialectal Levelling and Structural Continuity*. Nueva York: Oxford University Press.

Palacios, A. 2005. "La influencia del quichua en el español andino ecuatoriano". En *Variedades lingüísticas y lenguas en contacto en el mundo de habla hispana*, eds. Carmen Ferrero Pino y Nilsa Lasso-von Lan, 44-55. Bloomington, IN: Author House.

Palacios, A. 2016. "Dialectos del español de América: Chile, Río de la Plata y Paraguay". En *Enciclopedia de lingüística hispánica*, ed. Javier Gutiérrez-Rexach, 330-340. Londres y Nueva York: Routledge.

Parodi, C. 2016. "Dialectos del español de América: México y Centroamérica". En *Enciclopedia de lingüística hispánica*, ed. Javier Gutiérrez-Rexach, 376-386. Londres y Nueva York: Routledge.

Paufler, H.-D. 1989. "La variante cubana del voseo americano". En *Homenaje a Alonso Zamora Vicente*, vol. 2., eds. Pedro Peira *et al.*, 227-235. Madrid: Castalia.

Pascual y Cabo, D. 2015. "Language Attitudes and Linguistic Identities in Miami". En S. Sessarego y M. González-Rivera, eds., 373-404. Madrid/Frankfurt: Iberoamericana/Vervuert.

Payne, T. E. 2010. *Understanding English Grammar: A Linguistic Introduction*. Cambridge: Cambridge University Press.

Pedrique L. 2003. "La diáspora sefardí en el Nuevo Mundo, presente y pasado". *Revista de Historia* 8: 26-47.

Penny, R. 2000. *Variation and Change in Spanish*. Cambridge: Cambridge University Press.

Penny, R. 2006. *Gramática histórica del español*. Barcelona: Ariel.

Pharies, D. A. 2007. *Breve historia de la lengua española*. Chicago: Chicago University Press.

Placencia, M. E. 2010. "El estudio de formas de tratamiento en Colombia y Ecuador". En *Fórmulas y formas de tratamiento en el mundo hispánico*, eds. M. Hummel, B. Kluge y M. E. Vázquez Laslop, 341–374. México, D. F.: El Colegio de México/Karl Franzes, Universität Graz.

Poplack, S. 1981. "Syntactic Structure and Social Function of Code-Switching". En *Latino Discourse and Communicative Behavior*, ed. R. Durán, 169-184. Norwood, NJ: Ablex.

Potowski, K. y R. Cameron. 2007. *Spanish in Contact: Policy, Social and Linguistic Inquiries*. Filadelfia: John Benjamins.

Potowski, K. y J. Rothman, eds. 2011. *Bilingual Youth: Spanish in English-Speaking Societies*. Filadelfia: John Benjamins.

Potowsky, K y A. Lynch. 2014. "Perspectivas sobre la enseñanza del español a los hablantes de herencia en los Estados Unidos". *Journal of Spanish Language Teaching* 1 (2): 154-170.

Poyo, G. 2014. *Exile and Revolution: José D. Poyo, Key West, and Cuban Independence*. Gainesville, FL: University Press of Florida.

PRESEEA. 2014. *Corpus del Proyecto para el estudio sociolingüístico del español de España y de América*. Alcalá de Henares: Universidad de Alcalá. http://preseea.linguas.net/.

Prieto, P. y P. Roseano, eds. 2010. *Transcription of Intonation of the Spanish Language*. Múnich: Lincom.

Puga Larraín, J. 1997. *La atenuación en el castellano de Chile*. Valencia: Tirant lo Blanch Libros.

Quesada Pacheco, M. A. 2013. "Situación del español en América Central". En *El español en el mundo. Anuario del Instituto Cervantes*. http://cvc.cervantes.es/lengua/anuario/anuario_13/quesada/p03.htm#np2n.

Quesada Pacheco, M. A. 2014. "División dialectal del español de América según sus hablantes. Análisis dialectológico perceptual". *Boletín de Filología* 49 (2): 257-309.

Quilis, A. 1992. *La lengua española en cuatro mundos*. Madrid: MAPFRE.

Quilis, A. y C. Casado-Fresnillo. 2008. *La lengua española en Filipinas*. Madrid: Consejo Superior de Investigaciones Científicas (CSIC).

Real Academia Española. 2001. *Diccionario de la lengua española*. 22ª ed. Madrid: Espasa.

Real Academia Española y Asociación de Academias de la Lengua Española. 2005. *Diccionario panhispánico de dudas*. Madrid: Santillana.

Real Academia Española y Asociación de Academias de la Lengua Española. 2009. *Diccionario panhispánico de dudas*. Madrid: Santillana.

Real Academia Española y Asociación de Academias de la Lengua Española. 2009. *Nueva gramática de la lengua española*, vol. 1 (Morfología y Sintaxis I). Madrid: Espasa.

Real Academia Española y Asociación de Academias de la Lengua Española. 2009. *Nueva gramática de la lengua española*, vol. 2 (Sintaxis II). Madrid: Espasa.

Real Academia Española y Asociación de Academias de la Lengua Española. 2011. *Nueva gramática básica de la lengua española*. Barcelona: Espasa.

Real Academia Española y Asociación de Academias de la Lengua Española. 2014. *Diccionario de la lengua española*. 23ª ed. Madrid: Espasa.

Resnick, M. C. y R. M. Hammond. 2011. *Introducción a la historia de la lengua española*. Washington, DC: Georgetown University Press.

Reyes, I. 2004. "Functions of Code-Switching in School Children's Conversations". *Bilingual Research Journal* 28: 77-98.

Ricci, J. 1983. "Algunas observaciones sobre el español rioplatense actual". *Hispania* 66 (2): 256-260.

Rissell, D. 1989. "Sex, Attitudes, and the Assibiliation of /r/ among Young People in San Luis, Potosí, Mexico". *Language Variation and Change* 1: 269-283.

Rivera, Y. y P.-A. Mather. 2015. "Codeswitching and Borrowing in Aruban Papiamentu: The Blurring of Categories". En S. Sessarego y M. González-Rivera, eds., 155-176. Madrid y Frankfurt: Iberoamericana/Vervuert.

Rivera Castillo, Y. 2016. "Dialectos del español de América: Caribe Antillano (fonética)". En *Enciclopedia de lingüística hispánica*, ed. Javier Gutiérrez-Rexach, 305-315. Londres y Nueva York: Routledge.

Roca, A. y J. M. Lipski, eds. 1993. *Spanish in the United States. Linguistic Contact and Diversity*. Nueva York: Mouton de Gruyter.

Rodríguez Ponga y Salamanca, R. 1995. *El elemento español de la lengua chamorra (Islas Marianas)*, vol. 1. Tesis doctoral, Universidad Complutense de Madrid.

Rosenblat, A. 1962. *El castellano de España y el castellano de América: unidad y diferenciación*. Caracas: Cuadernos del Instituto de Filología Andrés Bello.

Rosenblat, A. 1967. "Contactos interlingüísticos en el mundo hispánico: el español y las lenguas indígenas de América". *Actas del II Congreso Internacional de Hispanistas*, 109-154. Nimega: Instituto Español de la Universidad de Nimega.

Sáez Godoy, L. 1999. *El español de Chile en las postrimerías del siglo XX*. Santiago de Chile: Universidad de Santiago de Chile.

Sánchez Cabezas, G. 2010. "Los mapuchismos en el *DRAE*". *Boletín de Filología* 45 (2): 149-256.

Sánchez-Muñoz, A. 2007. "Style Variation in Spanish as a Heritage Language: A Study of Discourse Particles in Academic and Non-Academic Registers". En *Spanish in Contact:*

*Policy, Social and Linguistic Inquiries*, eds. K. Potowski y R. Cameron, 153-172. Filadelfia: John Benjamins Publishing Company.

Sankoff, D. y S. Poplack. 1980. *A Formal Grammar for Code-Switching*. Nueva York: Language Policy Task Force, Centro de Estudios Puertorriqueños CUNY.

Sayahi, L. 2014. *Diglossia and Language Contact: Language Variation and Change in North Africa*. Cambridge: Cambridge University Press.

Schwegler, A. 2006. "Captivating New Evidence from a Contemporary Source (Afro Cuban 'Palo Monte')". En *Studies in Contact Linguistics: Essays in Honor of Glenn G. Gilgert*, eds. G. G. Gilbert, J. M. Fuller y L. L. Thornburg, 71-101. Frankfurt: Peter Lang.

Schwegler, A. 2011. "Palenque(ro): The Search for its African Substrate". En *Creoles, their Substrates, and Language Typology*, ed. C. Lefebvre, 225-249. Amsterdam: John Benjamins.

Sessarego, S. y M. González-Rivera, eds. 2015. *New Perspectives on Hispanic Contact Linguistics in the Americas*. Madrid y Frankfurt: Iberoamericana/Vervuert.

Silva-Corvalán, C. 1982. "Subject Expression and Placement in Mexican-American Spanish". En *Spanish in the United States: Sociolinguistic Aspects*, eds. J. Amastae y L. Elías-Olivares, 93-120.

Silva-Corvalán, C. 1983. "Code-Shifting Patterns in Chicano Spanish". En *Spanish in the US Setting: Beyond the Southwest*, ed. L. Elías-Olivares, 69-87. Rosslyn, VA: National Center for Bilingual Education.

Silva-Corvalán, C. 1986. "Bilingualism and Language Change: The Extension of *Estar* in Los Angeles". *Language* 62: 587-608.

Silva-Corvalán, C. 1989. "La perspectiva sociolingüística". En *Sociolingüística hispánica: teoría y análisis*, ed. C. Silva-Corvalán, 1-15. Madrid: Alhambra.

Silva-Corvalán, C. 1990. "Current Issues in Studies of Language Contact". *Hispania* 73: 162-176.

Silva-Corvalán, C. 1991. "Spanish Language Attrition in a Contact Situation with English". En *First Language Attrition*, eds. H. W. Seliger y R. M. Vago, 151-172. Cambridge: Cambridge University Press.

Silva-Corvalán, C., ed. 1995. *Spanish in Four Continents: Studies in Language Contact and Bilingualism*. Washington, DC: Georgetown University Press.

Silva-Corvalán, C. 1997. "El español hablado en Los Ángeles: aspectos sociolingüísticos". En *La enseñanza del español a hispanohablantes*, eds. M. C. Colombi y F. X. Alarcón, 140-155. Boston: Houghton Mifflin.

Silva-Corvalán, C. 2001. *Sociolingüística y pragmática del español*. Washington, DC: Georgetown University Press.

Silva-Corvalán, C. 2014. *Bilingual Language Acquisition Spanish and English in the First Six Years*. Cambridge: Cambridge University Press.

Sippola, E. 2006. "Hacia una descripción del ternateño". *Revista Internacional de Lingüística Iberoamericana* 4 (1): 41-53.

Sippola, E. 2011. *Una gramática descriptiva del chabacano de Ternate*. Tesis doctoral, University of Helsinki.

Sosa, J. M. 1999. *La entonación del español. Su estructura fónica, variabilidad y dialectología*. Madrid: Cátedra.

Stewart, M. 2012. *The Spanish Language Today*. Londres y Nueva York: Routledge.

Tapia-Ladino, M. y H. Valdivieso. 1997. "La palatalización de las velares. Análisis acústico". *Onomázein* 2: 135-149.

Thun, H., C. Forte y A. Elizaincín. 1989. "El atlas lingüístico diatópico y diastrático del Uruguay: presentación de un proyecto". *Iberoromania* 30: 42-71.

Tienda, M. y F. Mitchell, eds. 2006. "Defining Hispanicity: E Pluribus Unum or E Pluribus Plures?". En *Multiple Origins, Uncertain Destinies: Hispanics and the American Future*, 37-56. Washington, DC: The National Academies Press.

Toribio, A. J. 2011. "Code-Switching among US Latinos". En *The Handbook of Hispanic Sociolinguistics*, ed. M. Díaz-Campos, 530-552. Oxford: Wiley-Blackwell.

Torres, L. 1989. "Code-Mixing and Borrowing in a New York Puerto Rican Community: A Cross-Generational Study". *World Englishes* 8: 419-432.

Torres, L. 1992. "Code-Mixing as a Narrative Strategy in the Puerto Rican Community". *World Englishes* 11: 183-194.

Torres, L. 1997. *Puerto Rican Discourse: A Sociolinguistic Study of a New York Suburb*. Mahwah, NJ: Lawrence Erlbaum.

Torres, L. 2002. "Bilingual Discourse Markers in Puerto Rican Spanish". *Language in Society* 31: 65-83.

Toscano Mateus, H. 1953. *El español en el Ecuador*. Madrid: Revista de Filología Española.

Trudgill, P. 1972. "Sex, Covert Prestige and Linguistic Change in the Urban British English of Norwich". *Language in Society* 1: 179-195.

Tuten, D. N. y F. Tejedo-Herrero. 2011. "The Relationship between Historical Linguistics and Sociolinguistics". En *The Handbook of Hispanic Sociolinguistics*, ed. M. Díaz-Campos, 283-302. Oxford: Wiley-Blackwell

Uber, D. R. 2011. "Forms of Address: The Effect of the Context". En *The Handbook of Hispanic Sociolinguistics*, ed. M. Díaz-Campos, 244-262. Oxford: Wiley-Blackwell.

Uber, D. R. 2016. "Formas de tratamiento". En *Enciclopedia de lingüística hispánica*, ed. Javier Gutiérrez-Rexach, 620-629. Londres y Nueva York: Routledge.

US Census Bureau. 2012. *U.S. Census Bureau Projections Show a Slower Growing, Older, More Diverse Nation a Half Century from Now*. Washington, DC: US Census Bureau. http://www.census.gov/newsroom/releases/archives/population/cb12-243.html.

Valdés, G. 2000. "Introduction". En *Spanish for Native Speakers: AATSP Professional Development Series Handbook for Teachers K-16*, eds. P. Dobbins y J. Krieger, 1-20. Orlando, FL: Harcourt College.

Vaquero, M. 1991. "El español de Puerto Rico en su contexto antillano". En *El español de América*, eds. C. Hernández, G. de Granda, C. Hoyos, V. Fernández, D. Dietrick y Y. Carballera, 117-139. Castilla y León: Junta de Castilla y León, Consejería de Cultura y Turismo.

Varela, B. 1992. *El español cubano-americano*. Nueva York: Senda Nueva de Ediciones.

Varela, B. 2000. "El español cubanoamericano". En *Research on Spanish in the United States: Linguistic Issues and Challenges*, ed. A. Roca, 173-176. Somerville, MA: Cascadilla Press.

Verdejo López, D. 1988. "El andaluz y sus manifestaciones en Cuevas de Almanzora". *Boletín del Instituto de Estudios Almerienses* 8: 241-256.

Zamora, J. y J. M. Guitart. 1988. *Dialectología hispanoamericana: teoría, descripción, historia*. Salamanca: Almar.

Zamora Vicente, A. 1960. *Dialectología española*. Biblioteca Románica Hispánica. Madrid: Gredos.

Zentella, A. C. 1997. *Growing up Bilingual: Puerto Rican Children in New York*. Malden, MA: Blackwell.

Zentella, A. C. 2003. " 'José can you see': Latin@ Responses to Racist Discourse". En *Bilingual Games*, ed. D. Sommer, 51-66. Nueva York: Palgrave Press.

## Capítulo 8

# Adquisición: el aprendizaje y la enseñanza de la lengua

## Introducción

En este capítulo se aborda la adquisición de la lengua materna (L1) y el aprendizaje de otras lenguas segundas o extranjeras (L2), para después profundizar en diversas cuestiones relacionadas con la enseñanza de una L2. En primer lugar, se describen las diferentes etapas que una persona sigue desde su nacimiento en la adquisición de la L1 hasta que completa su primer sistema lingüístico. A continuación, se presentan algunas de las diferencias del proceso de aprendizaje de la L1 y de la L2. Para ello, se estudia con especial atención el orden en la adquisición de los componentes lingüísticos en ambos contextos, así como la hipótesis del "período crítico". Después se amplía la perspectiva sobre la adquisición mediante un repaso de los factores externos e internos que pueden influir en el aprendizaje de otra lengua. En concreto, se analiza cómo el éxito de un aprendiente de L2 no depende únicamente del método de enseñanza al que se ve expuesto, sino que se encuentra supeditado a diversos factores, ya sean extrínsecos o ajenos al propio estudiante (p.ej., la interacción con otros hablantes), como intrínsecos (p.ej., el grado de motivación). La siguiente sección se ocupa del bilingüismo y multilingüismo en relación con las condiciones lingüísticas y socioculturales que rodean, en su ámbito familiar o social, a las personas expuestas a dos o más lenguas a la vez. Tras una breve explicación sobre la disciplina de la lingüística aplicada, el capítulo se enfoca en cuestiones metodológicas que influyen en la enseñanza de una L2, primero con un análisis de algunos conceptos básicos, entre ellos, la interlengua, o sistema lingüístico individual que un aprendiente de L2 desarrolla durante su aprendizaje. Después se ofrece un breve recorrido histórico de los métodos más populares de enseñanza de L2 hasta el presente como, por ejemplo, el enfoque comunicativo o la enseñanza por tareas. En la última parte del capítulo, se examina la función de la tecnología en el aprendizaje y la enseñanza de lenguas, componente imprescindible hoy en día. Para finalizar, se detalla información sobre entidades y asociaciones en el ámbito de la enseñanza del español como L2.

## 1. La adquisición de la lengua materna (L1)

En el primer capítulo del libro aprendimos que la capacidad del lenguaje posee componentes relacionados con lo innato en los seres humanos. De hecho, una reciente investigación llevada a cabo por Eino Partanen *et al.* (2013) sostiene que, durante el último trimestre del embarazo, el feto desarrolla la parte del cerebro asociada con el procesamiento de sonidos a partir de su memoria neuronal, almacenando esta información y siendo incluso capaz de reconocer los patrones de entonación de la lengua que lo rodeará una vez que haya nacido. Esta investigación demuestra que la adquisición de la lengua se ve condicionada por otros factores previos al nacimiento.

El aprendizaje de una L1 se desarrolla en diferentes etapas que van desde el nacimiento de una persona hasta la edad en la que el individuo completa su primer sistema lingüístico. Un rasgo común en un gran número de lenguas es la correspondencia de las primeras palabras del repertorio léxico de un bebé con los términos *mamá*, *papá* o alguna variación de estas, aunque al principio puedan resultar ininteligibles. Estas unidades léxicas, desde el punto de vista fonético-fonológico y morfológico, son palabras fáciles de articular, tanto por la combinación de consonante + vocal como por la reduplicación de la misma sílaba. Suelen aparecer de manera natural en la fase del **balbuceo** o primeras manifestaciones del habla de un bebé que tiene lugar entre las dos semanas y los cinco meses, aproximadamente. A esta edad, los bebés carecen de dientes y su aparato fonador comienza a coordinar la articulación de los sonidos. Por esta razón, aquellos sonidos que requieren menos esfuerzo articulatorio, como las vocales, o los sonidos bilabiales (como la "b" /b/ en *burro* o la "v" /b/ en *vaca*, la "m" /m/ en *mar* o la "p" /p/ en *pato*), son algunos de los primeros en aparecer. Más específicamente, a las doce semanas, además de llorar y gorjear, es decir, a medida que se comienza a formar la voz en la garganta, los bebés suelen producir sonidos palatales (como la "ñ" /ɲ/ en *niño* o la "ll" /ʎ/ en *llama*). Así, a los cuatro meses, el bebé responde ya a los sonidos de su entorno. Más adelante, a las veinte semanas, el bebé es capaz de balbucear combinaciones de sonidos que se componen de una consonante y una vocal (CV). Este balbuceo continúa hasta los seis meses y, a partir de entonces, el bebé añade diferentes tipos de entonación a su producción, dándole así una gama más amplia de significado a su balbuceo. Estas secuencias de sonidos se convierten en palabras cuando los niños reciben refuerzo positivo al pronunciarlas, porque entienden que esa secuencia posee algún significado y genera atención en las personas a su alrededor. Aunque todavía no es capaz de entender lo que dice, el bebé comprende que algunas combinaciones que produce tienen un efecto positivo, y así continúa explorando con la lengua al tiempo que va desarrollando y ampliando su repertorio de sonidos.

Desde las 2 semanas hasta los 5 meses · Desde los 4 meses hasta los 6 meses · A partir de los 6 meses

**Figura 8.1** Etapa del balbuceo. Evolución del habla infantil de sílabas a palabras

Una vez que los bebés aprenden a adaptar su aparato fonador para reproducir los sonidos lingüísticos de su entorno, comienzan a formar secuencias de sílabas y en última instancia palabras completas, imitando de manera más eficaz aquellas motivadas por acciones, sonidos onomatopéyicos o cosas que desean y necesitan (*agua, más*, etc.). El ritmo de crecimiento del inventario léxico en un niño varía de individuo a individuo, pero en general puede oscilar entre una palabra nueva por semana a una o incluso dos palabras nuevas por día.

A pesar de que una persona en su temprana edad y con un desarrollo cognitivo apropiado posee en teoría la capacidad de reproducir cualquier sonido de un idioma, es lógico que dirija su energía y atención únicamente hacia aquellos sonidos que lo rodean. Este hecho limita el inventario de los sonidos lingüísticos y, aunque podría llegar a producirlos completamente a la edad aproximada de un año, el niño tardará, sin embargo, más tiempo en pulir y completar la producción y la percepción del sistema morfosintáctico de su lengua. Alrededor de los ocho meses, el bebé comienza a reconocer que los sonidos forman unidades (palabras) separadas, pero no será hasta cumplir un año cuando aprenda a reconocer el significado de algunas de ellas y a usarlas en contexto. También, alrededor del primer año, el niño será capaz de responder a mandatos u órdenes simples.

La categoría gramatical que suele aparecer primero en el habla de un niño es la de los sustantivos, seguida por los verbos y los adjetivos. Este hecho responde a la necesidad de usar palabras con el mayor contenido léxico posible para así poder comunicarse y satisfacer sus necesidades más inmediatas. Con esos sustantivos y verbos, el niño de alrededor de un año y medio o dos años ya es capaz de construir oraciones simples aunque estas sean básicas. Es decir, produce oraciones con categorías léxicas (sustantivos, verbos, adjetivos, etc.), pero con escasas categorías funcionales (preposiciones, conjunciones, determinantes, etc.). El paradigma verbal es todavía limitado, puesto que aún no posee los recursos morfológicos para expresar el tiempo o el modo verbal.

Durante el siguiente año, o año y medio, el niño perfecciona su L1 expandiendo su vocabulario y alcanzando un grado cada vez mayor de complejidad en el tipo de estructuras gramaticales que entiende y produce. A la edad de tres años, su lengua casi no presenta errores, aunque todavía cometa algunos como resultado de **sobregeneralizaciones** o analogías que establece entre elementos de la lengua. Esto quiere decir que, al ir adquiriendo las reglas gramaticales de su lengua, el niño las aplica también a casos irregulares, dando como resultado formas agramaticales de verbos irregulares como *\*poniste* en lugar de *pusiste* (verbo *poner*), por ejemplo, por analogía con verbos regulares (*comer > comiste*) cuya raíz no cambia, tal y como se ilustra en la siguiente figura.

**Figura 8.2** Sobregeneralización del verbo irregular *poner*

El sistema lingüístico de la lengua materna se termina de completar al alcanzar la edad de cinco años. Este proceso no se desarrolla al azar, sino que respeta una serie de patrones fijos en los procesos de adquisición de la gramática de la primera lengua de un niño. Por ejemplo, en inglés, el morfema de tercera persona singular de verbos en presente indicativo, *–s* (*she talks*), y que constituye la única forma distinta del paradigma verbal (*I, you, we, they talk*), es uno de los morfemas que más tardíamente se adquieren. No importa la cantidad de **caudal lingüístico** o **input** —también llamado **aducto**— o exposición a la lengua que el niño reciba. El morfema de tercera persona del singular se llegará a dominar solamente en etapas posteriores del desarrollo del niño. El hecho de que la adquisición de una lengua ocurra en un orden predeterminado confirma que la capacidad de aprender una lengua se relaciona con lo innato en el ser humano; es decir, un niño puede aprender su L1 incluso si su entorno carece de estímulos lingüísticos, y lo hace siguiendo un orden natural que es uniforme a los hablantes de su misma lengua (véase el capítulo 1). Sin embargo, como se explica en el primer capítulo del libro, los factores externos son igualmente importantes en el desarrollo y consolidación del idioma.

El progreso de la L1 continúa cuando se expone al niño a un mayor *input*, y también varía en cantidad y en complejidad a lo largo de la niñez hasta que, en su pubertad, el hablante haya alcanzado la etapa de su madurez lingüística. Durante esta etapa, será capaz de construir y procesar oraciones compuestas y complejas y, además, podrá usar la lengua para hacer conjeturas, emitir juicios o llevar a cabo observaciones en cualquier marco temporal. Será igualmente capaz de escoger y de adecuarse correctamente al registro (formal o informal) que requiera el contexto social en el que se desenvuelva o una situación comunicativa concreta.

**Tabla 8.1** Etapas generales del desarrollo lingüístico de la lengua materna

| Edad aproximada | Características generales del habla |
|---|---|
| ~ 2 semanas hasta ~ 5 meses | – Balbuceo.<br>– Producción de combinación de consonantes bilabiales + vocal.<br>– Reduplicación de la misma sílaba. |
| ~ 4 meses hasta ~ 6 meses | – Gorjeo y balbuceo.<br>– Producción de sonidos palatales.<br>– Balbuceo con combinación de consonantes + vocales. |
| A partir de los 6 meses | – Producción de diferentes tipos de entonación.<br>– Reduplicación de sílabas que se convierten en palabras. |
| A partir de los 8 meses | – Reconocimiento de qué sonidos forman palabras. |
| ~ 1 año | – Capacidad de producir todos los sonidos del inventario fonológico de la lengua.<br>– Conciencia del significado de las palabras.<br>– Uso de palabras en contextos apropiados.<br>– Respuesta a mandatos simples. |
| A partir de 1 año y medio o de los 2 años | – Construcción de oraciones simples.<br>– Uso predominante de categorías léxicas (sustantivos, verbos y adjetivos, etc.).<br>– Uso limitado de categorías funcionales (preposiciones, conjunciones, etc.).<br>– Paradigma verbal simple, no expresa ni tiempo ni modo. |
| ~ 1 año y medio hasta ~ 3 años | – Ampliación del vocabulario.<br>– Mayor complejidad en estructuras gramaticales que comprende y produce.<br>– Presencia de sobregeneralizaciones. |
| ~ 5 años hasta ~ 11 años | – Conclusión del sistema lingüístico materno, adquiriendo cada año mayor grado de complejidad y madurez lingüística.<br>– Capacidad de construir oraciones complejas y compuestas.<br>– Uso de la lengua para hacer conjeturas y describir situaciones hipotéticas en cualquier marco temporal.<br>– Uso adecuado del registro lingüístico. |

**Actividad 1.  Lee los siguientes enunciados y decide si son verdaderos (V) o falsos (F).**

| | | |
|---|---|---|
| 1. En el estudio de Partanen *et al.* (2013) se hizo el descubrimiento de que al inicio del embarazo se desarrolla en el feto la parte del cerebro que se encarga de procesar sonidos. | V | F |
| 2. Palabras tales como *mamá* o *papá* y sus variaciones suelen aparecer en la fase del balbuceo. | V | F |
| 3. Alrededor de los cuatro meses y medio, un bebé es capaz de producir la combinación de sonidos VC. | V | F |
| 4. Un niño es capaz de responder a órdenes simples solamente después de haber cumplido los dos años. | V | F |
| 5. Los errores de sobregeneralizaciones que comete un niño son señal de que no está aprendiendo bien su lengua materna. | V | F |
| 6. Las distintas etapas en el desarrollo de la L1 ocurren en un orden predeterminado, un orden natural, lo cual confirma que el aprendizaje de una lengua no solo depende de factores externos, sino que se relaciona también con procesos internos e innatos. | V | F |

❥ **Ahora modifica los enunciados falsos para transformarlos en verdaderos.**

Actividad 2.  Las palabras *agua* y *más* son ejemplos de las primeras unidades léxicas que producen hablantes de español. ¿Qué ejemplos se dan en tu lengua materna? ¿Están motivados por acciones, sonidos onomatopéyicos u objetos concretos?

Actividad 3.  En el siguiente vídeo aparece una niña de dos años hablando en español. Anota y analiza algunos de los errores o sobregeneralizaciones que aparecen.

Enlace: https://www.youtube.com/watch?v=s3We5UKKk7g.

❶ ¿Recuerdas algún ejemplo de errores o sobregeneralizaciones (pronunciación, morfología, sintaxis, etc.) de tu infancia? Fíjate en los siguientes ejemplos del español. Una vez que los hayas identificado, intenta explicar por qué se producen.

Modelo: *tengo \*pío* por *tengo frío*, *no \*cabo* por *no quepo*, *\*me se ha caído* por *se me ha caído*.

## 2. El aprendizaje de una segunda lengua (L2)

Después de haber explicado parte del proceso de aprendizaje de la L1, nos centramos en diferentes aspectos relacionados con el aprendizaje de una L2. El estudio de la adquisición de una L2 se ha llevado a cabo desde el trabajo conjunto de neurólogos, psicólogos y lingüistas, que han tratado de desvelar cómo tiene lugar y cuáles son los aspectos que conducen a una mayor competencia lingüística y dominio de otros idiomas distintos al materno. En este sentido, una de las grandes preguntas que se han hecho los expertos ha sido por qué los aprendientes adultos de L2 tienen una experiencia distinta a la vivida cuando se adquiere la lengua materna.

Hasta la primera mitad del siglo XX, no se habían desarrollado teorías que proporcionaran datos convincentes sobre el aprendizaje de una L2. Los estudios en el ámbito de la filología se enfocaban a perfeccionar el conocimiento de una L2 mediante ejercicios lingüísticos, principalmente de traducción escrita, pero no se enfocaban a investigar qué sucedía desde el punto de vista de la adquisición de la lengua en los aprendientes de una L2. Entre 1950 y 1960, años en que los estudios de psicología dieron pie al **enfoque conductista**, la lingüística comenzó a abrirse camino desarrollando un nuevo método epistemológico o científico. Como ciencia nueva, adoptó la metodología y el marco teórico de la psicología, por lo que el aprendizaje de una L2 se concibió como un objetivo que se alcanzaba por medio de la imitación y la repetición, de modo similar al modelo de estímulo y respuesta dominante en el campo de la psicología conductista en ese momento. De esta manera, en el campo de la **Adquisición de Segundas Lenguas** (ASL), se llegó a generalizar la creencia de que las dinámicas de aprendizaje que consistían en la repetición y la imitación, así como la atención a la pronunciación, eran clave para adquirir una L2 de manera exitosa.

Ya en la década de los sesenta, con la evolución de ambas áreas —psicología y lingüística— se descubrió que no eran netamente factores externos los que facilitaban la adquisición de una primera o segunda lengua, sino que también participaban los procesos internos que el hablante dedicaba a este aprendizaje. En ese momento, la investigación en la adquisición de la lengua comenzó a tomar un nuevo rumbo al explorar primero cómo los procesos cognitivos afectan a la adquisición de la L1 y, luego, si estos son también responsables del aprendizaje de una L2. Si se comparan los dos procesos de adquisición y aprendizaje, el de L1 y L2, observamos que los aprendientes de una L2 siguen un orden parecido al de los niños hablantes nativos de esa lengua, aunque, cabe recalcar, este proceso de aprendizaje se produce de manera distinta en un entorno bilingüe. Sin embargo, el aprendiente que adquiera la lengua de manera formal, pese a la cantidad de exposición al caudal lingüístico o *input* que tenga a la L2, avanzará por una ruta en que se pueden establecer paralelismos al proceso que sigue un hablante nativo de la lengua en cuestión. Como ya se ha apuntado, se sabe que un hablante nativo de inglés, por ejemplo, tarda en consolidar la forma verbal con –*s* de 3ª persona singular del presente de indicativo, *s/he speaks*, con una demora relativa de entre seis meses y un año con respecto a otros morfemas como el progresivo –*ing*, y que un aprendiente de inglés como L2 pasará por un proceso similar. En español, sin embargo, la ruta de adquisición entre hablantes nativos de español como L1 y los aprendientes de español como L2 no se corresponde de manera tan exacta. Según Margaret van Naerssen (1986), el proceso de adquisición varía según la edad de la persona. Paul A. Malovrh y James F. Lee (2013) resumieron los resultados de van Naerssen en una tabla (reproducida a continuación), en la que muestran la clasificación de los morfemas de español según su grado de dificultad para hablantes nativos y para aprendientes de este idioma.

**Tabla 8.2** Orden de adquisición y dificultad para el español como L1 y L2

| Orden de adquisición (español como L1) | Orden de adquisición (español como L2) |
|---|---|
| – Presente de indicativo<br>– Negación con "no" | – Artículo indefinido<br>– Negación con "no" |
| – Futuro perifrástico (*voy a comer*) | – Concordancia de número en adjetivos<br>– Artículo definido |
| – Artículos indefinidos<br>– Concordancia de número en adjetivos | – Pronombres reflexivos/de objeto indirecto<br>– Presente de indicativo |
| – Artículos definidos<br>– Pretérito indefinido | – Verbos copulativos (*ser y estar*)<br>– Concordancia de número en sustantivos<br>– Pretérito indefinido<br>– Pronombres relativos |
| – Concordancia de género en artículos<br>– Verbos copulativos (*ser y estar*)<br>– Concordancia de género en adjetivos | – Futuro perifrástico (*voy a comer*)<br>– Concordancia de género en adjetivos |
| – Pronombres relativos<br>– Pronombres reflexivos | – Concordancia de género en artículos |

(adaptado de Malovrh y Lee 2013, 36)

Con frecuencia, un gran número de personas adultas se quejan de la dificultad que experimentan al aprender una L2 con soltura y argumentan que esto se debe a que ya no son jóvenes. Esta creencia se ha visto acrecentada, en parte, porque la enseñanza de idiomas se ha ido introduciendo en edades cada vez más tempranas. No resulta difícil oír a niños que aprenden una L2 con una buena pronunciación y facilidad para comunicarse en esa lengua.

El llamado **periodo crítico**, término acuñado por Eric Lenneberg (1967), hace referencia a la etapa idónea de la infancia durante la cual resulta más sencillo aprender una lengua. No se ha podido determinar con exactitud los límites de este período, aunque sabemos que un niño, con solamente tres años de edad y sin haber recibido instrucción formal, es capaz de expresar oraciones complejas con bastante fluidez (Pinker 2013, 111). A esa edad, un hablante tiene tres veces más actividad neuronal que un adulto (Robin Sabino 2012, 101). El lenguaje humano estimula las relaciones funcionales de contacto entre las terminaciones de las células nerviosas, fenómeno conocido como **sinapsis**. En la pubertad, la capacidad de reorganizar las sinapsis baja de intensidad, lo cual provoca que, en lugar de añadir sinapsis nuevas, se eliminen las que no se usan con frecuencia y se fortalezcan las que sí tienen uso habitual. Si la persona no está en contacto con una lengua nueva hasta esa edad, lo lógico será que pierda la habilidad de adquirir una L2 porque esas conexiones neuronales no se han ejercitado. Algunos expertos sostienen que el efecto de la edad a la que se expone a una persona a la L2 no es tan crítico o no es el único factor que desempeña un papel clave (véanse Ioup 2008; Abrahamsson y Hyltenstam 2009). Otros investigadores, en cambio, han confirmado que la edad de la primera exposición a una L2 sí constituye un factor determinante (véase, por ejemplo, Bialystok y Hakuta 1999; Birdsong 2006). Además, como las habilidades neuronales pierden agilidad con el paso de los años, el cerebro humano busca formas de compensar esa carencia. Bowden, Sanz y Stafford (2005) y Lenet *et al.* (2011) han encontrado que los aprendientes adultos mayores de sesenta años tienden a memorizar información nueva en lugar de formular sobregeneralizaciones, tal como hacen los aprendientes más jóvenes. Es decir, los aprendientes de mayor edad almacenan cada dato nuevo en la L2 como un caso aislado en lugar de generar reglas que luego pudieran aplicar a casos similares.

En el área de la fonología, la edad representa una variable predictora según los expertos (Flege, Yeni-Komshian y Liu 1999; Piske, MacKay y Flege 2001). En concreto, Michael Ullman (2005) explica que el aprendizaje motriz —la capacidad de realizar una serie de movimientos coordinados de forma automatizada, como aprender a producir sonidos nuevos— es más susceptible a los efectos del **periodo crítico** y, por lo tanto, existe una mayor facilidad para reproducir estos sonidos durante dicho periodo. Como se ha explicado antes, el niño va adaptando su aparato fonador mediante gorjeos, acompañados de explosiones de burbujas de saliva, para imitar ciertos sonidos (Hernández Pina 1984, 30), por lo que finalmente desarrolla los sonidos que va a emplear en la lengua materna sin llegar a poder practicar aquellos a los que no está acostumbrado. Por este motivo, resulta común que un alumno adulto, pese a poseer una competencia lingüística de nivel avanzado en esa lengua, no sea capaz de reproducir los sonidos o los patrones entonativos de una L2 como un hablante nativo. Sin embargo, un niño puede articular los sonidos como lo haría un nativo cuando ni siquiera ha terminado de desarrollar el sistema lingüístico de su L1, y mucho menor grado, el de la L2. Por último, Georgette Ioup (2008) sostiene que la edad no es la única variable crítica que dificulta la adquisición de una pronunciación equiparable a la de un nativo, sino que la principal razón podría radicar en la interferencia de la L1. Al fin y al cabo, como hemos puesto de manifiesto, el desarrollo del aparato fonador en una y otra habrán seguido rutas distintas.

---

**Actividad 4. Fíjate en los siguientes enunciados agramaticales que podría producir un aprendiente de español como L2. Identifica cuál de los dos elementos subrayados es el que causa el error y luego compáralos en relación con el orden de adquisición de la tabla 8.2.**

1. *Yo no estoy estudiante.
2. *María es una amiga bueno.
3. *El amigo estudiar español.
4. *Voy a viajar pronto con los hermano de mi amigo.
5. *Ellos no van a mi casa ayer.

---

**Actividad 5.   Muchos hablantes suelen confundir una buena pronunciación con un alto grado de precisión gramatical en el habla de un niño que está aprendiendo una L2. Explica por qué dicha suposición no es acertada a partir de lo que acabas de leer.**

---

## 3. Factores en el aprendizaje de una L2

Las variables bajo estudio en el campo de ASL sobre la manera más efectiva de enseñar y aprender una L2 pueden dividirse en dos grandes grupos: **factores externos** y **factores internos**. Los primeros hacen referencia a variables ajenas a la capacidad individual del aprendiente; por su parte, los factores internos nos informan sobre las características intrínsecas de la persona que aprende una L2 y cómo favorecen o impiden un desarrollo fluido del proceso de adquisición.

### 3.1. Los factores externos

Hay numerosas variables que pueden afectar el proceso de aprendizaje de una L2 sobre las cuales el aprendiente no tiene mucho o ningún control. En las próximas secciones nos centraremos en tres de ellas. La primera, el contexto de aprendizaje, se refiere al entorno en el que un aprendiente de L2 la estudia o adquiere, y en esa sección se abordarán las diferencias clave que distinguen el contexto de aprendizaje de una segunda lengua del contexto de aprendizaje de una lengua extranjera. Luego, se presentará la variable de la retroalimentación, conocida como *feedback* en inglés, y se compararán los distintos tipos de *feedback* y su impacto en el proceso de adquisición de una L2. Finalmente se presentará el tercer factor externo de esta sección, la interacción. Este es un factor de larga trayectoria en el campo de la investigación de la adquisición de L2 que pondera la importancia de aprender una L2 practicándola con otros aprendientes de esa L2 o con hablantes nativos. Se examinará también la interacción en el aula desde una perspectiva sociocultural.

### 3.1.1. El contexto de aprendizaje

Uno de los factores externos más importantes, tanto en el ámbito de la investigación como en el aula, es el **contexto** en el que se lleva a cabo el proceso de aprendizaje. Uno de los niveles de clasificación más habitual y conocido divide el contexto en dos grandes ámbitos: el **aprendizaje de una segunda lengua** y el **aprendizaje de una lengua extranjera**. El primero ocurre cuando el aula se encuentra en el país en el que se habla el idioma, por ejemplo, si un hablante anglófono o hablante nativo de inglés vive en Perú y recibe clases de español en Lima. El aprendizaje de una lengua extranjera es el contexto en el que, por ejemplo, un hablante anglófono estudia español en Vancouver como parte de su currículum escolar, es decir, se lleva a cabo en un lugar donde la lengua meta no es la habitual o más común. A menudo, estos términos se utilizan de manera indistinta, puesto que ambos hacen referencia a un proceso en el que el aprendiente se enfrenta a un código lingüístico que no es el que posee como L1. Sin embargo, los contrastes entre ambos contextos resultan aparentes. En el contexto de aprendizaje de una segunda lengua, las oportunidades de exposición a la L2 suelen ser mayores en cantidad y calidad. Además, el aprendiente tiene la oportunidad de adquirir un léxico de uso cotidiano, que podría almacenar fácilmente en la memoria a corto plazo si se ve expuesto igualmente a diferentes registros coloquiales o formales, y si cuenta con la oportunidad de aprender de primera mano las convenciones sociales y culturales del país en el que se habla la L2. Una desventaja frecuente, sin embargo, es el riesgo de desarrollar más formas agramaticales fosilizadas, es decir, formas ajenas a la lengua que se mantienen de modo inconsciente y permanente. En este contexto el aprendiente puede llegar a exhibir un nivel comunicativo aceptable, pero su competencia no tiene por qué ser precisa, ya que muchos de los hablantes con los que va a interactuar actuarán como un *sympathetic listener* u **oyente comprensivo**, es decir, aquel que escucha y da muestras de que participa de la comunicación, pero que hace caso omiso de los errores de su interlocutor, o no se detiene a corregirlos, mientras comprenda el mensaje principal. Esto hace que el alumno reciba menos correcciones por parte de los hablantes nativos que si estuviera en un contexto de instrucción formal de la L2 (Han 2002).

En el contexto de aprendizaje de una lengua extranjera suele pasar lo opuesto. El alumno acostumbra a tener un dominio más consolidado de las reglas gramaticales e incluso podría explicarlas si fuera necesario, pero muchas veces no es capaz de mantener una conversación básica con fluidez. Esto no nos debería sorprender, pues el tiempo de exposición de que dispone un alumno en un espacio formal de instrucción no suele superar las 3 horas semanales, mientras que un aprendiente que vive en el país donde se habla la L2 puede estar rodeado por el idioma la mayor parte del día. Asimismo, un estudiante de español como lengua extranjera solamente tiene oportunidad de usar la L2 durante algunos momentos de la clase, y de manera controlada según los objetivos de las actividades, pero el alumno de español como segunda lengua puede disfrutar de muchas oportunidades en contextos variados para poner en práctica lo que ha aprendido. Es evidente entonces que la cantidad y la frecuencia del *input* son factores externos clave, así como la cantidad y frecuencia de oportunidades para la **producción de lengua** o *output* —también llamado **educto**. Contrario a lo que se creía hasta la década de los ochenta, las investigaciones de Merrill Swain (1993) y su **hipótesis de la producción** muestran que el *input* no es suficiente para desarrollar una L2, sino que el *output* o producción por parte del alumno es igualmente necesario. Los beneficios serán incluso mayores si en clase se le da al alumno la oportunidad de expresarse con **producción modificada**, es decir, con la producción que construye el estudiante cuando ha recibido retroalimentación o *feedback* y compara la forma correcta de la estructura con su error. Al hacer esta comparación, el alumno se ve obligado a prestar atención a la forma, la rectifica, y entonces reestructura su interlengua. De alguna manera, se podría decir que el *output* de cada uno funciona como si fuera una forma más de *input*.

### 3.1.2. La retroalimentación o *feedback*

La **retroalimentación** o *feedback* es un factor externo que ha sido objeto de estudio desde la década de los noventa, cuando Michael Long (1991) enfatizó la importancia que tenía la interacción entre dos hablantes en el desarrollo de la interlengua. La retroalimentación ocurre durante la **negociación de significado**, es decir, cuando el aprendiente y su interlocutor se ven en la necesidad de hacer ajustes de codificación y descodificación durante el intercambio de mensajes (Long 1991, 1996). Hay varias maneras de categorizar la retroalimentación: explícita *vs.* implícita, inmediata o aplazada, oral *vs.* escrita, presencial *vs.* computarizada, etc., y los estudios empíricos que se han llevado a cabo han encontrado resultados que podrían tener un impacto directo en la instrucción formal que se desarrolla en las aulas de L2. Por ejemplo, algunos estudios (véase Ellis, Loewen y Erlam 2006) indican que la **retroalimentación explícita**, esto es, la que proporciona información metalingüística detallada sobre el error cometido (*Se dice "vivo en una casas blan–CA", Peter, porque en español hay concordancia entre el sustantivo y su adjetivo*), es más efectiva que la **retroalimentación implícita**, que obliga al alumno a buscar el porqué de su propio error mientras que el profesor solamente le sugiere que algo está mal. Por otra parte, también se ha observado que la eficacia de la retroalimentación explícita disminuye entre aprendientes de niveles bajos (Moreno 2007).

A continuación, se presentan tres modos de proporcionar retroalimentación implícita conocidos como *the three Cs* (las tres ces): ***confirmation checks*** (confirmación de propia comprensión), ***clarification requests*** (solicitud de aclaración) y ***comprehension checks*** (verificación de comprensión del mensaje por parte del hablante). Para ilustrar estos tres tipos, se han adaptado algunos ejemplos auténticos procedentes de varios estudios empíricos, en los que hemos resaltado el segmento que contiene una de las ces con una flecha (→):

1) Confirmación de propia comprensión
   Estudiante 1: En mi dibujo hay un pájaro.
   → Estudiante 2: ¿Solamente un? Tengo, uh, cinco pájaros con un hombre, en sus hombros.
   Estudiante 1: Oh, oh, sí, sí. (Gass, Mackey y Ross-Feldman 2005, 585)

2) Solicitud de aclaración
   Estudiante: *Who has fin?* (¿Quién tiene aleta?)
   → Instructor: *Sorry, I beg your pardon?* (Disculpa, ¿cómo?)
   Estudiante: *Who has fin[s]?* (¿Quién tiene aleta[s]?) (Oliver y Mackey 2003, 519)

3) Verificación de comprensión del mensaje por parte del hablante
   Estudiante 1: La avenida siete va en una dirección hacia el norte desde la calle siete hasta la calle ocho. → ¿Quieres que repita?
   Estudiante 2: Por favor.
   Estudiante 1: La avenida *seven*, uh siete, va en una dirección hacia el norte desde la calle siete hasta la calle ocho. (Gass, Mackey y Ross-Feldman 2005, 586)

Según Lyster y Ranta (1997), otro tipo de retroalimentación implícita muy popular entre los instructores de L2 es la llamada **reformulación**, que ocurre cuando el instructor o un compañero de clase repite el enunciado incorrecto del alumno sin el error, reproduciendo así un enunciado con la forma o estructura correcta. El objetivo de una reformulación es que el aprendiente note la diferencia entre su propio enunciado y el que le proporciona el instructor, de manera que en enunciados subsiguientes corrija el error y no lo vuelva a repetir. A continuación, incluimos un ejemplo de reformulación:

4) Reformulación
   Estudiante 1: No tiene flores . . . uh un bosco.
   → Estudiante 2: Bosque.
   Estudiante 1: Bosque. (Gass, Mackey y Ross-Feldman 2005, 587)

Aunque la reformulación es el tipo favorito de retroalimentación para muchos instructores y es el que menos afecta el desarrollo de un intercambio comunicativo, puede resultar contraproducente para el progreso de la interlengua de los estudiantes. Lyster y Ranta (1997) compararon diferentes tipos de retroalimentación y encontraron que la reformulación era el que menos **reproducciones** producía, esto es, el empleo de la forma correcta de una estructura que en intercambios anteriores contenía errores. Solamente un 31 por ciento de los errores corregidos con reformulaciones tuvo como resultado que se llevaran a cabo reproducciones, mientras que la corrección explícita produjo un 50 por ciento de reproducciones y las solicitudes de aclaración un 88 por ciento (Lyster y Ranta 1997, 54).

Finalmente, la simple **repetición** es también una estrategia común entre instructores. Consiste en repetir el enunciado erróneo del alumno para llevar su atención a la parte que contiene la falta. Muchas veces esta repetición viene acompañada de un ligero cambio en la entonación, en la velocidad del habla del profesor y en el énfasis sobre el segmento clave:

5) Repetición
   Estudiante: *Le . . . le girafe?* (El . . . ¿el jirafa?)
   Instructor: *Le girafe?* (¿El jirafa?) (Lyster y Ranta, 1997, 48)

Para Lyster y Ranta (1997), los efectos de esta técnica en el desarrollo de la interlengua como **reproducción** o *uptake* no están claramente definidos, dado que esta estrategia suele ir acompañada por al menos una o más técnicas de corrección. Además, en el estudio de Lyster y Ranta solamente se examinó la reproducción inmediata, lo cual no se puede equiparar a aprendizaje o adquisición de la estructura meta a largo plazo. En este sentido, otros estudios han encontrado que los efectos de diferentes tipos de retroalimentación varían según el tipo de contexto, de actividad y según la estructura con que se trabaje (véanse, entre otros, Ellis, Basturkmen y Loewen 2001).

### 3.1.3. La interacción

La **hipótesis de la interacción**, propuesta por Michael Long (1983, 1996), plantea formalmente lo que ya se venía intuyendo en el ámbito de ASL desde la década de los ochenta sobre la importancia de la interacción entre dos hablantes (nativo y no nativo, o entre dos no nativos) para el desarrollo de la interlengua del aprendiente. Long señala que cuando los interlocutores de una conversación negocian el significado de sus intercambios comunicativos, se hacen ajustes que facilitan la comunicación y, por ende, la adquisición de la L2 porque se establece una conexión entre el *input*, las capacidades de aprendizaje del aprendiente (sobre todo, la capacidad de prestar atención de forma selectiva a las formas clave) y la producción de la lengua (Long 1996, 451-452).

Varios estudios empíricos han investigado el *input* o producción de la lengua en sus diversas formas con el objetivo de descubrir qué tipo de actividad es más efectiva en el contexto de una interacción. Por ejemplo, Teresa Pica, Ruth Kanagy y Joseph Falodun (1993) proponen cuatro criterios: 1) *distribución de la información*, actividades unidireccionales o bidireccionales, según si la información es transmitida por un hablante a otros o compartida por todos ellos; 2) *participación*, actividades que implican participación opcional o necesaria por parte de los hablantes; 3) *tipo de interacción*, divergente, si los hablantes tienen que defender puntos de vista distintos, o convergente, si los hablantes deben llegar a un acuerdo, y 4) *tipo de producto*, con actividades abiertas, sin estructura ni objetivo concretos, o actividades cerradas, muy estructuradas y con un objetivo definido. Según los autores, las actividades bidireccionales, de participación necesaria, convergentes y de producto cerrado son las más adecuadas para generar oportunidades de aprendizaje (Pica, Kanagy y Falodun 1993, 17).

Algunos expertos han criticado la hipótesis de la interacción por su escasa atención a los aspectos sociales de la comunicación humana. Entre ellos, James Lantolf y Matthew Poehner (2008) se apoyan en los principios de la teoría del aprendizaje de Lev Vygotsky (1978, 1986) para plantear una perspectiva sociocultural sobre la interacción. Para estos autores, el desarrollo lingüístico comienza en la interacción social y de ahí pasa al plano cognitivo a través de una **zona de desarrollo próximo**, un concepto habitualmente conocido por sus siglas en inglés, ZPD (*Zone of Proximal Development*), y que se refiere al espacio entre lo que una persona puede hacer por sí sola y lo que es capaz de hacer si recibe la ayuda de otras personas más expertas. Por ejemplo, en un estudio sobre el discurso en una clase de literatura en español a nivel avanzado, Richard Donato y Frank Brooks (2004) sugieren que un formato tradicional de este tipo de curso (basado en la presentación de contenidos con escasas oportunidades para la interacción entre los participantes) puede resultar menos útil que otros formatos con preguntas abiertas, la expresión de opiniones diversas y la producción de discurso menos controlado por el profesor.

Como podemos apreciar, los factores externos, muchos de los cuales pueden ser manipulados por el profesor, tienen un considerable impacto en el proceso de aprendizaje de un aprendiente de L2. En el siguiente apartado examinaremos aquellos factores que no son contextuales, es decir, las dimensiones que constituyen variables internas de cada individuo.

---

**Actividad 6.** Prepara una lista de semejanzas y diferencias entre aprender una "lengua segunda" y una "lengua extranjera". ¿Qué circunstancias personales (motivación, etc.) o sociales (inmersión lingüística, etc.) podrían hacer que esta distinción no fuese tan clara?

---

**Actividad 7.** Identifica qué tipo de retroalimentación ha utilizado el profesor en cada uno de los siguientes intercambios comunicativos.

1.  Estudiante: Este verano leí varios libres.
    → Profesor: Disculpa, ¿qué fue lo que leíste?

2.  E: Yo poní la tele a las 8.
    → P: Yo puse.

3.  E: Cuando soy triste, lloro mucho.
    → P: ¿Cuándo SOY triste?

4.  E1: En mi dibujo hay un niño, tres perros y dos gatos.
    → E2: ¿Cuántos niños . . .?
    E1: Oh, dos niños, lo siento.

5.  P: Peter, por favor, ¿puedes decirme cuántas clases tomas este semestre?
    E: . . .
    → P: ¿Repito la pregunta?

🖵 🎧 **Actividad 8.** En el siguiente vídeo se describe la aplicación de los principios de la teoría del aprendizaje de Lev Vygotsky en aulas de educación infantil. ¿Cómo podría aplicarse este enfoque en una clase de L2?

🔗 Enlace: https://www.youtube.com/watch?v=gLXxcspCeK8.

## 3.2. Los factores internos

Existen factores que no dependen de elementos externos, sino de facultades o características específicas del individuo que procesa la información. Por ejemplo, hay personas que recurren a la memoria visual para estudiar y reforzar lo que acaban de aprender, utilizan diagramas o hacen dibujos o mapas mentales a modo de esquema. Otras, en cambio, prefieren elaborar resúmenes que les ayuden a sintetizar la información y los leen en voz alta varias veces para facilitar su memorización. Este tipo de aprendiente no solamente se estaría basando en la memoria visual para aprender, sino que también estaría haciendo uso de su memoria auditiva mediante la repetición del contenido en voz alta de manera sistemática. Estos factores internos, también conocidos como **diferencias individuales**, han ganado ímpetu en el campo de la investigación de ASL. En esta sección, se explicarán algunas de estas diferencias individuales, tales como la aptitud y la actitud, la motivación y la memoria de trabajo.

### 3.2.1. La aptitud y la actitud

La **aptitud** se refiere a la facilidad que tiene un alumno para aprender una L2. Es común encontrarse con personas a las que se les da muy bien aprender otros idiomas en poco tiempo y sin aparente esfuerzo, mientras que hay otras que parecen no progresar lo suficiente a pesar de su dedicación y de las horas de estudio. ¿Es cierto que cada persona tiene una habilidad distinta con respecto al aprendizaje de una L2, o se trata simplemente de un mito? En realidad, para poder dar respuesta a esta pregunta debemos considerar varios factores. A finales de la década de los cincuenta, John Carroll y Stanley Sapon (1959) crearon una batería de pruebas para medir la aptitud, el MLAT o *Modern Language Aptitude Test*. Desde entonces se han hecho varias modificaciones, pero sigue siendo una herramienta útil en las investigaciones actuales que desean establecer una correlación entre la aptitud de un individuo con otros factores o variables. Con el tiempo, este factor ha ido cambiando y hoy en día cubre también las funciones de almacenamiento de la memoria, también conocida como **memoria de trabajo**. Adquirir una lengua supone el almacenamiento de estructuras y léxico nuevos en la memoria a largo plazo. Sin embargo, antes de que esto ocurra, la información del *input* que se va a convertir en apropiación de datos debe ser almacenada en la memoria de corto plazo, donde permanece hasta que pueda ser procesada.

Otro factor importante es la **actitud** que cada persona tiene acerca de la lengua meta y la cultura que se asocia con esta lengua. Si tenemos en cuenta que el aprendizaje de una L2 implica tanto la adquisición de un sistema lingüístico nuevo como el desarrollo de nexos sociales y culturales (Dörnyei 2003), una persona que tenga una imagen negativa sobre la L2 y su cultura tendrá más dificultad para aprenderla. La estrecha correlación entre actitud y éxito en el desarrollo de la adquisición de una L2 ha demostrado que una actitud positiva supone una mayor facilidad de aprendizaje para el alumno. Así, vemos que el éxito en el aprendizaje de una L2 no solamente se encuentra relacionado con la aptitud del aprendiente a la hora de adquirir conocimientos, sino que se encuentra estrechamente vinculado también con la actitud que dicho aprendiente dispone.

### 3.2.2. La motivación

Otro factor interno importante es la **motivación** del alumno, definida como el deseo de iniciar el proceso de aprendizaje de una L2 y el esfuerzo para lograrlo (Ortega 2009, 168). A inicios de la década de los setenta, el trabajo de Robert Gardner y Wallace Lambert (1972) nos informaba de que la motivación, ya sea positiva o negativa, podía ayudar o impedir la comunicación y afiliación intercultural entre comunidades que hablaban distintos idiomas. Si cambiamos el ámbito social por uno más pedagógico, podemos también concluir que la motivación estaría relacionada con las tareas de la clase de L2. Esta rama de los estudios de la motivación sugiere que el comportamiento cuando se realiza una tarea de los estudiantes depende tanto de motivos generales como de motivos relativos específicamente a las características de la tarea en cuestión. La motivación puede variar mucho, de ahí que haya un gran número de factores que entran en juego en el transcurso del proceso de aprendizaje de una L2. Por este motivo, Dörnyei y Ottó (1998), Dörnyei (2000, 2001, 2003, 2008) y Dörnyei y Ushioda (2001/2011) hablan de un **modelo de proceso** aplicado a la motivación, que nos podría ayudar a entender por qué los niveles de motivación están en constante fluctuación. Este hecho explicaría en parte por qué los resultados empíricos sobre este tema no llegan a un consenso claro.

Este modelo de proceso divide el aprendizaje en tres segmentos temporales: **la etapa preaccional**, en que la motivación se genera y hace que el individuo escoja sus objetivos (motivación de elección). La segunda etapa es la **accional**, cuando la motivación generada en la fase anterior debe ser mantenida y protegida. La motivación en esta fase se conoce también como motivación ejecutiva y, según Dörnyei (2003), es muy relevante en el estudio de una L2. Finalmente, la **etapa postaccional** es aquella en la que el individuo hace una evaluación retrospectiva de la experiencia de aprendizaje. Esta evaluación va a ser determinante en las decisiones que tome el individuo con respecto a actividades u objetivos futuros. En resumen, este enfoque muestra que los motivos que conducen a alguien a emprender algo son diferentes de los que experimenta mientras realiza la acción y también diferentes de los que usa para evaluar una acción finalizada. Para estudiar y entender la motivación y su rol en ASL, es necesario no solamente estudiar la correlación entre el grado de motivación y la competencia lingüística de un estudiante, sino además observar en qué medida las diferentes facetas de la motivación (por el contexto, por la tarea, etc.) generan diferentes comportamientos de aprendizaje (Dörnyei 2003, 22).

### 3.2.3. Las estrategias de aprendizaje

Uno de los factores de mayor interés para los profesores de L2 tiene que ver con la selección de una o varias **estrategias de aprendizaje** por parte del aprendiente. Si nos tomamos un momento para intercambiar impresiones con otros aprendientes sobre qué nos funciona mejor cuando, por ejemplo, queremos memorizar una lista nueva de vocabulario, veremos que en cada grupo tendremos al menos tres opciones distintas. Hay personas a las que les resulta eficaz repetir las palabras de la lista en voz alta, otras prefieren escribir las palabras nuevas después de oírlas, y a otras personas les ayudará asociar la palabra nueva con un objeto físico. Desde la década de los setenta, se han elaborado varias tipologías de estas estrategias de aprendizaje (véanse Naiman *et al.* 1978; Wong-Fillmore 1979; Rubin 1975, 1981; Skehan 1989).

Rebecca Oxford (1985, 1990) nos ofrece una taxonomía bastante completa de las estrategias de aprendizaje de L2. La primera subdivisión principal se establece entre estrategias directas e indirectas. Las directas comprenden las estrategias de memoria, las estrategias cognitivas y las de compensación. La categoría de indirectas incluye las estrategias metacognitivas, las afectivas y las sociales. J. Michael O'Malley y Anna Uhl Chamot (1990) crearon una lista más precisa en la que fusionaron algunas de las categorías anteriores hasta obtener tres principales. Usaremos este marco para nombrar algunas de las estrategias más frecuentes entre alumnos de L2. La primera categoría es la de las **estrategias cognitivas**, es decir, aquellas que nos permiten dividir el proceso de aprendizaje en etapas o pasos, los cuales nos obligan a analizar, transformar o sintetizar la información recibida. Dentro de esta categoría encontramos la estrategia de *repetición*, mencionada al principio de esta sección con respecto a los aprendientes que repiten palabras para incorporarlas más rápidamente a su vocabulario. Otra estrategia frecuente es *tomar apuntes* de la información que recibimos por vía oral. Pensemos, por ejemplo, la manera en que intentamos discernir qué es lo más importante de una clase magistral y cómo lo apuntamos para recordarlo o estudiarlo después. La *traducción* es una estrategia bastante común entre aprendientes de L2, sobre todo en los niveles más bajos de competencia. Una estrategia cognitiva interesante es la *palabra clave*, es decir, el estudiante recuerda una palabra nueva de la L2 al asociarla con una palabra que suene casi igual en su L1 o creando imágenes mentales suscitadas por el sonido de la palabra nueva.

La siguiente categoría de estrategias es la de las **estrategias metacognitivas**, que el aprendiente aplica para regular su aprendizaje mediante el monitoreo y la evaluación del *input* que recibe. Los estudiantes que usan esta estrategia suelen estar muy motivados y tienden a ser individuos con experiencia en el proceso de aprendizaje o enseñanza de L2. Entre las estrategias que forman parte de esta categoría se encuentra la *atención dirigida*, esto es, el aprendiente decide de antemano que va a prestar atención a partes específicas del *input*. Otra estrategia metacognitiva es la de *autoadministración*, es decir, el estudiante controla o manipula las condiciones externas que él sabe le resultarán útiles para aprender. La autoadministración se manifiesta en estudiantes que, por ejemplo, reconocen que las actividades de comprensión lectora les causan dificultades porque se paralizan cuando se tropiezan con una palabra desconocida y entonces procuran prestar más atención al significado global del texto y a cognados para facilitar la tarea de comprensión.

Las **estrategias afectivas o sociales** también son importantes puesto que abarcan el contexto social en el que el estudiante aprende. Por ejemplo, con la estrategia de *cooperación*, el estudiante busca la ayuda y apoyo de sus compañeros para recibir retroalimentación o *feedback*, o simplemente para comparar o contrastar la información. Otra estrategia muy común es la de *pedir explicaciones*, que consiste en pedirle al profesor o a un hablante nativo que repita algo, que se lo explique nuevamente o que le proporcione un ejemplo.

A continuación presentamos una versión resumida de la taxonomía de estrategias de aprendizaje creada por O'Malley y Chamot (1990).

**Tabla 8.3** Estrategias de aprendizaje

| Categoría de estrategias | Estrategia de aprendizaje | Descripción |
|---|---|---|
| **Estrategias cognitivas:** ayudan a dividir el proceso de aprendizaje en etapas | Repetición | Repetir palabras para incorporarlas a su vocabulario más expeditamente. |
| | Tomar apuntes | Tomar apuntes de la información más importante recibida por vía oral. |
| | Traducción | Traducir la información recibida en la L2 a la L1. |
| | Palabra clave | Recordar una palabra en la L2 asociándola a una imagen mental o a alguna palabra en la L1 que se le parezca en sonido. |
| **Estrategias metacognitivas:** ayudan a regular el aprendizaje a través del monitoreo y la evaluación del *input* | Atención dirigida | Dirigir la atención a partes puntuales del *input*. |
| | Autoadministración | Controlar o manipular condiciones externas de la tarea para así facilitar el aprendizaje. |
| **Estrategias afectivas o sociales:** encierran el contexto social en el que se desarrolla el aprendizaje | Cooperación | Buscar ayuda y apoyo entre los compañeros para recibir *feedback*. |
| | Pedir explicaciones | Solicitarle al profesor o a un hablante nativo que repita o vuelva a explicar algo o que proporcione un ejemplo. |

(adaptado de O'Malley y Chamot 1990)

---

**Actividad 9. Revisa de nuevo las explicaciones sobre aptitud, actitud y motivación. Argumenta cuál de estos tres factores es más importante para aprender una L2. Después contrasta tu información con otra persona de la clase.**

---

**Actividad 10. ¿Cuáles de las estrategias de aprendizaje descritas en esta sección te parecen más útiles al aprender una L2? ¿Por qué?**

---

### 3.2.4. Las inteligencias múltiples

Howard Gardner (2006, 2011) propuso una **teoría de inteligencias múltiples** a partir de ocho tipos de inteligencia, cada uno vinculado a una competencia intelectual humana que le permite a una persona resolver dificultades en la vida diaria. La siguiente tabla muestra los ocho tipos de inteligencia, las destrezas que se manifiestan entre las personas que tienen las correspondientes competencias intelectuales evolucionadas, y cómo esas inteligencias se traducen en distintas maneras de aprender (Gardner 2006, 2011). Conocer estas inteligencias e identificarlas puede ser de utilidad a la hora de diseñar actividades para la clase.

**Tabla 8.4** Inteligencias múltiples

| | Inteligencia | Destrezas relacionadas | Prácticas que motivan el aprendizaje |
|---|---|---|---|
| 1 | Lingüística o verbal lingüística | Uso efectivo de las palabras, en modo verbal y escrito. | Leer en silencio y en voz alta, escuchar poemas, crear historias. |
| 2 | Musical | Gran sentido del ritmo y afinidad por la música. | Usar canciones, presentar la información de manera rítmica, usar instrumentos musicales en clase. |
| 3 | Lógico-matemática | Habilidad para los cálculos matemáticos y el razonamiento lógico. Capacidad de pensar en abstracto. | Usar juegos al estilo rompecabezas, de investigación o deducción lógica. |
| 4 | Espacial | Un sentido desarrollado del espacio, y pensamiento tridimensional. | Dibujar, pintar, usar mapas, ilustraciones y dibujos que representen la realidad, usar modelos 3D. |
| 5 | Corporal-cenestésica | Consciencia de su cuerpo y uso del mismo para expresar ideas o sentimientos. | Bailar, hacer ejercicio y actividad física, actuar. |
| 6 | Intrapersonal | Comprensión precisa de su propia personalidad, un concepto bien definido de su 'yo'. No suelen estar en compañía de otros. | Al ser aprendientes independientes, pueden aprender solos mientras se les den buenas directrices. |
| 7 | Interpersonal | Empatía hacia los demás, facilidad para interactuar con otros. | Usar actividades en grupos, trabajar con los demás. |
| 8 | Naturalista | Facilidad para observar, experimentar, clasificar y usar elementos naturales a su alrededor. | Recoger muestras para estudiarlas y compararlas. |

(adaptado de García Nieto 2009)

---

**Actividad 11. Diseña dos actividades de inteligencia múltiple que se podrían realizar en una clase de L2. Identifica qué tipo de inteligencia se potenciaría, cuáles serían las destrezas relacionadas y algunas de las prácticas que podrían motivar el aprendizaje.**

---

## 4. El bilingüismo y el multilingüismo

Los procesos de adquisición o aprendizaje de una L1 y una L2 ocurren en contextos distintos, pero todos ellos tienen lugar gracias a procesos cognitivos, que se ven reforzados por la ayuda de estímulos externos, como pueden ser la frecuencia y cantidad de exposición al *input*. En contextos en los que se dan el **bilingüismo** y el **multilingüismo** muchos hablantes son capaces de aprender varias lenguas a la vez como su L1, fenómeno que Carmen Silva-Corvalán (2014) etiqueta como BFLA por sus siglas en inglés (*Bilingual First Language Acquisition*), o sea, **adquisición bilingüe de primera lengua**.

El bilingüismo constituye un aspecto de gran interés entre investigadores del campo de la ASL y para el público en general. Hemos examinado algunos de los factores y procesos relacionados con la adquisición de la L1 y el aprendizaje de una L2, pero ¿qué sucede en un contexto en el que una persona tiene exposición a dos lenguas a la vez en su ámbito doméstico? Este es un hecho cada vez más habitual y, si pensamos en países en los que existen dos o más idiomas oficiales o en contacto como Canadá, Paraguay o Suiza, o en países multilingües como la India o Sudáfrica, observamos que cientos de millones de hablantes en el mundo se ven expuestos a diferentes códigos lingüísticos al mismo tiempo. El concepto de bilingüismo ha ido evolucionando a medida que se entienden mejor los procesos cognitivos relacionados con el aprendizaje y dominio de una L2, y también con el progreso de investigaciones sobre cómo las circunstancias sociales, políticas e incluso económicas pueden propiciar la aparición de contextos bilingües. Por ejemplo, durante el primer tercio del siglo XX, en una definición temprana del término, Leonard Bloomfield (1933) considera que una persona es bilingüe solamente si tiene un dominio de hablante nativo en las dos lenguas. Hacia finales del siglo XX y principios del XXI, François Grosjean (1982, 2010) explica que el fenómeno del bilingüismo es bastante más frecuente de lo que nos imaginamos, ya que ocurre por múltiples razones, entre otras, la convivencia de varias lenguas en un mismo espacio geográfico o político, los movimientos migratorios, la unión en una misma familia de personas hablantes de distintos idiomas o los desplazamientos por razones de estudio o turismo.

Para muchos autores, la edad a la que el hablante se expone a las dos lenguas, en caso de ser bilingüe, o más de dos idiomas si es multilingüe, desempeña un papel especialmente importante en la competencia lingüística que ese hablante llegará a tener. Silva-Corvalán (2014) se refiere al contexto en el que un hablante recibe *input* de ambas lenguas desde su nacimiento como la adquisición bilingüe de primera lengua o BFLA. En casos así, el hablante es un **bilingüe simultáneo**. En otras situaciones, se habla de **bilingüismo secuencial**, el fenómeno que ocurre cuando la persona bilingüe tuvo exposición a la L2 durante el periodo comprendido entre su primer y tercer año de vida. Finalmente, Silva-Corvalán cita a Annick De Houwer (2009) para denominar **bilingüismo temprano** o **adquisición temprana de segunda lengua** a los casos en los que el niño ha desarrollado su primer sistema lingüístico de manera completa antes de su contacto con una L2.

Los expertos en psicolingüística han comenzado a recoger datos sobre la actividad neurológica realizada al procesarse dos lenguas simultáneamente o casi a la vez —el caso de niños que nacen en el seno de hogares bilingües, donde uno de los padres habla una lengua y el otro progenitor habla otra (véase, por ejemplo, Baus, Costa y Carreiras 2013)—. Varias de estas investigaciones se han centrado en la interacción entre el español y el inglés en los Estados Unidos como lenguas de estudio. Por ejemplo, Carmen Silva-Corvalán (2014) dedica todo un libro a analizar el bilingüismo de dos hermanos, desde su nacimiento hasta los seis años de edad, que han crecido en una familia bilingüe de Los Ángeles. Mediante la observación empírica, Silva-Corvalán intenta determinar si el bilingüismo puede afectar al desarrollo de una u otra lengua y emplea el término **interacción croslingüística** (2014, 10) para referirse a los efectos de la coexistencia de las dos lenguas en la mente de un bilingüe. Silva-Corvalán señala además que, a medida que el bilingüe madura, la lengua con mayor exposición se consolida más rápidamente, pero, al mismo tiempo, algunas de las características de esta lengua se transfieren a la más débil o menos utilizada. Por último, su estudio también parece confirmar que, en el caso de hermanos o hermanas bilingües, el orden de nacimiento en la familia puede predecir el nivel de competencia bilingüe. El hermano o hermana mayor recibe, en líneas generales, una mayor exposición al *input* y, por lo tanto, adquirirá una mayor competencia bilingüe que sus hermanos o hermanas más jóvenes.

El proceso que lleva a una persona a ser bilingüe o multilingüe deja una huella marcada en su desarrollo neurológico. La adquisición de lenguas hace que el cerebro reaccione como si fuera un músculo bien ejercitado: al aprender una L2, el cerebro se vuelve más receptivo a aprender una tercera lengua (L3) más fácilmente y con mayor rapidez (Sanz 2000, 2007; Bialystok 2001, 2007). Las ventajas no son solamente lingüísticas, ya que algunos estudios (Peal y Lambert, 1962; Lambert 1967; Jessner 1995) han probado que muchos niños que han aprendido una L2 antes de los cinco años demuestran mejor rendimiento escolar en todas las áreas de estudio de la escuela primaria, entre ellas el aprendizaje de las matemáticas y de conceptos abstractos. También sabemos por investigaciones realizadas por el equipo de Bowden *et al.* (2013) que personas de la tercera edad que aprendieron una L2 después de la infancia procesan la sintaxis de una L3 de manera similar a como lo haría un hablante nativo.

Relacionado con los diferentes grados de bilingüismo, y con la interacción que se produce entre hablantes de lenguas en contacto, cabe mencionar el término **translenguar**, acuñado por Ofelia García (2009, 2013) a partir del primer uso del concepto en el contexto del aprendizaje del galés por parte de Cen Williams (1996). En concreto, Williams empleó el término para describir las prácticas pedagógicas de los profesores de escuelas bilingües en Gales, que consistían en cambiar de una lengua a otra según la tarea de clase. García ha ampliado el uso de la noción de translenguar para explicar las múltiples conductas discursivas que muestran los hablantes bilingües y que dan sentido a sus mundos bilingües (2009, 45). Para García y Wei (2014, 23), translenguar se plantea como la norma discursiva bilingüe en las familias y comunidades donde se dan el bilingüismo y el multilingüismo. Estos contextos son cada vez más comunes en muchos países, por ejemplo, en áreas de los Estados Unidos donde hay una gran presencia de inmigrantes hispanohablantes que forman familias compuestas de varias generaciones con diferentes grados de competencia lingüística en inglés y en español (véase el capítulo 7 sobre variación lingüística).

A continuación, exploraremos cómo los estudios sobre adquisición de lenguas, una de las disciplinas dentro del ámbito interdisciplinar de la lingüística aplicada, nos han ayudado a desarrollar diferentes métodos de enseñanza de L2.

---

**Actividad 12. Responde a las siguientes preguntas a partir de los contenidos de la sección y teniendo en cuenta el contexto de los hogares hispanohablantes.**

1. Aunque el inglés es la lengua principal en los Estados Unidos, ¿cuáles serían algunas de las ventajas inmediatas de potenciar el aprendizaje del español?
2. ¿De qué manera se puede superar la resistencia de los niños a comunicarse en español?
3. Si los niños crecen rodeados de dos idiomas y dos culturas, ¿se van a confundir? ¿Va a ser su desarrollo verbal más tardío por esta razón?
4. Según Silva-Corvalán (2014), el orden de nacimiento de los hijos puede influir en el grado de bilingüismo que desarrollen. ¿Qué podrían hacer los padres para conseguir que sus hijos tuvieran un dominio similar de la lengua que se utiliza en casa?

---

## 5. La lingüística aplicada al aprendizaje y enseñanza de lenguas

En general, podemos definir la **lingüística aplicada** como una perspectiva interdisciplinar que relaciona el conocimiento teórico y práctico sobre el lenguaje con actividades en diversos contextos sociales y profesionales. En sus primeros pasos hacia mediados del siglo XX, la lingüística aplicada estaba vinculada principalmente a campos como la enseñanza de lenguas, la traducción y la lexicografía; pero en la actualidad se concibe como un espacio más amplio donde se quiere dar respuesta a múltiples cuestiones de carácter lingüístico: lingüística computacional, política y planificación lingüística, discursos publicitarios, bilingüismo y multilingüismo, trastornos del habla y del lenguaje, etc. (Lacorte 2007, 2015a). En esta sección, nos centramos en la relación entre la lingüística aplicada y el aprendizaje y la enseñanza de segundas lenguas.

Con los descubrimientos sobre cómo los seres humanos aprendemos la L1 y la L2, el campo de la lingüística aplicada se asentó, a partir de los años sesenta y setenta, como la disciplina que conecta los resultados de estudios empíricos con los métodos aplicados a la enseñanza de L2. En otras palabras, los avances de la investigación en el campo de ASL deberían informar al profesor de L2 sobre las mejores prácticas docentes en la clase. Como señalan Rod Ellis (2010) y Bill VanPatten (2010), esta conexión no siempre resulta obvia, pero la necesidad de que exista esa comunicación entre teoría y práctica se hace cada vez más evidente e importante.

**Figura 8.3** Representación de la conexión entre la teoría de ASL y la práctica docente

Las siguientes secciones explicarán cómo evolucionó la historia de la enseñanza de L2 gracias a diferentes avances teóricos. Antes de hacer este recorrido histórico, exploraremos la noción de interlengua, propuesta en los años setenta por un experto en lingüística aplicada con especial interés en la enseñanza de lenguas.

### 5.1. La interlengua de los aprendientes de español como L2

Hemos visto que entre niños que son hablantes nativos de español o adultos aprendientes de español como L2 hay, por un lado, elementos del sistema lingüístico que se adquieren tardíamente (p. ej., los pronombres demostrativos o los adjetivos calificativos) y, por otro, aspectos o patrones de la lengua que emergen como errores típicos de las diferentes etapas de la adquisición (p. ej., la morfología verbal o el modo subjuntivo) (Brioso Díez *et al.* 2012, 151). El término **interlengua** fue acuñado por Larry Selinker (1972) para hacer referencia al sistema lingüístico individual de un aprendiente de una L2 en las distintas fases de su aprendizaje.

Selinker identifica cinco procesos cognitivos principales de construcción de la interlengua:

1) **la transferencia lingüística**: las reglas y subsistemas de la L1 del aprendiente que se pueden transferir a la L2; 2) **la transferencia en la enseñanza**: los elementos de la interlengua que han podido ser motivados por la manera en la que se le ha enseñado la L2 al aprendiente; 3) **las estrategias de aprendizaje**: el enfoque concreto que una persona sigue a la hora de aprender el material lingüístico de la L2; 4) **las estrategias comunicativas**: el enfoque concreto de cómo se comunica el aprendiente con un hablante nativo de la L2; 5) **las sobregeneralizaciones del material lingüístico**: algunos elementos de la interlengua son el resultado de sobregeneralizaciones de reglas gramaticales o de características semánticas de la L2.

R. Ellis (1994, 351) señala que no está claro por qué "la transferencia lingüística" y "las sobregeneralizaciones" no aparecen integradas como "estrategias de aprendizaje", ya que podrían ser igualmente ejemplos de las operaciones mentales que un aprendiente pone en práctica como parte del proceso cognitivo de la interlengua. De todos modos, el autor reconoce que esta clasificación ha sido de gran utilidad, al constituir uno de los primeros intentos de especificar los procesos mentales que ocurren durante la adquisición de una L2. La clasificación también ha servido para introducir importantes distinciones terminológicas, como la diferencia entre **estrategias de aprendizaje**, o herramientas que una persona emplea cuando aprende una L2, y las **estrategias comunicativas**, o mecanismos que el aprendiente utiliza para comunicarse de manera eficaz, aunque no tenga un claro dominio de la lengua.

A continuación revisaremos algunas de las dificultades propias del español que constituyen parte de la interlengua de muchos aprendientes. Con ello, no pretendemos proporcionar una lista exhaustiva, sino indicar solamente algunos aspectos del idioma que nos permiten reflexionar sobre su adquisición. En concreto, describiremos el contraste entre *ser* y *estar*, la diferencia de uso entre las preposiciones *por* y *para*, la noción de género gramatical y los pronombres clíticos de objeto.

Uno de los primeros problemas a los que se enfrenta un aprendiente de español es la distinción entre los verbos *ser* y *estar*. El mayor desafío radica en que, para hablantes de lenguas germánicas como, por ejemplo, el inglés o el alemán, estos dos verbos poseen un único equivalente (*to be* en inglés, *zu sein* en alemán). El hecho de que existan dos campos semánticos separados para lo que podría ser un único verbo en su lengua materna obliga a estos hablantes a prestar atención a este aspecto cuando se expresan en la lengua meta. Tradicionalmente, muchos libros de texto han explicado estos dos verbos señalando que *ser* se utiliza para describir estados de carácter permanente, mientras que *estar* sirve para expresar aspectos temporales. Sin embargo, esta explicación es problemática porque, por un lado, el aprendiente debe hacerse constantemente la pregunta de que si lo que va a decir posee una característica u otra y, por otro, porque existen numerosas excepciones, usos propios de la lengua, etc., que cuestionan la distinción entre ambos verbos. Por ejemplo, mientras que *Está cansado* y *Está muerto* se expresan con el verbo *estar*, resulta difícil pensar que la segunda oración expresa un hecho de carácter transitorio o temporal. Otra explicación habitual, bastante más representativa que la anterior, consiste en relacionar cada verbo con funciones concretas, es decir, *ser* (identidad, profesión, nacionalidad, características físicas) y *estar* (estado de ánimo, ubicación de objetos o personas). Sin embargo, existen excepciones que se escapan a estas explicaciones y que corroboran la complejidad de la oposición de estos dos verbos para aprendientes de L2, por ejemplo, *¿Dónde están Paúl y Daniela?* (lugar) pero *¿Dónde es el concierto de música?* (lugar donde se celebra un evento), en cuyos significados se expresa la idea de localización.

De todo lo anterior se podría deducir que los libros de texto no siempre proporcionan la manera más adecuada de enseñar la gramática y que, en general, procuran buscar maneras de sistematizar el uso de la lengua. Este aspecto está relacionado con la interlengua del hablante, pues concierne a la "transferencia en la enseñanza", es decir, el modo en que un estudiante ha adquirido la distinción entre *ser* y *estar* puede condicionar e influir su aprendizaje y, por añadidura, su interlengua. En realidad, el verbo *ser* se adquiere en una fase más temprana, y se ha demostrado que aparece tres o cuatro veces más frecuentemente que *estar* (Collentine 2008; VanPatten 1987, 2010). En su propuesta sobre el orden en las etapas de adquisición de *estar*, VanPatten (2010) nos muestra que la primera forma que se aprende correctamente es la combinación de *estar + gerundio* (*está hablando*), y que la que combina *estar + adjetivo* se adquiere de manera más tardía. ¿Por qué? Si hablamos de aprendientes cuya primera lengua es el inglés, es evidente que la estructura *estar + gerundio* es idéntica a *to be + gerundio* para expresar un tiempo progresivo; es decir, hay una correspondencia con el significado semántico y la estructura sintáctica en ambos idiomas. Sin embargo, en español hay algunos adjetivos que por su naturaleza semántica se construyen con *estar*, como, por ejemplo, adjetivos que indican estados: *está descalzo, está mojado, está roto*, etc. En otros casos, el propio adjetivo se ha constituido en la lengua solamente con una de las formas, pese a tratarse de adjetivos que se puedan utilizar como sinónimos, por ejemplo, siempre es *estar contento* (*Estoy muy contento en este trabajo*), pero nunca *\*ser contento* (*\*Hoy soy muy contento porque no tengo clase*); sin embargo se puede <u>ser</u> *feliz* (*Soy muy feliz en este trabajo*) y *estar feliz* (*Hoy estoy muy feliz porque no tengo que ir a trabajar*).

*Por* y *para* son dos preposiciones que también suelen revestir dificultad para los estudiantes de español como L2, puesto que muchas veces ambas preposiciones equivalen a *for* en inglés. En 1992, Gail Guntermann analizó grabaciones de entrevistas a nueve informantes del Cuerpo de Paz que habían cumplido su primer año de servicio en diversos países de Latinoamérica, y advirtió que el 40 por ciento de los errores que cometían al expresarse en español se debía a la confusión entre estas dos preposiciones. De las dos, *para* se usaba con mayor frecuencia y precisión. De hecho, el error más frecuente con *para* era su sobreutilización, esto es, las grabaciones de los participantes mostraban que insertaban *para* en contextos en los que no debía ir ninguna preposición.

Como hemos visto en el capítulo sobre morfología, en español existe la *noción de género gramatical*, es decir, la distinción entre masculino y femenino. El género suele presentar dificultades para hablantes cuya L1 no cuenta con esta distinción, sobre todo, en sustantivos inanimados que no poseen sexo biológico como en *el puente* o *la fuente*, con una estructura fonético-fonológica similar pero con géneros distintos. Los sustantivos más problemáticos suelen ser los que no terminan ni en –*a* ni en –*o* (Green 1988) y cuyo morfema de género no informa al hablante sobre su género explícito, como en los ejemplos anteriores terminados en –*e* (Alarcón 2013). Sin embargo, este aspecto de la L2 no presenta mayor dificultad para un hablante nativo ya desde la infancia (tres o cuatro años de edad). Por supuesto, se adquieren antes los sustantivos con género explícito o manifiesto en la terminación del sustantivo, pero los sustantivos con género no manifiesto tampoco acarrean grandes complicaciones para los hablantes nativos.

Por último, otro aspecto gramatical que reviste dificultad para los estudiantes de español como L2, y cuya enseñanza también supone con frecuencia un desafío para los docentes, son los pronombres clíticos de objeto. Según Malovrh (2013), la primera dificultad reside en el uso tan variado de estos pronombres en el mundo hispanohablante, dado que las reglas no siempre se observan en el uso oral informal de la lengua e incluso en la escrita. La Real

Academia Española (RAE) y la Asociación de Academias de la Lengua Española (ASALE) en su *Nueva gramática de la lengua española* (2009, 1212-1229) subrayan que el *leísmo*, o empleo del pronombre de objeto indirecto (*le, les*) en lugar de los de objeto directo (*lo, las, los, las*), ha ido ganando terreno en el mundo hispanohablante. En el caso de España, este uso se ha extendido a la lengua culta, y en el español de América se han documentado casos de leísmo, sobre todo, en zonas de contacto con otras lenguas. Por ejemplo, el leísmo aparece en Paraguay en contacto con el guaraní, o en Perú y en la sierra de Ecuador como resultado de un proceso de simplificación gramatical cuando los hablantes de quechua o aimara aprenden el español como L2 (RAE y ASALE 2009, 1215) (véase el capítulo 7 sobre variación lingüística).

---

**Actividad 13.** En tu experiencia personal como aprendiente de L2, ¿crees que empleas más estrategias de aprendizaje o estrategias comunicativas? Justifica tu respuesta.

---

**Actividad 14.** ¿Cómo explicarías las diferencias gramaticales en los siguientes casos? Consulta un manual de gramática si es necesario y elabora una breve explicación.

1. *ser y estar*
   a. Es un tipo muy elegante.
   b. ¡Hoy estás muy elegante!

2. *por y para*
   a. Si no puedes ir, hablaré por ti en la reunión.
   b. Habla en voz alta para que te oiga mejor.

3. *el uso y posición de los pronombres*
   a. –¿Has visto a Javier esta semana? –Sí, lo vi ayer y le dije que viniera a la fiesta.
   b. –¿Le comprarás aquel libro a tu madre? –Sí, se lo regalaré por su cumpleaños.

---

## 6. Los métodos de enseñanza

Tras explorar algunas de las muchas relaciones entre la investigación sobre la adquisición de lenguas y lo que ocurre en el aula de L2, esta sección va a revisar brevemente los métodos de enseñanza más conocidos. Como señala Alice Omaggio Hadley (2001), cada uno de estos enfoques provocó en su momento una aparente "revolución metodológica", siempre en busca del método perfecto para aprender una L2. En realidad, ninguno de estos enfoques metodológicos ha sido sustituido por uno más reciente, sino que todos ellos se siguen usando en la actualidad, desde el más tradicional al más innovador, de forma más completa o parcial, de modo más o menos consciente. Esto se ha representado habitualmente con la imagen de un péndulo metodológico que, en función de la popularidad de una u otra teoría lingüística o psicológica, o por otras razones menos científicas y más prácticas, ha llevado la enseñanza de L2 de un extremo más gramatical a otro más comunicativo. Así, se oscilaría entre aspectos como el énfasis en las destrezas auditiva y oral a la importancia de la lectura y escritura, la necesidad de corregir todo tipo de errores tan pronto como se detecten o fijarnos solo en aquellos que dificultan la comunicación, o la figura del profesor como modelo y transmisor de conocimiento a la visión del aula como un espacio en que todos los participantes, profesor incluido, pueden aprender de manera cooperativa (Long y Lacorte 2007).

En las próximas secciones se recogen algunos de los métodos de enseñanza de L2 más populares hasta el presente. Cada apartado contiene una referencia cronológica, una nota sobre fundamentos teóricos, una descripción de las técnicas más destacadas y un breve comentario sobre posibles limitaciones. Aquilino Sánchez (1992/2005, 8) indica que, en general, han existido dos tendencias básicas en la metodología de lenguas, una gramatical y la otra conversacional: "La primera está basada en la preeminencia de la gramática; la segunda se fundamenta en la utilización prioritaria de materiales lingüísticos extraídos de la realidad comunicativa (diálogos, frases usuales)". La comprensión de los distintos métodos bajo una u otra tendencia puede ayudar a los instructores de L2 a ser más conscientes de la evolución general de la enseñanza de lenguas, y de cómo se pueden adaptar las distintas técnicas y estrategias pedagógicas a las diversas condiciones individuales, institucionales y socioculturales del proceso de enseñanza (véase Lacorte 2015b).

## 6.1. El método gramática-traducción

Desde el momento en que dejaron de ser lenguas vivas y se convirtieron en materias académicas, el aprendizaje del latín y del griego se basaba en memorizar reglas gramaticales y traducir y escribir ejemplos de oraciones. El estudio de la gramática se percibía como una parte del estudio de la lógica, es decir, el análisis de jerarquías lingüísticas. Cuando las lenguas "modernas" (inglés, francés, alemán, español, etc.) se incorporaron al currículum académico a partir del siglo XVIII, se aplicaron técnicas de enseñanza similares a las empleadas con los idiomas "clásicos" (latín y griego). En el **método gramática-traducción**, el aprendizaje deriva del análisis lingüístico, la memorización de reglas y paradigmas y la aplicación de esas reglas mediante ejercicios de traducción. El trabajo en el aula acostumbra a seguir un orden fijo: en primer lugar, se presentan de modo deductivo las reglas gramaticales o las listas de vocabulario, que los estudiantes deberán aprender con todas sus excepciones; a continuación se dan pautas para realizar traducciones siguiendo las reglas gramaticales aprendidas, y, por último, se evalúa la comprensión a través de la traducción. El método gramática-traducción se centra principalmente en el desarrollo de ejercicios de traducción, con énfasis en la estructura de la lengua y en la escritura y con muy pocas oportunidades para la práctica auditiva y oral, o para la pronunciación. El instructor no necesita un alto nivel de competencia en la L2, ya que la comunicación no representa un objetivo importante, sobre todo en contraste con el interés por acercar a los estudiantes a la literatura y ayudarles a apreciarla (Omaggio Hadley 2001, 106).

Este método dominó la enseñanza de lenguas desde 1840 hasta 1940, y todavía hoy en día se emplean algunas de sus técnicas en la clase de L2, como cuando se pide a los alumnos que traduzcan una serie de oraciones para practicar la gramática, o cuando la comprensión de textos literarios constituye un aspecto clave de la enseñanza de lenguas. Algunos investigadores abogan hoy en día por recuperar e incorporar algunas de estas técnicas tradicionales como parte del currículum pedagógico de la clase, aunque insertadas en las prácticas docentes del siglo XXI que también puedan conducir a la potenciación de diferentes destrezas, como la destreza oral, y no solamente de la comprensión lectora y de la expresión escrita. Como menciona Ángeles Carreres (2006), el principal problema con los ejercicios de traducción, tal y como solían emplearse tradicionalmente, no radica en la traducción en sí, sino en el uso descontextualizado y excesivo que se hacía de ella, desvinculado de toda función comunicativa. Por ello, algunos autores reivindican su uso para favorecer el análisis de detalles específicos sobre la gramática o el componente pragmático de la lengua. Esta nueva corriente de defensores de la traducción en el aula de L2 propone trabajar con textos que tengan un valor comunicativo y cultural y que abarquen diferentes tipologías textuales (Carreres, Noriega-Sánchez y Calduch 2017).

## 6.2. El método directo

Según Jack Richards y Theodore Rodgers (2014), el método gramática-traducción perdió fuerza hacia mediados del siglo XIX, porque desde entonces crecieron las oportunidades de comunicarse en otras lenguas y los hablantes necesitaban poder emplearlas, no solamente memorizarlas. Entre otras propuestas innovadoras de esos tiempos, el **método directo** surgió a finales del siglo XIX cuando varios expertos (Gouin, Sauveur, Franke, Berlitz, etc.) prestaron más atención a las bases naturalistas del aprendizaje de la lengua y menos al análisis lingüístico. El método directo parte de la idea de que la lengua se aprende a través de una asociación directa de palabras y expresiones con objetos y acciones para evitar el uso de la lengua materna del aprendiente. Esta metodología se basa en la necesidad de aprender la lengua aquí y ahora, esto es, desde los objetos que hay en la clase y de acciones básicas, para después pasar a situaciones más generales, con la ayuda de fotos e imágenes que muestran, por ejemplo, la vida en los lugares donde se habla la L2. De este modo se evita el uso de la L1 en la clase, ya que, para completar las imágenes, el vocabulario nuevo se introduce a través de definiciones o de mímica. Los estudiantes se ven expuestos a una gran cantidad de *input* desde el primer momento, porque escuchan siempre enunciados completos y con significado completo. El método directo concede gran importancia a la pronunciación y la gramática no es nunca explícita, ya que se asume que se aprende a través de la práctica. Si bien es cierto que este método potencia el correcto uso de la pronunciación en situaciones contextualizadas, también lo es que la escasez de estructuras en la L2 hace que muchas veces los estudiantes utilicen estructuras de su L1 con vocabulario de la L2. Como apunta Rivers (1981, citado en Omaggio Hadley 2001, 109), puede resultar difícil erradicar este *"pidgin* de escuela" en fases más avanzadas del aprendizaje. Por otra parte, Rivers aclara que en versiones más modernas de este método sí se explica gramática para evitar la falta de precisión de los aprendientes al utilizar la L2.

## 6.3. El método audiolingüe

Durante los años cuarenta y cincuenta, el conductismo se convirtió en una importante influencia dentro de la psicología, y a su vez el estudio de la lingüística dio un giro desde la lingüística histórica a un estudio descriptivo y estructural de las lenguas (véase el capítulo 1). Esta combinación de lingüística estructuralista y conductismo propició el nacimiento de un nuevo método "científico" de enseñanza de lenguas, que se aplicó primero en cursos intensivos de L2 para las fuerzas militares estadounidenses después de la Segunda Guerra Mundial, y después se extendió a las clases de L2 en general. El **método audiolingüe** propone que la L2 debe enseñarse sin referencias a la L1. Los alumnos aprenden creando hábitos de conducta lingüística a través de ejercicios de estímulo-respuesta y, por esta razón, los libros de texto del método audiolingüe siguen una secuencia fija. Cada capítulo presenta en primer lugar un diálogo que los estudiantes han de memorizar y repetir una y otra vez, por lo que el *input* es abundante, y los instructores corrigen sobre todo la pronunciación; a continuación, se realizan ejercicios mecánicos para fijar las estructuras en que los estudiantes únicamente repiten el modelo presentado por el instructor, y se termina con actividades de aplicación, que implican cambios mínimos por parte de los aprendientes, como por ejemplo sustituciones de número y persona, cambios de singular y plural, cambios de tiempo verbal, diálogos dirigidos y ejercicios de traducción.

El objetivo principal de la enseñanza de L2 para el método audiolingüe es que los alumnos desarrollen las mismas destrezas que los hablantes nativos del idioma. Por eso es importante crear lo que Chastain (1976) denomina "isla cultural", es decir, un contexto en el aula en el que se evite el uso de la L1. El instructor solo necesita dominar las estructuras, el vocabulario y otras áreas que se enseñan en la clase, ya que las actividades y los materiales están cuidadosamente diseñados y estructurados.

Los resultados de este método fueron diferentes a los obtenidos con el método gramática-traducción: la producción oral sobresalía, pero la precisión gramatical era menor. Aunque al principio los estudiantes tenían la sensación de poder reproducir con bastante fluidez las estructuras aprendidas, pronto se daban cuenta de que no eran realmente capaces de crear con la lengua, juntar las diferentes estructuras y elaborar otras nuevas. Si se salían de las pautas que repetidamente se habían practicado de manera sistemática, no eran capaces de entablar comunicación. Además, el hecho de aprender "de oído" era una clara desventaja para los estudiantes visuales y cenestésicos o que se benefician del uso de movimientos corporales para expresar ideas o sentimientos.

**Actividad 15.** Decide a cuál de los tres métodos que hemos revisado hasta ahora (gramática-traducción, directo y audiolingüe) se refiere cada una de las siguientes afirmaciones. Algunas pueden estar relacionadas con más de un método.

| Característica | Gramática-traducción | Directo | Audiolingüe |
|---|---|---|---|
| 1. La pronunciación es importante. | | | |
| 2. Lo importante es la precisión gramatical. | | | |
| 3. No se permite el uso de la L1. | | | |
| 4. Se aprenden diálogos de memoria que después se repiten. | | | |
| 5. Los aprendientes reciben una gran cantidad de *input*. | | | |
| 6. El instructor no necesita dominar la L2 para poder enseñarla. | | | |
| 7. Se pone más énfasis en la escritura que en otras destrezas (escuchar, hablar, leer). | | | |

❷ En tu trayectoria personal como aprendiente de L2, ¿has tenido alguna experiencia con alguno de estos métodos de enseñanza? ¿Cómo la describirías?

## 6.4. Los métodos cognitivos

La teoría de la **Gramática Universal** de Noam Chomsky (1965) sostiene que los seres humanos poseen una predisposición o habilidad innata en el cerebro para adquirir una lengua. Esta idea tuvo un importante impacto en la metodología de la enseñanza de L2 (véase el capítulo 1). Los métodos que se guiaban por el marco teórico cognitivo a partir de finales de los sesenta y principios de los setenta fueron diversos, aunque todos ellos partían de la idea de que una lengua no se puede aprender solamente por repetición, sino también por la generación de elementos subyacentes en la mente del aprendiente. Los próximos apartados describen varios de los métodos cognitivos más conocidos.

### 6.4.1. El código cognitivo

Según Omaggio Hadley (2001), la metodología cognitiva, surgida en la década de los setenta, parte de que el aprendizaje ha de ser significativo y creativo, y de que el conocimiento explícito de la gramática es necesario. En el **enfoque del código cognitivo**, los alumnos deben adquirir control sobre las reglas de la L2 a través de una enseñanza explícita de la gramática para así poder generar sus propias reglas. Además, el aprendizaje ha de seguir un camino lógico, de lo conocido a lo desconocido. En otras palabras, el conocimiento previo representa el punto de partida para aprender más y no puede limitarse a la gramática de la L2, sino que debe incluir necesariamente un conocimiento del mundo. Los materiales para la clase deben facilitar la comprensión de las reglas gramaticales mediante situaciones creativas, ya que los estudiantes han de ser capaces de comunicarse en situaciones y contextos diversos. Además, el material nuevo ha de introducirse según un orden lógico establecido para que siempre sea significativo, y ha de ser variado para así llegar a los diferentes tipos de aprendientes. No se presta mucha atención a la pronunciación, porque se considera poco factible alcanzar un nivel nativo en esta destreza. Se asume que el profesor tendrá una buena competencia lingüística en la L1 y la L2, ya que debe ser capaz de analizar ambas lenguas en distintos niveles.

### 6.4.2. El modelo del monitor

Stephen Krashen (1977, 1981, 1982, 1985) propuso cinco hipótesis en su **modelo del monitor** (*Monitor Model*), cuyas propuestas teóricas guiaron buena parte de los planteamientos sobre la adquisición y la enseñanza de lenguas durante las décadas de los años setenta y ochenta.

La primera hipótesis distingue claramente dos sistemas: la adquisición y el aprendizaje. El primero se refiere a un proceso inconsciente, el de adquisición de la L1, mientras que el segundo alude a un proceso consciente, como es en la mayoría de los casos el aprendizaje de la L2. Según Krashen, estos dos sistemas son incompatibles: lo que se aprende no se adquiere y viceversa. La **hipótesis del orden natural** se ciñe a la idea ya mencionada en la adquisición de L1 de que existe un orden natural en el que los niños adquieren los componentes de la lengua, y por lo tanto en el aprendizaje de una L2 también existe una ruta de orden fijo o predecible por la que pasan todos los aprendientes, aunque este orden no siempre coincide con el establecido por los libros de texto para presentar los contenidos gramaticales o estructuras de la L2. La **hipótesis del monitor** es la tercera y estipula que durante el aprendizaje de una L2 se activa un monitor que edita y corrige nuestros enunciados. La cuarta hipótesis, y quizás la más conocida, es la **hipótesis del input**. El aprendiente de L2 debe recibir un *input* comprensible denominado *i+1*, es decir, por encima de su nivel actual de conocimiento pero sin ser demasiado complejo. Mientras el alumno va aprendiendo nuevas estructuras en el orden natural, el profesor debe proporcionarle un *input* que sea solamente un paso más avanzado que el nivel de comprensión del alumno. Finalmente, la **hipótesis del filtro afectivo** sugiere que el alumno de L2 va a aprender más y de manera más eficaz si no siente tensión o ansiedad durante el proceso de aprendizaje. Cuanto más bajo sea el filtro afectivo, mejores serán los resultados del estudiante en la L2.

La principal desventaja que se encuentra a este modelo del monitor es que no puede ser demostrado empíricamente. Por un lado, no hay pruebas de que el monitor exista y funcione en la mente de un adulto (McLaughlin 1978, 1987; Gregg 1984), y por otro hay autores que dicen que la idea de un orden fijo de aprendizaje no se sostiene, puesto que depende de los diferentes aprendientes (McLaughlin 1987).

### 6.4.3. La instrucción gramatical mediante *input* estructurado

Otro modelo cognitivo que se desarrolló en la década de los noventa fue el de **procesamiento del *input*** (*Input Processing*), que estipula que la clave del aprendizaje de L2 está en la forma en que el alumno procesa el *input* para luego integrarlo en su interlengua. Por ejemplo, el enfoque de *Processing Instruction* o **instrucción gramatical mediante *input* estructurado** (VanPatten 1996) plantea que no todo el *input* que recibe el estudiante es absorbido. Solamente una porción conocida como **apropiación de datos** o *intake* puede ser almacenada y sometida entonces a un nivel más profundo de procesamiento. Cuando el alumno haya agregado la apropiación de datos a su interlengua, podrá producir esa estructura en forma oral o escrita, ya que entonces habrá establecido una conexión entre la forma de la estructura y su significado.

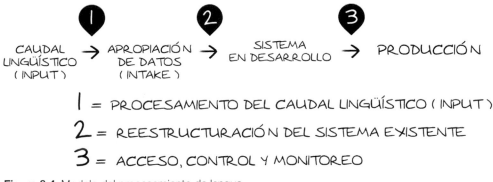

**Figura 8.4** Modelo del procesamiento de lengua
(adaptado de VanPatten 1996)

Al presentar la gramática al alumno, también se le advierte de los problemas que puede encontrar a la hora de aprender y de utilizar esa estructura nueva, y en muchas ocasiones se compara con su L1. Por último, el tipo de actividades que se presentan debería ayudar a entender la estructura para así llegar a comprender el significado. Entre las desventajas de este modelo se suele señalar que los alumnos tardan mucho en poder producir lengua, y que los resultados no son mejores que los de otros métodos (Cheng 2002). Además, para niveles altos no parece ofrecer los resultados deseados, como ocurre por ejemplo con la adquisición del subjuntivo en español (Collentine 1998; Farley 2001).

### 6.5. El enfoque comunicativo

Ya desde finales de los años setenta y principios de los ochenta, el **enfoque comunicativo** para la enseñanza de L2 propone centrarse en el potencial funcional y comunicativo de la lengua. A partir de la noción inicial de **competencia comunicativa** propuesta por Dell Hymes (1966, 1972), Michael Canale y Merrill Swain (1980) reformulan la competencia comunicativa del aprendiente de L2 en torno a cuatro dimensiones: 1) competencia lingüística, relacionada con el conocimiento sintáctico, léxico y fonológico de la lengua; 2) competencia sociolingüística, vinculada a la situación de comunicación; 3) competencia discursiva, responsable del dominio de las reglas del discurso, y 4) competencia estratégica, o estrategias de comunicación del aprendiente para resolver limitaciones derivadas de las otras tres competencias.

La filosofía de este enfoque o método se podría resumir en la idea de que "hablando se aprende a hablar". Es decir, el objetivo principal es el de conseguir que el aprendiente tenga la suficiente competencia en la L2 como para mantener un intercambio comunicativo con un interlocutor nativo en que el significado del mensaje se pueda codificar y descodificar de manera exitosa. Prima la comunicación por encima de la precisión gramatical, pero esto no significa que no se enseñe gramática, sino que se presenta de manera inductiva. O sea, el instructor introduce la gramática como parte de los contenidos funcionales o temáticos (p. ej., ir de compras, pedir comida en un restaurante, etc.), y explica las estructuras necesarias para alcanzar estos propósitos comunicativos.

Entre las características principales del enfoque comunicativo, Richards y Rodgers (2014) destacan la importancia del significado y la **contextualización**, y los múltiples intentos de comunicarse por parte de los aprendientes. Es mejor aprender el nuevo sistema lingüístico intentando hacerse entender y negociando el significado con sus interlocutores. El orden en que se presentan los temas y los materiales se determina por el interés de los alumnos, y las actividades y estrategias van variando según sus preferencias y necesidades. Los estudiantes suelen trabajar en grupos o en parejas para transferir o negociar contenidos, y participan a menudo en *role-plays* o dramatizaciones para ajustar su uso de la L2 a distintos tipos de contexto social. Las actividades y los materiales pedagógicos suelen ser auténticos para reflejar situaciones reales. El papel del profesor consiste sobre todo en facilitar la comunicación y, de manera secundaria, resolver errores. El instructor debería ser capaz de emplear la L2 de manera fluida y apropiada en diversos contextos. Por otro lado, se permite un uso moderado de la L1 cuando sea necesario en la clase.

Entre las principales desventajas que se suelen mencionar con respecto a este enfoque se menciona el posible desinterés por la instrucción gramatical puramente explícita y/o en la L1 de los alumnos. Se intenta que el alumno sea capaz de defenderse y hacerse entender en un contexto real, pero no se presta excesiva atención a la precisión gramatical mientras que el acto comunicativo se realice con éxito.

Una de las versiones del enfoque comunicativo más populares en la actualidad es el método o **enfoque por tareas**, que permite al alumno comprender, manipular, producir e interactuar con la L2 gracias a actividades relacionadas con el mundo real, no con ejercicios simplemente pedagógicos (Nunan 2004). La tarea constituye una actividad o meta que se debe alcanzar mediante el uso de la L2 como, por ejemplo, preparar una fiesta, organizar un viaje, escribir una sección cultural de una página de Internet, etc. Por eso, la tarea es la unidad básica para la planificación y la instrucción, y el aprendizaje se desarrolla mediante interacciones comunicativas ordenadas según su dificultad, es decir, la experiencia previa del aprendiente, la complejidad de la tarea, el nivel de apoyo por parte del profesor, etc., así como su relación con las necesidades específicas de los estudiantes.

Actividad 16. Determina si las siguientes afirmaciones son verdaderas o falsas teniendo en cuenta la descripción de los métodos cognitivos de enseñanza que acabas de leer.

| | | |
|---|---|---|
| 1. Todos los métodos cognitivos coinciden en que la repetición no es uno de los factores más importantes en el aprendizaje de una L2. | V | F |
| 2. El instructor que emplea métodos cognitivos ha de tener sobre todo una gran capacidad lingüística en la L1 de los alumnos. | V | F |
| 3. En el enfoque del código cognitivo hay un exceso de explicación gramatical. | V | F |
| 4. Según Krashen, lo que se aprende puede más adelante ser adquirido. | V | F |
| 5. La hipótesis del filtro afectivo dice que, cuanto mayor sea el nivel de ansiedad, más efectivo será el aprendizaje de la L2. | V | F |
| 6. Según Krashen, el *input* nuevo que recibe el aprendiente ha de ser mucho más complejo que lo que ya ha aprendido. | V | F |
| 7. VanPatten (1996) afirma que la clave del aprendizaje está en la manera en que el alumno procesa el *input*. | V | F |
| 8. La apropiación de datos o *intake* es equivalente a la cantidad de *input* a la que se expone al estudiante. | V | F |
| 9. El enfoque comunicativo dice que hablando se aprende a hablar. | V | F |
| 10. El enfoque comunicativo concede una importancia relativa a la gramática. | V | F |

❯ Ahora modifica los enunciados falsos para transformarlos en verdaderos.

---

Actividad 17. Prepara cinco enunciados similares a los de la actividad anterior. Fíjate en el ejemplo.

Modelo: "El modelo del monitor está relacionado con la interacción entre dos o más personas" (FALSO) → Dicho modelo se refiere a la capacidad individual de monitorizar la producción en la lengua meta.

## 6.6. Adaptaciones del método directo

Existen actualmente otros enfoques que se fundamentan de un modo u otro en el método directo presentado en la sección 6.2. En general, todos ellos consideran que la enseñanza de L2 se debería apoyar en los principios de la enseñanza naturalista de la lengua con niños pequeños, aunque con algunos matices. Las siguientes subsecciones presentan varias de las adaptaciones más populares del método directo.

### 6.6.1. El enfoque natural

A principios de la década de los ochenta y a partir de la hipótesis del monitor, Stephen D. Krashen y Tracy D. Terrell (1983) popularizaron el **enfoque natural**. Este método equipara el proceso de aprendizaje de la L1 a la L2 y sugiere que si el aprendiente se expone a una gran cantidad de *input*, llegará a absorber el conocimiento de una L2 emulando la manera en la que un niño adquiere su L1. Siguiendo una vez más los postulados de Krashen, Terrell (1982) afirma que el instructor ha de permitir que los aprendientes adquieran la L2 en lugar de aprenderla, es decir, que sigan un proceso similar al de los niños con su L1. A diferencia del método directo, Terrell otorga menos valor a los diálogos dirigidos por el profesor, a la repetición y a las preguntas y respuestas formales. Por otro lado, una de las grandes aportaciones de este método fue su atención al componente emocional y a la motivación durante la adquisición de la L2. El propio Terrell (1977, 326) afirma que si la clase ha de enfocarse en la capacidad de comunicación del alumno y su habilidad para hacerse entender, entonces se debe ser más flexible y menos exigente en lo relacionado con la precisión gramatical.

La premisa de que la comunicación es más importante que la gramática implica que las actividades pedagógicas tienen que ser siempre comunicativas, mientras que las explicaciones gramaticales deben ofrecerse fuera de la clase para no perder tiempo. Terrell (1977) asegura que no existe evidencia de que la **corrección de errores** provoque un efecto positivo, sino que más bien sirve para desmotivar al alumno, ya que los factores afectivos son de gran importancia en este enfoque. Terrell considera también que permitir que los aprendientes respondan en su L1 en actividades de comprensión basadas en el *i+1* propuesto por Krashen (1977) ayuda a que se concentren en la comprensión sin preocuparse por la producción.

Entre las desventajas que presenta este método, Omaggio Hadley (2001, 123) señala que la falta de énfasis en la forma o de corrección de errores no le permitirá al aprendiente alcanzar el objetivo de comunicarse con un hablante nativo. No obstante, Terrell solo veta la corrección de errores en el discurso oral, pero considera necesaria la presencia de **retroalimentación** o *feedback* en las tareas escritas.

### 6.6.2. *Total Physical Response* (Respuesta Física Total)

El método *Total Physical Response*, habitualmente conocido por sus siglas en inglés (TPR), y también llamado **método de Respuesta Física Total**, fue creado por James Asher en los años sesenta. A partir del modo en el que los niños adquieren su L1, este método propone desarrollar la capacidad de comprensión auditiva de los alumnos antes de comenzar a producir lengua, y por ello se hace uso solamente de la L2 en la clase. El profesor desarrolla su enseñanza mediante el uso de mandatos en forma de enunciados imperativos, que manipulan el comportamiento de los estudiantes y los guían hacia la comprensión de la L2 a través de acciones físicas o corporales. Por ejemplo, el instructor puede presentar vocabulario relacionado con objetos del aula con instrucciones como "cierren la puerta", "abran el libro", "tomen un lápiz", "escriban en el cuaderno", etc. Según Asher, Kusudo y De la Torre (1974), se puede aprender la mayor parte de las estructuras gramaticales y una gran cantidad de vocabulario si el instructor sabe cómo usar los mandatos. Así, el instructor puede introducir el presente continuo o progresivo con movimientos físicos que indiquen "estoy cerrando la puerta", "estoy leyendo un libro", "estoy caminando", etc., y de este modo podría también presentar estructuras relacionadas con los tiempos verbales del pasado, si previamente lo introduce con una fecha específica, como "la semana pasada . . ." o "cuando era pequeño . . .".

A pesar de su popularidad (a veces inconsciente, si pensamos en el juego *Simón dice* para enseñar los mandatos o imperativos), el método TPR ha recibido críticas sobre su dudosa eficacia con respecto a la conexión con las necesidades reales de los aprendientes —en particular, las de los adultos— y sus limitaciones en cuanto a la variedad de contenidos y materiales culturales que pueden incorporarse en la enseñanza de la lengua.

### 6.6.3. La enseñanza de proficiencia a través de la lectura y la narración de cuentos

El método TPRS (*Teaching Proficiency through Reading and Storytelling*) se conoce también por sus siglas en inglés y, como su predecesor TPR, goza de mucha popularidad entre los profesores de L2 de niños y adolescentes. El TPRS fue creado en la década de los noventa por Blaine Ray, un profesor de español en una escuela secundaria de California, que notó que los alumnos se cansaban de recibir mandatos y perdían el interés hacia la enseñanza impartida. Ray se propuso entonces enseñar conceptos y vocabulario que no podían explicarse usando exclusivamente TPR por medio de actividades más interesantes, como la lectura o creación de historias en la L2. En concreto, el *input* auditivo tiene que mantener continuamente la atención de los estudiantes, y a la vez debe incorporar una cantidad suficiente de estructuras y vocabulario para que los alumnos puedan comprenderlas y, cuando estén preparados, producirlas.

Este método se enfoca en la destreza lectora, y se pone en práctica con tres etapas: en la primera, el profesor presenta el nuevo vocabulario del texto a los estudiantes, por ejemplo, escribiendo palabras o frases en la pizarra con la traducción a la L1 de los estudiantes, aunque es preferible que lo haga usando gestos. Lo importante es que los estudiantes se familiaricen con los vocablos nuevos antes de verlos en el texto. En la segunda etapa del método, el profesor lee una historia a los estudiantes para permitirles oír las palabras nuevas dentro del contexto de la historia. El profesor puede repetir el texto varias veces, y puede invitar a los estudiantes, durante la segunda o tercera lectura, a imitar las acciones que se presentan en la trama o argumento. La tercera etapa consiste en dejar que los estudiantes lean el mismo texto o un texto parecido con las mismas estructuras o palabras aprendidas y practicadas en las etapas anteriores. Los cuentos o historias suelen comenzar con un problema, por ejemplo, una persona necesita o quiere algo. El instructor hace preguntas a la clase mediante estructuras o palabras relacionadas con el objetivo de la lección, por ejemplo, la perífrasis "querer + infinitivo" en *Esta persona ¿quiere leer un libro o quiere pasear con su perro?* Una vez se ha "localizado" la estructura, el instructor lee el cuento con apoyo de gestos, acciones, canciones, asociaciones, etc., y en la parte final se confirma la comprensión con nuevas preguntas y se propone diversas actividades de extensión, como cuentos con otros finales, actuaciones a partir de la historia, etc. (Ray 2015).

Algunas de las limitaciones de este método tienen que ver con la desconexión entre las historias propuestas por el instructor y la competencia lingüística real de los estudiantes, así como con la dificultad de incorporar estructuras o formas léxicas particularmente complejas en los cuentos sin afectar su creatividad, espontaneidad o interés potencial para los alumnos.

### 6.6.4. El modelo PACE

Un método bastante parecido a TPRS es el **modelo PACE**, cuyo interés en el aprendizaje mediante la interacción social conecta con los principios del **modelo sociocultural** de Lev Vygotsky (véase la sección 3.1.3.). PACE fue creado a finales de la década de los ochenta o principios de los noventa por Richard Donato y Bonnie Adair-Hauck (1992a, 1992b), con la intención de hacer que el aprendiente fuera más consciente sobre el uso de la L2 mediante la colaboración y la co-construcción de significados.

En concreto, el modelo PACE consiste en cuatro pasos: 1) P → Presentación (*Presentation*): el profesor presenta un texto a sus estudiantes, quienes leen o escuchan con el fin de descifrar el mensaje; es decir, el foco es el contenido y el significado del texto. 2) A → Atención (*Attention*): el profesor dirige la atención de sus estudiantes hacia la forma o estructura meta, y lo hace mediante manipulación del *input*, o sea, puede resaltar las formas meta en alguna de estas maneras: subrayadas, marcadas en colores distintos o negrita, encerradas en un círculo, etc. 3) C → Co-construcción (*Co-construction*): fase en que el modelo sociocultural aparece, ya que el profesor o un compañero más avanzado ayuda al estudiante a deducir la regla de la nueva estructura. 4) E → Extensión (*Extension*) es la última fase de este modelo y consiste en hacer participar a los estudiantes en una actividad que los lleve a emplear la estructura meta en un ejercicio abierto y que les permita adaptarlo a su propia realidad. Por ejemplo, si el tiempo imperfecto de indicativo fue la estructura meta que el instructor presentó en un texto, y a la que los alumnos prestaron atención y lograron desglosar con la ayuda del profesor, entonces, la tarea podría consistir en que los alumnos narrasen lo que solían hacer de niños durante sus vacaciones de verano. El modelo PACE ha disfrutado de bastante éxito para la enseñanza de contenidos gramaticales de L2 en los centros de educación media y secundaria en los Estados Unidos, en parte por su flexibilidad para contextualizar la instrucción, la posibilidad de enseñar estructuras más complejas y las oportunidades de incorporar contenidos culturales como parte de la instrucción (Shrum y Glisan 2015).

---

**Actividad 18. Decide cuáles de las siguientes afirmaciones se corresponden con los métodos derivados del método directo que acabamos de presentar.**

1. El nivel de ansiedad del aprendiente influye en su aprendizaje.
2. Se cuenta una historia a los estudiantes y se comprueba continuamente si han entendido por medio de preguntas.
3. La colaboración entre los aprendientes constituye un factor importante para aprender la L2.
4. A veces puede resultar de difícil aplicación con aprendientes adultos.
5. La atención excesiva en los errores desmotiva a los alumnos.
6. La comprensión lectora representa una parte fundamental del proceso pedagógico.
7. Los mandatos se utilizan constantemente.
8. Se respeta el orden natural en que los hablantes nativos aprenden la lengua.

---

**Actividad 19. Prepara una lista de cuatro conceptos fundamentales para explicar los enfoques o métodos descritos en el capítulo. Por ejemplo, "gramática", "repetición", "comunicación", etc. Luego explica la relevancia de cada uno de ellos.**

---

**Actividad 20. ¿Cuál de las cuatro destrezas (comprensión auditiva, comprensión lectora, expresión oral y expresión escrita) crees que potenciaría el estudio de una L2 con alguno de estos métodos? Justifica tu respuesta.**

❷ ¿Crees que sería ventajoso incorporar varios de estos métodos dentro de un mismo plan curricular?

## 6.7. El futuro de la metodología de la enseñanza de lenguas

Según algunos informes recientes de importantes asociaciones estadounidenses como *Modern Language Association* (MLA), *American Conference on the Teaching of Foreign Languages* (ACTFL) y *American Association of Teachers of Spanish and Portuguese* (AATSP), los grandes cambios sociales, culturales y tecnológicos de los últimos años deberían facilitar una revisión a fondo de la enseñanza de L2. Por una parte, resulta evidente que la enseñanza tradicional centrada en estructuras gramaticales y/o determinados campos léxicos no responde a las necesidades e intereses de la mayoría de alumnos de lenguas. Por otra parte, el uso exclusivo del método comunicativo no ha sido suficiente para formar hablantes de una L2 capaces de manejarse en diferentes situaciones sociales exitosamente y con un nivel lingüístico avanzado. La precisión gramatical suele quedar por debajo del nivel de las metas establecidas por los programas de lenguas, y las muestras de habla de muchos alumnos revelan la existencia de errores fosilizados; la competencia de muchos alumnos llega a un *plateau* o espacio plano en el nivel intermedio alto o avanzado bajo según los niveles descritos en las directrices del *American Council on the Teaching of Foreign Languages* (ACTFL; véase la sección 8 para una explicación detallada sobre la función de esta organización en la actualidad).

Long y Lacorte (2007) dicen que la enseñanza del español, como la de cualquier otra L2, siempre ha intentado descubrir el "método perfecto" para lograr el objetivo primordial, es decir, un aprendizaje completo de la lengua por parte de los alumnos. Sin embargo, cada vez surgen más voces que plantean la imposibilidad de alcanzar semejante nivel de perfección (véanse Prabhu 1990; Kumaravadivelu 2003, 2006). Por un lado, nos topamos con descripciones o idealizaciones teóricas que difícilmente podrían implementarse en un aula de L2; por otro, hasta los docentes más inexpertos saben que un grupo de alumnos nunca se parece a otro lo suficiente para aplicar las mismas técnicas sin algún tipo de adaptación. En definitiva, la instrucción de L2 debe ser considerada como un proceso dinámico que varía en función de cuestiones lingüísticas, personales, sociales y psicológicas aportadas por cada uno de los participantes en el proceso de enseñanza y aprendizaje. Por todo ello, Susana Pastor Cesteros (2004, 168) afirma que "resulta no solo conveniente para el docente, sino prácticamente imprescindible, discernir entre las opciones de la tradición metodológica de la enseñanza de idiomas, bien para optar por un modelo, bien para actuar con conocimiento de causa si se opta por el eclecticismo". Lacorte (2015b) sugiere que la enseñanza del español como L2 en el futuro debería ser capaz de integrar técnicas, actividades y recursos relacionados con uno u otro método (o postmétodo). No obstante, este autor recuerda que el éxito de la integración metodológica dependerá en gran medida de la sensibilidad del instructor con respecto a los intereses, necesidades y características de los alumnos, la idiosincrasia de su lugar de trabajo y de su propia personalidad como profesional.

## 7. Las tecnologías del aprendizaje y del conocimiento (TAC)

Con los recientes avances de la tecnología, se ha logrado integrar la autonomía del aprendiente en el **enfoque por tareas,** ya que refuerza su principio de centrar el aprendizaje alrededor del alumno, personalizándolo de acuerdo con sus necesidades y dejando que tome más control (véanse, por ejemplo, Gónzalez-Lloret 2003; Sykes, Oskoz y Thorne 2008; Gónzalez-Lloret y Ortega 2014). En sus primeros pasos, este campo era conocido como CALL por sus siglas en inglés (*Computer-Assisted Language Learning*) o TELL (*Technology-Enhanced*

*Language Learning*) (Román Mendoza 2014). En español se lo denominó **ALAO, aprendizaje de la lengua asistido por ordenador**, según el *Diccionario de términos clave de ELE* del Centro Virtual Cervantes. En la actualidad, este término no encierra únicamente el uso de computadoras en el proceso de aprendizaje, sino que incluye además otros dispositivos electrónicos para los que se han desarrollado aplicaciones informáticas que permiten practicar e interaccionar con hablantes de una lengua extranjera. Debido al creciente número de herramientas tecnológicas, uno de los términos más extendidos en la actualidad, por su carácter englobador, es el de **Tecnologías del Aprendizaje y del Conocimiento o TAC** (Román Mendoza 2014), bajo el que también se podría incluir otro término relacionado y común, **Tecnologías de la Información y de la Comunicación o TIC**, en el caso del aprendizaje de lenguas.

A principios de la década de los sesenta (véase PLATO, University of Illinois, 1960), se presentaron los primeros tutores electrónicos (*e-tutors*) como un elemento innovador que permitía que el estudiante rellenara espacios en blanco en la pantalla de una computadora en lugar de sobre un papel. Hemos visto mucho progreso desde entonces, y hoy tenemos al alcance de la mano programas que combinan eficientemente los avances de la tecnología con los principios de la enseñanza por tareas y las premisas de los procesos psicolingüísticos seguidos por los aprendientes de una L2. Contamos ahora con materiales didácticos que tienen la tecnología suficiente para autocorregir la mayoría de las tareas, que ofrecen al estudiante más instrucción personalizada e incluso ocasiones para el entretenimiento individual y colectivo, y que le permiten al profesor dedicar más tiempo a crear situaciones de comunicación real en las clases de contacto directo con los estudiantes (Cerezo, Moreno y Leow, 2015).

Llamamos **cursos tradicionales** a aquellos en los que no se usa ningún tipo de tecnología para presentar sus contenidos. Según Allen y Seaman (2013), un **curso que se apoya en la red** implica un uso de entre el 1 y el 29 por ciento; un **curso mezclado** o **híbrido** representa un empleo de tecnología entre el 30 por ciento y el 79 por ciento, y un **curso en línea** supone un 80 por ciento del contenido del curso transmitido por algún medio que no sea el presencial.

Luis Cerezo (2010) creó una clasificación exhaustiva de las tecnologías que se usan en *CALL*, y define los tutores electrónicos como herramientas pedagógicas que interactúan con los aprendientes en la práctica de la lengua meta, en la evaluación de las respuestas que da el estudiante, en descifrar estas respuestas como correctas o incorrectas y en dar retroalimentación según el error cometido. El detalle de la retroalimentación separa a los tutores tradicionales de los tutores inteligentes. Los primeros simplemente cotejan las respuestas del alumno con una lista de opciones que se han almacenado en una base de datos; los segundos usan algoritmos que simulan el procesamiento de lenguaje natural para interpretar las respuestas del estudiante y ofrecer una respuesta personalizada y adecuada al error.

Varios estudios empíricos han creado juegos gramaticales que, además de ayudar al estudiante a aprender una estructura meta específica, han aplicado marcos teóricos importantes en el campo de ASL. Por ejemplo, algunos expertos (Moreno 2007; Bowles 2008; Hsieh 2008; Cerezo 2010; Leow 2015) afirman que los juegos de tipo "resolver un problema" fueron creados manteniendo la premisa de Richard Schmidt (2001) de que no se puede aprender algo a lo cual no se ha prestado atención o no se ha notado (siguiendo el marco teórico de Schmidt 1990, y su **hipótesis de la captación** o *noticing hypothesis*). De este modo, manipulando cómo se presentaba el *input*, se crearon tareas lúdicas en que se manipulaba la presentación del *input* para conseguir que el alumno pusiera especial atención a la estructura si quería continuar jugando. Esta característica de la tarea se conoce como **esencialidad de la tarea** o *task-essentialness* (Loschky y Bley-Vroman 1993).

Otra forma habitual de integrar tecnologías para las nuevas generaciones de estudiantes ha sido el uso de teleconferencias con programas que permiten conversaciones por audio, vídeo o *chats*, y con ello intercambios audiovisuales y escritos entre aprendientes o entre aprendientes y hablantes nativos de la lengua meta (véase el proyecto de João Telles [2006], *Teletandem Brasil: Foreign languages for all*, que comenzó con el propósito de incrementar el conocimiento del elemento cultural de la lengua meta).

La lingüística de corpus ha ido adquiriendo también un papel cada vez más notable en la investigación y en la enseñanza de lenguas. Recientemente se ha desarrollado el Corpus de Aprendices de Español (CAES) (2014), un proyecto del Instituto Cervantes que reúne textos escritos de estudiantes con diferentes lenguas maternas (árabe, chino mandarín, francés, inglés, portugués y ruso) desde el nivel inicial al avanzado (véase Parodi 2015, 194-200). El objetivo de este corpus es que tanto investigadores como profesores obtengan información sobre las dificultades de aprendizaje a las que se enfrentan los estudiantes, los errores más comunes que producen y el vocabulario que emplean en los diferentes estadios de aprendizaje. Esta herramienta tecnológica permitirá asimismo hallar patrones comunes de la interlengua de los estudiantes que forman parte del corpus y utilizar dichos datos para el diseño de actividades en el aula y la creación de materiales didácticos.

---

**Actividad 21. Averigua qué tipo de tecnología hay disponible en tu institución de estudio o trabajo. Después responde a las siguientes preguntas.**

1. ¿Qué tipo de tecnología se suele utilizar? Por ejemplo, laboratorio de idiomas, wikis, blogs, etc.
2. ¿Personaliza esta tecnología el aprendizaje? ¿De qué manera?
3. ¿Entretiene y/o motiva a los estudiantes? ¿Cómo?
4. ¿Ahorra tiempo al profesor? ¿Y a los alumnos?
5. ¿Qué otras ventajas se pueden comentar? ¿Cuáles son algunas de las desventajas?

❷ **¿Hasta qué punto la tecnología ha sido y es importante para tu propio proceso de aprendizaje de una L2? ¿Y de tu lengua materna? ¿Qué tipo de herramientas te resultan imprescindibles hoy en día en el aprendizaje de una lengua?**

---

## 8. Instituciones profesionales para la enseñanza de L2

Existen entidades y asociaciones en todo el mundo que ofrecen apoyo a los profesionales de la enseñanza de L2, por ejemplo, a través de diseños curriculares o estándares que ayudan a programar el contenido de las clases en relación con un nivel concreto o a evaluar el progreso de los alumnos.

### 8.1. Instituciones y evaluación de niveles de competencia

El baremo de medida que usa la mayoría de instituciones de educación primaria, media y superior en los Estados Unidos viene estipulado por ACTFL (*American Council on the Teaching of Foreign Languages*). Esta asociación de maestros de lenguas se fundó en 1967 con el objetivo de promover la enseñanza de lenguas extranjeras y asistir al desarrollo profesional de los instructores en ese país. Cuenta actualmente con más de doce mil miembros, muchos de los cuales acuden a la convención anual que tiene lugar cada otoño. A partir de los descriptores *Interagency Language Roundtable* (ILR) empleados por el gobierno estadounidense, ACTFL publicó en 1986 una escala de evaluación para la competencia de una lengua extranjera comúnmente conocida como las *ACTFL Proficiency Guidelines* (revisada en 1999 y 2012). Esta escala consta de cinco niveles principales: básico, intermedio, avanzado, superior y distinguido. Además, hay tres subniveles (bajo, medio y alto) para los primeros tres niveles principales (básico, intermedio y avanzado). La escala sirve para medir la competencia de los aprendientes, por lo que las descripciones para cada nivel son aplicables a cualquier lengua e incluyen muy pocas referencias a estructuras gramaticales específicas.

En concreto, la escala se centra en qué es lo que el aprendiente puede hacer con lo que sabe en la lengua extranjera en las cuatro destrezas (comunicación oral, comunicación escrita, comprensión auditiva y lectura), es decir, si posee una capacidad funcional. Por ejemplo, se suele considerar un nivel oral de avanzado bajo como el mínimo para poder desenvolverse bien en un ambiente de trabajo que requiera el uso de una L2. De acuerdo con los descriptores de la escala, el hablante que haya llegado a este nivel tiene la competencia lingüística para hablar de sí mismo y de su entorno, utiliza oraciones completas y las conecta de manera coherente para formar párrafos completos, maneja los tres marcos temporales (pasado, presente y futuro) sin esfuerzo, y es capaz de desenvolverse bien y salir airoso de una situación simulada (mediante *role-play*) en la que se le presenta una dificultad. Entre otras opciones, estas situaciones podrían convertir al entrevistado en un cliente insatisfecho por el servicio de un restaurante, y al entrevistador en el gerente del establecimiento, o al entrevistado en un empleado de un negocio que tiene que justificar un retraso o una ausencia de una reunión de trabajo coordinada por el entrevistador, que en este caso representa el papel de jefe o supervisor.

En Europa, la entidad equivalente a ACTFL es el *Marco Común Europeo de Referencia para las Lenguas* (2001 en inglés; 2002 traducción al español) (MCER o también conocido como "el Marco"). El proyecto de crear una escala que sirviera para evaluar de manera uniforme los niveles de competencia de una L2 fue desarrollado por el Consejo de Europa. Al igual que ACTFL, los parámetros que brinda el Marco sirven no solamente para asesorar el progreso de los estudiantes, sino que además consta de un conjunto de directrices útiles a la hora de crear programas de estudio, hacer cambios curriculares, diseñar materiales de evaluación y promover el estudio de lenguas en el contexto europeo. En general, uno de los objetivos fundamentales del Marco es ofrecer modelos descriptivos capaces de reflejar la complejidad de la comunicación humana y eficaces para lograr que los aprendientes de L2 alcancen un cierto nivel de competencia comunicativa en relación con la **multiculturalidad** y el **plurilingüismo** o competencia lingüística de un hablante que le permite expresarse e interaccionar en dos o más lenguas. Se propone, por lo tanto, un enfoque centrado en la acción y el uso social de la lengua: los aprendientes son agentes sociales que realizan tareas —no solo lingüísticas— en determinados contextos y circunstancias. El Marco evalúa la competencia de un aprendiente según tres categorías que etiqueta como "comprender", "hablar" y "escribir". La primera encierra la comprensión auditiva y la escrita, "hablar" se refiere a la expresión oral y "escribir" a la expresión escrita. Hay seis niveles y se designan a través de letras (A, B y C) y dos subniveles numerados (1 y 2) para cada letra. Los niveles A corresponden al usuario básico, los B al usuario independiente y los C al usuario competente. Así, tenemos que el nivel más bajo es el A1 y el más alto es el C2. Al igual que los parámetros de ACTFL, el Marco también es un sistema de asesoramiento de competencia. Por eso, las descripciones de cada nivel contienen detalles de las funciones lingüísticas que el aprendiente es capaz de cumplir, pero no de las estructuras específicas que puede producir.

El Instituto Cervantes es una institución fundada en 1991 por el Gobierno español con el propósito de promover el estudio del español y de la cultura y literaturas de los países hispanohablantes. Esta institución tiene sus sedes principales en Madrid y en Alcalá de Henares (España), pero cuenta con delegaciones en todo el mundo. Aparte de promover actividades culturales, ofrecer cursos de lengua y brindar apoyo a profesores de español con materiales, cursos de capacitación y talleres, el Instituto Cervantes, con la colaboración de la Universidad de Salamanca, es también responsable del diseño y la administración del examen para obtener el DELE (Diploma de Español como Lengua Extranjera), creado en 1988. Los niveles de competencia del DELE siguen el modelo del Marco Europeo, con lo cual hacer las equivalencias resulta bastante fácil. Asimismo, el Instituto Cervantes, la Universidad de Salamanca y la Universidad Nacional Autónoma de México (UNAM) han creado recientemente el Servicio Internacional de Evaluación de la Lengua Española (SIELE), otro examen de dominio que certifica el grado de competencia en español a partir de una escala de puntos con equivalencia en los niveles del Marco. SIELE se gestiona íntegramente de manera electrónica, es decir, la inscripción, la realización de las pruebas, la información de resultados y la obtención del Certificado funcionan vía Internet. Cada prueba del SIELE combina, obligatoriamente, un mínimo de tres variedades distintas de español.

## 8.2. Instituciones y planes curriculares

Como parte de un movimiento más general orientado hacia la implantación de estándares educativos en los Estados Unidos, los *World-Readiness Standards for Foreign Languages* (2015) constituyen la versión más reciente de los Estándares Nacionales para el Aprendizaje de Lenguas (*National Standards for Learning Languages*) creados en 1996 y revisados en 2006. Conocidos también como el modelo "5 Ces" (Comunicación, Culturas, Conexiones, Comparaciones y Comunidades), los Estándares no se han concebido como pautas curriculares concretas, sino como dimensiones que deberían considerarse en el desarrollo de programas de lengua a fin de ofrecer a los alumnos experiencias culturales y personales que faciliten el proceso de aprendizaje. Todos estos objetivos no se vislumbran por separado, sino que están estrechamente conectados. Cada estándar contiene una breve discusión para explicar e ilustrarlos con más detalle, además de puntualizar y definir el lugar que cada uno ocupa dentro de los objetivos que hay que alcanzar. Hasta ahora, los estándares han sido más comunes en la educación secundaria, pero también han ido recibiendo mayor atención en los programas universitarios de L2 gracias a su aplicación en el desarrollo de libros de texto y otros materiales pedagógicos, así como en cursos y actividades de formación profesional para instructores de L2 en instituciones de enseñanza universitaria.

El *Plan Curricular del Instituto Cervantes* (2006) sigue las directrices marcadas por el Marco Europeo. Establece tres dimensiones desde la perspectiva del aprendiente de lengua: el alumno como **agente social** ha de conocer los elementos que constituyen el sistema de la lengua y debe comunicarse en situaciones de interacción social; el alumno como **hablante**

**intercultural** tiene que ser capaz de identificar los aspectos relevantes de la nueva cultura; y por último el alumno como **aprendiente autónomo** debe ir haciéndose responsable de su propio aprendizaje, con autonomía para poder avanzar más allá del currículum de clase. En cada una de las tres dimensiones que se acaban de describir, se establecen tres fases: la fase de aproximación, correspondiente a los objetivos del nivel A; la fase de profundización, que corresponde a los objetivos del nivel B, y la fase de consolidación, perteneciente a los objetivos del nivel C.

---

**Actividad 22. Si resides en Estados Unidos, consulta el documento de ACTFL para los niveles de competencia oral, y encuentra tu nivel de competencia de alguna de tus L2 (no tiene que ser español). Después busca el equivalente en la página web del *MCER*. Si vives fuera de los Estados Unidos, invierte el orden de búsqueda para esta actividad y comienza por encontrar tu nivel de competencia según el *MCER*; luego, identifica su equivalente en la escala de ACTFL.**

⌐ Enlace para consultar la escala de ACTFL: http://www.actfl.org/sites/default/files/pdfs/
   public/ACTFLProficiencyGuidelines2012_FINAL.pdf.
⌐ Enlace para el MCER: http://www.coe.int/t/dg4/linguistic/Source/Framework_EN.pdf.

---

**Actividad 23. Revisa la descripción sobre el nuevo examen SIELE elaborado por el Instituto Cervantes, la Universidad de Salamanca y la Universidad Nacional Autónoma de México (UNAM). ¿Cuáles son algunas de las motivaciones que han llevado a su creación?**

⌐ Puedes consultar: http://www.cervantes.es/lengua_y_ensenanza/certificados_espanol/
   siele.htm.

---

## 8.3. Publicaciones relacionadas con la enseñanza del español

Algunas de las asociaciones y organizaciones que hemos mencionado en las secciones anteriores ofrecen también publicaciones de interés académico y profesional para sus miembros y el público en general interesado en la enseñanza y el aprendizaje de lenguas. Por ejemplo, ACTFL publica *The Language Educator*, una revista con información y noticias sobre múltiples aspectos pedagógicos y administrativos de la enseñanza de lenguas. La misma organización edita también *Foreign Language Annals*, más orientada hacia la investigación. Además, la página de Internet de ACTFL (http://www.actfl.org/) contiene diversos materiales y guías de carácter pedagógico. Otra publicación con una consolidada trayectoria es *Hispania*, revista de la American Association of Teachers of Spanish and Portuguese, entidad fundada en 1917 y que, como ACTFL, organiza un congreso anual donde se reúnen profesionales de la enseñanza de lenguas procedentes de todo el mundo. *Hispania* cuenta con cuatro números anuales y aporta artículos de literatura junto con otras secciones de lingüística, ciencias del lenguaje y pedagogía. La revista *Spanish in Context* recoge sobre todo trabajos relacionados con disciplinas lingüísticas específicas, fonología y fonética, morfología, pragmática y sociolingüística, etc., pero asimismo incluye artículos sobre adquisición o enseñanza del español. Otras revistas enfocadas a la lingüística aplicada del español son *Estudios de Lingüística Aplicada* (Universidad Nacional Autónoma de México), *Círculo de*

*Lingüística Aplicada a la Comunicación* (Universidad Complutense de Madrid), *Revista Nebrija de Lingüística Aplicada* (Nebrija Universidad), *Revista Española de Lingüística Aplicada* (Asociación Española de Lingüística Aplicada), *Lenguas Modernas* (Universidad de Chile), y *e-AESLA* (Asociación Española de Lingüística Aplicada e Instituto Cervantes). Por su parte, el Centro Virtual Cervantes incluye una Biblioteca de Didáctica donde pueden encontrarse artículos, ponencias de congresos y otros materiales relacionados con la didáctica de la lengua española. Otros recursos de interés para los futuros profesores o actuales del español son portales de Internet como TodoELE, con una extensa variedad de recursos, materiales e información para los profesores de español como L2, o foros como Formespa, un espacio de colaboración entre maestros de español con actividades, publicaciones y otros recursos pedagógicos. En el año 2014, la editorial Routledge lanzó el *Journal of Spanish Language Teaching*, la primera revista académica bilingüe y de alcance global dedicada a la investigación sobre la enseñanza y el aprendizaje del español como L2. Esta revista académica elabora números abiertos y monográficos dedicados a temas específicos sobre la enseñanza del español (español en los Estados Unidos, léxico, pragmática, etc.), y propone un enfoque innovador e interdisciplinar respecto a la enseñanza del español con temas que van más allá de los ámbitos tradicionales de enseñanza como el aprendizaje y la identidad cultural, la literacidad y la interculturalidad, los hablantes de herencia, la transculturalidad y el translingüismo, el español para fines específicos, la enseñanza del español en los organismos oficiales, etc. (Muñoz-Basols, Muñoz-Calvo y Suárez García, 2014, 8). Por lo tanto, uno de los principales cometidos de la publicación será aprovechar el auge que vive el español como lengua global y de aprendizaje (Instituto Cervantes 2015), y contribuir a consolidar la internacionalización del discurso sobre la enseñanza del español (Muñoz-Basols, Muñoz-Calvo y Suárez García, 2014, 6-7), puesto que "solo con tal base de trabajo y estudio coordinado podremos seguir avanzando en nuestra especialidad" (Pastor Cesteros 2016, 50).

---

**Actividad 24. Consulta la página web del *Journal of Spanish Language Teaching* y prepara una presentación oral sobre un artículo de investigación.**

✍ Enlace: http://www.tandfonline.com/loi/rslt.

❯ **Pautas:**

1. Justifica por qué elegiste este artículo en particular.
2. Explica qué aspecto relacionado con la adquisición de la lengua se analiza. Fíjate en las palabras clave.
3. Resume cuáles son las principales hipótesis de partida.
4. Identifica algunos de los marcos teóricos con los que se trabaja.
5. Describe qué tipo de datos se manejan (datos empíricos, muestras de lengua, datos de otros estudios, etc.)
6. Enumera cuáles son algunas de las aportaciones o conclusiones del estudio y cuál es su contribución al campo.

---

## PROYECTOS DE INVESTIGACIÓN

1. Existen recursos mnemotécnicos y trucos para aprender y recordar la gramática, que, pese a no ser perfectos, pueden facilitar la adquisición de la lengua. Escoge un tema gramatical concreto, consulta diferentes libros y artículos, y recopila algunas de estas técnicas

de enseñanza. Una vez que tengas toda esta información, prepara una presentación oral en la que analices las ventajas y limitaciones de utilizar alguno de estos recursos mnemotécnicos. Explica además si estas prácticas pueden ayudar tanto al profesor como al alumno.

2. Consulta diferentes gramáticas y libros de texto, y crea una lista de temas que se suelen incluir en estas obras, por ejemplo, las conjugaciones, el contraste de pasados, el uso de las preposiciones, el modo subjuntivo, el género de los sustantivos, las preposiciones, etc. Después pídeles a dos estudiantes de español de nivel inicial, dos de nivel intermedio y dos de nivel avanzado que ordenen los temas según su dificultad. Incluye las siguientes variables en tu estudio: a) edad de los informantes, b) años de estudio o de exposición a la lengua, c) contexto de aprendizaje, y d) motivación para aprender. Contrasta los datos obtenidos y elabora un breve informe en el que expongas los resultados.

3. En la última década, la tecnología ha supuesto una revolución en la enseñanza y en el aprendizaje de idiomas. Identifica diferentes recursos tecnológicos que podrían resultar útiles para reforzar el aprendizaje de la cultura y de las cuatro destrezas: la comprensión oral, la comprensión lectora, la expresión oral y la expresión escrita. Después, elabora una planificación o currículum de aprendizaje en el que se integre la práctica de estas destrezas mediante el uso de la tecnología e incluye varias actividades para practicar la lengua.

4. Visita el portal web TodoELE y realiza una búsqueda de los materiales que, en tu opinión, pueden resultar de mayor utilidad para la enseñanza del español como L2. Prepara una breve presentación oral sobre estos materiales para tus compañeros de clase.

🖉 Portal TodoELE: http://www.todoele.net/.

## LECTURAS ADICIONALES PARA PROFUNDIZAR SOBRE LA MATERIA

A continuación, incluimos algunas recomendaciones bibliográficas y pautas generales sobre **adquisición** que le permitirán al estudiante iniciarse en el estudio y en la investigación de los temas que han aparecido a lo largo del capítulo. Todas las referencias que se mencionan aparecen recogidas en la bibliografía especializada al final del capítulo.

■ Para profundizar en el tema de la **adquisición de la L1 (lengua materna)**, se puede leer el libro de O'Grady (2005), así como el trabajo de Lust y Foley (2004). Sobre el llamado **periodo crítico** se pueden consultar los trabajos de Lenneberg (1966, 1967). Para mayores detalles sobre los **efectos de la exposición a la lengua durante el tiempo de gestación**, véase el artículo de Partanen *et al.* (2013).

■ Sobre el tema del **proceso de aprendizaje de una segunda lengua** les sugerimos las siguientes lecturas: Ellis (1997), Larsen-Freeman y Long (1991), Leow (2015) y Ortega (2009, 2013), entre otros. Con respecto a publicaciones centradas en el español, resultan útiles las siguientes referencias: Geeslin (2013), Lacorte (2015a), Lafford y Salaberry (2003), Pastor Cesteros (2004) y Salaberry y Lafford (2006)

■ Se puede encontrar más información sobre varios aspectos de la gramática del español y de cuestiones específicas que revisten **dificultad para los aprendientes del español como L2** en los siguientes artículos o capítulos de libros: Frantzen (1995), Green (1988), Guntermann (1992), Lam (2009) y VanPatten (1987, 2010). Véase Alarcón (2013) para profundizar en el tema del **género en español**, y Malovrh (2013) y Malovrh y Lee (2013) para ahondar en asuntos relacionados con el aprendizaje de **clíticos en español**.

■ Para aprender más sobre el **efecto que tiene la edad de aprendizaje de la L2 en la competencia de esa lengua y cómo afecta la L1**, se pueden leer Bialystok y Hakuta (1999) y Birdsong y Molis (2001). Para una información más específica sobre los **efectos del periodo crítico en el aprendizaje de una L2**, véase DeKeyser (2000). Para saber más sobre **el aprendizaje de segundas lenguas entre aprendientes de la tercera edad**, puede leerse el artículo del equipo compuesto por Lenet *et al.* (2011).

■ El tema de las **diferencias individuales** puede ser estudiado más a fondo si se lee la obra de Wong-Filmore (1979), y más recientemente, la de Skehan (1989). Para aprender más sobre una de estas diferencias individuales, la **motivación**, recomendamos los trabajos de Carroll y Sapon sobre los **tests de aptitud** que desarrollaron en *The Modern Language Aptitude Test* (1959). Otras obras importantes sobre motivación son las de Gardner y Lambert (1959, 1972).

■ Un libro importante para el tema del **bilingüismo** es el de Grosjean (1982). Para aprender sobre los detalles de estudios recientes relativos al bilingüismo y **multilingüismo**, se puede consultar la obra de Appel y Muysken (2005), así como la investigación de Baus, Costa y Carreiras (2013). Sobre el tema de **translenguar**, el artículo de Lewis, Jones y Baker (2012) describe la evolución del término. También se recomienda consultar el libro de García y Wei (2014).

■ Román Mendoza (2014) aporta una visión amplia sobre la tecnología y enseñanza del español en los Estados Unidos. Cerezo (2012) se centra en el tema del aprendizaje de lenguas por computadora o *CALL*, específicamente sobre las **tipologías de tareas para el uso de las TAC** que existen y que se han estudiado empíricamente. Para más detalles sobre **programas/juegos** creados para una clase de español, resultan útiles el artículo de González-Lloret (2003), y el de Holden y Sykes (2012). Un volumen de reciente publicación es el editado por Leow, Cerezo y Baralt (2015).

■ Se recomienda visitar la página web de ACTFL (http://www.actfl.org/assessment-professional-development/actflcaep) para más información sobre los **estándares** que se les exigen en los Estados Unidos a los **programas de capacitación para profesores de lenguas extranjeras**. Para estudiantes y profesores interesados en los niveles de competencia y una descripción de la calidad y cantidad de destrezas que se deben demostrar en cada nivel, les recomendamos visitar la página web de ACTFL que contiene esta información: http://actflproficiencyguidelines2012.org. Más información sobre los estándares nacionales sobre la enseñanza de lenguas extranjeras en los Estados Unidos. aparece en: http://www.actfl.org/publications/all/world-readiness-standards-learning-languages. Para acceder a la página del Marco Común Europeo de Referencia para las Lenguas, les sugerimos visitar: http://www.coe.int/t/dg4/linguistic/cadre1_en.asp.

■ Además de los recursos citados en la sección sobre publicaciones para la enseñanza del español, hay otros materiales de interés para acercarse al tema desde una perspectiva institucional. Por ejemplo, la introducción del primer número del *Journal of Spanish Language Teaching* de Muñoz-Basols, Muñoz-Calvo y Suárez García (2014) aporta una amplia visión del campo a nivel internacional. Se recomienda también revisar la sección "El español en el mundo" del Centro Virtual Cervantes, http://cvc.cervantes.es/lengua/anuario/default.htm, compuesta por anuarios que, desde 1998, aportan informes sobre la realidad de la lengua española en múltiples contextos geográficos. Para los interesados en la situación del español en los Estados Unidos, se sugiere leer el número monográfico 1.2. del *Journal of Spanish Language Teaching*, editado por Lacorte y Suárez García (2014), con artículos sobre la enseñanza del idioma en los distintos niveles académicos, la situación de los hablantes de herencia, el español como lengua para fines específicos y para ámbitos comunitarios, los últimos avances tecnológicos aplicados a la enseñanza del español y las perspectivas actuales y futuras para los materiales pedagógicos producidos en los Estados Unidos.

## LISTA DE CONCEPTOS Y TÉRMINOS CLAVE

actitud (*attitude*)

adquisición bilingüe de primera lengua (*bilingual first language acquisition, BFLA*)

adquisición temprana de segunda lengua (*early second language acquisition*)

aducto o *input* (*input*)

agente social (*social agent*)

bilingüismo temprano (*early bilingualism*)

aprendiente autónomo (*independent learner*)

aprendizaje comunitario de la lengua (*community language learning, CLL*)

aprendizaje de la lengua asistido por ordenador o ALAO (*computer-assisted language learning, CALL* o *technology-enhanced language learning, TELL*)

aprendizaje de una lengua extranjera (*foreign language learning*)

aprendizaje de una segunda lengua (*second language learning*)

apropiación de datos (*intake*)

aptitud (*aptitude*)

balbuceo (*babbling*)

bilingüe simultáneo (*simultaneous bilingual*)

bilingüismo (*bilingualism*)

bilingüismo secuencial (*sequential bilingualism*)

bilingüismo temprano (*early bilingualism*) o adquisición temprana de segunda lengua (*early second language acquisition*)

caudal lingüístico o *input* (*input*)

caudal lingüístico previamente modificado (*premodified output*)

competencia comunicativa (*communicative competence*)

confirmación de propia comprensión (*confirmation checks*)

contexto de aprendizaje (*learning context*)

contextualización (*contextualization*)

curso en línea (*online class*)

curso mezclado o híbrido (*blended* o *hybrid class*)

curso que se apoya en la red (*web-facilitated class*)

curso tradicional (*traditional class*)

diferencias individuales (*individual differences*)

educto o *output* (*output*)

enfoque comunicativo (*communicative approach*)

enfoque conductista (*behaviorism or behaviorist approach*)

enfoque del código cognitivo (*cognitive code approach*)

enfoque natural (*natural approach*)

enfoque por tareas (*task-based approach*)

enseñanza de proficiencia a través de la lectura y la narración de cuentos (*teaching proficiency through reading and storytelling, TPRS*)

esencialidad de la tarea (*task-essentialness*)

estrategias afectivas o sociales (*affective or social strategies*)

estrategias cognitivas (*cognitive strategies*)

estrategias comunicativas (*communicative strategies*)

estrategias de aprendizaje (*learning strategies*)

estrategias metacognitivas (*metacognitive strategies*)

etapa accional (*actional stage*)

etapa postaccional (*postactional stage*)

etapa preaccional (*preactional stage*)

factores externos que afectan al aprendizaje (*external factors affecting learning*)
factores internos que afectan al aprendizaje (*internal factors affecting learning*)
género gramatical (*grammatical gender*)
Gramática Universal (*Universal Grammar, UG*)
hablante intercultural (*intercultural speaker*)
hipótesis de la captación (*noticing hypothesis*)
hipótesis de la interacción (*interaction hypothesis*)
hipótesis de la producción (*output hypothesis*)
hipótesis del *input* (*input hypothesis*)
hipótesis del filtro afectivo (*affective filter hypothesis*)
hipótesis del monitor (*monitor hypothesis*)
hipótesis del orden natural (*natural order hypothesis*)
hipótesis que distingue entre aprendizaje/adquisición (*acquisition-learning hypothesis*)
instrucción gramatical mediante caudal estructurado (*Processing Instruction, PI*)
interacción croslingüística (*crosslinguistic interaction*)
interlengua (*interlanguage*)
lengua meta (*target language*)
lingüística aplicada (*applied linguistics*)
memoria de trabajo (*working memory*)
método audiolingüe (*the audiolingual method*)
método de Respuesta Física Total (*Total Physical Response, TPR*)
método directo (*the direct method*)
método gramática-traducción (*the grammar-translation method*)
método silencioso (*The Silent Way*)
métodos cognitivos (*cognitive methods*)
modelo de proceso (*The Process Model*)
modelo del monitor (*the monitor model*)
modelo PACE (*The PACE Model*)
modelo sociocultural (*the sociocultural model*)
monolingüe (*monolingual*)
motivación (*motivation*)
multiculturalidad (*multiculturalism*)
multilingüismo (*multilingualism*)
negociación de significado (*negotiation of meaning*)
oyente comprensivo (*sympathetic listener*)
período crítico (*critical period*)
plurilingüismo (*plurilingualism*)
principio comunicativo (*communication principle*)
principio de tarea (*task principle*)
principio significativo (*meaningfulness principle*)
procesamiento del *input* (*input processing*)
producción de lengua u *output* (*output*)
producción modificada (*modified output*)
reformulación (*recast*)
repetición (*repetition*)
reproducción o *uptake* (*uptake*)
Respuesta Física Total (*total physical response, TPR*)
retroalimentación o *feedback* (*feedback*)
retroalimentación explícita (*explicit feedback*)
retroalimentación implícita (*implicit feedback*)

**sinapsis** *(synapses)*
**sobregeneralización** *(overgeneralization)*
**solicitud de aclaración** *(clarification request)*
**tecnologías del aprendizaje y del conocimiento, TAC** *(learning and knowledge technologies)*
**tecnologías de la información y de la comunicación, TIC** *(information and communication technologies)*
**teoría de las inteligencias múltiples** *(theory of multiple intelligences)*
**transferencia en la enseñanza** *(transfer of training)*
**transferencia lingüística** *(language transfer)*
**translenguar** *(translanguaging)*
**verificación de comprensión del mensaje por parte del hablante** *(comprehension checks)*
**zona de desarrollo próximo** *(zone of proximal development, ZPD)*

## BIBLIOGRAFÍA ESPECIALIZADA DEL CAPÍTULO 8
## ADQUISICIÓN: EL APRENDIZAJE Y LA ENSEÑANZA DE LA LENGUA

Abrahamsson, N. y K. Hyltenstam, K. 2009. "Age of Onset and Nativelikeness in a Second Language: Listener Perception versus Linguistic Scrutiny". *Language Learning* 59 (2): 249-306.

Alarcón, I. 2013. "Grammatical Gender in Second Language Spanish". En *The Handbook of Spanish Second Language Acquisition*, ed. K. Geeslin, 202-218. Malden, MA: Wiley.

Allen, I. E. y J. Seaman. 2013. "Changing Course: Ten Years of Tracking Online Education in the United States". http://www.onlinelearningsurvey.com/reports/changingcourse.pdf.

American Council on the Teaching of Foreign Languages. 2012. *ACTFL Proficiency Guidelines*. Alexandria, VA: ACTFL. http://actflproficiencyguidelines2012.org/.

Appel, R. y P. Muysken. 2005. *Language Contact and Bilingualism*. Amsterdam: Amsterdam University Press.

Asher, J., J. Kusudo y R. de la Torre. 1974. "Learning a Second Language through Commands: The Second Field Test". *The Modern Language Journal* 58: 24-32.

Baus, C., A. Costa y M. Carreiras. 2013. "On the Effects of Second Language Immersion on First Language Production". *Acta Psychological* 142 (3): 402-409.

Bialystok, E. 2001. *Bilingualism in Development: Language, Literacy, and Cognition*. Nueva York: Cambridge University Press.

Bialystok, E. 2007. "Cognitive Effects of Bilingualism: How Linguistic Experience Leads to Cognitive Change". *The International Journal of Bilingual Education and Bilingualism* 10: 210-223.

Bialystok, E. y K. Hakuta. 1999. "Confounded Age: Linguistic and Cognitive Factors in Age Differences for Second Language Acquisition". En *Second Language Acquisition and the Critical Period Hypothesis*, ed. D. Birdsong, 161-181. Mahwah, NJ: Erlbaum.

Birdsong, D. 2006. "Age and Second Language Acquisition and Processing. A Selective Overview". *Language Learning* 56 (s1): 9-49.

Birdsong, D. y M. Molis. 2001. "On the Evidence of Maturational Constraints in Second Language Acquisition". *Journal of Memory and Language* 44: 235-249.

Bloomfield, L. 1933. *Language*. Nueva York: Holt and Company.

Bowden, H., C. Sanz y C. A. Stafford. 2005. "Individual Differences: Age, Sex, Working Memory, and Prior Knowledge". En *Mind and Context in Adult Second Language Acquisition: Methods, Theory, and Practice*, ed. C. Sanz, 105-140. Washington, DC: Georgetown University Press.

Bowden, H., K. Steinhauer, C. Sanz. y M. Ullman. 2013. "Native-Like Brain Processing of Syntax Can Be Attained by University Foreign Language Learners". *Neuropsychologia* 51 (13): 2492-2511.

Bowles, M. A. 2008. "Task Type and Reactivity of Verbal Reports in SLA: A First Look at an L2 Task Other than Reading". *Studies in Second Language Acquisition* 30 (4): 359-387.

Brioso Díez, A., C. Daudén Olavide, B. Delgado Egido, M. Giménez Dasí, P. Herranz Ybarra, P. Lacasa Díaz, J. M. Luzón Encabo y L. Méndez Zaballos. 2012. *Psicología del desarrollo y de la educación. Vol. 1. Psicología del desarrollo*. Madrid: UNED.

Canale, M. y M. Swain 1980. "Theoretical Bases of Communicative Approaches to Second Language Teaching and Testing". *Applied Linguistics* 1 (1): 1-47.

Carreres, A. 2006. "Strange Bedfellows: Translation and Language Teaching. The Teaching of Translation into L2 in Modern Languages Degrees; Uses and Limitations". http://www.cttic.org/ACTI/2006/papers/Carreres.pdf.

Carreres, A., M. Noriega-Sánchez y C. Calduch. 2017. *Dicho de otro modo: Learning Advanced Spanish through Translation*. Londres y Nueva York: Routledge.

Carroll, J. B. y S. M. Sapon. 1959. *Modern Language Aptitude Test*. Nueva York: The Psychological Corporation/Harcourt Brace Jovanovich.

Cerezo, L. 2010. *Talking to Avatars: The Computer as a Tutor and the Incidence of Learner's Agency, Feedback, and Grammatical form in SLA*. Tesis doctoral, Georgetown University.

Cerezo, L. 2012. "Beyond Hybrid Learning: A Synthesis of Research on E-Tutors under the Lens of SLA Theory". En *Hybrid Language Teaching and Learning: Exploring Theoretical, Pedagogical and Curricular Issues*, eds. F. Rubio y J. J. Thoms, 50-66. Boston: Heinle/Cengage Learning.

Cerezo, L., N. Moreno y R. P. Leow. 2015. "Psycholinguistically Motivated CALL Activities". En *A Psycholinguistic Approach to Technology and Language Learning*, eds. R. Leow, L. Cerezo y M. Baralt, 243-257. Nueva York: Mouton De Gruyter.

Chastain, K. 1976. *Developing Second Language Skills: Theory and Practice*. Chicago: Rand McNally.

Cheng, A. 2002. "The Effects of Processing Instruction on the Acquisition of *ser* and *estar*". *Hispania* 85 (2): 308-323.

Chomsky, N. 1965. *Aspects of the Theory of Syntax*. Cambridge, MA: MIT Press.

Collentine, J. 1998. "Processing Instruction and the Subjunctive". *Hispania* 81: 576-587.

Collentine, J. 2008. "The Role of Discursive Features in SLA Modeling and Grammatical Frequency: A Response to Cheng, Lu, and Giannakouros". *Bilingualism: Language and Cognition* 11 (3): 319-321.

Consejo de Europa. 2002. *Marco común europeo de referencia para las lenguas: aprendizaje, enseñanza, evaluación*. Madrid: MECD. http://cvc.cervantes.es/ensenanza/biblioteca_ele/marco/.

DeKeyser, R. 2000. "The Robustness of Critical Period Effects in Second Language Acquisition". *Studies in Second Language Acquisition* 22: 499-534.

Donato, R. y B. Adair-Hauk. 1992a. "A Whole Language Approach to Focus on Form". Paper Presented at the American Council for the Teaching of Foreign Languages. San Antonio, Texas.

Donato, R. y B. Adair-Hauk. 1992b. "The PACE Model: A Story-Based Approach to Meaning and Form for Standards-Based Language Learning". *The French Review* 76 (2): 265-276.

Donato, R. y F. Brooks. 2004. "Literary Discussions and Advanced Speaking Functions: Researching the (Dis)connections". *Foreign Language Annals* 37 (2): 183-199.

Dörnyei, Z. 2000. "Motivation in Action: Towards a Process-Oriented Conceptualization of Student Motivation". *British Journal of Educational Psychology* 70: 519-538.

Dörnyei, Z. 2001. *Motivational Strategies in the Language Classroom*. Cambridge: Cambridge University Press.

Dörnyei, Z. 2003. "Attitudes, Orientations, and Motivations in Language Learning: Advances in Theory, Research, and Applications". *Language Learning* 53: 3-53.

Dörnyei, Z. 2008. *Estrategias de motivación en el aula de lenguas*. Barcelona: Editorial UOC.

Dörnyei, Z., e I. Ottó. 1998. "Motivation in Action: A Process Model of L2 Motivation". *Working Papers in Applied Linguistics* 4: 43-69.

Dörnyei, Z. y E. Ushioda. 2001/2011. *Teaching and Researching Motivation*. Harlow: Pearson.

Ellis, R. 1994. *The Study of Second Language Acquisition*. Oxford: Oxford University Press.

Ellis. R. 1997. *Second Language Acquisition*. Oxford: Oxford University Press.

Ellis, R. 2010. "Second Language Acquisition, Teacher Education and Language Pedagogy". *Language Teaching* 43 (2): 182-201.

Ellis, R., H. Basturkmen, y S. Loewen. 2001. "Learner Uptake in Communicative ESL Lessons". *Language Learning* 51: 281-318.

Ellis, R., S. Loewen y R. Erlam. 2006. "Implicit and explicit corrective feedback and the acquisition of L2 grammar". *Studies in Second Language Acquisition* 28 (2): 339-368.

Farley, A. P. 2001. "Authentic Processing Instruction and the Spanish Subjunctive". *Hispania* 84: 289-299.

Flege, J. E., G. H. Yeni-Komshian y S. Liu. 1999. "Age Constraints on Second-Language Acquisition". *Journal of Memory and Language* 41: 78-104.

Frantzen, D. 1995. "Preterite/Imperfect Half-Truths: Problems with Spanish Textbook Rules for Usage". *Hispania* 78 (1): 145-158.

García, O. 2009. *Bilingual Education in the 21st Century. A Global Perspective*. Malden, MA: Wiley-Blackwell.

García, O. 2013. "El papel del translenguar en la enseñanza del español en los Estados Unidos". En *El español en los Estados Unidos: E pluribus unum? Enfoque multidisciplinar*, eds. D. Dumitrescu y G. Piña Rosales, 353-374. Nueva York: Academia Norteamericana de la Lengua Española.

García, O. y L. Wei. 2014. *Translanguaging: Language, Bilingualism and Education*. Nueva York: Palgrave Macmillan.

García Nieto, M. T. 2009. "La dimensión comunicativa de las inteligencias múltiples". *Cuadernos de Información y Comunicación* 14: 141-157.

Gardner, H. E. 2006. *Multiple Intelligences: New Horizons in Theory and Practice*. 2ª ed. Nueva York: Basic Books.

Gardner, H. E. 2011. *Frames of Mind: The Theory of Multiple Intelligences*. Nueva York: Basic Books.

Gardner, R. C. y W. E. Lambert. 1959. "Motivational Variables in Second-Language Acquisition". *Canadian Journal of Psychology* 13: 191-197.

Gardner, R. C. y W. E. Lambert. 1972. *Attitudes and Motivation in Second Language Learning*. Rowley, MA: Newbury House.

Gass, S., A. Mackey y L. Ross-Feldman. 2005. "Task-Based Interactions in Classroom and Laboratory Settings". *Language Learning* 55: 575-611.

Geeslin, K., ed. 2013. *The Handbook of Spanish Second Language Acquisition*. Malden, MA: Wiley-Blackwell.

Gónzalez-Lloret, M. 2003. "Designing Task-Based CALL to Promote Interaction: *En busca de esmeraldas*". *Language Learning and Technology* 7 (1): 86-104.

Gónzalez-Lloret, M. y L. Ortega, eds. 2014. *Technology-Mediated TBLT: Researching Technology and Tasks*. Amsterdam y Filadelfia: John Benjamins.

Green, J. N. 1988. "Spanish". En *The Romance Languages*, eds. M. Harris y N. Vincent, 79–130. Nueva York: Oxford University Press.

Gregg, K. 1984. "Krashen's Monitor and Occam's Razor". *Applied Linguistics* 5: 79-100.

Grosjean, F. 1982. *Life with Two Languages: An Introduction to Bilingualism*. Cambridge, MA: Harvard University Press.

Grosjean, F. 2010. *Bilingual: Life and Reality*. Cambridge, MA: Harvard University Press.

Guntermann, G. 1992. "An Analysis of Interlanguage Development over Time: Part I, *por* and *para*". *Hispania* 75 (1): 177-187.

Han, Z. 2002. "Rethinking the Role of Corrective Feedback in Communicative Language Teaching". *RELC Journal* 33 (1): 1-34.

Hernández Pina, F. 1984. *Teorías psicosociolingüísticas y su aplicación a la adquisición del español como lengua materna*. Madrid: Siglo XXI.

Holden, C. y J. M. Sykes. 2012. "Mentira: Prototyping Language-Based Locative Gameplay". En *Mobile Media Learning: Amazing Uses of Mobile Devices for Teaching and Learning*, eds. S. Dikkers, J. Martin y B. Coulter, 111-131. Pittsburg, PN: ETC Press.

Houwer, A. de. 2009. *Bilingual First Language Acquisition*. Tonawanda, NY: Multilingual Matters.

Hsieh, H. C. 2008. "The Effects of Type of Exposure and Type of Post-Exposure Task on L2 Development". *Journal of Foreign Language Instruction* 2 (1): 117-138.

Hymes, D. 1966. "Two Types of Linguistic Relativity". En *Sociolinguistics*, ed. W. Bright, 114-158. La Haya: Mouton.

Hymes, D. 1972. "On Communicative Competence". En *Sociolinguistics*, eds. J. B. Pride y J. Holmes, 269-293. Baltimore, MD: Penguin Education.

Instituto Cervantes. 2006. *Plan Curricular del Instituto Cervantes*. Madrid: Biblioteca Nueva. http://cvc.cervantes.es/Ensenanza/Biblioteca_Ele/plan_curricular/default.htm.

Instituto Cervantes. 2015. *El español: una lengua viva. Informe 2015*. Madrid: Instituto Cervantes. http://eldiae.es/wp-content/uploads/2015/06/espanol_lengua-viva_20151.pdf.

Ioup, G. 2008. "Exploring the Role of Age in the Acquisition of a Second Language Phonology". En *Phonology and Second Language Acquisition*, eds. J. G. Hansen Edwards y M. L. Zampini, 41-62. Filadelfia: John Benjamins.

Jessner, U. 1995. "How Beneficial is Bilingualism? Cognitive Aspects of Bilingual Proficiency". *Grazer Linuguistische Monographien* 10: 173-182.

Krashen, S. 1977. "Some Issues Relating to the Monitor Model". En *TESOL '77*, eds. H. Brown, C. Yorio y R. Crymes, 144-158. Washington, DC: Teachers of English to Speakers of Other Languages.

Krashen, S. 1981. *Second Language Acquisition and Second Language Learning*. Oxford: Pergamon Press.

Krashen, S. 1982. *Principles and Practice in Second Language Acquisition*. Oxford: Pergamon Press.

Krashen, S. 1985. *The Input Hypothesis: Issues and Implications*. Nueva York: Longman.

Krashen, S. y T. Terrell. 1983. *The Natural Approach: Language Acquisition in the Classroom*. Oxford: Pergamon.

Kumaravadivelu, B. 2003. *Beyond Methods: Macrostrategies for Language Teaching*. New Haven, NJ: Yale University Press.

Kumaravadivelu, B. 2006. *Understanding Language Teaching: From Method to Post-Method*. Mahwah; NJ: Lawrence Erlbaum.

Lacorte, M., ed. 2007. *Lingüística aplicada del español*. Madrid: Arco/Libros.

Lacorte, M. y J. Suárez García. 2014. "La enseñanza del español en los Estados Unidos: panorama actual y perspectivas de futuro". *Journal of Spanish Language Teaching* 1 (2): 129-136. doi: 10.1080/23247797.2014.970358.

Lacorte, M., ed. 2015a. *The Routledge Handbook of Hispanic Applied Linguistics*. Nueva York: Routledge.

Lacorte, M. 2015b. "Methodological Approaches and Realities". En *The Routledge Handbook of Hispanic Applied Linguistics*, ed. M. Lacorte, 99-116. Nueva York: Routledge.

Lafford, B. y R. Salaberry, eds. 2003. *Spanish Second Language Acquisition. State of the Science*. Washington, DC: Georgetown University Press.

Lam, Y. 2009. "Applying Cognitive Linguistics to Teaching the Spanish Prepositions *por* and *para*". *Language Awareness* 18 (1): 2-18.

Lambert, W. E. 1967. "A Social Psychology of Bilingualism". *Journal of Social Issues* 23 (2): 91–109.

Lantolf, J. y M. E. Poehner, eds. 2008. *Sociocultural Theory and the Teaching of Second Languages*. Londres: Equinox.

Larsen-Freeman, D. y M. H. Long. 1991. *An Introduction to Second Language Acquisition Research*. Londres: Longman.

Lenet, A., B. Lado, C. Sanz, J. Howard y D. Howard. 2011. "Aging, Pedagogical Conditions, and Differential Success in SLA: An Empirical Study". En *Implicit and Explicit Conditions, Processing and Knowledge in SLA and Bilingualism*, eds. C. Sanz y R. P. Leow, 73-84. Washington, DC: Georgetown University Press.

Lenneberg, E. H. 1966. "Speech Development: Its Anatomical and Physiological Concomitants". En *Brain Function, Vol. III. Speech, Language and Communication*, ed. E. C. Carterrette, 37-66. Berkeley, CA: University of California Press.

Lenneberg, E. H. 1967. *Biological Foundations of Language*. Nueva York: Wiley.

Leow, R. P. 2015. *Explicit Learning in the L2 Classroom: A Student-Centered Approach*. Nueva York: Routledge.

Leow, R. P., L. Cerezo y M. Baralt, eds. 2015. *A Psycholinguistic Approach to Technology and Language Learning*. Nueva York: Mouton De Gruyter.

Lewis, G., B. Jones y C. Baker. 2012. "Translanguaging: Origins and Development from School to Street and Beyond". *Educational Research and Evaluation* 18 (7): 641-654.

Long, D. y M. Lacorte. 2007. "Enseñanza del español como segunda lengua: perspectivas históricas y metodológicas". En *Lingüística aplicada del español*, ed. M. Lacorte, 83-116. Madrid: Arco/Libros.

Long, M. H. 1983. "Native Speaker/Non-Native Speaker Conversation and the Negotiation of Comprehensive Input". *Applied Linguistics* 4 (2): 126-141.

Long, M. H. 1991. "Focus on Form: A Design Feature in Language Teaching Methodology". En *Foreign Language Research in Cross-Cultural Perspective*, eds. K. de Bot, R. B. Ginsberg y C. Kramsch, 39-52. Amsterdam: John Benjamins.

Long, M. H. 1996. "The Role of the Linguistic Environment in Second Language Acquisition". En *Handbook of Second Language Acquisition*, eds. W. Ritchie y T. Bhatia, 413-468. Nueva York: Academic Press.

Loschky, L. y R. Bley-Vroman. 1993. "Grammar and Task-Based Methodology". En *Tasks and Language Learning*, eds. G. Crookes y S. M. Gass, 123-167. Clevedon: Multilingual Matters.

Lust, B. C. y C. Foley, eds. 2004. *First Language Acquisition. The Essential Reading*. Malden, MA: Blackwell.

Lyster, R. y L. Ranta. 1997. "Corrective Feedback and Learner Uptake Negotiation of Form in Communication Classrooms". *Studies in Second Language Acquisition* 20: 37-66.

Malovrh, P. A. 2013. "Object Pronouns in Second Language Spanish". En *The Handbook of Spanish Second Language Acquisition*, ed. K. Geeslin, 185-201. Malden, MA: Wiley.

Malovrh, P. A. y J. F. Lee. 2013. *The Developmental Dimension in Instructed Second Language Learning: The L2 Acquisition of Object Pronouns in Spanish*. Londres: Bloomsbury.

McLaughlin, B. 1978. "The Monitor Model: Some Methodological Considerations". *Language Learning* 28: 309-332.

McLaughlin, B. 1987. *Theories of Second Language Learning*. Londres: Edward Arnold.

Moreno, N. 2007. *The Effects of Type of Task and Type of Feedback on L2 Development in CALL*. Tesis doctoral, Georgetown University.

Moreno Fernández, F. 2012. *Sociolingüística cognitiva: proposiciones, escolios y debates*. Madrid y Frankfurt: Iberoamericana/Vervuert.

Muñoz-Basols, J., M. Muñoz-Calvo y J. Suárez García. 2014. "Hacia una internacionalización del discurso sobre la enseñanza del español como lengua extranjera". *Journal of Spanish Language Teaching* 1 (1): 1-14. doi: 10.1080/23247797.2014.918402.

Naiman, N., M. Fröhlich, H. Stern y A. Todesco. 1978. *The Good Language Learner. Research in Education Series*. Toronto: The Ontario Institute for Studies in Education.

Nunan, D. 2004. *Task-Based Teaching*. Cambridge: Cambridge University Press.

O'Grady, W. 2005. *How Children Learn Language*. Cambridge: Cambridge University Press.

O'Malley, J. M. y A. U. Chamot. 1990. *Learning Strategies in Second Language Acquisition*. Cambridge: Cambridge University Press.

Oliver, R. y A. Mackey. 2003. "Interactional Context and Feedback in Child ESL Classrooms". *The Modern Language Journal* 87: 519-533.

Omaggio Hadley, A. 2001. *Teaching Language in Context*. 3rd ed. Boston: Heinle & Heinle.

Ortega, L. 2009. *Understanding Second Language Acquisition*. Londres: Hodder Education.

Ortega, L. 2013. "SLA for the 21st Century: Disciplinary Progress, Transdisciplinary Relevance, and the Bi/Multilingual Turn". *Language Learning* 63 (1): 1-24.

Oxford, R. 1985. *A New Taxonomy of Second Language Learning Strategies*. Washington, DC: ERIC Clearinghouse on Languages and Linguistics.

Oxford, R. 1990. *Language Learning Strategies: What Every Teacher Should Know*. Rowley, MA: Newbury House.

Parodi, G. 2015. "Reseña del Corpus de aprendices de español (CAES)". *Journal of Spanish Language Teaching* 2 (2): 194-200. doi: 10.1080/23247797.2015.1084685.

Partanen, E., T. Kujala, R. Näätänen, A. Liitola, A. Sambeth y M. Huotilainen. 2013. "Learning-Induced Neural Plasticity of Speech Processing before Birth". *Proceedings of the National Academy of Sciences of the United States of America* 110 (37): 15145-15150.

Pastor Cesteros, S. 2004. *Aprendizaje de segundas lenguas. Lingüística aplicada a la enseñanza de idiomas*. Alicante: Universidad de Alicante.

Pastor Cesteros, S. 2016. "Enseñanza del español como lengua extranjera". En *Enciclopedia de lingüística hispánica*, ed. Javier Gutiérrez-Rexach, 41-52. Londres y Nueva York: Routledge.

Peal, E. y W. E. Lambert. 1962. "The Relationship of Bilingualism to Intelligence". *Psychological Monographs* 76 (27): 1-3.

Pica, T., R. Kanagy y J. Falodun. 1993. "Choosing and Using Communication Tasks for Second Language Instruction. En *Tasks and Language Learning: Integrating Theory and Practice*, eds. G. Crookes y S. Gass, 9-34. Clevedon: Multilingual Matters.

Pinker, S. 2013. *Language, Cognition, and Human Nature: Selected Articles*. Nueva York: Oxford University Press.

Piske, T., I. MacKay y J. E. Flege. 2001. "Factors Affecting Degree of Foreign Accent in an L2: A Review". *Journal of Phonetics* 29: 191-215.

Prabhu, N. S. 1990. "There Is No Best Method-Why?". *TESOL Quarterly* 24: 161-176.

Ray, B. 2015. TPRS. http://www.blaineraytprs.com/.

Real Academia Española y Asociación de Academias de la Lengua Española. 2009. *Nueva gramática de la lengua española*. Madrid: Espasa.

Richards, J. C. y T. S. Rodgers. 2014. *Approaches and Methods in Language Teaching: A description and Analysis*. 3rd ed. Cambridge: Cambridge University Press.

Rivers, W. M. 1981. *Teaching Foreign Language Skills*. Chicago: University of Chicago Press.

Rojo, G. e I. Palacios, dirs. 2014. *Corpus de aprendices de español* (CAES). Instituto Cervantes. (Versión: 1.0–octubre 2014). http://galvan.usc.es/caes.

Román Mendoza, E. 2014. "Tecnología y enseñanza del español en los Estados Unidos: hacia un mayor protagonismo del alumno como gestor de su propio aprendizaje". *Journal of Spanish Language Teaching* 1 (2): 187-204. doi: 10.1080/23247797.2014.970362.

Rubin, J. 1975. "What the 'Good Language Learner' Can Teach Us". *TESOL Quarterly* 9: 41–51.

Rubin, J. 1981. "Study of Cognitive Processes in Second Language Learning". *Applied Linguistics* 11: 117-131.

Sabino, R. 2012. *Language Contact in the West Indies: Giving Jack his Jacket*. Leiden: Koninklijke Brill NV.

Salaberry, R. y B. Lafford, eds. 2006. *The Art of Teaching Spanish. Second Language Acquisition from Research to Praxis*. Washington, DC: Georgetown University Press.

Sánchez, A. 1992/2005. *Historia de la enseñanza del español como lengua extranjera*. Madrid: SGEL.

Sanz, C. 2000. "Bilingual Education Enhances Third Language Acquisition: Evidence from Catalonia". *Applied Psycholinguistics* 21 (1): 23-44.

Sanz, C. 2007. "Predicting Enhanced L3 Learning in Bilingual Contexts: The Role of Biliteracy". En *A Portrait of the Young in the New Multilingual Spain*, eds. C. Pérez-Vidal, M. Juan Garau y A. Bel, 220-240. Búfalo, NY: Multilingual Matters.

Schmidt, R. 1990. "The Role of Consciousness in Second Language Learning". *Applied Linguistics* 11 (2): 129-158.

Schmidt, R. 2001. "Attention". En *Cognition and Second Language Instruction*, ed. P. Robinson, 3-32. Cambridge: Cambridge University Press.

Selinker, L. 1972. "Interlanguage". *IRAL – International Review of Applied Linguistics in Language Teaching* 10 (1-4): 209-232.

Shrum, J. y E. Glisan. 2015. *Teacher's Handbook: Contextualized Language Instruction*. 5th ed. Boston: Cengage.

Silva-Corvalán, C. 2014. *Bilingual Language Acquisition Spanish and English in the First Six Years*. Cambridge: Cambridge University Press.

Skehan, P. 1989. *Individual Differences in Second Language Learning*. Londres: Edward Arnold.

Swain, M. 1993. "The Output Hypothesis: Just Speaking and Writing Aren't Enough". *The Canadian Modern Language Review/La Revue Canadienne Des Langues Vivantes* 50 (1): 158-164.

Sykes, J. M., A. Oskoz y S. L. Thorne. 2008. "Web 2.0, Synthetic Immersive Environments, and Mobile Resources for Language Education". *CALICO Journal* 25 (3): 528-546.

Telles, J. 2006. Teletandem Brasil: Foreign languages for all. www.teletandembrasil.org.

Terrell, T. D. 1977. "A Natural Approach to Second Language Acquisition and Learning". *The Modern Language Journal* 61 (7): 325-337.

Terrell, T. D. 1982. "The Natural Approach to Language Teaching: An Update". *The Modern Language Journal* 66 (2): 121-132.

The National Standards Collaborative Board. 2015. *World-Readiness Standards for Learning Languages*. 4th ed. Alexandria, VA.

Ullman, M. 2005. "A Cognitive Neuroscience Perspective on Second Language Acquisition: The Declarative/Procedural Model". En *Mind and Context in Adult Second Language Acquisition: Methods, Theory, and Practice*, ed. C. Sanz, 141-178. Washington, DC: Georgetown University Press.

University of Illinois. 1960. PLATO.

van Naerssen, M. 1986. "Hipótesis sobre la adquisición de una segunda lengua: consideraciones interlenguaje: comprobación en el español". En *Adquisición de lenguaje/Aquisição da linguagem*, ed. J. Meisel, 139-155. Frankfurt: Vervuert.

VanPatten, B. 1987. "Classroom Learners' Acquisition of *ser* and *estar*: Accounting for Developmental Patterns". En *Foreign Language Learning*, eds. B. VanPatten, T. R. Dvorak y J. F. Lee, 19-32. Rowley, MA: Newbury.

VanPatten, B. 1996. *Input Processing and Grammar Instruction in Second Language Acquisition*. Norwood, NJ: Ablex.

VanPatten, B. 2010. "Some Verbs Are More Perfect than Others. Why Learners Have Difficulty with *ser* and *estar* and What it Means for Instruction". *Hispania* 93 (1): 29-38.

Vygotsky, L. S. 1978. *Mind in Society: The Development of Higher Psychological Processes*. M. Cole, V. John-Steiner, S. Scribner y E. Souberman, eds. Cambridge, MA: Harvard University Press.

Vygotsky, L. S. 1986. *Thought and Language*. Cambridge, MA: MIT Press.

Williams, C. 1996. "Secondary Education: Teaching in the Bilingual Situation". En *The Language Policy: Taking Stock*, eds. C. Williams, G. Lewis y C. Baker, 39-78. Llangefni, Wales: CAI.

Wong-Fillmore, L. 1979. "Individual Differences in Second Language Acquisition". En *Individual Differences in Language Ability and Language Behavior*, eds. C. Fillmore, D. Kempler y W. Wang, 203-228. Nueva York: Academic Press.

# Glosario bilingüe de términos lingüísticos

## A

*a* **personal** (*personal a*). Partícula gramatical que sirve de marcador de persona. Aparece cuando el objeto directo es una persona, un grupo de personas o un ser animado, p. ej., *Vi a Juan, Vi a todos, No vi a nadie*.

**abreviatura** (*abbreviation*). Uso de una o varias letras de una palabra a modo de representación de la misma. Se utiliza en la escritura. Por ejemplo, *Dª* (*doña*), *apdo.* (*apartado*), *atte.* (*atentamente*).

**acento ortográfico** (*written accent*). Tilde o rayita oblicua que se escribe sobre la sílaba tónica en consonancia con las normas ortográficas de una lengua.

**acento prosódico** (*stress*). Mayor fuerza o intensidad en una sílaba al pronunciar una palabra, p. ej., en las palabras <u>ca</u>-sa y <u>dá</u>-til, la penúltima sílaba es la que lleva el acento prosódico.

**acortamiento** o **truncamiento** (*shortening*). Supresión de sílabas en una palabra de manera que el término resultante es más corto que el original, aunque semánticamente equivalente, p. ej., *biblio > biblioteca*. Muchos acortamientos pertenecen a un registro informal, por lo que su uso implica un mayor grado de familiaridad entre los hablantes.

**acrolecto** (*acrolect*). Variedad de una lengua hablada por la clase social con mayores recursos económicos y generalmente, aunque no siempre, con un mayor nivel de educación. Se contrapone al *mesolecto*, variedad del estrato medio o clase media, y al *basilecto* o variedad popular hablada por el estrato inferior o con menos recursos de una comunidad.

**acrónimo** (*acronym*). Sigla que se forma mediante la yuxtaposición de letras, sílabas o grupos de letras iniciales o finales que corresponden a varios términos, p. ej., *telemática > telecomunicación* e *informática*, *la OTAN* (*Organización del Tratado del Atlántico Norte*).

**actitud** (*attitude*). Una de las diferencias individuales del aprendiente. Hace referencia a la consideración que cada persona tiene acerca de la lengua meta y de la cultura que se asocia a ella.

**actitud lingüística** (*linguistic attitude*). Percepción o consideración de un hablante hacia la lengua, o su uso, y que puede estar relacionada con una serie de creencias generalizadas a nivel social.

**acto cortés** (*polite act*). Acto propio de la cortesía lingüística como dar las gracias o disculparse.

**acto de habla asertivo** (*assertive speech act*). También llamado constatativo, es el acto de habla que nos dice cómo son las cosas, se limita a describir el mundo. Por ejemplo, *Hace frío en Chicago*.

**acto de habla comisivo** (*commisive speech act*). Acto de habla que dirige la conducta del propio hablante, p. ej., prometer algo, *Te prometo que llegaré a tiempo*.

**acto de habla declarativo** (*declarative speech act*). Acto de habla que cambia el mundo en virtud del poder del hablante, p. ej., un juez puede casar, declarar a alguien culpable o absolverlo, *Yo os declaro marido y mujer*.

**acto de habla directivo** (*directive speech act*). Acto de habla que dirige la conducta del oyente, p. ej., *Pásame el pan*.

**acto de habla expresivo** (*expressive speech act*). Acto de habla que nos informa sobre el estado de ánimo del hablante, p. ej., *temo que, ojalá, me alegro de que*, etc.

**acto de habla ilocutivo** o **ilocucionario** (*ilocutionary speech act*). Acto de habla que se realiza al decir algo y tiene que ver con la intención comunicativa. Por ejemplo, el verbo *aconsejar* no posee la misma intención o función comunicativa que el verbo *ordenar*. Para que la comunicación se desarrolle con éxito, el hablante debe saber interpretar dicha función. Cada vez que emitimos un enunciado se activan las tres dimensiones de manera simultánea: *acto locutivo, acto ilocutivo* y *acto perlocutivo*.

**acto de habla indirecto** (*indirect speech act*). Acto en el cual el hablante se comunica por medio de un enunciado distinto a lo que expresa. Por ejemplo, cuando le preguntamos a alguien si "puede pasarnos la sal", no le estamos preguntando sobre su capacidad física para realizar tal acción, sino que le estamos pidiendo "que nos pase la sal".

**acto de habla locutivo** o **locucionario** (*locutionary speech act*). Acto de habla que se realiza por el mero hecho de decir algo. Corresponde a la propia emisión de sonidos y palabras con un sentido prefijado por el hablante; designa algo y hace referencia a un estado de cosas en el mundo. Cada vez que emitimos un enunciado se activan las tres dimensiones de manera simultánea: *acto locutivo, acto ilocutivo* y *acto perlocutivo*.

**acto de habla perlocutivo** o **perlocucionario** (*perlocutionary speech act*). Acto de habla que se realiza por haber dicho algo, es decir, se refiere a las consecuencias que puede tener la emisión de un acto de habla de pensamientos, sentimientos y acciones y, por lo tanto, los efectos producidos en el interlocutor. Cada vez que emitimos un enunciado se activan las tres dimensiones de manera simultánea: *acto locutivo, acto ilocutivo* y *acto perlocutivo*.

**acto descortés** (*impolite act*). Actos tales como *amenazar* o *insultar*.

**acto no cortés** (*non-polite act*). Actos neutros, tales como *aserciones* o *indicaciones*.

**actuación** (*performance*). Manifestación de la competencia del hablante en el acto de habla (Chomsky 1965).

**adaptación** (*adaptation*). Transformación fonológica de un préstamo lingüístico en consonancia con las normas ortográficas de la lengua de adopción, p. ej., tweet® > *tuit* (*DRAE* 2014).

**adjetivo** (*adjective*). Categoría léxica que modifica, describe y concuerda en género y número con el sustantivo al que acompaña, p. ej., *los vecinos simpáticos, las vecinas simpáticas*. Según la intención del hablante y el significado del adjetivo, puede ir antepuesto al sustantivo, *un buen material* (que es de calidad), o pospuesto, *una persona buena* (que es bondadosa).

**adjunto** (*adjunct*). Constituyente que añade el hablante para proporcionar más información, pero que no es participante del verbo, p. ej., *el estudiante de pelo negro*.

**adquisición bilingüe de primera lengua** (*bilingual first language acquisition*, BFLA). Fenómeno en el cual hablantes bilingües o multilingües aprenden todas las lenguas como su primera lengua.

**adquisición temprana de segunda lengua** (*early second language acquisition*). Fenómeno que ocurre cuando un niño ha desarrollado completamente su primer sistema lingüístico antes de verse expuesto a una L2. Véase **bilingüismo temprano**.

**aducto** o ***input*** (*input*). Véase **caudal lingüístico**.

**adverbio** (*adverb*). Categoría léxica que modifica principalmente al verbo y concreta o matiza su significado. Es invariable y no posee género ni número, p. ej., *cerca, fabulosamente*. Sí admite sufijación, p. ej., *ahora > ahorita*.

**afasia** (*aphasia*). Trastorno cerebral relacionado con la producción o comprensión del lenguaje.

**afasia anómica** (*anomic aphasia*). Tipo de afasia que se produce por la desconexión entre los hemisferios del cerebro, el izquierdo, que es el hemisferio del lenguaje, y el derecho, o sea, el hemisferio de los conceptos, causando dificultad para nombrar objetos.

**afijo** (*affix*). Elementos añadidos que se adhieren a la raíz, que pueden matizar o cambiar el significado de una palabra y determinar —solo los sufijos— su categoría gramatical, p. ej., *cas–ona*. Véase **morfema ligado** o **trabado**.

**africado** (*affricate*). Sonido que se produce en dos tiempos. Primero hay una oclusión, pues los dos órganos que intervienen se cierran completamente, y a continuación se produce una fricación. Un ejemplo es /tʃ/ en *techo* /té.tʃo/.

**africanismo** (*Africanism*). Palabras en un idioma cuyo origen etimológico procede de una lengua africana, p. ej., *banana* o *guineo* en el español.

**agente** (*agent*). Papel temático que describe al iniciador o actor de la acción, p. ej. *Beatriz golpeó la pelota*.

**agente social** (*social agent*). Individuo capaz de conocer los elementos que constituyen el sistema de la lengua y de desenvolverse en situaciones habituales de comunicación en la interacción social.

**aguda** (*oxytone*). Palabra con la sílaba tónica en la última sílaba, p. ej., *can-tar, can-ción*.

**aimara** (*Aymara*). Lengua hablada por una comunidad de 2.808.740 hablantes que se ubica entre Bolivia y Perú, cerca del Lago Titicaca (Austin, Blume y Sánchez 2015, 26). Se encuentran en el español algunos *aimarismos*, o palabras propias de esta lengua, como *chipa* "cesto para llevar frutas" o *chuto* "tosco o inculto".

**alófono** (*allophone*). Realización o variante de un fonema, p. ej., el alófono [ŋ] es la realización del fonema /n/ si aparece en posición anterior a una consonante velar, /tán.go/ → [táŋ.go].

**alomorfo** (*allomorph*). Realización o variante de un morfema p. ej., el alomorfo [–es], *azul–es*, es la variante del morfema de plural [–s], *casa–s*, si la palabra en singular termina en consonante.

**alternancia de código** (*code-switching*). Alternancia o yuxtaposición de palabras sueltas, enunciados u oraciones completas entre una lengua y otra, p. ej., *Ese bebé es cute*.

**altura de las vocales** (*vowel height*). Altura en la que se posiciona la lengua al producir cada vocal. Puede ser alta /i, u/, media /e, o/ y baja /a/. Un ejemplo de una palabra con una vocal alta es *sin* /sin/, con vocal media *sol* /sól/ y con baja *casa* /ká.sa/.

**alveolar** (*alveolar*). Punto de articulación en el que el órgano activo es la lengua y el pasivo es la región alveolar. Un ejemplo es /n/, como en *no* /no/.

**alveopalatal** (*alveopalatal*). Punto de articulación en el que el órgano activo es la lengua y el pasivo la zona posterior de los alveolos o la zona anterior del paladar. El único sonido alveopalatal en español es /tʃ/, como en *techo* /té.tʃo/.

**ámbito de uso** (*scope of use*). Espacio en el que se desarrolla la comunicación. Puede estar relacionado con el "tipo de espectadores o interlocutores que escuchan", con el "lugar" en el que se desarrolla el acto comunicativo, o con el "tiempo". El ámbito está también relacionado con el *propósito* de la comunicación, p. ej., en cuanto al "tema" concreto de la actividad comunicativa y al "tipo de actividad" que tiene lugar, y con los *participantes* del acto comunicativo.

**americanismo**. Palabra del español de América que se ha adoptado en otras variedades, p. ej., el término *guagua*, cuya variante peninsular es *autobús*, procede del español caribeño y se utiliza también en el español canario.

**anterioridad de las vocales** (*vowel frontness*). Posición anterior /i, e/, central /a/ o posterior /o, u/ de la lengua al producir cada vocal. Un ejemplo de una palabra con una vocal anterior es /réd/, con vocal central, /sál/, y con posterior, /mú.ro/.

**antonimia** (*antonymity*). Relación semántica entre palabras cuyos significados se consideran opuestos. Existen "antónimos graduales", p. ej., *alto/bajo*, "antónimos complementarios", p. ej., *vivo/muerto*, y "antónimos recíprocos", p. ej., *padre/hijo*. Véase **sinonimia**.

**aparato fonador** (*organs of speech*). Conjunto de órganos que de manera activa o pasiva intervienen durante la producción de los sonidos y que se ubican, principalmente, en la cavidad nasal, en la cavidad bucal y en la laringe.

**apócope** (*apocope*). Supresión de uno o más fonemas a final de palabra. Por ejemplo, *primer*, por *primero*.

**aprendiente autónomo** (*independent learner*). Individuo capaz de ser responsable y de tomar decisiones personales sobre el aprendizaje, con autonomía suficiente para continuar avanzando en su conocimiento de una lengua más allá del propio currículo, en un proceso que puede prolongarse a lo largo de toda la vida.

**aprendizaje de la lengua asistido por ordenador** o **ALAO** (*Computer-Assisted Language Learning, CALL* o, más recientemente, *Technology-Enhanced Language Learning, TELL*). Aprendizaje que se facilita o complementa mediante el uso de la tecnología, o, más específicamente, el ordenador o computadora (en el caso del ALAO, también conocido como ELAO: Aprendizaje de Lenguas Asistido por Ordenador).

**aprendizaje de una lengua extranjera** (*foreign language learning*). Contexto de aprendizaje de una L2 donde dicha lengua no es una de las lenguas oficiales del lugar. Por ejemplo, el aprendizaje de español en el Reino Unido.

**aprendizaje de una segunda lengua** (*second language learning*). Contexto de aprendizaje de una L2 donde dicha lengua se habla como lengua oficial del lugar. Por ejemplo, el aprendizaje de español en Paraguay.

**apropiación de datos** (*intake*). Porción del caudal lingüístico que el aprendiente almacena en la memoria de corto plazo y somete a un nivel más profundo de procesamiento.

**aproximante** (*approximant*). Alófono fricativo de un fonema oclusivo, p. ej., /b, d, g/→ [β, ð, γ].

**aptitud** (*aptitude*). Facilidad que tiene un alumno para aprender una L2. Es una de las diferencias individuales que influye en el proceso de adquisición de una L2.

**arabismo** (*Arabism*). Término léxico que procede del árabe, p. ej., *albañil*, del mozárabe *albanní*, procedente a su vez del árabe *bannā*, "construir".

**arbitrariedad** (*arbitrariness*). Ausencia de relación directa entre un significante y su significado en el lenguaje.

**árbol sintáctico** (*tree diagram or syntactic tree*). Véase **diagrama arbóreo**.

**arcaísmo** (*archaism*). 1. Vocablo en desuso, p. ej., *zaguán* por *recibidor* o *hall*. 2. Término que se utilizó en la Península, pero que se ha mantenido en otras variedades del español, p. ej., *demorarse* en lugar de *tardar* o *retrasarse*; *liviano* en vez de *ligero*, o *prieto* en lugar de *negro*.

**archifonema** (*archiphoneme*). Símbolo que se utiliza para aglomerar una serie de sonidos en los que los rasgos que los distinguen se han neutralizado, p. ej., /N/, el cual recoge todas las variantes del fonema /n/, como en *tango*, que se transcribe [táN.go] en lugar de [tán.go] si no se necesita precisar qué alófono de /n/ aparece.

**área de Broca** (*Broca's area*). Área del cerebro descubierta por Paul Broca en 1861 que se encuentra en la zona anterior del hemisferio izquierdo. Su lesión puede producir dificultad en la producción de palabras con contenido léxico y la ausencia de palabras con función gramatical.

**área de Wernicke** (*Wernicke's area*). Área del cerebro descubierta por Carl Wernicke en 1874 que se encuentra en la zona posterior del hemisferio izquierdo. Su lesión puede producir dificultades de comprensión y errores semánticos al hablar.

**argumento** (*argument*). Elemento participante del núcleo. Es obligatorio y necesario, aunque puede, en algunos casos, estar implícito, p. ej. *Ana está leyendo poesía*, donde tanto *Ana* como *poesía* son argumentos del verbo, o *Ana está leyendo* en la cual *Ana* es un argumento, pero el OD está implícito.

**arranque de la sílaba** (*syllable onset*). Véase **ataque**.

**asimilación progresiva** (*progressive assimilation*). Proceso por el cual un sonido adopta algún rasgo del sonido que lo precede, p. ej., *hazte* /áθ.te/ → [áθ.t̪e].

**asimilación regresiva** (*regressive assimilation*). Proceso por el cual un sonido adopta algún rasgo del sonido que lo sigue, p. ej., la consonante nasal /n/ se dentaliza por la influencia de la consolante dental /t/, *antes* /án.tes/ → [án̪.tes].

**asimilación total** (*total assimilation*). Cambio fonético en el que un sonido adopta todos los rasgos del sonido que lo precede, p. ej., cuando p → t / __t, en uno de los pasos de la evolución de la palabra *siete*, /sépte/ → /sétte/.

**aspecto verbal** o **valor aspectual** (*verbal aspect*). Propiedad del verbo que expresa las perspectivas —inicio, conclusión, reiteración, etc.— desde las que se puede enfocar la acción de un verbo. El aspecto perfectivo, por ejemplo, indica una acción que se debe completar para que se entienda como realizada, *entrar* o *salir*.

**ataque** (*syllable onset*). Elemento o elementos consonánticos que preceden al núcleo de una sílaba, p. ej., en la palabra *por*, la vocal *o* es el núcleo y el elemento consonántico *p* es el ataque de la sílaba, que se encuentra en posición explosiva.

**atributo** (*attribute*). Complemento de un verbo copulativo, p. ej., el adjetivo *cansada* en una oración como *Ana está cansada*. Concuerda en género y número con el sujeto.

**aumentativo** (*augmentative*). Sufijo que puede indicar gran tamaño o intensidad, p. ej., *golpetazo* "golpe fuerte".

**autoironía** o **cortesía mitigadora** (*autoirony*). Ironía que el hablante emplea para salvar su imagen pública ante posibles amenazas durante el acto comunicativo.

## B

**balbuceo** (*babbling*). Etapa del desarrollo lingüístico de un bebé que empieza a las pocas semanas de nacer mediante la emisión y articulación de algunos sonidos.

**base léxica** (*lexical base*). Palabra que posee el significado esencial, p. ej., *transporte* "acción y efecto de transportar". Se diferencia de la raíz, *transport–*, que da lugar a distintas palabras que pertenecen a la misma familia léxica, *transport–ación*, *transport–ador*, *transport–ista*, etc. Véase **raíz**.

**basilecto** (*basilect*). Variedad popular hablada por el estrato inferior o con menos recursos de una comunidad. Véanse también **acrolecto** y **mesolecto**.

**beneficiario** (*beneficiary*). Papel temático que describe a quien recibe el beneficio de la acción, p. ej., *Compró los bombones para Clara*.

**bilabial** (*bilabial*). Punto de articulación en el que intervienen los dos labios. Un ejemplo es /p/, como en *pato* /pá.to/.

**bilingüe simultáneo** (*simultaneous bilingual*). Hablante que recibe caudal lingüístico de dos lenguas desde su nacimiento. Véase también **adquisición bilingüe de primera lengua**.

**bilingüismo** (*bilingualism*). Uso de dos lenguas por un mismo hablante. También se emplea este término para hacer referencia al uso de dos lenguas en una misma región geográfica. Por ejemplo, Paraguay es un país donde se da un contexto de bilingüismo entre el guaraní y el español.

**bilingüismo secuencial** (*sequential bilingualism*). Fenómeno que ocurre cuando la persona bilingüe se vio expuesta a la L2 durante el periodo entre su primer y tercer año de vida.

**bilingüismo temprano** (*early bilingualism*). Fenómeno que ocurre cuando un niño ha desarrollado completamente su primer sistema lingüístico antes de verse expuesto a una L2. Véase **adquisición temprana de segunda lengua**.

## C

**calco lingüístico** (*calque*). Préstamo de otra lengua a modo de traducción literal o como copia de la estructura de una palabra o expresión, p. ej., la expresión *jardín de infancia* es un calco del alemán *Kindergarten*.

**caló** (*Caló language*). Variedad del romaní que hablan los gitanos de España, Francia y Portugal (*DRAE* 2014, 392), p. ej., *hartible* o "alguien muy pesado".

**camaradería** (*camaraderie*). Regla de cortesía (R. Lakoff 1990) que se encuentra presente en las interacciones sociales y que puede variar en función de la cultura. Véase **distancia** y **deferencia**.

**canal** (*channel*). Es el medio físico por el que circula el mensaje. Por ejemplo, el aire en el caso de una conversación, puesto que los sonidos llegan por este medio hasta el oído humano.

**capacidad adquirida** (*acquired ability*). Habilidad aprendida con la que no nacemos, pero que somos capaces de aprender.

**capacidad innata** (*innate ability*). Habilidad no aprendida y predispuesta en el individuo desde su nacimiento.

**características del lenguaje** (*design features of language*). Hockett (1958, 1960, 1963) enumeró dieciséis propiedades que describen las particularidades del lenguaje humano. Algunas de ellas son: la arbitrariedad, la recursividad y la productividad, el desplazamiento, la prevaricación, la reflexividad, la intercambiabilidad, la evanescencia, etc.

**castellano**. Véase **dialecto castellano**.

**categoría funcional** (*functional category or closed-class word*). Conjunto de palabras que no admiten la creación de otras nuevas en la lengua. Por ejemplo, el paradigma o conjunto de formas flexionadas de los pronombres tiene un número limitado; p. ej., todos los pronombres de sujeto, *yo*, *tú/vos*, *usted*, *él/ella*, *nosotros/nosotras*, *vosotros/vosotras*, *ellos/ellas*, *ustedes*.

**categoría léxica** (*lexical category or open-class word*). Conjunto de palabras cuyo número en el lexicón del hablante puede seguir aumentando. Son categorías léxicas los sustantivos, los adjetivos, los verbos y los adverbios.

**categorización** (*categorization*). Clasificación de cada palabra según su clase gramatical (sustantivo, adjetivo, verbo, preposición, etc.). Por ejemplo, la categorización de la palabra *comer* nos informa de que es un verbo y la de la palabra *comida* de que es un sustantivo.

**caudal lingüístico** o ***input***. También llamado *aducto*, son las muestras de la lengua meta, orales o escritas, a las que se ve expuesto el aprendiente de L2 durante su aprendizaje.

**caudal lingüístico previamente modificado** (*premodified input*). Caudal lingüístico simplificado, ya sea mediante el uso de vocabulario conocido y/o estructuras menos complejas, al que se ve expuesto un aprendiente de L2.

**ceceo**. Fenómeno que se da en el andaluz, sobre todo, en el sur de Andalucía y en algunas zonas de Centroamérica (Honduras y El Salvador). Al "cecear" los hablantes articulan el fonema /θ/ para pronunciar los grafemas *s*, *z*, *ce* y *ci*: *sí* [θí], *cero* [θé.ro] y *cielo* [θjé.lo]. Según Moreno Fernández, "este ceceo se considera rural, frente al urbano seseo, y no goza de prestigio abierto entre los hablantes andaluces" (2010, 74). Véase **seseo**.

**chabacano** (*Chavacano*). Modalidad criolla hablada en Filipinas que se emplea de manera genérica para hacer referencia a un grupo de lenguas criollas, como el caviteño, el ternateño y el zamboangueño, con base gramatical indígena de lenguas filipinas, del tagalo o del bisaya, pero con base léxica del español.

**chamorro** (*Chamorro language*). Lengua austronesia con una fuerte base léxica del español. Se habla tanto en Guam como en las islas Marianas y comparte oficialidad con el inglés en ambos territorios.

**cinésica** o **kinésica** (*kinesics or body language*). Disciplina que se encarga del estudio del lenguaje verbal y los mensajes que forman parte de la comunicación no verbal y que pueden aparecer de manera autónoma o para reforzar un enunciado verbal, como p. ej., indicar una cantidad numérica con los dedos, preguntar la hora, expresar que se tiene frío, mostrar sorpresa, etc.

**clase abierta**. Véase **categoría léxica**.

**clase cerrada**. Véase **categoría funcional**.

**cocoliche** (*Cocoliche*). Variedad de español italianizado que se habla en la zona de Buenos Aires (Argentina).

**coda** (*coda*). Elemento o elementos consonánticos que siguen al núcleo de una sílaba, p. ej., en la palabra *por*, la vocal *o* es el núcleo y el elemento consonántico *r* es la coda de la sílaba.

**codificación-descodificación** (*codification-decodification*). Mecanismo que se activa según la teoría de la relevancia (Sperber y Wilson 1986/1995) en la comunicación y que implica conocer el código y el sistema de una lengua. Por ejemplo, si un hablante dice *Tengo hambre*, en la codificación "el hablante pone de manifiesto un contenido en un código lingüístico o lengua determinada", y en la descodificación "el oyente que conoce la lengua recupera el contenido lingüístico del mensaje". Véase **ostensión-inferencia** y **teoría de la relevancia**.

**código** (*code*). Lengua usada para comunicar un mensaje, la cual ha de ser compartida al menos parcialmente por el emisor y el receptor.

**competencia** (*competence*). Término empleado por Chomsky (1965) para describir el conocimiento subconsciente que poseen los hablantes del sistema lingüístico de su idioma.

**competencia comunicativa** (*communicative competence*). Término propuesto por Hymes (1966, 1971) para señalar los conocimientos que posee un individuo, además de la gramática, sobre el uso de la lengua y que le permiten desenvolverse en un determinado contexto social. Capacidad de dicho individuo de comportarse de manera eficaz y adecuada en una determinada comunidad de habla mediante el conocimiento de las reglas lingüísticas y el contexto sociocultural en el que tiene lugar la comunicación.

**competencia lingüística** (*linguistic competence*). Término acuñado por Chomsky (1965) para describir el conocimiento subconsciente que posee el hablante del sistema lingüístico de un idioma y que se compone de operaciones que monitorizan su gramática individual.

**complementante** o **complementador** (*complementizer*). Nexo o conjunción que introduce la oración subordinada, generalmente *que* o *si*, por ejemplo en *Martín dice que Marina duerme*.

**complemento** (*complement*). Término que se utiliza de manera casi indistinta con el de *argumento*. Todos los complementos son argumentos, pero el argumento incluye el sujeto mientras que el complemento no. Véase **argumento**.

**complemento circunstancial.** Véase **adjunto**.

**complemento del verbo** (*verbal complement*). Sintagma preposicional que actúa como complemento obligatorio de algunos verbos, sin los cuales el verbo carece de sentido, p. ej., *Mañana iré <u>al cine</u>*.

**complemento (u objeto) directo** (*direct object*). Sintagma nominal que funciona como complemento de un verbo transitivo que puede sustituirse por un pronombre personal de objeto directo, p. ej., *Anoche rompí <u>el jarrón</u>* (*anoche <u>lo</u> rompí*).

**complemento (u objeto) indirecto** (*indirect object*). Complemento de un verbo transitivo que puede sustituirse por un pronombre personal de objeto indirecto. Es un sintagma preposicional encabezado por la preposición *a*, p. ej., *Juana <u>le</u> regaló flores <u>a Laura</u>*.

**composición** (*composition*). Proceso productivo de formación de palabras en el cual se combinan al menos dos raíces que además pueden contener afijos, p. ej., *compraventa*, *ítalo-argentino*, *sofá cama*, etc.

**comunicación biológica** (*biological communication*). "Acción por parte de un organismo (o célula) de manera que altera el patrón de probabilidad de conducta de otro" (Wilson 1975/2000, 176).

**comunidad de habla** (*speech community*). Grupo de hablantes que "comparten al menos una variedad lingüística, unas reglas de uso, una interpretación de ese uso, unas actitudes y una misma valoración de las formas lingüísticas" (Moreno Fernández 2010, 231).

**comunidad lingüística** (*linguistic community*). Grupo de hablantes de una lengua desde el punto de vista geográfico o temporal.

**conclusión** (*conclusion*). Supuesto que acabamos aceptando tras inferir su significado.

**confirmación de propia comprensión** (*confirmation checks*). Uno de los tres tipos de retroalimentación implícita durante el proceso de negociación de significado. Ocurre cuando el hablante se asegura de haber comprendido correctamente la información proporcionada por su interlocutor.

**conjugación** (*conjugation*). Clasificación que engloba la totalidad de las varias formas que puede poseer un mismo verbo. Hay en español tres conjugaciones que se clasifican según la terminación de su infinitivo, *–ar*, *–er*, *–ir*.

**conjunción** o **nexo** (*conjunction*). Elemento cuya función consiste en unir palabras u oraciones entre sí. Es invariable, no posee marca de género y número y es un elemento relacionante, p. ej., *Me miró <u>y</u> me sonrió*.

**conocimiento declarativo** (*declarative knowledge*). Tipo de conocimiento que responde a la pregunta *¿qué?* y hace referencia a la información explícita.

**conocimiento procedimental** (*procedural knowledge*). Tipo de conocimiento que responde a la pregunta *¿cómo?* e identifica cómo se aplican las reglas almacenadas que proceden del conocimiento declarativo, aunque no seamos capaces de expresarlas de manera explícita.

**constituyente** (*constituent*). Véase **sintagma**.

**contexto común** (*mutual knowledge*). Información compartida por el emisor y el receptor durante un acto comunicativo. Véase **teoría de la relevancia**.

**contexto de aprendizaje** (*learning context*). Forma parte de los factores ambientales o sociales que influyen en el aprendizaje e incluye tanto el contexto inmediato del aula, el contexto institucional en el que se inscribe un curso y el contexto sociohistórico.

**contextualización** (*contextualization*). Consideración por parte de docentes y aprendientes de los factores ambientales o sociales como parte importante del proceso de enseñanza y aprendizaje de una lengua.

**coordinación** (*coordination*). Procedimiento que sirve para expresar la relación gramatical de igualdad entre dos elementos de modo que ninguno de ellos está subordinado al otro, p. ej., *Mario envió una carta y una botella de vino*.

**coordinación adversativa** (*adversative coordination*). Procedimiento que sirve para expresar contrariedad entre dos oraciones, excluyendo o restringiendo en la segunda lo que se expresa en la primera. Se emplean para ello nexos como *pero, mas, antes bien, por el contrario, sino, sino que*.

**coordinación copulativa** (*copulative coordination*). Procedimiento que expresa suma, adición o combinación mediante las conjunciones *y* y *ni*.

**coordinación distributiva** (*distributive coordination*). Procedimiento que relaciona oraciones que se contraponen pero no se excluyen. Los nexos que se emplean para expresar este tipo de coordinación tienen dos partes: *ya . . . ya, ora . . . ora, bien . . . bien, ni . . . ni*, etc.

**coordinación disyuntiva** (*disjunctive coordination*). Procedimiento que indica desunión o separación. Une dos oraciones que se excluyen mutuamente, las dos no pueden ser verdaderas. Para expresar esta disyunción utilizamos la conjunción *o, o bien*.

**coordinación explicativa** (*explicative coordination*). Procedimiento que aclara el significado o indica la consecuencia de la cláusula anterior. Los nexos que expresan este tipo de coordinación son *esto es, es decir, o sea, luego, por lo tanto, por consiguiente*, etc.

**cortesía de categorías formales** (*formal politeness*). Tipo de cortesía que opera a un nivel pragmalingüístico y se basa en un análisis de los actos de habla, como pueden ser el tono de voz, el uso de diminutivos, la elección de pronombres personales o el uso de actos de habla indirectos.

**cortesía de categorías funcionales** (*functional politeness*). Tipo de cortesía que posee un carácter sociocultural, como puede ser "hablar para evitar el silencio en un ascensor" o "no interrumpir a una persona mientras habla".

**cortesía lingüística** (*linguistic politeness*). Estrategia conversacional capaz de evitar conflictos y mantener buenas relaciones durante los intercambios comunicativos entre los hablantes.

**cortesía no verbal** (*non-communicative politeness*). Cortesía no comunicativa que corresponde a modales y etiqueta, como "abrir la puerta" o "dejar pasar primero a las personas mayores".

**creatividad** (*creativity*). Característica del lenguaje que explica cómo el lenguaje humano nos permite crear enunciados que nunca antes hemos oído, así como entender otros que escuchamos por primera vez.

**creatividad regida** (*rule-governed creativity*). Creatividad por la cual es imposible combinar los elementos de una oración de manera ilimitada en ausencia de una serie de reglas a modo de patrones establecidos por la propia lengua.

**creencia** (*belief*). Enunciado o supuesto que constituye un hecho que creemos verdadero.

**cultismo** (*literary or learned word*). Palabra latina que se ha incorporado al léxico castellano y no ha seguido los procesos fonológicos correspondientes, p. ej., FĪLIUM → *filial*.

**curso en línea** (*online class*). Curso de lengua en el que el 80 por ciento o más de su contenido se transmite por algún medio que no es presencial.

**curso híbrido** (*blended* o *hybrid class*). Curso de lengua que presenta entre el 30 y el 79 por ciento de su contenido mediante el uso de la tecnología.

**curso que se apoya en la red** (*web-facilitated class*). Curso de lengua que presenta entre el 1 y el 29 por ciento de su contenido mediante el uso de algún tipo de tecnología.

**curso tradicional** (*traditional class*). Curso de lengua en el que no se usa ningún tipo de tecnología para presentar sus contenidos.

## D

**deferencia** (*deference*). Regla de cortesía (R. Lakoff 1990) que ofrece opciones al interlocutor y que, de algún modo, muestra indecisión. Véanse **camaradería** y **distancia**.

**degeminación** (*degemination*). Proceso fonético por el cual una consonante geminada pierde uno de sus componentes y se hace simple, p. ej. SEPTEM → sette → siete.

**deíctico** (*deictic*). Término de diferentes categorías gramaticales (pronombres, demostrativos, adverbios, etc.) cuyo significado depende del contexto de la comunicación. Véase **deíxis**.

**deíxis** (*deixis*). Conjunto de referencias a elementos del contexto de la comunicación que se llevan a cabo mediante diferentes categorías gramaticales (pronombres, demostrativos, adverbios, etc.). Estas categorías codifican en la lengua aspectos personales, espaciales, temporales, etc., del contexto, y su interpretación depende del momento específico de la enunciación. Véase **deíctico**.

**deíxis espacial** (*spatial deixis*). Deíxis que hace referencia a un lugar o espacio determinado con el uso de deícticos como *aquí* o *allí*.

**deíxis personal** (*personal deixis*). Deíxis en la que los deícticos hacen referencia a una persona, p. ej., los pronombres *yo, tú, ella*, etc.

**deíxis social** (*social deixis*). Deíxis que sitúa el lenguaje en su contexto de uso inmediato mediante el uso de expresiones que denotan distancia social o formas de respeto, p. ej., el contraste entre *tú/vos* y *usted*.

**deíxis temporal** (*time deixis*). Deíxis que hace referencia a un punto determinado en el tiempo con el uso de deícticos como *ayer* o *esta tarde*.

**dental** (*dental*). Punto de articulación en el que el órgano activo es la lengua y el pasivo es la parte posterior de los dientes superiores, p. ej., /d/.

**dequeísmo**. Adición de la preposición *de* delante de la conjunción *que* cuando esta no viene seleccionada por el verbo, p. ej., *Es posible de que venga mañana* por *Es posible que venga mañana*. Véase **queísmo**.

**derivación** (*derivation*). Proceso de formación de palabras que consiste en añadir afijos derivativos a una raíz, p. ej., *mar > marinaje*.

**desafricación** (*deaffrication*). Proceso fonético por el cual un sonido africado se reduce a la palatal fricativa /j/, p. ej., en el último paso de la evolución de *leer* desde el latín LEGERE. /legé:re/ → /legére/ → /ledʒére/ → /lejére/.

**desinencia verbal** (*verbal desinence*). Morfema gramatical que se añade a las raíces verbales e indican persona, número, tiempo, aspecto y modo.

**desplazamiento** (*displacement*). Característica del lenguaje que explica que podemos expresar ideas lejanas en el tiempo.

**desplazamiento lingüístico** (*language displacement*). Desplazamiento que se produce en una lengua en favor de otra. Se emplea para hablar del abandono de la lengua de herencia o patrimonial por la lengua vehicular de un lugar. Este fenómeno es habitual entre hablantes de tercera generación en los Estados Unidos cuya lengua de herencia, el español, se ve desplazada en favor del inglés.

**determinante** (*determiner*). Elemento que funciona como actualizador, es decir, determina o presenta al sustantivo al que precede. Hay cinco tipos principales: los "artículos", determinados, *el*, *la*, o indeterminados, *un*, *una*; los "demostrativos", *este*, *esa*, *aquellos*, etc.; los "cuantificadores", *algunas*, *otros*, *tres*, etc., y dentro de este tipo los "intensificadores" o modificadores, *tan* o *muy*; los "posesivos", *mi*, *nuestra*, etc., y los "exclamativos" e "interrogativos", *qué*, *cuánto*, *cuántas*, etc. El género y número son especialmente importantes en esta categoría gramatical, así como la concordancia que se establece con el sustantivo al que siempre acompañan.

**diagrama arbóreo** (*tree diagram or syntactic tree*). También llamado *árbol sintáctico*, es la representación gráfica de la jerarquía existente entre los diferentes elementos de una oración.

**dialecto** (*dialect*). "Modalidad de una lengua utilizada en un territorio determinado [o como el] sistema de signos desgajado de una lengua común, viva o desaparecida; normalmente con una concreta limitación geográfica, pero sin una fuerte diferenciación frente a otros de origen común" (Alvar 1996a, 13; citado en Moreno-Fernández 2010, 231).

**dialecto andaluz** o **andaluz** (*Andalusian Spanish*). Variedad dialectal que se ubica en la mitad meridional o sur de España cuya área de influencia se extiende más allá de la región de Andalucía. De acuerdo con Moreno Fernández (2014, 152-155), podemos distinguir dos áreas principales. Por un lado, las *hablas de transición*, las *occidentales* (como el extremeño, región de Extremadura) y las *orientales* (como el murciano, región de Murcia). Y, por otro, las *hablas propiamente andaluzas*, correspondientes a la división administrativa entre la Andalucía occidental (Huelva, Cádiz, Sevilla y Córdoba) y la Andalucía oriental (Jaén, Málaga, Granada y Almería).

**dialecto canario** o **canario** (*Canarian Spanish*). Variedad del archipiélago situado en el océano Atlántico frente a las costas de África que consta de siete islas principales repartidas en dos provincias. Al oeste se encuentra la provincia de Santa Cruz de Tenerife (Tenerife, La Palma, La Gomera y El Hierro), y al este la provincia de Las Palmas (Gran Canaria, Lanzarote y Fuerteventura). Esta variedad dialectal posee rasgos en común con el andaluz y con el español caribeño.

**dialecto castellano** o **castellano** (*Castilian*). Variedad de la parte centro-norte de la península ibérica que se puede dividir en dos modalidades: el *castellano norteño*, zonas situadas al norte de Madrid, que comprende el *castellano norteño occidental* (antiguos reinos de Castilla y León), el *castellano norteño oriental* (zona de Aragón), y el uso del *castellano de áreas bilingües* (castellano gallego, castellano catalán y castellano vasco), y el *castellano manchego* (Castilla-La Mancha) (Moreno Fernández 2014, 121). La zona limítrofe que marcaría el paso del castellano al andaluz en la Península se encuentra en las llamadas "hablas de tránsito" (región de Extremadura al oeste y de Murcia al este).

**dialectos históricos** (*Hispano-Romance dialects*). Dialectos que tuvieron un desarrollo paralelo al castellano durante la Edad Media, como el aragonés (zona de Aragón) o el leonés (antiguo Reino de León).

**diferencias individuales** (*individual differences*). Uno de los factores internos que afectan el proceso de aprendizaje de una L2. Algunos ejemplos de diferencias individuales son *aptitud*, *actitud*, *motivación* y *memoria de trabajo*.

**diglosia** (*diglossia*) Situación lingüística en la que el uso de una lengua o variedad se considera de mayor prestigio que la otra y goza de mayores privilegios.

**diminutivo** (*diminutive*). Sufijo que además de indicar tamaño pequeño puede transmitir significados de carácter afectivo o valorativo, p. ej., *trabajito* y *trabajillo*.

**diminutivo lexicalizado** (*lexicalized diminutive*). Diminutivo que ha perdido su significado apreciativo respecto al tamaño y ha pasado a identificar un referente extralingüístico distinto, p. ej., *cama > camilla*.

**diptongación** (*diphthongization*). Cambio fonético en el que un sonido vocálico se alarga convirtiéndose en un diptongo. Por ejemplo, algunas vocales abiertas tónicas del latín tardío se transformaron en diptongos en español, como en /kɔrpo/ → /kwérpo/.

**diptongo** (*diphthong*). Dos sonidos vocálicos que se pronuncian en una misma sílaba, p. ej., d<u>ue</u>rme o p<u>ei</u>ne.

**diptongo creciente** o **ascendente** (*increasing diphthong*). Diptongo formado por una semiconsonante y una vocal, p. ej., c<u>iu</u>dad.

**diptongo decreciente** o **descendente** (*decreasing diphthong*). Diptongo formado por una vocal y una semivocal, p. ej., <u>ai</u>res.

**dispositivo de adquisición del lenguaje (DAL)** (*Language Acquisition Device, LAD*). Dispositivo mental que nos permite desarrollar el sistema lingüístico cognitivo de nuestra L1, el cual se activa con la ayuda de estímulos externos.

**distancia** (*distance*). Regla de cortesía (R. Lakoff 1990), planteada desde el punto de vista físico en relación con la proxémica (Hall 1963). Comportamiento cortés que generalmente se basa en el uso de expresiones impersonales y no impositivas. Véase **camaradería** y **deferencia**.

**distribución complementaria** (*complementary distribution*). Relación entre dos elementos cuando la selección de un sonido sobre otro hace que se cree un par mínimo, es decir, dos palabras distintas, como son /ká.ma/ y /ká.pa/.

**ditransitividad** (*ditransitivity*). Propiedad por la cual un verbo toma dos complementos, p. ej. *Le dio el regalo a su amigo*, donde *el regalo* es el complemento directo y *a su amigo* es el complemento indirecto.

**diversidad dialectal** (*dialectal diversity*). Conjunto de variedades de una lengua con todas sus peculiaridades e idiosincrasias.

**diversidad lingüística** (*linguistic diversity*). Situación lingüística que refleja la diversidad de distintas lenguas que coexisten en un mismo territorio y que en muchos casos favorece entre sus hablantes el bilingüismo (Estados Unidos) o el multilingüismo (Guinea Ecuatorial).

**doblete** (*doublet or etymological pair*). Par formado por dos palabras que derivan del mismo término latino, la palabra patrimonial y el cultismo, p. ej., FĪLIUM > *hijo* (término patrimonial) / *filial* (cultismo).

## E

**educto** o ***output*** (*output*). Véase **producción de lengua**.

**elipsis** (*elipsis or omission*). Prueba para detectar un constituyente que consiste en eliminar la palabra o grupo de palabras que se cree que lo forman. Si después la oración continúa siendo gramatical, entonces se trata de un constituyente. Véase **sintagma**.

**emisor** (*sender*). Hablante que envía un mensaje durante el acto comunicativo.

**enfoque comunicativo** (*communicative approach*). Enfoque funcional de la enseñanza de lenguas cuyo objetivo principal es que el aprendiente consiga la suficiente competencia en la L2 como para mantener un intercambio comunicativo con un interlocutor de L1. Prima la comunicación sobre la precisión gramatical.

**enfoque conductista** (*behaviorism or behaviorist approach*). Corriente del campo de la psicología puesta en boga por psicólogos como Burrhus F. Skinner y John Watson desde los años cuarenta hasta los años sesenta del siglo XX, según la cual el aprendizaje de todas las habilidades que posee el ser humano se produce por imitación.

**enfoque del código cognitivo** (*cognitive code approach*). Enfoque de la década de los setenta que parte de que el aprendizaje de lenguas debe ser significativo y de que el conocimiento explícito de la gramática es necesario.

**enfoque natural** (*natural approach*). Enfoque popularizado por Stephen Krashen y Tracy Terrell (1983) que parte de la *hipótesis del monitor*. Propone que a mayor exposición a un caudal lingüístico, mayor será el conocimiento que adquirirá el aprendiente, semejante a la manera en la que un niño adquiere su L1.

**enfoque por tareas** (*task-based approach*). Enfoque que propone que las unidades de aprendizaje deben ser diseñadas por usos de la lengua en lugar de estructuras gramaticales. Este programa se centra en el uso comunicativo de la lengua y simula situaciones de la vida real.

**enseñanza de proficiencia a través de la lectura y la narración de cuentos** (*Teaching Proficiency through Reading and Storytelling, TPRS*). Método de enseñanza creado por Blaine Ray en la década de los noventa que se basa en el trabajo de James Asher (véase *Respuesta Física Total*). Su objetivo principal es la fluidez del aprendiente, a la cual se llega mediante la audición repetitiva de la lectura de un cuento.

**entonación** (*intonation*). Variación que se produce en el conjunto de los tonos de todas las sílabas de una oración. La entonación se suele representar con la *curva melódica* que aparece en el discurso al pronunciar las palabras y que está relacionada con el sentido o la intención del hablante.

**entorno de aprendizaje** (*learning environment*). Circunstancias ambientales que rodean a un individuo desde la infancia, sus experiencias personales y lingüísticas que pueden influir en el desarrollo del lenguaje.

**enunciado** (*proposition*). Unidad comunicativa que equivale a la contribución de un hablante a la comunicación.

**enunciado relevante** (*relevant proposition*). Enunciado que produce efectos cognoscitivos y conlleva poco esfuerzo de procesamiento o interpretación.

**epéntesis** (*epenthesis*). Proceso fonético por el cual aparece un sonido en una palabra que antes no existía, p. ej., una palabra que comienza con /s–/ y va seguida de una consonante en latín, y en castellano antiguo aparece una /e–/ epentética, STUDIARE /studiáre/ → /estudiár/, *estudiar*. Cuando se produce la adición de una vocal inicial se denomina *prótesis*.

**epiceno** (*epicene or noun of common gender*). Sustantivo que posee un único género pero designa a ambos sexos, p. ej., *el personaje*.

**esdrújula** (*proparoxytone*). Palabra con la sílaba tónica en la antepenúltima sílaba, p. ej., *ár-bo-les*. Una palabra *sobresdrújula* es aquella con la sílaba tónica en la anteantepenúltima sílaba, p. ej., *có-me-te-lo*.

**esencialidad de la tarea** (*task-essentialness*). Característica de una tarea cuando esta no se puede realizar o completar a menos que el aprendiente preste atención a la estructura meta. Según Loschky y Bley-Vroman (1993) es una de las características de una tarea.

**eslabón** (*infix*). Véase **interfijo**.

**espacio íntimo** (*intimate space*). Nivel proxémico en el que la separación entre los hablantes va de 0 a 18 pulgadas (de 0 a 45 centímetros), es decir, se da en situaciones de contacto físico al tocarse, antes o después de abrazarse, al susurrar al oído, etc.

**espacio personal** (*personal space*). Nivel proxémico que se manifiesta cuando el individuo se encuentra con amigos cercanos o con miembros de la familia, y la distancia física entre estos grupos varía entre 1,5 y los 4 pies (de 45 a 120 centímetros).

**espacio público** (*public space*). Nivel proxémico que se emplea en intervenciones delante de un público o audiencia y la distancia física que los separa de su interlocutor comienza a partir de 12 pies (más de 3,7 metros).

**espacio social** (*social space*). Nivel proxémico que se utiliza durante los intercambios lingüísticos entre conocidos, y donde la distancia física entre ellos fluctúa entre los 4 y los 12 pies (de 1,2 a 3,7 metros).

**espanglish** o ***spanglish*** (*Spanglish*). "Modalidad del habla de algunos grupos hispanos de los Estados Unidos en la que se mezclan elementos léxicos y gramaticales del español y del inglés", *DRAE* (2014).

**español andino** (*Andean Spanish*). Variedad de español hablada en la parte media del continente americano y que consta de cuatro modalidades distintas (Moreno Fernández 2014, 304). En primer lugar, el *español andino costeño* que comprende la costa pacífica colombiana, el *español costeño de Ecuador* y *del norte de Perú*, el *español costeño limeño*, hasta la costa del departamento de Arequipa, y el *español costeño sureño de Perú*. En segundo lugar, el *español serrano* dividido en dos zonas: la *colombiano-ecuatoriana* y la *peruano-boliviana*, y que incluiría también el español de los indígenas bilingües como variedad diferente a la de los serranos monolingües. En tercer lugar, el *español amazónico* que comprende los territorios del Amazonas de Ecuador, Perú y Colombia. Y, en cuarto y último lugar, el *español llanero* o zona llana o no montañosa de Bolivia. Los *andinismos* son palabras propias del español andino, como *calato* "desnudo" o *huachafo* "cursi".

**español austral** (*Rioplatense Spanish*). Variedad de español hablada en la parte austral o sur del continente americano. Muchas veces se le denomina también *español rioplatense*, puesto que parte de esta variedad se corresponde con el que históricamente fue el Virreinato del Río de la Plata (1776-1816), que comprendía los territorios de Paraguay, Argentina y Uruguay. Algunos dialectólogos como Moreno Fernández (2014, 332, 347) prefieren hablar de español austral, es decir, "español del sur", por considerar este término más representativo de áreas no solamente ubicadas a lo largo del Río de la Plata, sino también en Paraguay, Argentina y Uruguay. Podemos hablar de un *español austral* compuesto principalmente por un *español guaranítico* y por un *español atlántico*. El *español guaranítico* comprende el *paraguayo* y el *nordestino argentino*. El *español atlántico* se divide en el *español del interior* (variedades del noroeste de Argentina, español cuyano, y español central). Y el *español del Litoral* se reparte entre el *español rioplatense* (desembocadura del Río de la Plata con el "español bonaerense" o de Buenos Aires, toda la provincia y área de influencia, y el "español uruguayo"), y el *español patagón* (en la Patagonia, con rasgos en común con el español de Chile por la influencia del mapudungun o lengua mapuche).

**español caribeño** (*Caribbean Spanish*). Variedad de español hablada en la extensión geográfica bañada por el mar Caribe, lo cual incluye tanto las islas como las costas de una serie de países. Moreno Fernández (2014, 235) establece las siguientes divisiones. Por un lado, el *caribeño continental* que incluye el *costeño*, costas del mar Caribe de México, Honduras, Costa Rica, Panamá y Colombia; sin incluir Guatemala y Nicaragua, dado que sus variedades se hallan más sujetas a factores étnicos y sociolingüísticos, por el contacto con lenguas autóctonas, que geolingüísticos; y el *venezolano*, donde la norma caribeña es bastante consistente en gran parte del territorio. Y, por otro, el *caribeño antillano*, que comprende el *cubano*, el *dominicano* y el *puertorriqueño*.

**español chileno** (*Chilean Spanish*). Variedad de español hablada en Chile. Se ha mantenido dentro de los límites geopolíticos debido en parte a su orografía y ubicación geográfica en el extremo occidental del continente. Desde el punto de vista dialectal se pueden identificar cuatro zonas principales (Moreno Fernández 2014, 386). Cada zona posee nombres específicos para las hablas que las conforman: *zona norte* (tarapaqueño y coquimbano), *centro* (colchagüino), *sur* (pencón) y *sur-austral* (chilote). En la zona norte del país existe una leve influencia del quechua. Hablamos de *chilenismos*, para palabras o expresiones típicas de esta variedad como *al tiro* "ahora mismo, de inmediato", *bacán* o *bakán* "fantástico, bueno, agradable", *flaite* "persona agresiva, o que va mal vestida", *fome* "aburrido, sin gracia" o *paco* "miembro del cuerpo de policía".

**español estadounidense** (*Spanish spoken in the US*). Variedad de español hablada en los Estados Unidos y que, como apunta Lipski (2013, 122), "es producto de la reproducción y diversificación natural de una lengua de inmigración en nuevas tierras". Posee una fuerte influencia de otras variedades dialectales que se hablan allí como el español mexicano y centroamericano o el caribeño.

**español estándar** (*standard Spanish*). Modalidad no hablada de la lengua que refleja unos criterios de corrección aceptados socialmente y que se manifiestan sobre todo en la lengua escrita. Se suele aplicar erróneamente a la modalidad castellana (Moreno Fernández 2010, 232).

**español mexicano-centroamericano** (*Mexican-Central American Spanish*). Siguiendo a Moreno Fernández (2014, 269-288), variedad de español hablada en México y en Centroamérica. Por un lado, podemos hablar del *mexicano* que incluye el *norteño*, territorios situados al norte de México, estados de: Baja California, Sonora, Chihuahua, Coahuila y Nuevo León; el *central* (Distrito Federal, la Ciudad de México y zonas de influencia a sus alrededores) y el *costeño* (costa Atlántica de los estados de Veracruz y Tabasco, y la costa del Pacífico de los estados de Oaxaca y Guerrero). Y, por otro lado, el *mayense-centroamericano*, que comprende el *yucateco* (península de Yucatán con los estados de Yucatán, Quintana Roo y Campeche), el *centroamericano* (estado mexicano de Chiapas, Guatemala, Honduras, El Salvador y Nicaragua; Costa Rica comparte algunos rasgos con esta variedad, pero su variedad se suele ubicar en el español caribeño), y el *mayense de bilingües*, utilizado por poblaciones bilingües en las que otra lengua ejerce una notable influencia sobre el español (bilingües nahuas de México, mayas de Guatemala y del istmo de Panamá, borucas de Costa Rica y guaimíes de Panamá). Los *mexicanismos* hacen referencia al uso de palabras o expresiones propias del español de México. Por ejemplo, *botana* "aperitivo que se sirve antes de una comida o con una consumición", *colonia* "barrio o zona de una ciudad", *chorrocientos* "muchos" o "muchísimos".

**español para fines específicos** (*Spanish for Specific Purposes*). Variedades de la lengua que se utilizan en la comunicación especializada y en los ámbitos profesionales, p. ej., el español jurídico, el español de la medicina, el español del turismo, el español académico, etc.

**especificador** (*specifier*). Elemento que cierra el sintagma por arriba, por la izquierda, en la teoría de X-barra.

**espirante** (*spirant*). Véase **aproximante**.

**espirantización** (*spirantization*). Proceso por el cual un sonido oclusivo velar cambia su modo de articulación a fricativo, p. ej., [k] → [x]. Véase **lenición**.

**estadounidismo** (*characteristic linguistic feature of the Spanish spoken in the US*). "Palabra o uso propios del español hablado en los Estados Unidos de América" (*DRAE* 2014, 961). En la última edición del *DRAE* (2014) se incluyeron cinco estadounidismos: *congresional* (Antillas, Colombia, Estados Unidos, Nicaragua), *guardavidas* (Argentina, Chile, Costa Rica, Estados Unidos, Nicaragua, Panamá, Paraguay, Uruguay), *sobador* (América Central, Ecuador, Estados Unidos, Perú), *billón* (Estados Unidos) y *trillón* (Estados Unidos).

**estereotipo lingüístico** (*linguistic stereotype*). Término que se emplea para hacer referencia a una "asociación consciente de un rasgo lingüístico con una característica no lingüística [. . .] que puede o no responder al uso real de la lengua" (Silva-Corvalán 2001, 67).

**estímulo condicionante** (*conditioning stimulus*). Estímulo que produce una respuesta condicionada. En el ejemplo del perro de Pavlov, el sonido de la campana sería el estímulo condicionante que produce la salivación del animal, la respuesta condicionada.

**estímulo externo** (*external stimulus*). Factor externo capaz de producir una reacción y un cambio en un proceso o en una conducta.

**estímulo lingüístico** (*linguistic stimulus*). Caudal lingüístico que recibimos en el proceso de aprendizaje de una lengua.

**estrategias afectivas o sociales** (*affective or social strategies*). Categoría de estrategias de aprendizaje que abarcan el contexto social en que el estudiante aprende.

**estrategias cognitivas** (*cognitive strategies*). Categoría de estrategias de aprendizaje que nos permiten dividir el proceso de aprendizaje en etapas, obligándonos a analizar, transformar o sintetizar la información recibida.

**estrategias comunicativas** (*communicative strategies*). Mecanismos de los que se vale el aprendiente para comunicarse de manera eficaz a pesar de tener poco dominio de la lengua meta. Son uno de los cinco procesos cognitivos principales de construcción de la interlengua.

**estrategias de aprendizaje** (*learning strategies*). Enfoque concreto que el aprendiente sigue a la hora de aprender el material lingüístico de la L2.

**estrategias metacognitivas** (*metacognitive strategies*). Categoría de estrategias de aprendizaje que el aprendiente usa cuando intenta regular su aprendizaje mediante el monitoreo y la evaluación del caudal lingüístico que recibe.

**etapa accional** (*actional stage*). Segunda etapa del modelo de proceso en que la motivación generada en la etapa preaccional debe ser mantenida y protegida.

**etapa postaccional** (*postactional stage*). Tercera etapa del modelo de proceso en la que el individuo hace una evaluación retrospectiva de la experiencia de aprendizaje.

**etapa preaccional** (*preactional stage*). Primera parte del modelo de proceso en que la motivación se genera y hace que el individuo escoja sus objetivos (motivación de elección).

**eufonía** (*euphony*). Fenómeno que se explica por razones de fonética histórica y mediante el cual se busca una dicción con una sonoridad agradable al combinar ciertos elementos acústicos de las palabras. Se produce en el singular de los sustantivos femeninos que comienzan por *a–* tónica, *el/un agua*, *el/un área*, *el/un aula*, etc. (nótese la concordancia adjetival, *el/un agua clara*, *el/un área metropolitana*, *el/un aula magna*, etc.), y en los sustantivos que comienzan por *ha–* tónica, *el/un habla*, *el/un hacha*, *el/un hambre*, etc. (nótese igualmente la concordancia adjetival, *el/un habla uruguaya*, etc.).

**evanescencia** (*rapid fading or transitoriness*). Característica del lenguaje que hace referencia a la no permanencia de los mensajes que se emiten. Se aplica al lenguaje oral.

**experimentador** (*experiencer*). Papel temático que describe a quien siente o percibe las acciones, p. ej., <u>Rosa</u> vio el eclipse.

## F

**factores externos que afectan al aprendizaje** (*external factors affecting learning*). Variables que pueden afectar el proceso de aprendizaje de una L2, sobre las cuales el aprendiente no tiene mucho o ningún control.

**factores internos que afectan al aprendizaje** (*internal factors affecting learning*). Facultades o características específicas de la persona que procesa la información recibida en la L2, también conocidas como diferencias individuales.

**familia léxica** (*lexical family*). Conjunto de unidades léxicas que comparten el mismo lexema o raíz, p. ej., *flor–es* (*sustantivo*), *flor–ido* (*adjetivo*), *flor–ecer* (*verbo*) que comparten la raíz *flor–*.

**fenomenología** (*phenomenology*). Corriente filosófica de principios del siglo XX creada por Edmund Husserl que buscaba renovar el pensamiento de la época a partir de conceptos como la intencionalidad o la percepción que explicasen el sentido del mundo a nuestro alrededor.

**fonema** (*phoneme*). Representación abstracta de un sonido. Unidad básica de la que se ocupa la fonología. Así, el sonido [p] se representa con el fonema /p/.

**fonema consonántico** (*consonantic phoneme*). Fonema en cuya realización el aire encuentra algún tipo de obstáculo al salir, p. ej., /d/ o /m/.

**fonema vocálico** (*vocalic phoneme*). Fonema en cuya realización el aire pasa por la cavidad bucal sin encontrar obstrucción alguna a su paso, p. ej., /a/ o /i/.

**fonética** (*phonetics*). Rama de la lingüística que se ocupa de los fonemas en relación con las características articulatorias, acústicas y fisiológicas propias de los hablantes.

**fonología** (*phonology*). Rama de la lingüística que estudia el sistema de sonidos de una lengua. La unidad básica de la que se ocupa la fonología es el fonema.

**formalismo ruso** (*Russian formalism*). Movimiento intelectual desde finales de la primera década del siglo XX y hasta los años treinta que impulsó la consolidación de la crítica literaria y de la teoría de la literatura.

**formante culto**. Prefijos y sufijos que proceden del griego y del latín y que en origen eran raíces independientes como, p. ej., *dinamo–* en *dinamómetro* o *–grafía* en *fotografía*.

**fraseología** (*phraseology or idiomatic language*). Véase **lenguaje idiomático**.

**frecuentativo** (*frequentative*). Verbo que indica una acción habitual, p. ej., *tutear*.

**fricativización** (*fricativization*). Proceso fonético por el cual los sonidos oclusivos sonoros cambian su modo de articulación a fricativo, p. ej., [b] → [β].

**fricativo** (*fricative*). Sonido en cuya producción los dos órganos que intervienen se acercan sin llegar a cerrarse y el aire causa una fricción al salir, p. ej., /f/ o /s/.

**fuente** (*source*). Papel temático contrario a la meta que describe el lugar en el que comienza el movimiento, p. ej., *Julia le dio el lápiz a Jorge*.

**fuerza ilocutiva** (*ilocutionary force*). Intención comunicativa del acto ilocutivo. Por ejemplo, al decir *¿Me puedes pasar el pan?* la intención es comunicar una petición cortés, mientras que *¡El pan!* constituye un mandato.

**función conativa** (*directive function*). Función del lenguaje cuyo objetivo es producir un cambio en la actitud del receptor, ya sea mediante ruegos, órdenes, etc., p. ej., *¡Vete!*

**función denotativa** (*referential function*). Véase **función referencial**.

**función emotiva** (*expressive function*). Función del lenguaje relacionada con el emisor, puesto que hace referencia a los sentimientos, emociones o la actitud durante la enunciación, p. ej., *¡Qué contento estoy!*

**función fática** (*phatic function*). Función del lenguaje que tiene que ver con la interacción entre emisor y receptor. Son palabras o enunciados cuya función es abrir, prolongar o comprobar el funcionamiento del canal durante la comunicación, p. ej., *¿Me oyes?*

**función metalingüística** (*metalingual or metalinguistic function*). Función del lenguaje que nos permite reflexionar sobre cómo nos comunicamos y sistematizar el uso de la lengua, es decir, usar la lengua para hablar sobre la lengua en sí, p. ej., *El plural de pez es peces, o sea que la letra "z" se convierte en "c".*

**función poética** o **estética** (*poetic function*). Función del lenguaje que se centra en el mensaje en sí y busca que adquiera un efecto especial. Por ejemplo, el efecto del orden de los elementos persigue un efecto especial, como se aprecia en el hecho de que en español se diga *blanco y negro* y que en inglés se diga *black and white.*

**función referencial** (*referential function*). Función del lenguaje que se centra en el significado primario de los elementos y dirige la atención de los hablantes hacia el contexto comunicativo, p. ej., *Durante el primer trimestre del año la inflación se situará en el 1,2%.*

## G

**galicismo** (*Gallicism*). Término léxico procedente del galorromance, es decir, del francés primitivo que se hablaba en Francia, p. ej., *fraire*, el cual dio lugar en español a *fraile*. También vocablo o giro del francés usado en otra lengua.

**geminación** (*gemination*). Proceso fonético por el cual un sonido se duplica, p. ej., [t] → [tt] ante j + vocal como en /pótjo/ → /póttjo/ que dio lugar al castellano *pozo*.

**generación sociolingüística** (*age-graded variation*). Generación a la que pertenece un hablante de la lengua de origen inmigrante en un territorio. Este hecho da lugar a que los hablantes puedan tener diferentes perfiles lingüísticos según la generación a la que pertenecen (G1, G2, G3, etc.) (Escobar y Potowski 2015).

**género gramatical** (*grammatical gender*). Propiedad lingüística que poseen algunos idiomas, el español entre ellos, por la cual el género se corresponde con la especificación sexual de la realidad extralingüística a la que hace referencia, *el niño/la niña*. En los sustantivos que no designan seres sexuados no existe correspondencia entre el género y los objetos o conceptos a los que se alude, y por ello el género es en muchas palabras meramente casual, como en los ejemplos *el puente, la fuente.*

**germanismo** (*Germanic borrowing*). Término léxico procedente de las lenguas germánicas. Penny (2006) distingue dos estadios principales. En primer lugar, términos que entraron en la Península con los romanos, alrededor del siglo III, y que son términos que existen en varias lenguas romances, p. ej., *banco* o *guerra*. Por otro lado, con la llegada de los visigodos en el siglo V entran otros términos nuevos en el idioma como son *banda, estaca* o *ropa.*

**glosa** (*gloss*). Anotación que se hace en un texto para ayudar a la comprensión del mismo.

**gramática descriptiva** (*descriptive grammar*). Gramática que describe de la manera más detallada posible cómo los hablantes hacen uso de la lengua. En español la principal obra de referencia de este tipo de gramática es la *Gramática descriptiva de la lengua española* (1999), la cual describe y recoge el uso actual de la lengua.

**gramática mental** (*mental grammar*). Capacidad cognitiva que nos permite crear un número infinito de estructuras construidas con un número finito de elementos como son los sonidos, las palabras y la combinación de elementos en un enunciado, es decir, la sintaxis. Esta gramática permite que un hablante sin instrucción formal en una lengua pueda emitir juicios de gramaticalidad sobre un enunciado.

**gramática prescriptiva** (*prescriptive grammar*). Gramática que recoge las normas sobre el uso del idioma. En español contamos con la *Nueva gramática de la lengua española* (*NGLE*) (2009), que constituye una gramática prescriptiva pero no estática, ya que se han realizado enmiendas a las reglas y se han matizado las diferencias que puedan existir entre la norma y el uso.

**Gramática Universal** (*Universal Grammar or UG*). Chomsky (1965) acuñó este término para describir el conjunto de principios compartido por todas las lenguas y los parámetros específicos de cada lengua.

**grave** (*paroxytone*). Véase **llana**.

**guanchismo**. Palabra que procede de la lengua y cultura guanche de las islas Canarias, p. ej., *tabaiba* "un tipo de árbol".

**guaraní** (*Guarani language*). Lengua cooficial de Paraguay junto con el español. Los *guaranismos* son palabras que proceden del guaraní y que se utilizan en otras variedades del español, p. ej., *matete* "confusión".

## H

**habla** (*speech*). Uso de la lengua propio o característico de un hablante concreto, p. ej., *el habla del presidente*, que puede compartir características en común con una colectividad o comunidad de hablantes, p. ej., *el habla de la ciudad de Bogotá*.

**habla/parole** (*speaking/parole*). Uso característico o realización lingüística propia de un hablante concreto que puede compartir características en común con una colectividad o comunidad de hablantes. Uso concreto individual del conjunto de unidades y reglas que constituyen el sistema de la lengua.

**hablante de herencia** (*heritage speakers*). Persona que pertenece al grupo de "individuos que se han criado en una casa donde se habla una lengua no inglesa y que, como resultado, han adquirido cierta capacidad —productiva y/o receptiva— en esa lengua" (Valdés 2000, 35; citado en Potowski y Lynch 2014, 155). Esta definición canónica debería incluir también, en su versión más amplia, al individuo que, pese a sentirse fuertemente vinculado a la cultura minoritaria, utiliza o comprende poco español.

**hablante intercultural** (*intercultural speaker*). Individuo capaz de identificar los aspectos relevantes de la nueva cultura a la que accede a través de la lengua que aprende, y de establecer puentes entre la cultura de origen y la de los países donde se habla la lengua segunda o extranjera.

**heheo**. Fenómeno típico en la pronunciación de algunas zonas del dialecto andaluz que consiste en la aspiración de la /s/, tanto al principio de palabra [he.ɲó.ra] *señora* como en posición intervocálica [pá.ha] *pasa* (Pharies 2007, 198).

**helenismo** (*Hellenism*). Término léxico procedente del griego. Se encuentran en algunos topónimos como *Ampurias*, *Rosas*, así como en vocablos que hacen referencia a objetos pertenecientes a la vida cotidiana, *cesta*; a la vivienda y la construcción, *bodega*; a la botánica y a los animales, *cáñamo*; y al ámbito religioso, puesto que el griego fue originariamente el idioma eclesiástico, *bautismo* o *monasterio*.

**hiato** (*hiatus*). Secuencia de dos sonidos vocálicos que se pronuncian en sílabas distintas, p. ej., *po-e-ma* o *ra-íz*.

**hiponimia** (*hyponymy*). Relación semántica que se da entre palabras cuando el significado de un término está incluido en el de otro. Hablamos de *hiperónimos* cuando se trata de una palabra con contenido semántico amplio, *flor*, *ropa*, *vivienda*, y de *hipónimos* cuando el significado es más específico, ya que posee características semánticas diferenciadoras con respecto a su hiperónimo, *flor* (*clavel*, *margarita*, *rosa*), *ropa* (*camisa*, *falda*, *pantalón*), *vivienda* (*apartamento*, *casa*, *edificio*). Los hipónimos conforman en su conjunto un *campo semántico*. Por ejemplo, *autobús*, *automóvil*, *avión*, *metro*, *tranvía*, *tren*, conforman el campo semántico de medios de transporte.

**hipótesis de la captación** (*noticing hypothesis*). Hipótesis propuesta por Richard Schmidt (1990) en la que presenta la noción de que no se puede aprender algo a lo cual no se le ha prestado atención o no se ha notado.

**hipótesis de la interacción** (*interaction hypothesis*). Hipótesis propuesta por Michael Long (1996) en la que se resalta la importancia de la comunicación y la interacción entre el aprendiente y su interlocutor para el desarrollo de su interlengua.

**hipótesis de la producción** (*output hypothesis*). Hipótesis de Merrill Swain (1993) en la que propone que el caudal lingüístico no es suficiente para desarrollar una L2 sino que la producción o *output* por parte del aprendiente es igualmente necesaria, pues solo entonces tiene oportunidad el aprendiente de fijarse en su error, rectificarlo y reestructurar su interlengua.

**hipótesis del filtro afectivo** (*affective filter hypothesis*). Hipótesis que forma parte del *modelo del monitor* de Stephen Krashen (1977, 1980, 1981, 1982). Esta hipótesis sugiere que el alumno de L2 va a aprender más y de manera más eficaz si no siente tensión o ansiedad durante el proceso de aprendizaje.

**hipótesis del *input*** (*input hypothesis*). Hipótesis que forma parte del *modelo del monitor* de Stephen Krashen (1977, 1980, 1981, 1982) y que explica que para aprender estructuras nuevas en el orden natural, el aprendiente de L2 debe recibir un caudal lingüístico comprensible, es decir, que esté por encima de su nivel actual de conocimiento sin ser demasiado complicado. Ese grado de caudal lingüístico se conoce como *i+1*.

**hipótesis del monitor** (*monitor hypothesis*). Hipótesis de Stepehen Krashen (1977, 1980, 1981, 1982) que estipula que cuando usamos el sistema del aprendizaje de una L2, se activa un monitor que edita y corrige nuestros enunciados.

**hipótesis del orden natural** (*natural order hypothesis*). Hipótesis que forma parte del *modelo del monitor* de Stephen Krashen (1977, 1980, 1981, 1982) que explica que existe un orden natural en el que los niños y los aprendientes de una L2 adquieren los componentes de la lengua en un orden fijo o predecible, que es idéntica para todos.

**hipótesis del patrón curvilíneo** (*curvilinear principle*). Estipula en el ámbito de la sociolingüística que los cambios lingüísticos tienden a originarse en los estratos socioeconómicos intermedios.

**hipótesis innatista** (*innatist theory*). Hipótesis chomskyana que explica que el cerebro humano está genéticamente predispuesto para que un individuo durante su niñez aprenda a hablar una o varias lenguas, sin que tenga que someterse a una instrucción formal de las mismas.

**hipótesis que distingue entre aprendizaje/adquisición** (*acquisition-learning hypothesis*). Hipótesis que forma parte del *modelo del monitor* de Stephen Krashen (1977, 1980, 1981, 1982) y que distingue entre adquirir una lengua, un proceso inconsciente, y el aprender una lengua, un proceso consciente. Krashen sostiene que estos dos procesos son incompatibles, es decir, el contenido que se aprende no puede ser adquirido y viceversa.

**hispano** (*Hispanic*). Término que se aplica de manera general a personas de ascendencia u origen de un país hispanohablante que residen en los Estados Unidos (Escobar y Potowski 2015, 343). En el ámbito institucional se utiliza muchas veces de manera intercambiable con el término *latino*. Véase **latino**.

**homofonía** (*homophony*). Relación que se produce entre las palabras cuando dos palabras se pronuncian igual, se escriben de forma diferente y se refieren a conceptos distintos. Ejemplos de palabras homófonas son: *baca – vaca, hasta – asta, sabia – savia*, etc. Cuando los dos términos homófonos se escriben de manera idéntica se denominan *homógrafos*, por ejemplo, *¿Cuánto vale?*, verbo *valer*; *No llevo el vale de descuento*, es decir, con el significado de "bono o tarjeta"; *Vale, te ayudaré con el proyecto*, como interjección para mostrar acuerdo.

**homonimia** (*homonymy*). Relación semántica que identifica dos términos que poseen la misma forma, pero que poseen dos o más significados sin ninguna relación entre sí. Las palabras homónimas poseen etimologías distintas que, de manera casual, han llegado a coincidir en sus significantes pero presentan diferentes significados. Por ejemplo, *banco*, "entidad financiera", "lugar donde sentarse en un parque" y "grupo de peces que nadan juntos".

**huella** (*trace*). Elemento silente que permanece en la posición original cuando el elemento explícito se ha movido a otra posición en la oración, bien por motivos de énfasis o para obedecer a la estructura de una oración interrogativa, p. ej., "Qué$_i$ dijo$_j$ Lucas h$_j$ h$_i$ en el restaurante ayer".

## I

**idiolecto** (*idiolect*). Rasgos lingüísticos propios o característicos de un hablante determinado que refleja su manera de hablar o de expresarse.

**idioma** (*language*). Término que se utiliza a menudo de manera intercambiable con el de *lengua* para referirse al código lingüístico con el que se comunica una comunidad determinada o que se emplea en un país, región o territorio. Por estas razones, el término idioma suele poseer muchas veces una connotación de índole social.

**idiomaticidad** (*idiomaticity*). "Conjunto de rasgos lingüísticos (composición morfosintáctica específica), semánticos (denotativos y connotativos), pragmáticos y culturales propios de una lengua, compartidos por emisor y receptor, que permiten que la comunicación se lleve a cabo con éxito" (Muñoz-Basols 2016, 442).

**imagen negativa** (*negative face*). Dentro del ámbito de la pragmática es el deseo de cada individuo de que su imagen pública no se vea dañada.

**imagen positiva** (*positive face*). Dentro del ámbito de la pragmática es la imagen pública que cada individuo tiene de sí mismo y que aspira a que sea respetada por los demás.

**imagen pública** (*face*). Dentro del ámbito de la pragmática es un término de la cortesía lingüística desarrollado por Brown y Levinson (1987), e introducido previamente por Erving Goffman (1956, 1959, 1967) en el ámbito de la sociología a partir de la existencia de principios universales en relación con el comportamiento social de los seres humanos. Cada individuo posee una serie de creencias sobre la *imagen pública* que ostenta como parte de la sociedad, la cual puede ser positiva o negativa. La cortesía es una forma de proteger dicha imagen.

**imperativo** (*imperative*). Modo verbal de los mandatos utilizado para modificar la conducta del oyente, p. ej., *Ven aquí; No se mueva*.

**imperfectivo** (*imperfective*). Aspecto verbal que no muestra la necesidad de compleción en su significado, p. ej., *querer, saber*.

**implicatura** (*implicature*). Información que el hablante manifiesta hacia su interlocutor, que "da a entender" y que, por lo tanto, no expresa de manera explícita. Grice (1968, 1975, 1989) distingue entre *implicaturas convencionales*, que expresan el significado convencional o previamente establecido y en el que están de acuerdo las partes, o sea, "lo que dicen las palabras", e *implicaturas no convencionales o conversacionales*, que expresan "el significado intencional", esto es, el significado transmitido de manera indirecta a través de los enunciados convencionales.

**incoativo** (*incoative*). Aspecto verbal que pone de manifiesto el comienzo de una acción, su continuidad o el cambio de estado, p. ej., *dormirse, florecer*.

**indicador sintagmático** (*tree diagram or syntactic tree*). Véase **diagrama arbóreo**.

**indicativo** (*indicative*). Modo verbal que expresa lo real, los hechos que se consideran reales o que se presentan desde un punto de vista objetivo, p. ej., *Es más alto que su hermano*.

**inferencia** (*inference*). Proceso que hace posible interpretar la intención del hablante en un contexto determinado.

**infijo** (*infix*). Véase **interfijo**.

**influencia croslingüística léxica** (*cross-linguistic lexical influence*). Término acuñado por Javier Muñoz-Basols y Danica Salazar (2016, 83) para referirse al "proceso por el cual las lenguas se influyen mutuamente a nivel léxico y que refleja el impacto que los préstamos lingüísticos de una lengua donante pueden tener en la lengua de acogida o receptora".

**inglés de escalerilla**. *Pidgin* español-inglés utilizado en algunos puertos mediterráneos, como en La Línea de la Concepción (Cádiz, España).

**institucionalización** (*institutionalization*). Proceso por el cual algunas fórmulas gramaticales se han constituido en la lengua con un valor semántico determinado. La expresión *¿Puedes . . .?*, p. ej., funciona como una fórmula lexicalizada para realizar una petición.

**instrucción gramatical mediante caudal estructurado** (*processing instruction or PI*). Enfoque que manifiesta que el estudiante no adquiere todo el *input* que recibe. Solamente se almacena una porción del mismo y entonces se somete a un nivel más profundo de procesamiento (VanPatten 1996).

**instrumento** (*instrument*). Papel temático que describe el objeto utilizado para llevar a cabo la acción, p. ej., *Están hechos a mano*.

**interaccion croslingüística** (*crosslinguistic interaction*). Término acuñado por Carmen Silva-Corvalán (2014) para referirse a los efectos que se producen como resultado de la coexistencia de las dos lenguas en la mente de un bilingüe. Conforme el hablante bilingüe madura, la lengua a la que tiene mayor exposición se consolida más rápidamente mientras va incorporando características de esta lengua a la más débil o menos utilizada.

**intercambiabilidad** (*interchangeability*). Característica del lenguaje que explica cómo se puede producir un intercambio de roles en la comunicación entre el emisor y el receptor. Por ejemplo, al saludar a alguien, primero decimos *Hola* en el rol de emisor, y pasamos al rol de receptor cuando nuestro interlocutor nos contesta con el mismo mensaje, *Hola*.

**interdental** (*interdental*). Punto de articulación en el que el órgano activo es la lengua y el pasivo son los dientes. En español, el único fonema interdental es /θ/, el cual se produce en el centro y norte de España, y algunas regiones del sur de España y de Hispanoamérica donde se produce el fenómeno del *ceceo*, como en *ẕapato* /θapáto/.

**interfijo, infijo o eslabón** (*interfix*). Término acuñado por el lingüista Yakov Malkiel (1958) y que identifica un afijo sin contenido léxico en español que suele cumplir una función morfofonémica, es decir, relaciona los morfemas en el interior de una palabra para facilitar su pronunciación. Puede constar de elementos vocálicos y consonánticos, se ubica con frecuencia entre la raíz y un sufijo, *barr–end–ero*, *gas–e–oso*, *pan–ec–illo*, y a veces, aunque con menor frecuencia, entre un prefijo y la raíz, *en–s–anchar*.

**interjección** (*interjection*). Palabras o expresiones que se utilizan para transmitir una impresión o valoración o con una función comunicativa concreta, como *¡Hola!*, para saludar; *¡Eh!*, para advertir, llamar, o reprender; o que de manera exhortativa incitan al interlocutor a que haga algo, *¡Vamos!*

**interlengua** (*interlanguage*). Larry Selinker (1972) hace referencia con este concepto al sistema lingüístico individual de un aprendiente de una segunda lengua o lengua extranjera en los diferentes estadios por los que discurre su aprendizaje.

**intransitividad** (*intransitivity*). Propiedad por la cual un verbo carece de complementos, p. ej., el verbo *estornudar*.

**inventario léxico** (*lexical inventory*). Conjunto de palabras que conforman una lengua.

**ironía** (*irony*). Figura retórica con la cual se expresa algo distinto u opuesto de lo que verdaderamente se quiere manifestar.

**ironía de efecto negativo** (*negative irony*). Tipo de ironía que se da en un enunciado cuando hay presencia de burla hacia el oyente, hacia una persona ausente o hacia una situación. Así, podemos ironizar sobre una prenda de vestir que se ha comprado nuestro interlocutor, *Con lo morena que estás, te sienta fenomenal esa blusa verde pastel*, o podríamos hacerlo sobre alguien más a quien conocemos tanto nuestro interlocutor como nosotros, diciendo algo como *Con lo pálida que es Marisa, los colores pastel le sientan de maravilla*.

**ironía de efecto positivo** (*positive irony*). Ironía que se da cuando hay ausencia de burla en el enunciado, y se relaciona con la cortesía verbal. Puede ser "de imagen negativa" cuando se centra en el propio hablante, autoironía a través de la cual el hablante quiere conservar su imagen pública. También puede ser "de imagen positiva", que indica que el hablante desea integrarse en el grupo conversacional y la ironía puede producirse hacia su oyente, hacia una persona ausente o hacia una situación.

**isoglosa** (*isogloss*). Línea imaginaria con que se divide un territorio de manera geográfica según el uso de un rasgo lingüístico concreto. No es absoluta, dado que la lengua es un elemento en constante evolución.

**italianismo** (*Italianism*). Palabra que procede del italiano y que se ha adoptado en otra lengua. Por ejemplo, en el español hablado en Argentina encontramos *capo* para "líder" o *laburar* para "trabajar".

**iterativo** (*iterative*). Aspecto verbal que expresa una misma acción compuesta de repeticiones, p. ej., *castañetear, picotear, repicar*.

## J

**jerga** (*jargon*). Variedad del habla que se distingue, sobre todo, por el uso de un vocabulario específico y característico. Puede ser de carácter especializado, como en determinadas profesiones, p. ej., *la jerga de los economistas* o *la jerga médica*, o familiar, como en un grupo social, p. ej., *la jerga estudiantil*. En algunos casos puede tener un carácter temporal o generacional.

**judeoespañol** (*Judeo-Spanish*). Modalidad lingüística cercana al castellano antiguo hablada por las comunidades sefardíes de la Península y por sus descendientes después de la expulsión de 1492. El judeoespañol ha continuado evolucionando de manera interna y por el contacto con las lenguas de los territorios en los que se habla (Israel, Asia Menor, norte de África y los Balcanes). Es importante no confundir el judeoespañol con el *ladino*. El ladino no era una lengua propiamente hablada, sino la variante utilizada en las traducciones y adaptaciones de los textos religiosos de los sefardíes. Dicha variante se utilizaba a modo de calco de la sintaxis y del vocabulario de los textos hebreos y arameos, y se escribía con letras latinas o con caracteres rasíes (Alvar 2000, 31; Attig 2012, 838).

## K

**kikongo** (*Kongo language*). Lengua bantú hablada por los habitantes de los bosques tropicales en la República Democrática del Congo, República del Congo y Angola. El palenquero es una modalidad criolla de base hispana con influencias del kikongo que se habla en la costa norte de Colombia (Palenque de San Basilio).

**kinésica**. Véase **cinésica**.

# L

**labiodental** (*labiodental*). Punto de articulación en el que el órgano activo es el labio inferior y el pasivo son los dientes superiores, p. ej., el fonema /f/ en *foca*.

**laísmo**. Uso antietimológico del pronombre de objeto directo *la* en lugar del pronombre de objeto indirecto *le*, p. ej., *La regalé bombones a Laura* en lugar de *Le regalé bombones a Laura*. Sobre todo, se da en zonas de Castilla-León y de Madrid (España), así como la zona de influencia de la capital. Se trata de un fenómeno menos extendido que el *leísmo* pero más que el *loísmo*. Véase **leísmo** y **loísmo**.

**lateral** (*lateral*). Punto de articulación en que el órgano activo es la lengua y los órganos pasivos son los alveolos o el paladar, forzando la salida del aire por los laterales de la cavidad bucal, p. ej., el fonema /l/ en *lado* y /ʎ/ en *llama*.

**latino** (*Latino*). Término que, aunque se usa de manera amplia, suele englobar a aquellas personas de ascendencia u origen hispano, hablen o no español (Escobar y Potowski 2015, 344). En el ámbito institucional se emplea muchas veces de manera intercambiable con el término *hispano*. Véase **hispano**.

**lecto** (*lect*). Manera de identificar las diferentes variedades de una lengua en relación con las características propias de un hablante. Según Moreno Fernández (2012, 94), los lectos son "variedades lingüísticas, con rasgos fónicos, gramaticales, léxicos y discursivos específicos, que derivan de los condicionamientos propios de unos dominios geográficos, unos perfiles sociales o unas situaciones y contextos comunicativos determinados".

**leísmo**. Uso antietimológico del pronombre de objeto indirecto *le* con función de objeto directo equivalente a *lo* y *la*, sobre todo, cuando se trata de un referente humano y masculino, llamado "leísmo de persona", como en *–Ayer vi a Pepe. –Ah, ¿le viste ayer?* en lugar de *–Ah, ¿lo viste ayer?*, aunque también se puede dar con referente femenino, *–Ayer vi a las vecinas. –Ah, ¿les viste ayer?* en lugar de *–Ah, ¿las viste ayer?* En algunas zonas de la península ibérica se da también el "leísmo de cosa", *–¿Dónde está el coche? –Le he visto aparcado fuera* en lugar de *–Lo he visto aparcado fuera*. El leísmo de persona es un fenómeno que se localiza principalmente en la península ibérica, mientras que el llamado "leísmo de cortesía", *¿Le acompaño?* (*a usted*) en lugar de *¿La/Lo acompaño?* se encuentra bastante extendido en otros dialectos del mundo hispanohablante. Se trata de un fenómeno bastante más extendido que el *laísmo* y que el *loísmo*. Véase **laísmo** y **loísmo**.

**lengua** (*a language*). Método de comunicación que se compone de signos lingüísticos propios o característicos de una comunidad de hablantes. Existen más de seis mil lenguas que se hablan en el mundo en la actualidad (Moreno Fernández y Otero Roth 2007, 18).

**lengua/langue** (*language/langue*). Conocimiento abstracto (sistema de signos y reglas) de un idioma que tienen los hablantes (de Saussure, 1916).

**lengua criolla** (*creole language*). Un sistema lingüístico completo, con reglas gramaticales, sistema verbal, morfológico, etc., que se desarrolla a partir de un *pidgin*, p. ej., el papiamento es un criollo que procede de la mezcla del español con el portugués y el holandés y que se habla en las Antillas Holandesas.

**lengua franca** (*lingua franca*). Lengua de comunicación entre dos o más comunidades que hablan lenguas distintas.

**lengua materna** (*native language*). Primera lengua de una comunidad de hablantes. Lengua primera adquirida por un individuo. También **lengua nativa**.

**lengua meta** (*target language*). Término general que se usa para hacer referencia a la L2 que es el objeto de estudio del aprendiente.

**lengua *non-pro-drop*** (*non-pro-drop language*). Lengua en la que los sujetos siempre han de ser explícitos, p. ej., el inglés, *I go, you are, she is*.

**lengua *pro-drop*** (*pro-drop language*). Lengua en la que los sujetos se pueden omitir, p. ej., el español, *(yo) voy, (tú) eres, (ella) es*.

**lengua tonal** (*tone language*). Lengua en la que las variaciones de tono hacen que varíe el significado de las palabras o la estructura gramatical, por ejemplo, el chino mandarín.

**lengua vernácula** (*vernacular language*). Lengua autóctona de una comunidad en particular.

**lenguaje** (*Language, with capital L*). Capacidad o habilidad de los seres humanos de comunicarse mediante el uso de signos lingüísticos en una o en varias lenguas. Aunque este término se pueda utilizar de manera más específica (*lenguaje técnico, lenguaje informático*, etc.), se trata de un concepto que incide sobre aspectos más abstractos en relación con la comunicación. Según el *Diccionario de la lengua española (DRAE)*, el término *lenguaje* engloba la facultad de hablar, el conjunto de sonidos articulados, estructuras y señales con las que el ser humano pone de manifiesto lo que piensa, siente, o da a entender algo (2014, 1325). De ahí que distingamos entre *lenguaje verbal* y varios tipos de *lenguaje no verbal* como, por ejemplo, el *lenguaje corporal*.

**lenguaje idiomático** (*idiomatic language or phraseology*). Lenguaje formulaico o idiomático, a menudo con un sentido metafórico o figurado, que puede incluir expresiones hechas de diversa índole: fórmulas rutinarias, locuciones, expresiones idiomáticas, refranes, etc.

**lenición** (*lenition*). Proceso fonético de debilitamiento, p. ej., cuando una consonante oclusiva se transforma en su versión débil, fricativa, o una consonante oclusiva sorda se convierte en oclusiva sonora (ver sonorización), como es el caso de [p, t, k] → [b, d, g] si ocurre entre vocales (en posición intervocálica), como ocurrió en el proceso de la evolución del latín VITAM a *vida* en español.

**lexema** (*stem*). Véase **raíz**.

**lexicón** (*lexicon*). Diccionario mental que posee un hablante de una lengua. Cada entrada del lexicón incluye: el significado de la palabra, su categoría sintáctica, su realización fonológica, la información especial asociada a la palabra y su estructura gramatical.

**ley del reflejo condicionado** (*conditioned reflex theory*). Ley que muestra que un estímulo puede provocar una respuesta que no tiene por qué encontrarse vinculada necesariamente de manera natural. Un ejemplo es el experimento del perro de Pavlov.

**lingüística aplicada** (*applied linguistics*). Perspectiva interdisciplinar que relaciona el conocimiento teórico y práctico sobre el lenguaje con actividades en diversos contextos sociales y profesionales.

**llana** (*paroxytone*). Palabra con la sílaba tónica en la penúltima sílaba, p. ej., <u>pa</u>-nes o <u>cés</u>-ped.

**llanito** (*Yanito*). Variedad del habla andaluza occidental que se habla en Gibraltar en el ámbito familiar y en la calle, y se caracteriza por la presencia de la fonética andaluza así como por un número destacado de anglicismos en el léxico, aunque con préstamos también del genovés o del portugués (Martínez González 2003, 754; Moreno Fernández 2014, 152).

**lleísmo**. Distinción entre los fonemas /ʎ/ y /j/. Es decir, las palabras *halla* /áʎa/ y *haya* /ája/ serían pares mínimos.

**locación** (*location*). Papel temático que describe el lugar donde ocurre la acción, p. ej., *Estamos en una fiesta*.

**locución preposicional** (*prepositional locution*). Expresiones de dos o más unidades en las cuales el elemento que va en último lugar siempre es una preposición. Su función consiste igualmente en enlazar palabras dentro de la oración. Algunas de estas expresiones están relacionadas con los adverbios, *encima de*, *por encima de*, *debajo de*, etc., y otras locuciones preposicionales equivalen por su significado a una sola preposición, *a causa de* → *por*.

**loísmo**. Uso antietimológico del pronombre de objeto directo *lo* en lugar del pronombre de objeto indirecto *le*, p. ej., *Lo compró un regalo a Pablo* en lugar de *Le compró un regalo a Pablo*. Se da sobre todo en zonas rurales de Castilla y León (España). También se ha documentado en la zona andina en el uso del pronombre *lo* como objeto directo, independientemente del género del referente, *La papa también lo pelamos*, o para el referente femenino plural, *Unas cosas viejas para quemarlos* (Aleza Izquierdo 2010a, 116-117). Se trata de un fenómeno mucho menos extendido que el *leísmo* y bastante menos que el *laísmo*. Véanse **leísmo** y **laísmo**.

**lunfardo** (*Lunfardo*). Jerga que se originó en los arrabales de Buenos Aires a finales del siglo XIX y principios del XX. Su uso se popularizó en las letras de los tangos. Algunos vocablos son los términos *cana* "policía" o *mina* "mujer".

## M

**mapudungun** o **lengua mapuche** (*Mapudungun or Mapuche language*). Lengua principal de sustrato en Chile. Existe una comunidad de unos 260.620 hablantes en el sur de Chile (Austin, Blume y Sánchez 2015, 26). Los *mapuchismos* son palabras que proceden de esta lengua y que se han adoptado en otras variedades como, por ejemplo, *pololo* o *polola* "novio o novia" o *trumao* "tierra fina arenisca de rocas volcánicas".

**marcador de caso** (*case marker*). Partícula que precede a un sintagma nominal. Un ejemplo es la *a personal* utilizada cuando el objeto directo es un ser animado, y que nos ayuda a distinguir cuándo un SN es un objeto directo y cuándo es un sujeto, como en *Pablo vio a Raúl en la playa*.

**máxima** (*maxim*). Cada una de las cuatro categorías en las que se divide el principio de cooperación formulado por Grice (1975, 45-47): *cantidad*, *cualidad*, *relación* y *manera*.

**maya** o **lengua maya** (*Mayan*). Lengua con una comunidad de unos 6.523.182 de hablantes repartidos entre Belize, Guatemala y México (Austin, Blume y Sánchez 2015, 26). Es una de las lenguas de sustrato de México de mayor influencia junto con el náhuatl. Del maya quedan muy pocos términos en el español actual, tales como *agüío* "un tipo de pájaro", *cacao* y *pita* "una planta de la familia de la sábila".

**memoria de trabajo** (*working memory*). Memoria a corto plazo en la que se almacena y se opera con información nueva. Esta capacidad varía de persona a persona, por lo que constituye una de las *diferencias individuales* que afectan al proceso de aprendizaje de un aprendiente de L2.

**mensaje** (*message*). Contenido que se transmite durante el acto comunicativo.

**mesolecto** (*mesolect*). Variedad hablada por el estrato social medio. Véase también **acrolecto** y **basilecto**.

**meta** (*goal*). Papel temático que describe la entidad hacia la que va el movimiento, p. ej., *Maite va a Chicago*.

**metáfora** (*metaphor*). 1. Recurso, procedimiento o estrategia de los hablantes, cuya consecuencia es el cambio de significado, en definitiva, "una operación cognitiva que proyecta un dominio conceptual sobre otro" (Escandell Vidal 2007, 114). Constituye un elemento presente en la vida cotidiana que no pertenece exclusivamente al ámbito del lenguaje, sino también al del pensamiento y al de la acción (G. Lakoff y Johnson 1980). 2. En la literatura, figura retórica que en los textos literarios cumple una función poética. En la metáfora literaria confluyen dos términos distintos entre los que se establece una relación estética de significado, "La *guitarra* es un *pozo* con viento en vez de agua" (Gerardo Diego).

**metalenguaje** (*metalanguage*). Lenguaje específico que en relación con la gramática y en la lingüística en general sirve para describir el uso del lenguaje. Por ejemplo, cuando decimos *El verbo "leer" es un verbo transitivo*.

**método audiolingüe** (*the audiolingual method*). Método de enseñanza de lenguas que surgió a mediados del siglo XX como reacción al *método gramática-traducción*. Propugna que los aprendientes han de desarrollar las mismas destrezas que los hablantes nativos de la lengua, para lo cual es importante crear una especie de "isla cultural" en el aula y así evitar el uso de la L1. El aprendiente memoriza y repite textos una y otra vez y el profesor corrige sobre todo la pronunciación. También se realizan ejercicios mecánicos para fijar las estructuras aprendidas.

**método directo** (*the direct method*). Método de enseñanza que surgió en el siglo XIX de manos de Maximilian Berlitz, quien fundó su primer centro en los Estados Unidos en 1872. Se consideraba un método *activo* en oposición al método gramática-traducción. El método directo parte de la idea de que la lengua se aprende a través de una asociación directa de palabras y expresiones con objetos y acciones para evitar el uso de la lengua materna del aprendiente. Esta metodología se basa en la necesidad de aprender la lengua aquí y ahora, es decir, desde los objetos que hay en la clase y mediante acciones básicas.

**método gramática-traducción** (*grammar-translation method*). Método que generalmente se usaba para la enseñanza de lenguas clásicas como el latín y el griego, y comenzó a aplicarse a la enseñanza de lenguas modernas a finales del siglo XIX y comienzos del XX extendiéndose hasta los años cincuenta y sesenta del siglo XX. En el método gramática-traducción, el aprendizaje se deriva del análisis lingüístico, la memorización de reglas y paradigmas y la aplicación de esas reglas mediante ejercicios de traducción.

**métodos cognitivos** (*cognitive methods*). Conjunto de métodos de enseñanza de L2 que parten de perspectivas racionales en oposición a los métodos conductistas. Se popularizaron a finales de la década de los sesenta y principios de los setenta del siglo XX.

**metonimia** (*metonymy*). Tipo de relación semántica entre palabras que se establece cuando una palabra adquiere un significado por la proximidad o cercanía entre conceptos. El hablante hace uso de la metonimia para designar una entidad o idea del mundo que le rodea con el nombre de otra. Por ejemplo, *botella* y *agua* mantienen una relación de continente y de contenido. El hablante puede aprovechar esta relación y producir un enunciado como *Se bebió una botella entera*, en el que *una botella* se refiere, en realidad, a su contenido, *el agua*. Por lo tanto, cuando oímos un enunciado de este tipo comprendemos que se trata de "su contenido" y no literalmente "del envase de la botella".

**modelo del monitor** (*the monitor model*). Propuesta teórica sobre la adquisición y enseñanza de lenguas que diseñó Stephen Krashen (1977, 1980, 1981, 1982). Consta de cinco hipótesis: *la hipótesis que distingue entre aprendizaje/adquisición, la hipótesis del orden natural, la hipótesis del monitor, la hipótesis del caudal lingüístico y la hipótesis del filtro afectivo*.

**modelo PACE** (*The PACE Model*). Modelo de enseñanza creado a finales de la década de los ochenta por Richard Donato y Bonnie Adair-Hauck (1992). Se puede desglosar en los siguientes pasos: P → Presentación, el profesor les presenta un texto a sus estudiantes, el cual leen o escuchan con el fin de descifrar el mensaje; A → Atención, el profesor dirige la atención de sus estudiantes hacia la forma o estructura meta; C → Co-construcción, el profesor o un compañero más avanzado ayuda al estudiante a deducir la regla de la nueva estructura; E → Extensión, consiste en hacerles participar a los estudiantes en una actividad que los lleve a usar la estructura meta en un ejercicio abierto y que les permita adaptarlo a su propia realidad.

**modelo sociocultural** (*the sociocultural model*). Conjunto de principios creado por Lev Vygotsky, quien consideraba el proceso de aprendizaje desde su contexto social.

**modo verbal** (*verbal mood*). Forma verbal en que se plasma la perspectiva del hablante en relación a lo que expresa y en el contexto de la comunicación. En español existen tres modos: *indicativo*, *subjuntivo* e *imperativo*.

**monogénesis** (*monogenesis*). Hipótesis que postula que todas las lenguas se han originado de una lengua matriz o lengua primigenia.

**monoptongación** (*monophthongization*). Reducción de un diptongo a un único sonido vocálico, como ocurrió con los diptongos latinos AU /au̯/, AE /ai̯/ y OE /oi̯/, que dan lugar a veces a vocales largas representadas con dos puntos, /o:/ o /e:/.

**morfema** (*morpheme*). Unidad mínima con significado. A su vez, la combinación de los morfemas da lugar a las palabras, p. ej., *pan* o uno de los morfemas del plural *–es*.

**morfema cero** o **morfema -Ø** (*null or zero morpheme*). Ausencia de morfema de plural. Su utilización sigue unas determinadas reglas. Aparece cuando una palabra termina en "s" y la vocal que la precede es átona, *el/los jueves*, *el/los matamoscas*.

**morfema derivativo** (*derivational morpheme*). Morfema que cambia el significado de una palabra, p. ej., *flor > florero*, y, en ocasiones, su categoría gramatical, p. ej., *fresco* (adj.) > *frescura* (sust.).

**morfema desinencial** (*verbal desinence*). Véase **morfema verbal**.

**morfema flexivo** (*inflectional morpheme*). Afijo que no cambia la categoría gramatical de una palabra, es decir, no crea palabras a partir de otras, sino que contribuye a formar su **paradigma** o conjunto de formas flexivas o accidentes gramaticales, por ejemplo, *blanco*, *blanca*, *blancos*, *blancas* o *canté*, *cantaste*, *cantó*, *cantamos*, *cantasteis*, *cantaron*.

**morfema gramatical** (*functional morpheme*). Elemento funcional sin contenido léxico que adquiere su significado como elemento relacional, como son los artículos, *el*, *la*, etc.; los pronombres, *él*, *mí*, *ti*, etc.; las preposiciones, *a*, *con*, *de*, etc.; las conjunciones, *ni*, *pero*, *y*, etc.

**morfema léxico** (*lexical morpheme*). Morfema que equivale a la raíz de una palabra y que, por lo tanto, transparenta su contenido léxico, por ejemplo, en sustantivos, *pastel > pastel–ería*; adjetivos, *verde > verd–oso*; verbos; *salir > sal–ida*; y adverbios, *rápida > rápida–mente*.

**morfema libre** (*free morpheme*). Morfema que puede existir por sí solo y conforma una palabra, p. ej., *azul*, *pan*, *sol*.

**morfema ligado** o **trabado** (*bound morpheme*). Morfema que no posee autonomía sino que necesita ir unido a otro elemento para formar una unidad autónoma o palabra, p. ej., *azul–es*.

**morfema radical** (*radical morpheme*). Véase **raíz**.

**motivación** (*motivation*). Deseo de iniciar el proceso de aprendizaje de una L2 y que incluye el esfuerzo que el alumno dedica para lograrlo (Ortega 2009, 168).

**mozárabe** (*Mozarabic*). Habla vernácula que surgió como resultado del contacto de un conjunto de variedades romances derivadas del latín y el árabe en la península ibérica.

Fue utilizada por cristianos, también por musulmanes y judíos, que vivían en Al-Ándalus, la zona que se encontraba bajo dominio islámico, y su uso se extendió hasta el siglo XIII y posiblemente en el sur de la Península hasta el siglo XV (Penny 2006, 299).

**multimodalidad** (*multimodality*). Uso de diferentes modos semióticos (lingüísticos, orales, visuales, espaciales, etc.) que inciden en la producción e interpretación del sentido. Por ejemplo, en un texto gráfico, el tipo de imágenes, el trazo de los dibujos, la tipografía de las letras, la distribución del espacio en la página, la inclusión de onomatopeyas o elementos que proceden de la oralidad, etc.

## N

**náhuatl** o **nahua** (*Nahuatl*). Lengua hablada por una comunidad de unos 170.622 hablantes (XII Censo General de Población y Vivienda 2010; García Mejía 2014, 22). Es una de las principales lenguas de sustrato de México junto con el maya.

**nasal** (*nasal*). Sonido consonante para cuya producción el aire no sale solo por la cavidad bucal, sino también por la nasal, p. ej., el fonema /m/ de <u>m</u>ar /már/.

**negociación de significado** (*negotiation of meaning*). Michael Long (1991, 1996) lo define como ajustes o modificaciones de codificación y descodificación que realizan el aprendiente y su interlocutor.

**neologismo** (*neologism*). Palabra de nueva creación o una incorporación a la lengua. Generalmente, procede de diferentes ámbitos del saber y suele aparecer, por ejemplo, cuando hay una necesidad de crear terminología que permita designar una realidad extralingüística concreta. Es habitual, por lo tanto, que se originen neologismos en las ciencias, la medicina, la economía, la política, la tecnología, etc.

**neurotecnología** (*neurotechnology*). Procedimientos médicos para analizar la actividad cerebral como las resonancias magnéticas, los electroencefalogramas o la técnica de anestesia hemisférica.

**núcleo** (*head*). Elemento con la información relevante dentro del constituyente y el único imprescindible en un sintagma. Todo constituyente tiene un núcleo y solamente uno, p. ej., el sustantivo *niño* en el sintagma nominal *un niño*.

## O

**objeto directo** (*direct object*). Véase **complemento directo**.

**objeto indirecto** (*indirect object*). Véase **complemento indirecto**.

**oclusivo** (*stop*). Modo de articulación de sonidos consonánticos en cuya producción los dos órganos que intervienen se cierran completamente y el aire causa una pequeña explosión al salir, p. ej., el fonema /p/ en <u>p</u>an /pan/.

**oración atributiva** (*attributive clause*). Oración cuyo predicado expresa una cualidad del sujeto. *Ser, estar* y *parecer* son los verbos que tradicionalmente aparecen en las oraciones atributivas, como en *Paco y Ramón están cansados* o *Ana parece contenta*.

**oración compuesta** (*complex sentence*). Oración con más de un predicado. Las oraciones coordinadas, subordinadas y yuxtapuestas son oraciones compuestas.

**oración coordinada** (*coordinate sentence*). Oración compuesta que consiste en dos o más oraciones simples que son oraciones principales, sintácticamente independientes, unidas por un nexo coordinante como y, p. ej., *Maite se fue de compras y José se quedó en casa leyendo*.

**oración predicativa** (*predicative clause*). Oración cuyo predicado expresa una acción o un estado del sujeto, p. ej., *Raúl corre todas las tardes por el lago.*

**oración simple** (*simple sentence*). Oración que se compone de un único predicado, p. ej., *Maite fue de compras.*

**oración subordinada** (*subordinate clause*). Oración compuesta que se compone de una oración principal que tiene mayor jerarquía sobre una o más no principales. Sus significados están interrelacionados, por lo que no pueden separarse. Ambas cláusulas están conectadas por un nexo, también llamado *complementante*, como *que*, p. ej., *Quiero que Papá Noel me traiga muchos regalos.*

**oración subordinada adjetiva** (*adjectival clause*). Oración que sustituye a un adjetivo, por lo tanto modifica a un sustantivo, p. ej., *El chico que mide dos metros hizo ruido.*

**oración subordinada adverbial** (*adverbial clause*). Oración que puede sustituirse por un adverbio, por lo que modifica al verbo. Hay nueve tipos de oraciones adverbiales: *de modo o modales, de tiempo o temporales, de lugar o locativas, comparativas, consecutivas, condicionales, concesivas, causales, finales.*

**oración subordinada adverbial causal** (*causal clause*). Oración que expresa el motivo o la razón por la cual acontece la oración principal. Los nexos más comunes son *porque, ya que, puesto que, pues, dado que, como, en vista de que, so pretexto de*, etc.

**oración subordinada adverbial comparativa** (*comparative clause*). Oración que sirve como punto de comparación con la oración principal. Los nexos más comunes son *más . . . que, menos . . . que, tal . . . como, igual que, lo mismo que, todo cuanto*, etc.

**oración subordinada adverbial concesiva** (*concessive clause*). Oración subordinada que indica una dificultad, o un impedimento, para que la oración principal pueda cumplirse. Algunas de las conjunciones que indican concesión son *aunque, bien que, a pesar de que, cuando, aun cuando, pese a que, siquiera, por mucho que, por más que*, etc.

**oración subordinada adverbial condicional** (*conditional clause*). Oración subordinada que expresa una condición para que la principal se cumpla. El nexo condicional por excelencia es *si* pero hay otros nexos también: *como, cuando, con que, con tal que, a menos que*, etc.

**oración subordinada adverbial consecutiva** (*consecutive clause*). Oración subordinada que indica la consecuencia de la acción de la principal. Algunos de los nexos que utilizamos son *de manera que, hasta el punto de, de forma que, tal . . . que, tan . . . que*, etc.

**oración subordinada adverbial de lugar** (*place clause*). Oración subordinada que sitúa espacialmente la acción de la cláusula principal. Emplea los nexos *donde, a donde, de donde, por donde*, etc.

**oración subordinada adverbial de modo** (*manner clause*). Oración subordinada que indica la manera en que se realiza la acción de la oración principal, para lo cual se usan nexos como son *como, del modo que, según, así como*, etc.

**oración subordinada adverbial de tiempo** (*time clause*). Oración subordinada que sitúa en el tiempo la acción de la cláusula principal. Algunas conjunciones para indicar tiempo son *cuando, en cuanto, apenas, antes de, después de, al, mientras*, etc.

**oración subordinada adverbial final** (*final clause*). Oración subordinada que expresa el propósito de la acción principal. Para ello se emplean nexos como *para, para que, con el objeto de, a que, a fin de*, etc.

**oración subordinada sustantiva** (*noun clause*). Oración subordinada que cumple las mismas funciones sintácticas que los sustantivos; es decir, puede aparecer como sujeto, como objeto directo o como objeto de preposición, p. ej., *Tiene miedo de que no le llegue el dinero.*

**oración yuxtapuesta** (*juxtaposed clause*). Oración que consiste en dos o más oraciones simples que son oraciones principales, sintácticamente independientes, separadas entre sí por signos de puntuación y no por un nexo, p. ej., *Llegué, vi, vencí.*

**orden secuencial** (*sequential order*). Orden en el que se suceden los morfemas en una palabra. Primero van los morfemas derivativos y los flexivos se sitúan después. Así, vemos que, en las palabras *flor–er–o* y *flor–er–o–s*, los sufijos derivativos preceden a los sufijos flexivos.

**órgano articulatorio activo** (*active articulatory organ or active articulator*). Órgano que se mueve y se aproxima al pasivo en la producción de sonidos, p. ej., los labios inferiores en la articulación del fonema labiodental /f/.

**órgano articulatorio pasivo** (*passive articulatory organ or passive articulator*). Órgano que interviene en la producción de un sonido pero que permanece estático, p. ej., los dientes superiores en la articulación del fonema /f/.

**ostensión-inferencia** (*ostension-inference*). Mecanismo que se activa según la teoría de la relevancia (Sperber y Wilson 1986/1995) en la comunicación y que implica conocer los factores situacionales y culturales u otro tipo de información extralingüística que rodea al contexto de la comunicación. Así, si alguien en una fiesta dice *Tengo sueño*, la ostensión es "la intención del hablante de comunicar algo" y la inferencia es "el proceso que hace posible interpretar la intención del hablante" en un contexto determinado. Véanse **codificación-descodificación** y **teoría de la relevancia**.

**oyente** (*receiver*). Véase **receptor**.

**oyente comprensivo** (*sympathetic listener*). Es el oyente que escucha y da muestras de que participa de la comunicación, pero que hace caso omiso de los errores de su interlocutor, o no se detiene a corregirlos, puesto que comprende el mensaje principal.

## P

**pachuco** (*Pachuco*). Variedad hablada en Arizona y en áreas del sur de California que muestra rasgos del contacto del español con el inglés.

**palabra compuesta** (*compound word*). Palabra formada por al menos dos raíces; puede incluir también afijos flexivos y derivativos, p. ej., *girasol* y *boquiabierto.*

**palabra compuesta parasintética** (*compound parasynthetic word*). Palabra puramente compuesta que sigue el esquema raíz + raíz + sufijo. Se diferencia de las palabras compuestas en que el sufijo es obligatorio, p. ej., *siete–mes–ino.*

**palabra derivada** (*derivative word*). Palabra que contiene la raíz y al menos un morfema derivativo. Puede además contener morfemas flexivos, p. ej., la palabra *cristalería*, formada por la raíz *cristal–* y el sufijo nominal *–ería.*

**palabra derivada parasintética** (*parasynthetic derivative word*). Palabra que sigue el esquema prefijo + raíz + sufijo. Ambos afijos son obligatorios, p. ej., *en–gord–ar.*

**palabra monomorfemática** (*monomorphemic word*). Palabra que consta de un único elemento o morfema libre. Posee autonomía morfológica propia, se pronuncia de manera independiente y no se puede descomponer en otros morfemas o unidades mínimas, p. ej., *azul, pan, sol.*

**palabra patrimonial** o **popular** (*etymological word*). Palabra que ha sufrido todos los cambios y procesos naturales en su evolución del latín al español, como en el caso del sustantivo FĪLIUM > *hijo.*

**palabra polimorfemática** (*polymorphemic word*). Palabra que contiene más de un morfema, p. ej., *chic–o.*

**palabra simple** (*simple word*). Palabra que está formada por la raíz y que puede tener también morfemas flexivos, p. ej., *chico, chica, gatos, gatas, comían*.

**palatal** (*palatal*). Punto de articulación en el que el órgano activo es la lengua y el pasivo el paladar duro, p. ej., el fonema /ɲ/ en niño /níɲo/.

**palatalización** (*palatalization*). Proceso fonético por el cual un sonido cambia su punto de articulación a palatal, p. ej., los sonidos líquidos alveolares como los nasales alveolares /l/ y /n/ se palatalizan cuando van precedidos de la vocal /i/ y seguidos por la semiconsonante /j/, y se convierten en /ʎ/ y /ɲ/ respectivamente.

**palatoalveolar** (*alveopalatal*). Véase **alveopalatal**.

**palenquero** (*Palenquero or Palenque*). Criollo hablado en Palenque de San Basilio (costa norte de Colombia) que proviene de la mezcla del español con el kikongo (Schwegler 2011), lengua bantú de los esclavos africanos que se asentaron en esa zona, junto con rasgos del portugués. En los últimos años el palenquero se ha revitalizado gracias en parte a un cambio de actitud entre las generaciones más jóvenes, interesadas en preservar la lengua, y a los programas educativos implementados en la zona que también han ejercido una influencia positiva (Lipski 2012, 40; 2016).

**papel temático** (*thematic role*). Asignación de relaciones temáticas entre los elementos del enunciado, por ejemplo: *agente, experimentador, tema, meta, receptor, fuente, locación, instrumento* y *beneficiario*.

**papiamento** (*Papiamentu*). Criollo con rasgos del español, del portugués y del holandés que se habla en las Antillas Holandesas. En 2007 adquirió estatus de lengua oficial de las Antillas Holandesas (Aruba, Bonaire y Curaçao), junto con el holandés. Tras los cambios políticos y administrativos que se produjeron en las islas en 2010, su oficialidad se limitó a los territorios de Bonaire y Aruba. Es la única lengua criolla de base hispana que goza de prestigio entre hablantes de todas las clases sociales. Posee una tradición literaria que data del siglo XIX, lo cual supone un símbolo de identidad nacional y cultural (Lipski 2004a, 477).

**par mínimo** (*minimal pair*). Dos palabras que se diferencian en un solo fonema y tienen significados diferentes, p. ej., *Paco* y *palo* /pá.ko/ y /pá.lo/.

**paradigma** (*paradigm*). Conjunto de formas flexivas o accidentes gramaticales, p. ej., *blanco, blanca, blancos, blancas* o *canté, cantaste, cantó, cantamos, cantasteis, cantaron*.

**parámetro** (*parameter*). Cada una de las reglas que varía de una lengua a otra, dentro de la teoría de principios y parámetros de la Gramática Universal. Por ejemplo, un parámetro es que algunas lenguas, como el inglés, poseen únicamente sujetos explícitos, y otras, como el español, pueden contener además sujetos implícitos.

**perfectivo** (*perfective*). Aspecto verbal que indica una acción que se debe completar, p. ej., *entrar*.

**período crítico** (*critical period*). Término que, según Lenneberg (1967), hace referencia a la etapa idónea en la infancia durante la cual resulta más sencillo aprender una lengua. No se ha podido determinar con exactitud cuándo termina este periodo, aunque sabemos que un niño, con solamente tres años de edad y sin haber recibido instrucción formal, es capaz de expresar oraciones complejas con bastante fluidez (Pinker 2013, 111).

**permutación** (*permutation or movement*). También llamada *movimiento*, consiste en mover los elementos dentro de la oración. Sirve como prueba para comprobar si un grupo de palabras conforman un constituyente. Por ejemplo, de la oración *Paco bebió café con leche en el aeropuerto*, podemos obtener *En el aeropuerto, Paco bebió café con leche*, lo que demuestra que *en el aeropuerto* es un constituyente, pero no sucede lo mismo con *el aeropuerto*, como vemos en *\*El aeropuerto, Paco bebió café con leche en*.

**peyorativo** (*pejorative*). Sufijo que posee un sentido despectivo, p. ej., *cas–ucha*.

**pichingli** o **pichinglis**. Jerga comercial a modo de *pidgin* que existió en los puertos canarios durante el siglo XIX y hasta comienzos del XX.

*pidgin* (*pidgin*). Sistema de comunicación rudimentario que se produce cuando entran en contacto dos comunidades de lenguas distintas, con una gramática limitada y un inventario compuesto de unidades léxicas que cubren las necesidades básicas de comunicación (Klee y Lynch 2009, 81), p. ej., el pichingli o pichinglis.

**plurilingüismo** (*plurilingualism*). Coexistencia de varias lenguas en una determinada sociedad, y en el caso concreto de la enseñanza, presencia simultánea de dos o más lenguas en la competencia comunicativa de un individuo y la interrelación que se establece entre ellas.

**pluriverbal** (*a multi-word lexical unit*). Expresión que se compone de varios elementos que se utilizan en su conjunto, p. ej., *sin embargo*.

**poligénesis** (*poligenesis*). Hipótesis que se opone a la *monogénesis*, la cual propone que todas las lenguas descienden de una lengua común, y que defiende que las distintas lenguas fueron apareciendo en diferentes lugares donde se asentaban grupos de seres humanos, dando lugar desde el comienzo a las diferentes familias lingüísticas del presente.

**polisemia** (*polisemy*). Relación semántica entre palabras que pone de manifiesto que un mismo término posee varios significados relacionados entre sí de alguna manera. Por ejemplo, para la palabra *pie* podemos hablar del *pie* como "parte del cuerpo humano", del *pie* "de un árbol", del *pie* "de una montaña" o del *pie* "de una lámpara". En todas sus acepciones, el significado señala "la parte baja en la que se apoya algo", pero todos los ejemplos son diferentes entre sí, ya que la representación mental al oír cada una de estas palabras es distinta.

**portuguesismo** (*Portuguese loanword*). Palabra que procede del portugués y que se ha adoptado en otra lengua. Por ejemplo, en el español canario el verbo *enchumbar* o "empaparse de agua".

**pragmática** (*pragmatics*). Rama de la lingüística que se ocupa del significado contextual y de cómo los elementos extralingüísticos y el contexto pueden incidir directamente sobre la interpretación del significado.

**prefijación** (*prefixation*). Proceso derivativo que consiste en la adición de un prefijo a la raíz o base léxica, p. ej., *sub–terráneo* "bajo".

**prefijo** (*prefix*). Afijo que precede a la raíz y que posee significado inherente. Su presencia ante una raíz incide sobre el significado de la palabra, p. ej., *bi–color* "que consta de dos colores".

**premisa** (*premise*). Supuestos previos y conscientes que nos permiten llegar a una conclusión.

**preposición** (*preposition*). Partícula que modifica a verbos, sustantivos o adverbios. Es invariable y no posee marca de género ni de número. Es un elemento relacionante, no posee contenido léxico propiamente dicho, y viene seleccionado por los elementos de los que depende, *Voy a Vitoria* pero *Voy en avión*.

**prestigio** (*prestige*). Término que se utiliza para identificar las "variantes que se asocian con los grupos sociales de nivel socioeconómico privilegiado cuya forma de habla se percibe como un modelo positivo para otros miembros de la comunidad" (Díaz-Campos 2014, 33).

**prevaricación** (*prevarication*). Característica del lenguaje humano que explica que el hablante puede tergiversar lo que dice, no ajustarse a la verdad o mentir.

**principio** (*principle*). Cada una de las reglas compartidas por las lenguas del mundo dentro del concepto de Gramática Universal, p. ej., un principio universal es que toda oración contiene un sujeto. Toda lengua humana posee un canal sonoro como medio básico de transmisión de los símbolos (Moreno Cabrera 2004, 285).

**principio comunicativo** (*communication principle*). Uno de los principios sobre los cuales se basa el *enfoque comunicativo*. Las tareas que se usan en este enfoque deben ceñirse a este principio puesto que las actividades comunicativas promueven el aprendizaje.

**principio de cooperación** (*cooperative principle*). Condición de racionalidad básica que se establece entre hablante y oyente para que el discurso sea inteligible y tenga sentido. Tanto el hablante como el oyente son conscientes de este principio de cooperación, y el oyente espera que el hablante lo cumpla.

**principio de cortesía** (*politeness principle*). Principio según el cual los hablantes minimizan la expresión de actos descorteses y maximizan la de actos corteses.

*pro* (*pro*). Sujeto silente o implícito de un verbo conjugado.

**procesamiento del *input*** (*input processing*). Enfoque dentro de un marco teórico cognitivo sobre el aprendizaje de lenguas que se centra en la manera en que el aprendiente procesa el *input* de la L2 para integrarlo a su interlengua.

**producción de lengua** o ***output*** (*output*). También llamado *educto* o *salida de datos*, hace referencia al habla que produce el aprendiente en la L2. Merrill Swain (1993) destacó su importancia en el desarrollo de la interlengua.

**producción modificada** (*modified output*). Producción que construye el estudiante cuando ha recibido retroalimentación y compara la forma correcta de la estructura con su error. Al hacer esta comparación, el alumno se ve obligado a prestar atención a la forma, la rectifica y entonces reestructura su interlengua.

**productividad** (*productivity*). Característica del lenguaje humano que describe la capacidad de producir diferentes enunciados ante una situación determinada.

**proforma** (*proform*). Palabra utilizada para sustituir un grupo de palabras que forman un constituyente, p. ej., los pronombres que sirven para sustituir SN son proformas.

**pronombre** (*pronoun*). Categoría gramatical cuya función es la de sustituir o representar a los sustantivos. Hay pronombres de diversos tipos que realizan funciones concretas en la oración, p. ej., "personales", *yo, tú/vos, me, te*, etc.; "posesivos", *mío, nuestra*, etc.; "demostrativos", *este, esa, aquellos*, etc.; "indefinidos" y "numerales", *muchos, algunos, otros*, etc.; "exclamativos" e "interrogativos", *qué, cuánto, quién*, etc., y "relativos", *que, cuanto, quien*, etc.

**prótesis** (*prosthesis*). Tipo de epéntesis que sucede en posición inicial de palabra. Así, observamos que cuando una palabra comienza con /s–/ y va seguida de una consonante en latín, en castellano antiguo aparece una /e–/ epentética, p. ej., STUDIARE → /studiár/ → /estudiar/.

**protoindoeuropeo** (*Protoindoeupean*). Lengua original de la cual descendería la mayor parte de las lenguas que se originaron en Europa y parte de Asia y de África. Se utiliza como hipótesis para explicar la relación de parentesco entre las lenguas y sus distintas familias.

**proxémica** (*proxemics*). Término establecido por Edward Hall (1963) para identificar cómo los hablantes hacen uso del espacio físico durante la comunicación, en relación con cuatro tipos de espacio: *público, social, personal* e *íntimo*.

## Q

**quechua** (*Quechua*). Lengua de sustrato de la zona de los Andes. Existe una comunidad de unos 9.096.020 de hablantes repartidos por Argentina, Bolivia, Chile, Colombia, Ecuador y Perú (Austin, Blume y Sánchez 2015, 26). Por *quechua* entendemos el nombre genérico que reciben todas las variedades, mientras que *quichua* hace referencia únicamente a la variedad hablada en Ecuador. Los *quechuismos* son palabras que proceden de esta lengua como, por ejemplo, *cancha* "terreno libre o despejado" o *carpa* "toldo en forma de tienda de campaña".

**queísmo.** Elisión o eliminación de la preposición *de* en verbos como *alegrarse de algo, darse cuenta de algo, estar seguro de algo* que requieren la construcción *de que*, p. ej., *Me alegro que haya venido* por *Me alegro de que haya venido.* Véase **dequeísmo**.

# R

**raíz** o **lexema** (*root, stem or lexeme*). También llamada *base léxica* o *morfema radical*, es el morfema con significado léxico de una palabra. Por ejemplo, en la palabra *niño*, la raíz es *niñ–*, mientras que el morfema *–o* proporciona información sobre el género del sustantivo. Según la *Nueva gramática básica de la lengua española* (*NGBLE*) (2011), conviene distinguir entre *base léxica, transporte* que posee el significado esencial de la palabra, es decir, "acción y efecto de transportar", y *raíz, transport–* que da lugar a distintas palabras que pertenecen a la misma familia léxica, *transport–ación, transport–ador, transport–ista*, etc. Véase **base léxica**.

**rasgos suprasegmentales** (*suprasegmental features*). Rasgos que constituyen las modificaciones a los sonidos vocálicos y consonánticos que están directamente relacionadas con el acento prosódico y con la entonación, y que sirven para complementar o matizar el significado de un enunciado o de una oración.

**reacción condicionada** (*conditioned response*). Respuesta producida por un estímulo condicionante. En el ejemplo del perro de Pavlov, la salivación es la reacción condicionada al oír el sonido de la campana, que constituye el estímulo condicionante.

**receptor** (*receiver or recipient*). 1. Quien recibe el mensaje durante el acto comunicativo. 2. Papel temático que describe a la entidad que padece la acción, que la experimenta o la percibe y aparece con verbos que denotan cambio de posesión, p. ej., *Julia le dio el lápiz a Jorge*.

**recurrencia del morfema** (*morpheme recurrence*). Parte común que se combina con todos los afijos y nos permite identificar la raíz de las palabras pertenecientes a la misma familia léxica, p. ej., *verd–* es la raíz de *verd–or* (*sustantivo*), *verd–ísimo* (*adjetivo*), *verd–ear* (*verbo*).

**recursividad** (*recursiveness*). Característica del lenguaje humano que estipula que la reiterada combinación de elementos puede dar lugar a un número ilimitado de enunciados.

**redondez** (*roundness*). Posición de los labios al pronunciar cada vocal. Los labios pueden estar en posición redondeada como en /o, u/ o no redondeada como en /a, e, i/.

**reflexividad** (*reflexiveness*). Véase **función metalingüística**.

**reformulación** (*recast*). Tipo de retroalimentación implícita y uno de los más populares entre los instructores según Lyster y Ranta (1997). Ocurre cuando el profesor repite el enunciado incorrecto del alumno sin el error, reproduciendo así un enunciado con las formas o estructuras correctas. El objetivo de una reformulación es que el aprendiente note la diferencia entre su propio enunciado y el que le proporciona el profesor, de manera que en enunciados subsiguientes corrija el error y no lo vuelva a repetir.

**registro** (*register*). Adecuación del hablante al uso de la lengua que requiere una situación o un contexto determinado.

**registro conversacional** (*conversational register*). Tipo de registro que representa "la forma primaria y más frecuente de comunicación entre la gente" (Silva-Corvalán 2001, 195).

**reglas de estructura sintagmática (RES)** (*phrase structure rules*). Representación de los sintagmas de una oración o frase, por ejemplo, O → SN SV nos informa de que la oración, O, está conformada por un sintagma nominal, SN, y un sintagma verbal, SV.

**repetición** (*repetition*). Tipo de retroalimentación implícita que consiste en repetir el enunciado erróneo del alumno para llevar su atención a la parte que contiene la falta. Muchas veces esta repetición viene acompañada de un ligero cambio en la entonación, en la velocidad del habla del profesor y énfasis en el segmento clave.

**reproducción** (*uptake*). Adopción de la forma correcta de una estructura o de un vocablo que en intercambios anteriores contenía errores.

**Respuesta Física Total** (*Total Physical Response, TPR*). Método creado por James Asher en la década de los sesenta, que se basa en el modo en que los niños adquieren su primera lengua mediante el uso de mandatos, y que estipula que la capacidad de comprensión auditiva de los alumnos ha de desarrollarse completamente antes de que comiencen a producir, siendo la L2 la única lengua permitida en la clase.

**retroalimentación o *feedback*** (*feedback*). Consignas que se dan los hablantes en un intercambio de mensajes. Ocurre durante la *negociación de significado*, es decir, cuando el aprendiente y su interlocutor se ven en la necesidad de hacer ajustes de codificación y descodificación durante el intercambio de mensajes (Long 1991, 1996).

**retroalimentación explícita** (*explicit feedback*). Tipo de retroalimentación en el que la reacción del profesor o interlocutor al enunciado del aprendiente es directa y explícita porque le proporciona información metalingüística detallada sobre el error cometido (*Se dice "vivo en una casa blan–CA"*).

**retroalimentación implícita** (*implicit feedback*). Tipo de retroalimentación en el que la reacción del profesor o interlocutor al enunciado del aprendiente es indirecta, por ejemplo, confirmación de la propia comprensión, pedir aclaración y verificación de la comprensión del mensaje por parte del hablante.

## S

**segmentación morfológica** (*morphological segmentation*). División de una palabra en morfemas. Por ejemplo, la palabra *chico* se compone de la raíz *chic–* y del afijo *–o*, que indica género masculino.

**selección-c** (*c-selection*). La selección de categorías sintácticas por el verbo de una oración. Véase **subcategorización**.

**selección-s** (*s-selection*). La selección del contenido semántico o relaciones temáticas del argumento con respecto al predicado, p. ej., el papel temático de agente, experimentador, etc.

**semiconsonante** (*semiconsonant*). Primera vocal de un diptongo cuando esta es débil y aparece en la primera posición, como en m*ie*l /mjel/ o h*ue*vo /wébo/, formando así diptongos crecientes o ascendentes.

**semicultismo** (*semi-literary or semi-learned word*). Palabra patrimonial cuya evolución se detuvo antes de completarse, p. ej., SAECULUM → seculu → seclu → seglo → sieglo → *siglo*, que de haber seguido su evolución natural, habría dado lugar a *\*sejo*.

**semivocal** (*semivowel*). Segunda vocal de un diptongo cuando esta es débil y aparece detrás de la vocal fuerte, como en a*i*res /a*i*res/ o Europa /e*u*ropa/.

**seseo**. Uno de los fenómenos más extendidos entre las diferentes variedades dialectales. Los hablantes que sesean articulan una pronunciación predorsal de la /s/ (rozando el dorso de la lengua en los alveolos) para los grafemas *s, z, ce* y *ci*: *sol* [sól], *zapato* [sa.pá.to], *cero* [sé.ro] y *cielo* [sjé.lo]. En la península ibérica se da en el andaluz (hablantes de la zona de Sevilla, Córdoba y zonas centrales de Andalucía, aunque menos en Jaén, Almería, parte oriental de Granada, y las zonas fronterizas castellano-andaluzas del norte de Córdoba y de Huelva). También se da en el español canario y en algunas variedades del español de América. Véase **ceceo**.

**sigla** (*initial*). Abreviación gráfica que se forma por deletreo a partir de las primeras letras de varias palabras y se escriben con mayúsculas, sin puntos entre las letras, y forman una unidad, p. ej., *DELE* (*Diploma de Español como Lengua Extranjera*).

**significado** (*signified or meaning*). Concepto mental, representación u objeto en que piensa un hablante cuando oye un significante o conjunto de sonidos en concreto.

**significado asociativo** o **connotativo** (*associative meaning*). Significado creado por las diferentes connotaciones o asociaciones específicas para una persona relacionadas con experiencias anteriores. Por ejemplo, la palabra *gato* puede tener los siguientes significados asociativos: "animal que araña", "animal que suelta pelo", "animal cariñoso", etc.

**significado conceptual** o **denotativo** (*conceptual meaning*). Significado literal de la palabra que es común a los hablantes de una misma lengua. Por ejemplo, la definición que encontramos en un diccionario. Así, la palabra *gato* podría definirse como "animal doméstico mamífero".

**significado connotativo** (*connotative meaning*). Véase **significado asociativo**.

**significado convencional** (*conventional meaning*). Significado previamente establecido y en el que están de acuerdo los participantes de la comunicación.

**significado denotativo** (*denotative meaning*). Véase **significado conceptual**.

**significado no convencional** (*unconventional meaning*). Significado vehiculado de manera indirecta por enunciados convencionales. Por ejemplo, A: *No encuentro el chocolate que compré ayer*, B: *Juan ha estado aquí*. Se da a entender que posiblemente "Juan se ha comido el chocolate".

**significante** (*signifier*). Imagen acústica, el conjunto de sonidos que conforma el nombre del objeto en cuestión.

**sílaba** (*syllable*). Sonido o grupo de sonidos emitido en un golpe de voz. Toda sílaba ha de contener siempre una única unidad vocálica que es su núcleo.

**sílaba átona** (*unstressed syllable*). Sílaba sobre la cual no recae el acento prosódico en una palabra, p. ej. la última sílaba en *ca-sa* y en *dá-til*.

**sílaba tónica** (*stressed syllable*). Sílaba sobre la cual recae el acento prosódico en una palabra, p. ej., la penúltima sílaba en *ca-sa* y en *dá-til*.

**sinalefa** (*synalepha*). Proceso por el cual dos vocales consecutivas, aun estando en la frontera de dos palabras distintas, se reducen a un diptongo. Es más habitual que esto ocurra con vocales átonas, es decir, las que no llevan el acento prosódico.

**sinapsis** (*synapse*). Relaciones funcionales de contacto entre neuronas y células que a modo de conexiones neurológicas transmiten los impulsos nerviosos.

**síncopa** (*syncope*). Pérdida de un sonido o grupo de sonidos en el interior de una palabra. Por ejemplo, las vocales breves que desaparecen entre consonantes átonas en la evolución del latín al español moderno, AURĪCULAM → /o:ríkulam/ → /o:ríkula/ → /o:ríkla/ que dio lugar a *oreja*.

**sinonimia** (*synonymy*). Relación semántica que pone de manifiesto la semejanza de significado entre dos o más palabras, aunque puedan existir algunas diferencias semánticas. Cuando dos palabras son prácticamente equivalentes en términos de significado, hablamos de "sinónimos absolutos" como, por ejemplo, *alegría – felicidad* o *perseverante – tenaz*. Una de las principales características de este tipo de sinónimos es que son intercambiables en cualquier contexto. Cuando se trata de términos que se parecen en su significado pero no son intercambiables en un mismo contexto, hablamos de "sinónimos relativos", por ejemplo, *dolor de cabeza* (registro común) – *cefalea* (registro técnico), *veraniego* (registro común) – *estival* (registro poético), *autobús* (español peninsular) – *guagua* (español canario y caribeño), *amigo* (registro común) – *chamo* (registro coloquial; español venezolano). Véase **antonimia**.

**sintagma** (*phrase*). Palabra o grupo de palabras con una función sintáctica determinada dentro de la oración. Cada sintagma se llama como su núcleo: el nombre o sustantivo es el núcleo del sintagma nominal (SN), el verbo, el del sintagma verbal (SV), el adjetivo, el del sintagma adjetival (SA), etc. Se pueden realizar varias pruebas para comprobar si determinadas palabras conforman un sintagma o constituyente: sustitución, permutación, coordinación y elipsis.

**sintagma adjetival** (*adjectival phrase*). Sintagma cuyo núcleo es un adjetivo, p. ej., *Nicolás es* [SA *alto*].

**sintagma adverbial** (*adverbial phrase*). Sintagma cuyo núcleo es un adverbio, p. ej., *Está* [SAdv *lejos*].

**sintagma nominal** (*noun phrase*). Sintagma cuyo núcleo es un nombre o sustantivo, p. ej., *Come* [SN *empanadas*].

**sintagma preposicional** (*prepositional phrase*). Sintagma cuyo núcleo es una preposición, p. ej., *Está* [SP *en* [SN *Bilbao*]]. Único sintagma en el que solamente el núcleo no es suficiente para formar un sintagma, p. ej., *\*Está* [SP *en*].

**sintagma verbal** (*verbal phrase*). Sintagma cuyo núcleo es un verbo, p. ej., *Irene* [SV *baila*].

**sobregeneralización** (*overgeneralization*). Fenómeno que ocurre cuando un niño o un aprendiente de L2 aplica las reglas gramaticales que va adquiriendo a casos irregulares, y comete así errores del tipo *\*poní* por *puse* para el pretérito indefinido del verbo *poner*.

**sociolecto** (*sociolect*) o **dialecto social** (*social dialect*). Manera característica de hablar o rasgos compartidos entre hablantes de un grupo social según la combinación de distintas variables (profesión, edad, sexo, nivel de instrucción, estrato socioeconómico, etc.).

**solicitud de aclaración** (*clarification requests*). Uno de los tres tipos de retroalimentación implícita, fundamentales en la negociación de significado. Ocurre cuando el hablante le pide a su interlocutor que sea más claro en su mensaje.

**sonido**. Véase **alófono**.

**sonorización** (*voicing*). Proceso fonético por el cual un sonido sordo se convierte en sonoro, p. ej., la evolución del latín de TOTUM al español *todo* /tóto/ → /tódo/.

**sonoro** (*voiced*). Sonido en cuya realización la glotis se cierra y los pliegues o cuerdas vocales entran en contacto y vibran, p. ej., /b/ en *va* /bá/.

**sordo** (*voiceless*). Sonido en cuya realización la glotis se abre y los pliegues o cuerdas vocales no vibran, p. ej., /p/ en *papa* /pá.pa/.

**subcategorización** (*subcategorization*). Véase **selección-c**.

**subjuntivo** (*subjunctive*). Modo verbal con el que se expresa hipótesis, duda, deseo o temor y que presenta la subjetividad del hablante, con hechos de naturaleza incierta o que no se presentan como reales. Muchas de las acciones a las que se hace referencia tienen que ver con sentimientos, voluntad, deseos, intenciones y, por lo tanto, con verbos que denotan volición, es decir, voluntad, mandato, influencia, ruego, etc., *Quiero que te quedes hasta las tres*; *No me gusta que me hable así*.

**sufijación** (*suffixation*). Proceso por el cual se añaden los morfemas flexivos y/o derivativos a la raíz. En español es un proceso muy productivo.

**sufijación apreciativa** o **valorativa** (*evaluative suffixation*). Proceso morfológico por el cual se añaden a una palabra sufijos que denotan significados que expresan una apreciación sobre el tamaño, la intensidad o la sensación en relación con un referente concreto. En este grupo de sufijos derivativos se incluyen los aumentativos, los diminutivos, los peyorativos y los superlativos.

**sufijo** (*suffix*). Afijo que sigue directamente a la raíz, p. ej., *helad–ería*, o que va colocado después de los interfijos en caso de que los haya, *peg–aj–oso*.

**sujeto** (*subject*). Elemento que concuerda en número y persona con el verbo, y que no puede estar precedido ni de una preposición ni de un marcador de caso. Se puede sustituir por un pronombre personal de sujeto. Las gramáticas tradicionales lo definen como el elemento que realiza la acción del verbo, p. ej., *Mi hermano tiró una piedra*, pero no siempre es el caso, como p. ej., *Rosa teme a Luis*, donde *Rosa* experimenta miedo, o en *Me gustan las manzanas*, donde *las manzanas* es el sujeto de *gustar* con el que concuerdan en número.

**superlativo** (*superlative*). Sufijo que indica intensidad o grado máximo. Principalmente se suelen añadir a los adjetivos, *rapidísimo*, a pesar de que en algunos casos también puedan formar parte de una base sustantiva, *cuñadísimo, hermanísimo, nietísima, Saritísima*, aunque a menudo con una función burlesca (Serradilla Castaño 2005, 361).

**sustantivación** (*nominalization*). Proceso morfológico por el cual una palabra de otra categoría se utiliza como sustantivo, p. ej., el adjetivo *azul* se sustantiviza por el uso del artículo definido, *El azul es el que más me gusta*.

**sustantivo** (*noun*). Categoría léxica que hace referencia a personas, *niño*; animales, *gato*; objetos, *mesa*; o conceptos, *bondad*, además de a sucesos, procesos o acciones.

**sustitución** (*substitution*). Capacidad de algunas palabras individuales de sustituir a grupos de palabras. Si un grupo puede sustituirse por una única palabra, llamada *proforma*, entonces este grupo se considera un constituyente, p. ej., *El pájaro canta armoniosamente sobre la rama.* → *El pájaro canta armoniosamente allí*.

**sustrato** (*substratum or substrate*). Lenguas autóctonas que se encontraban ya presentes en un territorio concreto y que han influido en la evolución del castellano que se habla en la actualidad desde el punto de vista fonético-fonológico, morfosintáctico o léxico, p. ej., las principales lenguas de sustrato en México son el maya y el náhuatl.

## T

**tainismo** (*Tainism*). Palabra que procede del idioma taíno, como, por ejemplo, *canoa* o *iguana*.

**tautología** (*tautology*). Fórmula verdadera en todos los mundos posibles, pero que constituye una transgresión de la máxima de cantidad por no resultar informativa, p. ej., si alguien dice *un premio es un premio*, con el objetivo de animar a una persona que no está satisfecha con lo que ha recibido.

**tecnologías del aprendizaje y del conocimiento (TAC)** (*Learning and Knowledge Technologies*). Conjunto de tecnologías que se aplican al contexto del aprendizaje y que han sido incorporadas al proceso de enseñanza y aprendizaje de lenguas. En este contexto se podría englobar también bajo esta nomenclatura otro término común y relacionado como es el de **tecnologías de la información y de la comunicación (TIC)**.

**tecnologías de la información y de la comunicación (TIC)** (*Information and Communication Technologies*). Véase **tecnologías del aprendizaje y del conocimiento (TAC)**.

**tema** (*theme*). 1. Papel temático que describe a la entidad que padece la acción, que la experimenta o la percibe, p. ej., *José compró el libro de lingüística*; 2. Estructura morfológica de un verbo compuesta por la raíz verbal + la vocal temática pero que no incluye las desinencias, p. ej., *habla–, bebe–, escribi– / escribe–*.

**teoría de la incongruencia del humor** (*incongruity theory of humor*). Teoría que describe la producción del humor que implica el reconocimiento de una situación o asociación incongruente que no se percibe como plenamente lógica, y por ello se convierte en humorística, por ejemplo, *Un padre le dice a su hijo: "Hijo mío, la felicidad está hecha de pequeñas cosas: un pequeño yate, una pequeña mansión . . .".*

**teoría de la relevancia** (*relevance theory*). Teoría desarrollada por Dan Sperber y Deirdre Wilson (1986/1995) que propone explicar los factores que operan en la comunicación a partir de componentes extralingüísticos o cognitivos que, además, tienen en cuenta el contexto común o mutuo de los hablantes respecto a la "relevancia" de un enunciado, hecho pragmático que esta teoría considera esencial para la comunicación. Concedemos atención al hablante porque presuponemos que su enunciación es relevante. Sin embargo, gran parte del éxito del acto comunicativo depende del oyente y del conocimiento previo que este tenga del contexto. De ahí que esta teoría también preste especial atención al *contexto común* o información compartida por emisor y receptor.

**teoría de la superioridad del humor** (*superiority theory of humor*). Teoría que hace hincapié en el uso del humor en circunstancias que le permiten a una persona sentirse superior, por ejemplo, una persona que cuenta un chiste sobre abogados.

**teoría de las inteligencias múltiples** (*theory of multiple intelligences*). Howard Gardner (2006, 2011) enumera ocho tipos de inteligencia que se corresponden con distintas competencias intelectuales que en mayor o menor grado posee el ser humano y que le permiten resolver dificultades en la vida diaria.

**teoría de los actos de habla** (*speech act theory*). Teoría propugnada por John Langshaw Austin, y publicada póstumamente en 1962, que estipula que cuando usamos el lenguaje no solo describimos el mundo que nos rodea, sino que también lo empleamos para realizar actos concretos de acuerdo con una serie de principios pragmáticos que reflejan funciones comunicativas. Dicha teoría fue ampliada por John Searle en 1969.

**teoría del alivio de tensiones del humor** (*relief theory of humor*). Teoría que considera el humor como un medio psicológico para lidiar con situaciones de tensión entre los hablantes, por ejemplo, en un espacio reducido como puede ser un ascensor.

**tiempo verbal** (*verbal tense*). Referencia que indica cuándo sucede la acción expresada por el verbo: presente, pasado y futuro.

**tilde diacrítica** (*diacritic written accent*). Acento ortográfico que distingue la función gramatical y el significado de dos palabras homófonas, p. ej., en el caso de *el* (artículo definido) y *él* (pronombre personal).

**tono** (*tone*). Frecuencia de las ondas sonoras.

**transferencia en la enseñanza** (*transfer of training*). Fenómeno relacionado con la influencia de una técnica didáctica específica en la conducta lingüística del aprendiente.

**transferencia lingüística** (*language transfer*). Empleo en una lengua (comúnmente, una lengua segunda o extranjera) de elementos propios de otra lengua (comúnmente, la lengua propia).

**transitividad** (*transitivity*). Propiedad por la cual un verbo toma un complemento, p. ej., *comer algo.*

**translenguar** (*translanguaging*). Término acuñado por Ofelia García (2009, 2013) adaptado de Cen Williams (1996), que describe las prácticas discursivas bilingües que ponen en marcha los hablantes y que dan sentido a sus mundos bilingües.

**triptongo** (*triphthong*). Secuencia compuesta por tres vocales que conforman una misma sílaba con el esquema compositivo: vocal débil átona (VD) + vocal fuerte (VF) + vocal débil átona (VD), p. ej., *limpiáis* o *guau.*

**tuteo.** Uso de la forma del pronombre *tú* para mostrar cercanía y familiaridad entre los hablantes.

## U

**univerbal** (*a single-word lexical unit*). Palabra que pese a contener afijos adheridos se compone solamente de un único elemento, p. ej., *antiniebla, exmarido, viceministro*.

**universal** (*universal*). Véase **principio**.

**universal de cambio lingüístico** (*linguistic change universal*). Principio universal que estipula que todas las lenguas vivas de las que encontramos hablantes en la actualidad no son estáticas, sino que han evolucionado y lo continuarán haciendo con el paso del tiempo.

**universal fonológico** (*phonological universal*). Principio universal relacionado con la fonología que establece que todas las lenguas están compuestas por vocales y consonantes que se combinan dando lugar a significados.

**universal general** (*general universal*). Principio universal que estipula que todas las lenguas se pueden traducir entre sí.

**universal gramatical** (*grammatical universal*). Principio universal que propone que todas las lenguas poseen un sistema morfológico y fonológico.

**universal morfológico** (*morphological universal*). Principio universal que estipula que todas las lenguas pueden crear nuevas palabras, por ejemplo, por diferentes fenómenos como la *conversión*, en el caso del inglés, *a chair > to chair a meeting*, o por procesos de composición entre categorías gramaticales: V (*sacar*) + N (*corcho*) = N (*sacacorchos*).

**universal semántico** (*semantic universal*). Principio universal de carácter semántico que estipula que todas las lenguas son capaces de expresar las nociones de acción, proceso o estado.

**universal sintáctico** (*syntactic universal*). Principio universal en relación con la sintaxis que propone que todas las lenguas establecen relaciones de sintaxis directas o indirectas entre los participantes de la comunicación.

**ustedeo.** Uso de la forma del pronombre *usted* "en situaciones de confianza o intimidad, es decir, entre amigos, novios o cónyuges, de padres a hijos, etc." (Calderón Campos 2010, 225).

## V

**variable sociolingüística** (*sociolinguistic variable*). Factores lingüísticos y sociales que se pueden aplicar en el estudio de un aspecto de la lengua, p. ej., factores temporales, socioeconómicos, contextuales, geográficos, etc.

**variación diacrónica** (*diachronic variation*). Estudia la dimensión temporal y nos permite comparar la variedad de la lengua desde el punto de vista cronológico o temporal, p. ej., el castellano actual con el que se empleaba en la Edad Media o durante el Siglo de Oro.

**variación diafásica** (*diaphasic variation*). Sirve para identificar los diferentes tipos de registro que usa un hablante según la situación en la que se desenvuelve en relación con el momento y contexto de la enunciación.

**variación diastrática** (*diastratic variation*). Se ocupa de la dimensión social, p. ej., en relación con las diferencias que se observan entre hablantes según su estatus socioeconómico y/o nivel cultural.

**variación diatópica** (*diatopic variation*). Se centra en las diferencias geográficas (países, regiones, ciudades, pueblos, áreas o zonas de influencia, etc.) que existen entre los hablantes de una misma lengua.

**variación libre** (*free variation*). Selección de un alófono sobre otro cuando no se debe al contexto fonológico en el que se encuentran, sino a una diferencia dialectal, social, generacional o incluso individual, p. ej., la manera en que se puede producir el fonema /s/ en *este* como [és.te] o [éh.te].

**variación lingüística** (*linguistic variation*). Compendio de rasgos fonético-fonológicos, morfosintácticos, léxicos, así como los patrones entonacionales presentes en las diferentes variedades de una misma lengua.

**variación sociolingüística** (*sociolinguistic variation*). "Alternancia de dos o más expresiones de un mismo elemento, cuando esta no supone ningún tipo de alteración o cambio de naturaleza semántica y cuando se ve condicionada por factores lingüísticos y sociales" (Moreno Fernández 1998/2009, 30), que nos ayuda a comprender el uso de la lengua teniendo en cuenta el contexto social.

**variedad dialectal** (*dialectal variation*). Conjunto de signos o rasgos característicos delimitados geográficamente que proceden de una lengua común y que con frecuencia se suelen manifestar en los planos fonético-fonológico, morfosintáctico y léxico, p. ej., el español andaluz, el español andino, etc.

**variedad lingüística** (*linguistic variation*). Modalidad de una lengua que refleja el conjunto de elementos o patrones lingüísticos desde el punto de vista temporal, geográfico, social o situacional.

**velar** (*velar*). Punto de articulación en el que el órgano activo es la parte posterior de la lengua y el pasivo el paladar blando, p. ej., /k/ en *casa* /ká.sa/.

**velarización** (*velarization*). Proceso fonético por el cual un sonido cambia su punto de articulación a velar, p. ej., /–gl–/ → /–ʒ–/ → /–x–/.

**verbo** (*verb*). Categoría léxica que hace una referencia a un proceso, una acción, una consecución o una condición. Puede denotar existencia y también informar sobre un estado en relación con el sujeto de la oración. Asimismo, puede establecer las relaciones temporales en una oración mediante una forma simple, *hablo*, o compuesta, *he hablado*.

**verbo defectivo** (*defective verb*). Verbo cuya conjugación no es completa. Generalmente solo pueden conjugarse en algunas personas, p. ej., *ocurrir* → *ocurre, ocurren*.

**verbo frecuentativo** (*frequentative verb*). Verbo que indica una acción habitual o frecuente, p. ej., *acostumbrar, frecuentar, soler*.

**verbo imperfectivo** (*imperfective verb*). Verbo que no muestra la necesidad de compleción en su significado, p. ej., *querer, saber, vivir*.

**verbo incoativo** (*inchoative verb*). Verbo que pone de manifiesto el comienzo de una acción, su continuidad o el cambio de estado, p. ej., *dormirse, florecer, nacer*.

**verbo iterativo** (*iterative verb*). Verbo que muestra una misma acción que se compone de repeticiones, p. ej., *castañetear, picotear, repicar*.

**verbo perfectivo** (*perfective verb*). Verbo que indica una acción que se debe completar para que se entienda como realizada, p. ej., *brindar, entrar, salir*.

**verificación de comprensión de su mensaje por parte del hablante** (*comprehension checks*). Uno de los tres tipos de retroalimentación implícita, fundamentales en la negociación de significado. Ocurre cuando el hablante se cerciora de que su interlocutor ha entendido bien su mensaje.

**vibrante** (*vibrant or flap*). Modo de articulación de un fonema en cuya producción la lengua golpea brevemente una o más veces contra los alveolos, p. ej., /r/ en *rato* /rá.to/.

**visigodos** (*Visigoths*). Pueblos germánicos que llegaron a la península ibérica en el siglo V. A pesar de que los visigodos permanecieron en la Península durante casi tres siglos, su paso no se dejó notar tanto como el de otras civilizaciones. Durante el siglo VII se produjo la romanización de la élite visigoda, lo cual debilitó su cultura, el uso de sus lenguas de origen germánico y, por lo tanto, condujo a su declive.

**vocal abierta** (*strong vowel*). Véase **vocal fuerte**.

**vocal cerrada** (*weak vowel*). Véase **vocal débil**.

**vocal débil** (*weak vowel*). Vocales que, en los diptongos, pueden ocupar la posición de semiconsonante o semivocal, /i/ y /u/.

**vocal fuerte** (*strong vowel*). Vocales que siempre son núcleo en su sílaba correspondiente, /a/, /e/ y /o/.

**vocal temática** (*thematic vowel*). Vocal que une la raíz verbal y las desinencias. Esta vocal cambia según la conjugación a la que pertenece un verbo: primera, *–ar* (*habl–a–mos*), segunda, *–er* (*beb–e–mos*), o tercera, *–ir* (*escrib–i–mos*).

**vocalización** (*vocalization*). Proceso fonético por el cual un sonido consonántico adopta rasgos vocálicos y se transforma en una semiconsonante o en una semivocal, p. ej., /ɣ/→/i̯/.

**voseo**. Uso del pronombre de sujeto *vos* de segunda persona del singular en lugar de la forma *tú*, como en *vos hablás, vos bebés, vos escribís*. Aunque este uso se suele identificar con el Cono Sur, se trata de un fenómeno complejo desde el punto de vista de la zonificación dialectal, puesto que también se da en otras zonas como en Centroamérica. El uso de este pronombre se combina con diferentes formas verbales y puede adquirir funciones comunicativas distintas que denotan mayor o menor familiaridad entre los hablantes según la variedad dialectal.

**voseo completo**. Uso del pronombre *vos* y de las formas verbales de la segunda persona del plural, *vos hablás, vos bebés, vos escribís*. Este tipo de voseo no se observa en todos los tiempos verbales, *vos hablás* (presente), *hablá* (*vos*) (imperativo), pero *vos hablabas* (pretérito imperfecto). Por su presencia en el dialecto austral se conoce también como "voseo argentino", pero además de en Argentina, también predomina en Centroamérica, la zona andina de Colombia, norte y este de Bolivia, Paraguay y Uruguay.

**voseo pronominal**. Presencia del pronombre *vos* junto a las formas propias del *tuteo*, o correspondientes al pronombre de segunda persona del singular *tú*, es decir, *vos tienes* por *tú tienes* o por *vos tenés*. Afecta a todos los tiempos verbales. Este tipo de voseo es el menos frecuente y se localiza en la zona occidental de Bolivia, norte de Perú, en zonas rurales de la costa y la sierra de Ecuador, y en las provincias argentinas de Santiago del Estero y Tucumán.

**voseo verbal**. Presencia del pronombre de sujeto *tú*, o forma tuteante, pero acompañado de las formas verbales de la segunda persona del plural, como en *tú hablái, tu comís, tú vivís*, que se da principalmente en el español de Chile, o *tú hablás, tú tenés, tú comés*, en algunas zonas de Uruguay. También se registra este tipo de voseo en zonas de Guatemala, Honduras y en otros países centroamericanos.

**voz amerindia** (*Amerindianism*). Término léxico procedente de diversas lenguas autóctonas americanas, como el náhuatl o el quechua.

# Y

**yeísmo**. Ausencia de distinción en la pronunciación entre los fonemas /ʎ/ (grafema "ll") y /j/ (grafema "y"). El resultado es que la realización de ambos fonemas equivale a un único sonido [j], es decir, *pollo* [pó.jo] y *poyo* [pó.jo], en lugar de *pollo* [pó.ʎo] y *poyo* [pó.jo]. Este es un rasgo bastante generalizado en las diferentes zonas dialectales. En la península ibérica, en regiones en las que el castellano se encuentra en contacto con el catalán, algunos hablantes todavía articulan esta distinción. Es en el español andino donde encontramos zonas en las que los hablantes distinguen entre los dos fonemas: desde la zona andina de Venezuela, Colombia (dialecto andino oriental, salvo en Bogotá), zonas andinas de Perú (tierras altas), Bolivia, Paraguay, zona nordeste argentina de influjo guaraní y zonas fronterizas con Bolivia. El contacto de algunas de estas zonas con otras lenguas, por ejemplo, con el guaraní en Paraguay, o con el quechua y el aimara en el caso de Perú y Bolivia, ha favorecido el mantenimiento de la distinción entre los fonemas.

**yod** (*yod*). Término que se aplica tanto a la semiconsonante /j/ como a la semivocal /i̯/ que influyó en la evolución del sistema vocálico del español.

**yopará** (*jopara*). Habla coloquial que se da a modo de alternancia de código entre guaraní y español propia de Paraguay que ha surgido fruto del contacto entre ambas lenguas.

## Z

**zona de desarrollo próximo** (*Zone of Proximal Development, ZPD*). Grado de destreza o habilidad que se halla un nivel por encima de la competencia que el aprendiente posee en un momento determinado. El aprendizaje es más eficaz cuando el aprendiente trabaja junto a otra persona —profesor, compañero— en el nivel inmediatamente superior al de sus capacidades actuales.

**zonificación dialectal** (*dialectal division*). División geográfica en zonas dialectales que comparten rasgos en común. Dicha división no se debe solamente a factores geolingüísticos o territoriales, se trata además de un fenómeno en constante evolución, y está relacionada igualmente con aspectos sociolingüísticos, como en el caso de las zonas del mundo hispanohablante en contacto con otras lenguas.

# Índice temático

*Nota: Números en cursiva indican figuras; números en negrita indican tablas.*